可持续发展
法治保障研究 下

KECHIXU FAZHAN
FAZHI BAOZHANG YANJIU

孙佑海 等著

中国社会科学出版社

目 录
（下　册）

第五编　优势矿产资源法治篇

引言 …………………………………………………………………（527）
第十六章　我国优势矿产资源面临的严峻形势 ……………………（529）
　第一节　我国优势矿产资源的概况 ………………………………（530）
　　一　我国的优势矿产资源 ………………………………………（530）
　　二　我国优势矿产资源的分布 …………………………………（536）
　　三　保护优势矿产资源的意义 …………………………………（537）
　第二节　我国优势矿产资源领域存在的突出问题 ………………（539）
　　一　资源供给有限、需求无限，市场供需矛盾激烈 …………（539）
　　二　优势资源价值和价格严重背离，国家利益受到损害 ……（541）
　　三　资源开发统筹性差，不同区域资源开采利用失衡 ………（543）
　　四　矿产资源开发利用产业结构不合理 ………………………（547）
　　五　开采手段落后，资源浪费和资源破坏严重 ………………（549）
　　六　矿区环境污染和生态破坏未能完全遏制 …………………（550）
　　七　非法采矿未能得到有效遏制 ………………………………（552）
　　八　矿区社会矛盾较为尖锐 ……………………………………（553）
第十七章　我国优势矿产资源法治的回顾与反思 …………………（556）
　第一节　我国优势矿产资源立法、执法和司法情况的梳理 ……（556）
　　一　我国优势矿产资源立法梳理 ………………………………（557）
　　二　我国优势矿产资源执法梳理 ………………………………（564）
　　三　我国优势矿产资源司法梳理 ………………………………（567）
　第二节　我国优势矿产资源立法、执法和司法存在的突出问题 ……（569）
　　一　优势矿产资源立法存在的问题 ……………………………（569）
　　二　优势矿产资源执法存在的问题 ……………………………（574）
　　三　优势矿产资源司法存在的问题 ……………………………（576）
　第三节　存在问题的原因分析 ……………………………………（578）

一　优势矿产资源立法问题原因分析 …………………………（578）
　　二　优势矿产资源执法问题原因分析 …………………………（580）
　　三　优势矿产资源司法问题原因分析 …………………………（581）

第十八章　境外优势矿产资源法治的考察借鉴 …………………（584）
第一节　俄罗斯优势矿产资源法治的考察借鉴 …………………（585）
　　一　立法方面 ……………………………………………………（585）
　　二　执法方面 ……………………………………………………（588）
　　三　俄罗斯经验对我国的启示 …………………………………（589）
第二节　美国优势矿产资源法治的考察借鉴 ……………………（590）
　　一　立法方面 ……………………………………………………（591）
　　二　执法方面 ……………………………………………………（594）
　　三　美国经验对我国的启示 ……………………………………（595）
第三节　巴西优势矿产资源法治的考察借鉴 ……………………（595）
　　一　立法方面 ……………………………………………………（596）
　　二　矿业行政管理和行政执法 …………………………………（598）
　　三　巴西经验对我国的启示 ……………………………………（598）
第四节　澳大利亚优势矿产资源法治的考察借鉴 ………………（599）
　　一　立法方面 ……………………………………………………（600）
　　二　矿产资源法律制度 …………………………………………（600）
　　三　澳大利亚的矿资产（矿业权）评估 ………………………（602）
　　四　澳大利亚经验对我国的启示 ………………………………（604）
第五节　蒙古国优势矿产资源法治的考察借鉴 …………………（604）
　　一　立法方面 ……………………………………………………（604）
　　二　矿产资源行政管理 …………………………………………（606）
　　三　蒙古国经验对我国的启示 …………………………………（607）

第十九章　加强优势矿产资源法治建设的对策建议 ……………（609）
第一节　指导思想和基本原则 ……………………………………（610）
　　一　指导思想 ……………………………………………………（610）
　　二　基本原则 ……………………………………………………（613）
第二节　完善优势矿产资源保护立法 ……………………………（616）
　　一　加快立法进度及时清理滞后立法 …………………………（616）
　　二　尽快修改现行立法 …………………………………………（616）
　　三　根据需要制定新法 …………………………………………（617）

四　构建科学的优势矿产资源法律体系 …………………………(617)
　第三节　完善优势矿产资源保护执法和司法 ………………………(631)
　　一　完善优势矿产资源执法 …………………………………………(631)
　　二　强化优势矿产资源司法 …………………………………………(633)
　　三　建立优势矿产资源执法和司法保障 ……………………………(636)

第六编　能源安全法治篇

引言 ……………………………………………………………………(641)
第二十章　我国能源安全面临严峻形势 ……………………………(642)
　第一节　我国能源安全的基本态势 …………………………………(642)
　　一　能源与能源安全 …………………………………………………(642)
　　二　我国能源安全基本态势 …………………………………………(644)
　第二节　我国能源安全领域的突出问题 ……………………………(649)
　　一　需求消耗增长，能源缺口巨大 …………………………………(649)
　　二　规划有待完善，短期特点显著 …………………………………(651)
　　三　进口来源单一，对外依存度过高 ………………………………(654)
　　四　依赖煤炭石油，环境成本较高 …………………………………(655)
第二十一章　我国能源安全法治的回顾与反思 ……………………(659)
　第一节　我国能源安全立法、执法、司法情况的梳理 ……………(659)
　　一　能源安全立法的梳理 ……………………………………………(659)
　　二　能源安全执法的梳理 ……………………………………………(661)
　　三　能源安全司法的梳理 ……………………………………………(665)
　第二节　我国能源安全立法、执法、司法存在的突出问题 ………(668)
　　一　立法存在的问题 …………………………………………………(668)
　　二　能源安全执法存在的问题 ………………………………………(671)
　　三　能源安全司法存在的问题 ………………………………………(672)
　第三节　存在问题的原因分析 ………………………………………(674)
　　一　理念和指导思想方面的原因分析 ………………………………(675)
　　二　社会经济环境方面的原因分析 …………………………………(676)
　　三　立法方面的原因分析 ……………………………………………(677)
　　四　行政执法方面的原因分析 ………………………………………(679)
　　五　能源司法方面的原因分析 ………………………………………(680)

第二十二章 境外能源安全法治的考察借鉴 (683)

第一节 美国能源安全法治的考察借鉴 (683)
一 美国的能源安全立法 (683)
二 美国的能源安全执法 (687)
三 美国的能源安全司法 (694)
四 美国经验对我国的借鉴意义 (695)

第二节 日本能源安全法治的考察借鉴 (697)
一 日本的能源安全立法 (697)
二 日本的能源安全执法 (699)
三 日本的能源安全司法 (703)
四 日本经验对我国的借鉴意义 (704)

第三节 欧盟能源安全法治的考察与借鉴 (706)
一 欧盟的能源安全立法 (706)
二 欧盟的能源安全执法 (712)
三 欧盟的能源安全司法 (716)
四 欧盟经验对我国的借鉴意义 (717)

第二十三章 加强能源安全法治建设的对策建议 (719)

第一节 指导思想和基本原则 (719)
一 完善指导思想 (719)
二 确立基本原则 (724)

第二节 完善能源安全立法 (726)
一 制定能源基本法 (726)
二 加快制定缺位的重要立法 (728)
三 修订现行《电力法》 (736)
四 加强配套立法 (738)

第三节 加强能源安全执法 (739)
一 加快能源管理体制改革 (740)
二 加强能源环境应急处理工作 (741)
三 推动能源环境损害赔偿社会化 (741)

第四节 加强能源安全司法 (742)
一 不断提高重视程度 (742)
二 加强业务素质培养 (742)
三 重视违法犯罪处理 (743)

第七编 农产品产地环境保护法治篇

引言 …………………………………………………………………… (747)
第二十四章 我国农产品产地环境面临的严峻形势 ………………… (749)
 第一节 农产品产地环境保护的概念 ……………………………… (749)
  一 农产品产地环境与农产品质量安全 ………………………… (749)
  二 农产品产地环境保护的定义 ………………………………… (751)
  三 农产品产地环境保护与相关概念的区别 …………………… (754)
 第二节 我国农产品产地环境保护的严峻形势 …………………… (756)
  一 农产品产地环境存在的突出问题 …………………………… (756)
  二 我国农产品产地环境问题的成因 …………………………… (760)
第二十五章 我国农产品产地环境保护法治的回顾与反思 ………… (763)
 第一节 我国农产品产地环境保护立法、执法、司法情况的梳理 … (763)
  一 我国农产品产地环境保护立法的梳理 ……………………… (763)
  二 我国农产品产地环境保护执法的梳理 ……………………… (771)
  三 我国农产品产地环境保护司法的梳理 ……………………… (773)
 第二节 农产品产地环境保护立法、执法、司法存在的突出
    问题 ………………………………………………………… (774)
  一 我国农产品产地环境保护立法存在的问题 ………………… (774)
  二 我国农产品产地环境保护执法存在的问题 ………………… (779)
  三 我国农产品产地环境保护司法存在的问题 ………………… (780)
 第三节 存在问题的原因分析 ……………………………………… (781)
  一 法治外部因素 ………………………………………………… (781)
  二 法治内部因素 ………………………………………………… (783)
第二十六章 境外农产品产地环境保护法治的考察借鉴 …………… (787)
 第一节 美国农产品产地环境保护法治的考察借鉴 ……………… (787)
  一 美国农产品产地环境保护立法的考察借鉴 ………………… (787)
  二 美国农产品产地环境保护执法的考察借鉴 ………………… (790)
  三 美国农产品产地环境保护法治对我国的启示 ……………… (791)
 第二节 日本农产品产地环境保护法治的考察借鉴 ……………… (792)
  一 日本农产品产地环境保护立法的考察借鉴 ………………… (792)
  二 日本农产品产地环境保护执法考察借鉴 …………………… (795)

三　日本农产品产地环境保护法治对我国的启示 ……………（796）
　　四　对日本农产品产地环境保护法治经验的进一步分析 …（797）
第三节　韩国农产品产地环境保护法治的考察借鉴 ……………（798）
　　一　韩国农产品产地环境保护立法 ……………………………（798）
　　二　韩国环境友好农产品认证制度 ……………………………（799）
第四节　德国农产品产地环境保护法治的考察借鉴 ……………（801）
　　一　德国农产品产地环境保护法治的考察借鉴 ……………（801）
　　二　德国产地环境保护法治对我国的启示 …………………（803）
第五节　境外农产品产地环境保护法治对我国的启示 …………（804）
　　一　强化立法，保护农产品产地环境 …………………………（804）
　　二　健全农产品产地环境管理体制 ……………………………（804）
　　三　利用组织增强农产品产地环境保护效果 ………………（805）
　　四　加强农业投入品的管理 ……………………………………（806）
　　五　发挥农产品产地环境标志的作用 …………………………（806）
　　六　重视农产品产地环境保护的教育与科研 ………………（806）

第二十七章　加强农产品产地环境保护法治建设的对策建议 …（808）
第一节　指导思想和基本原则 ……………………………………（809）
　　一　指导思想 ……………………………………………………（809）
　　二　基本原则 ……………………………………………………（810）
第二节　完善我国农产品产地环境保护立法 ……………………（817）
　　一　完善法律体系 ………………………………………………（817）
　　二　推进我国农产品产地环境保护专门立法 ………………（818）
第三节　强化我国农产品产地环境保护的执法和司法 …………（826）
　　一　强化我国农产品产地环境保护执法 ……………………（826）
　　二　强化农产品产地环境保护司法 ……………………………（829）

第八编　低碳发展法治篇

引言 …………………………………………………………………（835）
第二十八章　我国低碳发展面临的严峻形势 ……………………（837）
第一节　我国低碳发展的基本情况和突出问题 …………………（837）
　　一　我国低碳发展的基本情况 …………………………………（837）
　　二　我国在低碳发展方面存在的突出问题 …………………（844）

第二节 我国经济发展面对的国际压力 …… (846)
- 一 复杂的国际环境 …… (846)
- 二 严峻的气候变化谈判形势 …… (854)
- 三 关于国际对我国施加低碳发展压力的客观评价 …… (861)

第二十九章 我国低碳发展法治的回顾与反思 …… (864)
第一节 我国低碳发展的立法、执法情况的梳理 …… (864)
- 一 低碳发展立法情况的梳理 …… (864)
- 二 低碳发展执法情况的梳理 …… (874)

第二节 我国低碳发展立法、执法存在的突出问题 …… (876)
- 一 立法存在的突出问题 …… (876)
- 二 执法存在的突出问题 …… (877)

第三节 存在问题的原因分析 …… (878)
- 一 立法方面问题的原因分析 …… (878)
- 二 执法方面问题的原因分析 …… (879)

第三十章 境外低碳发展法治的考察借鉴 …… (882)
第一节 日本低碳发展法治的考察借鉴 …… (882)
- 一 日本低碳发展立法经验及评析 …… (882)
- 二 日本低碳发展执法经验及评析 …… (884)
- 三 对我国低碳发展法治的启示 …… (885)

第二节 欧盟低碳发展法治的考察借鉴 …… (886)
- 一 先进的低碳发展理念 …… (886)
- 二 欧盟低碳发展立法经验及评析 …… (886)
- 三 欧盟低碳发展执法经验及评析 …… (889)
- 四 积极推进国际法规范的建立和实施 …… (892)
- 五 对我国低碳发展法治的启示 …… (892)

第三节 美国低碳发展法治的考察借鉴 …… (893)
- 一 美国有关低碳发展的理论研究 …… (893)
- 二 美国低碳发展立法经验及评析 …… (894)
- 三 美国低碳发展司法经验及评析 …… (896)
- 四 对我国低碳发展法治的启示 …… (899)

第四节 国际社会低碳发展的努力 …… (900)
- 一 公约和议定书 …… (901)
- 二 未来的走向 …… (903)

三　对我国的影响研究 …………………………………………（905）
第三十一章　加强低碳发展法治建设的对策建议 ……………………（910）
　第一节　指导思想和基本原则 ………………………………………（910）
　　一　指导思想 …………………………………………………（911）
　　二　基本原则 …………………………………………………（912）
　第二节　加强低碳发展法治建设的立法建议 ………………………（914）
　　一　制定《低碳发展促进法》 ………………………………（915）
　　二　开展相关法律的后评估 …………………………………（916）
　　三　修改现行相关立法 ………………………………………（917）
　　四　健全和完善配套法规 ……………………………………（920）
　第三节　加强我国低碳发展法治建设的其他建议 …………………（922）
　　一　尽早启动低碳发展相关政策研究 ………………………（922）
　　二　编制国家促进低碳发展中长期规划 ……………………（923）
　　三　开展相关法律的执法检查 ………………………………（924）
　　四　强化人民法院解决经济发展方式转变中纠纷的功能 …（925）

结　语

本报告的基本结论 ………………………………………………………（929）
本报告的主要创新 ………………………………………………………（933）
面向生态文明新时代的环境资源法治建设 ……………………………（937）

附　录

附录一　《中华人民共和国环境保护法》修改建议稿 …………………（943）
附录二　《中华人民共和国大气污染防治法》修改建议稿 ……………（953）
附录三　《中华人民共和国节约用水条例（草案）》建议稿 …………（979）
附录四　《中华人民共和国土地法（草案）》建议稿 …………………（989）
附录五　《中华人民共和国优势矿产资源保护法（草案）》建议稿 …（1015）
附录六　《中华人民共和国能源法（草案）》中有关能源安全的规定 …（1027）
附录七　《中华人民共和国石油储备法（草案）》建议稿 ……………（1030）
附录八　《中华人民共和国农产品产地环境保护法（草案）》建议稿 …（1035）
附录九　《中华人民共和国低碳发展促进法（草案）》建议稿 ………（1040）
主要参考文献 ……………………………………………………………（1048）
后记 ………………………………………………………………………（1062）

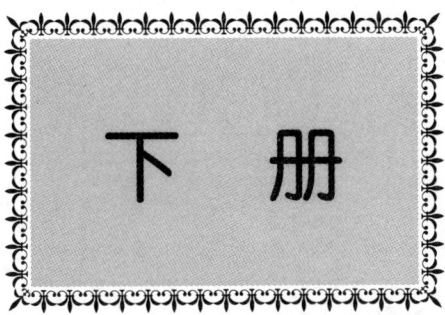

第五编

优势矿产资源法治篇

引　言

矿产资源是不可更新并具有稀缺性的资源，也是经济社会发展必不可少的因素，是过去、当今和未来人类社会发展的重要物质基础和保障，也是人类可持续发展不可或缺，难以全面替代的自然资源。我国历来重视矿产资源开发、利用和保护，我国矿产资源的开发和利用不仅为我国以往的历史发展和人类进步作出了巨大的贡献，并将继续承载为我国社会发展和人类的物质文明提供基础性物质支持的使命。但是，进入21世纪以来，随着人类社会快速发展，全球范围内矿产资源的稀缺性日渐凸显，许多重要战略矿产的国内需求缺口越来越大，资源的供给和需求之间的矛盾也日益突出。国际方面，强国在继续瓜分和掌控国际战略性矿产资源的同时，资源富裕国家也纷纷加强了本国战略性矿产资源的保护、控制和储备，资源短缺国家在国际上的资源争夺矛盾趋于白热化，有的甚至演变为剧烈的区域和国际冲突；国内方面，我国面临短缺矿产资源供给困难，优势矿产资源未能合理利用的局面。特别是我国具有战略价值的优势矿产资源缺乏长远战略规划，出口数额依然偏多，而创汇却偏低，特别是在国际市场竞相压价、恶性压价和非法出口的情况十分严重。[①] 与此同时，由于受短期经济利益刺激和诱惑，我国优势矿产资源不当开发所带来的生态破坏、环境污染、矿山安全事故和矿区的不可持续发展问题已成为影响我国整体又好又快发展的重要社会问题。在法律层面，优势矿产资源自然分布的不均衡性和需求的普遍性之间的矛盾，以及法律调整的滞后性，现行法的落后等因素也不断挑战我国现有的法律制度。总之，矿产资源的不可更新性、不可替代性和需求增加的趋势表明，处于经济社会快速发展中，并且追求又好又快发展的我国，必须转变我国自然资源"取之不尽、用之不竭"和仅重视资源经济价值等落后观念，以可持续发展的思维高度重视自有矿产资源，特别是要重视我国在国际上具有相对优势的矿产资源的合理规划、科学开采和有效利用，以确

---

① 例如，我国的稀土资源开发、利用已经引起了国际社会的广泛关注。

保这些优势矿产资源能够首先满足和保障我国未来经济社会可持续发展的基本需要。

因此，基于我国现实考虑，关于促进经济又好又快和可持续发展的法律问题研究课题之矿产资源部分，我们选取了目前我国矿产资源开发利用的重点问题和难点问题"我国优势矿产资源法律保护问题"作为研究对象，期待通过对目前优势矿产资源开发利用过程中的突出矛盾和法律问题进行剖析，对我国现行矿产资源立法、执法和司法等方面进行系统梳理，找出问题产生的根源，为有效解决我国优势矿产资源开发利用中迫切需要解决的重要问题建言献策；为构建我国优势矿产资源法律制度，完善我国矿产资源法律体系，促进我国优势矿产资源保护法制建设积累理论研究素材和提供决策参考。

第十六章

我国优势矿产资源面临的严峻形势

矿产资源是我国国土资源的重要组成部分，是保障我国经济社会发展的重要物质基础。不同的矿产资源以其特有的性质和不可替代性服务于经济社会发展的各个方面，共同发挥其资源的价值和作用。21 世纪以来，人类社会利用矿产资源的速度和程度不断快速提升，资源的供需矛盾突出，资源利用国际化趋势凸显。资源开发利用的国际化客观上弥补了矿产资源自然分布不均匀的先天缺陷，但同时也导致了在资源全球配置过程中国家和地区间的不断冲突、重重矛盾和潜在的资源危机。在资源全球化过程中，作为矿产资源生产和消费的大国，我国的矿产资源面临严峻的形势：一方面，我国在国际矿产资源利用方面受价格、市场、贸易、环境保护绿色壁垒、应对气候变化及发展低碳经济等方面的影响，面临铁、铜、铝等大宗金属矿产资源短缺的严峻国际形势；另一方面，我国具有相对优势的稀土、钨、锡、锑、钛、钼等矿产资源不仅未能得到很好的开发利用，未能掌握国际定价权等供应方面的决策主动权，未能为我国赢得应有的国际资源经济地位，未能将资源优势上升为经济发展优势，而且还成为西方一些大国在资源方面挟持我国对外贸易的重要因素。[1] 同时，由于缺乏有效监管，矿产资源过度开发所带来的资源损失、环境污染、生态破坏、劳动安全、市场无序竞争和矿区区域贫困化等问题不断挑战我国现有资源管理法律制度和社会管理体系。在当前资源利用的国际、国内形势下，我们应当如何转变观念，调整政策，以确保合理开发利用我国的优势矿产资源，避免优势矿产资源变为劣势资源，如何更为科学地管理优势矿产资源的开发利用，强化

---

[1] 2009 年，美国、欧盟、墨西哥相继就中国限制部分工业原材料出口向世界贸易组织提出申诉，要求与中国在世界贸易组织争端解决机制下展开磋商。三方指责中国的理由是中国对用于钢铁、铝和化工产品生产的铝土、焦炭、镁、锌等 9 种原材料进行出口限制，从而提高了国际市场原材料价格，并使得中国相关企业在国际竞争中获得了"不公平优势"。2011 年 7 月世界贸易组织裁定我国 9 种原材料出口限制违规。2012 年 3 月 13 日，美国总统奥巴马宣布，美国已联合欧盟和日本向世界贸易组织提起一项针对中国限制稀土等出口的贸易诉讼。

法律对优势矿产资源开发利用的管理已经成为影响我国矿区社会科学发展，乃至影响我国和谐社会构建和可持续发展的重要社会问题。研究和解决该问题不仅重要，而且必要和迫切。

2012年6月20日，国务院新闻办发布《中国的稀土状况与政策》白皮书。该文件指出，我国以23%的稀土资源承担了世界90%以上的市场供应。我国稀土行业的快速发展，不仅满足了国内经济社会发展的需要，而且为全球稀土供应作出了重要贡献。长期以来，我国认真履行加入世界贸易组织的承诺，遵守世界贸易组织规则，促进稀土的公平贸易。

第一节　我国优势矿产资源的概况

优势矿产资源是一个相对的范畴，其是特定时间范围内较其他一般矿产资源更具有竞争优势的矿产资源。优势矿产资源具有自然属性和社会属性，优势矿产资源的自然属性归因于"地壳运动的不均衡性和地质构造活动的多期性和复杂性，造成全球各地的成矿地质条件不尽相同，从而在世界各个地区、各个国家范围内所形成的矿产种类、各种矿产的资源丰度和单个矿床的规模质量也不尽相同。每个国家在全球范围内都可能各有优势和劣势"[①]。优势矿产资源的社会属性取决于人类对自然资源的开发利用，即在一定时间内所表现的对资源开发利用的程度。这种程度通常主要体现在开发利用的数量、市场供给量和市场占有份额等方面。人类和优势矿产资源的关系是人与自然关系的重要组成部分，人可以在主观支配下利用自然资源，但却并不能改变其自然禀赋。同时，优势矿产资源是不可更新的自然资源，但人类的开发利用行为却是无止境的，因此也可以说，优势矿产资源概念本身是一种主观的抽象和归类，客观上资源的供给和需求始终处于一种动态的变化之中。就特定地区域而言，如果不能对优势矿产资源加以合理利用，当前的优势矿产资源可能会成为未来经济社会发展中的普通资源，乃至短缺矿产资源。

一　我国的优势矿产资源

（一）优势矿产资源的含义

矿产资源是指"在地质作用过程中形成并赋存于地壳内（地表或地下）的有用矿物或物质的集合体，其质和量适合工业要求，并在现有的社会经济和

[①] 王来明主编：《探矿取宝》，山东科学技术出版社2007年版，第4页。

技术条件下能够被开采和利用呈固态、液态、气态的自然资源"①。此定义表明，矿产资源是一种自然物质，这种自然物质之所以成为资源，必须具备两个前提：一是必须有获得和利用它的知识和技术技能；二是必须对所产生的物质或服务有某种需求，即能够被利用。如果这些条件中任何一个不能够满足，那么自然物质仍然只能是"中性材料"。② 同时，矿产资源作为一种客观的存在物，它依赖于地球的自然造物运动而形成，并具有不同的外在表现形态。人们常常根据自己不同的需要在现有认识水平下，按照不同的标准将矿产资源进行不同的分类。因而，矿产资源具有丰富的种类，不同种类的矿产资源均具有不可或缺的重要价值。我国现行的《矿产资源法实施细则》按用途、物理性质和化学性质等将矿产资源分为四类，即能源矿产、金属矿产、非金属矿产、水气矿产，共计168种。③ 此为我国矿产资源在法律层面的法定分类，这种分类方法能够客观地反映矿产资源的性质和用途，有利于按照矿产资源的自然属性保护矿产资源。但这种分类也有其一定的局限性，如该分类方法并不能够体现和反映矿产资源在国民经济中的重要程度，不能反映矿产资源的市场供求关系，也不能反映资源在世界范围的地位和法律保护的力度等。同时，这种分类也不利于国家根据矿产资源的重要程度、供需矛盾和开发利用程度等状况运用不同的法律措施分类保护矿产资源。

优势矿产资源是一个相对的概念，目前并无统一的界定。有学者认为资源丰富、储量巨大；品质高、质量优；产量较大，在世界出口贸易中占据重要地位是衡量优势矿产资源的标准；④ 也有学者认为我国的优势矿产资源是指储量居世界第一到第三位，并占世界储量基础的15%以上的矿产。主要包括稀土、钽、铌、钛、钒、钨、锡、钼、锑、锂、铍、煤、芒硝、镁、重晶石、膨润土、耐火黏土、石棉、萤石、滑石、石膏及石墨，共22种；⑤ 也有就区域而言，把资源丰富，除满足本区需要外，尚有部分供应国内外市场，矿产的竞争力较强，矿业经济效益较好的矿产认定为优势矿产；或者认为优势矿产资源指

---

① 邢立亭、徐征和、王青主编：《矿产资源开发利用与规划》，冶金工业出版社2008年版，第1页。

② [英]朱迪丽丝：《自然资源分配、经济学与政策》，蔡运龙译，商务印书馆2002年版，第19页。

③ 王来明主编：《探矿取宝》，山东科学技术出版社2007年版，第2页。

④ 刘树臣、崔荣国：《我国优势矿产资源调控政策的思考》，《中国国土资源经济》2011年第8期。

⑤ 王来明主编：《探矿取宝》，山东科学技术出版社2007年版，第4页。

储量规模大、单个矿床规模也较大、品位也较高的矿产。本研究的优势矿产资源是指我国矿产资源中那些禀赋好、具有国际竞争优势和重要战略价值的矿产资源，其主要包括但不限于钨、锡、锑、钼和稀土等。优势矿产资源是在资源全球配置背景下，就国际、国内资源供给和资源需求的当前和未来形势分析、预测和总结基础上的一种相对判断，其是一个集合概念，也应当是一个动态的开放系统。

值得一提的是，优势矿产资源是个相对的动态范畴，其具有相对性。一方面，就优势矿产资源范畴内的矿种而言，其优势地位会受到资源需求程度、开发利用技术、政策和国际市场变化等多方面主客观因素的影响；另一方面，资源具有的优势具有一定的相对性，如我国的钨、稀土储量世界排名第一，煤炭、铁矿石、铜、铝和锌储量世界排名也在前10位，甚至前6位，然而由于中国巨大的人口基数，即便是中国在世界资源储量排名第一的钨和稀土，按照人均计算也不具有资源优势，如钨的人均储量仅相当于俄罗斯、加拿大人均资源储量的1/2—1/12，稀土人均资源储量也仅分别相当于美国、俄罗斯人均资源储量的1/2—1/3。还有，就一国而言，当下的优势矿产资源在未来由于各种情势变化可能会失去其优势地位，而其他资源可能会取而代之成为优势矿产资源。同时，拥有优势资源并不一定就是拥有了该类资源的全部竞争优势。因为，矿产资源的后续利用技术和利用程度也会创造出更多的市场机会和资源附加值。仅就此而言，那些自身并不出产某类矿产资源的国家也往往有可能成为该类矿产资源后续利用技术和能力的强国。①

（二）我国优势矿产资源的种类

我国地大物博，是矿产资源种类比较齐全的国家。"目前已发现的矿产资源有171种，探明有一定储量的矿产有159种。其中煤、稀土、钨、锡、锑、钛、钼、石膏、膨润土、芒硝、菱镁矿、重晶石、萤石、滑石和石墨等矿产资源在世界上具有明显的优势。"② 但从实际情况看，我国在世界上具有明显优势的矿产资源并非全能成为事实上的优势矿产资源，例如煤、石膏、膨润土、芒硝、菱镁矿、重晶石、萤石、滑石和石墨等矿产资源，虽然储量和（或）产量比较大，但从出口依存度和战略意义上讲，这些资源当前都不属于本研究所指的优势矿产资源。同时，因为受开发能力等方面因素所限，有些资源虽然

---

① 例如日本对我国稀土资源的利用就能够证明这一点。日本本土并不出产稀土资源，但其大量地从中国进口和储存稀土，其利用稀土的技术和能力远在中国之上。

② 中国国际贸易促进委员会国际信息部：《〈中国商务指南〉（矿业）行业分卷》，2007年10月。

储量丰富但我国仍然需要进口,如据 2002 年海关统计年鉴提供的资料看,在储量上具有优势的钛资源仍然是我国需要进口的短缺资源之一,因此,本研究所指的优势矿产资源暂不包括这些资源。本研究重点研究的我国优势矿产资源主要包括但不限于钨、锡、锑、钼和稀土等资源。这些资源不仅储量、产量及其出口依存度均居世界前列,且在未来国际资源市场竞争中战略地位突出,价值特殊,意义重大。同时,从我国保护的重点来看,具有一定的客观性。我国现行《矿产资源法》中将这些矿产资源作为保护性开采资源,并给予特殊法律保护。国土资源部《2005 年国土资源工作要点》中指出,对钨、稀土、锡、锑等我国优势矿产资源实行开采总量控制。国土资源部副部长汪民曾在"中国矿业 2004"国际研讨会上的"加强合作,繁荣矿业"的主题报告中明确指出,钨、锡、钼、锑、稀土等是中国优势矿产资源。在《全国矿产资源规划(2008—2015 年)》中,对"优势矿产"进行了比较系统的阐述,特别提出"加强重要优势矿产保护和开采管理",其中"优势矿产"包括:金属矿产中的钨、锡、锑、稀土、铝土矿、钼、铟、锗、锆、钒等;以及非金属矿产中的重晶石、萤石、石墨、菱镁矿、滑石和富磷矿等。

(三) 我国优势矿产资源的特点

相对于一般矿产资源而言,优势矿产资源具有的特点表现为该资源的储量规模居于世界前列、矿产品位高、产量或开发潜力大、具有明显国际竞争优势和重要战略意义。我国优势矿产资源的禀赋表现为储量大、资源丰富、可开采量大、资源分布不均、各地资源差异明显。

1. 储量和产量巨大

矿产资源的量一般用储量基础和储量表示。储量是查明资源的一部分,它能满足目前采矿和生产实践所要求的最低物理和化学标准(包括矿石品位、矿石质量、开采厚度和深度),并且在经济上可以开采获利。划为储量的资源必须是划分当时在经济上及可以生产的。储量基础除包括属于储量的那部分资源外,还包括在一定计划范围内具有开采潜力的资源(即经济上处于边界条件的资源和某些目前是次经济的资源)[①]。根据《固体矿产资源/储量分类》(GB/T 17766—1999)中的分类标准,资源/储量分为储量、基础储量、资源量三大类型。储量是基础储量中经济可采部分。基础储量是查明矿产资源的一部分。资源量是指查明矿产资源的一部分和潜在矿产资源。本研究采纳的是其中的储量的概念。依据我国国土资源部矿产开发管理司《中国矿产资源主要

---

① 朱永峰主编:《矿产资源经济概论》,北京大学出版社 2007 年版,第 8 页。

矿种开发利用水平与政策建议》和中国国际贸易促进委员会国际信息部《〈中国商务指南〉(矿业)行业分卷》中的资料可见,我国五种优势矿产资源的储量、在世界的位次以及我国的基础储量在世界总基础储量中所占的比例均居于突出的地位。

从储量看,优势矿产资源的现有储量居于世界前列、矿产品位高、具有明显的比较优势;钨、锡、锑、钼和稀土这几种优势矿产资源的基础储量和可采储量,在世界的储量排名中均位于排名的前列,具有一定的相对优势。具体情况见表16－1。[①]

表16－1　　　　　　　我国优势矿产资源储量及其比例

主要优势矿产种类	基础储量（万吨）	可采储量（万吨）	在世界总基础储量中所占比例（%）	在世界的位次
钨	268.34	189.04	43.5	1
锡	179.25	150.99	27.3	2
锑	102.64	92.07	42.9	1
钼	343.44	242.48	9.1	3
稀土	2348.29	2279.24	23	1

2. 出口量大,有很高的出口依存度

就现有或远景开发利用来看,具有较高的生产量或可开采量。在以往的国际贸易中,我国的优势矿产以质好价低和较大的出口量为代价获得了较大的国际市场份额。从国际供求关系看,这几种优势矿产资源的出口依存度均在70%以上,对我国的国民经济发展有较大影响。我国稀土产量和出口量占世界的90%以上,随着中国和世界经济发展对稀土需求的快速增加,中国稀土资源的压力逐渐加大。[②] 目前中国是全球最大的稀土生产国和出口国,2010年各类稀土冶炼分离产品产量为11.89万吨,超过了当年全球产量的96%。2003—2010年中国稀土氧化物年产量占全球总产量的95%以上,几乎以一国之力提供了全球对稀土矿产资源的需求。[③] 截至2011年11月,中国累计出口稀土14750吨,仅占全年出口配额总量的49%,大量出口配额没有使用。尽

[①] 由于我国近年的快速开采,至2012年我国优势矿产的储量等已有一定的变化。

[②] 《贯彻落实国务院精神　全国稀土工作会议在京召开》,国土资源部网站（http://www.mlr.gov.cn/xwdt/bmdt/201106/t20110614_879000.htm）。

[③] 刘国平、胡朋、邵胜军、张璨：《中国稀土资源在全球地位的评估》,《中国有色金属》2011年第12期。

管如此，虽然面临巨大的资源、环境和国内需求的压力，为了保障国际市场需求，保持稀土供应的基本稳定，2012年的出口配额总量仍与2011年基本持平。[①]

我国优势矿产的开发利用为全球经济发展作出了重要的贡献，2011年我国以61%的储量生产全球83%的钨，以53%的储量生产了全球89%的锑，[②] 以23%的稀土资源承担了世界90%以上的市场供应。我国稀土行业的快速发展，不仅满足了国内经济社会发展的需要，而且为全球稀土供应作出了重要贡献。长期以来，我国认真履行加入世界贸易组织的承诺，遵守世界贸易组织规则，促进稀土的公平贸易。

3. 具有战略意义

以稀土资源为例，稀土的重要性体现在：一是成分特殊。稀土的英文名直译过来就是"稀少的土"，其实质是化学元素周期表中镧系元素再加上性质相近的钪、钇等17种元素的总称。每种稀土元素都有着极丰富的光、电、热、磁特性，能广泛应用在导弹、智能武器、喷气发动机、导航仪及其他相关现代军事高新技术上。二是数量稀少且分布极不均匀。真正能集中开采的稀土矿主要集于中国、美国、俄罗斯、印度等国。三是用处巨大。目前，稀土已被广泛用于电子信息、石油化工、冶金、机械、能源等13个领域40多个行业，尤其是在功能材料应用上有着极为特殊的地位。稀土在工业上虽然总体用量少，但是对于提高各领域产品和系统的功能效果很明显，起着"四两拨千斤"的增效作用。总之，这些优势矿产资源在军事工业、航空航天等领域应用较多，并且具有较小的可替代性，在我国矿产资源的全球战略中居于特殊地位，是具有战略意义的矿产资源。国际上很多国家将这些优势矿产资源作为战略矿产资源进行储备，如美国和日本等。同时，在未来的高科技发展需要方面，钨、锡、锑、钼和稀土属于不可替代或难以替代的矿产资源，国内外的需求均十分突出。就国际地位而言，其出口依存度高，优势地位明显，当前或将来国际市场对其有不可替代的较大需求。

4. 本国资源保障形势严峻

由于以往我们不重视资源开采的节制，生产能力增长过快，呈现超负荷开采。从2000—2009年，稀土氧化物生产增长77.3%，年均增长6.6%；钨产量增长1.3倍，年均增长9.7%；锡（金属）产量增长28.8%，年均增长

---

① 中新网财经频道（http://news.sohu.com/20111227/n330426002.shtml）。
② 国土资源部编：《中国矿产资源报告（2012）》，地质出版社2012年版，第1页。

2.9%；钼产量（45%的 Mo）增长 2.4 倍，年均增长 14.4%；锑（金属）产量增长 77.2%，年均增长 6.6%。① 2011 年钨精矿产量 13.57 万吨，同比增长 14.1%，钼精矿产量 23.7 万吨，增长 11.2%；钨精矿产量 12.2 万吨，减少 1.7%。2012 年上半年，钨精矿产量 5.76 万吨，同比增长 16.4%，钼精矿产量 14.1 万吨，增长 18.6%。② 由于优势矿产资源是不可更新的资源，从目前开采的现状和未来我国发展需求快速增长的趋势来看，如果我国不尽快采取强有力的保护措施，这些优势矿产资源的优势地位将不复存续，有的甚至会成为我国的短缺资源，从而成为制约我国自身发展的瓶颈。

总之，优势矿产是综合考虑上述因素，在现有资源开发利用背景下具有良好禀赋、相对优势和战略意义，应当给予特殊保护的矿产资源。中国是钨、锡、锑、钼和稀土的资源大国，多年来，这几类矿产资源的储量、产量、出口量均居世界前列，由于其性质的特别和功能的独特在国际市场上有着举足轻重的战略价值。

二 我国优势矿产资源的分布

（一）钨资源的分布

我国的钨矿资源十分丰富，分布也很广泛，主要集中在江西、湖南、广东、广西和云南几个省区。钨主要分为华南区，包括江西、湘南、粤北、桂东和闽西，占全国总储量的 70% 以上。秦岭地区、黑龙江、新疆、甘肃也有储量。③

（二）锡资源的分布

我国锡资源储量丰富，分布集中。主要分布在滇南区、桂西区、粤湘赣南地区。④ 云南和广西两个省份的锡矿资源保有储量丰富。除了这两个省份的储量比较丰富外，广东、湖南、内蒙古、江西四省区的储量也较为丰富。

（三）锑资源的分布

我国锑矿资源分布大部分集中在南方地区的广西、湖南、云南、贵州、广东等省区，富集区有湘中区、黔东南—桂北区、黔西—滇东南区。

---

① 刘树臣、崔荣国：《我国优势矿产资源调控政策的思考》，《中国国土资源经济》2011 年第 8 期。
② 国土资源部编：《中国矿产资源报告》（2012），地质出版社 2012 年版，第 25 页。
③ 张文驹主编：《中国矿产资源与可持续发展》，科学出版社 2007 年版，第 28—29 页。
④ 同上。

（四）钼资源的分布

钼矿资源主要分布于我国的北方地区，其中河南、陕西和吉林三个省份的钼矿资源保有储量名列前位。主要分布在金堆城、栾川地区、华北地区。[①]

（五）稀土资源的分布

我国的稀土矿分为内生稀土矿和外生稀土矿两种。我国稀土矿分布相对比较集中，其中内生稀土矿主要分布在内蒙古的白云鄂博；外生稀土矿主要分布在南方的南岭地区，其中，江西、广东、广西、福建、湖南、云南、浙江等省份的离子型稀土矿占了外生稀土矿储量的95%左右。

我国的稀土储量约占世界总储量的23%，呈现出资源分布"北轻南重"、资源类型较多、轻稀土矿伴生的放射性元素对环境影响大、离子型中重稀土矿赋存条件差四大显著特点。经过多年努力，我国成为世界上最大的稀土生产、应用和出口国。[②] 为实现稀土矿的可持续利用，保护生态环境，国土资源部已经设立首批稀土矿国家规划矿区，首次划定的赣州地区稀土矿国家规划矿区包括勘查区、开采区及成矿远景区共11个区块，总面积2500多平方千米，预测稀土远景资源量约76万吨，其中中重稀土资源储量约71万吨。资源查明后，可望使目前全国中重稀土探明资源储量增长80%。与此同时，国土资源部决定在四川攀西地区设立铁矿国家规划矿区，包括攀枝花、白马两矿区面积460多平方千米。[③]

三 保护优势矿产资源的意义

（一）优势矿产资源的战略地位

我国的优势矿产资源在民用工业、军事工业和航空航天工业等重要领域都有十分广泛的重要用途，属于具有战略价值的矿产资源。在国际方面，由于在现有技术下这些矿产资源应用的领域特殊，可替代性不高，加上资源的地域分布的不均衡和资源规模上的巨大差异，很多国家在该类资源的供应上都不能做到自给自足，因而要依赖国外的资源，而依赖国外资源程度的高低直接关系一个国家的国家安全与经济安全。因此，许多国家将这些矿产资源列入战略矿产清单，进行战略储备。由于战略意义特殊，国际上有许多重大的有关矿产资源

[①] 张文驹主编：《中国矿产资源与可持续发展》，科学出版社2007年版，第28—29页。

[②] 国务院新闻办公室：《中国稀土状况与政策》，2012年6月20日。

[③] 《国土部设首批稀土矿国家规划区包括11个区块》，国土资源部网站（http://www.mlr.gov.cn/kczygl/kcgh/201102/t20110211_ 815554.htm）。

方面的计划、行动、项目都关注我国优势金属矿产。如美国历时 20 年、耗资 10 亿美元的矿产可行性分析与系统建设涉及的 34 种矿产资源中就包括我国的优势矿产资源钨、锡、锑、钼和稀土。[①] 就我国而言，优势矿产资源作为我国军事科技发展不可替代的矿产资源，在保障我国军事装备能力提升，保障国防安全和军事科技可持续发展方面也同样扮演重要的角色，属于具有战略意义的矿产资源。

（二）优势矿产与我国的国际竞争力

人类未来的竞争核心是资源的竞争，得资源者得天下。首先，优势矿产资源决定我国未来在国际社会矿业方面的话语权。如果不加以保护，我国在这些资源利用方面的竞争力就会下降，而且事实证明我国优势矿产资源中的钨、锡已有下降趋势。[②] 其次，人类科学技术发展达到一定程度时，国家之间的竞争核心之一就是军事的竞争，作为在军事工业、航空航天等领域应用广泛的我国优势矿产无疑是军事工业竞争中的重要物质基础。拥有这些资源就等于获得了取胜的重要砝码，失去这些资源利用的优势将会处于受制于人的地位。再次，优势矿产资源在我国的矿产资源的全球战略中居于特殊地位，是具有战略意义的矿产资源，国际上很多国家将其作为具有战略意义的矿产资源进行储备，如美国和日本等。最后，在未来的高科技发展方面，钨、锡、锑、钼和稀土属于不可替代或难以替代的矿产资源，国内外的需求均十分突出，如果我们不注重开发利用的可持续性，不注重国家利益和国家军事安全风险预防，不久的将来我国将会陷入该类资源利用的被动局面。

如稀土的贱卖不仅大大损害了中国的长远利益，而且影响到我国的竞争力。中国的稀土供应量约占全世界供应量的 30%，其出口量却占全球总量的 80%—90%。照此下去，中国的稀土储量仅能维持 15—20 年，以后就要依赖进口。[③]

（三）优势矿产资源合理开发利用对我国可持续发展的意义

优势矿产资源的合理开发利用有利于资源的优化配置，实现资源的持续稳定供给，为我国经济的快速稳定发展提供重要保障，是我国迎接经济全球化的

---

① 李建勤：《中国优势金属矿产资源发展战略研究》，博士学位论文，北京师范大学，2005 年，第 20 页。

② 崔荣国、刘树臣等：《我国重要优势矿产资源国家竞争力研究》，《中国矿业》2009 年第 10 期。

③ 新华评论：《要注意保护中国稀土资源不应贱卖》，新华网。

必然要求，对我国可持续发展有着重要的战略意义。其战略意义体现如下：一是就优势矿产资源的配置来看，我国优势矿产资源的供给和配置既涉及国际优势矿产资源的配置格局和可持续发展的战略步骤，也涉及我国不同区域、不同行业之间的资源利用格局；二是就我国可持续发展的资源需求来看，我国虽然目前还是处于社会主义初级阶段，但发展速度和前景看好，资源的需求处于快速提升阶段；三是就其他同样拥有和我国相同优势矿产资源的国家的资源利用策略来看，其采用的手段是禁止或者限制本国同类资源，而大量地从中国及其他国家进口该类资源产品，因此，我们如果不早做打算，未来就会受制于这些国家。[①]

第二节 我国优势矿产资源领域存在的突出问题

一 资源供给有限、需求无限，市场供需矛盾激烈

（一）优势矿产资源供给的有限性和需求的无限性

一是从矿产资源属性来看，优势矿产资源属于不可再生资源，其在相对时间范围内，全球的储量是有限的，虽然我国优势矿产资源的储量较大，但相较于不断增长的资源需求而言，供给十分有限。二是从经济社会发展的长远需要来看，储量的有限性、需求的世界性以及长远发展的需要，优势矿产资源供给和需求的矛盾日益突出。三是从资源利用手段来看，我国矿产资源勘探、开采的生产技术有限、生产工艺不成熟等因素决定了我国优势矿产资源的利用率偏低、浪费严重，从而在客观上也一定程度地限制了资源的有效供给。

（二）优势矿产资源国内市场供需矛盾

我国正处于工业化飞速发展时期，科技、军事、航空等各个领域发展迅速，对优势矿产资源的需求也越来越大，如"2000年我国稀土消费量达19200吨，成为世界第一消费大国。钨、锡矿产品的消费量亦居世界第二位"[②]。然而我国优势矿产资源的生产速度远远跟不上资源消费快速增长的步伐，勘探开采的现代化程度偏低、产量不高，决定了优势矿产资源大量消耗的态势还很难

---

① 如美国对待石油和稀土资源的开发利用策略就是优先利用海外的资源，节制开发和保护本国的资源。

② 周宏春、王瑞江、陈仁义等：《中国矿产资源形势与对策研究》，科学出版社2005年版，第61页。

快速转变，优势矿产资源的国内供需矛盾也日益加剧。

（三）优势矿产资源国际市场供需矛盾

由于优势矿产资源在世界上的分布相对比较集中，大部分储量只分布在少数国家。以稀土资源为例，中国的稀土资源储量达到世界总基础储量的43%，美国的储量也占了13%。[①] 然而优势矿产资源的需求却是世界性的，随着全球经济一体化的不断推进和世界经济的不断发展，一方面，各国对于优势矿产资源的需求日益增多；另一方面，在全球范围内，由于经济利益的驱动和多个国家因担心资源耗竭在不开发本土稀土等资源的同时却从中国大量进口和囤积具有战略价值的稀缺资源。[②] 近几年来，作为多个重要领域核心原料的优势矿产资源在国际市场变得越来越炙手可热。供给和需求存在着明显落差，从而加剧了供需之间的矛盾。

（四）优势矿产资源供给国际干预加剧

在我国，优势矿产资源因其不可替代性已经呈现出供不应求的现象，考虑到资源的可持续发展以及优势矿产资源对国家的战略意义，我国对优势矿产资源采取调低出口配额或者提高出口价格的政策。然而由于我国的优势矿产资源在全球具有广阔的市场需求，世界各国纷纷以各种方式向我国施压，要求缓和优势矿产资源的出口机制。[③] 外界的种种压力对中国优势矿产资源的出口政策造成了一定的影响，国际供需矛盾仍然十分突出。数据显示，2011年第二批一般贸易稀土出口配额共计15738吨，该数字较2010年第二批配额7976吨增加约97.3%。另据统计，2011年全年稀土出口配额共计30184吨，较2010年略降74吨。[④] 近乎一倍的配额提升，是中国基于保护环境和可用尽资源、维持可持续发展，并切实考虑全球稀土供应与需求的情况下作出的积极努力。但是，美国和欧盟一些官员却似乎摘不下有色眼镜，认为中国对稀土的供应仍"不充分"，"扭曲了市场"。[⑤]

[①] 参见中国国际贸易促进委员会国际信息部：《〈中国商务指南〉（矿业）行业分卷》，2007年10月。

[②] 如美国在1999年以后基本上停止开采本国的稀土资源，转而大量进口稀土资源并进行战略储备。

[③] 据凤凰网财经综合报道，日本于2010年10月12日召集美、英、德、法、韩等各主要稀土进口国，联合向我国进行外交施压，要求中国放宽对稀土元素的出口限制。欧盟和美国对于我国稀土的开发利用也有自己的不同看法。

[④] 《今年稀土出口配额略降74吨》，《信息时报》2011年7月15日B8版。

[⑤] 《新华时评：让稀土回归稀土》，新华网（http://news.xinhuanet.com/mil/2011-07/18/c_121681195.htm）。

二 优势资源价值和价格严重背离，国家利益受到损害

例如，一段时期以来，在国际市场上稀土价格没有真实反映其价值，长期低迷，资源的稀缺性没有得到合理体现，生态环境损失没有得到合理补偿。2010年下半年以来，虽然稀土产品价格逐步回归，但涨幅远低于黄金、铜、铁矿石等原材料产品。2000—2010年，稀土价格上涨2.5倍，而黄金、铜、铁矿石价格同期则分别上涨4.4倍、4.1倍、4.8倍。[1]

（一）资源定价未包括生态环境利用和恢复费用

矿产资源的价值由地勘劳动投入及其权益、开发后的超额收益（即矿产资源的出让租金）和环境补偿价值三部分构成，即地勘劳动价值、潜在收益价值和环境价值。[2] 目前我国的优势矿产资源价格忽视了应有的资源价值、生态环境利用和恢复费用，即忽视了资源和环境成本，没有反映优势矿产资源的稀缺程度。优势矿产资源的这种定价缺陷导致资源价格偏低，环境保护未得到应有的重视，资源的价值没有充分体现。例如，池浸工艺每开采一吨稀土，要破坏200平方米的地表植被，剥离300平方米表土，造成2000立方米尾矿，每年造成1200立方米的水土流失。[3]

（二）地方矿业抢占市场恶性压价出售

由于产业政策的原因，在我国优势矿产资源开发领域，存在着众多地方中小型矿山企业。这些企业多数自身技术含量不高，资源开采和利用程度低，缺乏综合国际竞争力。一方面企业注重短期的自身经济收益而缺乏国家竞争意识，没有意识到优势矿产资源对于我国的战略价值，或虽然清楚其战略价值但在激烈的国际竞争中自顾不暇，不能兼顾国家利益；另一方面，国家和地方政府未能制定科学的定价体系，合理引导企业参与国际市场竞争。因而，导致地方矿山企业为了抢占市场份额、追求出口创汇收益，相互进行恶性盲目竞争，不断压低价格竞相出口，在国际市场上相互争夺，使得我国出口的优势矿产资源产量虽然在不断增加，价格却没有相应增长，出口收入不但未升反而有下降的趋势。例如从统计数据看，因出口过量、竞争无序，价格游离于企业掌控之外，我国稀土产量的60%用于出口，出口量占国际贸易的63%以上。但由于国内多头出口，企业间压价竞销，导致稀土产品价格大幅下跌。从1990—

---

[1] 国务院新闻办公室：《中国的稀土状况与对策》，2012年6月20日。
[2] 王广成、任满杰：《矿产资源定价方法的实证研究》，《黄金》2001年第12期。
[3] http://q.sohu.com/forum/20/topic/52017128#&ilp=1.

2005年，中国稀土的出口量增长了近10倍，可均价却被压到了当初价格的64%。①

（三）优势矿产未获得应有的国际定价权

一般来说，在市场经济社会，商品价格主要受供求关系的影响。矿产资源特别是优势矿产资源的价格除了受到供求关系的影响外，还受到国际政治因素的影响。世界范围内优势矿产资源的有限性加上我国优势矿产资源储量巨大的特征，本应使我国获得应有的国际定价权。然而在优势矿产资源领域，我国长期存在着过度竞争现象，国内供需总量未得到很好的调控、国内相关期货市场也尚未建立；各国在少量需求外大量进行战略储备，国际市场供求未能得到真正反映，加上我国参与国际期货市场的程度不高，完善的国际价格谈判体系尚未形成。② 一旦我国对出口额度进行限制便会遭到多国施压，优势矿产资源的国际定价权没有能够真正掌握在自己的手中。以稀土为例，目前，中国稀土出口居全球之首，然而长期以来获益较少。因为我国稀土价格的低廉，有的国家停止稀土开采转而从我国进口稀土。20世纪60年代至80年代中期，美国是世界上最主要的稀土生产国，到1984年达到高峰，其稀土矿的产量占到世界产量的40%，1988年中国首次成为世界上最大的稀土矿产品生产国，此后的10多年美国稀土矿的产量逐年减少，至2002年，美国基本上完全停止了国内的稀土矿开采，而转为从中国进口。③ 因为无计划过量开采，我国的稀土资源储量急剧减少，利润下滑严重。据统计，1990—2005年，中国稀土出口量增长近10倍，但价格却下降了50%。稀土的贱卖大大损害了中国的长远利益。中国的稀土供应量约占全世界供应量的30%，其出口量却占全球总量的80%—90%。照此下去，中国的稀土储量仅能维持15—20年，以后就要依赖进口。④ 据报道，中国最大的稀土企业包钢稀土2009年上半年亏损6718.71万元。而在2008年，包钢稀土合计销售了5.4万吨的稀土产品，这大约相当于全球需求的一半，但销售收入仅为32.25亿元，净利润仅为1.69亿元。⑤

（四）外国低价收购变相掠夺优势矿产资源

虽然我国优势矿产资源储量丰富，但是由于出口价格偏低，促使外国从我

---

① 张权：《我国稀土资源实现可持续发展的必经之路》，《资源经济与管理研究》2010年第3期。

② 李志鹏：《开放条件下保障我国战略矿产资源安全的政策研究》，博士学位论文，中国社会科学院，2007年。

③ 张权《我国稀土资源实现可持续发展的必经之路》，《资源经济与管理研究》2010年第3期。

④ 同上。

⑤ 《中国稀土出口贱卖调查：为何卖不到猪肉价?》，《证券日报》2009年8月21日第1版。

国大量进口优势矿产资源,在满足市场需求外还大量进行战略储备。鉴于从中国进口优势矿产资源能得到超出资源价格以外的价值,因此,即使国内有一定的资源储量,各国也停止开发本国的资源而选择超额进口,实质上就是进行变相掠夺,导致我国优势矿产资源过度开发,国家的储量优势不断减弱,国家利益受到严重损害。

在过去的20多年间,美国、欧洲、日本、韩国从我国进口了大量廉价稀土作为自己的战略储备,一直依赖进口我国稀土发展电子工业的日本,已经储备了足够用20年的稀土资源。[①] 1986年,中国稀土产量首超美国。美国一份名为《稀土元素全球供应链》的报告统计显示,2009年,中国稀土储量为3600万吨,占全球稀土储量的36%,产量为12万吨,占世界稀土产量的97%。与之形成鲜明对比的是,美国稀土储量为1300万吨,占世界稀土储量的13%,而产量为零,其所需稀土资源主要从中国进口。

三 资源开发统筹性差,不同区域资源开采利用失衡

(一) 资源开发战略性规划指导不足

按照我国优势矿产资源的形势,储备战略的目的应该是保障供应而不是满足市场上的所有需求,而且应该以提高利用效率为目标,以科技进步为根本手段。企业在开采优势矿产资源时并不能从资源的战略意义方面全方位考虑,而是仅根据市场的需求变化盲目开采。在这方面,国家缺乏专门的战略性规划指导,导致资源开发存在一定的无序性和盲目性。由于稀土元素独特的光、电、磁等性质,其已成为新材料的原料宝库,在现代科技、高新技术产业及与人类生活密切相关的各方面得到了广泛应用,并将在21世纪的新技术革命中发挥更为重要的作用。因此,美国和日本等发达国家均将除Pm以外的16种稀土元素列为"二十一世纪战略元素"。[②]

(二) 全国资源供给总量控制乏力

1. 超计划开采

加强优势矿产资源的保护,必须进行有计划的开采,实行总量控制。我国目前的优势矿产资源供给总量控制有待于进一步加强。为创造巨大外汇,对出口的优势矿产资源限采力度不够;在采矿权的设置和执行方面也没有进行较为

[①] 张权:《我国稀土资源实现可持续发展的必经之路》,《资源经济与管理研究》2010年第3期。

[②] 严纯华、廖春生、王哲明等:《我国稀土资源的优化利用》,材料科学与工程技术:中国科协第三届青年学术年会论文,北京,1998年8月。

严格的控制，乱采滥挖现象大量存在；优势矿产资源开采的矿山企业执行开采总量控制的力度不够。全国超计划开采现象大量存在。有关证据显示，2010年我国出口稀土39813吨，比原计划30258吨高出9555吨。与此同时，稀土走私继续泛滥，进而引发私挖盗采环境恶化加剧。据统计，在2009年前后不到一年的时间里，我国海关连续破获稀土走私大案，涉案稀土总量上万吨。①依据《全国矿产资源规划（2008—2015年）》，我国2010年下达的全国钨精矿开采总量控制指标为80000吨，其中主采指标66480吨，综合利用指标13520吨。这个指标虽然超出《全国矿产资源规划（2008—2015年）》规定的开采总量控制规划指标74700吨7.1%。但主采钨精矿总量66480吨尚未超过规划指标。2010年钨精矿产量为99514吨，虽只比上年增长3.8%，但已超过《全国矿产资源规划（2008—2015年）》重点矿种2010年开采总量调控指标所规定74700吨的33.2%，超出量达24814吨；超过国土资源部和工信部下达的生产总量控制年度指标80000吨的24.4%，超出量达19514吨。②

2010年我国锡精矿产量为91400吨，仅为国土资源部当年生产总量控制规划指标的65.3%，但却超过当年工信部下达的指令性生产计划指标40.6%。③我国2001—2008年钨、锑和稀土的供需趋势能够说明了这一点。见图16-1、图16-2、图16-3。

2. 优势矿产资源走私出口严重

为了进一步保护国内优势矿产资源，实现资源优化配置，国家加大了优势矿产资源的出口控制，调低出口配额。然而，随着我国对优势矿产管理政策的调整，如在我国稀土出口政策调整过程中，由于相关配套规范的滞后，无法有效遏制非法走私，走私出口的情况十分严重。巨额的经济利润驱使不少人钻政策的漏洞，有的企业偷梁换柱绕开出口配额的管制，有的串通海关非法出口。走私现象愈演愈烈，造成我国优势矿产资源在国家配额范围外流失严重，国家利益严重受损。据海关的统计数据显示，每年我国走私的稀土量至少2万吨，但我国近三年查获的走私稀土量仅有1.6万吨左右。④也有报道认为"2009年

----

① http://q.sohu.com/forum/20/topic/52017128#&ilp=1.
② 殷修奇：《继续坚持矿产资源总量调控政策——规划先行》，《中国国土资源经济》2012年2期。
③ 同上。
④ 《国家减少配额致稀土走私猖獗：多出口日韩200吨赚千万》，http://finance.ifeng.com/news/special/xiyoujinshu/20101020/2737374.shtml。

第十六章　我国优势矿产资源面临的严峻形势　　545

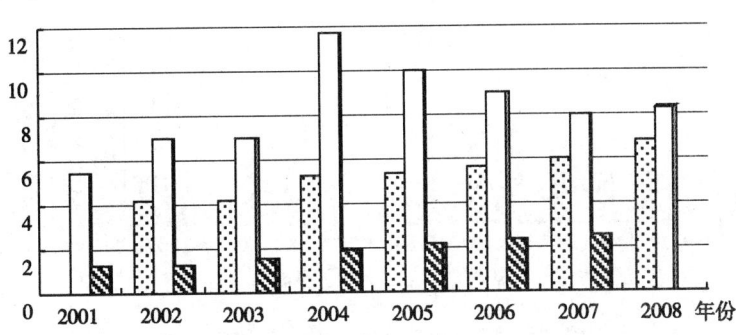

图 16-1　2001—2008 年钨的供需形势

资料来源：矿产资源战略研究课题组：《国家可持续发展国土资源战略研究：矿产资源战略研究总报告》，2010 年 3 月。

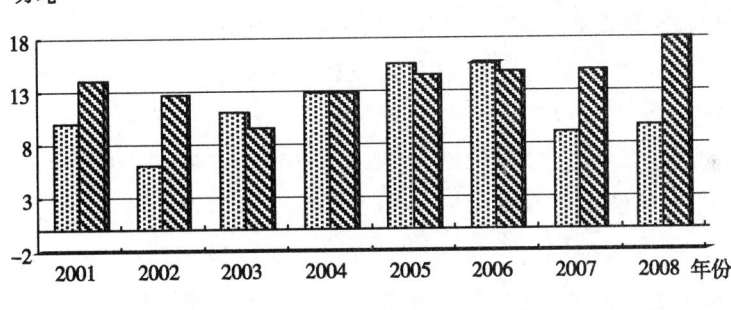

图 16-2　2001—2008 年锑的供需形势

资料来源：矿产资源战略研究课题组：《国家可持续发展国土资源战略研究：矿产资源战略研究总报告》，2010 年 3 月。

稀土流失海外的数量达到惊人的 2 万吨，其中走私到日韩的甚至占到 80%"[1]。2010 年我国出口稀土 39813 吨，比原计划 30258 吨高出 9555 吨。与此同时，稀土走私继续泛滥，进而引发私挖盗采环境恶化加剧。[2] 2011 年稀土走私现象

---

[1]　《稀土出口商揭走私那些事　成熟"产业链"催生暴利》，http://www.chinanews.com/cj/2010/10-20/2598745.shtml。

[2]　中国经济网（http://news.qq.com/a/20110211/000419.htm）。

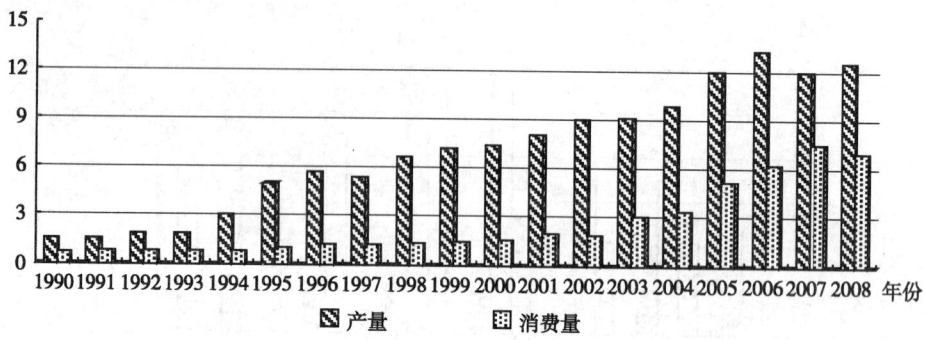

图 16 - 3　2001—2008 年稀土的供需形势

资料来源：矿产资源战略研究课题组：《国家可持续发展国土资源战略研究：矿产资源战略研究总报告》，2010 年 3 月。

仍时有发生。

从 2011 年中国海关出口和国外海关进口统计数据看，中国稀土走私问题比较突出。受国内国际需求等多种因素影响，虽然中国海关将稀土列为重点打私项目，但稀土产品的出口走私现象仍然存在。2006—2008 年，国外海关统计的从中国进口稀土量，比中国海关统计的出口量分别高出 35%、59% 和 36%，2011 年更是高出 1.2 倍。[①]

尽管稀土专项整治行动中，中国海关已经加大了对稀土走私的打击力度。但在 2011 年开展的稀土专项整治行动中，山东海关查获稀土走私案件 3 起，案值 2 亿多元；广东海关 1—10 月查获稀土走私案件 6 起，案值 118 万多元，江苏查获稀土走私案件 2 起，案值 450 余万元，另处理行政处罚案件 1 起，案值 1931 万元。随着价格大幅上涨，中国南方离子型稀土非法开采和冶炼分离收购非法稀土矿产品问题在一些地区比较严重，中间商囤积、买卖稀土矿产品和冶炼分离产品严重干扰了市场秩序，通过虚报、瞒报品名出口和走私稀土的现象有所抬头。[②]

（三）资源短期开采未能兼顾可持续发展

优势矿产资源是非可再生资源，具有很低的替代性，一旦开采出来就无法恢复原状，虽然我国的储量相对较丰富，但由于我国的优势矿产资源开发长期以来只追求短期效益，储量优势正在不断变小，如不能在地质勘查上取得较大

---

① 国务院新闻办公室：《中国的稀土状况与对策》，2012 年 6 月 20 日。
② http://www.chinanews.com/cj/2011/11-30/3498645.shtml。

突破,"到2020年,除稀土外,其他几种优势矿产可供储量都不能保证消费需求"①。另外,我国优势矿产资源缺乏针对性较强地开发利用总体规划,盲目开采现象突出,保障可持续利用的长效机制十分欠缺。以我国稀土开发利用为例,目前稀土资源非法开采屡禁不止、冶炼分离产能无序扩张、生态环境破坏严重、资源利用水平低、出口秩序混乱、新材料开发和终端应用技术发展十分缓慢等问题长期影响我国稀土行业可持续健康发展。

(四) 不同区域资源开发利用矛盾突出

我国优势矿产资源的分布在地域上表现出很大的不均衡性,矿山多分布在不同的行政区划内,地方保护主义的存在使一些地区置国家的利益于不顾,为了本地区的利益相互争夺资源的开发利用,没有从资源分布的自身特点和资源开发的战略性、整体性上做长远考虑,致使不同区域之间的资源开发利用矛盾十分突出。

四 矿产资源开发利用产业结构不合理

改革开放以来我国实现了经济高速增长,但也付出了较大代价,主要原因在于经济增长方式粗放。粗放型的经济增长方式可概括为"三高五低":高能耗、高物耗、高污染;低劳动成本、低资源成本、低环境成本、低技术含量、低价格竞争。由此带来经济生活中的一系列结构性矛盾,主要为内需与外需不均衡,投资与消费比例不协调,收入分配差距较大,产业结构不合理,科技创新能力不强,城乡、区域发展不平衡,经济增长的资源环境约束强化,经济发展与社会发展不协调等。这种粗放型的经济增长方式和一系列结构性矛盾,使我国的经济发展受到能源、矿产资源、土地、水和生态环境的严重制约,受到各种成本上升的影响,受到国内消费需求狭窄的限制,受到国际经济、金融等风险的冲击。所以,转变经济发展方式刻不容缓。②

就稀土行业而言,产业结构不合理。冶炼分离产能严重过剩。稀土材料及器件研发滞后,在稀土新材料开发和终端应用技术方面与国际先进水平差距明显,拥有知识产权和新型稀土材料及器件生产加工技术较少,低端产品过剩,高端产品匮乏。稀土作为一个小行业,产业集中度低,企业众多,缺少具有核

---

① 周宏春、王瑞江、陈仁义等:《中国矿产资源形势与对策研究》,科学出版社2005年版,第89页。

② 刘树成:《2011年和"十二五"时期我国经济走势的特点》,《人民日报》2011年8月9日第7版。

心竞争力的大型企业,行业自律性差,存在一定程度的恶性竞争。①

(一) 矿业企业准入标准过低

优势矿产资源的稀缺性和特殊性决定了我国优势矿产资源开发企业必须具备应有的国际竞争能力。也就是说,参与优势矿产资源开发的矿业企业必须达到一定的资质才能保证其能参与国际市场并决胜于国际市场。同时也便于国家管理,从而保证我国的优势矿产资源的开发处于一种有序的状态。但事实上,虽然我国《矿产资源法》第 15 条规定了设立矿山企业,必须符合国家规定的资质条件,但这一规定过于笼统,可操作性不强,导致实践中探矿采矿许可证的取得相对容易,大量没有条件或条件较差的中小企业进入矿产资源开发领域,资源开采浪费和破坏严重。因优势矿产资源具有不同于一般矿产资源的战略意义,对于优势矿产资源的开采利用,企业的准入标准应该更加严格,在企业的规模、环境保护水平、勘探开采技术水平等方面进行严格把关,以从源头上保障优势矿产资源的可持续利用。

(二) 开发矿产的小企业为数过多

在我国优势矿产资源开发利用领域,低水平、小规模的企业大量存在。以钼矿资源的开发利用为例,"1999 年度,全国钼矿山 163 个,其中大型矿山 6 个,中型矿山 6 个,小型矿山 151 个"②。低水平的小型生产企业的生产成本较高、生产效率低下,企业的管理水平也比较低下,导致资源破坏和浪费严重,矿区生态环境遭到破坏,急需引导众多中小企业走集约化经营和综合利用之路。

(三) 矿产资源开采技术水平低

科技进步是有效提高矿产资源开发利用效率的重要手段,然而目前我国优势矿产资源开发利用领域的科技水平却并不尽如人意。采矿和选矿技术水平相对低下,以锑矿的开发利用为例,"大部分锑矿山的技术装备水平仅相当于工业发达国家 20 世纪 60 年代的水平,甚至一些原始的工具和方法还在相当多的小型矿山中普遍采用"③。开采技术水平的提高对于我国优势矿产资源的综合利用和可持续发展有着十分重要的现实意义。

(四) 注重原矿开发,轻视矿产深加工

虽然我国在优势矿产资源储量上具有绝对优势,但创造的单位经济效益却

---

① 国务院新闻办公室:《中国的稀土状况与政策》,2012 年 6 月 20 日。

② 国土资源部矿产开发管理司编:《中国矿产资源主要矿种开发利用水平与政策建议》,冶金工业出版社 2002 年版,第 253 页。

③ 同上书,第 282 页。

十分低下，资源优势并没有能够转化成相应的经济上的优势。我国优势矿产资源领域过多关注资源的前期开发，产品主要以原矿和初级加工产品为主，产品的深加工技术水平不高，开发能力较弱，高附加值的产品比重极低。重视优势矿产资源的深加工、提高产品技术含量和附加值已经成为我国优势矿产资源开发利用领域的重要课题之一。

五 开采手段落后，资源浪费和资源破坏严重

（一）勘探和开采技术落后，资源浪费严重

我国优势矿产资源的勘探开采技术水平较国外发达国家有很大差距，尤其中小企业大量存在，采用的勘探开采技术水平比较低下。部分企业，甚至一些优势矿产资源开发的大中型矿山企业采用的还是20世纪五六十年代的采矿技术设备，资源综合利用效率十分低下，造成优势矿产资源的极大浪费。总体上看，"我国矿产资源总回收率约为30%，比国外低20个百分点，共伴生矿产资源综合利用率只有35%左右"[1]。如包头主东矿年开采铁矿石1000万吨中含稀土50万吨，其中利用率为10%，浪费率为10%，其余80%则进入尾矿坝。[2]

（二）过度性、破坏性勘探开采导致资源破坏

由于众多中小采矿企业的存在，资源开采过程中只顾眼前的经济利益，对优势矿产资源进行过度性无节制的开采，导致我国优势矿产资源储量巨大的优势正在逐步减弱。优势矿产资源的开发利用和我国优势矿产的资源结构存在着矛盾，我国的优势矿产资源存在众多的伴生矿，如我国锡矿作为单一矿产出现的约占12%，作为共伴生组分的锡矿约占全国总储量的22%。在资源开发的过程中往往忽视了伴生矿的利用，造成矿产资源的综合利用率低下，资源破坏现象严重。[3] 加之在锡矿开采利用中国有企业、乡镇矿企以及大量私营、个体采矿者长期并存，长期重开发轻治理，政府恋税企业恋财，使得管理粗放、环保滞后、开采秩序混乱、资源过度开发。

又如，美国一份名为《稀土元素——全球供应链》的报告统计显示，

---

[1] 王永生：《论我国矿业发展循环经济的必然性与着眼点》，《中国工程科学》2005年第7期。

[2] 《中国稀土资源储量亮红灯 一年走私总量达上万吨》，http://www.ce.cn/macro/more/201102/10/t20110210_22199622.shtml。

[3] 周宏春、王瑞、陈仁义等：《中国矿产资源形势与对策研究》，科学出版社2005年版，第79页。

2009年，中国稀土储量为3600万吨，占全球稀土储量的36%，产量为12万吨，占世界稀土产量的97%。与之形成鲜明对比的是，美国稀土储量为1300万吨，占世界稀土储量的13%，而产量为零，所需稀土资源主要从中国进口。[1] 2009年，我国以世界36%的储量生产了全球97%的稀土，以世界60%的储量生产了全球81%的钨，以世界30%的储量生产了全球42%的锡，以世界38%的储量生产了世界88%的锑，为全球稀土、钨、锡、钼和锑的供应作出了卓越的贡献，这是以牺牲国内环境和开发秩序为代价的。而独联体国家、美国、澳大利亚等稀土资源也非常丰富，加起来也占到世界储量的40%左右，但是它们的产量是零。[2] 商务部数据显示，2010年1—11月，中国共出口稀土实物量3.5万吨，数量增长14.5%，金额增长171%。2010年前9个月中国对日本出口1.6万吨，同比增长167%，占中国稀土出口总量的49.8%，对美国出口稀土6200吨，同比增长5.5%，占出口总量19%。[3] 综上所见，过度开采已经成为我们必须解决的重要问题。

六 矿区环境污染和生态破坏未能完全遏制

（一）重资源开发轻环境保护

我国工业的快速发展对矿产资源的依赖程度越来越高，不少企业为了自身的经济利益，不断加大对矿产资源的开发力度。在获得巨大经济利益的同时也付出了沉重的环境代价。目前我国优势矿产资源开发过程中就存在着一系列的环境问题。比如，土地地下水位下降造成土壤生态恶化；"开采排放的净化矿坑水可导致地表水和地下水发生酸化"[4]；采矿作业的噪音会恶化附近居民的生产生活条件；矿山开采会占用大量土地；矿山废水进入水体导致江湖水质恶化，进入地下还可能造成地下水的污染等。不合理地开采矿产资源不仅造成矿产资源的损失和浪费，而且矿区的环境问题很容易被忽视，造成矿区生态环境的破坏。例如，稀土的无序开采造成令人触目惊心的环境损害。首先，稀土开采对环境和植被的破坏非常之大。先砍树后锄草，然后剥离表层土壤，所到之

---

[1] 《中国稀土资源储量亮红灯 一年走私总量达上万吨》，http://www.ce.cn/macro/more/201102/10/t20110210_22199622.shtml。

[2] 刘树臣、崔荣国：《我国优势矿产资源调控政策的思考》，《中国国土资源经济》2011年第8期。

[3] 《稀土争端背后的国际贸易悖论》，http://news.sina.com.cn/c/2011-02-22/014221990465.shtml。

[4] 陈建宏、古德生：《矿业经济学》，中南大学出版社2007年版，第267页。

处山体植被都会遭受难以修复的破坏。用池浸工艺每开采 1 吨稀土，要破坏 200 平方米的地表植被，剥离 300 平方米表土，造成 2000 立方米尾矿，每年造成 1200 立方米的水土流失。其次，稀土开采需要使用大量化学药剂，所排出的大量废水处理起来代价昂贵。在我国，每提取 1 吨稀土资源就会留下 2000 吨以上的尾砂污染。[①] 浸出、酸沉等工序产生的大量废水富含氨氮、重金属等污染物，严重污染饮用水和农业灌溉用水。再次，稀土开采浪费巨大。国有企业稀土开采的吨回收率仅为 60%，大型的民营企业回收率只有 40%，一些私采乱挖的矿山甚至只有 5%，稀土资源被大量浪费。特别是这几年私采乱挖情况异常严重，我国稀土等自然资源以及能源开发开采浪费是惊人的。最后，稀土开采代价巨大。治理污染、修复植被、恢复环境的投入超过了稀土开采的收入。例如江西全省稀土收入 329 亿，赣州一地治理费用就需要 380 亿。[②] 尽管为了保护环境我国已经颁布了《稀土工业污染物排放标准》，有目的地预防和治理稀土开采带来的环境污染，但该标准的具体执行仍需要多方面有力的配合。

（二）重矿山经济效益忽视资源的生态价值

矿产资源一般裸露于地表或埋藏于地下，与土地等地表环境共同构成了整个生态环境的一部分。矿产资源一经开发，矿区的生态环境就会遭到不同程度的破坏。为了保护生态环境的整体性功能，必须在矿产资源开采后对矿区进行土地复垦和矿区生态环境修复。但现实中，关闭的矿山往往不能进行合理的生态恢复。矿产资源开采带来的巨大经济效益似乎远优于矿产资源的生态价值，资源的生态价值和矿区的生态环境，却一直未得到应有的重视，这种重资源经济效益轻资源生态价值的落后观念亟待转变。

（三）矿区生态环境破坏旧债未清又添新账

长期以来由于急于大量开采矿产资源，快速发展经济，我国对矿区的生态环境保护重视不够，矿区生态环境破坏十分严重。"矿山生态环境治理已成为中国当前面临的紧迫任务之一，也是中国实施可持续发展战略应关注的问题之一"[③]。尽管中央和地方政府已经着手重点解决这方面的问题，但随着对优势

[①] 《中国稀土资源储量亮红灯 一年走私总量达上万吨》，http://www.ce.cn/cysc/newmain/jdpd/yj/201102/10/t20110210_20796135.shtml。

[②] 余丰慧：《坚决遏制触目惊心的稀土污染浪费现象》，北青网（http://finance.ynet.com/3.1/1204/11/6977882.html）。

[③] 罗剑：《浅议矿区生态环境治理》，《广东土地科学》2005 年第 2 期。

矿产资源的需求不断增大,越来越多的矿企投入资源的开采活动之中。由于只关注资源开采的短期效益,不重视生态保护,一些地方没有解决以往采矿留下的生态环境破坏的旧债还使矿区的生态环境状况更加严重。如不及早重视严加管理矿区的生态污染和生态破坏治理,矿区的生态问题将会成为实施可持续发展战略过程中的一大障碍。

七 非法采矿未能得到有效遏制

(一) 无证采矿严重

近年来,尽管我国国土资源部门加大了对矿产资源开发利用中无证开采行为的打击和取缔,却没有从根本上解决无证采矿的问题。由于露天采矿工艺的要求不高,投入不大,经济利益却十分诱人,加之采矿证在发放和管理中存在一定的漏洞,无证开采屡禁不止。无证开采不但破坏和浪费矿产资源,影响资源的合理开发利用,破坏生态、污染环境,还存在着巨大的安全隐患,对人民群众的生命财产安全构成严重威胁,有百害而无一利。[1] 如果不采取有力措施遏制无证开采的泛滥,将会对我国优势矿产资源在多方面造成严重损害。

据报道:江西省安远县公安局曾成功破获一起非法开采稀土案,捣毁非法采矿点一个,抓获犯罪嫌疑人李某某,查获原矿稀土8000千克,涉案价值约30万元,扣押涉案吉普车一辆,柴油机、水泵等采矿作案工具一批。经查,2011年8月以来,李某某在高额利润的诱惑下,未经有关部门审批,窜至安远县蔡坊乡黄地村非法开采稀土,并将开采的稀土存放在蔡坊乡碛脑村其岳父邓某某家中,待价出售。目前,公安机关已在邓某某家中查获164包原矿稀土,共计8000千克,犯罪嫌疑人李某某因涉嫌非法采矿罪已受到刑事追究。[2]

(二) 越权采矿频现

为了明确采矿权人的权利,采矿证明确规定了矿区范围和开采矿种,由于开采量的多少直接决定了矿业企业的经济收益,采矿权的限制直接影响了开矿权人的经济利益。不少矿企不能满足于眼前的利润,超越批准的矿区范围或矿种进行开采,不仅侵害了其他采矿权人的利益,而且不利于资源的可持续发展,为国家管理带来很大的不便。为了保证开矿活动的有序进行,国家应该加大力度打击越权采矿行为。

如2005年8月,何某通过贿赂县国土局领导,在划定矿区已发现一定储

---

[1] 戴道升:《无证开采的原因及整治措施》,《国土资源》2005年第1期。
[2] 中国江西新闻网法治频道 (http://fa.jxcn.cn)。

量的钼钨矿的情况下，仍以开采硅石的名义取得硅石采矿许可证，而实际开采和销售的钼钨矿。按照规定开采钼钨必须经过省国土资源厅的钼钨矿采矿许可程序，并缴纳相应的税费。后经举报，当地县国土资源局于 2005 年 11 月至 2006 年 4 月期间，多次向何某下达《责令停止国土资源违法行为通知书》，要求其停止擅自改变主采矿种的行为。但何某非法采矿破坏矿产资源的价值数额共计 194 万元，被移送司法机关。法院经审理，于 2007 年 12 月以非法采矿罪判处何某有期徒刑 1 年 7 个月，并处罚金 3 万元。[1]

（三）采矿权滥用严重

采矿权滥用的情况在我国以多种形式存在，有的矿企获得采矿许可证后擅自承包给没有采矿资格的多家企业，从中赚取多家承包费用，而承包人又重新转包、再转包，造成采矿权的互相争夺。在一些小型矿区，由于技术条件所限，矿产资源开采利用率低，最终出于经济价值的考虑，不少承包商选择集中精力开采富矿、放弃和忽视贫矿的开采，资源浪费严重。滥用采矿权，不当开采给环境造成的污染和破坏十分严重，因此，尽快整治采矿权滥用情况势在必行。

八 矿区社会矛盾较为尖锐

（一）矿企高利润与矿区经济落后的矛盾

在我国，矿企从矿区开采优势矿产资源得到了高额利润，但是，矿区的经济水平却没有得到相应的提高，矿区当地居民的生活没有得到应有的改善。矿企的高额利润与矿区落后的经济情况之所以形成鲜明的反差，是因为矿企只顾自身经济利益而忽视了矿区的整体社会利益。随着开采的不断进行，矿区资源越来越少，如果矿企仍然不注意履行应有的社会责任，回报社会，那么就会让矿区经济、生态状况越来越差，矿企也会失去当地民众的支持，企业也就很难在矿区立足。从实际情况看，如果政府仍然不采取补救措施，依然轻视这种矛盾，忽视矿业发展与当地生态环境及经济社会的协调发展，政府的公信力就会降低、矿区政令实施就会失去群众基础。

（二）矿企与当地政府之间的利益冲突

政府利益包括政治利益、经济利益和社会利益，而市场经济中企业的利益主要是经济利益。[2] 维护政治稳定，保护社会利益是政府的基本职能，为了维

---

[1] 中国土地矿产法律事务中心、国土资源部土地争议调处事务中心编：《土地矿产争议典型案例与处理依据》（第四辑），中国法制出版社 2010 年出版，第 195 页。

[2] 王山：《政府与企业之间利益关系分析》，《郑州航空工业管理学院学报》2009 年第 6 期。

护政治利益和社会公众利益，政府不得不对矿企采取一定的限制措施，如限制出口、限制开采量、征收排污费、增加城市建设附加税等。而矿企很难从政府利益的高度考虑，在追求自身经济利益时，可能会阻碍政府政治利益和社会利益的实现。如广东省河源市和平县政府仅2011年全县直接用于整治非法采矿的资金就达500万余元，而和平县2010年全年财政收入才1.4亿元。但在高额利润诱惑下，仍有部分人顶风作案，以致非法采矿出现死灰复燃的情况。2011年的专项整治行动中，毁闭、整治了53个非法稀土矿点，其中42个矿点是2005—2007年已关闭整治又企图复工的旧矿点，11个矿点是当年刚动工即被整治关停的矿点。[①]

（三）矿企与矿区居民环境权益保护的矛盾

优势矿产资源的开发不可避免会对矿区造成一定程度的环境污染和生态破坏，从而导致矿区居民环境权益受损，影响矿区居民的生产生活。在矿区的爆破作业过程中，近距离的居民房屋会出现裂缝甚至倒塌，居民的居住安全受到严重威胁；矿企机器设备运行产生的巨大噪音会影响居民的正常工作、学习和生活，甚至会造成居民的身体和精神损害；矿企在开采矿产资源过程中的尾矿堆放会占用当地居民的土地，造成土壤污染和土地资源的浪费；矿区排放的污水还会造成当地水土环境的污染等。矿企经济效益的提高与矿区环境保护的矛盾如不能得到合理解决，将会造成矿企与矿区居民的关系日益紧张，甚至会加剧矿区的社会矛盾。

福建是我国南方的稀土大省，全省离子型稀土矿储量居全国前三位，在世界稀土产业界占据举足轻重的地位。近年来，随着稀土市场行情的升温，非法采矿者受经济利益驱动，未经有关部门批准，非法对稀土矿进行乱采滥挖。非法开采不仅浪费了宝贵的稀土资源，更给当地环境造成巨大破坏，洗矿废水所到之处农田绝收，树木死亡。尤其是盗采稀土采用的池浸和堆浸传统工艺，既严重破坏地貌和植被，又极易导致土地沙化、板结，浸矿废液未经处理就直接排放，使得河道淤塞，河床抬高，河水污染，严重破坏当地生态环境。为保护赖以生存的山林，当地村民自发采取措施对无证矿主用于进水生产稀土的PC管进行破坏，以阻止他们的乱采滥挖活动。2010年以来，当地公安、国土、林业等部门也多次联合组织过整治行动，散落各村的非法采矿点多次被捣毁。但执法人员一走，非法采矿者又重新布设管道进行开采，大量废液未经处理直

---

① 南方网（http://www.oeeee.com/a/20111104/1025914.html）。

接排放。[①] 与上述案件性质相同的还有素有"世界锑都"之名的"湖南省冷水江市锡矿山也非法开采优势资源锑，污染环境，严重危害百姓"[②]。

综上所述，我国优势矿产资源开发利用方面的问题多、成因复杂。有的问题是由于多年的历史积累，有的问题是伴随着经济社会发展变化产生，有的是因为无节制的开采导致矿产资源耗竭和生态环境破坏，有的是因为矿产品的供需矛盾或市场变化而产生，还有的是因为产权不明晰、矿产资源管理过程中未能很好地处理行政管理和财产权益保障之间的关系，矿产资源开发利用、利益分配机制不合理，没有形成一整套适合我国社会主义特点的符合经济规律的运行机制所导致。

[①] http：//finance.ifeng.com/roll/20110830/4490493.shtml.
[②] 环境质量与检测网（http：//www.hjjc.ibicn.com/news/d7181.html）。

第十七章

我国优势矿产资源法治的回顾与反思

矿产资源的供需矛盾及其所带来的社会问题是随着工业化进程而加剧的，因此，作为调整矿业社会关系的法律制度也经历了从无到有的产生发展历程。我国优势矿产资源的法律保护经历了一个渐进发展的过程，其基于解决我国经济社会发展中出现的矿产资源问题，调整由此产生的社会关系而产生，并伴随着资源开发利用程度的加剧而发展和完善。我国优势矿产资源立法、执法和司法的沿革和发展体现了我国资源开发利用和管理的思想和政策，反映了我国优势矿产资源管理的法律规则体系和法律运行系统。从以往资源利用的历史和法律保护的轨迹来看，我国矿产资源法治在保护优势矿产资源方面作出了巨大的贡献，但也存在多方面的问题。对这些问题的研究有利于促进我国矿业法治的完善，这些问题的解决有利于保障我国优势矿产资源的可持续开发利用，促进我国经济社会又好又快发展。

第一节 我国优势矿产资源立法、执法和司法情况的梳理

虽然历史上我国是个注重农耕的国家，但矿产资源开发利用的历史却十分悠久。关于矿产资源保护和管理的思想和立法源远流长，早在古代就有相关立法。基于生产力发展水平和对矿产资源认识、利用能力及统治者对矿产资源价值的认识和管理思想的限制，我国古代和近代对优势矿产资源的保护主要体现为对重要矿产资源的特殊保护。[①] 新中国成立后，矿产资源保护和管理作为我国社会主义立法的重要内容得到了应有的重视，我国从无到有初步建立起了具有中国特色的矿产资源立法、执法和司法体系，优势矿产资源也初步纳入了矿产资源法律保护和管理的社会主义法治轨道。考虑到课题研究目的和任务需

---

① 我国古代和近代已经认识到部分矿产资源的重要性，如铜、铁、银、铝等，并通过法律规范加以保护。由于研究篇幅所限，本部分不对我国古代、近代矿产资源立法展开论证。

要，本部分仅就新中国成立后矿产资源法治建设中关于优势矿产资源在立法、执法和司法方面的实践进行梳理和重点研究。

一 我国优势矿产资源立法梳理

我国对于矿产资源的法律规范是伴随着科学技术进步和工业发展，特别是矿业发展而展开的，其中对于优势矿产资源的法律规范也像其他矿业资源的管理一样经历了从计划经济到社会主义市场经济的发展阶段，从个别规范到全面调整，从仅规范国内资源开发利用到和国际矿产资源市场接轨的复杂过程。目前，我国已经形成了以宪法规定为依据，以法律和行政法规为主线、以政策为引导的优势矿产资源法律政策框架，但是这个框架还需要更为具体的法律制度去填充和完善。

（一）立法的梳理

中华民族具有依法管理矿产资源的悠久历史，我国古代历朝历代都有关于重要矿产的立法。虽然这些立法多以零散的法律条文或者王令表现，但反映了我国保护重要矿产资源的文化习俗和法律传统。

新中国成立以后，我国也十分重视矿业管理方面的法律制度建设，并及时地将矿产资源纳入法律调整的范畴。由于历史上我国长期注重农耕，和西方社会相比矿业并不发达，加之新中国成立后百废待兴，矿业处于需要快速发展的阶段，对于立法具有促进作用。我国优势矿产资源的法律保护经历了一个长久的渐进发展过程。新中国成立后我国矿产资源保护的立法经历了以下阶段：

（1）1949—1966年，此阶段属于我国矿业的初步建设时期。1951年4月18日，政务院颁布施行了《矿业暂行条例》，在社会经济领域实行计划经济，对私有矿山进行公有化改制，成立了专门部门进行矿产资源开发，采取无偿使用的方式将矿产资源的探采权划拨给公有制经济组织。1965年12月17日国务院批转了地质部制定的《矿产资源保护试行条例》。我国此阶段的立法中并无关于优势矿产资源的专门立法。

（2）1966—1976年，即"文化大革命"的十年间，我国矿业立法处于停滞状态，优势矿产资源立法也未得到发展。

（3）1976—1986年。1978年党的十一届三中全会的召开，预示着矿业发展法治建设春天的来临。为了出口创汇，1985年，我国开始实行稀土产品出口退税政策，鼓励出口稀土，此后中国的稀土对外出口逐年递增。

（4）1986年至今。此阶段可分为1986—1996年《矿产资源法》修改前和1996年《矿产资源法》修改后两个阶段。1986年我国颁布实施的《矿产资源法》标志我国矿产资源管理从此进入法治的轨道。该法对优势矿产资源做了特别规定。其第17条规定："国家对国家规划矿区、对国民经济具有重要价值的矿区和国家规定实行保护性开采的特定矿种,实行有计划的开采。"之后,我国开始以法规、规章等形式规制优势矿产资源的勘探开采和相关生产活动。1991年,国务院颁布《关于将钨、锡、锑、离子型稀土矿产列为国家实行保护性开采特定矿种的通知》,首次以法规形式对我国优势矿产资源的开采、选冶、加工、销售和出口等各个环节实行统一管理和调整。

1996年我国修改了《矿产资源法》,确立了矿产资源有偿使用制度。与此同时,我国稀土过量开采的情况十分严重,一方面导致竞争出口,低价贱卖的情况突出;另一方面非法开采和破坏性开采造成了严重的环境污染和生态破坏。为了改变这种局面,1998年,我国实施稀土产品出口配额许可证制度,并把稀土原料列入加工贸易禁止类商品目录。1999年国土资源部颁布了《关于对稀土等八种矿产暂停颁发采矿许可证的通知》,针对稀土、钨、锡、锑等优势矿产在开采过程中表现出来的产能过剩、供过于求、资源利用率低、损失浪费严重、环境污染问题突出、总量失控、开采和出口秩序混乱等现象进行规制,在"控制人口增长,保护自然资源,保持良好的生态环境"的基本国策和"在保护中开发、在开发中保护"原则的指导下,加强矿产资源的规划、管理、保护和合理利用,对稀土、钨、锡、锑、煤、钼、重晶石、萤石八种矿产资源采矿许可证的颁发进行严格控制。2000年,我国开始对稀土实施开采配额制度。

为贯彻落实国务院《关于整顿和规范市场经济秩序的决定》,国土资源部在2001年颁布了《关于进一步整顿矿业经济秩序规范矿业权市场的通知》[①],结合矿业经济秩序的现状,进一步整顿矿业经济秩序、规范矿业权市场。该通知具体要求各级国土资源管理部门严格依法行政,规范行政行为;加强查处违法矿业活动,进一步整顿矿业经济秩序;加强矿业权市场管理,规范出让、转让行为;加大矿山环境治理,强化监督管理;做好矿产资源规划,加强宏观调控;加强矿产资源法律法规的宣传教育并建立领导责任制。同年11月,针对因为地方保护、利益驱动、疏于管理等原因导致的矿产资源管理秩序混乱的情况,国务院办公厅转发国土资源部《关于进一步治理整顿矿产资源管理秩序的意见》,针对无证勘查开采、不按勘查设计施工、擅自开采、乱采滥挖、重

---

① 本篇法规已被国土资源部《关于停止执行部分地质和矿产勘查开发相关规范性文件的通知》(发布日期:2009年10月31日,实施日期:2009年10月31日)停止执行。

采轻治、资源浪费、环境破坏等突出问题进行规范。《关于进一步治理整顿矿产资源管理秩序的意见》要求全面清理勘查、采矿许可证，坚决制止违法勘查、开采行为，加强整顿乱采滥挖，严格规范矿业权审批，强化矿产资源开发管理，加强矿产资源执法监察。要求在2001年年底前，力争完成取缔非法采矿和清理勘查许可证、采矿证的任务；在2002年6月底前，关闭限期整改不合格的矿山，纠正乱采滥挖的现象。

2002年，国家发展计划委员会发布《外商投资稀土行业管理暂行规定》，对外商投资稀土矿业进行规范和引导。禁止外商在中国境内建立稀土矿山企业，不允许外商独资举办稀土冶炼、分离项目（限于合资、合作）。对于稀土冶炼、分离类项目，不论投资额大小，一律由各省、自治区、直辖市及计划单列市计委上报国家计委审批。同时，鼓励外商投资稀土深加工、稀土新材料和稀土应用产品。

2003年，国土资源部印发了《2003年整顿和规范矿产资源管理秩序工作安排意见》，要求继续对矿产资源管理秩序进行整顿和规范，查处各类违法勘查开采行为、开展专项整治。该意见强调对钨、锡、锑、稀土等优势矿产进行专项整治。到2005年12月31日止，停止颁发稀土矿产的勘查许可证和采矿许可证，停止颁发钨矿产采矿许可证，继续实施钨矿企业生产产量的控制。要求按照国家产业政策和矿产资源规划制订实施稀土矿产开采总量控制办法，拟实施锡、锑矿产开采总量控制，为逐步调整矿业结构和全面实施优势矿产的宏观管理奠定了基础。

2004年，国土资源部印发了《2004年整顿和规范矿产资源勘查开发秩序工作安排意见》，要求重点做好探矿权、采矿权登记机关审批发证工作的全面检查和对重点矿区、优势矿产、非法转让、以采代探进行专项整治。要求严格执行2005年年底前暂停颁发稀土矿产、钨矿产的勘查许可证和采矿许可证的规定；按照国家产业政策和矿产资源规划的要求，全面启动稀土、锡、锑矿产开采总量控制工作；严格对企业开采条件的审查，对存在破坏性开采，造成资源浪费和环境污染、有安全隐患的矿山，限期整顿；过期验收若不合格，予以关闭；对具备采矿资格的稀土、锡、锑开采企业，要加强监督检查，严格按照开发利用方案进行开采，逐步调整矿业结构和全面实施优势矿产的宏观管理。

2005年，国务院办公厅转发发展改革委、国土资源部、商务部、环保总局、工商总局、质检总局、海关总署等部门联合作出的《关于加强钨锡锑行业管理的意见》。该意见指出在钨、锡、锑等优势矿产行业发展中仍然存在乱采滥挖现象屡禁不止、生产经营秩序混乱、产业结构不合理等问题。为合理开发利用钨、锡、锑、稀土等优势矿产，进一步加强对其开发、利用和出口的管理与指导，要求相关部门发挥规划调控作用，加强法规政策引导；加强行业准入和产品出口管理，提高行业自律水平；依法开展清理整顿，规范生产经营秩序。2005年，我国政府取消了稀土出口退税，压缩了出口配额企业名额。

2006年国土资源部颁布了《2006年国土资源管理工作要点》，提出要全面实施钨、稀土等优势矿产资源的开采总量控制。这一年的十届全国人民代表大会四次会议批准通过的《国民经济和社会发展第十一个五年规划纲要》也对矿产业发展做了指导规划，提出要加强稀土和钨、锡、锑等优势矿产资源的保护，推动稀土在高技术产业的应用。同年，由国土资源部、发展改革委、公安部、监察部、财政部、商务部、工商总局、环保总局、安全监管总局等联合作出的《对矿产资源开发进行整合的意见》经国务院同意颁布，要求对重点矿种如钼、钨、锡、锑、稀土等矿产资源开发进行整合，以实现资源规模化、集约化开发，治理矿业秩序混乱的局面。2006年4月，国土资源部开始停止发放稀土矿开采许可证，开始了对"稀土矿的开采、加工和出口"的调控。2006年国务院办公厅转发国土资源部等部门《对矿产资源开发进行整合的意见》，将对国民经济有重大影响、矿山数量多和问题相对突出的煤、铁、锰、铜、铝、铅、锌、钼、金、钨、锡、锑、稀土、磷、钾盐15种矿产作为首先进行整合的重要矿种。其中，钼、钨、锡、锑、稀土属于整合对象。整合的目的主要包括以下几个方面：一是解决大矿小开、一矿多开的问题，使矿山开发布局明显合理。根据矿产资源自然赋存状况、地质条件和矿产资源规划，编制矿业权设置方案，重新划分矿区范围，确定开采规模，一个矿区原则上只设置一个采矿权。二是解决矿山企业"多、小、散"的问题，以优并劣，扶优扶强，使矿山企业规模化、集约化水平明显提高，矿山企业结构明显优化，矿产资源向开采技术先进、开发利用水平高、安全生产装备条件好和矿区生态环境能够得到有效保护的优势企业集聚。三是采用科学的采矿方法和选矿工艺，使整合区域内的矿产资源开发利用率明显提高。四是认真执行安全生产法律法规，强化安全监管监察，使因矿山开发布局不合理引起的安全隐患基本消除。五是实施废弃物集中贮存、处置，污染物集中治理并达标排放，使矿山生态环境明显改善。[①]

2007年4月2日，国土资源部发布了《关于调整钨和稀土勘查许可证采

[①] 国土资源部负责人就国务院办公厅转发国土资源部等部门《对矿产资源开发进行整合意见的通知》有关问题答中国政府网，http://www.law-lib.com/fzdt/newshtml/21/20070315101357.htm。

矿许可证登记权限有关问题的通知》，规定从通知下发之日起，继续严格控制钨、稀土的勘查开采管理，凡新申请钨、稀土勘查许可证、采矿许可证以及申请扩大勘查、开采范围的，一律由国土资源部负责办理等。国土资源部此次调整钨和稀土矿勘查许可证、采矿许可证登记权限，也是为了贯彻落实国务院《关于全面整顿和规范矿产资源开发秩序的通知》精神，继续严格钨、稀土勘查、开采管理，控制开采总量，推进整顿和规范钨、稀土矿开采秩序工作的又一重要举措。2007年由国土资源部印发的《2007年国土资源工作要点》中提出要继续加强钨、稀土等优势矿产开采总量控制。2008年国土资源部印发了《全国地质勘查规划》，要求加强钨、锡等矿产资源的勘查力度，加强对煤炭、钨、稀土等矿产的宏观调控；以铁、铜、铝、铅、锌、锰、镍、钨、锡、钾盐、金、银、铬、稀土、磷、硫铁矿、钼、锑、重晶石、萤石、锂等矿种为主要对象，全面评估找矿潜力，开展我国重要矿产资源总量预测评价，基本摸清全国矿产资源潜力及其空间分布情况。就在同一年，发展改革委和商务部公布了新的《外商投资产业指导目录》，目录中"钨、钼、锡（锡化合物除外）、锑（含氧化锑和硫化锑）等稀有金属冶炼"、"稀土冶炼、分离（限于合资、合作）"被列入限制外商进入领域，而钨、锑、稀土的"勘查、开采、选矿"则完全禁止外资进入。

2007年3月16日，十届全国人民代表大会五次会议通过了《物权法》，该法第46条规定，矿藏、水流、海域属于国家所有。第123条规定，依法取得的探矿权、采矿权、取水权和使用水域、滩涂从事养殖、捕捞的权利受法律保护。《物权法》的颁布确定了探矿权和采矿权属于用益物权，关于矿业权性质的争论尽管在理论上还没有达成共识，但《物权法》的规定以立法的形式表明其属于用益物权，从而结束了我国法律对于矿业权性质无明确规定的历史。

2008年，国土资源部颁布的《全国矿产资源规划（2008—2015年）》指出要依法确定国家规定实行保护性开采的特定矿种，实行有计划勘查和开采；对钨、锡、锑、稀土等国家规定实行保护性开采的特定矿种的勘查和开采实行规划调控、限制开采、严格准入和综合利用，严格实行保护性开采的特定矿种年度开采总量指标控制，严禁超计划开采和计划外出口；实施矿产资源储备，逐步建立适合我国国情的矿产储备体系；实行战略矿产储备制度，推进建立石油、特殊煤种和稀缺煤种、铜、铬、锰、钨、稀土等重点矿种的矿产资源储备；建立完善矿产资源战略储备的管理机构和运行机制，形成国家重要矿产地与矿产品相结合、政府与企业合理分工的战略储备体系；进行钨、锡、锑、稀土等国家规定实行保护性开采特定矿种的重要矿产地储备；合理开发利用与铁矿伴生的铌、稀土等资源。2008年12月商务部公布《2009年稀土出口企业名单》，入册企业（20家）比2007年减少19家。

2009年4月，国土资源部发布了《2009年钨矿锑矿和稀土矿开采总量控制指标的通知》，进一步降低国内产能，并继续冻结新的开采许可证。2009年5月为了应对国际金融危机的影响，落实党中央、国务院关于"保增长、扩内需、调结构"的总体要求，确保有色金属产业平稳运行，加快产业结构调整，推动产业升级，国务院发布了《有色金属产业调整和振兴规划》，作为有色金属产业综合性应对措施的行动方案，其规划期为2009—2011年。该规划就有色金属产业调整和振兴的指导思想、原则和目标，产业调整和振兴的主要任务，以及具体政策、规划的实施等做了明确的规定。为加强矿产资源潜力评价阶段性工作成果的及时验收和总结应用，为"十二五"矿产资源勘查工作规划部署提供服务，国土资源部于2009年6月印发了《全国矿产资源潜力评价总体实施方案》和《全国矿业权实地核查总体实施方案》，要求开展我国煤炭、铀、铁、铜、铝、铅、锌、锰、镍、钨、锡、钾、金、铬、钼、锑、稀土、银、硼、锂、磷、硫、萤石、菱镁矿、重晶石25种矿产的资源潜力评价。2009年11月24日，为了进一步加强保护性开采的特定矿种勘查开采的管理，国土资源部还颁布了《保护性开采的特定矿种勘查开采管理暂行办法》（该办法自2010年1月1日起施行），规定对保护性开采的特定矿种的勘查、开采实行统一规划、总量控制、合理开发、综合利用的原则。国土资源部负责全国保护性开采的特定矿种勘查、开采的登记、审批。国土资源部按照规划对保护性开采的特定矿种实行开采总量控制管理，分年度下达分省（自治区、直辖市）控制指标。综合开采、综合利用保护性开采的特定矿种的，纳入开采总量控制管理。还规定了保护性开采的特定矿种与其他矿种共伴生的，凡保护性开采的特定矿种资源储量达到中型以上，且占矿山全部资源储量达到20%的，按主采保护性开采的特定矿种设立采矿权，并执行保护性开采的特定矿种各项管理规定等。2009年年底，工信部审议通过《2009—2015年稀土工业发展规划》。该规划明确指出，未来6年，中国稀土出口配额的总量将控制在3.5万吨/年以内，禁止出口初级材料。2010年5月12日，工信部发布了《稀土行业准入条件》（征求意见稿）。尽管其仅为"征求意见稿"，但这是我国首次试图从生产规模方面设置稀土准入门槛。2010年8月13日，国土资源部发布《关于贯彻落实全国矿产资源规划发展绿色矿业建设绿色矿山工作的指导意见》，明确提出发展绿色矿业、建设绿色矿山，并规定了国家级绿色矿山的基本条件。

2010年9月6日，国务院正式发布《关于促进企业兼并重组的意见》，首次把稀土列为重点行业兼并重组的名单，并减少稀土出口。2011年1月24日，为了规范稀土开采过程中污染物排放行为，环境保护部发布《稀土工业污染物排放标准》，自2011年10月1日起实施。这是"十二五"期间环境保护部发布的第一个国家污染物排放标准，标准的制定和实施将提高稀土产业准入门槛，加快转变稀土行业发展方式，推动稀土产业结构调整，促进稀土行业持续健康发展。同年，为保护和合理利用我国优势矿产资源，按照保护性开采的特定矿种实行有计划开采的规定，依据矿产资源规划和《保护性开采的特定矿种勘查开采管理暂行规定》的相关要求，国土资源部决定继续对钨矿、锑矿和稀土矿实行开采总量控制管理，并在2011年6月30日前原则上暂停受理新的钨矿、锑矿和稀土矿勘查、开采登记申请。2011年5月，国务院发布了《关于促进稀土行业持续健康发展的若干意见》，指出了促进稀土行业发展的指导思想、基本原则和发展目标，提出了建立健全行业监管体系，加强和改善行业管理，依法开展稀土专项整治，切实维护良好的行业秩序，加快稀土行业整合，调整优化产业结构，加强稀土资源储备，大力发展稀土应用产业，加强组织领导，营造良好的发展环境等具体指导意见。2011年9月30日《国务院关于修改〈中华人民共和国资源税暂行条例〉的决定》对资源税进行了修改。规定了资源税的应纳税额，按照从价定率或者从量定额的办法，分别以应税产品的销售额乘以纳税人具体适用的比例税率或者以应税产品的销售数量乘以纳税人具体适用的定额税率计算等。规定了资源税税目税率表，黑色金属矿原矿每吨2—30元、有色金属矿原矿、稀土矿，每吨0.4—60元，其他有色金属矿原矿每吨0.4—30元。为了加强和规范矿产资源规划管理，统筹安排地质勘查、矿产资源开发利用和保护，促进我国矿业科学发展，国土资源部2012年8月31日颁布了《矿产资源规划编制实施办法》，该办法自2012年12月1日起施行。

从上述立法演变过程可见，我国关于优势矿产资源的相关立法经历了一个从无到有、从一般到特殊的过程。并在不断尝试和摸索的过程中，初步形成了具有中国特色的优势矿产资源法规和政策体系。

（二）立法的积极作用

法律的功能在于促使社会主体按照既定规范从事各种活动，并让违反规则者承担相应的后果。在优势矿产资源管理和保护中，我国相关立法发挥了重要的作用，其表现为：一是形成了优势矿产资源保护的初步框架，为进一步完善立法奠定了基础。自1986年《矿产资源法》颁布实施以来，我国的优势矿产资源相关立法逐步加强,科学的优势矿产资源法律体系的框架已经形成,客观上为我国进一步完善优势矿产资源立法奠定了的基础。二是为保护优势矿产资源,保障合理开发利用优势矿产资源提供了法律依据。我国自1991年至今针对优势矿产资源颁布实施的一系列法律规范有效地保障了优势矿产资源的有序探采,促进了优势矿产的合理开发利用和保护。同时现行立法在保护矿业权人权益、国家利益和社会公共利用方面也提供了相应的法律依据。三是为政策制定提供了指引,保障了优势矿产资源市场的有序发展。我国现行《矿产资源法》对矿产资源管理的原则规定和针对优势矿产资源保护的特别规定为我国在政策层面进一步加强管理提供了保障。如结合我国的实际问题,在调查的基础上,中央政府及其相关职能部门相继提出了包括总量控制、战略资源储备、绿色矿山、出口配额等在内的一系列政策性规范文件,保障和促进了矿业市场的良性发展,一定程度上遏制了优势矿产资源开发导致自然生态环境进一步恶化的趋势,并在重大项目上保障了国家资源安全。四是为我国优势矿产资源走向世界和国际保护提供了一定的支持。尽管受我国发展阶段所限,我国现行立法在保障优势矿产资源进入国际市场的权益保护方面还不尽如人意,但这并不影响我们对于现行法已有贡献的评价和积极贡献的肯定。

二 我国优势矿产资源执法梳理

(一)执法的发展

1986年颁布的《矿产资源法》第3条规定:"勘查、开采矿产资源,必须依法分别申请、经批准取得探矿权、采矿权,并办理登记;但是,已经依法申请取得采矿权的矿山企业在划定的矿区范围内为本企业的生产而进行的勘查除外。国家保护探矿权和采矿权不受侵犯,保障矿区和勘查作业区的生产秩序、工作秩序不受影响和破坏。"据此,1991年国务院《关于将钨、锡、锑、离子型稀土矿产列为国家实行保护性开采特定矿种的通知》中规定钨、锡、锑和离子型稀土矿分别由中国有色金属工业总公司和国务院稀土领导小组协助国家计委分管矿产资源开发的中长期规划和矿区规划;未经国务院稀土领导小组批准,任何单位和个人不得接待非中国公民人员进入离子型稀土矿区或向其提供矿山的地址资料、矿石样品和生产工艺技术;对钨、锡、锑、离子型稀土矿产进行开采或以开采这些矿产为主的全民所有制矿山企业、集体所有制矿山企业,要经中国有色金属工业总公司和国务院稀土领导审查批准;中国有色金属工业总公司和国务院稀土领导小组分别制定钨、锡、锑和离子型稀土等矿产品、冶炼产品及钨加工产品的生产总量计划和有关分量计划,并组织实施;由中国有色金属工业总公司和国务院稀土领导小组审查批准从事钨、锡、锑和离子型稀土矿产品冶炼及钨加工的全民所有制企业，并由国家技术监督局根据批准文件及有关规定颁发生产许可证；对于钨、锡、锑矿产品及其冶炼产品（指钨精矿、低度钨、钨酸、仲钨酸铵、钨酸钠、钨粉、钨铁、三氧化钨、碳化钨、蓝钨、锡精矿、精锡、焊锡、锑精矿、硫化锑、精锑、氧化锑及其他锑品）和离子型稀土矿产品，分别由中国有色金属工业总公司、国务院稀土领导小组会同国家工商行政管理局指定收购单位统一收购；钨、锡、锑矿产品及其冶炼产品的国内销售由中国有色金属工业总公司统一管理，离子型稀土矿产品的国内销售由国务院稀土领导小组制定指令性计划，统一管理；钨、锡、锑和离子型稀土矿产品由经贸部会同中国有色金属工业总公司、国务院稀土领导小组制定出口计划并指定出口单位，出口计划报国家计委批准后由经贸委下达，出口许可证由经贸部根据出口计划按有关规定发放。

国务院《关于将钨、锡、锑、离子型稀土矿产列为国家实行保护性开采特定矿种的通知》，初步确定了中国有色金属工业总公司和国务院稀土领导小组对钨、锡、锑和离子型稀土资源的开采冶炼和加工审批权与出口配额制定权，为以后的优势矿产资源总量控制制度和出口配额制度奠定了基础，并为将来对优势矿产生产企业的整合提供了前提条件。

由于生产能力过剩、环境污染问题突出等原因，国土资源部在 1999 年发布《关于对稀土等八种矿产暂停颁发采矿许可证的通知》，要求各省、自治区、直辖市土地（国土）局（厅）、地矿厅（局），海南省国土海洋环境资源厅，重庆市矿产资源管理办公室等优势矿产资源管理部门控制颁发稀土、钨、锡、锑、煤、钼、重晶石、萤石等矿产的采矿许可证。要求在 2000 年 12 月 31 日前对拟新建的稀土、钨、锡、锑四种矿产的开采项目暂停审批和颁发采矿许可证，暂停审批用地；对超越批准的矿区范围采矿、破坏性开采等行为坚决吊销采矿许可证；对已经取得采矿许可证的鼓励、引导采矿权人提高资源利用率，保护生态环境，提升生产技术工艺；对大矿小开、生产技术落后、资源利用率低、环境污染严重的要限期予以整改；对经过整改，在限定期限内达到法定办矿要求的准予换发采矿许可证，逾期不改的不予换发采矿许可证并根据其情节予以处罚；各级地矿行政主管部门要加强矿产资源规划和采矿权管理。

2001 年国土资源部发文要求整顿矿业经济秩序，规范矿业权市场。各省、自治区、直辖市国土资源厅（国土环境资源厅、国土资源和房屋管理局、房屋土地资源管理局、规划和国土资源局）开始加大对无证勘查、无证采矿、越界越层开采、以采代探和非法转让采矿权等行为的打击力度；开展了矿业权招标、拍卖的试点和推广；继续严格执行优势矿产资源采矿许可证的控制制度；严格审查矿山环境影响评价报告，通过试点建立绿色矿业示范区积极推进矿山环境恢复保证金制度的探索。

同时，在国土资源部 2001 年 10 月 10 日《关于进一步治理整顿矿产资源管理秩序的意见》的要求下，各级国土资源管理部门建立了领导责任制，由主要领导对本地区矿业秩序和矿业权市场的整顿和规范工作负责；同时开始全面整顿矿产资源管理秩序，主要包括全面清理勘查、采矿许可证，制止违法勘查、采矿行为，整顿乱采滥挖，规范矿业权审批，强化矿产资源开发管理，加强矿产资源执法监察等全方位的治理整顿活动。2003 年，在国土资源部《2003 年整顿和规范矿产资源管理秩序工作安排意见》的要求下，各省（自治区、直辖市）国土资源主管部门对钨、锡、锑、稀土等优势矿产进行专项整治，到 2005 年 12 月 31 日之前停止颁发稀土矿产的勘查许可证和采矿许可证，停止颁发钨矿产采矿许可证；继续实施钨矿企业的生产产量控制，并在一定程度上对锡、锑矿产开采进行总量控制。

2005 年，发展改革委、国土资源部、商务部、环保总局、工商总局质检总局、海关总署等部门联合颁布了《关于加强钨锡锑行业管理的意见》。根据该意见，各级国土资源管理部门开始清理整顿钨、锡、锑等矿产的矿山开采秩序：依法取缔无证开采等违法勘查开采行为，查处以承包等方式擅自将采矿权转给他人进行采矿的行为，制止乱采滥挖；对浪费资源、破坏环境、安全生产设施不全的矿山企业依法予以处罚；严格执行开采总量指标控制制度，处罚超指标生产的矿山企业；继续暂停审批和颁发钨矿采矿许可证。同时清理整顿钨、锡、锑等矿产生产经营秩序：对非法开采钨、锡、锑矿产品的单位和个人依法进行查处；依法取缔未经审批和无照经营的钨、锡、锑冶炼和钨加工产品生产、经营单位；对污染严重、浪费资源等不符合产业政策和环保法规的生产企业依法予以处罚。对在建的钨、锡、锑项目进行整顿：凡未履行国家有关投资管理规定程序建设的钨、锡、锑项目一律停止建设；暂停审批和新建钨、锡、锑采选、冶炼和初级加工产品的生产项目，国土资源行政主管部门不受理用地申请，环境保护行政管理部门不审批其环境影响报告书、核发排污许可证，工商行政管理部门不予登记注册。各地区对这次专项整顿专门成立了由政府主管领导和有关部门组成的清理整顿工作小组。2007 年 4 月 2 日，国土资源部发布《关于调整钨和稀土勘查许可证采矿许可证登记权限有关问题的通知》，将新申请钨、稀土勘查许可证、采矿许可证以及申请扩大勘查开采范围的一律收归国土资源部负责办理。2009 年 11 月国土资源部颁布《保护性开采的特定矿种勘查开采管理暂行办法》，规定国土资源部负责全国保护性开采的特定矿种勘查、开采的登记、审批工作。2011年环境保护部发布《稀土工业污染物排放标准》（自2011年10月1日起实施）。2011年国务院《关于促进稀土行业持续健康发展的若干意见》对打击各种稀土资源违法行为提出了新的要求。到目前为止，各省的执法工作都取得了一定的成果。但是，从媒体的报道看，我国一些地方非法开采、加工、走私稀土的行为依然比较猖獗，执法还有更为严格的必要。

（二）执法的积极作用

1998年国土资源部组建以来，对全国范围内的矿产资源管理秩序进行大范围的整顿治理。到2003年，全国共清理勘查许可证9232个，采矿许可证151886个；对非法转让探矿权查处33起；对无证开采查处53645起，对违法开采查处194起，吊销勘查许可证29个，吊销采矿许可证2261个，注销采矿许可证12148个；对越界开采查处3023起，对以承包等方式非法转让矿业权查处858起；江西赣南钨矿和稀土开发的混乱局面基本遏止；有效遏制了对矿产资源的乱采滥挖，责令停产整顿的矿山23281家，关闭矿山11843家，责令停产整顿选厂558家，关闭选厂506家。[1]

通过各级国土资源管理部门和其他相关部门依法行政、加强执法，优势矿产资源的乱采滥挖现象得到有效遏制，资源浪费和环境污染的情况得到一定程度的缓解；通过严格执行总量控制和出口配额制度，优势矿产资源产能过剩的问题没有进一步恶化；国家对中小矿企的整合优化了优势矿产的产业结构，大大地提升了企业的市场竞争力。

三 我国优势矿产资源司法梳理

（一）司法的发展

改革开放以来，我国通过立法陆续建立起了关于矿产资源的行政、民事和刑事司法制度，这些制度也适用于对优势矿产资源的保护。我国于1996年修订通过的《矿产资源法》第39条规定："违反本法规定，未取得采矿许可证擅自采矿的，擅自进入国家规划矿区、对国民经济具有重要价值的矿区范围采矿的，擅自开采国家规定实行保护性开采的特定矿种的，责令停止开采、赔偿损失，没收采出的矿产品和违法所得，可以并处罚款；拒不停止开采，造成矿产资源破坏的，依照刑法第一百五十六条的规定对直接责任人员追究刑事责

---

[1] 石语：《由乱到治——全国矿管秩序治理整顿5年回眸》，《国土资源》2003年第7期。

任。单位和个人进入他人依法设立的国有矿山企业和其他矿山企业矿区范围内采矿的，依照前款规定处罚。"第49条规定："矿山企业之间的矿区范围的争议，由当事人协商解决，协商不成的，由有关县级以上地方人民政府根据依法核定的矿区范围处理；跨省、自治区、直辖市的矿区范围的争议，由有关省、自治区、直辖市人民政府协商解决，协商不成的，由国务院处理。"据此，矿山企业因矿区范围有争议的，若协商不成，当事人只能由县级以上人民政府进行行政调解，调解不成，则依法作出行政处理。县级以上人民政府也可以直接作出行政处理决定。当事人对行政部门于矿产资源权属纠纷所做的处理决定不服时，可依据《行政复议法》，向作出处理决定部门的上一级政府部门申请行政复议。

我国《行政复议法》第30条规定："公民、法人或者其他组织认为行政机关的具体行政行为侵犯其已经依法取得的土地、矿藏、水流、森林、山岭、草原、荒地、滩涂、海域等自然资源的所有权或者使用权的，应当先申请行政复议；对行政复议决定不服的，可以依法向人民法院提起行政诉讼。根据国务院或者省、自治区、直辖市人民政府对行政区划的勘定、调整或者征用土地的决定，省、自治区、直辖市人民政府确认土地、矿藏、水流、森林、山岭、草原、荒地、滩涂、海域等自然资源的所有权或者使用权的行政复议决定为最终裁决。"据此，对于行政部门侵犯当事人矿产资源权利的行为，行政复议为前置程序；当事人对行政复议决定不服的，才可依法提起行政诉讼。省级部门对矿产资源权属作出行政复议决定后，此决定有最终效力。

《刑法》第343条规定："违反矿产资源法的规定，未取得采矿许可证擅自采矿的，擅自进入国家规划矿区、对国民经济具有重要价值的矿区和他人矿区范围采矿的，擅自开采国家规定实行保护性开采的特定矿种，经责令停止开采后拒不停止开采，造成矿产资源破坏的，处三年以下有期徒刑、拘役或者管制，并处或者单处罚金；造成矿产资源严重破坏的，处三年以上七年以下有期徒刑，并处罚金。违反矿产资源法的规定，采取破坏性的开采方法开采矿产资源，造成矿产资源严重破坏的，处五年以下有期徒刑或者拘役，并处罚金。"《刑法》的这一规定，为打击优势矿产资源刑事犯罪提供了法律依据，有效震慑了对优势矿产资源的违法犯罪行为。

(二) 司法的积极作用

司法作为法律规则刚性约束力实现的途径，在优势矿产资源保护中发挥着重要的积极作用。其一，通过司法途径积极处理优势矿产资源纠纷有效地保护了当事人的合法权利，为矿产资源探采权人提供了多样的具有强制力的民事权利救济途径和方式，有利于保护矿业权人和矿区其他在先权利人的合法权益，有利于稳定优势矿产资源正常的生产经营活动，有利于保护矿产资源的有效和公平利用。其二，通过司法途径可以有效纠正优势矿产资源行政管理过程中的违法行为，有效处理产生于矿业管理部门和被管理者之间的行政侵权纠纷，规范行政行为，提高行政效率。其三，通过刑事司法手段对矿产资源进行保护，打击优势矿产资源开采和生产中的犯罪行为，有利于维护矿业发展中正常的矿业秩序，有利于实现矿产资源分配、利用和管理中的公平正义，也有利于依靠刑罚手段保护国家、单位、集体经济组织和矿企的财产权益，有利于更好地保护资源开采过程中的矿山安全和社会公共利益。

第二节 我国优势矿产资源立法、执法和司法存在的突出问题

从宏观方面看，我国的发展正处于社会主义初级阶段，虽然我国在改革开放后取得了快速的发展，但我们也要看到，我国社会主义民主法制建设与扩大人民民主和促进经济社会发展的要求还不完全适应，社会主义民主政治的具体制度方面还存在不完善的地方，在保障人民民主权利、发挥人民创造精神方面还存在不足。[①] 具体到优势矿产资源法治建设方面，我们在立法、执法和司法方面还存在诸多的问题，这些问题产生的原因、背景和过程较为复杂，都需要在发展的过程中通过各种方法逐渐解决。

一 优势矿产资源立法存在的问题

（一）立法位阶低

我国现阶段关于优势矿产的相关法律文件主要有《矿产资源法》、《矿产资源法实施条例》。行政法规方面有国务院《关于将钨、锡、锑、离子型稀土矿产列为国家实行保护性开采特定矿种的通知》、《国务院办公厅转发国土资源部〈关于进一步治理整顿矿产资源管理秩序的意见〉的通知》、《国务院办公厅转发发展改革委等部门〈关于加强钨锡锑行业管理意见〉的通知》、《国务院办公厅转发国土资源部等部门〈对矿产资源开发进行整合的意见〉的通知》等。

相关的主要部门规章主要包括：国土资源部《关于对稀土等八种矿产暂

---

① 胡锦涛：《在庆祝中国共产党成立 90 周年大会上的讲话》（2011 年 7 月 1 日）。

停颁发采矿许可证的通知》、国土资源部《关于进一步整顿矿业经济秩序规范矿业权市场的通知》、国土资源部《关于印发〈2003年整顿和规范矿产资源管理秩序工作安排意见〉的通知》、国土资源部《关于印发〈2004年整顿和规范矿产资源勘查开发秩序工作安排意见〉的通知》、国土资源部《关于印发〈2006年国土资源管理工作要点〉的通知》、国土资源部《关于印发〈2007年国土资源工作要点〉的通知》、国土资源部《关于发布实施〈全国矿产资源规划（2008—2015年）〉的通知》、国土资源部《关于印发〈全国矿产资源潜力评价总体实施方案〉和〈全国矿业权实地核查总体实施方案〉的通知》、国土资源部《关于贯彻落实全国矿产资源规划发展绿色矿业建设绿色矿山工作的指导意见》、国土资源部《关于进一步做好建设项目压覆重要矿产资源审批管理工作的通知》、国土资源部《关于下达2010年钨矿锑矿和稀土矿开采总量控制指标的通知》等。

从上可以看出，我国没有专门的调整优势矿产资源的立法，且相关立法在效力方面跨度比较大。在法律层面，我国只有间接调整优势矿产资源的《矿产资源法》，其他和优势矿产资源相关的多数立法都是以部门规章的形式颁布实施，体现了立法位阶低的特点。而我国优势矿产资源管理和保护的经验证明，缺乏高位阶的专门立法不利于更好地保护、管理、开发和利用优势矿产资源。

（二）法律体系不完备

在人类进入21世纪后，法律发展的一个明显趋势就是对社会关系的调整更强调全方位的系统调整，因此，我国在具体立法过程中非常重视法律体系的科学构建，完善法律体系也是我国法治建设的重要目标之一。但是，从我国矿业法中对优势矿产资源的相关立法历史来看，我国不仅缺少较高效力的优势矿产资源的专门的单行法律，也没有形成较为完备、较为系统的优势矿产资源开发利用方面的具体法律规范，优势矿产资源法律体系残缺。现有立法与优势矿产资源保护和合理利用的法律诉求之间有较大的差距。现行优势矿产资源立法尚没有形成应有的体系。从立法及其实践来看：

1. 矿产资源权属制度仍不完善

依据我国《宪法》和相关法律规定，优势矿产资源归国家所有，国家既是优势矿产资源的所有者，也是优势矿产资源的管理者。在实际操作层面，部分行政机关将国家对优势矿产资源的所有权变相为国家对优势矿产资源行政监管权力的一部分，混淆了国家的优势矿产资源权益和国家对优势矿产资源的行政监管，轻视基于所有权对资源的保护和支配，而重视行政监督权。法律也没有针对这方面的明确规定，如从权利的基本功能和目的来看优势矿产资源的采矿权类似于用益物权，相关法规和部门规章是以行政许可的方式对其取得、转让等加以规制。但现行法欠缺从物权角度对所有权行使缺位和不作为的约束性规定，对保护优势矿产资源合理开发利用和实现其资源价值极为不利。

2. 缺少优势矿产资源总量控制的长效机制

基于保护生态环境和保障我国可持续发展的需要，21世纪初我国对优势矿产资源实施开采总量控制以来，优势矿产资源产能过剩的现象得到明显缓解。此后国家相关部门发文要求实行年度开采总量控制。从管理现状看，由于我国缺乏关于优势矿产资源总量控制的长效机制来制约资源开采的规模和数量，各地在对优势矿产的总量管理方面松一时紧一时、此一时彼一时，不利于优势矿产资源的保护、开采与合理利用。如中国钨业协会曾在一份调查报告中指出，全国主要钨矿山普遍超产20%。而且，由于采矿业投资周期较长，必须建立明确的总量控制机制才能更科学地进行管理。因此，我们需要通过完善立法建立优势矿产资源总量控制的长效机制。

3. 对优势矿产资源的盗采走私、乱采滥挖行为缺少有效的惩治措施

钨、锡、锑、钼、稀土等优势矿产资源对我国社会经济发展有着重要作用，但我国现行法律规定比较原则和宽泛，对盗采、乱采、滥挖、走私贩私这些优势矿产资源的行为没有专门有效的法律规范予以惩治。如我国钨的开采秩序混乱，其中有近万吨的产量出自非法矿点，绝大部分小型钨矿追求短期利益，采富弃贫、采易弃难等掠夺性开采现象普遍存在，乱采滥挖现象十分严重。[①]湖南省盛产锑矿，储藏量占世界首位，同时锑矿作为国家的稀有资源，是受国家严格控制开采的金属矿。但是在暴利的驱动下，湖南省宜章县一些非法矿主瞒天过海，借开采铅、锌矿之名偷采锑矿，牟取暴利。[②]青岛一对夫妻因协助珠海发货人将4000多吨稀土偷梁换柱，伪装成氧化铁红企图走私出境；南宁也发生一起企图通过货运渠道走私出口稀土大案，案件涉嫌以伪报品名的方式走私出口稀土金属及其化合物约4196吨，案值1.09亿元。[③]相关执法部门因为没有相关法律依据而不能对这些现象进行有效监管。

4. 还未形成完善的优势矿产资源法律保护体系

虽然我国现行矿产资源法律法规已经在宏观上为优势矿产资源保护提供了

---

① 石建东：《钨：从无序开采到地方收储》，《中国有色金属》2009年第10期。

② http://bbs.news.qq.com/t-281203-1.htm.

③ 《稀土走私现状触目惊心》，华讯财经（http://stock.591hx.com/article/2010-10-14/0000198172s.shtml）。

法律依据，但优势矿产资源作为具有战略意义的资源其地位在立法中还没有得到应有的体现。现行法律还没有在立法原则、法律制度及其具体的行为规范方面突出对优势矿产资源的特别管理和监督。作为重要的矿产资源，还缺乏对其整个产业链的全面规制的综合立法，特别是在矿产资源循环利用方面还缺乏与《循环经济促进法》等法律应有的对接和协调。我国还没有形成以优势矿产资源产业为范畴的法律调整机制，因此，上述这些缺陷的克服均有赖于完善法律体系来实现。

（三）法律制度不健全

法律制度是由具有强制力法律规范组成的调整某类社会关系的规则体系，健全的法律制度是实现立法目的的基础。由于发展的局限性，我国还没有形成健全的优势矿产资源法律制度体系，诸多法律制度尚需要建立或者完善。其一，优势矿产资源等特定矿种缺少分类管理制度。目前我国对矿产资源统一实行储量规模分级管理制度，将优势矿产和一般矿产资源统一按照储量规模进行分级管理，这不利于对优势矿产探采的管理，降低了行政执法效率。其二，我国"十五"计划纲要首先提出要建立战略性矿产资源储备制度，在"十一五"规划中进一步明确要完善重要物资储备制度，加强对重要矿产资源的储备。近年来我国也逐步试行了资源储备，但是相关配套法律制度仍未建立，没有一个完善的资源储备法律保障体系。其三，对优势矿产资源的总量控制和出口配额虽然实施了多年，但仍然没有作为法律制度确定下来，客观上导致矿业企业非法超额开采严重。其四，尚未建立以生态补偿为主要内容的矿山环境保护制度。尽管我国在矿山环境保护方面已经初步建立了采矿许可证制度、环境影响评价制度和现场检查制度等，但是在矿山生态环境补偿等方面还没有相应的制度规范。国土资源部颁布的文件中虽然提出要建立矿山环境治理保证金制度，但在落实过程中因没有法律制度支撑而不能得到有效推行。另外，在矿业权取得的程序救济、矿业权流转及其矿业权人的权益保护方面也需要尽快完善相关的立法。

（四）立法协调性差

优势矿产资源的开发和利用是涉及矿产资源勘探、开采、加工、利用和回收等方面的系统过程，对优势矿产资源的法律保护和法律调整是围绕这类重要矿产资源的特殊立法，必须具有相对的统一性和协调性。但事实上，我国目前的立法在协调性方面还有待强化，主要表现在以下几点。

1. 部门立法协调不够

由于我国没有关于优势矿产资源的统一立法，因此在立法方面，缺乏部门间的合理沟通。目前，国土资源、海关、工商管理和环境保护等部门就优势矿产资源都进行了不同程度的立法，这些立法中存在利益交叉，立法冲突且强制约束力差。因为缺乏统一的立法指导思想和立法原则，各部门在对优势矿产进行相关立法时，强调加强行政权力、扩张本部门权益为立法主要内容，导致各部门制定的规范之间少有衔接，甚至存在不协调和冲突的情况。

2. 区域间相关立法不协调

在中央没有对优势矿产资源进行统一专门立法的情况下，地方政府在制定相关规范时往往会更多地考虑地方的局部利益，缺少大局观。区域之间的立法没有有效关联，在以发展地区经济为要务的思想引导下，地方政府在立法时仅考虑符合本地区发展需要，难以考虑到区域间优势矿产资源管理的全面协调。

3. 矿产资源立法与刑事立法不协调

1996年修改后的《矿产资源法》第39条规定："违反本法规定，未取得采矿许可证擅自采矿的，擅自进入国家规划矿区、对国民经济具有重要价值的矿区范围采矿的，擅自开采国家规定实行保护性开采的特定矿种的，责令停止开采、赔偿损失，没收采出的矿产品和违法所得，可以并处罚款；拒不停止开采，造成矿产资源破坏的，依照刑法第一百五十六条的规定对直接责任人员追究刑事责任。单位和个人进入他人依法设立的国有矿山企业和其他矿山企业矿区范围内采矿的，依照前款规定处罚。"第40条规定："超越批准的矿区范围采矿的，责令退回本矿区范围内开采、赔偿损失，没收越界开采的矿产品和违法所得，可以并处罚款；拒不退回本矿区范围内开采，造成矿产资源破坏的，吊销采矿许可证，依照刑法第一百五十六条的规定对直接责任人员追究刑事责任。"第44条规定："违反本法规定，采取破坏性的开采方法开采矿产资源的，处以罚款，可以吊销采矿许可证；造成矿产资源严重破坏的，依照刑法第一百五十六条的规定对直接责任人员追究刑事责任。"

鉴于上述情况，1997年修订的《刑法》，对非法采矿和破坏性采矿行为增设了处罚条款，为严厉打击破坏矿产资源犯罪提供了有力的法律依据。《刑法》第343条第1款规定："违反矿产资源法的规定，未取得采矿许可证擅自采矿的，擅自进入国家规划矿区、对国民经济具有重要价值的矿区和他人矿区范围采矿的，擅自开采国家规定实行保护性开采的特定矿种，经责令停止开采后拒不停止开采，造成矿产资源破坏的，处三年以下有期徒刑、拘役或者管制，并处或者单处罚金；造成矿产资源严重破坏的，处三年以上七年以下有期徒刑，并处罚金。"该款规定了非法采矿罪。《刑法》第346条规定："单位犯本节第三百三十八条至第三百四十五条规定之罪的，对单位判处罚金，并对其直接负责的主管人员和其他直接责任人员，依照本节各该条的规定处罚。"非法采矿罪的犯罪主体是从事非法采矿的自然人和单位；本罪的主观方面表现为故意，包括直接故意和间接故意；本罪的客观方面包括三种情形：（1）无证采矿的行为，即没有经过法定程序取得采矿许可证而擅自采矿；（2）擅自进入国家规划区、对国民经济具有重要价值的矿区、他人矿区采矿的行为；（3）擅自开采国家规定实行保护性开采的特定矿种，经责令停止开采后拒不停止开采的行为。破坏性采矿罪规定在《刑法》第343条第2款："违反矿产资源法的规定，采取破坏性的开采方法开采矿产资源，造成矿产资源严重破坏的，处五年以下有期徒刑或者拘役，并处罚金。"而《矿产资源法》未根据《刑法》的修订作相应修改，仍然规定依照《刑法》第156条的规定追究刑事责任，与现行刑法不协调。

4. 刑事立法中对犯罪的处罚重点及标准不尽合理

《刑法》第343条的非法采矿罪，强调的保护重点是矿产中的经济价值，而未考虑到非法开采造成的水土流失、植被破坏及环境污染。如江西赣南地区大范围大规模非法开采钨矿，非法采矿不仅破坏了钨的经济价值，对生态与环境的破坏同样是不容低估的。2003年5月16日最高人民法院审判委员会第1270次会议通过的最高人民法院《关于审理非法采矿、破坏性采矿刑事案件具体应用法律若干问题的解释》规定了非法采矿造成矿产资源破坏的价值数额在5万元以上的属于造成矿产资源破坏的立案标准，这使得非法采矿罪的刑事责任有违"罪刑相适应"原则，非法采矿行为人应当对其非法开采的矿产资源的整体承担法律责任。刑事立法及司法解释之所以会出现上述种种纰漏，根本原因在于立法时只侧重环境资源的物质形态，而未能兼顾环境资源所具有的生态形态，因而只重视矿产资源的经济价值而忽略了对矿产资源生态价值的保护。

二　优势矿产资源执法存在的问题

（一）有法不依

虽然我国没有关于优势矿产资源的专门立法，但在现行矿产资源法律体系中，对于矿产资源开发利用的基本原则和基本制度的规定还是比较清楚的，但长期以来，在法律的执行方面存在严重的有法不依的现象。具体表现为：第一，以行政权包揽和替代法律对优势矿产资源事务的监管。在地方执行矿产资源法律的过程中，企业和行政主管部门往往服从当地政府的命令和要求，而地方政府又以地方行政官员的判断和决策为依据。法律在整个矿产资源保护过程中沦为地方政府单方面的工具，失去了法律工具应有的公平、公正和权威性。

第二，违反矿产资源开发利用规划，违法审批探矿证和采矿证。如地方对中央政府的优势矿产资源开发规划重视不够，不依据优势矿产资源相关法规对超采、破坏性开采、乱采等行为进行监督管理。例如白云鄂博主、东、西矿外围所有山包露天含铁矿点，遭到长期滥采乱挖、越界开采、以采代探、掠夺式开采、只采矿不剥岩、采富矿弃贫矿等违规开采行为，导致与铁共生伴生的稀土资源被严重浪费。[①] 第三，不执行环境保护的相关规定。如关于矿山环境保护，我国法律已经有明确的规定，且我国矿产行政主管部门也已经明确提出要建设绿色矿山，建立矿山环境治理保证金制度。但是各地为了保护地方的利益，对此并不积极推行。有法不依还体现在探矿权和采矿权的取得、流转和合法权益法律救济等方面。

(二) 执法不严

由于我国目前的执法环境总体还有诸多方面有待净化和完善，因而优势矿产资源执法也存在下列执法不严的问题：第一，对探矿证和采矿证的流转监督不力。一些地方矿产资源管理部门没有积极履行监督管理职能，审查松懈，执法不严，导致不具有勘查开采资质的企业得到探矿证和采矿证。第二，监督巡视和管理不严，使得矿山布局不合理，乱挖滥采、采富弃贫现象普遍，偷采盗采严重。如浙江有盗窃团伙长期偷盗矿业公司钼矿，直到引发矿洞坍塌，同伙死亡才使事情暴露。[②] 相关案件时有发生，说明了相关矿产资源执法部门的监管缺位。第三，对于非法开采的企业，不能按照国家法律规定及时取缔并处以相应的惩罚。第四，不能及时移送犯罪案件至司法机关。《行政处罚法》第22条规定，违法行为构成犯罪的，行政机关必须将案件移送至司法机关依法追究刑事责任。依照这一法律规定，矿产资源行政主管部门对构成破坏矿产资源犯罪的案件应当及时地移交相关部门惩处。但实践中由于法律缺乏如何移送等具体操作性的规定，行政部门不能及时将构成犯罪的案件移送公安和检察机关。客观上导致公安机关、检察机关不能依法对破坏矿产资源的犯罪及时地予以立案侦查和起诉。

---

① 高海洲：《白云鄂博主东西矿外围稀土稀有矿产资源综合评述》，2007年中国稀土资源综合利用与环境保护研讨会论文，海南海口，2007年12月，第53页。

② 《浙江一矿业公司"内鬼"监守自盗 同伙被砸死》，新华网（http://www.zj.xinhuanet.com/newscenter/2010-11/30/content_21516456.htm）。

（三）违法不究

追究违法者的法律责任是实现法治的重要途径，违法必究是我国社会主义法制建设的基本原则之一。对于违反国家法律非法开采优势矿产资源，破坏和污染环境的单位和个人严格依法追究法律责任不仅是天经地义的事情，也是法治建设的重要内容。但在实际中，为了促进当地经济的快速发展，保证经济增长指数的提升，也为了实现地方政府的政绩，地方政府及其矿产资源管理部门往往对大型矿山企业的违法行为视而不见，或大错小罚，小错不罚，甚至为违法行为大开绿灯。在对矿业上游的监管中，对于无证违法勘探、开采的行为处罚不力，对于越界开采和破坏性开采处罚不到位。如紫金矿业的尾矿事件表明，对诸如紫金矿业等大型矿产企业在生产经营过程中一些不符合技术规范要求的开采行为和对周边环境的污染破坏等，当地人民政府和相关矿业行政管理部门往往不能够及时、有效地监督。执法机关忽视多次非法采矿累计犯罪的危害性，放任犯罪及其危害。多次非法采矿累计犯罪如不严厉查处，势必在辖区造成恶劣影响。最高人民法院《关于审理非法采矿、破坏性采矿刑事案件具体应用法律若干问题的解释》第7条规定：多次非法采矿或者破坏性采矿构成犯罪，依法应当追诉的，或者一年内多次非法采矿或破坏性采矿未经处理的，造成矿产资源破坏的数额累计计算。作为惩治非法采矿累计犯罪的法律依据，这一规定在实际执行中往往难以落实。

三 优势矿产资源司法存在的问题

（一）司法管辖不合理

我国现行法律还没有对矿产资源案件的司法管辖作出专门、系统、完善的规定。司法机关对于矿产资源案件的司法配合缺少专业化的相应程序，使得优势矿产资源行政管理部门的执法与公、检、法等部门的司法出现衔接方面的断层。在地方政府的主导下，一些地方的矿产资源行政管理部门与司法机关有过联合执法行动，但没有一个长效保障机制。矿业领域的违法犯罪行为往往比较复杂，对于优势矿产资源违法犯罪行为的追究要经过国土资源管理部门、公安部门、检察机关和法院分阶段处理，效率低下，不利于及时打击对优势矿产的违法犯罪行为。为了保证执法的专业化、提高效率，我国有的地方已经在公安部门设立了"矿管警察"，但立法并无统一规定。特别是对于相邻或跨行政区域的违法犯罪行为的打击，在配合方面还有诸多问题。

另外，《矿产资源法》第39条规定："违反本法规定，未取得采矿许可证擅自采矿的，擅自进入国家规划矿区、对国民经济具有重要价值的矿区范围采矿的，擅自开采国家规定实行保护性开采的特定矿种的，责令停止开采、赔偿损失，没收采出的矿产品和违法所得，可以并处罚款；拒不停止开采，造成矿产资源破坏的，依照刑法第一百五十六条的规定对直接责任人员追究刑事责任。单位和个人进入他人依法设立的国有矿山企业和其他矿山企业矿区范围内采矿的，依照前款规定处罚。"第40条规定："超越批准的矿区范围采矿的，责令退回本矿区范围内开采、赔偿损失，没收越界开采的矿产品和违法所得，可以并处罚款；拒不退回本矿区范围内开采，造成矿产资源破坏的，吊销采矿许可证，依照刑法第一百五十六条的规定对直接责任人员追究刑事责任。"其中规定对无证开采和越界开采的行为责令赔偿损失，而在实践中往往因为赔偿请求主体的缺位，常以行政处罚替代了赔偿损失。《行政复议法》规定涉及自然资源权属的纠纷，行政复议为前置程序，这种规定在一定程度上排除了司法部门介入的可能性。

（二）司法程序欠缺

对矿产资源纠纷的处理，一般情况下应当视实际情况通过协商、行政调解、行政裁决、行政复议和提起诉讼等方式，即当事人自我救济、行政救济和司法救济等，最大限度地保护当事人的合法权益。我国《行政复议法》第30条规定："公民、法人或者其他组织认为行政机关的具体行政行为侵犯其已经依法取得的土地、矿藏、水流、森林、山岭、草原、荒地、滩涂、海域等自然资源的所有权或者使用权的，应当先申请行政复议；对行政复议决定不服的，可以依法向人民法院提起行政诉讼。根据国务院或者省、自治区、直辖市人民政府对行政区划的勘定、调整或者征用土地的决定，省、自治区、直辖市人民政府确认土地、矿藏、水流、森林、山岭、草原、荒地、滩涂、海域等自然资源的所有权或者使用权的行政复议决定为最终裁决。"据此，对于行政部门侵犯当事人矿产资源权利的行为，行政复议为前置程序；当事人对行政复议决定不服的，才可依法提起行政诉讼。省级部门对矿产资源权属作出行政复议决定后，此决定有最终效力，当事人救济途径到此终结。这样的规定对于保护当事人合法的矿产资源探采权而言存在明显的不足，如果最终复议决定生效，当事人将不能寻求司法途径进行权利救济。

（三）地方干预严重

基于我国统一管理与分级分部门管理相结合的矿产资源管理体制，人民政府在矿产资源管理中居于核心的地位。无论矿业权的取得，还是探矿证和采矿证的流转都要经过行政程序。在客观上为地方行政权干预司法创造了条件。实际情况也表明，现阶段我国的司法受到行政机关的干预，司法受制于地方政府和其他因素的表现明显。一般矿山企业财力雄厚，是地方政府财政收入的主要来源。当这些矿山企业发生违法行为时，司法部门在作出处理的时候常受地方政府的影响，不能依法独立行使司法权。特别是一些地方的部门领导干部法制观念不强，为了个人或者小集团利益强力干预司法活动，有的甚至权钱交易，充当违法矿企的保护伞。

（四）裁决执行阻力重重

矿业纠纷的执行往往涉及矿山一定范围的区域，特别是越界开采、超出采矿证许可范围违法开采、破坏性开采等违法或犯罪行为，在执行方面存在较强的技术性，需要多部门的配合。优势矿产资源纠纷的司法裁决作出后，对裁决的执行经常会遇到一些地方利益上的障碍。尤其当执行对象为地方经济发展支柱时，地方政府、上级管理部门和其他利益部门会相互串通，阻碍司法裁决的执行。另外，司法机关的执行人员、执行需要的交通工具、装备等方面的不足也影响执行的顺利开展。

第三节 存在问题的原因分析

一 优势矿产资源立法问题原因分析

（一）立法思想观念陈旧

因传统矿产资源价值观以及计划经济的影响，我国优势矿产资源立法进程受到极大阻碍。首先，在价值观方面，我国传统资源价值观认为中国地大物博，有取之不尽、用之不竭的自然资源，认为矿产资源的开发利用就是最大地追求经济利益，而缺乏资源稀缺和生态保护以及可持续发展的观念。在优势矿产资源开发利用方面表现为无节制地、不讲科学性地开发利用，甚至破坏性地开采利用。其次，由于受计划经济的影响，相关部门特别是地方政府部门仍以加强行政管理为立法核心内容，忽略在市场经济条件下对立法质量和效益至上的现实需求。再次，在观念方面缺乏国际竞争战略和忧患意识。对优势矿产资源的探采、生产、流通等以规章形式加以规制，没有将优势矿产资源与一般矿产资源完全区别开来。对优势矿产资源的战略地位和其对国家安全的重大意义认识不足。最后，缺乏可持续发展的立法思维，未能充分考虑当代人与后代人利用的需要。

（二）立法缺乏科学规划

我国优势矿产资源立法缺乏科学规划体现在：一是在国家层面，在我国构建的社会主义法律体系中，自然资源法位居行政法和经济法部门之中。受我国法律体系的影响，我国尚未对优势矿产资源的相关立法进行科学合理的规划。二是一些地方政府没有根据本地区优势矿产资源保护的实际需要制定地方法，基本照搬国家有关部门的相关法律文件。部分甚至为盲目追求地方经济发展，制定的立法项目和内容与国家可持续发展战略相悖，严重影响了对矿产资源的合理利用。三是相关立法部门在进行立法规划时，缺少具体的矿产资源立法指导思想和立法原则，立法指导思想和立法原则的缺失，也使得一些部门为各自利益在立法中单纯强调行政管理权，弱化甚至忽视相对人的权利。使得一些规范之间缺少相应的关联，以致出现分歧和矛盾。这种情况从整体上削弱了立法功能。四是在矿产资源管理理论研究方面，当下中国法学界对优势矿产资源立法及其理论鲜有系统的深入研究。国家职能部门在制定部门规章时，也多以《矿产资源法》为依据和参照，立法科学规划欠缺。

（三）立法技术经验缺乏

优势矿产资源的自然属性不仅体现在稀缺性上，而且体现在其不可更新和种类繁多、相伴杂生等物质形态方面。矿产资源开发利用的过程必须遵循自然规律，符合资源开采规律，保护好生态环境。关于优势矿产资源的立法必须符合其自然规律、经济运行规律，适应我国科技发展水平，同时兼顾资源利用各主体间的公平正义。因此，优势矿产资源立法需要较高的立法技术水平。我国关于优势矿产资源的专门立法最早是1991年的国务院《关于将钨、锡、锑、离子型稀土矿产列为国家实行保护性开采特定矿种的通知》。现行《矿产资源法》仅有基本的原则性的规定。目前我国对优势矿产相关立法经验不足，特别是在市场经济手段运用、公众参与方面缺乏经验，对于诸如战略资源储备、总量控制等配套法律制度的建设还在摸索过程中，还没有形成一套完整的科学的规范体系。

（四）受社会经济发展阶段的制约

西方发达国家在两百多年的历史中，其法律体系是随着经济发展而逐步建立和完善起来的，经历了随社会渐进发展和完善的历程。而我国在改革开放后的几十年内经济社会发展达到了西方几百年的历史成就。但是社会治理观念、管理意识与法律制度建设等还有很大的差距。法律制度和经济发展之间的衔接还处于初创阶段。作为处于社会主义初级阶段的发展中人口大国，我国的立法需要创造性地变革。我们应当清楚地认识到，目前我国仍处于社会主义初级阶段，对优势矿产资源的开发利用必须以国情为基础，优势矿产资源的相关立法也必然受到我国经济发展水平的制约。如现在我们还没有掌握稀土等优势矿产资源科学开采、合理开采、节约开采，以及生产制造和再提炼的核心技术，整个行业发展水平仍有待提高。立法的滞后性特点也决定了在保护优势矿产资源，完善相关法律体系方面不可能一蹴而就，需要一个较长的复杂过程。

二 优势矿产资源执法问题原因分析

（一）执法体制不科学

我国矿产资源的行政执法体制存在诸多问题，如矿产资源行政执法体系欠科学；矿产资源行政执法的机构设置和权力配置不尽合理；矿产资源行政执法的主体资格不明确；基层监管部门任务重且设施和人员配备不足；矿产资源行政监管部门的责权利不统一；优势矿产资源监管部门分散，相互间的职权交叉；监管手段多以行政处罚为主，少有经济管理手段；没有矿产资源行政监管部门、注册地质师和矿山地测机构以及社会监督有机统一的多元矿产资源监管体系。上述问题客观上导致了执法不能实现预期的良好效果。例如，为了进一步加强对钨、稀土等优势矿种的管理，2007年国土资源部发布了《关于调整钨和稀土矿勘查许可证采矿许可证登记权限有关问题的通知》，自2007年4月12日起，将钨、稀土勘查许可证、采矿许可证以及申请扩大勘查、开采范围许可的权限划归国土资源部负责。将新设钨、稀土探矿权、采矿权发证权限上归国土资源部统一办理。2009年11月24日国务院发布《保护性开采的特定矿种勘查开采管理暂行办法》规定，2010年6月30日前，除国务院批准的重点项目和使用中央地质勘查基金或省级地质专项资金开展的普查和必要的详查项目，可以设置钨、锑和稀土矿探矿权外，全国暂停受理钨、锑和稀土探矿权和采矿权申请。上述调整对于加强钨和稀土资源的统一管理十分必要，但是在调整的过程中如果不考虑执法的客观实际，有效监督上述规定的执行，不考虑中央和地方在执法方面的衔接和有效配合，就不能够完全实现立法的预期，实现法律调整的目的。

（二）执法能力有待提高

从我国矿产资源自然分布的情况看，优势矿产资源多处于四川、云南、广东、广西、福建、湖南、江西、内蒙古等省区的偏远山区或不发达地区。矿区地形复杂、分布零散，社会经济发展水平偏低，发展经济的需求大，执法条件较差。我国矿产资源监管的执法能力仍比较薄弱，地方监管机构不健全，监督手段、方法、方式比较落后、执法人员的专业素养和业务能力也有待提高；相关部门缺乏有效的执法监督机制，难以规范执法行为和执法程序。因此，执法机构和执法人员在新的经济环境下面临执法环境差、业务专业性不强、违法行为复杂、执法能力有限的多重压力。

（三）执法外在干预严重

当矿业管理部门执法活动影响到地方利益时，当地各有关利益部门往往不予积极配合，甚至阻碍执法。从实际情况看，发生暴力抗法的非法采矿点，往往有恶势力保护，甚至非法采矿者与恶势力有某种"保护协定"。即非法采矿者与当地恶势力相勾结，达成雇佣、帮助关系。一旦有执法部门阻止其违法行为，非法采矿者就会指使其乘机围攻执法人员。由此给执法人员的人身安全带来隐患。因此，国土资源执法在克服地方保护主义的同时也迫切需要一个良好的社会治安环境。

（四）执法约束机制欠缺

矿产资源监管体制中缺少对执法活动的有效监督机制。近年来，我国国土部门成为贪腐案件高发区，矿产资源行政监管权力没有得到应有的制约。在执法方面，有法不依，如对于非法采矿证据确凿构成犯罪的行为，本应当移送司法部门追究刑事责任，但常常只处以行政处罚。对于违法行为在实体和程序方面不能够完全按照法律规定追究行政责任，常常会因为行政执法不当造成新的问题，甚至导致群体冲突的出现。从另一方面来看，矿业行政执法不规范也会导致公安部门对非法采矿等构成犯罪的行为不能及时进行有效的打击。

三 优势矿产资源司法问题原因分析

（一）司法技术水平不高

优秀的专业人才，先进的检验设备是提高优势矿产司法水平的基础条件。但是当前司法人员的业务素质需要提高，司法活动需要的装备配置也不能适应司法要求。因为，优势矿产资源的性质决定了对于矿产资源纠纷的处理要求司法人员具备应有法律素养的同时，也要对矿业规范、矿业技术标准等全面了解。就目前全国范围来看，大多数司法人员缺乏矿产资源技术方面的知识，也缺乏矿产资源法律的系统培训。同时，专业的司法鉴定机构也相对缺乏。这种情况严重影响到案件的正确处理。

（二）司法协作机制乏力

我国对矿产资源纠纷处理的法律规定散见于矿产资源法律法规及我国《民事诉讼法》、《行政诉讼法》、《行政复议法》、《刑法》等法律规范中。这种零散规定在客观上使得优势矿产资源的司法活动效率降低，各部门协调合作难度加大，司法活动不能发挥其应有的最佳功效。特别是优势矿产资源开发多在比较偏僻、落后的山区，司法活动需要相对较多的成本，因此，行政纠纷、民事纠纷和刑事案件的处理往往只能按照其性质进行处理，移送或协作方面的工作难以开展。如国务院《关于全面整顿和规范矿产资源开发秩序的通知》赋予了当地人民政府打击私挖滥采矿产资源的取缔权。但是由于执法人员、设备及其执法成本等方面的影响，人民政府在执法过程中发现的犯罪行为，不能够及时移交给当地公安机关、检察院和法院，影响了对矿业犯罪的打击力度。

（三）政府行政权力过于集中

司法权和行政权的分工决定了优势矿产资源司法和行政管理应当按照各自的制度运行逻辑相互配合、相互促进和相互制约。但在优势矿产资源管理的实践中，政府的行政管理权在一定程度上会发生扩展、膨胀，进而影响到司法权的独立运行。其表现在：

其一，我国的矿产资源属于国家所有即全民所有，国家具有所有权人和行政管理者双重身份。在优势矿产资源开发利用过程中，行政管理部门利用公权力实现所有权人的经济利益，容易导致在优势矿产资源管理过程中其他权利人的利益受到不利影响甚至侵犯。如在矿区土地的随意占用、土地污染或山林破坏等纠纷中，土地使用权人、林地使用权人的权利往往不能受到全面保护。在土地使用权人、林地使用权人和探矿权人、采矿权人发生冲突时，他们往往处于比较劣势的地位。政府会利用行政权全面处理各权利人之间的纠纷，如果当事人法律知识贫乏就会盲目地听从政府的安排而失去司法救济的可能。

其二，行政权力在本质上说，是一种强制服从力量。在社会主义市场经济条件下，行政权力对于监督管理矿产资源的生产经营活动有重要作用。由于自身具有的主动性、广泛性和自由裁量性等特点，行政权力具有天生的扩张性。在社会经济不断发展，国家调控范围不断扩大、强度逐渐加大的影响下，行政权力急剧膨胀。随着行政权力的不断扩张，行政职能逐渐开始侵蚀司法裁判领域，影响矿产资源领域司法活动的正常进行。在优势矿产资源管理方面，也存在司法过程中的行政干预情况。

其三，矿产资源具有公共物品的属性，行政管理部门对于自然资源的管理和监督的目标之一就是保护公众的利益。也正是因为如此，行政部门对于优势矿产资源的监督和管理行为往往容易失去应有的约束，使得公权力膨胀，甚至被滥用。从我国已经发生的矿山污染事故的原因来看，虽然多数事故的直接原因是矿业企业非法生产、违法排放污染物造成的，但究其实质，这些污染事故往往和政府不严格落实环境规划、违规审批环境影响评价报告，导致企业不合规定生产等情况有关。

因此，仅有科学的优势矿产资源保护立法是不够的，在科学立法的同时还必须加强司法，努力排除行政权力对司法活动的干预，净化司法环境，发挥司法应有的权威作用。

第十八章

境外优势矿产资源法治的考察借鉴

地球资源的地域分布受制于地球自身发展和变化的自然规律，因此，地球上各国所辖范围内的矿产资源分布程度不同。矿产资源自然分布的非均衡性也造就了不同主权国辖区内矿种分布不均，以及相同矿种储量的较大差异性。钨、锡、锑、钼、稀土作为我国的优势矿产资源同时也是他国的稀缺矿产或者战略性矿产，而他国的优势矿产往往也是我国的短缺矿产，如澳大利亚和巴西的铁、俄罗斯的铜等。正是由于上述原因，各国往往根据自己的国情及其需要，确定不同矿产资源在法律保护中的地位，并根据保护本国经济利益和国家长远安全、持续发展的需要，利用政策和法律不断地调整矿产资源开发利用及其保护的重点、方式和程度。

在立法经验借鉴方面，尽管由于在客观上各个国家的资源禀赋，自然环境条件、社会发展阶段、文化习俗等与我国不同，其政治制度及国家对开发利用本国优势矿产的价值取向、监督管理体系、法律制度等与我国也有较大差异，但在经济全球化下，资源配置的全球性、矿产资源特有的自然属性，以及人类现有科技水平、不断增长的矿产资源利用趋势所表现的共性等，需要我们知己知彼，了解并掌握全球的资源法律调整动态。同时，其他国家对优势矿产资源开发利用也曾不同程度地经历过我国目前所出现的相似问题，如矿产资源产量中出口量所占比例过大，采矿秩序混乱，国际市场价格疲软等。其矿产资源立法体系、执法和司法对于我国当前加强优势矿产资源法律保护也具有重要的参考和借鉴价值。

在研究对象上，本部分主要选择了俄罗斯、美国、巴西、澳大利亚和蒙古国的相关立法作为研究和借鉴的对象，在研究方法上本部分有两条主线：一是我国的优势矿产资源钨、锡、锑、钼、稀土在外国资源法律保护中的地位，二是外国立法中对其国家优势矿产、战略矿产或重要矿产法律保护方面的经验分享和借鉴。

第一节　俄罗斯优势矿产资源法治的考察借鉴

俄罗斯的优势矿产主要有铂族金属（钯、铱、铑、钌、锇）、钨、镍、钒、铁、锑、锡、金刚石、天然气等。俄罗斯已探明的钨矿资源储量为220万吨，世界排名第一。钨矿资源主要集中分布在北高加索地区、东西伯利亚地区和远东地区。已探明的矿藏基本上属于原生综合矿，伴生矿有钼矿、铜矿、金矿、银矿等。其中约1/3属于易选的黑钨矿，2/3属于相对难选的白钨矿。目前，俄罗斯的钨精矿开采量和产量仅次于中国，世界排名第二。俄罗斯的钼矿资源储量世界排名第三，已探明的钼矿约90%属于原生矿，主要集中分布在东西伯亚地区和北高加索地区的9个矿床内，矿石的质量偏低，平均品位低于0.1%，比国外同类矿床低50%—67%。由于俄罗斯对钼矿开采企业进行限量开采，钼矿石年开采量只相当于1991年的一半，国内的钼矿石处于供不应求的状态，只能依赖进口，目前进口量约占国内市场需求量的70%。[①] 值得一提的是，俄罗斯的石油、天然气等能源矿产优势也十分明显，在其发展中具有非常重要的作用，俄罗斯对其保护也具有独到之处，我们也可以从中获得有益于完善我国优势矿产法律保护的立法经验。

一　立法方面

俄罗斯第一部矿产资源法于1992年颁布，并分别在1995年和2005年进行了修订，该法之序言明确规定了立法目的是对矿产进行合理的综合利用和保护，保证俄罗斯联邦国家和公民的利益，维护矿产使用人的各项权利并为其提供法律和经济依据。[②] 此立法目的反映出，在立法价值追求上，俄罗斯兼顾了资源合理利用、资源保护和多方权益的保护。俄罗斯的矿产资源法律体系主要分为三个层次，其一，《宪法》为根本法，《矿产资源法》为矿产资源管理最主要的法律，其确立了形成和调整矿产使用关系的基本原则、矿产所有权、矿产属性等基本内容，规定了俄罗斯的矿产资源归俄罗斯联邦和俄罗斯联邦诸主体共同管辖等矿业法律规范的基本内容；[③] 其二，《贵金属和宝石法》、《产品分成协议法》、《油气管道运输法》、《矿产开采水法》、《煤炭安全法》等为代

[①] 国土资源部信息中心编写：《国土资源情报》，地质出版社2007年版，第35—36页。

[②] 姜哲：《俄罗斯联邦矿产资源法律法规汇编》，地质出版社2010年版，第4页。

[③] 同上书，第2页。

表的矿产资源专门立法，这些立法适用于规范特定矿种、特定生产领域管理、管道等基础设施和矿山安全等方面；其三，与矿产管理相关的其他法律，如《民法》、《投资法》、《大陆架法》、《专属经济区法》、《税法》等，用以调整与矿业相关的社会关系。在优势矿产资源法律保护方面主要有以下内容。

（一）优势矿产资源开发与保护

1. 设立联邦级矿区

为了保证国防及其国家安全，俄罗斯《矿产资源法》规定设立联邦矿区。联邦级矿区的目录由国家矿产资源储备联邦管理局按照俄罗斯联邦政府规定的程序在官方出版物上正式颁布。2006年1月起国家矿产资源储备平衡表中含有下列矿产资源的矿区：可开采量超过7000万吨以上的石油矿产、储藏量超过500亿立方米的天然气矿产、储藏量超过50吨的原生金矿，储藏超过50万吨的铜，以及位于联邦内海、领海及大陆架属地上的上述四种矿产资源。设立联邦矿区的目的是为了保证国防及国家安全。① 法律还规定，无论本条如何修正，其联邦地位不变。

特别值得注意的是，依据俄罗斯《矿产资源法》，外国公司不能开采俄联邦级矿产资源。参与联邦级矿产资源使用权招标或者拍卖的必须是依据俄罗斯法律成立的法人，而且俄罗斯政府还有权对有外资参股的俄罗斯法人企业作出参与这类招标或者拍卖的其他限制条件。如果外商（已经包括有外资参股的俄罗斯法人企业）拥有地质研究、勘探和开采的综合许可证，但在地质研究过程中发现矿区后确认该矿产资源符合联邦性矿产资源标准，则俄罗斯联邦政府可以决定拒绝将该矿区提供给该外商勘探和开采。并且在可能对俄罗斯国防和安全产生威胁的情况下，在根据综合许可证进行地质研究时，俄罗斯联邦政府也可以决定拒绝提供该矿区用于勘探和开采的许可证。前述决定的制定程序由俄罗斯联邦政府规定。在上述情况下，外商的损失补偿和成本赔偿问题根据俄罗斯政府规定的程序进行，费用由联邦财政承担。②

2. 对战略性矿产资源实行国家控制

俄罗斯通过修订联邦《矿产资源法》，限制外资介入战略资源的勘查开

---

① 联邦性矿产资源包括储量铀、金刚石、特纯石英矿原料、钇族稀土、镍、钴、钽、铌、锂、铂金类矿，7000万吨以上的陆上油田、储量500亿立方米以上的天然气田、储量50吨以上的金矿，50万吨的铜矿，以及位于大陆架上的所有的矿区。

② 《俄罗斯法律限制外资进入42个战略行业》，http://www.unsbiz.com/information.do? method = detail&id = 149745。

发，其中包括铀、金刚石、石英和稀土等俄短缺的矿产资源，以及储量超过1.5亿吨的油田、储量超过1万亿立方米的天然气田和储量超过1000万吨的铜矿。此外，出于维护国防和国家安全利益，处于国防工业所辖区域内的矿藏也将被列入俄罗斯战略资源储藏区名单中。俄罗斯强调对石油等战略性资源的国有化，将这些资源的管理权收归中央。新法修订后，俄罗斯加强了联邦政府对国内矿产资源的控制力度，对矿产资源利用由以前的联邦政府与各联邦主体共同决议原则，转变为联邦决议原则，管理国家地下资源基金的联邦机关的权力被扩大，自然资源部的管理权限也扩展至整个矿业领域，这些举措都极大地加强了国家对资源的垂直控制。①

3. 对外资进入战略矿业的严格限制

2008年4月2日，俄罗斯杜马三读通过《关于外资向对国家国防和安全具有战略意义的经营公司进行投资之程序的联邦法》（以下简称《限制外资程序法》），4月16日得到俄罗斯议会上院联邦委员会的批准，5月5日总统普京签署该法案，5月7日该法在《俄罗斯报》正式公布生效。该法律的通过以及其他一系列相关法律的修改，使得俄罗斯政府对战略行业，特别是战略矿产资源的控制能力进一步增强，为俄罗斯国防安全和落实俄罗斯能源强国和能源外交奠定了基础。俄罗斯联邦《矿产资源法》作出重大修改，外资受到限制的战略行业共计包括42个，主要分布在5大领域：专门技术生产、武器和军事技术生产、航空制作、太空活动和核能使用领域的活动。在杜马审议过程中，新增加了出版和印刷行业、联邦性矿产资源使用、水生物资源捕捞、电视广播和无线电广播等，取消了先前规定的互联网接入服务、基础通信和通信领域的地方垄断经营者、供热和供电领域的垄断经营者。

4. 对特定矿种单独立法保护

俄罗斯《矿产资源法》中规定，特定矿种的地质调查和开采应依据本法确立的原则和规定，由其他联邦法律加以规范，该规定明确了特定矿产的特殊地位，采用单独立法进行调整。依据该规定，俄罗斯联邦针对贵金属和宝石专门制定了《贵金属与宝石法》，规范和调整贵金属（金、银、铂和铂族金属）和宝石（天然金刚石、绿宝石、红宝石、蓝宝石和紫翠玉，以及原生形态和加工过了的天然珍珠，经俄罗斯联邦政府规定程序确定的、一些独特的琥珀构

---

① 成健：《俄罗斯意志：能源帝国攻略 战略性资源再国有化》，http://www.p5w.net/news/gjcj/200701/t720258.htm。

成物可以等同宝石）。① 针对地质研究和勘查、开采、生产、利用以及流通（民事流转）领域内产生的各种关系，建立了专门的制度加以管理（主要是贵金属与宝石的国家基金和储备制度、许可制度）。通过专门立法，不仅有利于该矿产的合理利用和开发，充分发挥矿产的优势，在客观上还加强了联邦中央对该类矿产的国家控制。

（二）矿产资源中央与地方的利益分配

在利益分配方面，俄罗斯实行矿产使用付费制度，其中的各项费用依法在联邦和联邦主体间进行分配。② 俄罗斯《矿产资源法》规定，联邦政府在产品分成协议条件下，从矿产使用人处获得的矿产品或其等价物（可替代应缴纳的税费），在俄罗斯联邦和矿区所在地的俄罗斯联邦主体之间，按俄罗斯联邦权力执行机关和相应的联邦主体权力执行机关签署的合同进行再分配；特定情况下的一次性收费分别计入联邦财政和俄罗斯各地方主体财政；矿产地质信息的使用费纳入联邦财政；招标（拍卖）参与费计入联邦财政收入，而含普通矿的矿区竞标（竞拍）费用或地方级矿区竞标（竞拍）费用，则计入对上述矿区进行管理的地方主体的财政预算；与此相应的许可证收费，也是分别进入联邦和地方主体的财政；矿产使用的固定收费，按照俄罗斯联邦相关的财政预算法规分别纳入联邦、联邦主体和地方财政预算收入。

二 执法方面

注重法律对矿区的综合监督。俄罗斯《矿产资源法》明确地划分了联邦、联邦主体和地方三级行政主体在矿管领域的权限和职责，避免了越权行为和重复审批。俄罗斯对矿产资源实行以行政监督为主的保护。俄罗斯的自然资源部于2004年新组建，其主要职能是制定自然资源利用战略、规划和政策、法规，下设7个职能司；战略、规划和政策、法规的执行和监督由直属局（署）负责，下设联邦地下资源利用局、联邦林业局、联邦水资源局、联邦自然利用领域监督局。俄罗斯的自然资源部拥有全面、综合执法的权利和能力。③ 在矿区

---

① 姜哲主编：《俄罗斯联邦矿产资源法律法规汇编》，地质出版社2010年版，第42页。

② 俄罗斯矿产使用人需缴纳的费用有，特定情况下的一次性矿产使用费、固定矿产使用费、矿产资源地址信息使用费、参加矿产招标（拍卖）的费用、许可证颁发费用，此外，还有根据《税法》支付的其他税费。参见姜哲主编《俄罗斯联邦矿产资源法律法规汇编》，地质出版社2010年版，第28页。

③ 曹树培、汪熊麟、张兴：《俄罗斯地下资源立法和地址工作改革的动态》，http://www.crcm-lr.org.cn/results_zw.asp?newsId=L712141527344565。

环境保护执法活动中,充分考虑矿区民众的意见和建议,作为矿业活动的直接受影响者,他们的积极参与有助于矿区生态环境的维护,同时也能分担一部分政府的监管责任,从而促使企业也自觉增强矿业开发的生态保护意识。

三 俄罗斯经验对我国的启示

(一) 制定专门法

俄罗斯对于重要矿产资源的保护立法先行,针对保护对象专门立法,提高对重要矿产的保护级别,使对重要矿产的特别保护和管理有法可依。基于此,我国应当对优势矿产资源进行专门立法,提升对其保护的级别,突出保护重点。

(二) 强化中央对特定矿产的直接控制

为了保障国家安全,维护国家资源安全和保障资源储备,俄罗斯制定了联邦级矿区制度和备用矿区联邦储备制度。我国也应当考虑建立优势矿产资源保护区,建立优势矿产资源或战略性矿产资源储备制度,在法律层面强化国家对于优势矿产资源的掌控能力。

(三) 合理分配矿产利益

俄罗斯通过《产品分成协议法》调整矿产资源普查、勘探及开发过程中发生的各种社会关系,在不同利益主体之间,合理分配开发利用优势矿产所产生的收益,处理中央与地方的利益分配,保障矿区居民的合法权益。并由联邦权力机关对协议的履行进行全面监督。我国应当通过立法调整中央与地方的矿产利益分成,摒弃依靠行政处理利益分配的习惯。

(四) 强化行政统筹监管

俄罗斯的自然资源部是其矿政管理的主要部门,其不仅下设 7 个职能司,而且下设联邦地下资源利用局、联邦林业局、联邦水资源局、联邦自然利用领域监督局。[①] 并由矿经所作为制定自然资源战略、规划、政策、法规的智力支撑,以满足部和局的要求,研究提出地质工作的方向,分析资源利用效率,进行矿产地质经济评价,制定实施长远规划的措施。在联邦政府的决定文件中明确矿经所的机构与任务相适应,并具有协调有关工作的职能。由此可见,其矿政管理主要职能部门具有统筹协调整个矿业开发利用秩序的作用。就此而言,我国优势矿产资源保护因为缺乏综合的法律调整,客观上影响了法律功能的全

---

① 曹树培、汪熊麟、张兴:《俄罗斯地下资源立法和地址工作改革的动态》,http://www.crcm-lr.org.cn/results_zw.asp? newsId=L712141527344565。

面实现。

第二节 美国优势矿产资源法治的考察借鉴

美国矿产资源丰富，是世界上最重要的矿产资源生产、消费和贸易国之一，主要矿产有锂、铍、铜、钼、铅、锌、金、银、磷矿、煤炭、石油、天然气、铁等。美国钨储量主要分布在西部的蒙大拿、爱达荷、加利福尼亚、内华达、犹他、科罗拉多和亚利桑那州等。美国是世界最大的锂原料和锂化学制品生产国，也是锂的最大消费国和出口国。20世纪80年代以来，美国锂矿山产量总体呈下降趋势。1979—1984年从70%下降到60%左右，1985—1992年则从53%降至39%。比重下降一方面是由于美国自身产量在下降，另一方面则是智利和澳大利亚的矿山产量在80年代中后期大幅增长的结果。美国1990年锂生产能力约占世界总生产能力的46.6%，比1985年的56.4%也明显减少。[①] 美国也是世界最大的铍生产国，铍矿山产量占世界总产量的60%以上，美国又是世界最大的铍消费国，铍矿石的自给率在80%左右，不足部分主要是从巴西进口，少量来自中国、津巴布韦等国。美国政府将铍列为战略储备矿产之一。[②] 至2003年，美国铜储量基础为7000万吨，占全球储量7.4%，居世界第二位；钼储量基础为540万吨，占全球总量的28.4%，居世界第二位；铅储量基础为2000万吨，占全球总量14.3%，锌储量基础为9000万吨，占全球总量19.6%，磷储量基础为40亿吨，三者均居世界第三位。[③] 尽管美国属于矿产资源比较丰富的国家，但兼顾经济利益和资源储备严格保护矿产资源和生态环境、节约和减少本土开采是其长期的资源利用原则。

作为矿业大国，自1872年《通用矿业法》问世至今，美国对矿产资源依法管理已有100多年的历史。在此期间，1872年《通用矿业法》经过多次修改但仍然有效，同时出台了许多新法，以适应社会经济的发展和矿业生产力的变革。作为英美法系国家，美国的矿业法律主要是制定法，包括国会的制定法、联邦政府的行政法规（主要以内政部为主导），此外还有具备实际意义的法院判例。作为资源大国和发达国家，美国在优势矿产资源保护方面，有其独到之处。

[①] 中国地质矿产信息研究院编著：《国外矿产资源》，地震出版社1996年版，第220页。

[②] 同上书，第109页。

[③] 张文驹主编：《中国矿产资源与可持续发展》，科学出版社2007年版，第213页。

一 立法方面

基于不同矿种在自然界的分布、产出情况有别,在国民经济发展中的作用、地位也不同,美国对各种矿产的开发利用进行分类管理,形成了具有特色的优势矿产资源法律制度。该制度对不同矿种采取不同经济调节措施,而不是采取"一刀切"的方式。

(一) 战略性矿产储备单独立法例

美国战略性矿产储备制度可以追溯到1921年,由美国矿业局、美国地质调查所、采矿工程师和地质学家协会组成的专门小组提交了关于建立美国矿产品(锑、铬、锰)占领储备建议的报告;1923年建立了阿拉斯加国家海军油储;1939年制定了《战略矿产法》(Strategic Minerals Act of 1939),实行了重要矿产的战略储备;[1] 1946年国会通过的《战略与关键材料储备法》(Strategic and Critical Material Stockpiling Act),用法律形式将国家的矿产储备制度确立下来,标志着美国矿产储备制度和矿产储备政策的正式形成和实施,以凸显战略和关键矿产对国家安全和国家经济的重要性。随后国会又通过了《战略与关键材料生产法》以扩大矿业部门生产能力,出台了旨在对矿产重要性项目重新评估的《战略与关键材料储备修正法》(Strategic and Critical Materials Stockpiling Revision Act of 1979);[2] 1980年国会通过的《物资和矿物原料国家政策、调查和开采法》,规定了必须执行的国家政策,同时成立战略矿产特别工作组等。[3]

美国的矿产储备政策随着国际形势的演变而不断进行调整和变化,不同时期采取的政策均有差别,[4] 但其基本目的仍在于保障国家矿产供应安全,现在虽然储备有所削减,但是利用储备来调节市场和应付急需(特别是全球化过程中可能面临的各种风险)仍然起着重要作用。作为美国全球战略的一个重要组成部分,该政策既作为美国矿产政策的基石,也是美国的一项基本国策。

---

[1] 何金祥:《美国矿产储备政策的简要回顾》,《现代矿业》2009年第3期。

[2] 杨娴、邵燕敏、陆凤彬等:《矿产储备环境变迁与管理体系变革的联动机制——从美国看中国战略性储备管理体系的建设》,《公共管理学报》2009年第2期。

[3] 徐强:《美国全球资源战略总述与启示》,《经济研究参考》2007年第12期。

[4] 例如,由于世界形势的缓和,美国国会于1996年通过的《1997财政年度国防授权法》,指示总统进一步处理国防储备库中的材料,以产生收益,削减了矿产战略储备。同时,该法修改了《战略与关键材料储存法》中关于战略与关键矿产材料的储备要求,使美国的重要矿产储备量达到比较科学与合理的水平。参见何金祥《美国矿产储备政策的简要回顾》,《现代矿业》2009年第3期。

（二）优势矿产开发利用法律制度

美国对优势矿产资源的保护，主要体现在具有较完善的矿业立法，并建立相关法律制度保障实施，除战略性、关键性矿产储备制度以外，还有如下的主要法律制度。

1. 矿产开发利用的分类管理制度

美国的陆上矿产和水域矿产执行不同的矿业法规，[1] 陆上矿产权属依附于土地，分别为联邦政府的公有土地、州属土地、私有土地和印第安保留地（不过重点的战略矿产资源，所有权由国家行使，勘探开发由国家矿政管理部门负责）。而陆地矿产又根据其在国民经济发展中的作用和需求，以及在自然界的产出特点分为三类，因而确立了三种管理制度：（1）包括除铜、铅、锌以外的金属矿产和石膏、金刚石、宝石、沸石等非金属矿产，作为可标定矿产，执行《通用矿业法》规定的"自由进入和特许制度"，靠申请获得矿权，取得矿权不需缴纳费用，国家在开采过程中从征收的矿地租金和权利金中得到利益补偿；（2）将石油、天然气、煤、肥料矿（硫、磷、钾）及沥青、铜、锌、铅等重要矿产从可标定矿产中最早分离，又称"可出租矿产"，执行1920《矿地租借法》，采用竞标出让矿权，既规范开采活动，也确保政府在开发活动中的利益；（3）按照1947年《原材料法》，建筑材料矿物原料类矿产，又称"可销售矿产"，执行"材料销售制度"。不同的管理制度，在申请采矿的登记手续、采矿期限、矿地面积、应缴纳的各种费用和其他采矿权益、应尽的义务等方面均有较大差别。[2] 据此可知，美国的矿产管理制度从最初《通用矿业法》的单一管理模式发展到现如今根据不同矿种确立的分类管理模式，是随着经济和矿业发展，不同矿种于国民经济中的作用、地位不同，以及开发特点、市场交易的差异而形成的，这样的管理制度对保护重要矿产，提高管理效率发挥着很大的作用。

值得注意的是，美国对于稀土等重要矿产采取的是"捂矿"的政策，到2008年美国都未进行稀土开采，[3] 而完全依靠进口，在开采后也非常重视重要矿产的回收，现如今又开始启动对稀土等重要矿产的国家储备。

2. 矿业税费制度

美国对矿业生产活动进行管理时，除实行与其他行业相同的所得税、财产

---

[1] 陆上矿产主要执行《通用矿业法》、《矿地租借法》、《材料法》，而水域矿产则执行1953年《外大陆架土地法》和1980年《深海底固体矿产法》。

[2] 杨培英：《美国的矿产开发管理特点》，《中国地质经济》1991年第5期。

[3] 王彦译：《美国稀土产业状况》，《国外动态》2009年第2期。

税等经济措施,还实行独具特点的地租、权利金、红利制度。① 联邦政府对矿产资源国家所有的原则完全体现在权利金的征收管理方面,与其征收管理矿权的管理权限相一致。权利金的征收管理归于内政部矿管局(Mineral Management Service,MMS),其职责就是及时、准确并在满足成本效益的前提下征收来自联邦租约的矿产收益,同时分配给各收益用户。矿产资源权利金征收是根据不同的矿种管理模式进行的,对于重要矿产,可以通过征收较高的权利金费率,使低价出口倾销不再有利可图,从而保证国内需求,维护国家利益。

对于具有较高经济价值和战略意义的矿种,以出租或竞标的方式,保证国家在可能的情况下得到最高的经济利益(红利)。此外,针对不同矿种,政府还采取征收采掘税、实行资源耗竭补贴等经济而非行政手段,结合实际对矿产开发进行调节,② 实现优势矿产资源开采总量的平衡。

3. 环境影响审核

环境与生态保护政策是美国矿业、能源和矿产资源管理的基本政策之一,而美国的国家政策一般都反映在法律和法律制定上。美国颁布和执行了一些管理矿产开发、土地利用、资源保护的法律,要求采用对环境影响合理的方法进行矿产勘探和开发。虽然美国的矿业法没有对矿山开发作出明确的"三废"处理要求,但是其环境保护法对矿业企业生产有严格的"三率"排放标准,环境影响评价对矿业项目有一票否决权,最重要的是对矿山开发的环境影响和防治措施进行严格审核,从而促使其矿业生产和消费结构发生了重大变化,无形中制约了对部分具有优势但开发力度大的矿产的开发。因此,严格的环境保护法律制度在很大程度上限制了矿产开发,而对重要矿产、战略矿产的开发而言,也无形之中起到了保护作用。

4. 加强技术研发,确保关键矿产的可持续利用

美国非常注重利用高新技术来保证对资源的可持续利用,并发展与优势矿产资源相关的高新技术产业,主要通过提高产品的深加工生产技术,在重要或关键技术领域实现重大突破,优化初级产品生产能力,淘汰落后工艺,以技术

---

① 地租是矿企向占用土地的所有者缴纳的费用,体现的是土地所有权关系;权利金是矿企向矿产资源所有者缴纳的补偿费用,即分别归联邦、州和私人,矿种不同权利金比例也不同,体现矿产资源所有权关系;红利则是联邦政府对其管辖土地上的矿产资源开采竞标、拍卖而获得的收益,一般按矿产品价值的比例计算,由矿山企业向联邦政府缴纳。参见樊春福《对美国矿业管理的认识》,《中国地质矿产经济》1994年第3期。

② 例如,硼是美国的优势矿产,对硼资源的勘查开发,均收取较高的税费,以此稳定市场的总供应量。

创新推进产业升级;此外还积极研发可替代材料,以解决资源供应不稳定、可利用资源结构单一这些问题。例如在许多应用领域采用稀土代用品。①

5. 其他

除了以上制度,美国联邦政府还非常注重对资源进行战略性的规划管理,对于在国民经济发展中具有特殊作用的优势矿产,其勘探开发要进行合理规划,并充分凸显国家利益和公共利益属性,加强国家管理。② 对外资进入本国矿业领域,美国也进行严格的审查和限制,减少了对本国重要矿产的开采、出口,而且由于金融危机发生之后,贸易投资保护主义抬头,更加强了对外国公司投资美国资产的审查和限制,③ 在一定程度上也起到了保护本土优势矿产的作用。

二 执法方面

美国矿业法规比较完善,使矿业活动有法可依。为了执行这些法律法规,美国联邦政府和州政府相应地建立了一套矿政管理机构来行使国家对矿产勘查开发和环境保护的监督管理。美国矿政管理分联邦和州层次:在联邦层次上,美国设置了以内政部为主的多部门配合且职能分工明确的矿产管理系统,而在内政部下设的矿产管理局和土地管理局则与矿业行政管理直接相关,分别行使对联邦海上矿产的管理和联邦陆上矿产的管理;在州层次,各州对矿产资源拥有独立管理权,许多州设立自然资源管理部门,统一管理州所属矿产。联邦政府非常重视资源管理,矿产资源的勘探主要由地质调查局承担,并以信息化、模型化、系统化为特点,保证了对矿产资源特别是战略性、重要矿产能够进行科学、合理的勘查开发,并掌握矿业生产规律,为战略性或优势矿产的规划、政策的制定提供可靠依据。

此外,联邦政府在矿业法律和制度的保证上、行动上强调政府的服务功能;对矿业生产活动注重监督和检查,使管理更科学有效;对政府管理程序和措施透明度的不断加强等,保障了重要矿产保护法律法规的执行。④

---

① 马冰:《国外针对优势矿产开发利用所采取的政策措施》,http://www.LRN.cn/。
② 杨璐:《美国矿业行政概况及启迪》,《矿产保护与利用》1998年第6期。
③ 如2007年,美国国会批准通过了《2007年外国投资与国家安全法案》,其中就包括对矿产的审查和限制。
④ 何金祥:《再论目前国际上矿产资源管理的若干发展趋势》,《国土资源情报》2005年第2期。

三 美国经验对我国的启示

（一）针对优势矿产进行单独立法

我国应当就优势矿产资源保护进行专门立法，提高对优势矿产的保护级别，同时明确对优势矿产进行保护和利用的具体权利义务的规定；建立优势矿种的战略储备，建立合理、科学的资源储备的决策程序和运作机制，依法保障优势矿产战略储备的顺利进行。

（二）重视运用经济手段管理矿产

除了依法保护优势矿产以外，我们还应研究和制订各种经济调节措施（主要通过税费征收比例的调节），对优势矿产的开采利用进行有效管理和调节，同时因势利导，以适应国际形势和市场经济发展需求。

（三）对优势矿产进行保护性开发

加强开发中对资源和环境的保护，严格审批程序和标准，将环境因素作为能否开采的决定因素，杜绝滥采乱挖、浪费资源现象；改进技术、管理，提高优势矿产的开采利用率，真正实现将资源优势转化为经济优势。

（四）加强研发依托于优势矿产资源的高技术

意识到优势矿产资源开发利用的根本目标，是要将资源优势转化为经济优势、技术优势，要通过加强研发，深化产品加工，调整产品结构和促进产业升级，全面提高技术装备水平，不仅要当具有优势资源的资源大国，也要成为相关产业的强国。

第三节 巴西优势矿产资源法治的考察借鉴

巴西矿产极为丰富，现开发的矿产资源中金属矿有 21 种；巴西是世界最大的铌精矿生产国，多年来其产量一直占世界产量的 80% 左右。巴西 CBMM 公司是世界最大的铌公司，其烧绿石精矿产量占世界产量的 70%，氧化铌产量占 50%，HSLA 级铌铁占 60%。该公司生产的氧化铌全部出口，铌铁出口达 90%，主要出口到欧洲、美国和日本。卡塔拉奥（Catalao）公司铌精矿和铌铁的产能分别占巴西总产能的 10%—20%。该公司将烧绿石精矿就地冶炼成铌铁销售。与铌矿一样，巴西的钽资源储量也占世界第一位。锡和石墨储量占世界第二位，铁矿资源占世界第五位。铁矿石蕴藏量约 480 亿吨且大部分是富矿，铁矿砂含铁量高达 60% 以上，且多为露天矿。巴西淡水河谷润谷矿业公司、力拓矿业公司和必拓矿业公司三家公司掌管全球铁矿石的 70%。巴西的铀储量24万吨,位居拉美之首,世界第六。巴西已探明的锰矿有2亿吨、铝矾土20亿吨、镍0.53亿吨,还有大量的稀有金属矿如钨、锡、铅等。巴西是我国重要的铁矿石等供给国之一,因此了解该国对矿产资源保护的法律制度有重要的意义。

一 立法方面

巴西的矿产资源法律体系以1988年《宪法》为根本,以《矿业法》为基本法。巴西第一部矿业法典于1934年颁布并执行,经过不断的修改,现仍在执行,与之配套的是矿业法典规章,更为系统、具体地规定了本国的矿业活动。此外,巴西还陆续出台了多个矿业行政规章,以及与矿山环境、健康和安全有关的法律法规,这些法律法规共同构成了巴西矿业管理法律体系。

(一)重要矿产资源保护制度

巴西对重要矿产进行出口限制,并掌握部分矿产的国际定价权。巴西是世界上唯一一个能出口各种品级天然水晶的国家。1974年,巴西政府决定,对水晶实行出口限制,并且把压电水晶和拉斯卡水晶的出口价格提高5倍。其结果是,巴西1974年出口拉斯卡水晶7648吨,1975年降低到1667吨,但实现的出口价值却并未减少。[①] 巴西铀矿储量居世界第六,铀矿开采和贸易由一家国有企业垄断,同时巴西法律禁止铀矿出口。石油、天然气和其他液态碳氢化合物矿床的勘查和开采,核矿石和矿物及其副产品的勘查、开采、加工、浓缩、再加工、产业化和贸易,由联邦政府垄断,行使国家独占权。

巴西《宪法》规定,矿业权只授予巴西人或在巴西组成的公司。巴西的矿业权管理分四种情况:一是对石油、天然气、核能等实行垄断,只由国家公司开采。巴西禁止或限制外资进入石油、电力、铁路、港口及其他公共服务部门,这些部门完全由政府垄断。例如,巴西的石油公司,政府至少拥有51%具有表决权的股份,其余股份也受到严格控制。《宪法》规定,禁止外资通过风险合同染指石油和天然气开采。目前已开始允许合资公司(外资不能控股)开采,但巴西《矿业法》不适用这类矿产。二是对砂、石、粘土实行批准制。三是对个人及家庭进行的简单矿业活动实行登记注册制。四是对大部分矿产及矿业公司实行特许制,即发放勘探许可证或采矿许可证。

[①] 马冰:《国外针对优势矿产开发利用所采取的政策措施》,http://www.LRN.cn/。

(二) 重要矿产资源开发准入制度

巴西《宪法》明确矿产资源属于国家所有，即联邦政府所有；规定联邦政府、自治区、省政府以及土地所有者分享在巴西领土、大陆架、海域、经济特区等地区石油、天然气和其他矿产资源勘探和开发的成果。按规定，矿产资源归国家所有，即联邦政府所有，因此进行矿业活动必须经过政府的授权批准。巴西实行土地所有权与矿产资源所有权分离的原则。目前，巴西正着手修改矿业法典，修改的主要内容有：简化现有法律规定的繁杂程序，鼓励外资和私人参与矿业活动，加强环境保护，取消限制在印第安人地区开采矿产资源的规定等。此外，根据巴西《矿业法》规定，对国家垄断矿产的勘查和开采实行特殊法律管理。矿产资源的探矿、采矿权的申请主体必须是该国公民，或依照本国法律在本国注册的公司，或管理机构在巴西的公司，实行内外有别的准入制度。1992年10月新修改的《宪法》第176条规定，勘查执照及采矿特许权只能由国内投资者所控制的公司拥有。[1] 矿业权由政府的矿业能源部负责管理，矿业生产局和由其派驻各州的办事机构负责勘探许可证和采矿许可证的受理申请、登记、收费、发放等工作。并且规定，外资进入巴西时必须在巴西的中央银行注册。[2]

在巴西进行矿产资源的勘探、开发必须分别取得勘探许可证、开发特许证，且不同矿种可以勘探的面积不同。根据巴西国家环境委员会的规定，在巴西进行所有的采矿活动还需要在获得矿权之前，取得环境许可证，以协调矿业活动与环境保护。1988年通过了修改过的《宪法》，在外国投资方面比以前的限制更严。新《宪法》宣布，矿床和矿山的勘查、开采，水电和其他自然资源的开发，要求联邦授权或"特许"。但这一授权只授予巴西自然人或国家控制的巴西公司。巴西人至少控制51%的股份。

(三) 重视经济手段调控

巴西作为市场经济国家十分重视运用经济手段管理矿产资源。其显著表现有：其一，征收权利金。在巴西权利金称之为财政补偿。是1988年《宪法》(第20条第1段)所要求的，受第7990/89、第8001/90法律及第01/91号命令管理。对矿产销售的净价值征收，但不包括商业性税收及运输和保险费。税率为：铝、锤、氯化销和铒，3%，铁、肥料矿产、煤及其他矿物质，2%，矿业公司开采的金(不包括淘金人)，1%，宝石及其他可切割石料，工业金刚

---

[1] 马冰：《国外针对优势矿产开发利用所采取的政策措施》，http://www.LRN.cn/。
[2] 张文驹主编：《中国矿产资源与可持续发展》，科学出版社2007年版，第262页。

石及惰性金属（金、银、钳），0.2%。[①] 其二，征收矿业税。巴西的矿业税收主要包括三级政府部门所征收的税负：（1）联邦税征收所得税、社会保险捐献、社会一体化计划、公司利润社会捐献、财务赔偿（权利金）、工薪税、消费税及进口税等。（2）价外税——货物销售及服务税（销售税和出口税），附加所得税等。（3）市税——不动产税，服务税等。[②]

二 矿业行政管理和行政执法

巴西对矿业实行集中管理，并明确各职能部门分工，管理效能很高。联邦政府设矿业和能源部，作为矿业管理的主管部门。下设矿业和冶金秘书局、国家矿产品管理局、地质调查局。国家矿产管理局主要职能是矿业法规的制定。此外，还负责矿业权的管理，国家矿产管理局和由其派驻各州的办事机构负责勘探许可证和采矿特许证的受理申请、登记、收费、发证等工作，并主管全国矿产品生产、贸易。矿业和冶金秘书局负责全国的矿产资源和冶金产业、矿业勘查、地质调查以及海外矿业的执法、管理、监督等。

巴西的基础地质调查和水文地质调查工作主要由地质调查局进行，且各州还设有相应的地质调查机构，地质调查局和各州地质调查机构还负责为公众发布地质信息，提供公共服务。[③] 此外，巴西各州具有相当独立的立法和财税制度，各州的矿业立法不尽相同。

矿山的环境保护行政管理方面，对于资源枯竭矿山的关闭，巴西采取"谁办矿谁关闭"的原则。巴西环保部门依据环境保护的需要，定期对关闭矿山的企业进行检查，如发现环境治理问题，会给企业下达整改通知书，如果整改后仍不符合要求，会对企业进行相应的罚款。

三 巴西经验对我国的启示

（一）实行重要矿产资源的国家适度垄断

巴西对石油等重要矿产资源采用国家、本国人垄断经营的法律制度，对于外国资本进入的领域给予一定的限制。在立法过程中最大限度地保护本国利益和本民族的利益，也是目前世界各国在资源保护立法过程中普遍采用的原则。

[①] 张新安、杨培英、魏铁军主编：《现代市场经济国家矿业税收制度研究》，地震出版社1997年版，第130页。

[②] 同上书，第127页。

[③] 《巴西的矿业体制和法规》，http：//www.mlr.gov.cn/xwdt/jrxw/200406/t20040625_875.htm。

我国在对优势矿产资源保护方面也应当根据国情采用灵活的立法思想，对优势矿产采取特殊的法律制度，以保证对国家经济发展、国防安全具有重要作用的矿产的可持续发展，更好地保护国家和人民的利益。

（二）完善外资进入优势矿产领域的管理

对于外资进入本国矿产资源领域的法律调整，巴西给予我们的启示是，必须采用多方面的法律调控机制对进入本国矿业的资本进行监督管理。应当根据矿业投资的特点，从资本进入、资本出境、税收、矿权利益分享等方面进行管理，发挥经济调整手段在管理矿业秩序方面的作用，完善与优势矿产资源开发有关的金融制度。

（三）完善矿业权管理制度

矿业权管理是矿产行政管理的核心，应当学习巴西的矿业权管理制度，在市场经济条件下，建立一套完整的矿业权权利体系和矿业权行政管理制度。通过矿业权的取得和流转制度，强化对优势矿产资源的管理，适应市场经济发展的需要，促进优势矿产资源的保护。

（四）重视矿山环境生态保护

借鉴巴西"谁采矿，谁复垦"的原则，建立矿山环境治理与生态恢复的制度，将环境保护和生态风险防范作为采矿人的义务之一，并以此作为保护我国优势矿产的环境考核指标。

第四节　澳大利亚优势矿产资源法治的考察借鉴

澳大利亚矿产资源丰富，其铀、铅、锌、钽、铝土矿、金刚石和镉等储量居世界首位；铋、锆、煤炭、锰、钛铁矿、黄金、锡、铁矿石、银、稀土和铪的储量也位居世界前列。澳大利亚是一个矿物原料和矿产品生产大国，矿产品产量大，出口量大，其中氧化铝、煤炭、钛铁矿、铁矿石、精炼铅、金红石和锆石的出口量居世界首位。储量排在世界前列的有铁矿、氧化铝、黄金、镍、铀、钻石、钛铁矿、天然气等。澳大利亚也是世界重要的铜生产国。2008年，其矿山铜产量占世界矿山铜总产量的5.7%，为世界第五大产铜国。澳大利亚也是世界最重要的铜出口国之一，2008年出口铜精矿45万吨，成为世界第三大铜精矿出口国，铜仅列智利和秘鲁之后，占世界总出口量的10%（智利占36%，秘鲁占15%）。澳大利亚同时也是世界第五大精矿出口国，占世界总出口量的4%，前4位分别是智利（38%）、赞比亚（7%）、秘鲁（5%）和日本（5％）。① 作为矿产资源大国，澳大利亚的矿产资源立法在世界矿产资源立法中居于重要地位。然而，澳大利亚迄今仍是稀土生产为零的国家，但有人预计澳大利亚数年内或成稀土生产大国。

一 立法方面

（一）矿产资源法

澳大利亚是世界重要的矿业国，依法开展矿产资源的勘探和开发管理。澳大利亚矿产资源法分为联邦和州（领地）层次，澳大利亚联邦没有统一的矿业立法，主要通过在矿业贸易、矿业与环境、矿产资源税费等方面制定适用于整个联邦的法律规范，如对几个优势重要矿产（主要是石油、天然气、放射性矿产等矿产资源）、②特定区域进行单独管理，并专门立法。③各州（领地）根据宪法规定，享有管理自然资源的权利，拥有立法权，颁布实施了一系列涉及矿产资源与矿业管理的法律，既有共性也有个性，主要是矿业法、石油法及与这两个基本法律相配套的实施条例。这些法律一般由矿山能源部统一实施、监督和管理。各州矿产资源法的基本指导思想为：促进矿产资源开发利用，保护环境，保护土地，促进可持续发展。

（二）其他配套法律法规

与矿产资源法相配套的法律法规，在联邦层次主要有与矿业发展相关的投资法、公司法等，以及各州制定的与矿业法、石油法相配套实施的法律法规（如对征收油气税收制定条例），与矿山安全管理有关的法律和实施条例，对矿山环境进行管理的法律和实施条例、标准、指南和实践准则等，从而对矿产资源进行合理开发利用和管理监督，使矿产开发的资源、生态和企业的经济效益得到统一。④

二 矿产资源法律制度

澳大利亚对矿业实施双重管理体制，即联邦政府对矿业开发进行宏观控制，各州政府对本地区的矿业进行微观管理。联邦政府对矿业开发的宏观控

---

① 何金祥：《国土资源情报》，http://www.mlr.gov.cn/。
② 例如，澳大利亚专门为三座铀矿制定了"澳大利亚三座铀矿山政策"，针对铁矿石开采，也有专门立法。
③ 如《海上矿产法1994》主要针对联邦政府有管辖权的海上固体矿产。
④ 国土资源部信息中心：《国外矿产资源保护政策比较研究》，http://www.Lrn.cn/。

制主要体现在政策支持、对战略性矿产资源和海域矿产矿权的授予、通过签发矿产品出口许可证来控制矿产的合理开发和有计划地组织出口这三个方面，虽然表面，但是卓有成效。而州层次上，则主要通过负责本地区矿业立法、勘探、开采、资源合理开发利用、监督管理矿山环境保护和矿山安全来实施管理等。这种管理体制职责明确，分工合理，能有效地管理澳矿业的健康发展。[①]

（一）矿产资源分类管理制度

澳大利亚矿产资源丰富，根据不同矿种在国民经济和社会发展中的作用、地位的不同，澳政府采取了分类管理制度，特别是针对煤、石油、铀矿等优势矿产进行特别保护，主要通过以下制度来体现。

1. 合同制度

澳大利亚在勘查开发优势矿产资源时，较多地采用了合同制度。如西澳州的州合同，在20世纪20年代，西澳州60%的矿业投资项目，都使用了合同制度。州合同由州政府与投资者签订，对双方具有法律效力，而合同所覆盖的矿权地，主要是西澳州的优势矿产，包括铁矿石、铝土矿、铅、煤炭等。[②]

2. 权利金制度

以昆士兰州为例。澳大利亚昆士兰州对权利金制度进行合理设计，利用经济手段，实行对优势矿产开采总量的平衡。其著名的芒特艾萨世界级铜、铅、锌、银矿床，其权利金率由州矿产能源部和生产公司根据专门的公式、谈判确定，不同矿产的权利金率有所不同。[③]

3. 矿权限制

澳大利亚一些州对某些特殊矿产的某种矿权进行限制，或是不能申请或授予某类型矿业权，如昆士兰州和新南威尔士州均规定，不能对煤炭授予矿产请求权证；或是规定某类矿业权不能转让，以加强对特殊矿产资源的特别管理。澳大利亚法律还规定，对外空白矿产地外资持股不超过20%，否则须履行强制要约收购义务或者申请豁免。澳大利亚联邦政府开设了达到30%的煤铁矿产资源租赁税。[④]

---

① 国土资源部信息中心：《国外矿产资源保护政策比较研究》，http://www.Lrn.cn/。
② 马冰：《国外针对优势矿产开发利用所采取的政策措施》，http://www.Lrn.cn/。
③ 同上。
④ 刘欣：《低碳经济背景下的矿业发展与资源保护战略思考》，第十一届北京环境法治论坛论文，北京，2011年3月，第125页。

(二) 重要矿产资源国家管理的制度

澳大利亚联邦宪法规定，矿产资源属于国家所有，而各州政府是矿产资源国家所有权的代表，享有管理的权利。因此，对重要矿产实施国家管理，必然也分为联邦和州（领地）两个层次。

澳大利亚联邦与州政府都针对煤炭、石油、天然气、铀矿等重要矿产单独立法，如《海上油气法》及其配套法规，以近海区 3 海里为界分别将海上矿产纳入联邦和州的管辖范围进行管理，并在管理中尽力保持共同原则、条例和管理；铀矿有《铀矿法》及其配套法规，从 20 世纪 80 年代起，澳大利亚很多州就对铀矿采取禁止或限制开发的政策。通过对重要矿产的单独立法并形成相应的国家管理制度，能够明确联邦和州政府对重要矿产管理领域的利益和责任，更有效地维护国家资源安全。

（三）对矿产资源开发利用的监督管理

澳大利亚非常重视对矿产资源开发利用的监督，这项工作主要由州政府矿产能源部下设的采矿监督处来进行。主要从三个方面进行：（1）严格审查采矿权人的开矿技术能力，是否具备开矿条件，以保证充分合理开采矿产资源。（2）由矿产督察员严格审查和评价采矿计划书，该计划应描述开采对象、方式、方法，采矿人应严格执行批准通过的计划书，如果违反采矿计划，则严格惩处。通过对采矿计划的审查、批准、监督执行，强化采矿人合理开发矿产资源。（3）监督采矿过程的环境保护和安全生产工作。[①] 严格的监督管理措施，使澳大利亚矿产资源开发利用能实现持续、有序、健康发展。

三 澳大利亚的矿资产（矿业权）评估

澳大利亚非常重视对矿产进行评估，并有专门的矿资产评估规范，即《独立专家报告采用的矿产和石油资产及证券技术评估守则》（*Code for the Technical Assessment and Valuation of Mineral and Petroleum Assets and Securities for the Independent Expert Report*），一般称为 The VALMIN Code。该规范最早由自律性专业组织澳大利亚矿山和冶金学会"AUSIMM"于 1995 年制定并推出。推出不久就得到澳大利亚证券和投资委员会、澳大利亚证券交易所、澳大利亚矿业委员会等多家机构的接受和支持，并组成了 VALMIN 联合委员会，从而也形成了该规范的管理体制。此后 VALMIN 委员会在 1998 年和 2005 年对该规范

---

① 国土资源部信息中心：《国外矿产资源保护政策比较研究》，http://www.Lrn.cn。

分别进行了修改，现行的版本是 2005 年版。①

（一）目的和基本原则

The VALMIN Code 第 1 条就规定了，该准则的目的是帮助从事独立专家报告的编制者在完成专业实践方面，提供一套基本原则和有益建议，以确保该报告的可靠、全面和可理解，并且包含必需的信息。可见，制定该规范，最重要的目的就是保证矿业评估的真实可靠以及评估相关信息的充分披露。②

规范第 5 条规定了基本原则：即实质性（Materiality）、胜任性（Competence）、独立性（Independence）和透明性（Transparency）。实质性是指对评估信息认真处理，胜任性是指要求严格选择合适的评估人员，独立性是指保证评估人员不受任何利益左右，而透明性则是对评估过程和文字叙述的要求，从而做出合理性的评判。

（二）VALMIN 规范的效力

VALMIN 规范于 1995 年 2 月制定，5 个月后就被写入澳大利亚公司法。该公司法规定，VALMIN 规范适用于所有相关报告。之后，VALMIN 规范的几次修订版本都迅速得到了澳大利亚公司法的认可并被规定适用于所有相关报告。因此，VALMIN 规范是被法律规定强制执行的评估指南，具有很高的法律效力。此外，VALMIN 委员会对成员或成员的雇员具有中止和开除的惩戒力。

（三）评估人员的管理

The VALMIN Code 将评估人员称为独立专家（Independent Expert），独立专家聘请专业人士（Specialists）共同完成报告，专业人士是独立的，必须对其编制的报告章节承担责任。

该规范要求独立专家必须具备诸多条件，如胜任的且具有 10 年以上相关矿产、近期从事普通采矿或石油方面经验或者同等经历；具有至少 5 年以上近期从事矿产、石油资产或股票评价或评估经验，或者同等经历；是某个具有强制性职业道德规范的相关专业联合会的会员；且具有相关执照。由于不可能要求专家个人在报告所要求的所有领域都称职，因此需要有各方面专业人士参与报告编制，并由独立专家对报告的实际编制和内容承担全部责任，所以澳大利

---

① 国外的"矿资产"（Mineral Assets / Properties），以其物权的私有制为基础，包含矿业项目的所有资产，在对矿资产的评估中，作为一个整体进行评估。参见陈义政、刘刚、吴家齐《国外矿资产评估准则比较研究》，《资源与产业》2009 年第 3 期。

② 陈义政、刘刚、吴家齐：《国外矿资产评估准则比较研究》，《资源与产业》2009 年第 3 期。

亚并不要求独立专家的知识面面俱到。[1]

四　澳大利亚经验对我国的启示

（一）为保护优势矿产资源专门立法

对矿产资源进行分类管理，为优势矿产专门立法，确立优势矿产的矿业权管理制度，制定具体而合理的收益分配方式和监督管理方式等，以确保优势矿产的优势能够发挥出来。

（二）建立科学的管理机制

应当建立科学合理、职责明确、分工合理的优势矿产资源行政管理体制。依法明确中央与地方政府之间、政府各部门之间在矿业管理，特别是在优势矿产勘探、开发中的职权，在职责分工明确的基础上加强监督和管理，才能有效规范优势矿产资源的勘探开发和利用。

（三）为企业提供政策服务

由政府引导，建立矿业权特别是优势矿产矿业权的评估规范或指南。我国应当由中国矿业权评估师协会牵头，联合中国矿业联合会、资产评估师协会、注册会计师协会等专业性行业组织，共同制定中国矿业权评估规范，特别突出对特定优势矿产的价值核算。[2]

第五节　蒙古国优势矿产资源法治的考察借鉴

蒙古国地处中国与俄罗斯两个大国之间，东、西、南三面与中国接壤，中蒙边境线长 4676 公里。蒙古国矿产资源丰富，其中铁、金、铅锌、铜、磷、萤石等是该国的优势矿产资源，铜矿、煤矿以及稀土金属和铀矿为该国的战略性矿产。蒙古国矿产资源立法及其矿产资源管理的诸多措施尽管也有待完善，但对完善我国优势矿产资源法律保护仍有可资借鉴之处。

一　立法方面

蒙古国矿产资源法律体系主要包括宪法中的有关规定，矿产资源立法及其配套法规、与矿产开发有关的其他法律（如水法、土地法、自然环境保护法、投资法、增值税法等）。蒙古国在矿产资源立法方面体现了资源主权原则，其

---

[1] 参见 The VALMIN Code 第 37—41 条。
[2] 陈义政、刘刚、吴家齐：《国外矿产资产评估准则比较研究》，《资源与产业》2009 年第 3 期。

核心思想是矿产资源归国家所有。外资可以投资国家的矿产资源营利，可以提供资本技术和人才，但不能被控制。规定了环境保护原则。矿产资源立法中明确了环境保护原则，主要体现在开展勘探和开发活动，需要进行环境影响评价，提交环保计划、缴纳环保抵押金、恢复矿区地貌，以确保矿产资源的开发要注重环境保护。

2006年，蒙古国出台新《矿产法》[①]，该法适用于除水、石油和天然气以外的全部矿产资源。通过修改，该法完善了对于矿产资源的法律调整，突出了一个很重要的理念就是要加强对矿产资源的国家控制，维护国家资源利益和资源安全，合理调整矿产资源利益分配，促进矿业健康发展。新法经济调节主要体现在对权利金、税收、出口等方面：（1）提高矿产权利金，从2.5%提高到15%。（2）加倍征收许可证费。（3）引入对矿产品的出口关税。新的出口关税税率是可变的，以金为例，市场价格超过370美元/盎司时，超出部分将征收50%的出口税，如果超过400美元，那么其超出部分征收100%的税收。（4）减少税收鼓励，将原先的100%的免税期从头5年减少到头2年。50%的免税期从以后的5年改为以后的3年。（5）缩短勘查许可证的期限，最初期限由原来的3年改为2年。

（一）对战略性矿产的保护

蒙古国2006年通过的现行《矿产法》确定了"具有战略意义矿床"的概念，该法授权蒙古国政府获取任何矿山及其附近矿床34%—50%的股份。蒙古国现行的法律把具有战略意义矿床定义为"在国家和地区层面上，其生产可以对国家安全和经济社会发展具有潜在影响的矿集区，或其生产价值或潜在生产价值超过每年国内生产总值5%的矿床"。国家大呼拉尔（即议会）负责确定哪些属于战略性矿床。截至目前，国家议会仅把世界级的铜矿、煤矿以及稀土金属和铀矿确定为战略性矿床。[②]

某种矿产是否有战略意义，是由国家大呼拉尔决定，并有权决定国家在具有战略意义的矿产开发项目中的持股比例。而中央政府为大呼拉尔确定战略矿

[①] 修法背景为：2006年蒙古新《矿产法》出台，随后税法也进行修改。对1997年的《矿产资源法》进行修改，主要原因是由于蒙古政府认为1997年的《矿产资源法》没有给蒙古经济带来积极影响，反而使蒙古的矿山被外国投资者掌握获利，如今国际市场有色金属价格大幅上涨，外商纷纷入蒙古开矿，国家应调整矿业管理政策，收紧对外开放口子，同时对国外外国矿业项目进行整顿，以维护本国利益。

[②] 国土资源情报：《有关投资蒙古国矿业应该注意的问题之研究》，中国外汇网（http://www.yyzg.org/waihuitouzi/2010/1223/13865.html）。

种提供政策建议,并解决蒙古国投入开采有战略意义的矿产的合资公司的资金来源;中央政府主管矿业的部门负责对战略矿产的开采活动进行监督。

2009年蒙古国议会对在该国开采和加工铀矿实行了新的控制。蒙古国2009年《铀矿法》中增加了以下几项要求:(1)立即撤销全部现有铀矿勘查和采矿许可证,并要求所有持证者到核管制局注册,以收取相关费用;(2)要求投资者承认该国有权无偿获取即将开发铀矿山的公司51%的股份;(3)建立专门针对铀矿的发证和管理制度,该制度独立于现有矿产和金属资源开发规章和法律框架。依据该法,蒙古国成立了蒙古国核管制局(Nuclear Regulatory Authority of Mongolia,NRAM)和一家国有控股公司 MonAtom,以掌控国家铀矿资产。可见,蒙古国通过立法明确了国家和中央政府对战略矿产的特殊权利,并采取直接管控的措施进行保护。

(二)对贵重金属和宝石开发的特别管理

蒙古对其境内开发贵金属和宝石进行特别规定:开采贵金属和宝石须交国家化验监督机关确定其含量、质量并进行数量登记。应登记的清单及其含量和质量确定、登记办法由政府批准;蒙古银行按照国际市场价格收购贵重金属、宝石。开采者也可以通过蒙古银行出口所开采的贵重金属、宝石。如果生产商者开采了400克以上重量,或虽然轻于这一标准,但是其形状特别珍稀的自然黄金和稀有颜色、形状的宝石,有义务将其以奖励价卖给蒙古银行。[①]

(三)许可证制度

为进一步规范矿产许可证市场秩序,矿产石油管理局对矿产勘探、开采许可证的条款内容进行了补充、修改,并于2005年9月1日—12月31日将原许可证全部更换成新的矿业许可证,原许可证作废,许可证持有者必须与矿产石油管理局签订持证合同。对许可证的严格管理,主要体现在限制许可证的倒卖,缩短许可证的期限,建立矿产资源交易并定期监督,以消除许可证倒卖现状。[②]

二 矿产资源行政管理

(一)矿产资源管理的权力配置

蒙古《矿产法》规定了国家大呼拉尔、中央和地方政府在矿产管理方面

[①] 宋国明:《新矿法实施后的蒙古矿业管理制度》,资源网(http://www.mlr.gov.cn/wskt/flfg/201003/t20100327_713011.htm)。

[②] 丁铭、李兴文:《蒙古国出台新矿业法对外国投资者影响分析》,http://www.nmg.xinhuanet.com/nmgqw/2006 - 12/15/content_ 8799736. htm。

各自相应的权力。国家大呼拉尔在矿业管理的权责主要是：制定国家矿业政策；监督政府执法工作；决定国家特殊用地的矿产勘探、开采问题；确定战略性矿产，并决定国家持股比例；限制或禁止在具体地域的矿产活动；制定与放射性矿物开采、运输、储存有关的特别规章制度等。中央政府主要是负责执行国家政策和组织进行与矿产勘探开发有关的宏观管理活动。地方行政机构和自治机构的权力，是在本地区组织实施矿产法律法规并作出决定，监督矿产开发具体情况等。

（二）资源行政管理机构

蒙古矿业的政府主管部门是贸易和工业部（Ministry of Trade and Industry），该部是一个综合性管理部门，下设两个与矿业管理有关的机构。2004年，组建矿产资源和石油管理局（将之前分管固体矿产和油气资源的机构合二为一），对蒙古的固体矿产和油气资源进行统一管理，负责矿产资源的勘探、开发和利用等方面的具体组织实施工作，主要包括：负责发放矿产资源项目勘探和开发许可证，地质调查和研究的开展，相关信息的汇集、加工和整理，以及地质和矿业数据库的建立和管理。[1] 另外一个和矿业管理有关的机构是贸易和工业部下的地质矿产资源政策协调局，其主要负责矿产资源开发利用政策法规的制定、监督实施，以及有关管理工作的协调。[2]

（三）中央和地方的矿产资源利益分配

《矿产法》规定了中央和地方在矿业开发中的利益分配：矿产企业上缴的矿产权利金和许可证费由国家和该矿（勘探场地、矿点）所在的地方政府按比例分配。其中权利金的10%分配给当地县、区财政，20%分配给当地省、市财政，70%上缴国库。国家收缴的权利金部分的最高30%的比例用于分配给地质矿山领域。许可证费的25%分配给当地县、区财政，25%分配给当地省、市财政，50%分配给国家财政。[3] 可知，新法提高了蒙古国中央政府在矿业开发中的收益比例。

三 蒙古国经验对我国的启示

（一）对战略性矿产实行国家控制

蒙古国依法确立了中央对优势矿产进行管理的权限和义务，以维护本国资

---

[1] 宋国明：《新矿法实施后的蒙古矿业管理制度》，http://www.mlr.gov.cn/wskt/flfg/201003/t20100327_713011.htm。

[2] 同上。

[3] 同上。

源安全。如前所述,蒙古国将对本国经济、社会发展和国防安全具有潜在影响或在国际上具有巨大需求的矿产定义为战略性矿产。其中,某种矿产是否有战略意义,是由国家大呼拉尔决定,并有权决定国家在具有战略意义的矿产开发项目中的持股比例。而中央政府为大呼拉尔确定战略矿种提供政策建议,并解决蒙古国投入开采有战略意义的矿产的合资公司的资金来源;中央政府主管矿业的部门负责对战略矿产的开采活动进行监督。

(二) 加强涉矿外资管理

约束控制外资对资源利益的分享。从国际经验看,资源东道国不仅拥有资源的所有权和国家主权,且也是矿产资源开发利益的当然分享者。蒙古国法律规定了外资介入矿业的条件,也通过法律控制进入蒙古国矿业的外国资本,包括资本利益的分享。

(三) 建立环保抵押金制度

为了确保企业进行矿业开发时能够保证履行自己所承诺的义务。蒙古法律中明确了环境保护原则,主要体现在开展勘探和开发活动,需要进行环境影响评价,提交环保计划、缴纳环保抵押金、恢复矿区地貌,以确保矿产资源的开发要注重环境保护。

综上所述,俄罗斯、美国、巴西、澳大利亚和蒙古国等国在优势矿产资源开发利用方面的立法以其各自的特点给我们提供了很多值得思考和借鉴之处。基于法律固有的本质和特性,这些国家的立法目的、立法思想尽管各不相同,但其总的来说反映了在经济全球化下,发达国家在矿产资源利用方面重点强调保障国内资源有效供给和本国的环境保护,发展中国家则更强调近期的资源效益和经济价值。同时也反映出,全球范围内矿产资源的勘探利用、矿产资源战略储备和资源的循环利用等方面已经形成了不可分割的整体,国与国之间在矿产资源利用方面存在千丝万缕的联系。因此,作为发展中国家的我国,既要考虑当下经济快速发展下不断扩大的矿产资源需要,考虑矿产资源全球配置过程中国际市场的需要和自然资源的全球共享,也要从战略的角度注重兼顾保障我国的资源竞争优势以及我国未来经济社会可持续发展的资源需要,进而保护国家利益和民族利益。同时,在立法模式方面,我们必须从我国实际出发,结合我国法律传统和可持续发展需要,走具有中国特色的优势矿产资源利用的法治道路。

第十九章

加强优势矿产资源法治建设的对策建议

基于前述分析，我们认为，我国优势矿产资源法律保护不仅是我国当前社会管理中涉及国家重大利益和广大人民群众根本利益的热点、难点问题，也是我国法治建设迫切需要解决的重点问题。优势矿产资源法律制度的建立和法治的完善是一项需要尽快全面展开的系统工程。我们在保护优势矿产资源立法方面必须清楚国际矿产资源形势、转变落后观念，必须树立以人为本、可持续利用的生态观念，通过制定专门《优势矿产资源保护法》、修改现行相关法律，把优势矿产现有管理取得的成就通过立法确定下来，以完善现有法律制度。全面总结现阶段国内外优势矿产资源利用的情况和发展趋势，结合我国经济社会发展的需要梳理现行立法经验，汲取资源管理中的教训，建立符合我国实际和发展需要的优势矿产资源法律保障机制。在构建法律保障机制的过程中要十分清楚，就优势矿产资源法律保护的范围来看，其不仅涉及优势矿产资源的规划、勘探和开采以及矿产品的市场流通，还涉及优势矿产资源的节约利用、废物的回收和再利用，还涉及矿山环境污染防治、尾矿的处理和矿区的生态恢复等管理方面；既涉及我国内部因为优势矿产资源开发利用所产生的社会关系，还要兼顾我国签订的国际条约和国际社会矿产资源开发利用的已有规则和趋势；既要考虑当下优势矿产资源的有效利用，还要从长远考虑未来乃至后代人对优势矿产资源的需要；既要考虑法律制度自身的完善，还要考虑法律与政策、自律机制及政治因素的关联。因此，我们必须正视和发达国家相比我国处于快速发展的社会主义初级阶段及人口众多、资源利用水平低、对资源的需求更大的现实，认真研究如何把资源优势变为发展优势，更好地合理利用我国的优势矿产资源以保障后续发展的需要；研究如何运用法律调整好资源全球配置过程中复杂的国际关系，运用法律平衡国内区域间的关系，协调不同主体在资源开发利用过程的利益关系，运用法律使生态环境不因资源开发而污染和破坏。通过完善法律制度以追求优势矿产资源开发利用过程中公平正义的实现，促进优势矿产资源在保障和促进我国经济社会可持续发展进程中发挥更大的作用。因此，我们必须通过确立科学的立法指导思想和基本原则，在完善现有矿产资源立法的同时，强化矿业行政管理力度、提升行政执法水平，规范矿业纠纷解决的司法活动，加强法律实施的监督、保障优势矿产资源法律的有效实施，并以此推进我国矿业法治建设。

第一节 指导思想和基本原则

中国特色社会主义制度，是当代中国发展进步的根本制度保障，集中体现了中国特色社会主义的特点和优势。我们推进社会主义制度自我完善和发展，在经济、政治、文化、社会等各个领域形成了一整套相互衔接、相互联系的制度体系。作为矿产资源法律制度中的重要组成部分，优势矿产资源法律保障机制应当体现中国特色的社会主义制度和发展要求，确立具有中国特色的立法指导思想和原则。

一 指导思想

（一）保护国家和民族利益

资源的开发和利用，既涉及一个国家或地区社会经济发展的物质技术基础，也是完成社会生产和再生产全部过程的对象、手段和产出。因此，对于一个主权国家而言，必须越来越重视如何在当今世界政治格局和经济竞争中实现重要资源的安全供给目标，必须更加重视资源配置中的结构性国家安全问题。自然资源的安全保障问题关系一个国家的社会稳定和经济安全，因此，我们要增强资源供求上的国家安全观念，使其成为国土安全的重要内容，保障国家利益的实现。无论是基于我国一些战略性资源禀赋严重不足的缺陷，还是我国必须参与经济全球化产业分工的要求，我们都需要更高程度、更广范围、更有效益、更加安全地充分利用国际资源来促进我国的现代化建设。同时，优势矿产资源的保障程度也关系到民族的发展和前途，当我们发展所需的资源需要靠从国外进口时，就等于我们民族的命运部分掌握在了别人的手中，因此，出于民族利益的长远考量，我们也要尽快建立优势矿产资源保障机制。

（二）资源开发与保护并重

在当今经济发展中，解决资源的有限性和人类发展欲望的无限性之间的矛盾是一个紧迫的挑战。从实际情况看，一方面，就自然资源而言，其开发利用必然是有限的，并且其中许多资源如矿产、土地等都是不可再生的或是耗竭性的；另一方面，人类对于发展的愿望又是无法阻挡的，对于优势矿产资源的利用也是无止境的，并且利用范围趋于更加广泛。虽然随着科技的进步，新的替代资源或者资源利用方式会随技术进步而逐步被开发出来，但是，从历史经验来看，人类对自然资源的开发利用总是会受到当时生产力发展水平的限制而产生资源稀缺的问题。这就要求我们必须正确处理经济发展和优势矿产资源保护的关系，注重资源开发利用和资源保护、生态环境保护的关系，学会在保护中开发，在开发中保护。注重系统管理，即结合优势矿产资源在勘查、开采、冶炼、加工、销售、出口贸易等方面的特点，制定相适应的法律制度体系。

同时，由于我国目前经济发展总量大，经济增长压力大，对矿产资源的需求也会长期处于上升的趋势，因此，面对国内资源日益紧缺，国际资源供给又存在阻力的情况，我们必须进一步强化矿产资源有限的观念和意识，始终把主动地、自觉地节约资源和保护资源放在更加重要的位置。在加强矿产资源勘查的同时，注重合理开发和节约使用资源，努力提高资源利用效率。

（三）矿权保护与公共利益协调

我国《宪法》规定矿产资源属于国家所有，同时《矿产资源法》又明确规定"由国务院行使国家对矿产资源的所有权"。近年来，国家逐步重视对矿业权的保护，改革了探矿权、采矿权管理制度，明确了探矿权、采矿权的财产权属性，确立了探矿权、采矿权的有偿取得和依法转让制度。如确立了探矿权人优先取得勘查区内采矿权的法律制度，强化了探矿权、采矿权的排他性，为矿业权人维护自身权益提供了法律保障；改革了审批和颁发勘查许可证、采矿许可证的权限；建立了通过招标、拍卖、挂牌等竞争的方式有偿取得探矿权、采矿权的制度；规定了转让探矿权、采矿权，应当遵循市场规则并得到政府部门的许可，依法办理转让手续等。但在切实保障矿业权人勘查开发利用矿产资源的同时，却未能很好地兼顾公共利益的实现。现实中，因勘查开采作业或权利人不当行使自己的权利而导致矿区尾矿污染、地面下陷、泥石流及生态破坏从而导致公共利益受到损害的情况时有发生。另外，在资源节约利用和循环利用方面也有待提升。矿产资源的开发利用不仅不能将其得到的经济利益惠及当地，还给当地留下了大量的社会问题。因此，避免和减少上述问题，协调矿业权的正确行使与满足公共利益的正当诉求将是优势矿产资源法律保障应有的重要指导思想。

（四）矿产资源有偿使用

我国《矿产资源法》明确规定对矿产资源实行有偿使用制度。我国从1994年起对采矿权人征收矿产资源补偿费，从而结束了无偿开采矿产资源的历史。我国《宪法》规定矿产资源属国家所有，征收矿产资源补偿费体现了国家作为矿产资源所有者的权益，建立了促进矿产资源保护和合理利用的经济激励机制。政府收取的矿产资源补偿费纳入国家预算，实行专项管理。从1998年开始，政府对矿业权人收取探矿权使用费、采矿权使用费和国家出资勘查形成的探矿权价款、采矿权价款。矿产资源有偿使用是我国发展矿业所必须坚持的原则，也是使得矿产资源开发利用所产生的经济利益惠及全民的基础性制度。在我国面临矿业经济全球化的大背景下，新一轮的矿产资源有偿使用制度改革已经开始，完善矿业权出让、转让制度，让矿产资源的开发利用更加具有效率、更好地服务经济社会的发展将是大势所趋。

（五）政府管制与市场相结合

市场经济条件下，资源只有通过市场流通和交换才能实现其价值，而且在流通过程中还会产生增值，这是由基本经济规律决定的，也是发展市场经济的必然要求。我国在相当长的一段时期内，以指令性计划为主要手段来配置资源，很少考虑或者不能真实地考虑许多资源的价值问题，就更谈不上价值的增值问题。对于优势矿产资源，我们长期低估其真实价值，甚至采用无偿划拨的资源配置方式，导致了严重的资源浪费和生态恶化。改革开放后，我们对优势矿产资源的价值实现问题逐渐重视起来，并且按照经济规律的要求逐步解决优势矿产资源开发利用领域的问题，资源产品价格过低和不能动态反映波动情况的现象得到一定程度的改善。但是，受制于旧经济体制和资源管理体制的影响，政府管制优势矿产资源的压力仍然很重，不合理的调控手段也制约了矿业经济的进一步发展，使得保障优势矿产资源价值并实现资源增值的目标很难达到。因此，需要行政手段和市场功能的协调配合，以及观念和体制内的进一步改革。

（六）国内与国外市场兼顾

各个国家和地区的资源禀赋客观上存在着非常大的差异，因而在资源配置结构和资源价值上也客观存在着巨大区别。因此，通过国际投资和贸易来实现优势互补就成为当今经济全球化和区域化的新的重要动因和驱动力。随着经济全球化进程的加快，各个国家和地区配置资源时的选择范围和空间也在不断拓展，国外市场的开发越来越成为各国矿产资源产业发展的重要领域。在经济全球化加剧的大趋势下，中国加入世界贸易组织标志着我们有可能正确坚持因势利导，趋利避害的方针，在"引进来"和"走出去"两个方面都抓住一些新的发展机遇，从而推动我国在更大范围、更广领域、更高层次上参与国际经济技术合作和竞争，不断开拓出新的经济发展空间。对于优势矿产资源而言，我们必须重视资源的可持续利用，控制资源无序出口、加强资源深度开发利用，吸引相关高新技术走进来。同时依据我国资源优劣势并存的现实，把优势矿产资源作为弥补短缺矿产资源的砝码进行国际贸易。总之，在大力推进这一双向开放的进程中，从资源配置的角度就是要在全球范围内考虑如何科学、高效、节约地支配我国的优势矿产资源，经济、合理、安全地获得我国不具备竞争优势的国际矿产和能源资源，以弥补国内供给不足的缺口。

二 基本原则

优势矿产资源法律保障的指导思想是指导确立法律保障机制基本原则的观念指引和重要依据，在指导思想确定后，必须通过基本原则体现和反映我们在优势矿产资源管理方面的基本理念，从而确保优势矿产资源法律保护机制能够准确地体现我国的立法意图、法治目标和优势矿产资源保护的中国特色，满足我国以可持续发展为目的强化对优势矿产资源保护和管理的需要。

国务院新闻办公室 2012 年发布的《中国的稀土状况与对策》白皮书所列的基本原则包括：坚持保护环境和节约资源、坚持控制总量和优化存量、坚持兼顾国内国际两个市场、两种资源、坚持与地方经济社会发展相协调等，明确了稀土资源在政策层面应遵守的保护、利用和管理原则。在法律层面应坚持以下基本原则。[1]

（一）矿产资源国家所有原则

我国《宪法》规定了矿产资源的国家所有制。国家实现自己权利的方式主要是矿产资源有偿使用和矿业权有偿出让。优势矿产资源是一种不可再生的耗竭性资源，其被开采后，实物形态消失，价值转移到矿产品中，国家要实现其所有者的利益，就要从矿产品的价值中收取一定比例的权利金，在我国称为矿产资源补偿费。此外，优势矿产资源和其他矿产资源一样具有一定的隐蔽性，对其的发现和利用需要进行有组织的勘查和开采活动，而进行这些活动的权利就是矿业权，显然在我国，只有国家享有这部分权利。但国家也可以有偿出让矿业权给特许的矿业权人以合法利用矿产资源，而把管理矿业权的权力留给政府。现实中，我国大量采取的也是这种模式。针对我们优势矿产资源区域分布的特征和开发利用的现状，我们必须坚持矿产资源国家所有，即通过坚持矿产资源国家所有的原则，保障和实现矿业经济的健康有序发展。作为矿产资源国家所有权的具体行使者和监督者，各级政府要做到严格依据法律出让优势矿产资源的矿业权，认真履行矿业管理职责，保证优势矿产资源有偿使用制度

---

[1] 国务院新闻办公室：《中国的稀土状况与对策》，2012 年 6 月 20 日。

在全国能够得到统一的、正确的贯彻和落实。

（二）计划开采与总量控制原则

我国对重要的优势矿产资源实行国家保护性开采制度。1994年颁布的《矿产资源法实施细则》要求："国家规定实行保护性开采的特定矿种，是指国家根据国民经济建设和高科技发展的需要，以及资源稀缺、贵重程度确定的，由国务院有关主管部门按照国家计划批准开采的矿种。"《矿产资源法》第17条明确规定："国家对国家规划矿区、对国民经济具有重要价值的矿区和国家规定实行保护性开采的特定矿种，实行有计划的开采。"因此，对我国优势矿产资源实行有计划开采，是我国的法定要求。对优势矿产资源实行总量控制管理的直接目的是防止过度开采、盲目竞争，促进对这些优势矿产资源的有效保护、合理利用。同时，由于优势矿产资源本身在储量、市场等方面的特殊性，直接影响世界矿产品市场供需关系，对这些资源予以宏观调控，实施总量控制、计划开采，有利于维护该类矿产品全球市场稳定、供求关系均衡，有利于促进该类矿产品全球可持续开发利用。

（三）区域利益平衡原则

在优势矿产资源开发利用过程中要全面兼顾，注意区域利益的平衡。要坚持区域矿产资源勘查、开发与环境保护协调发展。统筹规划，正确处理东部地区与中部地区、西部地区，发达地区与欠发达地区，矿产资源勘查与矿产资源开发，以及规模开发与小矿开采之间的关系。推进西部大开发战略，加快西部地区矿产资源特别是优势矿产资源和国内紧缺矿产资源的勘查开发，支持矿业城市、老矿山寻找接替资源，促进区域经济的协调发展和矿产资源勘查开发的健康发展，坚持矿产资源开发与民族地区利益相结合。对于优势矿产资源丰富的地区和优势矿产资源短缺的区域要运用法律进行协调和平衡，以保证优势矿产资源能够给更多区域和人口带来更普遍的福利。

（四）矿区社会风险防范原则

我国矿山安全隐患较多，重特大事故时有发生。矿区周边社区人口流动性较大，影响社会安定的不稳定因素较多。由于权责规定不明确、不清晰，导致生产事故发生后的归责机制难以启动，补偿和赔偿工作难以全面落实，容易引发群体性事件。此外，由于开采所导致的环境污染和生态破坏不能得到及时治理，矿业开发的经济利益难以惠及当地居民，使得矿山企业与矿区附近社区间的纠纷频发且不能及时化解，造成了一定的社会风险隐患。因此，地方在发展矿业经济的同时，要采取措施兼顾当地居民的利益，如加强社会治安管理，做好流动人口的登记管理工作，对矿山企业与当地社区间的矛盾要及时发现，及时处理，总结教训，完善预防机制；做好安全生产工作，对生产事故受害者进行足额的赔偿，对责任人加大追究的力度；加强矿山企业的社会责任意识，切实做到与当地居民一起共享矿业开发的经济利益，注重当地生态环境的保护，实现资源开发与当地经济社会协调发展。

（五）可持续开发利用原则

矿产资源的不可更新性决定了我们必须在尽可能长的时期内持续开发利用有限的资源，以保障资源能够满足人类可持续发展的需要。优势矿产资源的可持续开采利用的基本含义就是，当代人对优势矿产资源的开发利用活动不能以损害下一代人的利益为代价，这就要求在开发利用优势矿产资源的过程中，要始终坚守珍惜、谨慎、节约资源的观念，并把这种观念付诸行动。同时，我们还要在生产和消费模式上也力争尽快地实现由粗放到集约、浪费到节约、只管当前利用到兼顾长期发展的根本性转变。我们要切实做好保护优势矿产资源、节约利用优势矿产资源的工作，以最小的资源代价换取最好的经济发展，将开发利用和保护资源并重作为发展经济的重要指导，并逐步提高优势矿产资源的利用效率，发展循环经济。我国2014年新修订的《环境保护法》第4条规定，国家采取有利于节约和循环利用资源、保护和改善环境、促进人与自然和谐的经济、技术政策和措施，使经济社会发展与环境保护相协调，体现了自然资源利用的基本原则。

目前，虽然和其他国家相比较，我国优势矿产资源在自然分布、生产量等方面占有一定的优势，但就总体而言，我国的矿产资源人均占有水平远低于世界平均水平，随着社会经济发展和人口的增长，我国对这些资源的需求还将继续扩大。同时，我国处于社会主义初级阶段，参与优势矿产资源开发的矿业企业技术和管理水平、生产方式落后，企业组织结构和地区结构不合理，在资源开发利用过程中存在较严重的浪费现象，加之我国石油、铁、铜、铝土等大宗矿产资源的供需矛盾也进一步加深。因此，我们要不断提高矿产资源的可持续利用水平，提高资源配置的科学性和合理性，不断探索提高矿产资源转化为矿产品的效率的科学方法。为此，要加快转变高消耗、高浪费的资源利用方式和落后的经济增长方式，更加重视优势矿产资源的保值和增值，实现可持续开发利用。

（六）公众参与原则

从我国以往的实践来看，矿产资源开发利用项目的实施往往会给当地社区带来不同程度的影响，会对矿区附近的空气质量、水质等生态因素造成污染，以及产生大量的固体废物、噪声污染等。因此，在矿区的资源开发利用和环境保护方面必须坚持公众参与原则。特别是在项目建设之初要遵守信息公开制度，做好环境影响评价工作，广泛征求当地居民的意见。我国目前对稀土等矿产资源的开发之所以出现大量污染环境和破坏生态的违法行为，除了政府监管不力、企业自身目无法纪外，另一个重要因素就是没有形成以公众广泛参与为基础的强有力的监督机制。在开发利用优势矿产资源过程中，涉及矿区的环境质量、生态平衡等公共利益，因此，公众有权获取环境信息，参与环境管理，监督政府履行环境管理职能，监督矿企履行环境保护责任。此外，政府和企业也有义务公开环境信息。只有落实了公众的环境知情权，充分保证了公众的参与权，才会有利于保障广大民众的利益，有效减少社会的不安定因素，实现社会的和谐发展。我国2014年修订的《环境保护法》第五章规定了信息公开和公众参与制度，为矿产资源开发中公众参与制度的建立提供了立法经验。

第二节 完善优势矿产资源保护立法

一 加快立法进度及时清理滞后立法

自我国加入世界贸易组织以来，矿业发展逐渐国际化，而我国相关的法律法规却严重滞后。一方面，我国大量的矿政管理法律法规和国际上的通行准则相比具有一定差距；另一方面，自我国实施两种资源两个市场的资源战略以来，需要吸引外国的资金和先进技术参与我国矿产资源的开发利用，也需要我国企业走出国门参与矿产资源的国际性开发利用，而现行法律既不能全面适应规范外国矿产企业走进来的需要，也不适应保障中国矿企"走出去"战略的需要，因此急需对滞后的矿业立法加以清理。

此外，我国矿业法律规范缺乏统一性。目前我国对矿业领域的规范包括法律、法规、规章、其他规范性文件等，不同层级之间的立法、同一层级的不同部门之间的立法以及不同时期的立法协调、统一性不强。经济的快速发展和立法的滞后性矛盾导致矿业立法面临更多的挑战，废旧立新任务艰巨。加上国家各部委根据其职能对矿产开发利用的不同领域制定规章文件，导致矿业管理政出多门、新旧制度并行。而一些基层地方政府更是习惯用"文"而不用"法"，甚至权大于法。在执法层面上更是难保统一性，常常因人而异。因此，我们需要对矿产资源方面的法律法规进行积极的清理和统一。

二 尽快修改现行立法

需要修改现行《矿产资源法》。我国现行矿业立法中还存在很多设计不合理的地方。例如，政府行政管理体系设计不尽合理，现行的四级管理体系，层次太多且职责不够明确也不够合理。存在多头立法执法，行政程序复杂，政府管理效率低，运行成本高，企业交易成本大等问题。此外，还存在大量的政事、政企不分，政府行为"缺位"和"越位"并存的现象。我们应当充分借鉴国外矿业管理的先进经验，将涉及国家安全与民族重大利益的矿产资源管理权收归国家控制，比如优势矿产资源的管理权，而将一般的矿产资源交由各级政府的国土资源部门管理。

要对《矿产资源法》的配套法规进行全面修订，其中要从资金、技术、开采规模、地质环境保护等方面明确采矿权人的准入条件。随着我国加入世界贸易组织，对外商（包括国内投资人）投资矿业企业的法律地位，申请勘查开发矿产资源的主体要求、资质条件，申报审批程序和政府的矿业管理行为都需要加以全面规范。提高投资勘查开发优势矿产资源审批和监督管理工作的透明度，建立稳定的矿业投资法制环境，是整顿和规范矿业市场秩序的一项重要工作，对于增强矿业投资者信心、有效吸引外资、外来先进技术，具有十分重要的作用。

三 根据需要制定新法

根据我国矿产资源立法的现状和保障优势矿产资源可持续开发利用的现实需要，我们建议制定《优势矿产资源保护法》。与之同时，对于一些在当前矿业法律体系中没有规定或规定过于简略而又迫切需要加以解决的问题，应当制定新的法规加以规制。例如，就当前矿业管理中普遍存在的对矿业权保护不够的问题，可以专门制定针对矿业权交易管理的法律法规，完善矿业权的一级市场和二级市场的建设。此外，我国目前缺乏完善的优势矿产资源战略储备制度，应该加强这方面的立法建设，从法律层面上切实保护关系我国国家安全的矿产资源的可持续性利用。矿产资源储量管理是实现矿产资源合理开发利用和有效保护的基础性工作，应制定优势矿产资源储量管理方面的行政法规，保证矿产资源储量数据能够反映矿产资源状况、变动状况和总体形势以及保证数据的及时性、准确性、完整性和权威性，为经济发展和领导决策提供可靠的资源依据。新法制定过程中要注重可操作性和科学性，也要兼顾优势矿产资源保护立法与其他法律的衔接和协调。

四 构建科学的优势矿产资源法律体系

坚持对外开放，遵循国际惯例，借鉴吸收国外矿业法律制度的精华，建立符合中国国情的优势矿产资源法律制度,将是未来我国完善优势矿产资源立法的基本路径。总体上讲,我国资源储量丰富,但人均资源占有量远低于世界平均水平。近年来,我国矿产资源供需形势日趋严峻,部分大宗支柱矿产资源对经济社会发展的保证能力不可持续。从存量看,由于我国经济增长方式粗放,总体素质不高,多年来,经济发展主要依赖于投入的增加,包括过量消耗矿产品。这既有我国经济发展所处阶段的原因,同时也有采矿业本身粗放经营、矿产资源开发利用水平低的原因,致使矿产的探明储量消耗过快。从增量看,据专家预测,我国多数矿种资源潜力很大,但由于矿产资源勘查管理体制、机制不合理,市场环境不好,投资效益不高,新增矿产探明储量的增长量弥补不了消耗量。其结果必然是,矿产储量对经济社会发展的保证程度不断下降。因此,我们要建立可持续的优势矿产资源立法体系,通过立法支持矿业经济开发的转型,大力发展技术密集型的矿业循环经济系统,促进优势矿产资源利用率的不断提高。

我国矿业经济的发展往往是以环境的破坏为代价的,注重效率的同时,却忽视了环境正义的实现。矿业开发所带来的经济利益也不能惠及矿区当地的社会发展,却给生活在矿区周围的民众造成了环境污染、生态破坏等困扰,这也违背了法律的公平正义的理念,因此,制定优势矿产资源法律保障制度要充分考虑效率与公平这两个要素,在科学发展观的指导下,统筹考虑,把握全局,兼顾立法。

(一) 制定专门的《优势矿产资源保护法》

我国目前关于矿产资源的法律仅有一部综合性的《矿产资源法》,该法曾进行过一次修订,目前正在进行第二次修订。从修订的动机和目标来看,也会加强对优势矿产资源法律保护的力度。但作为综合性的《矿产资源法》其在保护的原则和具体制度方面必须突出对各种资源进行全面保护和具备相应的一致性和协调性。要想切实保护我国的优势矿产资源,使其得到更加科学合理的开发和利用,最行之有效的办法就是专门制定一部《优势矿产资源保护法》,确立优势矿产资源保护的法律原则、法律制度,并运用法律手段保障各项原则的贯彻和各项制度的遵守。国际上许多矿业制度较为完善的国家都制定了自己的优势矿产资源保护法或者相关政策。例如,澳大利亚甚至专门为其三座铀矿山制定了"澳大利亚三座铀矿山政策";南非针对金刚石、黄金、铂族金属等优势矿产,均有专门的法律法规。我国目前还没有一部专门为保护优势矿产资源而制定的法律。制定专门的保护优势矿产资源的法律,一是可以体现我国对优势矿产资源战略地位的重视,对优势矿产资源给予特殊保护;二是使我国优势矿产资源开发和利用权利取得、权利流转、权利限制和权利保护有法可依;三是便于监管部门的监督管理,也有利于规范优势矿产资源市场秩序,增强我国优势矿产行业竞争力,同时对违规企业的惩罚也能落实到法律上;四是通过立法建立保护优势矿产资源的长效机制有利于在参与国际市场竞争中更好地保护国家利益,促进资源的可持续利用。

目前,我国对优势矿产资源开发的政策多以"通知"或"意见"等形式出现,而且政出多门。例如,《关于对稀土等八种矿产暂停颁发采矿许可证的通知》属于国土资源管理部门的规章,而《关于加强钨行业综合治理有关问题的通知》属于原外贸部、国家经贸委等部门的规章。这些规章虽然对促进优势矿产资源开发利用取得了一定的成效,但是它们均未上升到国家法律法规的高度,实践中很难统一执行。因此,我们应制定针对优势矿产资源管理的法律法规,使之对优势矿产资源开发利用、进出口管理以及执行监督等方面有一个明确的规定,为统一执法提供通用的标准。

此外,针对优势矿产资源进行专门立法并不会破坏我国矿产资源法律体系的统一性,相反,会更加促进我国矿业法律制度的完整性。它只是矿产资源分级分类管理理念的具体体现,统领优势矿产资源保护法律法规的指导思想和基本原则将与我国矿业法律体系的基本原理一脉相承,只是在具体的制度设计和权利义务上会采取一些特殊的措施,制定一些更为严格的保障手段。由此,我们建议,在由全国人大研究修订《矿产资源法》的同时,还要启动《优势矿产资源保护法》的立法计划。笔者认为,《优势矿产资源保护法》的框架应包括:第一章总则;第二章优势矿产资源的管理;第三章优势矿产资源的勘探;第四章优势矿产资源的开采;第五章矿山安全和环境保护;第六章法律责任;第七章附则。

《优势矿产资源保护法》应当包括以下基本内容。

1. 宣示保护优势矿产资源立法的目的和任务

长期以来,我国优势矿产资源开发利用秩序混乱,行业准入门槛不高,恶性竞争严重,缺乏国际话语权,使得我们在多方面失去了本应存在的优势。目前,我国优势矿产资源总体上滥采、浪费现象严重,开采缺乏合理规划,开采总量超标,资源的产业链主要集中在上游,产品深加工技术不过关,资源附加值不高。在资源出口方面,资源出口领域存在无序恶性竞争,价格普遍很低,因为资源开发造成矿区环境污染、生态破坏的情况比较严重。基于以上这些问题,我们在制定《优势矿产资源保护法》时,要明确立法目的和任务,即将保护我国的优势矿产资源作为立法的核心目的,进一步促进优势矿产资源的科学合理开发与利用，实现该领域的可持续发展，使我国的优势矿产资源产业真正做大做强，具有国际竞争力和真正的资源利用优势，并带动我国矿业整体经济稳步向前发展。

2. 确立保护优势矿产资源的法律原则

保护优势矿产资源的法律原则既有其一般性，又有其特殊性。一方面，优势矿产资源属于矿产资源，因此，指导对矿产资源加以保护的一般性的原则同样适用于优势矿产资源。例如矿产资源国家所有原则，矿产资源有偿使用原则等。另一方面，由于优势矿产资源是一国在储量和开发利用水平上具有国际优势的矿产资源，对其的开发利用关系到国家的战略安全和民族的关键利益，因此又有其特殊性，需要确立一些特殊的法律原则。首先，针对我国优势矿产资源需要合理开发利用的现实要求，我们要确立计划开采和总量控制原则。其次，对于申请勘探开采优势矿产资源的主体要设立严格的高于一般矿产资源的准入门槛，即严格准入的原则，并且在已经批准的经营主体达到一定数量后不再审核新的申请主体的限制开发主体的原则。最后，在进一步推进我国矿产资源可持续利用的原则指导下，要确立优势矿产资源的战略储备数量优先于出口总量的原则，即要求建立我国的优势矿产资源战略储备制度，在储备数量没有达到预定量的情况下，减少甚至禁止优势矿产资源的出口。

3. 明确保护优势矿产资源的管理体制

为了不断适应经济体制改革的要求，我国一向重视对矿产资源管理体制的改革，转变并加强政府职能，实行政企分开、政事分开。1988年和1993年政府机构改革时，进一步明确了地质矿产部对地质矿产资源进行综合管理的职能，1996年1月成立了全国矿产资源委员会，以加强中央政府对矿产资源的统一管理，维护矿产资源国家所有权。1998年政府机构改革，将国家计委和煤炭、冶金等有关工业部门的矿产资源管理职能转移到国土资源部，实现了全国矿产资源的统一管理。针对优势矿产资源在矿业经济领域的特殊地位，应着手在国土资源部门内部建立专门管理优势矿产资源的职能部门，在地方各级地矿行政管理机构内部也设立相应的机构。同时，鉴于目前优势矿产资源管理法规政策"政出多门"的现状，建议由国土资源部牵头，联合发展改革委、财政部、商务部、环保部等部门成立优势矿产资源保护开发协调领导小组，统筹全国的优势矿产资源开发利用问题，通过定期的联席会议和不定期的临时会议协调解决在法规、政策制定和执行上的问题，确保《优势矿产资源保护法》所确立的原则和制度得到贯彻落实，实现我国优势矿产资源开发利用的可持续发展和优势矿业经济在国际上的话语权。

4. 规定优势矿产资源保护的具体法律制度

法律制度是对法律原则的具体化，也是对一系列具体行为规范的总称。尽管我国《环境保护法》、《矿产资源法》中的法律制度对勘探、开采和管理优势矿产资源的行为也有不同程度的规制，但往往比较笼统、操作性欠缺，特别是不能体现优势矿产资源的特别保护。因此，专门的《优势矿产资源保护法》必须以优势矿产资源为保护对象设立具体的法律制度，以更好地规范优势矿产的利用。

（1）建立优势矿产资源勘查开发规划制度

为了确保优势矿产资源量与储量的平衡，储量与开采量的平衡，开采量与出口量的平衡，出口量与储备量的平衡，有必要制定专门的优势矿产资源勘查开发规划。根据各国优势矿产资源开发规划的普遍实践，根据市场需求，何时、以何种规模和速度开采，如何维持开发与保护的平衡等应是规划的核心内容。依据2001年4月国务院批准发布实施的《全国矿产资源规划》中有关钨、锡、锑、稀土等我国优势矿产资源的规定，在制定专门规划时应着力解决好以下问题：

一是维持优势矿产资源量与储量之间的平衡。要通过大力加强勘查工作的力度，提高勘查技术的水平，努力促进资源量向资源储量的转化，进而不断提高我国优势矿产资源储量在国际上的优势地位。

二是维持优势矿产资源储量与开采量之间的平衡。要严格遵照市场反映出的供求信息确定产量，必要的时候要限制产量以确保矿产资源内在价值的保值增值与矿产品价格的稳定。严格控制优势矿产资源的开采量，保证一定的储量水平，严格新建矿山的准入门槛，设置高标准以保证优势矿业经济发展的质量。提高对已建矿山征收的税费水平，严格落实当地的环境保护责任，确保优势矿产资源的开采成本维持在合理的水准，并且要适当地超过一般矿产资源的开采成本以调节矿产品的价格和矿产资源的开采量，确保储量与开采量的平衡。此外，还要进一步强化出口配额与采矿许可证数量控制制度，依据国内国外两个市场，统一规划合理的开发利用水平。

三是维持优势矿产资源产量与出口量之间的平衡。2000年以来，我国逐步减少了稀土的出口配额，将稀土这种重要的战略性优势矿产资源的出口量控制在了一个合理的范围内。未来，我国应当通过优势矿产资源规划，进一步严格出口配额制度，加大对优势矿产资源出口量的控制力度，提高我国优势矿产资源产量与出口量对国际市场的影响力，进而控制相关矿产品的市场价格。

四是维持优势矿产资源出口量与储备量之间的平衡。我国要加强优势矿产资源的战略储备，通过一定数量的储备以调节国际市场的供需水平，在确保国家战略安全的前提下，通过增加或减少战略储备量、提高或降低出口量的手段，达到控制国际市场上相关矿产资源价格的目的，将资源优势切实转化为经济优势。

（2）建立优势矿产资源开发准入标准制度

目前，我国普遍采用限制或停发许可证的方式来限制开采总量，控制开采主体涌入矿产资源开发领域，这仅仅是权宜之计，不能长久。事实上，疏导要好于单纯的围堵。要通过设立较高的优势矿产资源开发利用准入门槛，提高入场的矿山企业的整体素质，来达到优化我国优势矿产资源产业经济结构的目的。在技术标准上可以尝试要求开发利用企业具备矿产品深加工的能力，提高资源转化率，确保优势矿产资源的保值增值。规定入场的企业要具备较高的矿山环境保护技术水平，以保证资源开发与环境保护的平衡。此外，对企业的资金规模、治理水平以及管理者的素质要进行严格的审核。利用提高行政许可准入门槛的方式可以有效地剔除那些技术不过硬、管理不过关的矿山企业参与到我国优势矿产资源的开发利用中来，从总体上加强宏观调控能力，开发利用秩序混乱、资源浪费、环境破坏等问题将会得到一定程度的缓解，产能过剩的问题也会得到一定程度的遏制。

（3）建立优势矿产资源的出口控制制度

为了切实实现我国优势矿产资源产业的经济优势，还应从控制出口产品的流向方面进行管控，具体来说可以通过质与量两个方面进行出口控制。我国可以通过《优势矿产资源保护法》来规定出口矿产品所必须达到的品级，禁止原矿的出口，以保证我国产业链向下游加工领域发展，提高出口矿产品的附加值，实现经济利益的最大化。而且还要通过出口配额制度限制出口量以及出口流向，将优势矿产资源出口量的规划与相应矿产资源战略储备量相挂钩，如果产量较大，则可以通过加大储备量来减少出口量，以确保我国的优势地位。同时，对出口流向还要实行管控，依据国家的外交政策以及政治、军事、经济实力来权衡针对资源进口方的出口配额。在极端情况下，我国还可以通过临时的价格管制，来维护我国的政治、经济利益，保证优势矿产资源产业领域的国际话语权。在《优势矿产资源保护法》的基础上可以制定关于出口方面的行政法规。

此外，还要将优势矿产的出口集中在几家大型的有实力的企业手中，由这些企业统一进行销售，严把出口关，控制出口价格。印度特定矿产的出口就由特定的国有企业负责，如印度的优势矿产云母的出口全部由国家公司印度云母销售公司负责,并由云母出口公司制定最低出口价格。必要时,会大幅度提高其出口价格。该制度的实施结果是,虽然出口量下降,但是所实现的价值却增加了。同样,巴西对重要矿产进行出口限制,并掌握矿产的国际定价权。巴西是世界上唯一一个能出口各种品级天然水晶的国家。1974年巴西政府决定,对水晶出口实行出口限制,并且把压电水晶和拉斯卡水晶的出口价格提高5倍。其结果是,巴西1974年出口拉斯卡水晶7648吨,1975年降低到1667吨,但实现的出口价值却并未减少。除此之外,巴西铀矿储量居世界第六,铀矿开采和贸易由一家国有企业垄断,同时巴西法律禁止铀矿出口。该国的石油、天然气和其他液态碳氢化合物矿床的勘查和开采,核矿石和矿物及其副产品的勘查、开采、加工、浓缩、再加工、产业化和贸易,也由联邦政府垄断,行使国家独占权。

(4) 建立优势矿产资源战略性储备制度

战略性矿产资源储备是以保障国家国防、经济安全为目的,将一定量的战略性矿产资源储存起来,以备非常时期使用。我国政府必须重视优势矿产资源的可持续供应问题,建立一个长效的、稳定的、安全运行的资源保障系统。建立资源战略性储备可以有效缓解一国对相关资源的依赖性,一旦发生紧急情况,相关资源的供应被中断,国家的经济安全和国防安全不至于遭受太大的影响。目前,国际上一些发达和中等发达国家纷纷建立了自己的矿产资源战略储备,而针对本国的优势矿产资源更是通过法律手段强化了这种保障,例如美国、日本、法国、德国、瑞典、韩国等。因此,我国也应该把建立优势矿产资源战略储备放到关系国家安全的地位来加以对待。

在这方面,美国走在了国际社会的前面。美国是把矿产资源、国家安全和对外政策紧密联系起来的杰出代表。对于国内重要矿产资源,美国采取只勘不采、限产保价的原则,就地封存。其中最重要的措施是对战略性和急缺性矿产资源保持一定量的储备,包括矿产品储备和矿产地储备,以满足突发事件对重要矿产资源的需求。美国的战略储备制度是由专门的法律法规来调整的,还建立了相应的政府部门进行管理,并且不受矿法的管辖。

具体到我国,可以通过《优势矿产资源保护法》确定储备的性质、原则、政策、方式、矿种、储备量,以及管理机构和审批权限等,以法律的形式使优势矿产资源储备能像粮食储备、黄金储备、外汇储备一样,形成法定化的一套重要制度和措施。此外,还要通过法律的形式尽快确立优势矿产资源储备的管理机构,该机构的职责是进行优势矿产资源储备的管理工作,具体包括测算优势矿产资源的储备量,进行国民经济对相关矿产的需求量预测,分析我国的优势矿产资源产量与出口形势，以及国际国内的供需形势，制定储备计划和组织计划的实施。最后，还要建立国家优势矿产资源储备矿区。我国的优势矿产资源储备必须以稳定拥有一定数量的可采保有量为前提。即在确保我国优势矿种的保有储量不能少于一定年限的需求量的同时，还要使得该矿种每年度的新增探明储量大于或至少等于消耗储量。为此，要通过法律加大优势矿产资源的勘查开发投入，鼓励社会资金投入矿业市场，加大对中西部地区优势矿产资源的勘查力度，逐步建立一批重要的优势矿产资源战略储备矿区。在优势矿产资源储备法律制度构建方面，可以建立以中央政府储备为主、地方政府储备为辅、企业储备为补充的矿产储备和矿区储备相结合的储备体系，实现优势资源保护的社会共同参与。

（二）修改完善现行《矿产资源法》

在对优势矿产资源专门立法的同时，还要通过修改现行的《矿产资源法》来明确优势矿产资源的战略地位，协调两部法律的相关规定，避免法规间的冲突。以《矿产资源法》为优势矿产资源保护的基本法，统率全局，完善优势矿产资源保护的法律体系。

1. 明确优势矿产资源的战略地位

《矿产资源法》是我国矿产资源法律体系的基本法，因此在该法中明确优势矿产资源的战略地位有利于指导各项法律法规的制定工作以及具体法律制度的执行。我国的优势矿产资源钨、锡、锑、钼、稀土等在现代军工业、电子产业中的用途是不可替代的，且产量和出口量在国际上占有很大的比重，关系到国家的政治和经济安全，属于战略性的矿产资源。因此，在立法过程中应当正确看待我国的优势矿产资源，赋予其应有的重要地位。具体来说，就是要在《矿产资源法》中明确钨、锡、锑、钼、稀土等我国的优势矿产资源具有不同于一般矿产资源的战略地位，确认此类矿种的开发与利用对于我国的国家利益与民族利益有着重大的影响，采取特殊且严格的手段加以规制和保护，严肃整顿优势矿产资源开发利用市场，将对其的保护提升到国家安全的战略全局上加以认识，并以此为前提制定相应的配套法律制度和政策措施。

2. 确立矿产资源可持续利用的基本原则

可持续利用资源就是以矿产资源的持续供给、合理利用、有效保护和降低环境代价为前提，充分满足国民经济建设对矿产资源的需求，全面提高矿产资源开发利用的经济效益、资源效益、环境效益和社会效益。矿产资源是耗竭性、不可再生性的地球资源，开采一点就少一点，我国虽然矿产资源储量丰富，但人均占有量少，且由于长期粗放式的矿业发展模式，矿产资源在开采冶炼过程中浪费严重，资源转化效率低下。同时，我国矿产资源勘查开发技术不够，后备资源不足，这将直接影响矿产品的供给，威胁我国的国家安全。因此，有必要通过法律确立优势矿产资源的开采长远规划、近期计划和总量控制目标，贯彻可持续利用原则，以法促进和保障我国优势矿产资源的可持续利用。

可持续利用包含了优势矿产资源的规划、开发、利用和保护的深刻内涵，涉及资源开发的方方面面，资源立法应当有序考虑。其一，为了实现我国优势矿产资源的可持续利用，需要制定一系列的战略目标和量化管制措施，以保持资源探明储量与资源开采量的动态平衡，矿产资源的保有储量与国家经济发展对资源的需求量相适应；其二，强化优势矿产资源勘查开发，加大西部、海洋与深部勘查开发力度，增加接替资源；其三，有效地进行矿产资源管理与利用，大力发展循环经济，促进矿产资源的回收利用技术的发展，提高二次资源的利用率；其四，建立可持续发展的资源开发利用综合决策机制和统一协调管理机制，控制因优势矿产资源开发利用引起的环境污染和生态破坏，在保护中开发，在开发中保护。奖励优势矿产资源开发利用方面的先进科学技术，建立矿山环境恢复机制，实行资源开发、环境治理和生态重建三结合，提高优势资源综合利用和资源回收利用水平。

3. 完善矿产资源有偿使用制度

《矿产资源法》第五条规定："国家实行探矿权、采矿权有偿取得的制度。"探矿权、采矿权在我国合称为矿业权，矿业权属于用益物权，具有财产权性质，可以为权利人带来经济利益。国家作为矿产资源的所有者，为了实现矿产资源的内在价值，就有必要将矿业权转让给有相应经营资质的主体，而这个转让必须是有偿的。虽然2003年我国出台了《探矿权采矿权招标、拍卖、挂牌管理办法（试行）》，并且已经初步建立了矿业权出让一级市场，但在现实中仍然存在着矿业权违法、违规出让的混乱现象。因此需要通过修改《矿产资源法》来进一步地完善矿产资源有偿取得制度，杜绝行政审批的出让方式，一律采取有偿出让的方式。同时，细化矿业权出让的法律程序，增加透明度。同时依法构建适合我国国情的矿业权流转的二级市场，此外，因为我国矿产资源有偿使用制度的不足，也导致了优势矿产资源税费设置不合理，矿产资源收益不能得到合理分配，缺乏矿山环境恢复基金等问题的出现。因此，对矿产资源有偿使用制度进行全方位的完善成为一种必然。

4. 完善矿产资源法律责任制度

矿产资源法律责任制度对于保证法律的实施，维护法律的尊严，确保权利人的合法权益有着重要的意义，然而，我国目前的矿产资源法律责任制度还存在着一些亟待解决的问题。

其一，现行的矿产资源法律责任制度中，法律责任实现方式过于单一，行政处罚手段使用过多，存在利用行政法律责任处理矿产资源纠纷所涉及的民事法律关系的问题。矿业权具有物权的财产权性质，矿业权人可以行使物权的排他效力、物上请求权效力、优先权效力和追及效力以保护自己的合法权益。矿业权人在自己的权利受到他人侵犯时，有权要求对方承担相应的民事法律责任。开采矿产资源，给他人的生产生活造成损失的，开采人应当依法承担民事赔偿责任。

其二，现行《矿产资源法》与《刑法》在处置矿产资源刑事犯罪上存在着不一致的问题。现行《矿产资源法》颁布于1996年，其刑事法律责任条款引用的刑法内容和条文序号是1979年刑法的规定，而我国刑法已于1997年进行了修订，刑法内容和条文序号都已发生了巨大的变化。在条款引用上，现行矿法和刑法之间不衔接，具体表现在：（1）现行《矿法》第39条规定，对于非法采矿构成犯罪的，"依照刑法第一百五十六条的规定对直接责任人员追究刑事责任"。本条引用的"刑法第一百五十六条"是1979年刑法的规定，当时对非法采矿构成犯罪的是按故意毁坏财物罪来定罪处罚的。而1997年刑法修订时，在第343条已专门设立了非法采矿罪，1997年10月1日起非法采矿构成犯罪的，就以非法采矿罪而不再以故意毁坏财物罪来定罪处罚。（2）现行《矿法》第43规定，违反规定收购和销售国家统一收购的矿产品，情节严重的依照1979年刑法第117条和第118条规定的投机倒把罪来追究刑事责任。现行刑法已经取消了投机倒把罪，对非法收购和销售矿产品的，以第225条规定的非法经营罪来定罪处罚。

其三，现行《矿产资源法》对法律责任规定不完整，有些限制性或禁止性的条款没有相应的法律责任。矿法对地质资料汇交、矿产资源储量管理和矿山地质环境保护等问题规定了明确的义务，但没有规定违反这些义务需要承担的法律后果。此外随着社会经济关系的复杂化，矿产资源领域新型的违法形式也不断增多，现行《矿产资源法》法律责任部分的规定已经滞后于实践的需要。

因此，需要通过修改《矿产资源法》完善我国的矿产资源法律责任制度，具体来说，首先，要增加矿产资源民事法律责任的规定，解决以行政处罚代替民事赔偿的问题。其次，关于刑事责任部分与现行刑法接轨，并在刑法中增加关于破坏、非法出口优势矿产资源罪。如引用的《刑法》条文序号和内容要与1997年修订后的《刑法》的相关规定保持一致等。最后，还要对《矿产资源法》中所有的限制性、禁止性条款均设定相应的法律责任，以确保义务与义务不履行的责任相对应，使任何违反法律规定义务的行为都能够受到法律责任制度的追究。

（三）完善其他相关配套措施

作为保护优势矿产资源，调整特定矿产资源开发利用关系的《优势矿产资源法》属于专门立法，其调整的力度和层次有一定的局限性。而优势矿产资源的有效保护必须采用法律综合调整的方法，因此，应当在制定《优势矿产资源保护法》的基础上，制定配套的行政法规，构建我国优势矿产资源保护的法律体系。根据我国立法的实际情况，兼顾资源开发现状和社会整体发展的需要，我们建议在制定《优势矿产资源保护法》的同时，制定以下配套法规。

1. 制定《优势矿产资源保护区管理条例》

建立我国的优势矿产资源保护区制度，划定优势矿产资源保护区，对保护区实行特殊管理制度。在规划、勘探、开采方面对优势矿产资源保护区进行特别管制。同时要兼顾保护区土地、水、森林等其他资源的保护和有效利用，通过条例确立特殊保护的具体制度，还要考虑优势矿产资源保护区居民的生存和发展等。在这方面，可以借鉴国外的做法对优势矿产资源保护区实现综合、全面、特殊的统一管理。

2. 制定《优势矿产资源开采许可条例》

应研究制定专门规制开采优势矿产资源行为的法规。目前，我国开采优势矿产资源领域秩序较为混乱，各省地方企业在地方政府的支持下，出于个体利益的需要，对优势矿产资源进行掠夺性开采，甚至不具备相应资质的企业也能够获得采矿的许可。而由于我国目前对矿业权保护力度不够，导致大批的矿业权人纷纷采富弃贫，只注重眼前利益，造成我国优势矿产资源的浪费严重。因此，有必要制定专门的《优势矿产资源开采许可条例》，把优势矿产资源的行政许可权收归国务院统一行使，同时，严格规定行业的准入门槛，仅允许那些技术过硬，管理科学，资金雄厚，有一定国际竞争力和社会责任感的合格的企业进入我国优势矿产资源的上游开采领域，这样能够从主体上规范我国的优势矿业的发展，为优势矿业走向世界，将资源优势转化为经济优势奠定一个良好的基础。

3. 制定《优势矿产国家储备管理条例》

针对资源储备进行立法是各国实施资源储备制度的通例，也是实施资源储备战略的重要保障。目前，美国、日本、法国、德国等十几个矿业经济发达的国家均制定了自己的矿产战略储备法律法规，例如美国于1946年制定了《战略物资储备法》，1950年制定了《国防生产法》，1975年制定了《能源政策与保护法》；日本有关石油储备的法律依据是《石油公团法》和1980年制定的《石油储备法》，稀有金属储备的法律依据是《金属矿业事业团法》；此外，德国的《石油储备法》，芬兰的《国家战略储备法》，瑞士的《国家经济供给联邦法》都是与事关国家安全的资源战略储备相关的法律。总体来看，国际上关于矿产资源的战略储备主要有三种立法例：一是综合储备立法例，这种立法例的主要特征是，调整对象比较广泛，重要战略物资和关键物资都包括在内，矿产资源是其中一个重要的组成部分，如美国的《战略物资储备法》；二是行业储备立法例，这种立法例的主要特征是，在国家制定的与矿产资源有关的行业、产业的法律中规定矿产资源储备的内容，因而不同种类的矿产资源储备的法律规定也就分散于有关的行业和产业的法律之中，这种立法例的优势在于储备与产业相结合，便于实施和操作，如日本的《石油公团法》；三是战略矿产单独立法例，这种立法例主要是根据对于重要的战略矿产进行单独立法，制定专门的储备法律，如美国的《能源政策和保护法》、日本的《石油储备法》和德国的《石油储备法》。由于优势矿产资源对于一国来说是重要的战略资源，适合单独予以立法进行保护和管理，因此，我们建议根据我国资源的具体情况制定《优势矿产国家储备管理条例》。

　　制定优势矿产储备法律首先要解决立法目的的问题，各国的资源储备立法的目的基本有两种，即出于国家安全考虑和经济安全考虑。国家安全战略储备用于防备战争时期的供应中断，供国家非常时期使用；经济安全保障储备，主要出于经济安全的目的，用于稳定供求关系和市场价格。建议我国在制定《优势矿产国家储备管理条例》时要综合考虑这两个因素，平时通过储备调控优势矿产资源的产量和出口量，确保国家优势矿业的经济优势。到了非常时期，在外国试图中断对我国的矿产供应时，则有充分的战略储备确保国家机器的顺利运行。从主体上来说，实施战略储备的主体主要有国家和民间团体。我国适于建立以政府为主导，企业参与的优势矿产储备制度。建议由国务院成立专门的优势矿产资源协调领导小组为战略储备的决策机构，其主要职能是制定储备政策，管理储备资金，决定资源储备的重大事项。其具体实施由相关的政府职能部门和企业共同来承担。另外，在本条例中还要借鉴国外先进的立法例，制定适合我国国情的资源储备目标与变更制度、储备的购入制度、储备的动用制度、储备资源的基地建设与管理制度等重要的国家战略储备制度。

4. 制定《优势矿产资源循环利用管理条例》

我国《循环经济促进法》为优势矿产资源循环利用奠定了法律基础，我国应当根据优势矿产资源的特点和性质，结合优势矿产资源利用的实际情况制定《优势矿产资源循环利用管理条例》。通过该条例一方面完善循环经济促进的法律体系，实现矿产资源立法与该法律体系的对接；另一方面通过该条例完善我国《矿产资源法》和《优势矿产资源保护法》对于优势矿产资源循环利用方面的制度，促进节约和合理利用优势矿产资源。同时，可以通过该条例对利用优势矿产资源循环利用各个环节中资源利用、回收等行为的规范，改变以往立法因过于原则和笼统导致操作性差的立法现状，彰显优势矿产资源法律保护的特殊性。

5. 制定《优势矿产资源进出口管理条例》

近年来，自从我国基于资源开发中的环境保护，美国、日本、欧盟纷纷针对我国控制稀土出口配额的政策进行指责，并利用世界贸易组织相关规定无理干涉我国的出口政策，企图恢复以往我国大量廉价出口稀土原矿及相关矿产品的不合理的行为，损害我国的国家利益。这一方面体现了这些发达国家为了本国的经济利益和政治利益，不惜牺牲别国的正当合法的利益甚至暴力干涉他国内政的不理智的行为；另一方面也反映出我国缺少相应的优势矿产资源出口管理立法而给予了别有用心者以口实。因此，制定我国的《优势矿产资源出口管理条例》就显得尤为紧迫了。

为改变我国优势资源产品出口多头对外，低价竞销的局面，防止国外利用竞销时机大量进口我国资源产品以增加战略资源储备，国家要加强对这些产品的出口总量控制，严格发放出口许可证。建议我国在该条例中赋予国家优势矿产资源协调领导小组以领导权，由商务部、国家税务总局、海关总署等相关政府职能部门参与，共同管理我国的优势矿产资源的出口。建立定期和临时会议制度，结合国内国外优势矿产的供需情况，商讨并计划出口量，适时调整税率，通过增加出口企业的成本和出口矿产品的数量来调节价格，实现我国的优势矿业的经济优势。

(四) 完善其他相关部门法

1. 修改《物权法》

《物权法》是与优势矿产资源保护密切关联的法律，其为矿业权的保护提供了基本的法律依据。《物权法》第 123 条明确规定了"依法取得的探矿权、采矿权受法律保护"，这一规定明确了矿业权的支配权的地位，并在立法上将矿业权定性为一种用益物权。目前，我国《物权法》有关矿业权的规定很少，我们应在依照《物权法》中有关用益物权规定的精神对《矿产资源法》的相关内容加以修改的同时，也应当在《物权法》中适当增加有关矿业权流转制度的规定。依据矿产资源对国民经济的重要性的不同而设定不同的矿业权授予审批标准和程序，进而通过《矿产资源法》细化我国的矿产资源分级审批制度，对优势矿产资源的勘探开采资格的审批条件应当增加更为具体的规定。

2. 修改现行《刑法》

我国现行《刑法》针对矿产资源犯罪行为只设定了两项罪名，即非法采矿罪和破坏性采矿罪。两罪的犯罪对象都是矿产资源；犯罪客体均为国家保护矿产资源的管理制度，非法采矿罪在客观上表现为违反矿产资源法律规定非法采矿造成矿产资源破坏的行为，破坏性采矿罪在客观上表现为违反矿产资源法律规定，采取破坏性的采矿方法开采矿产资源，造成矿产资源严重破坏的行为；犯罪主体都是一般主体，既包括任何具有刑事责任能力的自然人，也包括单位；主观方面都表现为故意，过失不能构成犯罪。总体来看，我国现行《刑法》针对矿产资源犯罪规定的罪名较少，对违法发放采矿许可证的行为无相应罪名；对采矿污染和破坏环境的行为无相应罪名；对矿山安全监察人员的失职行为无相应罪名。刑罚种类比较单一，对破坏矿产资源的刑罚方式有管制、拘役、有期徒刑三种主刑和罚金一种附加刑，且对单位的刑罚方式只有罚金一种。对矿产资源犯罪的量刑也较轻。这些都需要通过修改现行《刑法》来加以完善。

3. 完善《循环经济促进法》

《循环经济促进法》不仅为我国经济发展确立了科学的发展模式，同时也为企业、行业和政府在资源利用和环境保护方面确立了基本的原则和行为规范。从生产、流通和消费环节入手，确立了减量化、再利用、资源化的基本原则。根据我国优势矿产资源开发利用的现状，应当以优势矿产资源勘探、开采、加工和利用等产业链为主线，构建优势矿产资源循环利用体系。修改和完善现行《循环经济促进法》，规定生产者、消费者在循环利用优势矿产资源方面的义务，明确监督管理体系，或者视实际需要制定《优势矿产资源循环利用条例》。

4. 完善环境保护法律法规

2014年修订的《环境保护法》是我国环境保护领域的基本法，其以"保护和改善环境、防治污染和其他公害，保障公众健康、推进生态文明建设，促进经济社会可持续发展"为立法目的，确立了环境保护的基本原则。就立法具体内容来看体现了立法理念的巨大进步和创新，特别是法律制度和法律责任方面也更加严格和规范,堪称"最严的环境法"。该法第 4 条规定了"保护环境是国家的基本"。"国家采取有利于节约和循环利用资源、保护和改善环境、促进人与自然和谐的经济、技术政策和措施,使社会经济发展与环境保护相协调。"第 5 条规定了"环境保护坚持保护优先、预防为主、综合治理、公众参与、损害担责的原则"。还规定了生态红线、总量控制、生态补偿、信息公开和公众参与制度等。但从总体上来看,关于生态环境、自然资源保护、开发利用和管理的规范还具有一定的局限性。还不能确保从源头上合理开发、节约利用、循环利用自然资源,从源头上控制污染源、减轻污染防治的压力。

5. 完善其他相关法律法规

优势矿产资源法律属于矿产资源法律体系的一部分,在矿产资源法律体系中对优势矿产资源起到规制作用的法律法规还有很多,这些规定必然也会影响到我国优势矿产资源保护工作的进行。因此,在建立和完善优势矿产资源法律体系的过程中,对于那些不再适应当前矿产资源保护工作要求的法律法规要加以修改,统一完善我国的矿产资源法律体系。

经济领域的立法既要考虑到经济发展的效率,更要体现法律的基本价值追求,即公平正义。如何处理好经济发展效率和公平正义这两方面的关系将是我们面临的重大课题。一方面,我国矿业经济要想发展得好,必须注重效率,提高产业竞争力,促进具有国际竞争力的矿业企业的崛起;但另一方面,一味地追求效率,往往意味着对少数群体或弱势群体权利的忽视。

第三节 完善优势矿产资源保护执法和司法

21 世纪头 20 年,我国将全面建设小康社会,对矿产资源的需求总量将持续扩大。我国在加强矿产资源调查、勘查、规划、开发、管理、保护与合理利用方面将会有更大的投入,在实施可持续发展战略,走新型工业化道路,努力提高矿产资源对经济社会发展的保障能力方面也会有新的举措。同时,我国政府也将继续按照有序有偿、供需平衡、结构优化、集约高效的资源政策目标加强资源管理,最大限度地实现矿产资源的经济效益、社会效益和环境效益。因此,优势矿产资源的执法和司法也应当密切配合国家资源政策,为有效保护优势矿产资源,推进优势矿产资源可持续利用保驾护航。

一 完善优势矿产资源执法

徒法不足以自行。仅制定了好的法律还不足以保证我国优势矿产资源保护工作的顺利进行，必须有完善的执法才可以确保法律精神贯彻、法律恰当实施、法律制度有效落实。完善的执法体系是确保法律得以执行的保障，我国优势矿产资源执法完善应当从以下方面入手：

（一）加大优势矿产资源行政执法的力度

加强矿产资源规划管理。矿产资源规划是矿产资源勘查开发利用的指导性文件，是实施宏观调控的依据。我国政府正进一步加强矿产资源规划管理，完善规划体系，严格规划责任、规划审查、规划公告、规划修编、规划监督等制度，加强规划宣传，建立规划实施保障和信息反馈体系，确保规划目标的实现。

在优势矿产资源行政执法过程中，对于典型的无证非法采矿行为，在关闭取缔之后，要把执法重点放在日常监管上，防止违法行为的再次发生。但是对于以采代探、非法转让等较为隐蔽的违法行为，则要求矿业行政部门加大执法力度，不断通过提高业务素质、更新巡查手段、加强内部协调等措施提高监管质量，力争早发现、早制止、早查处。此外，对于那些有利益关联的矿产资源违法案件，在调查取证和查处方面会有一定的难度，这就要求执法人员要从案件查处的各个环节着手，严格依法办案，顶住压力，加大惩处违法行为的力度，确保国家优势矿产资源产业经济秩序的稳定。

（二）建立矿业权利冲突执法协调机制

矿政管理工作要以建立完善的矿业权市场为目标，规范一级市场的招投标程序，发展培育运行顺畅的二级市场，将执法的重点逐步放在维持市场秩序的辅助功能和帮助权利人顺利交易的服务功能上。对于产生的矿业权权利冲突，要摒弃以往的行政强力介入、忽视民事纠纷解决机制的模式，充分发挥执法部门在服务领域上的优势，为当事人双方提供纠纷调解处理的方便，不再单纯地充当审判者、处罚者的角色，而是作为中间人、协调人为纠纷的解决做好辅助工作。

（三）规范优势矿产资源执法行为

政府应在最大限度内减少对矿业活动的行政干预，强化依法行政，规范执法行为，杜绝权力寻租的出现。时刻把矿政管理行政行为置于国家法律法规及国际通行规则之下。应明确规定禁止政府作为一方主体直接参与矿业开发，将政府的行政管理职能和所有权代理人身份适当分离，便于矿业权人通过司法程序寻求法律救济。严格控制对各级地方政府的授权，取消无效的行政管理。削减烦琐重复的报批手续，提高审批效率。另外，我国目前矿产资源管理政出多门，各部门之间在权力配置上互相纠缠，应确立国土资源部门的主导地位，各部门相互配合的模式,规范优势矿产资源行政管理体制。最后,还要进一步强化矿产资源执法监察制度建设。应通过重大案件报告制度、备案制度等执法监察制度的落实,进一步加强上级对下级执法监察工作的监督指导力度;应通过进一步强化责任制度建设,在基层国土资源管理部门内部形成有力的监督制约机制,督促责任单位或者责任人严格履行职责,从而实现及时发现、及时制止或者查处矿产违法行为的目的。提高政府部门的服务水平,改善服务方式,按照公开、透明、规范、高效的要求,实行政务公开。各级矿产资源管理部门的办事制度、审批事项、要件、标准和时限等,要向社会公告,接受社会监督。建立公报制度,发布矿产资源储量、勘查开发情况,逐步向全社会公开地质资料信息。建立信息查询制度,使全社会都能够及时、方便、快捷地查询国家矿产资源规划、政策、法律法规、资源储量分类标准,查询勘查区块登记信息、采矿登记信息、矿产资源补偿费征收费率及缴纳方法等方面的信息。同时,大力应用信息技术,提高工作效率和服务水平。

(四)建立统一应对优势矿产资源国际纠纷的协调机制

自从我国加入世界贸易组织后,随着对外开放政策的推行,矿产资源国际贸易无论在量还是种类方面均有十分迅猛的发展。国土资源部、商务部、财政部、国家税务总局、海关总署等部门还应建立应对国际纠纷和国际诉讼的纠纷解决联席会议制度,依据我国有关优势矿产资源保护的法律以及世界贸易组织的有关规定,在充分考虑国家利益、双方或多方利益的前提下,积极应对,协调解决国际贸易摩擦,捍卫我国的经济主权,维护国家利益。

二 强化优势矿产资源司法

要深入贯彻依法治国基本方略,加强社会领域立法和执法,建设公正、高效、权威的社会主义司法制度,把优势矿产资源和管理全面纳入法制化轨道。

(一)完善矿业纠纷司法解决机制

矿业纠纷的司法解决与调解、行政处理等纠纷解决机制相比较而言,具有毋庸置疑的强制力,是最有效的权利保障方式。司法手段也是纠纷处理的最后解决机制,如果民事协商、行政处理都无法平息争端,当事人就要通过司法途径来解决问题。因此,我们可以说,优势矿产资源纠纷的司法救济是保护当事人合法权益最终的方式和最有效的保障,完善优势矿产资源纠纷的司法解决机制是我们强化优势矿产资源法律保障的重要内容。根据我国矿业纠纷司法现状,应当重点从以下方面加强司法:一是针对我国目前矿业纠纷解决比较注重行政手段,常常忽视司法手段的情况,要在思想上重视司法的作用;二是对于一些以其他方式久拖不解的矿业纠纷要排除行政干预，让当事人能够顺利地通过司法解决，提升司法解决矿业纠纷的比例；三是开展矿业法律法规的宣传，从多方面入手逐步完善矿业纠纷司法解决机制，使矿业纠纷司法解决机制发挥其在健全矿业法治方面应有的作用。

（二）严厉打击非法采矿、破坏性采矿的犯罪行为

非法采矿是指违反矿产资源保护法律规定，未取得采矿许可证擅自采矿的，擅自进入国家规划矿区、对国民经济具有重要价值的矿区和他人矿区范围采矿的，擅自开采国家规定实行保护性开采的特定矿种，或越界开采矿产资源，经责令停止开采后拒不停止开采，造成矿产资源破坏的行为。现行《刑法》专门规定了非法采矿罪，该罪侵犯的客体是国家保护矿产资源的管理制度，其主要指国家依法针对采矿单位或个人所制定的一系列行政管理制度的总称。这些有关矿产资源保护的法律规定，主要体现在三个方面：一是对全国的矿产资源勘查开采活动进行统一规划、合理布局；二是对采矿主体进行资格审查，授予采矿权、颁发采矿许可证，依法保护合法取得的采矿权；三是对采矿单位或个人进行全面的技术监督，保证采矿活动的科学性和计划性，防止破坏矿产资源。行为人构成本罪必须是违反了矿产资源保护与管理法律、法规中的禁止性规定，如《矿产资源法》第 39 条的相关规定："未取得采矿许可证擅自采矿的；擅自进入国家规划矿区、对国民经济具有重要价值的矿区和他人矿区范围采矿的；擅自开采国家规定实行保护性开采的特定矿种的；拒不停止开采，造成矿产资源破坏的"；第 40 条的相关规定："超越批准的矿区范围采矿的；拒不退回本矿区范围内开采，造成矿产资源破坏的。"

破坏性采矿是指违反矿产资源法律规定，采取破坏性的采矿方法开采矿产资源，造成矿产资源严重破坏的行为。依据 2003 年 5 月颁布的最高人民法院《关于审理非法采矿、破坏性采矿刑事案件具体应用法律若干问题的解释》第 4 条的规定，"采取破坏性的开采方法开采矿产资源"是指行为人违反地质矿产主管部门审查批准的矿产资源开发利用方案开采矿产资源的行为，具体有：使用不合理的开采方法、不合理的开采顺序以及不合理的选矿工艺开采矿产资源三种行为方式。该解释第 5 条规定："破坏性采矿造成矿产资源破坏的价值，数额在 30 万元以上的，属于刑法第 343 条第 2 款规定的'造成矿产资源严重破坏'。"

非法采矿罪和破坏性采矿罪均严重影响了我国矿产资源开发利用产业的正常发展，干扰了我国矿业经济秩序的稳定，阻碍了我国矿业行政管理活动的展开，应下大力气严厉打击这种犯罪行为。

（三）依法惩治官商勾结等矿业渎职犯罪行为

由于行政管理和监督全面贯穿于矿业产业链的始终，在客观上就使得权力和私利之间存在多方面的接触和较量，从而为官商结合共同牟取私利提供了可能。从我国以往发生在矿区的渎职犯罪案件看，官商结合犯罪占有较大的比例。从实际情况看，官商勾结等矿业渎职行为主要表现在：政府机关和监管部门滥用审批权，为不符合生产条件的矿区发放安全生产许可证；充当非法矿主的保护伞，纵容、庇护未取得相应许可的企业主非法生产经营；监管部门放弃了自己的监管职责，失职渎职，放纵企业非法生产，超能力、超强度开采；在事故发生后，与矿主共同谋划，包庇隐瞒事故。矿山安全监察人员没有严格按照执法程序和法规要求进行安全监察，监察不到位，执法不到位。出于错综复杂的非法利益链条，基于盘根错节的人情关系网，导致正确执法、严格执法难以实现，利用行政手段追究相关责任人的责任也难以做到。这就要求司法部门秉公办案，严格司法，依据《刑法》、《矿产资源法》等涉及矿产资源领域犯罪的法律法规，严厉惩治各种矿业渎职犯罪行为。

（四）重点打击优势矿产资源走私的犯罪

近年来，我国为了环境保护和资源可持续开发利用而对稀土等资源出口数量进行必要的限制，并且提高了部分资源的出口关税，这两项措施在一定程度上刺激了国际资源市场价格的提升。资源开采的低成本和国际市场的巨大利益诱惑使得非法走私稀土等牟取私利的现象更加猖狂。[①] 我国对部分优势矿产出口进行总量控制后，违反国家规定，逃避海关监管，私自出口优势矿产资源的活动时有发生。优势矿产资源走私行为严重破坏了国家对优势矿产资源出口监管的正常秩序，损害了国家利益、民族利益，侵犯了国家对于优势矿产资源的国家所有权，是干扰我国出口秩序与矿业经济秩序的犯罪行为，在优势矿产资源出口控制制度中要加强对走私行为的处罚力度，要对犯罪行为进行重点打击。尽管我国《刑法》有相关规定，但是由于优势矿产资源的非法开采和非法出口等犯罪行为具有一定的复杂性、隐蔽性，我国运用刑事手段打击走私犯罪行为的能力和力度需要尽快提升。也需要在我国现行相关立法的基础上确立更加严格的责任制度，对于犯罪行为给予更为严厉的打击和制裁。

（五）发挥经济罚在矿业犯罪和违法处罚中的作用

我国目前针对矿业领域犯罪的刑罚方式主要是管制、拘役和有期徒刑三种

---

① 据海关统计，2009年我国稀土走私的数量高达2万吨，走私的比例达正常出口比例的40%左右，http://industry.caijing.com.cn/2012-05-25/111860788.html。

主刑和罚金一种附加刑,且罚金数额一般较低,对于资金实力雄厚的企业难以起到惩罚的作用,威慑力不够,因此应加大罚金刑的适用范围和力度。同时,在行政处罚过程中,加大罚款的处罚力度,使违法矿山企业遭受严重的经济损失,对矿山企业形成约束,促使其严格遵照法律法规的规定开展矿业活动。在这方面,我们也可以借鉴国外立法经验,针对优势矿产资源的犯罪和违法行为,采取按日处罚的方法,以增强对矿业犯罪或矿业违法在经济方面的惩罚。

三 建立优势矿产资源执法和司法保障

(一) 净化优势矿产资源法治环境

法治,即依法而治。在法治社会中,政府权力受到限制,在个人权威与法律权威发生冲突的时候,个人权威必须服从法律的权威,而不是个人权威凌驾于法律权威之上。法治环境是全社会主张法律主治、依法而治所形成的特定意义上的社会环境。评价法治程度的标准主要有二,即权力受到法律制约,宪法和法律至上;以及公民的各项合法权利均受到法律的保护。具体落实到我国优势矿产资源法律制度领域,即要以宪法以及各项有关优势矿产资源的法律法规为依据,严格执法和司法,政府权力要受制于法律,不得出于个人私利而滥用权力违反矿业法律的规定,妨碍矿业执法,阻挠矿业司法,切实将矿业活动置于法律的管控之下。

(二) 提高执法和司法人员的业务水平

我国矿业执法和司法人员水平总体来说还有待提高,这就要求我们要加强执法和司法人员的业务能力的培养,对于一些技术性较强的领域,要组织专门的培训,提高法律工作者法律至上的理念。针对矿业纠纷情况复杂、技术含量高、对执法和司法人员业务能力要求高的实际,努力提高法官处理矿业纠纷的业务水平;对实践中出现的新情况、新问题,要及时进行梳理和总结,并在研究的基础上制定操作规范,指导全国的执法和司法行为,实现适用法律的统一;要认真改进工作作风,求真务实,促进矿业执法与司法水平与国际接轨。

(三) 建立执法和司法激励机制

激励机制是法律保障机制中必不可少的重要内容,也是提升执法和司法效率,保障执法和司法质量的重要基础之一。保护优势矿产资源的执法和司法活动较其他执法和司法活动而言,具有更加复杂,更为艰苦的特点。因此,要建立矿业执法、司法奖惩机制,对于在执法、司法过程中违反法律的行为要及时进行惩处与纠正,切实追究相关责任人的责任。对于在工作中勤勉尽职,或有立功表现的人员,要予以奖励。努力做到惩罚分明,促进矿业执法、司法的不断进步。

综上所述，人类的发展离不开对矿产资源的利用，中国的又好又快发展必须保障优势矿产资源的可持续利用，给予优势矿产资源以特别保护是资源形势和资源需求所决定的必然趋势。矿产资源在全球分布的不均衡造成了各国资源禀赋上的差异，也正是这种差异带来了资源的优劣差异。我国的优势矿包括钨、锡、锑、钼以及稀土等金属资源，这些资源的储量丰富，产量以及出口量常年处于世界前列。但由于我国优势矿业产业结构的不合理，法律规制体系的不健全，致使行业秩序混乱，资源优势无法转化为经济优势，因此，建立一个科学合理的优势矿产资源保障法律体系就显得格外的重要。现行优势矿产资源法律规制体系是由《矿产资源法》和许多部门规章构成的，现行《矿产资源法》是20世纪80年代制定，90年代修改的，由于计划经济体制的影响，这部法律的内容具有较大的局限性，已经不适合当前我国发展社会主义可持续矿业秩序的需要。此外，规制优势矿产资源开发利用的部门规章效力层级较低，政出多门导致法律文件较为分散，难以协调，因此，我国目前还没有一个让人满意的规范优势矿业的法律体系。

要完善我国优势矿产资源保障法律体系，首先需要对现行《矿产资源法》和各部门规章进行整理，对于立法理念不适合当前需要、立法技术落后的法律文件要予以清理；对于规定比较合理，适应我国优势矿业发展的法律法规要在保留其合理内核的基础上进行完善。具体来说，对现行《矿产资源法》的修改，要在总结其实施以来的经验教训的基础上进行，完善矿产资源分类分级管理制度，规范矿业权流转制度，健全涉及矿山环境保护的相关法律制度。其次，对现有的规制优势矿产开发利用秩序的大量部门规章进行整合，制定一部专门的《优势矿产资源保护法》[①]，明确立法的目的和任务，确立法律规制的基本原则，建立科学高效的管理体制，制定相应的法律制度，例如建立优势矿产资源勘查开发规划、提高优势矿业的行业准入门槛、建立优势矿产资源出口控制制度、构建我国的优势矿产战略储备制度。最后，要辅之以相关的配套措施，制定配套的法规，在科学发展观的指引下，建立一个从地质研究、勘探、采矿到矿山环境保护以及矿产品流通全面保护的科学的完善的法律体系，构建符合我国发展需要的和谐的可持续优势矿产资源产业秩序，努力提升我国优势矿产资源的利用能力，确保我国的优势矿产资源能够满足我国自身可持续发展的需要。

---

① 参见附件《中华人民共和国优势矿产资源保护法（草案）》建议稿。

第六编

能源安全法治篇

引 言

能源是一国经济社会发展的最基本的驱动力。自能源在工业领域大规模应用以来，能源安全问题就开始出现。经过两次世界大战，能源安全日益受到国际社会和世界各国的重视。国际能源署（IEA）提出以稳定石油供应和价格为中心的能源安全概念之后，西方国家也据此制定了以能源供应安全为核心的能源政策。在稳定能源供应的强大支持下，世界经济规模取得了较大的发展。但同时，各国仍然也不同程度地面临着能源安全问题。

我国是一个能源生产和消费大国，同时也是一个以煤炭为主要能源的国家。20世纪90年代以来，我国经济的持续高速增长使得能源消费量急剧上升。自1993年起，能源总消费已大于总供给，能源需求的对外依存度迅速增大。煤炭、电力、石油和天然气等能源在我国都存在缺口，能源环境问题也日益突出。由此，能源安全问题在近年来也成为国家生活乃至全社会关注的焦点，成为我国实现经济又好又快和可持续发展的重要制约因素。

全面厘清我国能源安全面临的严峻形势，分析我国能源安全立法、执法和司法的历史发展、问题及其原因，借鉴国外能源安全立法、执法和司法的主要经验和教训，在此基础上明确能源安全法律保障的指导思想和基本原则，提出完善我国能源安全立法的具体建议，研究加强能源安全执法、司法和法律监督的具体途径，从而提出具有可操作性的完善我国能源安全法律保障机制的对策建议，具有重要的理论和实践意义。

第二十章

我国能源安全面临严峻形势

能源安全包括能源供给安全、能源价格安全、能源运输安全和能源生态安全四个方面的内涵。我国能源资源总量较为丰富，人均能源资源拥有量较低，能源资源赋存分布不均衡，能源资源开发难度较大。我国能源安全领域的突出问题体现在：需求消耗增长，能源缺口巨大；规划有待完善，短期特点显著；进口来源单一，对外依存度高；依赖煤炭石油，环境成本较高。

第一节 我国能源安全的基本态势

一 能源与能源安全

（一）能源的概念和分类

能源（Energy）是指能够提供能量的物质或者物质运动。[1] 我国《节约能源法》规定，能源是指煤炭、石油、天然气、生物质能和电力、热力以及其他直接或者通过加工、转换而取得有用能的各种资源。[2]

能源可以按照不同标准进行分类。按照产生方式分，能源可以分为一次能源和二次能源。其中，一次能源是指从自然界开采，直接被使用的能源，即自然资源中所蕴含的未经人为转化或转换的能源，如具体包括煤炭、原油、天然气、煤层气、水能、核能、风能、太阳能、地热能、生物质能等；二次能源是指由一次能源经过加工转换以后得到的能源，如电力、热力、成品油等。[3]

按照利用状况，能源可以分为常规能源和新能源。常规能源是指在一定的

---

[1] 肖乾刚、肖国兴：《能源法》，法律出版社1996年版，第21页。

[2] 《节约能源法》第2条。

[3] 参见维基百科 http：//zh. wikipedia. org/zh－cn/% E4% B8% 80% E6% AC% A1% E8% 83% BD% E6% BA% 90。

科学技术水平条件下已被广泛利用的能源，如煤炭、石油、天然气、水能等。① 新能源是指在新技术的基础上开发利用的能源，② 如太阳能、地热能、风能、海洋能、生物质能等。

按照能源的再生性，能源可以分为可再生能源和非可再生能源。可再生能源是指可以连续再生、永续利用的一次能源，③ 包括风能、太阳能、水能、生物质能、地热能、海洋能等非化石能源。④ 非可再生能源是指开采利用后在可预见的期间内难以再生的能源，一般指化石能源。⑤

此外，按照经济属性划分，能源可以分为商品能源和非商品能源；按照生产和利用对环境的影响划分，能源可以分为清洁能源和非清洁能源；⑥ 按照储存状况划分，能源可以分为含能体能源和过程性能源；按照使用方式划分，能源可以分为燃料性能源和非燃料性能源；按照赋存状态划分，可以分为固体能源、液体能源、气体能源、核燃料和载体能。⑦

(二) 能源安全的内涵

能源安全的内涵处于不断发展之中。迄今为止，有关能源安全的认识（即能源安全观）经历了三个主要发展阶段：第一阶段是传统能源安全观。在这一观念之下，各国基于本国能源赋存状况和社会经济发展需要来看待能源安全问题。如丹尼尔·耶金所言，尽管能源消费国和能源生产国都希望获得能源安全，但对其含义的理解却各不相同：相对于能源消费国而言，能源安全主要是指供应安全，即"保证随时随地都有充足的、价格合理的在品种和质量上符合用户需求和环境保护需求的能源供应，为国民经济和社会发展提供物质原动力"⑧；而相对于能源生产国而言，能源安全则主要指能源需求安全。⑨⑩ 第二阶段是合作能源安全观。随着经济全球化的发展，各国逐渐认识到能源安全

---

① 肖乾刚、肖国兴：《能源法》，法律出版社1996年版，第21、23页。

② 陈新华：《能源改变命运——中国应对挑战之路》，新华出版社2008年版，第268页。

③ 同上书，第267页。

④ 《可再生能源法》第2条。

⑤ 肖乾刚、肖国兴：《能源法》，法律出版社1996年版，第22页。

⑥ 赵小平主编：《能源管理工作手册》，中国市场出版社2008年版，第2页。

⑦ 肖乾刚、肖国兴：《能源法》，法律出版社1996年版，第23页。

⑧ 陈新华：《能源改变命运——中国应对挑战之路》，新华出版社2008年版，第268页。

⑨ Daniel Yergin, "What Does Energy Security Really Means?" *The Wall Street Journal*, July 11, 2006.

⑩ 有观点将其总结为能源供应安全和能源使用安全两个方面。

只有通过充分的国际合作方可实现,因而倡导通过双边、多边谈判和局部结盟构建统一规则,以合作的方式促进各国自身能源安全。① 第三阶段是新能源安全观。2006年7月在八国集团同中国、印度、巴基斯坦、南非、墨西哥、刚果(布)六个发展中国家领导人对话会议上,胡锦涛同志提出:"为保障全球能源安全,我们应该树立和落实互利合作、多元发展、协同保障的新能源安全观。"② 新能源安全观的核心要点为:在能源的开发利用上,注重互利合作;重视能源技术的研发推广,实现多元发展;维护能源安全稳定的良好政治环境上,加强协同保障。③

基于新能源安全观,对于我国而言,能源安全的内涵包括能源供给安全、能源价格安全、能源运输安全和能源生态安全四个方面。④ 能源供应安全是指拥有充足的一次能源资源储备和开发利用能力、二次能源的加工转化能力,以及符合我国社会经济发展需求的持续稳定的能源进口。能源价格安全是指能够以适当的价格获得所需的资源。⑤ 能源运输安全,一方面是指国家能源运输通道的畅通,特别是指能源进口通道的畅通;另一方面是指国内能源运输通道正常运转。能源生态安全,是指能源的开发利用行为符合环境保护和生态友好的要求,不对社会的可持续经济发展产生不可接受的负面环境影响。⑥

二 我国能源安全基本态势

(一) 能源赋存状况

我国能源资源总量在世界上较为丰富,但呈现多煤、少油和少气的局面。

---

① 余敏友、唐旗:《能源安全观的变迁与国际能源机制的演进》,载肖国兴等主编《2009中国能源法研究报告》,法律出版社2010年版,第385—386页。

② 胡锦涛:《在八国集团同发展中国家领导人对话会议上的书面讲话》,《人民日报》2006年7月18日第1版。

③ 马延琛、吴兆雪:《中国新能源安全观与实现全球能源安全》,《东北亚论坛》2007年第4期。

④ 也有观点认为,能源安全的四方面内容之间存在冲突和矛盾。例如,董溯战认为,能源供给安全与能源生态安全之间存在价值冲突。参见肖国兴、叶荣泗主编《中国能源法研究报告》,法律出版社2009年版,第322页。

⑤ 杨逢珉、鲍华钧:《国际原油价格与中国能源安全》,《中国高新技术企业》2009年第21期。

⑥ 1947年美国《国家安全法》将能源安全定义为"政府在战时能有效利用自然资源与工业资源,供军需和民用"。欧盟国家认为:"能源安全即供应安全,是指欧盟在合理的经济条件下开采本国的资源或将来这些资源作为战略储备;依靠可进入的、稳定的外部来源保障能源消费的能力,在必要的情况下,可动用欧洲的战略加以补充。"参见杨泽伟《中国能源安全法律保障研究》,中国政法大学出版社2009年版,第2页。

我国人均化石资源占有量很低,煤炭约占世界人均水平的1/2,石油、天然气人均约为世界平均水平的1/15。① 我国能源赋存特点可以归纳为四个方面:

其一,能源资源总量较为丰富。我国拥有较为丰富的化石能源资源。其中,煤炭占主导地位。截至2010年年底,我国煤炭查明资源储量为13408.3亿吨,2011年新增查明资源储量575.1亿吨,② 资源保障程度逐步增提升。已探明的石油、天然气资源储量相对不足,油页岩、煤层气等非常规化石能源储量潜力较大。同时,我国也拥有较为丰富的可再生能源资源。③

其二,人均能源资源拥有量较低。我国人口众多,人均能源资源拥有量在世界上处于较低水平。前已述及,煤炭人均拥有量相当于世界平均水平的1/2,石油、天然气人均资源量仅为世界平均水平的1/15左右,人均水资源量仅为世界人均水平的28%。④ 中国农业的人均占有的自然资源非常少,目前人均大概只有1.38亩的耕地,不到0.1公顷,⑤ 远不足世界人均水平的一半,制约了生物质能源的开发。

其三,能源资源赋存分布不均衡。我国能源资源分布广泛但不均衡。煤炭资源主要赋存于华北、西北地区,水力资源主要分布在西南地区,石油、天然气资源主要赋存于东、中、西部地区和海域。我国主要的能源消费地区集中在东南沿海经济发达地区,资源赋存与能源消费地域存在明显差别。大规模、长距离的北煤南运、北油南运、西气东输、西电东送,是我国能源流向的显著特征和能源运输的基本格局。

其四,能源资源开发难度较大。与世界相比,我国煤炭资源地质开采条件较差,大部分储量需要井工开采,极少量可供露天开采。石油天然气资源地质条件复杂,埋藏深,勘探开发技术要求较高。未开发的水力资源多集中在西南

---

① 根据《中国的能源政策(2012)》白皮书,煤炭、石油和天然气的人均占有量为世界平均水平的67%、5.4%和7.5%。参见国土资源部网站(http://www.mlr.gov.cn/xwdt/jrxw/201210/t20121025_1150230.htm)。

② 参见国土资源部网站(http://www.mlr.gov.cn/zygk/#)。

③ 根据2007年《中国的能源状况与政策》白皮书,水力资源理论蕴藏量折合年发电量为6.19万亿千瓦时,经济可开发年发电量约1.76万亿千瓦时,相当于世界水力资源量的12%,列世界首位。此为截至2012年6月最新的权威数据。

④ "中国人均水资源仅为世界人均水平的28%,2/3城市缺水",http://news.xinhuanet.com/society/2012-02/16/c_122712580.htm。

⑤ 《中央农办主任:我国目前人均耕地只有1.38亩》,http://news.dsqq.cn/shpd/dqsj/2012/02/0210473646413.html。

部的高山深谷,远离负荷中心,开发难度和成本较大。非常规能源资源勘探程度低,经济性较差,缺乏竞争力。①

(二) 能源供给状况

长期以来,我国主要依靠本国能源资源发展经济,能源自给率一直保持在90%以上,远远高于多数发达国家。目前,我国已经成为世界第二大能源生产国,具备了较强的能源生产供应基础。我国已经初步形成了煤炭为主体、电力为中心、石油天然气和可再生能源全面发展的能源供应格局,基本建立了较为完善的能源供应体系。建成了一批千万吨级的特大型煤矿。自 2006 年以来,我国一次能源生产总量连续五年居世界第一,能源自给率保持在 90% 以上。其中,2010 年,我国原煤产量 32.4 亿吨,较 2005 年的 23.5 亿吨增加 8.9 亿,年均增长 1.8 亿吨,2011 年原煤产量 35.2 亿吨,较 2010 年增长了 8.6%,实现了供需基本平衡。2012 年,我国原煤产量 36.5 亿吨。自 2006 年来,我国先后建成了大庆、胜利、辽河、塔里木等若干个大型石油生产基地,2010 年原油产量 2.01 亿吨,2011 年 2.03 亿吨,2012 年达到 2.07 亿吨,实现稳步增长。天然气产量也迅速提高,从 1980 年的 143 亿立方米提高到 2006 年的 586 亿立方米,2011 年达到 1012.79 亿立方米,2012 年达到了 1072.2 亿立方米。②商品化可再生能源量在一次能源结构中的比例逐步提高。电力发展迅速,装机容量和发电量分别达到 6.22 亿千瓦和 2.87 万亿千瓦时,均列世界第二位。2012 年,装机容量和发电量分别达到 11.4 亿千瓦和 4.94 万亿千瓦时。能源综合运输体系发展较快,运输能力显著增强,建设了西煤东运铁路专线及港口码头,形成了北油南运管网,建成了西气东输大干线,实现了西电东送和区域电网互联。我国 2012 年主要能源品种供给状况(见表 20-1)。

(三) 能源消耗状况

我国能源消费总量居世界第二位,但由于目前我国的经济发展和经济活动水平有限,能源的消费水平还很低,目前人均的能源消费量还不到世界平均水平的 2/3。今后伴随着经济发展,能源消费需求量还将大幅度增长。③

---

① 国务院新闻办公室:《中国的能源状况与政策》,2007 年 12 月。
② 资料来源:中国国家统计局网站。
③ 李涛:《对我国能源安全战略问题的思考》,《特区经济》2009 年第 8 期。

表 20 – 1　　　　　2012 年我国主要能源品种产量及其增长速度[①]

产品名称	单位	产量	比上年增长%
一次能源生产总量	亿吨标准煤	33.3	4.8
原煤	亿吨	36.5	3.8
原油	亿吨	2.07	2.3
天然气	亿立方米	1072.2	4.4
发电量	亿千瓦时	49377.7	4.8
其中：火电	亿千瓦时	38554.5	0.6
水电	亿千瓦时	8608.5	23.2
核电	亿千瓦时	973.9	12.8

2001 年以来，我国煤炭、石油等主要能源消耗量逐年上涨，目前消耗量约为 2000 年的两倍。2002—2009 年，煤炭消耗量连续 8 年同比增长 10% 左右；石油消耗量的增加在 2005 年及 2006 年略有放缓，但 2009 年增速接近 10%。[②] 2011 年，全年能源消费总量 32.5 亿吨标准煤，比上年增长 5.9%。[③] 2012 年，全年能源消费总量 36.2 亿吨标准煤，比上年增长 3.9%。[④]

（四）替代能源开发状况

替代能源有广义和狭义之分。广义的替代能源是指可以替代煤炭、石油、天然气等化石能源的其他能源，如可再生能源、核能、氢能等；狭义的替代能源是指可以替代石油的能源，如可再生能源、核能、氢能、天然气、煤基燃料等。[⑤] 本报告中的"替代能源"在广义概念上使用。我国大力扶持新能源的发展。2009 年 3 月 5 日，温家宝在《政府工作报告》中提出"支持和推进新能源、节能环境保护等技术研发和产业化"，同时"大力发展循环经济和清洁能源"，"健全节能环境保护的各项政策"。2011 年 3 月 5 日，温家宝在《政府工作报告》中提出培育发展战略性新兴产业，再次提到新能源等高端制造产业。2012 年 3 月 15 日，温家宝在《政府工作报告》中提

---

① 中国国家统计局网站（http://www.stats.gov.cn/tjgb/ndtjgb/qgndtjgb/t20130221_402874525.htm）。

② 中国三星经济研究院：《中国的能源危机与替代能源开发》，2010 年 8 月，第 1—2 页。

③ 《2011 年国民经济和社会发展统计公报》。

④ 《2012 年国民经济和社会发展统计公报》。

⑤ 陈新华：《能源改变命运——中国应对挑战之路》，新华出版社 2008 年版，第 268 页。

出"推进节能减排和生态环境保护",并要求"优化能源结构,提高新能源和可再生能源比重"。

在核能发电方面,我国目前正在运行核电装机容量共1250万千瓦,截至2010年年底,我国大陆地区核电的总装机容量为1080万千瓦,共13台机组,再见机组28台,3097万千瓦,在建规模世界第一。① 2012年核电的发电量为973.9亿千瓦时,约为全国总发电量2%。②

在风能发电方面,我国风力资源很丰富,储量居世界第三位,仅次于美国和俄罗斯。据中国气象局对全国风能资源的评估,全国陆上技术可开发风电资源26.8亿千瓦,陆上可开发的风能资源为8亿千瓦;近海(离岸20公里范围内)可开发风能约1.5亿千瓦,总计约10亿千瓦。③ 陆上风电市场化竞争效果显著,规模经济引领风能成本大大下降。目前,风能资源丰富的内蒙古、新疆及东北地区等一级城市的风力发电的招投标及建设工作已经完成,风能开发工作已经开始向风力资源较为丰富的二三级城市发展。我国近海10米水深的风能资源约1亿千瓦,近海20米水深的风能资源约3亿千瓦,近海30米水深的风能资源约4.9亿千瓦。目前,我国的海上风能尚处于起步阶段。

在光伏发电方面,我国太阳能资源非常丰富,理论储量达每年17000亿吨标准煤。我国地处北半球,南北距离和东西距离都在5000公里以上。在内地广阔的土地上,有着丰富的太阳能资源。大多数地区年平均日辐射量在每平方米4千瓦时以上,西藏日辐射量最高达每平方米7千瓦时。年日照时数大于2000小时。与同纬度的其他国家相比,与美国相近,比欧洲、日本优越得多。④ 我国光伏发电产业于20世纪70年代起步,今年来发展迅速。2011年中国光伏安装量为2.89吉瓦,居于美国之后,位居世界第四;从累计安装量来看,加之850兆瓦的历年安装量,共计为3.74吉瓦。⑤ 2012年中国光伏安全量约为4.5吉瓦,比上年增长55.7%,成为继德国之后的全球第二大光伏装

---

① 崔民选:《中国能源发展报告(2011)》,社会科学出文献版社2011年版,第266页。
② 中国国家统计局网站(http://www.stats.gov.cn/tjgjb/ndtjgb/qgndtjgb/t20130221_402874525.htm)。
③ 崔民选:《中国能源发展报告(2011)》,社会科学出文献版社2011年版,第257页。
④ 《中国太阳能储量达每年17000亿吨标准煤》,http://news.sina.com.cn/c/2004-08-16/12243403083s.shtml。
⑤ 《光伏并网难问题未全解 装机年增6倍》,http://www.chinabidding.com/zzxx-detail-213565926.html。

机大国。[①]

在生物质能[②]方面，我国理论生物质能资源为 50 亿吨左右标准煤，是目前我国总能耗的 4 倍左右。农业产出物的 51% 转化为秸秆，年产约 6 亿吨，约 3 亿吨可作为燃料使用，折合 1.5 亿吨标准煤；林业废弃物年可获得量约 9 亿吨，约 3 亿吨可能源化利用，折合 2 亿吨标准煤。甜高粱、小桐子、黄连木、油桐等能源作物可种植面积达 2000 多万公顷，可满足年产量约 5000 万吨生物液体燃料的原料需求。畜禽养殖和工业有机废水理论上可年产沼气约 800 亿立方米。[③]

第二节 我国能源安全领域的突出问题

改革开放以来，我国能源工业迅速发展，为保障国民经济持续快速发展作出了重要贡献，主要表现在供给能力提高、能源节约效果显著、消费结构优化、科技水平提高、环境保护取得进展、市场环境逐步完善等方面。[④] 然而在能源安全领域，我国仍然存在一些突出的问题，具体表现在如下几个方面。

一 需求消耗增长，能源缺口巨大

（一）能源消费状况

由于处于工业化、城镇化进程加快的时期，国民经济平稳较快发展，城乡居民消费结构升级，能源消费将继续保持增长趋势。据统计资料显示，目前我国已成为全球第二大能源生产国和消费国，2007 年我国能源消费增量占全球一半。今后，随着经济规模的进一步扩大，能源需求还会持续较快增加。能源消费强度不断提高，使得资源约束矛盾更加突出。[⑤] 根据国家统计局发布的《2011 年国民经济和社会发展统计公报》，当年能源消费总量 34.8 亿吨标准

[①]《2012 年光伏安装量约为 4.5GW，"十二五"扩容至 35GW》，http://www.21cbh.com/HTML/2013-1-31/5MNDE3XzYxNjU5MA.html。

[②] 生物质能（biomass energy）是太阳能以化学能形式贮存在生物质中的能量形式，即以生物质为载体的能量。生物质能既有助于促进能源多样化，还能减少温室气体排放，对于加强能源安全有着积极的意义。参见百度百科"生物质能"词条（http://baike.baidu.com/view/40476.htm#6）。

[③] 同上。

[④] 国务院新闻办公室：《中国的能源状况与政策》，2007 年 12 月。

[⑤] 国家发展改革委：《能源发展"十一五"规划》，2007 年 4 月；徐冬青：《中国能源安全战略体系的构建》，《市场周刊·理论研究》2009 年第 6 期。

煤，比 2006 年增长 7.0%。煤炭消费量增长 9.7%；原油消费量增长 2.7%；天然气消费量增长 12.0%；电力消费量增长 11.7%。同时，我国是世界上单位 GDP 能耗最高的国家之一，每万元 GDP 能耗大致是日本的 8 倍、欧盟的 4.5 倍、世界平均水平的 2.2 倍。[①]

（二）能源缺口状况

我国能源资源总量较为丰富，但人均占有量较低，特别是石油、天然气人均资源量仅为世界平均水平的 7.7% 和 7.1%。同时，由于资源勘探相对滞后，影响了能源生产能力的提高。同时，我国能源资源分布很不平衡，大规模、长距离运输煤炭，导致运力紧张、成本提高，影响了能源工业协调发展。

根据中国科学院的预测，2020 年我国能源需求量将达到 28.88 亿—38.80 亿吨标准煤，届时原煤缺口约为 3.21 亿—11.74 亿吨，石油和天然气均有巨大的缺口。20 世纪 90 年代以来，我国石油消费年均增长速度为 7.19%，比石油生产年均增长速度（1.82%）高 5.37 个百分点，年均新增石油生产量（287 万吨）与年均新增石油消费量（4210 万吨）的差额高达 3923 万吨，由此造成国内石油供应短缺、石油净进口量大幅度增加的基本原因。[②] 事实上，这从 2001—2011 年我国石油生产量与和消费量之间越来越大的差异也可见一斑。也有专家预测，到 2020 年，我国能源需求总量可能高达 45 亿吨标煤，化石能源将严重短缺；预计能源消耗比目前高出 50%，化石能源的消耗要比 2009 年高出 40%。能源缺口将成为我国当前和今后相当长一个时期内制约经济社会发展的最主要的瓶颈之一。

根据中国三星经济研究院的研究，预计到 2020 年，我国风电装机接近 1.5 亿千瓦，太阳能发电装机将达到 2000 万千瓦，生物质能发电装机将达到 3000 万千瓦，核电装机将达到 8600 万千瓦，核能与可再生发电总装机达 2.9 亿千瓦。由此，可再生能源与核能预计在 2020 年占总装机的 17%，可以相对缓解能源供给不足的问题。[③]

---

① 徐冬青：《中国能源安全战略体系的构建》，《市场周刊·理论研究》2009 年第 6 期。
② 《中国能源发展报告》编辑委员会编：《2007 中国能源发展报告》，中国水利水电出版社 2007 年版，第 117 页。
③ 中国三星经济研究院：《中国的能源危机与替代能源开发》，2010 年 8 月，第 2、6 页；徐冬青：《中国能源安全战略体系的构建》，《市场周刊·理论研究》2009 年第 6 期。

二 规划有待完善，短期特点显著

（一）能源规划科学性不足

科学的能源规划应妥善处理能源与经济、能源与环境、局部与整体、近期与远期、需求与可能的关系，统筹兼顾，合理布置，保证能源建设同国民经济发展相协调，保证各种能源在数量上和构成上同国民经济和社会发展的需要相适应。我国能源规划在一些方面的可行性有待提高。

其一，新能源和可再生能源发展未获得应有的重视。在应对气候变化、推进低碳经济的宏观背景下，新能源和可再生能源的开发利用对于确保可持续的社会经济发展目标的实现具有重要意义。目前，尽管我国在核电、风电、太阳能、生物质能等可再生能源转化利用方面取得了一定的成绩，但新能源和可再生能源在我国能源供给和消费中的比重仍然较低。为此，在进一步的能源战略和规划中，应特别重视推进新能源和可再生能源的开发利用，为实现2020年非化石能源消费比重占一次能源消费比重达15%和单位GDP二氧化碳排放比2005年下降40%—45%的目标奠定坚实的基础。

其二，化石能源的开发利用有待进一步优化。在今后相当长的一段时期内，化石能源将仍然是我国能源供应的基础。然而，我国目前以煤炭石油为主的能源结构产生了诸多社会经济和环境方面的负面影响。为此，在进一步的能源战略和规划中，应当稳步推进煤矿升级改造，加大油气资源开发，优化火电开发。特别是应当控制煤炭产量，努力保持国内原油产量的基本稳定，提高天然气供应能力。

其三，能源配置能力有待进一步提高。为此，进一步的能源规划需要加快能源输送管网建设，要加强连贯东西、中通南北的骨干管网建设，形成布局合理、衔接通畅、安全可靠的能源输配体系。在此，能源输配管网安全性需要给予特别的重视。

其四，能源管理体制有待进一步完善。进一步的能源规划应当着力通过推进体制改革，健全市场运行机制，完善能源投资管理，加强能源税收财政政策指导，加强立法建设和行业管理等方式，推动能源行业的科学发展。[1]

其五，能源环境保护应进一步加强。在我国，由于能源（特别是化石能源）的开发和利用所造成的日益严重的环境污染和环境破坏正在呈现愈演愈烈的趋势。中国环境科学研究院的研究表明，在全国能源结构、产业结构、城

---

[1] 《国家能源局规划司：十二五能源应发展七大重点》，《稀土信息》2010年第12期。

市布局、气象条件等没有发生重大变化以及不考虑新疆和西藏地区的前提条件下,全国二氧化硫排放量控制在 1200 万吨左右的情况下,全国大部分城市的二氧化硫浓度才可以达到国家二级标准;但根据该机构的预测,到 2020 年,我国二氧化硫排放量将远远超过达到环境目标所要求的环境容量。氮氧化物控制相对二氧化硫来说,研究基础较为薄弱,国家也还没进行总量控制。但是,如果对能源活动产生的氮氧化物排放不加控制,仅燃煤产生的氮氧化物就可能从 2000 年的 1880 万吨的增加到 2020 年的 2870 万吨。如果加上汽车尾气排放的氮氧化物,未来 20 年氮氧化物的产生量还增加。因此,未来 20 年减排氮氧化物的任务将比减排二氧化硫还要严峻。[①] 在进一步政策制定过程中应充分关注这些方面的问题。

(二) 能源储备机制有待完善

石油是一国重要的战略能源。我国"十五"发展规划确定了建立国家战略石油储备、维护国家能源安全的目标。自 1993 年起,我国成为石油净进口国,国家高层开始讨论战略石油储备问题。2001 年,全国人大通过的"十五"规划明确提出要建设战略石油储备。2002 年,国家计委启动了石油储备基地的建设工作。2003 年 5 月,负责石油储备基地建设和管理的国家石油储备办公室正式运作。2003 年 11 月,博鳌亚洲论坛深入探讨能源储备问题。2004 年 3 月,我国第一个国家石油储备基地镇海国家石油储备基地正式开工建设。2004 年 4 月,国家战略石油储备立法提上议事日程。2004 年 6 月,我国首批四个国家战略石油储备基地陆续开始建设。2005 年,我国四大国家石油储备基地公司成立。2006 年,中共十届全国人大四次会议通过的《国民经济和社会发展第十一个五年规划纲要》中,进一步明确要"扩建和新建国家石油储备基地"。2006 年 10 月,我国第一个石油储备基地——镇海石油储备基地开始注油。2007 年 4 月,国家《能源发展"十一五"规划》中明确了构建石油储备管理体系的设想。2007 年 12 月,经过一年试运行的镇海国家石油储备基地通过国家验收。2007 年 12 月,国家石油储备中心正式成立。2008 年 11 月,我国第一期的四个石油储备基地全部相继建成投产。2009 年 1 月,我国第二期战略石油储备基地选址工作全面展开。2009 年 9 月,我国内陆地区第一个国家石油储备基地在新疆独山子开工建设,我国石油储备工程二期开建。2009 年 12 月,我国二期国家石油储备基地兰州基地开工建设。[②] 随着工程推进,

---

[①] 王金南等:《能源与环境:中国 2020》,中国环境科学出版社 2004 年版,第 vii—viii 页。

[②] 傅玥雯:《我国石油储备大事记》,《中国能源报》2010 年 2 月 8 日第 6 版。

第二期广东湛江、惠州、江苏金坛、辽宁锦州、天津和新疆鄯善等共8个石油储备工程陆续启动。① 2011年，党的十一届全国人大四次会议通过的《国民经济和社会发展第十二个五年规划纲要》中，继续提出"合理规划建设能源储备设施，完善石油储备体系"。

根据国家能源局的统计，截至2009年，我国首期储备基地储油1640万立方米，仅相当于当前我国30天的消耗量。② 同时，已经建设的储备设施主要用于企业生产经营周转，布局较为分散，结构不甚合理，政府储备规模较小，无法满足应对石油供应中断等突发事件的需要。③ 同时，我国国内石油市场不断受到国际市场变化的冲击，对中东地区进口石油的依赖程度上升，利用外部石油资源也面临激烈的竞争。④

（三）能源生产利用方式不可持续

我国能源开发利用的短期性特征还体现在不可持续的能源生产和能源利用方式上。在能源生产方式方面，一个显著的例子是，在我国目前的发电量中，煤电仍占相当大的比重，由此产生了若干负面环境影响。为此，应当优化发展煤电，建设大型煤电基地，重点发展大型高效环境保护机组，加快淘汰落后的小火电机组。同时，还应大力发展水电，积极推进核电建设，适度发展天然气发电，鼓励可再生能源和新能源发电（如风力发电和光伏发电），努力提高能源利用效率。

在能源利用方式方面，应当摒弃竭泽而渔的、不科学的模式。例如，尽管我国煤炭储量较大，但毕竟属于不可再生的耗竭性能源。应当加大对新能源和可再生能源的开发和利用力度，这样不仅可以节约煤炭资源，而且有利于应对气候变化和环境保护。再如，我国煤炭运输的主要途径之一是公路运输，实际上是以石油资源（一种化石能源）驱动煤炭资源（另一种化石能源）的"物理位移"，⑤ 其不科学之处显而易见。概言之，目前在能源利用方面的主要问题是煤炭利用的清洁程度和效率有待提高，同时电力、天然气在终端消费中的比重有待提高。

---

① 王秀强：《石油战略储备二期项目陆续曝光》，http://www.21cbh.com/HTML/2011-7-26/5MMDY5XzM1Mjc5Mg.html。

② 《中国进口原油量及储备情况》，http://www.chinacir.com.cn/ywzx/2010317103013.shtml。

③ 赵小平主编：《能源管理工作手册》，中国市场出版社2008年版，第247页。

④ 贾文瑞等：《21世纪中国能源、环境与石油工业发展》，石油工业出版社2002年版，第347—348页。

⑤ 2010年10月发生的京藏高速公路堵车就与此有直接关系。

三 进口来源单一，对外依存度过高

我国的一些重要能源品种，特别是石油，进口来源单一，对外依存度很高，这对我国的能源安全产生了相当大的负面影响。

（一）进口来源单一

石油进口大幅度提高且进口来源单一。从1993年开始，我国成为石油净进口国，2000年石油进口量就达到7000多万吨，相当于当年全国石油消费总量的30%左右。2005年我国石油净进口量超过1亿吨，2007年已经达到2亿吨，2011年超过了2.9亿吨，即将达到3亿吨。据专家预测，到2020年，我国石油的进口量将超过5亿吨，对外依存度将达到70%。

目前，我国石油进口主要来自局势不稳定的中东和非洲地区，这些国家政治形势波动较大，增加了我国石油资源供给的不确定性。同时，我国90%的石油依赖于海上运输，来自中东和非洲的石油必须经过马六甲海峡，美国在新加坡设有樟宜基地，在印度洋上建有迪戈加西亚基地，其航母战斗群可以威慑几乎整个印度洋和马六甲海区，我国目前海军实力有限，无法有效控制马六甲海峡，我国的石油安全随时面临来自竞争对手的威胁。[1]

（二）对外依存度过高

20世纪70年代末以来，我国石油进口数量逐年增加，石油对外依存度显著提高。所谓"石油对外依存度"，是指一国所消耗原油和成品油依靠外来进口的程度。1993年，我国成为成品油净进口国；1996年又成为原油净进口国；2003年，我国国内30%的石油靠进口，成为世界第二大石油进口国。[2] 到2005年，我国石油净进口约1.36亿吨，对外依存度达40%以上。[3] 中国石油和化学联合会于2010年5月公布的数据显示，我国石油表观消费量达10595.6万吨，创历史同期新高，同比增长17.4%，对外依存度达54.52%，比上年同期提高5.6%。研究表明，到2020年，按照最低方案预测，我国石油消耗总量将达4.5亿吨，石油对外依存度达到60%；从总量来看，我国目前已成为

---

[1] 徐冬青：《中国能源安全战略体系的构建》，《市场周刊·理论研究》2009年第6期。

[2] 贾文瑞等：《21世纪中国能源、环境与石油工业发展》，石油工业出版社2002年版，第347页；谢晓冬、高泽阳：《石油天然气法起草已开始 破除垄断同时保证效率》，《新京报》2005年11月20日B9版。

[3] 《日本能源安全政策及对我国的启示》，http://www.ndrc.gov.cn/nyjt/gjdt/t20060324_64224.htm。

世界第二石油消费大国,增长水平将远远超过世界石油消费平均增长率。[1]

(三) 主要负面影响

石油是当今世界政治、军事和外交关系的重要筹码。许多地区的冲突都与石油资源开发、供需及市场价格变化有密切关系。国际石油市场供应短缺和油价异常波动,将对我国石油和能源供给以及经济社会产生越来越大的影响和冲击。[2]

首先,石油进口来源地过于集中,以局势动荡的中东地区为主的进口格局,存在很大的安全供应隐患。中东地区处在美国的实际控制之下,对于我国石油的进口而言,不仅存在政治风险,而且存在运输风险和供应中断风险。美国构筑的"太平洋锁链",拟形成对我国的东向包围;在印度洋地区,印度全面推行"印度洋控制战略",这些都对我国海上如马六甲海峡石油运输安全和南中国海的油气资源开发构成威胁。

其次,我国虽已确定分期建设国家石油储备库,但工程刚起步,离战略石油储备体系的完善成熟尚有较大差距。国际石油市场上因各种不确定因素如政治风波、军事冲突等,导致国际油价上涨或出现供应中断时,便会丧失储备进口石油、平抑国内市场动荡的手段和能力。

最后,国际市场石油价格波动威胁着我国的石油供应安全。目前我国尚未大规模参与全球石油衍生品交易,无法对进口石油进行套期保值。在这种情况下,无论国际油价涨幅多大,都只能被动接受。尽管我国在国外已开发少量油田,但大多位于敏感地区,易受各种因素干扰,从油价上涨中获得的利益不大。[3]

四 依赖煤炭石油,环境成本较高

(一) 社会经济发展对煤炭和石油过度依赖

煤炭是我国的基础能源。在我国能源消费结构中,煤炭占70%左右,[4] 这种以煤为主的能源结构在未来相当长时期内难以改变。我国的煤炭消费量在过

---

[1] 范思立:《中国处在能源战略重大调整的关键时期》,《中国经济时报》2006年6月2日。
[2] 中国能源发展报告编辑委员会:《2007中国能源发展报告》,中国水利水电出版社2007年版,第13页。
[3] 同上书,第117—118页。
[4] 根据国家发展改革委2007年的统计,我国煤炭消费占一次能源消费的69%,比世界平均水平高42个百分点。参见国家发展改革委《能源发展"十一五"规划》,2007年4月。

去 8 年间，年均增长 1.8 亿吨。① 我国是目前世界上最大的煤炭生产国，世界上约 40% 的煤产量是我国生产的。相对落后的煤炭生产方式和消费方式，加大了环境保护的压力。煤炭消费是造成煤烟型大气污染的主要原因，也是温室气体排放的主要来源。随着我国机动车保有量的迅速增加，部分城市大气污染已经变成煤烟与机动车尾气混合型。这种状况持续下去，将给生态环境带来更大的压力。② 据有关部门统计，我国燃煤发电厂的二氧化硫的年总排放量已超过 2500 万吨，造成 1/3 的国土遭受酸雨污染，每年经济损失达 1000 亿元以上，直接威胁 13 亿人口和 16 亿亩耕地的安全。同时，煤炭开采后还会造成地表塌陷，废水、废气和废渣以及硅肺病等。③

我国也是石油生产大国之一。在我国的能源消费结构中，石油占 25%。近年来，我国的石油产量以年均 2.1% 的速度持续平稳增长。然而我国的石油消费量增速远高于国内石油产量增速。自 2000 年以来，我国的原油消费量平均年增速超过 7%。2009 年，世界石油消费总量在下降，而我国石油消费量依然保持了较高的增速，石油消费进口依存度已经超过 53%。④ 2010 年，虽然我国原油产量首次跃上 2 亿吨水平，但在原油进口大幅增加的带动下，我国对包括成品油和其他油品在内的石油进口大幅跃升 17%，达到 2.46 亿吨，为历史最高水平，石油净进口量占国内消费总量的比例即石油进口依存度已经达到 54.8%。⑤

（二）新能源和可再生能源开发利用水平低

我国新能源和可再生能源开发利用相对滞后，节能降耗、污染治理等技术的应用尚不广泛，一些重大能源技术装备自主设计制造水平还不高。

在核电领域，我国铀资源极为紧缺，基本靠从澳大利亚和哈萨克斯坦进口。目前的铀资源只能满足 4000 万千瓦的核电装机使用。2020 年核电预计发展 7000 万千瓦，95% 的核燃料需要从国外进口。另外，核电站的建设需要有大量的水，并且应当远离一级城市。我国目前较为适宜建核电站的地方大多数

---

① 肖琼：《能源过度开发之"罪"：生态环境持续恶化》，http：//news. solidwaste. com. cn/k/2010－6/2010671557524062. shtml。

② 国务院新闻办公室：《中国的能源状况与政策》，2007 年 12 月。

③ 徐冬青：《中国能源安全战略体系的构建》，《市场周刊·理论研究》2009 年第 6 期。

④ 肖琼：《能源过度开发之"罪"：生态环境持续恶化》，http：//news. solidwaste. com. cn/k/2010－6/2010671557524062. shtml。

⑤ 《石油进口依存度逐年提高》，http：//info. jctrans. com/news/industry_ economy/201111221116468. shtml。

都已经有在建项目,进一步地扩张将受到地理位置的限制。此外,我国核电领域缺乏竞争。目前,我国拥有核电生产资质的仅有中核集团、中广核集团、国家核电技术公司、中国电力投资集团。垄断的行业态势,致使相关技术发展缓慢。

在光伏发电领域,由于其利用的主要材料为多晶硅,对环境的污染和破坏较大,同时发电成本难以在短时间降低,基本依靠国家补贴发展,其前景不容乐观。太阳能光热发电可以规避多晶硅的制造环节,但由于技术瓶颈尚未解决,其发展前景亦不明朗。

在生物质能领域,我国的生物质能发展面临能量转化效率低、中间成本高、外部性显著、原料稀缺等难题。在这种情况下,只有理顺机制、重视技术研发,才能形成规模化发展。而在风能领域,由于我国目前的风能利用受到地域、风速、电网条件等方面的限制,在短期内也难以获得较大发展。[①]

(三) 化石能源主导型发展的环境影响

我国能源结构以化石能源为主,这使得能源消费活动中要排放大量污染物,成为影响是社会和经济发展的突出问题之一。

我国大气环境污染与能源消费有直接的关系。煤炭使用过程产生的污染是我国最大的大气环境污染问题。全国烟尘排放量的70%、二氧化硫排放量的90%、氮氧化物的67%、二氧化碳的70%,均来自燃煤。大量化石能源的使用也使得酸雨频发,造成了我国城市空气质量的恶化。

随着煤炭开采强度和延伸速度的不断加大提高,矿区地下水位大面积下降,使缺水矿区供水更为紧张,以致影响当地居民的生产和生活。另外,地下水资源因煤系地层破坏而渗漏矿井并被排出,这些矿井水被净化利用的不足20%,对矿区周边环境形成新的污染。据统计,我国煤矿每年产生的各种废污水约占全国总废污水量的25%。

能源污染导致了高昂的经济和社会成本。研究表明,我国大气污染损失已占GDP的2%—3%。世界银行预计,2020年我国燃煤污染导致的疾病需付出经济代价达3900亿美元,占国内生产总值的13%。大气污染严重的地区,呼吸道疾病总死亡率和发病率都高于轻污染区。慢性支气管炎症状随大气污染程度的增高而加重。在我国11个最大城市中,空气中的烟尘和细颗粒物每年致使5万人死亡,40万人感染慢性支气管炎。有学者

---

① 中国三星经济研究院:《中国的能源危机与替代能源开发》,2010年8月,第6—7页。

调查了北京市40—65岁做饭的妇女,结果表明燃煤户妇女呼吸系统疾病出现率为50.4%,煤气户为40.0%。我国西南地区是高硫烟煤的重要产区,该地区敞灶燃煤室内空气中二氧化硫、砷和氟的浓度超标严重,由此引起的室内空气污染也相当严重。①

---

① 王金南等:《能源与环境:中国2020》,中国环境科学出版社2004年版,第iv—vi页。

第二十一章

我国能源安全法治的回顾与反思

经历了几十年的发展，我国能源安全立法、执法和司法对能源安全管理和能源安全保障起到了至关重要的作用，但同时也应看到其中存在一些亟待解决的问题。对这些问题的形成原因进行深入剖析，有助于深入了解实际需求，并在此基础上形成改进对策。

第一节 我国能源安全立法、执法、司法情况的梳理

一 能源安全立法的梳理

（一）能源安全立法的演进和现状

20世纪80年代之前，我国处于计划经济时期。80年代初期，由于经济快速发展，电力发生短缺，能源供应不足有所显现。在这种情况下，国家开始积极探讨经济发展与能源的关系，积极推动能源立法。80年代的能源管理体制仍然以计划经济为主导，带有显著的计划管理特点。但是，对于政企合一的能源工业体制而言，这些立法的执行相当有效，在能源节约、能源投资、能源价格管理等方面取得了良好的实施效果。[1] 这一时期制约我国经济发展的能源安全因素主要是能源消费不足，能源生产总量大体高于能源消费总量，出口量远大于进口量。因此，能源安全问题在当时我国并未引起重视，立法领域也没有涉及能源安全的内容。[2]

早在20世纪80年代，我国就开始着手研究起草能源单行法，但最终未能进入立法程序。1986年颁布实施的《矿产资源法》成为我国当时法律位阶最高的与能源相关的法律。诞生于20世纪80年代后期而于1993年撤销

---

[1] 叶荣泗、吴钟瑚主编：《中国能源法律体系研究》，中国电力出版社2006年版，第12页。
[2] 林安薇：《能源安全观助解我国〈能源法〉之总结》，《环境科学与管理》2006年第6期。

的能源部，在探索能源体制改革、市场运行机制及法制化管理上起到了承上启下的作用，由其组织的"中国能源法律法规体系建设"的研究成果，全面规划了我国能源法律体系各层级的法律和法规，提出了国家能源立法计划和进度的建议，在其后的实践中得到了相应的实施，对我国能源法规的立法工作起到了重要的推动作用。尽管1993年能源部因国家行政机构改革而被撤销，但20世纪90年代以来，随着社会主义市场经济体制的逐步建立和完善，能源立法进程明显加快，能源开发和利用逐步走上了依法管理的轨道。《矿产资源法》、《矿产资源法实施细则》、《矿产资源监督管理暂行办法》、《石油及天然气勘查、开采登记管理暂行办法》、《煤炭法》、《煤炭生产许可证管理办法》、《乡镇煤矿管理条例》等相继出台，初步形成了矿产资源法的法律体系。1995年，我国制定了《电力法》，这也是我国第一部能源法律，其中规定的主要法律制度有电力供给制度与电力设施和工程安全制度。1997年，《节约能源法》出台，以节能计划制度、重点管制制度、用能产品标识制度、节能标准和节能产品认证制度、节能技术开发、产品生产鼓励制度为主要法律制度。这些立法在一定程度上适应了能源投资体制的市场性变革和能源企业经营模式转变的需要。在这一时期，能源消费总量与生产总量基本持平，能源进口量也大幅度上升。我国能源安全形势趋于紧张，能源立法方面也逐渐考虑到能源安全的相关问题。

  2000年后，我国能源生产与消费总量缺口迅速拉大，结构性矛盾成为我国能源安全问题中的主要矛盾，石油短缺成为我国能源安全主要矛盾中的主要方面。[1] 因此，国家越来越重视能源可持续发展，并为加强能源管理，成立了国家能源领导小组及其办公室。为了促进能源结构的调整，保障能源安全和实现能源的可持续发展，2005年制定了《可再生能源法》，主要法律制度包括总量目标制度、强制上网制度、分类电价制度、费用分摊制度以及专项资金制度。该法不仅体现了能源可持续发展理念，还明确了政府和市场主体共同参与能源结构的调整。在开发利用可再生能源的机制和体制创新等方面，也取得了重大突破。2007年，我国修订《节约能源法》；2011年，我国修订《煤炭法》。这些举措标志我国能源立法步入了一个新的发展阶段。这些立法中更多地涉及了有关能源安全的内容。我国目前正在着手制定《能源法》，有望在这一能源基本法中对能源安全问题作出系统全面的规定。

---

[1]　林安薇：《能源安全观助解我国〈能源法〉之总结》，《环境科学与管理》2006年第6期。

(二) 能源安全立法的积极作用

相关立法对于保障能源安全的积极作用主要体现在两个方面：

一方面，能源安全立法是保障一国政治经济安全最重要的前提。在依法治国、建设社会主义法治国家的战略背景下，以法治手段保障能源安全的重要前提，就是有法可依。几十年的发展证明，尽管政策在社会经济发展中具有相当重要的地位，但立法的积极作用是政策所难以具备的。法律所特有的规范性、普遍适用性、权威性、强制性、稳定性等特征，使得能源安全立法得以将能源安全战略与政策落实为更具可操作性的法律规范，为实现能源安全战略和政策提供相对稳定的机制，并由国家强制力保证其实施。

另一方面，在世界政治经济高度一体化的时代，能源安全问题及其深远影响已超越国界，成为必须在全球框架下解决的问题。在此情形下，如果不具备较为完备的国内立法，在处理能源安全问题时往往在法律上缺乏正当性，难以采取相应的保障国内能源安全的有效措施。从这一角度看，能源安全立法的作用已超越了国内范畴，对在纷繁复杂的世界政治经济环境下促进本国经济的健康、持续、有序发展必将产生相当大的积极意义。

二 能源安全执法的梳理

本研究所称的能源安全执法属广义范畴，是指行政机关实施能源安全立法的过程。在此主要关注我国能源安全行政管理体制演进和现状，并在此基础上总结其对保障能源安全的重要作用。

(一) 能源安全执法的演进

新中国成立以来，我国能源行政管理体制先后经历了十几次变革。在这其中，规模较大、涉及面较广、影响较为深远的变革主要发生在社会主义市场经济体制初步确立的十几年间，尤其是1988年和1998年的两次变革最为典型。

1988年年初，国家根据经济体制改革的要求，撤销了煤炭部、电力部、石油部、化工部以及核工业部，成立了对能源统一监管的能源部，同时组建了中国统配煤矿总公司、中国石油化学工业总公司、中国核工业总公司、中国电力联合会。但是由于计划经济体制对我国经济和能源管理的长期影响，这次改革提出的政企分开和确立企业市场主体地位等措施在当时很难在能源管理中落实，新成立的各大公司基本上是原行业管理部门的翻牌；能源部成立时确定的制定能源发展规划和监控、管理能源产业等职能，也因为缺乏足够的管理职权而难以落实。由此，能源部与各大公司之间形成了事实上的平行关系。各大公司各成体系，能源部在能源行业监管各行业部门中的协调作用微乎其微。鉴于此,在 1993 年的机构精简过程中,能源部被撤销。

随着社会主义市场经济的发展,推进行政管理体制改革和行业重组成为迫切的要求。1998 年,全国人大作出决定,撤销石油、煤炭、核工业、电力等能源工业部门,能源管理体制又一次发生了重大变革。煤炭部、石油部被撤销后,先缩编为国家经贸委下属的委管局,2001 年委管局也被撤销。《煤炭法》实施以来,在实践中执法部门依法加强对煤炭生产开发、经营管理等方面的监管。1998 年后,国有重点煤炭企业除神华集团、中煤能源集团外,全部下放地方管理。石油天然气行业重组为由中央直管的中石油、中石化和中海油三大公司。核工业部撤销后,成立了中国核工业集团公司,政府职能划归国防科工委。电力部被撤销后,政府职能由国家经贸委承担。1995 年《电力法》颁布以来,我国电力行业监管逐步迈向法治化轨道。能源管理部门在保障电网安全稳定运营、保护电力投资者、经营者合法权益、鼓励电力科技和保护环境方面均发挥了积极作用。1997 年成立国家电力公司,1998 年撤销电力部,实现政企分开。2002 年,国家电力公司被拆分为中央直管的 2 家电网公司、5 个发电公司等 11 家电力企业。2003 年 3 月,国电电力监管委员会组成,开始了我国现代电力监管体制的实践。2005 年实施的《电力市场监管办法》对贯彻落实《电力法》发挥了重要作用。①

我国现行能源管理体制形成于 2002—2005 年。目前的各项能源管理职能分散于国家发展和改革委员会、商务部、国土资源部、水利部、农业部、国有资产监督管理委员会、科技部、国家安全生产监督管理总局、国家电力监督管理委员会、国家环境保护总局(现环境保护部)等部委或国务院派出机构。其中,国家发展和改革委员会负责能源产业总的综合平衡、重大政策的制定等;商务部负责煤炭、电力、石油等行业归口管理;国土资源部承担煤炭等化石能源的资源勘探开发和管理工作;水利部管理水电站;农业部负责农村能源管理;国资委负责能源企业国有资产的管理;科技部负责能源科技管理;国家安全生产监督管理总局主要负责煤矿安全生产监督管理工作;电监会承担维护电力市场秩序和规范市场主体行为的职能;国家环境保护总局负责能源企业生产经营的环境监控。②

在上述体制下,能源管理职能分散,行业发展不易协调。2005 年,为了应对日益突出的能源供求矛盾,加强能源宏观调控和管理,国务院成立了能源

---

① 陈元:《能源安全与能源发展战略研究》,中国财政经济出版社 2007 年版,第 150—152 页。
② 王岚:《论中国能源管理体制的发展与完善》,纪念改革开放与能源法制建设暨 2008 能源法年会会议论文,湖北宜昌,2008 年 10 月,第 59 页。

工作领导小组,并在国家发展改革委设立了副部级的国家能源办公室,负责各能源行业之间的联络和制定能源发展规划。国家能源办公室作为国家能源领导小组的日常办事机构,其主要职能是:督办能源领导小组的决定;跟踪了解能源安全状况,掌握能源宏观信息和预测供求态势,预警可能发上的重大问题,向领导小组提出对策和建议;组织有关单位研究能源发展战略规划和能源开发与节约、能源安全、能源对外合作等重大决策。① 为加强能源行业管理,改变多头管理、分散管理、协调性差的局面,2008年实施的中国国务院机构改革决定组建国家能源局。主要职责包括:拟订能源发展战略、规划和政策,提出相关体制改革建议;实施对石油、天然气、煤炭、电力等能源的管理;管理国家石油储备;提出发展新能源和能源行业节能的政策措施;开展能源国际合作。② 2010年,国务院决定成立国家能源委员会,主要负责研究拟订国家能源发展战略,审议能源安全和能源发展中的重大问题,统筹协调国内能源开发和能源国际合作的重大事项。这是目前中国最高规格的能源机构。③

2013年3月14日,十二届全国人大一次会议审议通过《国务院机构改革和职能转变方案》,为统筹推进能源发展和改革,加强能源监督管理,整合国家能源局、国家电力监管委员会的职责,重新组建国家能源局,由国家发展和改革委员会管理,取消国家电力监督管理委员会。主要职责包括:拟定并组织实施能源发展战略、规划和政策;研究提出能源体制改革建议;负责能源监督管理等。④

(二)能源安全执法的现状

2008年8月,我国设立副部级单位国家能源局,为国家发展和改革委员会管理的国家局。

与此前的管理体制相比,此次涉及的职责调整包括如下几个方面:(1)将国家发展和改革委员会的能源行业管理有关职责划入国家能源局。具体包括:拟订能源发展战略、规划和政策,提出相关体制改革建议;实施对石油、天然气、煤炭、电力等能源的管理;管理国家石油储备;提出发展新能源和能源行业节能的政策措施;开展能源国际合作。(2)将原国防科学技术工业委员会的

---

① 陈元:《能源安全与能源发展战略研究》,中国财政经济出版社2007年版,第153—154页。
② 参见百度百科 http://baike.baidu.com/view/1687128.htm。
③ 新华网:《中国成立高规格能源机构强化能源管理》,http://news.xinhuanet.com/politics/2010-01/27/content_12887220.htm。
④ 参见百度百科 http://baike.baidu.com/view/10233644.htm。

核电管理职责划入国家能源局。(3) 将原国家能源领导小组办公室的职责划入国家能源局。(4) 加强对能源问题的前瞻性、综合性、战略性研究，拟订能源发展规划、重大政策和标准并组织落实，提高国家能源安全的保障能力。国家能源局的成立，标志着我国在能源安全管理方面迈入了一个新的阶段。

国家能源局的职责包括如下几个方面：(1) 研究提出能源发展战略的建议，拟订能源发展规划、产业政策并组织实施，起草有关能源法律法规草案和规章，推进能源体制改革，拟订有关改革方案，协调能源发展和改革中的重大问题。(2) 负责煤炭、石油、天然气、电力（含核电）、新能源和可再生能源等能源的行业管理，组织制定能源行业标准，监测能源发展情况，衔接能源生产建设和供需平衡，指导协调农村能源发展工作。(3) 负责能源行业节能和资源综合利用，组织推进能源重大设备研发，指导能源科技进步、成套设备的引进消化创新，组织协调相关重大示范工程和推广应用新产品、新技术、新设备。(4) 按国务院规定权限，审批、核准、审核国家规划内和年度计划规模内能源固定资产投资项目。(5) 负责能源预测预警，发布能源信息，参与能源运行调节和应急保障。(6) 负责核电管理，拟订核电发展规划、准入条件、技术标准并组织实施，提出核电布局和重大项目审核意见，组织协调和指导核电科研工作，组织核电厂的核事故应急管理工作。(7) 拟订国家石油储备规划、政策并实施管理，监测国内外石油市场供求变化，提出国家石油储备订货、轮换和动用建议并组织实施，按规定权限审批或审核石油储备设施项目，监督管理商业石油储备。(8) 牵头开展能源国际合作，与外国能源主管部门和国际能源组织谈判并签订协议，协调境外能源开发利用工作，按规定权限核准或审核能源（煤炭、石油、天然气、电力、天然铀等）境外重大投资项目。(9) 参与制定与能源相关的资源、财税、环境保护及应对气候变化等政策，提出能源价格调整和进出口总量建议。(10) 承担国家能源委员会具体工作。(11) 承办国务院及国家发展和改革委员会交办的其他事项。[1]

国家发展和改革委员会与国家能源局的有关职责分工划分如下：(1) 国家能源局拟订的能源发展战略、重大规划、产业政策和提出的能源体制改革建议，由国家发展和改革委员会审定或审核后报国务院。(2) 国家能源局按规定权限核准、审核国家规划内和年度计划规模内能源投资项目，其中重大项目报国家发展和改革委员会核准，或经国家发展和改革委员会审核后报国务院核准。能源的国家财政性建设资金投资，由国家能源局汇总提出安排建议，报国

---

[1] 国务院《关于部委管理的国家局设置的通知》。

家发展和改革委员会审定后下达。(3) 国家能源局拟订的石油战略储备规划和石油战略储备设施项目，提出的国家石油战略储备收储、动用建议，经国家发展和改革委员会审核后，报国务院审批。(4) 国家能源局提出调整能源产品价格的建议，报国家发展和改革委员会审批或审核后报国务院审批；国家发展和改革委员会调整涉及能源产品的价格，应征求国家能源局意见。(5) 核电自主化工作，在国家发展和改革委员会指导下，由国家能源局组织实施。[1]

(三) 能源安全执法的积极作用

健全能源安全管理体制，加强能源安全执法，对确保我国能源安全具有十分重大的意义。

一方面，健全的能源安全管理体制有利于确保能源安全战略目标的顺利实现。近年来，我国能源需求一直持续高速增长，但从供给侧面看，除煤炭基本满足自给外，其他化石能源均需大量进口，能源稳定供给和安全问题日趋尖锐。在能源安全的其他方面，如开发利用环境安全及相应的人体健康安全[2]问题也日益凸显。在这种情况下，健全的能源安全管理体制，对于解决这些问题具有重要的作用。

另一方面，健全的能源安全管理体制有利于促进能源产业的健康发展。煤炭是我国的能源资源，但在开发过程中，资源浪费、环境污染、事故频发的现象十分严重；电力行业市场化程度低，发电、输电环节能源损失较大，电网运行安全隐患日益突出；新能源和可再生能源开发改革推动力度不足，产业化进程缓慢。在这种情况下，加强能源安全管理，就显得尤为迫切。

三 能源安全司法的梳理

(一) 能源安全司法的演进

本研究所称的"能源安全司法"，主要是指司法机关（特别是人民法院）实施能源法的过程。我国能源安全司法是伴随能源立法的产生发展而逐步发展的。

20世纪70年代的两次石油危机，使得世界主要能源消费国的能源政策发生了重大的变化，各国加快了能源立法的进度，并将维护能源安全作为立法的重要目标之一。当时，我国处于改革开放的初期，计划经济体制下能源工业的高度集中、统一的管理模式和指令性的资源配置，导致资源的供应难以满足经济

---

[1] 《国家发展和改革委员会主要职责内设机构和人员编制规定》。

[2] 广义上讲，此方面属于环境健康问题。一般认为，环境健康是指环境污染或者破坏行为所致负面影响引起的人体健康和疾病问题。

增长的要求。① 为了顺应国际潮流和国内形势，我国能源立法开始启动，其中重要的一部法律《矿产资源法》于1986年颁布实施。但由于一方面我国的能源消费和供应与世界能源市场的关联度不大，几乎处于能源系统自循环状态，② 因而对能源安全问题重视不够；另一方面当时计划经济仍然处于主导地位，能源产业尚处于政企合一的体制，政府多采用规范性文件的形式对能源产业进行指导，因而此时大多数能源立法处于理论探究阶段，很少进入正式的立法阶段，这也使得能源安全司法在实践中既缺乏需求，又缺乏实施的法律依据。

20世纪90年代，随着我国改革开放的全面展开和市场化进程的逐步加快，我国经济飞速发展，对能源的总需求量也日益剧增，从而导致1993年我国成为石油净进口国，1996年成为原油净进口国，能源安全问题开始受到关注。与此同时，我国能源立法的进程明显加快，全国人大常委会分别于1995年、1996年、1997年颁布的《电力法》、《煤炭法》、《节约能源法》三大能源专门法，是90年代我国能源立法的重大突破和能源法理论的进步。③ 相关能源法律、法规的颁布，在一定程度上改变了行政指令性能源管理的方式，④ 政府开始关注通过法治的方式对能源产业进行管理。能源立法的发展及政治、经济体制的改革，为能源安全司法的开展创造了有利的条件。有关能源的纠纷开始增多，民事、行政、刑事案件都有所涉及，并且案件牵涉能源的开采、能源设备的应用等多方面问题。在这一阶段，案件也大多涉及能源供应安全方面的问题，例如煤炭开采民事纠纷⑤、电力供应线路盗割刑事案件⑥等，能源安全司法的适用范围仍然较小。

20世纪90年代末至21世纪初，市场经济体制在我国基本确定，我国经济持续高速发展。但是由于粗放型的经济发展方式，导致资源利用效率低下、

---

① 吴钟瑚：《经验与启示：中国能源法制建设30年》，《郑州大学学报》（哲学社会科学版）2009年第3期。

② 同上。

③ 同上。

④ 同上。

⑤ 例如，王某等欠款及侵犯采矿权损害赔偿纠纷案。本案主要围绕煤矿承包合同的认定进行。一审判定损害成立，要求被告赔偿原告80000元，并退回向原告多收取的利润与费用。被告不服提出上诉，二审撤销了一审的判决，并驳回了原审原告的诉讼请求。参见《王某欠款及侵犯采矿权赔偿纠纷》，http：//china.findlaw.cn/info/wuquanfa/wuquanfaanli/cgjf/120579_4.html。

⑥ 例如，冯学轩破坏电力设备、盗窃案。被告人伙同他人多次破坏电力设备，危害了公共安全。因而，一审判其构成破坏电力设备罪。参见《冯学轩破坏电力设备、盗窃案（一审）河南省登封市人民法院刑事判决书》，http：//www.criminallawbnu.cn/criminal/info/showpage.asp？pkID=12745。

浪费严重；我国石油对外依存度不断攀升，从而导致能源供应安全面临严重挑战；同时，因为能源的不合理使用导致环境污染越来越严重，生态环境遭到严重破坏，从而威胁能源使用的安全。为此，我国于2005年正式启动石油战略储备计划，同时进一步完善能源立法体系，颁布和修改了一系列法律。前已述及，兹不赘述。相应的，能源安全司法在这种形势下也得到了初步的发展。最高人民检察院开展了查办危害能源资源和生态环境渎职犯罪专项工作，根据其统计，2004—2007年，全国检察机关立案查处涉及危害能源资源和生态环境渎职犯罪3822人，这些犯罪直接危害人民群众生命财产安全，给国家造成直接经济损失数十亿元。仅2006年、2007年两年间检察机关查办的安全生产责任事故所涉矿产资源管理、安全生产监管方面的渎职犯罪就有1193件，造成6465人死亡，1215人重伤。国家电网公司系统2007年查获窃电案件8.24万件，涉案金额1.91亿元，2009年查获窃电案件8.76万件，案件数量与2008年基本持平，涉案金额1.61亿元。① 尽管如此，在这一阶段，能源安全管理仍然主要倚重于政策手段，司法领域涉及较多的是刑事案件，而民事纠纷则大多由政府通过行政手段解决，一些责任者（如能源企业等）常常不承担或只承担较少的法律责任。②

（二）能源安全司法的现状

继1993年我国成为石油净进口国之后，2009年我国成为煤炭净进口国。③ 为了实现我国在哥本哈根国际气候大会上的承诺，在"十二五"规划中，我国加大节能减排力度。根据工信部信息，到2015年我国单位工业增加值能耗、二氧化碳排放量和用水量分别要比"十一五"末降低18%、18%以上和30%，工业固体废物综合利用率提高到72%左右。④ 这些都使得我国能源安全进一步面临严峻的挑战。

---

① 方笑菊：《代表委员共议国是 聚焦能源发展大计》，http：//energy.people.com.cn/GB/135197/11123460.html。

② 例在2010年发生的大连湾漏油事件中，中石油和大连市仅分担次要责任。油污清理结束的后续赔偿工作由大连市政府负责，中石油"以投资抵赔偿"：在大连的长兴岛投资2000万吨/年炼油、100万吨/年乙烯项目；上述炼油项目上马后，中石油在大连市的炼油能力将达5050万吨/年，其产值预计将占到大连市GDP的1/3。参见张超《中石油投资炼油项目抵偿大连漏油事故》，http：//www.china5e.com/show.php? contentid=150166。

③ 周英峰：《我国2009年首次成为煤炭净进口国》，http：//energy.people.com.cn/GB/10827896.html。

④ 张涵：《"十二五"工业碳排放锁定18%》，《北京商报》2011年3月29日第2版。

与此同时，从近些年发生的一些能源安全案例来看，司法机关在保障能源安全、处理能源安全事故中的作用仍然有待提高。例如 2010 年 7 月 16 日、10 月 24 日、12 月 15 日，中石油大连新港储油罐区发生三次火灾，造成了严重的生态灾难和经济损失。然而，对于此次事件，中石油却没有承担任何刑事、民事、行政责任，油污清理结束的后续赔偿工作则由大连市政府负责，中石油仅仅是"以投资抵赔偿"。在本案中，自始至终都没有司法介入，国家和公众所遭受的损失难以通过正常的司法程序获得应有的赔偿。[①]

(三) 能源安全司法的积极作用

司法所具有的调整和保障功能，在能源安全领域同样发挥着重要的作用。

一方面，调整功能。我国司法制度的调整功能主要是通过人民法院的审判活动来实现的。就能源安全角度而言，当发生涉及能源安全的纠纷时，人民法院依据有关程序法和前述实体性法律规定，查清案件事实，分清责任，明确当事人之间的民事权利和义务，从而调整相应的法律关系，保护当事人的合法权益，促进能源产业的健康发展，推动社会进步。

另一方面，保障功能。从积极方面看，人民法院通过审判活动，依法确认、变更和消灭涉及能源安全的法律关系，保护诉讼主体的合法利益，以司法手段特有的强制力纠正不法行为，保障能源产业的健康发展。从消极方面看，教育功能是司法活动的一项重要职能。[②] 审判活动本身所具有的国家强制力，以及对于违法犯罪行为主体的惩戒，对于潜在的违法犯罪具有警示作用，从而在保障能源安全方面起到相应的作用。

第二节　我国能源安全立法、执法、司法存在的突出问题

一　立法存在的问题

尽管我国能源安全立法取得了相当大的成就，但无论在法规体系还是在法律制度方面，都存在一些亟待解决的问题。

[①] 张超：《大连油管爆炸追踪：涉事双方达成投资抵赔偿默契》，《财经国家周刊》2011 年第 1 期。

[②] 《刑事诉讼法》第 2 条："中华人民共和国刑事诉讼法的任务是……教育公民自觉遵守法律，积极同犯罪行为作斗争。"《民事诉讼法》第 2 条："中华人民共和国民事诉讼法的任务是……教育公民自觉遵守法律。"《人民法院组织法》第 3 条："人民法院用它的全部活动教育公民忠于社会主义祖国，自觉地遵守宪法和法律。"

（一）法规体系不健全

我国目前能源安全法规体系仍不健全。首先是缺少能源基本法。无论是法典模式的能源基本法，还是框架法模式的能源基本法，其对于能源法律体系和法律制度的完善及其有效实施、对于能源安全保障，均具有重要意义。然而，我国能源基本法立法进程目前尚处于停滞状态，虽然业已出台的官方稿和学者稿均具有相当大的可取之处，但尚未正式进入立法程序。

其次是一些重要领域的立法仍然欠缺。石油安全和核安全作为能源安全最重要的两个方面，如果不将其纳入足够高的法律位阶进行调整，对于能源安全保障无疑是一大缺陷。尤其是石油天然气立法，目前反对制定石油天然气法的主要观点是已于2010年出台了《石油天然气管道保护法》。但即便仅从能源安全的角度讲，该法所涵盖的仅仅是石油天然气资源的管道运输安全。在其他方面，尤其是储备体系方面，该法以及其他现行立法难以提供足够的法律支持，致使我国石油储备迄今难以纳入法制化的管理轨道。而《矿产资源法》及其配套法规所规定的是矿产资源开发利用法律规制的共性问题，难以有针对性地处理油气资源的特殊问题。尽管石油天然气资源地勘探和开采可以适用《矿产资源法》及其配套规定，但石油天然气产业集石油天然气勘探、开采、输送、加工炼制、供配、消费、贸易为一体，其中一些重要环节是《矿产资源法》及其配套规章无法调整的。例如，《矿产资源法》及其配套规章未对政府与石油勘探开采企业的权利义务关系、勘探开采的市场准入、地方政府保护油气资源的责任等问题作出规定。石油天然气产业具有上中下游一体化联动的特点，这就要求立法对各产业环节进行有效的规范和管理。我国现有立法对石油天然气输送管道的建设、炼油加工的市场准入、石油天然气销售市场准入、国际贸易等环节均缺少足够明确并具有较高可操作性的法律规范，从而制约着石油天然气市场的健康发展。另外，我国至今尚未制定有关石油储备方面立法，难以在法律层面保障石油储备制度的顺利实施。油气资源的节约和替代是国家石油安全战略的重要组成部分。尽管我国已经实施了《节约能源法》，但其中缺乏针对石油天然气产业的具体规定，特别是激励性规定，难以适应保障国家石油安全的需要。[1]

另外一例是《电力法》。该法明确规定了8部法规或者规章由国务院制定，但该法实施10多年来，至今这些立法都尚未完全到位。国务院发布的规

---

[1] 中国—欧盟能源环境项目：《世界典型国家不同阶段天然气发展的政策措施及对中国的启示》，2005年3月，第37页。

范性文件在相应的领域起到了一定的作用,但其实际作用和效力显然难以与法规或者规章相提并论。①

(二) 法律制度不完备

我国现行能源法的调整手段具有显著的行政管制特征。由于能源对国民经济发展具有特别重要的意义,行政规制手段无疑具有必要性。但在一些领域中,如果仅采用行政管制手段,就会表现出越来越多的弊端,如行政垄断、制度寻租、效率低下、激励不足等。在非自然垄断性质的领域逐步引入市场机制,不仅不会损害能源安全,反而会对能源安全起到重要的促进作用。

2009年5月8日,国家发展改革委根据国务院《关于实施成品油价格和税费改革的通知》制定了《石油价格管理办法(试行)》。该办法规定,成品油价格区别情况,实行政府指导价或政府定价。对于汽、柴油零售价格和批发价格,以及供应社会批发企业、铁路、交通等专项用户汽、柴油供应价格,实行政府指导价;对于国家储备和新疆生产建设兵团用汽、柴油供应价格,以及航空汽油、航空煤油出厂价格,实行政府定价。当国际市场原油连续22个工作日移动平均价格变化超过4%时,可相应调整国内成品油价格。当国际市场原油价格低于每桶80美元时,按正常加工利润率计算成品油价格。高于每桶80美元时,开始扣减加工利润率,直至按加工零利润计算成品油价格。高于每桶130美元时,按照兼顾生产者、消费者利益,保持国民经济平稳运行的原则,采取适当财税政策保证成品油生产和供应,汽、柴油价格原则上不提或少提。② 可见,在石油零售价格方面,我国实行的是有限度的市场调节机制。问题在于,依照目前的定价机制,原油价格的调整比国际油价的波动滞后20天,这可能导致两方面的负面影响。一方面,原油生产者明知石油价格的未来变化趋势,可能以各种借口囤积惜售或者大量抛售;另一方面,原油价格难以及时反映国际市场油价的变化信息,甚至扭曲国内市场的供求信息,误导国内成品油的生产、流通和消费。这也是我国石油定价机制目前存在的最主要的问题。

能源节约对于能源安全而言具有重要的作用。为了推动能源节约与综合利用,我国实行了相关经济激励政策,如对能源资源的综合利用、农村可再生能源项目实行税收优惠等,但是由于激励手段不完善,缺乏可操作性,在实践中

---

① 李扬勇:《用法律手段约束能源高消耗趋势》,http://www.hb.xinhuanet.com/newscenter/2006 - 07/14/content_ 7515745. htm。

② 《石油价格管理办法(试行)》第1、5—7条。

的效果不尽如人意。①

此外，在市场准入、能源合同等领域，我国能源立法也存在较大的完善空间。事实上，即使从行政规制手段看，有些方面也需要完善。例如，我国可再生能源建设项目还没有像常规能源建设项目那样纳入各级财政拨款或贷款渠道，税收优惠、补助等扶持措施亦不健全。②

二 能源安全执法存在的问题

我国能源安全执法的问题主要体现为执法不严、机械执法、突击执法三个方面，详述如下。

（一）执法不严，违法不究

贵州毕节地区威宁彝族回族苗族自治县东风镇梯田村的一个非法采煤窝点于1984年5月由当地村民蔡某、才某等五人合伙开办，未办理任何证照。2005年4月2日，东风镇政府炸封采煤窝点时，蔡某、才某等聚众400余人暴力抗法。2005年6月，威宁县公安局刑侦大队打拐中队中队长马某、威宁县粮油工贸公司下岗职工刘某以帮助处理蔡某"4·2"抗法事件为由，入干股充当保护伞，介入该非法采煤窝点的生产经营活动，该非法采煤窝点恢复生产。2006年5月2日，采煤窝点发生瓦斯爆炸事故，15人死亡，直接经济损失约300万元。事故发生后，业主蔡某、刘某、马某没有组织人员进行抢救，也未向政府及相关部门报告，而是逃匿。

上述事故发生的重要原因之一，就是煤矿安全行政执法不力。一方面是煤矿安全检查走过场，难以主动发现和解决问题。另一方面是安全保障措施不到位。整治非法煤矿不彻底，从而给安全事故的发生埋下隐患；执法人员在处理安全隐患过程中，缺乏责任心。③ 这种执法不严、违法不究的情况，极大影响了能源安全的执法效果。

（二）机械执法，效果不佳

在我国，能源安全执法体制大多采取的是综合管理与行业管理相结合的体制。以近海石油污染处理为例，如果一家石油企业因安全生产事故污染了附近的土地和渔场，负有管理职责的部门包括环境保护部门、海洋主管部门、国土

---

① 王文革：《中国节能法律制度研究》，法律出版社2008年版，第78页。
② 白平则：《我国能源安全保障的法律问题探讨》，《经济问题》2007年第1期。
③ 肖国曲：《贵州煤矿安全生产法律问题研究》，硕士学位论文，贵州民族学院，2010年，第34页。

资源部门、渔政主管部门、安全生产管理部门等。这种管理模式的优势在于有利于全面处理污染事件，但同时由于缺乏部门间的有效协调，很容易产生相互扯皮的现象，从而降低执法效率。同时，执法队伍的重复建设也造成了人力、物力和财力的浪费。①

（三）突击执法，亟须常规化

我国能源安全执法惯于采用突击化的方式进行。例如，全国煤炭行业于2011年7—8月开展第四次群众安全工作大检查。此次检查组成20多个检查组，采取互检的方式，重点检查是《全国煤炭系统群众安全工作条例》的落实情况，着重加强群众监督员、协管员等群众安全组织建设。② 这一消息发布于2011年4月22日的《工人日报》上。类似的大规模的执法方式好处在于能够集中人力处理明显的违法问题，但同时也存在弊端，譬如提前三个月在全国范围内告知执法时间、内容和重点，使得违法者得以获得充分的时间进行应对。不可否认，这种执法方式在客观上促进行政相对人守法；但从执法效率和有效性来看，建立常规化的执法机制才是标本兼治之举。

三 能源安全司法存在的问题

在我国，司法机关能源安全保障中的作用有待进一步提高，其主要问题表现为司法监督严重缺位，实际作用有待提高。

（一）司法监督严重缺位

首先，能源安全日常管理中司法监督缺位。一方面，人民法院对行政行为的监督主要体现在通过行政诉讼对行政机关的具体行政行为进行审查，并作出相应的裁判。人民检察院则可以主动对行政机关工作人员行使职权的行为进行监督，并依法对违法人员提起公诉。我国习惯于通过政策进行能源安全管理。同时也由于《行政诉讼法》的规定，司法机关难以通过行政诉讼的方式对能源政策制定的合法性及合理性进行监督。另一方面，能源立法的缺失与可操作性不强，使得行政机关拥有较大的自由裁量权。例如在能源开采许可证的颁发及对国营与私营能源企业的管理方面，能源安全政策往往成为行政机关变通执行法律的理由，行政相对人很少能够通过行政诉讼的方式维护自己的权利。此外，能源开发利用往往涉及地方利益，一些地方为了追求自身利益，利用行政

---

① 李斌：《论我国能源环境问题及其法律规制》，2006年全国环境资源法学研讨会论文，2006年8月。

② 郑莉：《煤炭行业将开展第四次群众安全工作大检查》，《工人日报》2011年4月22日。

权力对能源企业实行事实上的特殊保护,而司法监督往往由于地方行政领导的干涉而难以有效进行。人民检察院大多是在发生重大的能源安全事故之后,迫于社会舆论压力才会对相关的工作人员进行监督、调查并提起相应的公诉。对能源企业与其他主体的纠纷,地方行政权力往往延伸到人民法院的审判领域,对司法审判活动进行干预,司法权难以对行政权力形成有效的制约。

其次,能源安全应急管理中司法监督缺位。《突发事件应对法》第12条规定:"有关人民政府及其部门为应对突发事件,可以征用单位和个人的财产。被征用的财产在使用完毕或者突发事件应急处置工作结束后,应当及时返还。财产被征用或者征用后毁损、灭失的,应当给予补偿。"第67条规定:"单位或者个人违反本法规定,导致突发事件发生或者危害扩大,给他人人身、财产造成损害的,应当依法承担民事责任。"《国家赔偿法》第2条第1款规定:"国家机关和国家机关工作人员违法行使职权侵犯公民、法人和其他组织的合法权益造成损害的,受害人有依照本法取得国家赔偿的权利。"这些法律规定为能源安全应急方面的司法活动提供了一定的法律依据。但是,大多数规定仍过于原则。例如在《突发事件应对法》中详细规定的法律责任多为行政处分和行政处罚,而对于民事责任的承担方面规定却不够详细,使得人民法院在审判实践中的可操作性不强。

(二) 实际作用有待提高

在民事案件处理方面,一方面,国家的法律主体地位缺失。在我国,矿产资源属于国家所有,在遭到破坏时,作为国家的代表——人民政府理应以所有权人的身份向破坏者要求应有的民事赔偿。能源安全事故往往会造成严重的环境污染和生态破坏。然而目前,除了广东信宜市政府起诉紫金矿业公司案[①]外,政府在类似事故发生后很少有采取此类行动的情况,司法机关也无以介入。例如,2010年年初,中石油位于陕西省华县的地下输油管道发生泄漏,导致黄河沿岸的多地暂停饮用黄河水。事后,中石油官方网站发布消息说,中石油在华县漏油事故中负次要责任,"事故原因为第三方施工破坏所致",因此,中石油至今未谈赔偿事宜,而政府和司法机关也处于失语状态。另外,公民权利保护不力。在能源安全事故所引发的重大环境污染事件中,有时地方政府与企业相互推脱或相互庇护,使得事故责任难以及时认定,公众难以及时得到应有的赔偿。而且由于能源与环境往往涉及地方的政治经济利益,地方政府

---

① 《广东信宜市政府起诉紫金矿业因溃坝事件索赔1950万元》,http://news.10000shi.com/play/id_NTU3MDA0NDc.html。

的干预，使得公众难以通过正常的司法途径维护自己的权利。即使法院受理，审理过程往往过多地考虑经济发展的需要，使得公民权利的保护受到影响。

在行政案件处理方面，我国主要基于能源政策对能源进行管理。因而，如果行政机关根据能源政策作出行政行为，在行政诉讼中法院难以进行审查。同时，由于能源安全事关国家的安全，行政机关很容易以此为由行使行政自由裁量权，使得司法机关的作用受到较大的限制。由于地方政府的干预，人民法院在诸多方面的压力下如何公平公正地进行利益平衡，也是目前面临的难题之一。

在刑事案件处理方面，一些破坏能源资源、严重危害能源安全、造成严重环境污染事故的犯罪之所以没有受到应有的刑事制裁，一个很重要的原因就是行政执法部门以罚代刑，应当向公安、检察机关移送的案件不移送，使得检察机关无法提起公诉，法院也无法立案进行刑事审判。例如，1997 年《刑法》第 338 条规定了"重大环境污染事故罪"。从该法生效至 2002 年的 5 年间，我国共发生重大和特大环境污染事故 387 起，但被起诉到法院追究刑事责任的，不足 20 起，该法律规定被执行率不到 6%。[①] 同样，2005 年 11 月中石油吉林石化双苯厂发生爆炸，100 多吨致癌物质流入松花江 939 公里水域，上千万民众饮用水告急。此次事故导致当时的国家环境保护总局局长解振华引咎辞职，而事故的责任方中石油仅被依法罚款 100 万元，没有任何人被追究刑事责任。事后，中石油未提赔偿，而仅仅是以"捐赠"的名义给了吉林市 500 万元治理污染。另一方面，司法机关有时未能对事故的真正负责人进行刑事制裁。有时迫于社会舆论和其他方面的压力，环境保护部门的人员往往成为追究责任的对象，但真正有权决定该能源项目开工建设运行的负责人却不一定会受到责任追究，或者政府和大型国有能源企业往往承担次要责任，而主要责任包括刑事责任往往由承包商承担。

第三节 存在问题的原因分析

我国能源安全法律实践之所以存在上述问题，理念和指导思想方面的原因主要是法制意识淡薄，经济效率中心观念的影响，贯彻可持续发展理念不彻底，以及能源安全观念的历史性局限；社会经济环境方面的原因主要体现在经济发展水平、宏观经济政策、能源资源发展战略等方面的影响；立法方面的原

[①] 王灿发：《重大环境污染事件频发的法律反思》，《环境保护》2009 年第 17 期。

因主要包括对能源安全的重视程度不高，立法理念的科学性有待提高，部门利益冲突的消极影响，以及能源安全立法技术不完善；在行政执法方面，原因主要包括管理体制、管理手段、管理人员等方面；能源司法方面的原因分析主要包括对能源安全司法重视不足，能源安全司法依据不完备，以及司法人员业务素质有待提高。

一 理念和指导思想方面的原因分析

（一）法制意识淡薄

一方面，长期以来，我国过分倚重通过能源政策调整解决能源问题，对法律手段重视不足。政策手段固然可以发挥其积极作用，但具有易变性和不稳定性，缺乏法律强制力的保障。另一方面，由于管理者对政策手段过分依赖，使得被管理者的能源法制意识也不强，从而形成了政策主导的能源管理模式。在依法治国的战略框架下，我国作为一个能源生产与消费大国，加强能源法制建设、提升法律意识、依法进行能源安全管理，将是大势所趋。

（二）重经济效率轻环境效益

对于效率的理解，目前呈现一种纷繁复杂的局面。在能源领域，不少观点将经济学上的效率直接套用到能源管理，过分强调对经济增长的作用，认为能源的安全、有效和持续供给是法律合理安排和实施效果的评价标准，而抑制浪费、控制其对社会经济、生态和人体健康的不利影响，则未受到应有的关注。[1] 在经济效率中心观念的影响下，能源安全被简单地理解为能源供给安全，能源安全理念仍然踯躅于第一代能源安全观。由此，相应的立法、执法和司法，也体现出经济至上的倾向：立法主要关注如何最大限度地开发和利用能源资源，执法和司法过程中如果发生与经济增长需求相矛盾的情况，则以经济增长目标为主导进行相应的行政和司法处理。

（三）贯彻可持续发展理念不彻底

尽管对于"可持续发展"的内涵目前已达成共识，[2] 但在能源安全法律实践中贯彻得并不彻底。概言之，主要问题在于过分降调"发展"侧面，而对

---

[1] 张勇：《能源资源法律制度研究》，中国时代经济出版社2008年版，第2—3页。
[2] 可持续发展，是指既满足当代人的需要、又不对后代人满足其需要的能力构成危害的发展。它包括两个重要的概念："需要"的概念，尤其是世界贫困人民的基本需要，应将此放在特别优先的地位来考虑；"限制"的概念，技术状况和社会组织对环境满足当前和将来需要的能力施加的限制。参见世界环境与发展委员会《我们共同的未来》，国家环保局外事办公室译，世界知识出版社1989年版，第19页。

"可持续"模式的要求关注不足。如果我们仍然以高投入、高消耗、高排放、低效率("三高一低")的模式发展,不仅难以实现科学发展观所要求的"全面、协调、可持续发展"的战略目标,而且也无法很好地实现能源安全的要求。例如,我国的能源结构仍然以煤为主,能源利用效率低,且污染严重,与能源安全的要求相背离。这一现状不改变,便难以全面实现能源安全。

(四)未能树立全面的能源安全观

从世界范围看,能源安全观念经历了三个主要发展阶段:第一阶段是传统能源安全观,关注能源供应安全;第二阶段是合作能源安全观,注重在全球合作框架下解决能源安全问题;第三阶段是新能源安全观,为我国提出,应包括能源供给安全、能源价格安全、能源运输安全和能源生态安全四个方面。在这其中,我国对能源供给安全和能源运输安全较为重视。在能源价格安全方面,目前反响较为强烈的是成品油价格。一方面,石油公司抱怨油价太低,[①] 同时有观点认为我国油价应与世界接轨,言外之意是油价尚存在上涨空间;[②] 另一方面,即使扣除其他因素、仅以汇率因素计算,我国的油价也高于美国油价。按照2011年5月下旬中国北京和美国佛蒙特州的油价计算:北京油价每升超过8元人民币;美国佛蒙特州大部分郡和市的油价为每加仑3.89美元,按照2012年6月6日汇率6.369计算,折合为每升6.5457元人民币。在能源生态安全方面,这些年重大石油污染事件的发生,以及后续处理的不力,有力地说明了我国在能源安全观念方面的局限性。

二 社会经济环境方面的原因分析

(一)经济发展水平的影响

由以上能源观念发展的历史演进过程可见,社会经济发展水平直接决定着能源安全观念的存在状态,进而影响着能源安全立法及其实施。近些年来,我国经济实力显著增强。在能源领域,某些方面的发展(如风电产业),也在全球范围内居于领先水平。但从总体来看,仍存在一定的差距。受经济发展总体水平的限制,我国在能源利用效率方面的投入不足,同时存在严重的能源浪费现象。在传统能源安全领域,例如在石油储备建设方面,我国也远远落后于发

---

① 刘中盛、解音:《中石油总裁:炼油亏损主因成品油低及原油价高》,http://finance.qq.com/a/20110518/002982.htm。

② 董秀成:《中国油价为何必须与国际接轨?》,http://www.ceh.com.cn/ceh/xwpd/2011/5/28/79956.shtml。

达国家水平,这与我国社会经济发展水平直接相关。

(二) 宏观经济政策的影响

在我国,政策工具在社会经济发展中发挥着非常重要的作用。尽管我国社会经济发展政策对能源安全方面的关注程度越来越高,但总体而言仍然不足以支撑目前的立法、执法和司法。以《国民经济和社会发展第十二个五年规划纲要》为例,其中涉及能源安全的部分仅包括如下几处:在第一章"发展环境"部分,概要分析了我国社会经济发展的外部环境,其中包括"气候变化以及能源资源安全";在第十一章"推动能源生产和利用方式变革"中,强调"构建安全、稳定、经济、清洁的现代能源产业体系"、"发展安全高效煤矿","在确保安全的基础上高效发展核电"。也就是说,在这一最重要的政策性文件中,涉及能源安全的实质内容只包括煤炭和核电方面的内容,以及一些与石油天然气储备有关的内容。这些内容远不足以涵盖能源安全的全部内容。

(三) 能源资源发展战略的影响

我国能源政策长期以来侧重从能源供给的角度考虑满足能源需求,一般先确定能源需求,根据能源资源生产储备状况确定能源投资和供给,能源节约不是约束条件。在能源安全方面,更多地考虑石油战略储备,未能将能源多元化和清洁能源发展作为能源安全的一个部分。另外,各行业单独进行能源战略规划,未能站在整体能源的高度进行能源战略规划。[1] 这些情况都使得难以在立法、执法和司法层面为实现"新能源安全观"意义上的能源安全提供足够的战略和政策支撑。

三 立法方面的原因分析

(一) 对能源安全重视程度不足

2011年修订的《煤炭法》较1996年《煤炭法》进行了多方面的修订和完善,但在能源安全方面,该法关注的主要是煤矿生产安全和矿工人身安全,[2] 以及有关环境保护的规定。[3] 在《电力法》中,有关"安全"的内容主要集中于电力设施安全和用电安全两个方面。在石油天然气领域,有关"安全"

---

[1] 林伯强:《中国能源战略及政策调整新方向》,《中国社会科学报》2011年5月19日第7版。

[2] 参见《煤炭法》第三章"煤炭生产与煤矿安全"。

[3] 《煤炭法》第11条:"开发利用煤炭资源,应当遵守有关环境保护的法律、法规,防治污染和其他公害,保护生态环境。"第18条:"开办煤矿企业,应当具备下列条件……(四)有符合煤矿安全生产和环境保护要求的矿山设计……"第21条:"煤矿建设应当坚持煤炭开发与环境治理同步进行。煤矿建设项目的环境保护设施必须与主体工程同时设计、同时施工、同时验收、同时投入使用。"

的法律规定集中体现于安全生产和环境影响方面，没有制定专门的石油储备立法，也未能从能源安全的高度对石油天然气价格进行调整。① 核能立法在安全管理方面的内容较多，但迄今为止尚未出台专门的民用核能法。《节约能源法》和《可再生能源法》也未能很好地体现保障国家能源安全的理念。这些立法中有关能源安全的规定远远无法满足能源安全管理和司法的现实需要。

(二) 立法理念不够科学

在新能源安全观的框架下，能源安全不应视为能源产业链中的一个环节，而应成为渗透于整个能源产业中的有机组成部分。然而纵观我国现有的能源立法，对能源安全的重视远未达到这一程度。《煤炭法》第1条规定："为了合理开发利用和保护煤炭资源，规范煤炭生产、经营活动，促进和保障煤炭行业的发展，制定本法。"其中并未体现有关能源安全的内容。《电力法》第1条规定："为了保障和促进电力事业的发展，维护电力投资者、经营者和使用者的合法权益，保障电力安全运行，制定本法。"其对安全性的关注也仅限于电力运行安全，特别是设施安全。

另外，根据新能源安全观的内涵，能源效率与能源供给安全、能源价格安全、能源运输安全和能源生态安全四个方面均息息相关。然而，我国目前的能源立法大多将能源效率管理置于开发环节。尽管这一情况随着《节约能源法》的出台和实施而有所改变，对于需求侧的能效管理仍然有待提高。

(三) 部门利益冲突影响立法

在我国，立法过程中的部门利益协调往往成为影响立法进程的最主要的因素之一，这在我国能源安全立法中体现得也相当明显。核能领域的基本法迄今尚未出台，甚至在日本核电危机爆发后，有关立法机关也未对加快核安全立法进程的呼声作出实质性回应，其原因之一就是部门利益之争。② 能源基本法的立法进程也在受到部门利益冲突的影响。有观点将立法进程中部门利益法制化的后果与立法谋私、立法"走私"等立法腐败现象相并列。尽管这一结论未免有失偏颇，但其对我国能源安全立法进程的阻碍，却是毋庸置疑的事实。

(四) 能源安全立法技术不完善

以我国《电力法》为例，该法第5条规定："电力建设、生产、供应和使用应当依法保护环境，采用新技术，减少有害物质排放，防止污染和其他公

---

① 《石油天然气管道保护法》的出台是我国石油天然气安全方面的一项重大举措。
② 刘武俊：《警惕部门利益法制化的"立法腐败"》，http://fanfu.people.com.cn/GB/14724747.html。

害。"《煤炭法》、《水法》中也有类似规定，但对违反这些规定的行为并未设定相应的法律责任，致使其缺乏强制力，难以有效地约束各种能源开发活动中的生态破坏行为。① 再如，《石油天然气管道保护法》中有的规定不具体，缺乏配套的部门规章或国家标准，如"深根植物"、"大型建筑物"、"大宗物资"的界定标准、管道铺设的埋深要求等都不明确；对执法主体的权力、义务等规定较为笼统、操作性不强等问题都需要通过进一步立法予以解决。②

四 行政执法方面的原因分析

(一) 管理体制方面的原因

我国缺乏具有足够管理能力和协调能力的能源管理部门，在发展策略上致使能源发展表现出一定的盲目性，光伏发电的发展态势即为如此。在执法领域，管理能力不足也使得一些领域内的事实上的垄断长期存在，石油产业中三大石油公司即为如此。另外，现行的发展与改革委员会以及能源管理部门均对能源安全具有相应的管理权，尽管在相关文件中对各自的职责作出了划分，但事实上仍有相互扯皮的现象发生。例如，在相当长的一段时间内，国家发展改革委的有关部门与国家能源局政策法规部门曾在有关能源行政复议的案件处理权限方面缺乏一致意见，由此影响了案件的处理效率。正如有观点认为，我国目前能源安全面临的风险不仅仅是外部威胁，在某种意义上可以说是领导缺位、管理混乱。③

(二) 管理手段方面的原因

由于能源安全的特殊性，行政命令在能源安全管理方面理应起到应有的作用。然而，在社会主义市场经济体制下，市场机制也应成为保障能源安全的不可忽视的重要手段。前已述及，在相当长的一段时间里，我国的能源管理单纯地采取行政命令的手段。以石油产业为例，1949—1978年，我国石油产业管理几经变化，但是始终保持了计划经济的管理体制，其重要特征是政企合一、依指令性计划行事，单纯采取行政管制的方式约束产业发展。改革开放之后，我国几次改革能源管理体制，石油产业管理逐渐渗透了市场调控因素。然而时至今日，市场机制的激励手段仍然未能充分发挥作用。这在成品油价格方面体现得非常突出。

---

① 白平则：《我国能源安全保障的法律问题探讨》，《经济问题》2007年第1期。
② 叶荣泗、吴钟瑚主编：《中国能源法律体系研究》，中国电力出版社2006年版，第171页。
③ 杨泽伟：《我国能源安全保障的法律问题研究》，《法商研究》2005年第4期。

（三）管理人员方面的原因

一方面，地方能源管理人员的业务素质、法律素养和自律作风普遍有待提高。加之现行立法赋予行政人员较大的自由裁量权，导致能源执法的效果受到影响。另一方面，一些领域的管理队伍有待充实。例如，在我国相关主管部门中，负责油气资源管理的专职人员力量配备不足。国土资源部作为石油资源勘查、开发的主管部门，其勘查司不仅承担着石油资源勘查开采管理的职能，还要负责其他固体矿产资源、海洋资源的调查评价以及地质勘查行业管理，客观上使管理队伍的专业性和业务能力受到影响。这些管理人员方面存在的问题不仅增加了行政成本，而且降低了管理效率。[①]

五 能源司法方面的原因分析

（一）对能源安全司法重视不够

一方面是司法独立性不足。我国《宪法》和法律都规定了审判独立和检察独立原则，司法机关在不受行政机关、社会团体及个人干涉的前提下，以消极被动的居中裁判者的角色，通过司法监督与审判活动，维护合法行为，监督并制约违法行为，保护公民、法人和其他组织的合法权益。但在现实中，司法过程受其他因素影响的情况较多。在能源安全司法方面的主要表现是地方权力对司法的排斥。能源资源属于国家所有，但在很多地方政府看来往往等同于地方所有。由于能源的开采与使用往往牵涉地方利益，而且能源安全所涉及的利益突出且影响大，某些官员以"红头文件"、部门政策去解决该类案件，排除司法在能源安全管理上对其进行监督，并且尽量不通过司法审判的方式解决有关能源安全方面的案件。这些做法也在一定程度上引导社会公众与企业较多地寻求司法以外的途径去解决同类纠纷。同时，由于能源企业对当地的经济利益有巨大的影响，因而地方政府有时对这些企业照顾有加，即使案件最终进入司法程序，由于法院受地方政府管辖，地方政府可以通过干涉检察活动和司法审判的方式，使司法审判可能成为实现地方利益的工具。

另一方面是司法权威性不足。首先，司法独立性方面的问题在一定程度上导致了司法权威性受到挑战。司法权受到行政权力的干涉，司法过程受到干扰，从而不利于司法权威的树立。其次，在能源安全案件中，往往涉及经济利益，司法机关及其工作人员有时为了不与地方政府发生冲突，帮助地方利益的实现，出现了违法办案等情形，也降低了司法的权威性。最后，司法判决执行

---

① 杨泽伟：《我国能源安全保障的法律问题研究》，《法商研究》2005年第4期。

难。在大多数能源安全案件中，不管是生态损失还是经济损失，涉案金额往往是巨大的，所以责任人承担的赔偿责任也是巨大的，这就会造成企业或个人无力承担赔偿责任或拒不履行赔偿义务，造成判决执行困难。

（二）能源安全司法依据不足

能源立法的不足，一方面造成行政管理部门具有较大的自由裁量权，使执法活动存在较大的随意性和盲目性；另一方面，由于法律可操作性不强，使得法院在审判活动中难以准确地适用法律。其主要体现包括如下三个方面：

首先，能源基本法缺失，能源法律体系不完善。目前我国缺少全面体现能源战略和政策导向、总体调整能源法律关系和活动的能源基本法，难以完全适应新形势对能源管理体制的要求，难以在法律中体现国家的能源战略，也使得司法在维护能源安全方面缺乏基本原则作为指导。同时，能源法体系尚不完备。石油天然气等重要能源的管理缺乏足够的法律依据，缺少能源公共事业法，已有能源立法主要调整能源开发和利用等行为，对能源产品的销售和服务缺少关注。[1]

其次，能源单行法可操作性不强。现行能源单行法的规定过于原则，需要大量的法规和规章与之配套才能实施。但因种种原因，有些行政法规迟迟不能出台。以《节约能源法》为例，与之对应的机构设置、资金保障、强制手段、财税激励措施、节能协议、技术和中介服务等必要的支撑条件薄弱甚至缺位，节能政策缺乏完整性和系统性，未能建立起市场调节、政府监管和社会参与相结合的节能机制。[2]

最后，能源法律制度亟待完善。有些法律规定了某个主体所应履行的义务，但是法律却没有规定如果该主体不履行该义务将会承担怎样的法律责任，不利于"违法必究"的实现。例如，在《节约能源法》中，有章节专门规定国家和相关政府机构在节能方面应当履行的宏观调控职责、行政监管职责以及相应的制度手段，但是，对于政府机构在节能方面的宏观调控与行政监管职责，并未规定相应的责任，也未规定相应的行政和司法救济途径。另外，该法只规定了用能单位在节能方面的法律义务，而对于依法追究违反义务者法律责任的情形却规定得很少。[3] 这种"法律义务的虚置"，使得法律的执行力大打

---

[1] 莫神星：《我国能源安全保障法律问题探讨》，2007年全国环境资源法学研讨会论文，甘肃兰州，2007年8月，第1138—1139页。

[2] 王明远：《我国能源法实施中的问题及解决方案》，《法学》2007年第2期。

[3] 李涛：《我国能源法律体系现状分析》，《中国矿业》2010年第3期。

折扣。其他方面的问题前文已述，在此不赘。

（三）司法人员业务素质有待提高

一方面，由于能源安全大多涉及复杂的专业问题，需要司法人员具备更高的专业素质水平。我国司法人员缺乏相关的业务培训，不具备应有的专业知识，在一定程度上影响了司法过程和司法审判结果，影响了能源安全司法。另一方面，能源安全案件往往涉及国家利益、公共利益与私人利益的衡量问题、生态利益与经济利益的衡量问题。司法人员有时会侧重于国家利益、公共利益与经济利益保护，忽视私人利益与生态利益的维护；当地方经济利益与生态利益发生冲突时，司法人员由于诸多因素往往偏向于经济价值的选择。这些在利益衡平过程中的倾向性，也限制了司法对能源安全保障的积极作用。

第二十二章

境外能源安全法治的考察借鉴

美国、日本和欧盟等国家和地区在能源安全立法、执法和司法方面取得了诸多成功经验。美国的经验主要在于能源安全法规体系较为完备，能源安全立法的可操作性强，能源安全立法较为及时，能源安全立法与政策有机结合；日本的经验主要在于法规体系健全，重视保障石油安全，大力优化能源结构，节能与增效并举，纳入环境保护理念，重视能源国际合作；欧盟的主要经验在于整合战略目标，国家积极规制，注重有序落实。对此进行详细分析，有助于我国在进一步的立法、执法和司法实践中吸取有益经验，使其为我国能源安全法制建设提供比较法上的经验借鉴基础。

第一节 美国能源安全法治的考察借鉴

一 美国的能源安全立法

美国的能源安全立法以保障经济安全、尊重人体健康、加强环境保护为指导思想，并在此基础上制定了诸多立法。

（一）能源安全立法的指导思想

1. 保障经济安全

保障经济安全，是美国能源安全政策和立法的首要目标。2005 年的《能源政策法》开宗明义，阐明旨在确保未来可以获得安全的、价格合理而可靠的能源来源，并从可再生能源、[1] 太阳能、[2] 核能、[3] 化石能源[4]等方面就能源安全问题作出了具体而详尽的规定，从而为经济发展提供法律支持。2007 年

---

[1] National Energy Policy Act of 2005, Sec. 206.

[2] Id, Sec. 251.

[3] Id, Sec. 651, 653, 657, 956.

[4] Id, Sec. 1321–1337.

《能源独立与安全法》的目标是"提高美国的能源独立性与安全性,增加清洁的可再生燃料的产量,保护消费者,提高产品、建筑和汽车的能效,推动温室气体捕捉与存储方面的研究,提高联邦政府的能源管理水平"[1]。而这些目标的实现,无一不与社会经济的健康发展息息相关。2009年《清洁能源与安全法》则旨在创造清洁能源工作机会,实现能源独立,减少全球变暖污染,[2] 并向清洁能源经济过渡。不难看出,这些立法都是为保障经济安全服务。

2. 尊重人体健康

对人体健康的积极保障,是能源安全概念的重要外延。对这一理念的践行和追求体现在美国诸多法律条文中。1954年《核能源法》第2条规定:"允许他人使用美利坚合众国财产,这种'使用'必须规范于有利国家利益,从而提高公共防御和国家安全、保护公众健康和安全水平。……处理涉及特殊核物质、核副产品、核资源的活动必须规范于有利国家利益,从而提高公共防御和国家安全、保护公众健康和安全水平。特殊核物质和核资源,其生产设施以及其使用设施的一切活动影响到公众利益,因此,美利坚合众国对核能源的生产设施、核能源的适用设施,以及与之相关的一切设施之服务于公众防御和国家安全、保护公众健康和安全水平的规范对国家利益至关重要。"[3] 1983年《核立法局授权法》对1954年《核能源法》的部分法律条文进行了修订,对"人体健康"的关注也有体现,例如对核副产品选址方案的84条的修订,增加了"能够达到在选择点址周围从放射性学和非放射性学危险方面保护公众健康、安全和环境的水平"[4]。

除立法层面外,美国从战略目标的高度对人类健康也给予高度关注。1997年第四季度,美国能源部为适应未来发展需要,推出了新的国家能源发展战略。这个发展战略由五大战略目标、一系列分目标和战略措施构成,五大目标的第三条即是,以尊重健康和环境的价值观促进能源生产与使用——改善健康和环境质量。[5]

3. 关注环境保护

如何在立法中恰当规制对于解决因能源开发利用而不可避免带来的环境问

---

[1] Rahall, Nick, *H. R. 6*, *THOMAS*, Library of Congress, May 12, 2007.
[2] 需要注意的是,在此采用了"Global Warming Pollution"的表述,即将气候变暖界定为污染。
[3] 阎政:《美国核法律与国家能源政策》,北京大学出版社2006年版,第154页。
[4] 同上书,第404页。
[5] 宋红旭、张斌:《美国等西方国家的能源安全战略》,《经济研究参考》2002年第3期。

题,是能源安全的重要范畴。1982 年《核废料政策法》是美国第一个优先以环境保护为前提的核法律。[①] 这一理念直接体现在涉及法律依据和目的的第111 条,"解决处置高能核废料问题直接涉及公众健康、安全、环境和后代子孙的利益"[②],此外,《露天开采治理与复垦法》也规定,露天煤矿采后要恢复原来的地貌,如地形、表土层、水源、动植物生态环境等。[③]

(二) 能源安全法规体系

美国制定大规模的能源安全立法和政策始于石油危机后,主要包括 1975 年的《能源政策和保护法》、1978 年的《国家能源保护政策法》、1980 年的《能源安全法》(2003 年修订)、1987 年的《国家设备节能法》、1992 年的《能源政策法》(2005 年修订)、1995 年的《国家能源政策计划》、1998 年的《国家全面能源战略》、2007 年的《能源独立和安全法》、2009 年的《清洁能源与安全法》等,其中大多数政策和立法涉及能源安全问题。

(三) 能源安全立法的主要内容

在上述立法中,2005 年的《能源政策法》、2007 年的《能源独立和安全法》和 2009 年的《清洁能源与安全法》具有较为重要的地位,主要内容如下。

1. 2005 年《能源政策法》

2005 年 8 月,美国通过了《能源政策法》(*Energy Policy Act of 2005*)。该法简化液化天然气终端管理程序,提高电力能源供应稳定性,增加汽油供应后勤的灵活性,授权大幅增加美国国家战略石油储备,要求制定税收鼓励政策,提倡提高能源使用效率,重视使用清洁煤炭、核能、可再生能源和乙醇等。[④]

《能源政策法》强调节能增效,开发和利用可再生能源,增加石油储备等,以降低美国对国外能源的依赖。该法的重要特征之一是可操作性强,在主体、时效、程序、后果等方面作出明确的规定,特别规定联邦能源监管委员会(Federal Energy Regulate Commission,FERC) 有权制定强制性的各项实施计划。[⑤]

2. 2007 年《能源独立和安全法》

在 2005 年《能源政策法》的基础之上,美国于 2007 年制定了《能源独

[①] 阎政:《美国核法律与国家能源政策》,北京大学出版社 2006 年版,第 121 页。
[②] 同上书,第 314 页。
[③] 黄振中、赵秋雁、谭柏平:《中国能源法学》,法律出版社 2009 年版,第 253 页。
[④] 宋玉春:《2005 年美国能源政策法案分析》,《现代化工》2006 年第 3 期。
[⑤] 叶荣泗、吴钟瑚主编:《中国能源法律体系研究》,中国电力出版社 2006 年版,第 90 页。

立与安全法》(Energy Independence and Security Act of 2007)。该法旨在提高美国的能源独立性和安全程度,提高可再生燃料的产量,保护消费者、提高产品、建筑、汽车的效率,促进科研和应用碳捕获与埋存技术选项,提高美国联邦政府的能源绩效。该法具体目标为:实施机构改革,如在交通部内设气候变化与环境办公室;[①] 增补能源部长为国家安全委员会成员;[②] 为节能措施、替代燃料和高能效的消费产品创造激励,例如指示能源部长建立鼓励减少化石燃料燃烧排放的拨款项目;[③] 直接要求更高的能源效率和替代能源比例的标准,例如灯泡的能效标准;[④] 要求对若干问题进行研究和收集数据,例如应用智能电网系统(Smart Grid Systems)对国家电力基础设施的安全和运行能力的影响。[⑤] 该法规定采取的"先筑巢,再引凤(if you build it, they will come)"的路径所发挥的作用是为尚未实现广泛的商业应用的替代燃料确立标准,同时强调能效和节约的重要性。[⑥]

3. 2009 年《清洁能源与安全法》

2009 年 6 月,美国众议院通过《清洁能源与安全法》(The American Clean Energy and Security Act of 2009,ACESA),[⑦] 标志着美国对待气候变化问题态度的转变。该法旨在"通过创造数百万的新的就业机会来推动美国的经济复苏,通过减少对国外石油依存度来提升美国的国家安全,通过减少温室气体排放来减缓全球变暖"[⑧]。

该法包括清洁能源、能源效率、减少全球变暖污染、向清洁能源经济转型、农业和森林的抵消等部分。"清洁能源"方面主要内容包括:可再生能源和节能发电标准、碳捕捉与封存、清洁交通、州能源环境发展基金(SEED)、发展智能电网、输电方案、联邦可再生能源电力采购等方面。该法要求零售配

[①] Energy Independence and Security Act 2007,Sec. 1101.

[②] Id,Sec. 932.

[③] Id,Sec. 542.

[④] Id,Sec. 321.

[⑤] Id,Sec. 1309.

[⑥] 《布什签署 2007 年能源独立与安全法》,http://www.energylaw.org.cn/html/news/2008/7/16/200871601744249.html。

[⑦] 《各方博弈决定法案进展,硝烟中的美〈国清洁能源安全法案〉》,http://www.cet.net.cn/scans/1246351499063/special2.html。

[⑧] 《美国清洁能源和安全法简介》,http://www.serc.gov.cn/jgyj/ztbg/200907/t20090721_11737.htm。

电商通过可再生能源发电和提高能效，满足部分电力增长需求，使之在2012年占总发电量的6%，2020年提高到20%；[1]"能源效率"方面的主要内容包括：建筑能效、照明和家用电器能效、交通能效、终端用户能效、工业能效、合同能源管理改进、公共部门节能等方面。该法提出"要提高建筑标准中的能效要求，到2014年新建的民用建筑的能效要求将提高50%，2015年新建的商用建筑的能效要求将提高50%，为旧建筑提供能效改进补贴，并执行建筑能效标示方案"[2]；"减少全球变暖污染"方面的主要内容包括：温室气体减排目标、成本控制、辅助性减排、排放配额分配、碳市场监管、其他温室气体排放标准，等等。该法规定，美温室气体排放量到2020年时，要在2005年的基础上减少17%，到2050年时减少80%以上；"向清洁能源经济转型"部分的主要内容包括：确保工业部门实现真正的减排、绿色就业与工人转岗、对消费者的援助、清洁技术出口、气候变化适应，等等。

二 美国的能源安全执法

在能源安全执法方面，美国特别重视石油储备，加强能源风险防控，提高能源效率，重视国际合作。

(一) 注重石油储备

美国是世界第一大石油消费国。第一次石油危机严重冲击了美国经济，使美国政府认识到大规模进口石油存在供应中断和价格波动的风险，为此应建立战略石油储备制度。美国在历届政府公布的国家安全战略报告中都对如何实现石油安全提出完整的战略措施。[3] 美国是世界上最早建立石油储备制度的国家，其石油储备分为战略储备和商业储备两部分。

1. 战略储备

美国1975年《能源政策和保护法》规定，在其生效7年内，储备石油要达到相当于90天的进口量；后来石油储备目标和实际储备数量又几次进行了

---

[1] 《美众议院通过历史性的清洁能源与安全法案》，http://www.enlaw.org/xwdt/200906/t20090630_20776.htm。

[2] 杨泽伟：《2009年美国清洁能源与安全法及其对中国的启示》，《中国石油大学学报》（社会科学版）2010年第1期。

[3] 例如，1998年12月1日白宫公布的《新世纪国家安全战略》中明确指出："美国在确保能够获得国外生产的石油方面仍然有着切身的利害关系。我们必须继续牢记，有必要在重要的生产地区保持区域性的稳定和安全，以确保我们能够获得石油资源和确保资源的自由流动。"参见宋红旭、张斌《美国等西方国家的能源安全战略》，《经济研究参考》2002年第3期。

调整。2006年年底美国战略石油储备规模达6.9亿桶，相当于52天的石油净进口量。2007年1月23日，美国宣布将其战略石油储备增加到15亿桶，相当于97天的进口量。到2009年2月，美国战略石油储备和商业储备分别达7亿桶和315亿桶，可以使用150天。[①] 2011年，美国的战略石油储备达到7.27亿桶，相当于美国76天的净进口量，为历史最高位。现在，美国各地的原油储备仓库已经接近存储能力极限，据称足够满足国内158天的需求，对保持美国能源市场的稳定是十分重要的。[②]

联邦战略石油储备办公室设在能源部华盛顿总部，负责储备政策和规划；设在新奥尔良的项目管理办公室负责具体项目的实施、运行管理。石油战略储备办公室与民间公司签订管理和运行合同，由其负责站点的日常运行、维护和安全保护。战略石油储备的运行机制可以概括为：政府所有和决策，市场化运作。战略石油储备由联邦政府所有，从建设储库、采购石油到日常运行管理费用均由联邦财政支付。联邦财政设有专门的石油储备基金预算和账户，基金的数量由国会批准，只有总统才有权下令启动战略储备。战略储备的决策程序是由能源部、财政部和白宫预算办公室会商，向总统提出方案；总统同意后，再向国会提出建议，由国会批准生效。增加石油储备的预算是由财政部门一次拨给战略储备办公室。销售石油回收资金的使用不必经国会批准，可以用来补充石油储备。由于战略储备量较大，其采购和投放可能影响石油市场价格。为了避免对市场价格的冲击，战略石油的采购和投放基本上采取市场招标机制。

政府动用战略储备的方式主要有三种。一是全面动用，适用于石油供应中断已达到严重的程度，足以对国民经济造成重大负面影响的情形；二是有限动用，适用情形一般是时间相对较短，范围相对较小，总体对国民经济的影响程度较轻；三是测试性动用，目的主要是为了保证储备设施的正常运行，防止在紧急动用时发生故障。对于石油战略储备的动用，美国从动用的决定权上采取了严格的限制，例如全面动用和有限动用由总统决定，测试性动用和分配由能源部部长决策。此外，还有一种轮库（Exchange）形式的动用，旨在解决因油品品质或短期内区域性能源短缺造成的石油供应企业交货问题，用联邦储备与企业储备进行临时交换。[③]

[①] 孙必干：《奥巴马新中东政策和我国能源安全》，《亚飞纵横》2009年第5期。

[②] 陈柳钦：《美国战略石油储备之路》，http://www.chinavalue.net/Biz/Blog/2012-3-4/884756.aspx。

[③] 参见《战略石油储备》，http://baike.baidu.com/view/684098.htm。

2. 商业储备体系

商业储备体系由企业自己负责建立，美国的企业石油储备大大高于联邦政府的战略储备。国家不提供企业商业储备的资金筹措和规划法规，因此商业石油储备的建立和运行完全是市场行为，既没有法律规定企业储备石油的义务，政府也不干预企业的储备和投放活动，企业根据市场供求和实力自主决定石油储备量和投放时机。①

（二）能源风险防控措施

1. 国内能源资源开发的合理限制

合理限制国内资源开发，是能源风险防范的重要途径。以石油为例，除了储存原油之外，美国的战略石油储备体系还包括尚未开采的"石油资源储备"，美国在阿拉斯加、墨西哥湾等地都留有储量丰富的石油资源。这对于保障能源供给安全具有重要意义。

合理限制并不意味着绝对减少能源资源开发利用，而是在于战略措施依时调整。2010年4月1日，奥巴马宣布"海上开采5年计划"，从2012—2017年将进行5年海上开采。5年计划包括大西洋地震测试的时间表和是否出售东部海域油气田的日程表。近海石油开采禁令的解除，标志着美国能源战略发生了变化：从高度依赖进口，转向进口与自产并重。②

2. 能源进口来源的分散化

能源进口分散化有利于避免对单一能源进口国的过度依赖。美国的石油进口分别来自北美、南美、中东等40多个产油国。自第一次石油危机以后，由于中东地区局势长期不稳定，美国逐步加大从北美和南美等地的进口，从中东地区进口的石油占全部进口石油的比例明显下降。截至2011年，美国石油自产量已占需求总量的55%，达到8年来的最高水平。目前，美国的主要石油进口来源国分别为加拿大（25%）、沙特（12%）、尼日利亚（11%）、委内瑞拉（10%）和墨西哥（9%），这样的格局有效地规避了由于中东局势动荡可能导致的供给与价格震动，甚至对全球石油供应格局产生了影响。③

3. 能源结构适时调整

美国在第一次石油危机后，一直致力于缩小石油在一次性能源消费中的比

---

① 王琳、高建：《石油储备模式特点分析与借鉴》，《中国国情国力》2009年第12期。
② 牟雪江：《美国能源安全向内看》，《中国石油企业》2010年第5期。
③ 《美国多样化战略触动石油市场格局》，http://finance.china.com.cn/roll/20120228/560045.shtml。

重,控制石油消费和进口的绝对数量。根据 2012 年 BP 世界能源统计数据,美国 2011 年石油消费量较 2010 年下降 1.9%。① 美国能源情报署(EIA)的报告显示,美国石油对外依存度已经连续几年在下降,2010 年时 49.3%,2011 年是 45.3%,2012 年则降到了 40% 以下。美国石油对外依存度下降的两大原因是页岩气产量快速增长和国内石油需求下降。以 2013 年 3 月份的数据为例:原油产量为每日 715.9 万桶,其中页岩气产量则超过了每日 240 万桶,这样已经占了美国国内原油产量的 1/3 强。②

日本核电事故后,美国开始对其核能产业进行评估。3 月 23 日,美国核能监管委员会称,将成立特别小组,分两个阶段评估美国核能产业。两个阶段将共历时 9 个月,评估将就美国核能产业是否需要调整给出建议。③

4. 能源消费的多样化

美国力求拓展能源消费的种类,实现能源消费的多样化。2011 年 3 月底,美国总统奥巴马宣布,到 2025 年,美国将减少石油进口 1/3,美国政府各部门应确保所有在路上行驶的新汽车都能够使用包括混合能源和电力在内的替代能源;将采取措施促进美国国内石油生产,增加生物能源和天然气的使用,增加汽车能效;确保美国核电站的安全,对美国核电站进行全面安全检查。奥巴马强调,美国长期的能源战略仍将依赖于开发和使用替代能源;美国应确保到 2015 年,所有新汽车都能够使用包括混合能源和电力在内的替代能源。④ 尽管可再生能源在一次能源整体中所占的份额并不大,但在发电量及燃料利用总量方面,美国是全球最大的可再生能源利用国。联邦政府及州政府所实施的普及可再生能源措施有:根据发电量减免税金的可再生能源生产税抵减政策(PTC)、电力企业必须采用一定规模可再生能源发电的可再生能源配额标准(RPS)制度。最近,有许多州还采用了高价收购可再生能源电力的可再生能源电力全量固定价格收购制度(FIT)。⑤

---

① 参见《2012 年 BP 世界能源统计年鉴》。
② 陈黛:《胡文瑞:投资页岩气 成本合算就有前景》,http://finance.ifeng.com/news/industry/20130523/8064517.shtml。
③ 《日核危机引发多国能源结构调整》,http://jienengzx.com/new/76.html。
④ 温宪:《奥巴马宣布至 2025 年美国石油进口将减少三分之一》,http://cq.people.com.cn/news/2011331/201133173812.htm。
⑤ 《美国(上):能源消费世界第一,可再生能源政策备受关注》,http://finance.people.com.cn/BIG5/n/2013/0204/c348883-20423085.html。

（三）提高能源效率

提高能源使用效率和节约能源，是美国历届政府的能源政策重点之一。美国将提高能源利用率作为能源安全战略的重要组成部分。在解决该问题的路径选择上，美国主要通过立法，针对不同能源消耗领域提出标准和执行措施。除了采取立法手段引导和规制以外，在行政管理方面，能源部下设能源市场和终端利用办公室，检测各种技术的能源利用效率。[1] 提高能源效率的途径可以从"开源"与"节流"两个方面进行分析。

1. "开源"方面

所谓"开源"，主要是拓展除传统化石燃料以外的其他能源特别是可再生能源的应用。早在 1980 年，美国就制定了《风能系统法》，明确地将减少化石燃料消耗作为立法目的。[2] 2003 年《能源税收激励法案》又通过修正 1986 年国内税法案，规定能源税收激励机制，规定了利用家畜粪便、地热能，太阳能、小水电等发电者的免税政策，以及可替代机动车辆及其燃料的激励政策。这一法案为可再生能源的税收优惠政策提供了法律保障。[3] 在 2011 年《美国电力法（草案）》(*The American Power Act*) 中，促进可再生能源的开发利用仍是重要内容。在汽车动力方面，该草案鼓励插电式和天然气式动力车，"要求交通部就建设支持插电式车辆充电的基础建设制定一套全国计划，并在城市、农场地区开展电动车试点项目"[4]，"为购买天然气动力的重型车和商用车队提供双倍退税，允许天然气动力车辆制造商享受某些税收减免，批准发行州一级和地方政府一级的债券用于车辆普及和基础设施建设。法案授权联邦事务服务总局研究可在政府车队中增加天然气动力车的数量。"[5][6]

2. "节流"方面

为提高能源利用率，美国于 1975 年通过了《能源政策和节能法》，为汽车产业制定了企业平均燃油经济性标准。1978 年《国家节能政策法》要求能源部长制定家用电器的能源利用效率标准。[7] 在居民节能方面，该法要求提高

---

[1] 胡德胜：《美国能源法律与政策》，郑州大学出版社 2010 年版，第 195 页。
[2] 黄振中、赵秋雁、谭柏平：《中国能源法学》，法律出版社 2009 年版，第 346 页。
[3] 同上书，第 37 页。
[4] The American Power Act, sec. 1701.
[5] The American Power Act, sec. 4121—4124.
[6] David Doniger, *The American Power Act*: "*First Read*" *of the Kerry-Lieberman Climate and Energy Legislation*, see http://switchboard.nrdc.org/blogs/ddoniger/the_american_power_act_first_r.html.
[7] 胡德胜：《美国能源法律与政策》，郑州大学出版社 2010 年版，第 196 页。

有关发放取暖补贴的收入水平资格标准,并为房屋安装节能材料提供融资安排。同时,该法还就学校、医院和地方政府的建筑节能、违反燃油经济标准的民事惩罚措施作出了明确的规定。① 1982 年美国针对机动车辆的能效问题制定了《机动车辆信息与成本节约法》。1987 年《国家电器产品节能法》授权能源部通过规则制定来更新电器能效标准。能源部于 1989 年、1991 年和 2006 年制定了三次规则。② 1992 年《能源政策法案》规定强制采用替代燃料,减少交通部门的石油消费。2005 年《能源政策法》第一章到第四章都为节约能源的规定。③ 2009 年 3 月 15 日,美国参议院提出《产品标准改进议案》,旨在提升美国能源部的产品能效计划以及能源部和环境保护署共同推进的"能源之星"计划,④ 主要内容涉及降低能效的措施中的具体操作性问题。2009 年《清洁能源和安全法》对产品能效标准方面提出了新的要求。

美国在减少能源消耗的实践中,通过多种途径以实现节约能源的目的。主要体现在:其一,抑制消费。以石油为例,在寻求扩大能源供给的同时,美国还采取了一系列措施抑制对石油的消费,如对消耗石油量巨大的行业征收燃油消费税。其二,实施节能标识。美国政府积极与工业部门合作促进节能产品的生产和开发,推行"能源之星"计划。标注该标识的产品进入美国环境保护署的商品目录得到推广,促进公众更多地使用节能产品,增强节能意识。其三,政府行动。布什总统曾签署行政命令,敦促美国联邦政府各部门采取多种措施,在节约能源方面发挥"带头和示范"作用,要求政府增加使用太阳能、风能、地热能等可再生能源,并且敦促政府大力提高能源使用效率。⑤

(四) 重视国际合作

1. 双边与多边合作

双边与多边合作是保障国家能源安全的重要途径,其主要意义在于形成区域性的能源利益共同体,典型实践是建立区域性的经济合作组织。1992 年年末,美国与加拿大和墨西哥建立北美自由贸易区,其重要目的之一就是便于从后两国尤其是墨西哥获得丰富的石油供应。⑥ 这些合作模式对于确保美国的能

---

① [美] 约瑟夫·P. 托梅因、理查德·D. 卡达西:《美国能源法》,万少廷译,法律出版社 2008 年版,第 307 页。
② 胡德胜:《美国能源法律与政策》,郑州大学出版社 2010 年版,第 196 页。
③ 黄振中、赵秋雁、谭柏平:《中国能源法学》,法律出版社 2009 年版,第 35 页。
④ 周举义:《美国用能产品能效技术法规实用指南》,中国标准出版社 2009 年版,第 45 页。
⑤ 李岩:《美国确保能源安全的启示》,《瞭望》(国际版) 第 8—9 期。
⑥ 杨泽伟:《中国能源安全法律保障研究》,中国政法大学出版社 2009 年版,第 13 页。

源安全起到了非常重要的作用。

2. 与国际机构的合作

1973年第一次石油危机后，在美国倡议下于1974年11月15日成立国际能源机构（IEA），成为发达石油消费国集团在经济合作与发展组织（OECD）框架下的独立自治的国际组织。《国际能源计划协定》（*The Agreement on an International Energy Program*，IEP）的签署标志着 IEA 正式成立。IEP 主要包括石油供应紧急自足体系、需求抑制体系、国际石油市场信息系统、能源长期合作、与石油公司的协商机制、与原产油国及其他消费国合作等方面的内容，核心是应对石油供应紧急情况的紧急共享制度。IEA 成立以来，一直将石油安全作为其能源安全概念的核心，建立和发展了应对石油供应中断等突发性石油危机的有效机制，并通过制定能源政策、发布石油市场信息、开展能源研究与开发、推动与产油国和其他石油消费国的合作等手段，维护和促进成员国的石油供应安全。[①]

3. 运用综合性手段

在经济手段方面，美国采取外向型战略，充分利用国外能源资源。"经济手段的一个基本目标就是为了促进环境资源的高效利用和合理分配。"[②] 美国积极加强与产油国之间的贸易关系，鼓励各大石油公司在海外进行能源开发投资。目前，美国各大石油公司的海外经营活动均或多或少得到美国政府的政策扶持和财政支持。由此，美国控制的石油储藏量中，有55%都在美国本土之外，其投资额也远远高于在美国内的投资。[③]

在外交手段方面，《国家能源政策》明确规定，"将能源安全置于外贸和外交政策的首要位置"，并强调"能源从一开始就是个外交问题"，美国政府"通过与盟国、贸易伙伴和能源生产国合作，扩大全球能源尤其是西半球、非洲、中亚和里海地区的能源供求的来源和类型，以加强我们自身的能源保障"[④]。

在军事手段方面，从1991年的海湾战争，到21世纪美国先后发动对阿富汗、伊拉克的战争，都尽全力保持在中东的军事和政治存在。美国在20世纪

[①] 肖立兴：《国际能源机构——能源安全法律制度研究》，中国政法大学出版社2009年版，第9页。

[②] ［美］乔治·恩德利、吕文珍、许国平、黎戈文：《中国和欧盟环境法的比较》，上海交通大学出版社1999年版，第81页。

[③] 李岩：《美国确保能源安全的启示》，《瞭望》（国际版）第8—9期。

[④] 杨泽伟：《中国能源安全法律保障研究》，中国政法大学出版社2009年版，第12页。

90 年代初发表的《美国国家安全战略》报告中强调,美国是否出兵海湾,关系到"世界上庞大的石油储量的控制权","美国不容许如此重要的一种资源为伊拉克所控制","保卫石油供应的安全就是保卫美国的国家安全"。[①] 此外,美国还通过军事手段保障能源运输通道的安全。[②]

三 美国的能源安全司法

美国的司法机关在能源安全方面扮演着重要的角色。总结起来,其作用可以分为三个方面。

(一) 参与能源产业监管

美国司法机关有时会与其他政府部门合作,参与能源产业监管。2011 年 4 月,美国司法部长霍尔德宣布成立一个工作组,以加强能源市场监管,防范和打击价格操纵和欺诈行为。工作组将对石油和天然气市场可能存在的刑事或民事违法行为进行监督,保护消费者权益。工作组将由多部门代表组成,其中包括司法部、财政部、能源部、农业部、全国检察长联合会、商品期货交易委员会、联邦贸易委员会、联邦储备委员会和证券交易委员会。该工作组将调查石油和天然气市场是否存在价格操纵、共谋、欺诈等违法行为,同时将评估商品市场走势和供需状况,审查投资者行为以及投机者和指数交易商在石油期货市场中扮演的角色。[③]

(二) 确认能源管理权限

2011 年 6 月 20 日,美国最高法院驳回了 6 个州针对 5 家能源公司发起的有关温室气体排放的诉讼,再次确认美国联邦环保局拥有温室气体排放监管权。该诉讼起源于 2004 年,当时加利福尼亚、纽约等 6 个州起诉美国电力公司、杜克能源公司、田纳西河流域管理局等 5 家公司,称这 5 家公司排放的温室气体导致气候变化,损害了本州居民的健康,希望法院能发出指令,要求它们减少二氧化碳排放。这 5 家公司所属企业的温室气体排放量约占美国温室气体总排放量的 10%。此前,一家上诉法院已裁决 5 家能源公司采取行动减少温室气体排放。最高法院 6 月 20 日一致同意推翻该上诉法院的判决,并支持

---

① 杨泽伟:《中国能源安全法律保障研究》,中国政法大学出版社 2009 年版,第 9 页。

② 例如,美国在波斯湾、印度洋、加勒比海和亚太地区的军事部署,在平时主要是为了保障从中东、亚太和南美进口石油运输通道的安全。参见杨泽伟《中国能源安全法律保障研究》,中国政法大学出版社 2009 年版,第 10 页。

③ 杜静、王丰丰:《美国成立工作组加强能源价格监管》,http://www.caijing.com.cn/2011 - 04 - 22/110699008.html。

被告律师的主张,即温室气体排放监管权应由联邦环保局行使,法院不应越权。最高法院法官在结案陈词中表示,联邦环保局目前正在考虑是否对燃煤发电厂设定温室气体排放限额,如果原告对联邦环保局的决定不满意,可以通过司法程序让法院评估联邦环保局的决定是否符合《清洁空气法》的精神,但在此之前,法院系统不宜介入。这一裁决被认为是自2007年以来,美国最高法院在温室气体领域作出的最重要判例。2007年4月,美国最高法院曾在一项裁决中授权联邦环保局根据《清洁空气法》监管温室气体排放,但在此之前必须确定温室气体排放是否危害公众健康和福祉。美国联邦环保局2009年12月7日公布最终决定称,该署已确定温室气体对美国公众的健康和福祉构成威胁,需要对其排放进行管理。但由于国会中共和党人的反对,美国联邦环保局尚未出台措施限制发电厂排放温室气体。[1]

（三）审理能源违法案件

2010年4月20日,英国石油公司租赁的"深水地平线"海上钻井平台在墨西哥湾水域发生爆炸并沉没,其开采的马孔多油井随即大量漏油,酿成美国历史上最严重的原油泄漏事故。2010年12月,美国政府对英国石油公司等9家与墨西哥湾漏油事件有牵连的企业提出民事诉讼,索赔要求上不封顶。受到起诉的企业除了租赁并运营漏油钻井平台的英国石油公司外,还包括拥有该钻井平台的瑞士越洋钻探公司及其相关子公司、拥有漏油油井小部分权益的阿纳达科石油公司与三井石油开发公司,以及为英国石油公司承保的劳合社。美国政府认为,这些公司违反了法律,要求它们对所有油污清理费用、油污造成的损失及对自然资源的破坏作出赔偿,索赔金额不设上限。在美国政府发起诉讼之前,数以千计受漏油影响的个人、企业已向英国石油公司提出索赔诉讼。[2]

四 美国经验对我国的借鉴意义

美国经验对我国的借鉴意义包括以下四个方面。

（一）能源安全立法与政策有机结合

美国将法律规制与政策引导有机结合,对保障能源安全起到了非常重要的作用。2005年《能源政策法》本身就是将政策手段与法律规制有机结合的一

---

[1] 任海军:《美最高法院裁决确认温室气体监管权归环保署》,http://news.163.com/11/0621/06/7725T05800014JB5.html。

[2] 《美国政府对英国石油公司提起诉讼》,http://www.in-en.com/article/html/energy_0753075389858889.html。

个典型范例。总结起来,美国的能源政策主要体现在三个方面:一是多元化政策。在能源生产结构上,大力推进新能源和可再生能源的开发和生产;在能源消费结构上,从过分依赖传统化石燃料向积极拓展可再生能源种类过渡,逐渐降低油气消费量所占的比例;在能源进口方面,增加进口来源渠道,如将石油进口来源地从中东拓展到拉美、北非、加拿大等地区。二是石油储备政策。美国石油储备体系的模式对于我国石油储备体系的构建具有重要的参考价值。三是国际合作政策。联邦政府积极通过多种手段,加强与能源优势国家的合作,保障能源供给的稳定。

(二) 能源安全法规体系较为完备

联邦制定的法律,具有调整和规范跨州的事项以及整个国家层次的内外部社会与经济关系的效力。美国既有综合性的能源政策法,也有调整煤炭、电力、石油、天然气和原子能的单行法,同时也有与环境、资源等法律相协调的法律规范,构成相对完整的法规体系。①

(三) 能源安全立法的可操作性强

在法律内容上,美国能源安全相关法律的详备程度非常高。例如 2005 年《能源政策法》计 1700 多页、18 章、420 多条法规。该法对主管部门、管理措施、财政措施、相关目标、法律责任等事项,都作出了非常明确的规定。在罚则部分,该法规定了详细的法律责任来保障法律的执行,明确了能源部、联邦环保局、农业部等与能源开发利用相关部门的法律责任。

在执行机构上,美国能源法的实施要通过如能源部、联邦政府核能管理委员会、联邦能源管理委员会等职能机构的运作来完成。法律对这些职能部门的权力范围和责任都作出明确具体的规定,一方面使政府行使职能有法可依;另一方面避免了权力分工不明带来的行政效率低下。②

(四) 能源安全立法较为及时

每次重大能源法规和政策出台,都旨在解决重大能源安全问题。例如 20 世纪 70 年代初发生能源危机,1977 年决定成立能源部,首次制定国家能源规划,1978 年制定了《国家节能政策法》、《公用事业管制政策法》和《能源税法》等一系列法律。③

---

① 谷冬梅:《国外能源安全法律制度的构建及对中国的启示》,《中国矿业》2010 年第 7 期。
② 《美国能源政策法 规定明确 操作性强》,http://china.53trade.com/news/detail_46296.htm。
③ 谷冬梅:《国外能源安全法律制度的构建及对中国的启示》,《中国矿业》2010 年第 7 期。

第二节 日本能源安全法治的考察借鉴

一 日本的能源安全立法

（一）能源储备立法

1962 年日本颁布的《基本石油法》，第一次包括了石油储备方面的内容。1968 年《石油工业法》，又进一步规定由私营公司承担石油储备义务，并决定给予其投资和贷款以及税收优惠。1973 年的石油危机给高速发展的日本经济造成了重大打击。为应对石油危机，日本政府颁布了《石油供需优化和紧急措施法》，并于 1974 年宣布了《90 天民间石油储备计划》。1975 年，日本颁布《石油储备法》，提出政府和民间都具有储备石油、液化天然气的义务。该法明确了从事石油进口、精炼和销售业务的公司的责任义务关系，以全面推进民间的石油储备。1977 年又颁布了《石油公团法》。1978 年修改的《日本国家石油公司法》，决定由国家石油公司建立国家石油储备。[1] 2006 年，日本公布了《新国家能源战略》报告，提出从 2007 年起将政府石油储备量增加 40%，达到 130 天左右的石油消费量。2012 年，日本通过了《石油储备法》修正案，在吸取东日本大地震后燃料严重不足的教训基础上，增加了燃料稳定供应对策等内容。修正案要求各石油公司有义务参与"灾害应对计划"的共同制定工作，利用炼油厂和油罐车等提供合作，能够在紧急情况下将汽油等迅速送往灾区。日本政府计划在 2012 年度将全国分成约 10 个等级的区域。此外还增加新规定，允许动用旨在应对海外供应不足的国家石油储备，用来处理国内灾害。对于目前大多直接贮藏原油的储备方式也将重新研究，力争分区域储备均相当于 4 天消耗量的汽油、柴油和煤油。[2]

（二）能源节约立法

节能成了日本国民经济中的"第五能源"，大大降低了国民经济对石油的依赖度。[3] 日本是最早制定节能法的国家之一，早在 1951 年就制定实施了《热能管理法》。1978 年，日本颁布《节能技术开发计划》，大力发展节能、

---

[1] 谷冬梅：《国外能源安全法律制度的构建及对中国的启示》，《中国矿业》2010 年第 7 期。

[2] 《日本通过石油储备法修正案 确保受灾时燃料供应》，http://www.chinanews.com/gj/2012/02-10/3659213.shtml。

[3] 欧玲湘：《日本构筑国内外双向能源安全战略》，《中国石化》2009 年第 6 期。

高效和高附加值的技术与产品。1979年，日本制定《节约能源法》，并于1993年、1998年、2002年、2005年、2008年进行了修订。该法由总则、基本方针、工厂企业节能措施、交通运输节能措施、住宅建筑物节能措施、机械设备节能措施、细则、惩罚条例、附则组成，共9章99条。主要内容包括：成立节能领导支援机构；重视节能和开发新能源的技术创新；引进节能设备和节能制度；加速节能技术的开发、推广；对各部门制定能效标准；大力推动节能标识活动，在设备上标出能源效率标准，以便消费者合理选择；利用财政或税收手段引导消费者合理利用能源，推广科技进步，加深消费者节能意识等。[①]

日本《能源利用合理化法》要求企业在保证同等产出的情况下，每年必须以1%的速度递减能源消耗。此外，建筑物的隔温指标也必须符合节能标准。1998年修改的《能源利用合理化法》还提高了汽车、空调、冰箱、照明灯、电视机、复印机、计算机、磁盘驱动装置、录像机等产品的节能标准。例如到2004年，冷暖空调机能耗必须比1996年降低50%，到2006年，复印机的能耗标准必须比1997年降低31%，到2010年，轿车的平均能耗必须比1995年降低22.8%。[②] 长期的努力，使得日本的能源利用效率达到了世界最先进的水平，2001年工业部门的能源消耗奇迹般地与1973年持平。[③]

（三）可再生能源促进立法

日本于1974年颁布《新能源开发法》，实施"阳光计划"，核心是开发利用太阳能，同时包括地热能开发、煤炭液化和气化技术、风力发电、海洋能源开发等。1980年，日本出台了《替代石油能源法》，开始大规模推进石油替代能源的综合技术开发。[④] 1993年制定了《新阳光计划》（1994—2030），规定可再生能源与全国能源供应总量的比例在2010年达到10%，在2030年达到34%，开发重点是太阳能、风能和垃圾发电。1997年日本实施《关于促进新能源利用特别措施法》，该法于1999年、2001年、2002年先后进行了修改。2002年颁布了《日本电力事业者新能源利用特别措施法》，以促进"新能源国

[①] 王锐、刘霞：《新世纪日本能源安全战略及其启示》，《经济经纬》2007年第6期。任之于：《"基本计划修正案"凸显日本能源安全意识》，《中国石化》2010年第6期。

[②] 王锦：《日本能源安全法律制度及对我国相关立法的启示》，2006年全国环境资源法学研讨会论文，北京，2006年8月，第565页。

[③] 任之于：《"基本计划修正案"凸显日本能源安全意识》，《中国石化》2010年第6期。

[④] 同上。

家标准"的实施。2011年,日本通过了《可再生能源特别措施法案》,主要规定电力公司有义务购买使用太阳能、风能、小规模水力发电、地热能、生物质能等可再生能源发电的电能。[①] 这些政策和法律规定,政府和企业有开发和利用新能源的责任。

二 日本的能源安全执法

(一) 加强石油储备建设

1. 石油储备现状

日本是世界第三大石油消费国。20世纪70年代后,两次石油危机对日本经济和社会发展造成了很大影响。日本政府因此决定建立石油储备,防止石油供应突然中断对国内市场的冲击。日本石油储备分为政府石油储备和民间石油储备两种形式。1981年,日本民间石油储备达到了90天的目标,2000年,日本政府将民间石油储备目标由90天降到70天。截至2008年5月,日本石油储备总量达到8744万升,国家储备和民间储备分别占55.4%和44.6%;石油气储备量达到279.4万吨,国家储备和民间储备分别占21.7%和78.2%。[②] 根据《石油储备法》,国家、企业存储的石油必须至少分别供全国消费90天和60天。截至2010年年底,日本石油储备量约为6亿桶,政府和民间的储备量都在标准线之上。[③]

2. 石油储备管理

日本的战略石油储备管理架构分为四个层次:(1) 经产省负责制定储备政策、法规,对战略石油储备进行统一管理。(2) 日本石油公团(JNOC)负责规划和建立国家石油储备体系,为储备基地建设提供70%的股权资本和所需建设费用的全部贷款。日本石油公团是根据1967年颁布的《石油公团法》成立的,由政府全额出资成立,具有独立的法人资格,但带有半官方性质。石油公团作为国家石油储备的主体,是在经产省的管理和指导下具体管理和操作国家石油储备的协调、指挥机构。[④] (3) 负责储备工程建设的石油公司对储

[①] 《日本参议院通过"可再生能源法"推动技术创新》,http://www.cacs.gov.cn/cacs/jidian/show.aspx?articleId=88506。

[②] 陈其慎、王高尚、王安建:《日本能源安全保障分析》,《改革与战略》2010年第2期。

[③] 《日本石油铁矿储量居世界前列 成资源储备大国》,http://news.qq.com/a/20110110/000526.htm。

[④] 陈德胜、雷家骕:《法、德、美、日四国的战略石油储备制度比较与中国借鉴》,《太平洋学报》2006年第12期。

工程建设起主导作用,管理石油基地的施工,提供技术人员以及建造和运营储备基地所需的技术,为国家储备基地提供投资。(4) JNOC与炼油厂及地方政府合作成立的国家石油储备公司具体负责储备基地的建设工作和基地储备油的运营管理,受 JNOC 管理,由 JNOC 提供财政支持。① 日本自 2001 年开始对石油储备管理体制进行了改革,将 JNOC 与金属矿产事业团合并,于 2004 年 2 月 29 日成立了独立行政法人日本石油天然气金属矿产资源机构(JOGMEC)。②

与美国不同,日本的《石油储备法》对政府与民间储备都做了明确的规定。例如,日本对法定民间储备的责任人炼油商、石油销售商与石油进口商的储备量都进行严格限制,必须定时向政府有关部门报告石油及其制品的储备量等情况。③ 根据《石油储备法》,所有民营石油公司都要求持有石油储备,民间石油储备总量相当于日本 70 天的成品油消费量;每家石油公司的实际库存根据该家公司的生产量或者进口量而定;储备可以是原油、石油制品或是两者兼而有之;进口储存的品种要与其进口的品种类型相同。④ 在协调政府储备与民间储备的关系时,日本政府对石油公司行使监督、命令、劝告等权力。承担民间储备义务的石油公司必须每半个月向日本政府汇报储备情况;政府有义务为石油公司提供支持,包括为民间储备购买储备石油提供低息贷款。⑤

3. 石油储备的动用

日本的石油储备动用分为两个层次:在国内石油供应短缺或中断的情况下,首先动用民间石油储备,缓解石油供求矛盾;如果供需形势依然严峻,再动用政府石油储备。石油储备的动用权归经产大臣。政府石油储备由政府直接进行控制,民间石油储备是由政府通过降低其储备标准来调增,但政府不干预民间石油储备的实际投放行为。⑥ 1991 年海湾战争期间,日本政府动用了民间储备的各类油品 1570 万桶。2005 年,为了缓解卡特里娜飓风袭击美国而加剧

---

① 傅新:《战略石油储备管理的国际经验及启示》,《宏观经济管理》2010 年第 2 期。
② 陈德胜、雷家骕:《法、德、美、日四国的战略石油储备制度比较与中国借鉴》,《太平洋学报》2006 年第 12 期。
③ 冯丹、耿波、王红:《从美日两国战略石油储备体系看我国石油储备发展》,《能源技术与管理》2009 年第 2 期。
④ 王乐编译:《日本的能源政策与能源安全》,《国际石油经济》2005 年第 2 期。
⑤ 安丰全、吴辉、郑景花:《官民结合的日本石油储备》,《中国石油石化》2003 年第 3 期。
⑥ 赵小平主编:《能源管理工作手册》,中国市场出版社 2008 年版,第 250—253 页。

的国际石油市场供应紧张状况，日本政府向国内市场投放了总量为 730 万桶的民间战略石油储备。① 2011 年，日本政府宣布允许各大石油公司动用 890 万桶强制性原油储备，从而缓解由"3·11"大地震及海啸所造成的原油供应紧张。②

（二）加强调整能源结构

1. 降低石油消费比例

日本在降低石油消费比例上选择了这样的路径。首先，制定并实施能源本土化战略，专注开发本国能源：一方面致力于日本海域的油气勘探开发和在海外石油勘探开发的投资，努力提高自主能源比率；另一方面促进日本核能、太阳能、水力、废弃物发电、海洋热能、生物发电、绿色能源汽车、燃料电池的发展。③ 其次，倡导能源进口品种的多元化，拓展天然气进口渠道。尽管石油目前仍然是日本的主要能源，但石油在能源消费总量的比重由 20 世纪 70 年代的 77% 大幅下降至 50% 以下，预计到 2030 年更可减到 40% 以下。④ 此外，日本将大力发展节能技术，修改节能基准，努力提高能源的有效利用率，争取到 2030 年之前将全国的整体能源使用效率提高 30% 以上。⑤

2. 开发利用替代能源

日本于 1974 年颁布《新能源开发法》，并实施"阳光计划"，核心是开发利用太阳能，同时包括地热能开发、煤炭液化和气化技术、风力发电、海洋能源开发等。1993 年制定了"新阳光计划"（1994—2030），规定可再生能源与全国能源供应总量的比例在 2010 年达到 10%，在 2030 年达到 34%，开发重点是太阳能、风能和垃圾发电。⑥ 为配合和促进《新阳光计划》（1994—2030）的实施，1994 年，日本通过"新能源推广大纲"，指出投入能源事业的任何人都有责任与义务全力促进新能源和可再生能源的推广工作，并正式宣布了日本新能源发展的政策基础。2004 年，日本公布了"新能源产业化远景构想"，目标是在 2030 年前，把太阳能和风能发电等新能源技术扶持成产值达 3 万亿日元的支柱产业之一，将日本对石油的依赖程度从目前的约占能源消费量的 50% 降到 40%，而新能源将上升到 20%。2006 年，日本颁布

---

① 井志忠：《日本石油储备的现状、措施及启示》，《外国问题研究》2009 年第 1 期。
② 《日本宣布允许石油公司动用强制性储备》，http://finance.qq.com/a/20110315/002417.htm。
③ 任之于：《"基本计划修正案"凸显日本能源安全意识》，《中国石化》2010 年第 6 期。
④ 同上。
⑤ 朴光姬：《日本的能源》，经济科学出版社 2008 年版，第 291—292 页。
⑥ 谷冬梅：《国外能源安全法律制度的构建及对中国的启示》，《中国矿业》2010 年第 7 期。

了《新国家能源战略》,提出了今后25年日本能源战略的三大目标、八大措施计划及相关配套政策,其中,"支持和促进新能源合作创新计划"即位列八大战略措施计划之中。此外,日本还采取财税手段促进可再生能源的使用。2002年,日本通过《电力设施利用新能源特别措施法》。同时,日本将石油进口税的一部分用作可再生能源项目补贴,为住宅安装太阳能系统提供低息和长期贷款。[1]

(三) 减少对外能源依赖

1. 国内能源生产和消费

为了减少对中东石油的依赖,日本非常重视能源多样化,核心是大力推动核电发展。"基本能源政策"鼓励使用天然气以减缓气候变化,并主张减少石油在能源结构中的比例以有效地减少对中东石油的依赖。[2] 2010年《能源基本计划修正案》提出,在2020年前,要使下一代新能源汽车销售量占新车销售量的一半,生活二氧化碳排放量减半;创设了一个全新的"自主能源比率"概念,不仅包括传统意义所指的国内资源,而且包括日本在海外投资的可获得资源;确定日本在2030年能源自主率由现在的38%提高到70%的战略目标。[3]

2. 国际能源合作开发

日本非常重视能源资源的合作开发。2006年,日本《新国家能源战略》提出,要"不断提升自主海外油气的勘探开发能力,推进能源进口品种的多元化和进口来源地的多元化,增强与能源生产国的关系,到2030年,实现日本公司的份额油由目前的20%提高到40%"。

为此,日本积极寻求开辟俄罗斯远东地区油气通道,降低对中东地区的石油依存度;加强同非洲国家的交流,开辟非洲能源供应地;增加中东地区能源供应国的数量;加强与东南亚各国的合作。1973—2007年,日本能源需求对中东地区的进口依赖度从60%下降到了40%,对亚太地区和非洲地区的依赖程度不断上升。目前,日本约90%的煤炭、60%天然气都来自亚太地区,铀矿主要来自加拿大和澳大利亚。显然,日本能源需求对中东的依赖程度已经大大下降,能源安全明显提高。目前,日本已经在俄罗斯、中亚、东南亚、南

---

[1] 王锦:《日本能源安全法律制度及对我国相关立法的启示》,2006年全国环境资源法学研讨会论文,北京,2006年8月,第565页。

[2] 王乐编译:《日本的能源政策与能源安全》,《国际石油经济》2005年第2期。

[3] 任之于:《"基本计划修正案"凸显日本能源安全意识》,《中国石化》2010年第6期。

美、北非等地有40多个勘探、开发项目,部分已经投产。[①]

三 日本的能源安全司法

日本的司法系统在能源安全方面的作用主要体现在两个方面。

（一）参与能源产业规制

日本的司法机关参与能源产业规制。例如，日本石油联盟是以石油提炼、石油批发等企业作为会员，以谋求石油业的健康发展为目的而设立的，属于日本《垄断禁止法》中所规定的企业团体组织。该联盟于1972年2月由各成员达成一个随着原油价格上涨各类石油制品相应提价的协议，决定从同年3月1日起共同提高销售价格，各石油公司也都依此行事。但公正交易委员会认为，该协议相当于《垄断禁止法》第8条第1款第1项规定的"实际上限制竞争的行为"，所以裁决其作废。但这之后，日本石油联盟于同年3月下旬从通产省得到了针对诸原告的如下行政指导：把伴随原油成本上升而增加的全部负担向消费者转嫁的行为是不适当的；但如果由石油企业承担一部分涨价负担，而将涨价负担的其余部分向消费者转嫁，则是可以原谅的行为。此后，日本石油联盟以遵行了通产省的行政指导，原先的提价决定已经失效等为由，诉请法院撤销公正交易委员会的上述裁决。东京高等法院审理后认为，公正交易委员会的裁决是在确有证据的情况下作出的，故于1977年8月判决驳回原告的诉讼请求。原告不服，向最高法院提出上诉。最高法院审理后认为，石油联盟的行为属于《垄断禁止法》规定的卡特尔行为，被上诉人的行政裁决具有事实根据和法律依据，而且通产省的行政指导措施并不是指导上诉人去提价，且无法律约束力，与上诉人的提价决定是两回事，故不能成为原告的卡特尔行为之违法性已受阻却的抗辩理由，遂于

[①] 主要项目包括：（1）哈萨克斯坦的Offshore North Caspian Sea Block项目，原油储量17.7亿吨，日本INPEX North Caspian Sea Ltd占有8.33%的股份；（2）俄罗斯的萨哈林岛项目，该项目原油储量3.07亿吨，天然气储量4850亿立方米，日本萨哈林石油天然气公司占有30%的股份；（3）里海地区阿塞拜疆的Azeri, Chirag and deepwater Gunashli (ACG) fields，原油储量7.33亿吨，2007年产量3236万吨，日本有四个公司参与该项目；（4）马来西亚Offshore Sarawak项目，液化天然气年产能为6800万吨，Nippon Oil Exploration (Malaysia), Ltd. 占有BlockSK-10的75%的股份，Nippon Oil Exploration (Sarawak), Ltd. 占有BlockSK-8的37.5%的股份；（5）印度尼西亚的Tangguh LNG项目，原油产能460万吨，2008年投产，其中Nippon Oil Exploration of Japan占有12.23%的开发权益，KGBerau占有10%的开发权益，LNG Japan Corporation占有7.35%的开发权益。参见陈其慎、王高尚、王安建《日本能源安全保障分析》，《改革与战略》2010年第2期。

1982年3月作出了驳回上诉的终审裁判。① 类似的裁判在能源产业中的影响是较大的，体现了日本司法机关在能源产业规制中的积极作用。

（二）处理能源相关诉讼

在日本，司法机关在处理能源相关诉讼方面也发挥积极作用。例如，2005年11月，日本东京高级法院支持下级法院的判决，驳回新潟县居民提起的诉讼。在该诉讼中，居民请求判决撤销1977年日本政府允许在该县建立核电设施的决定。东京高级法院认为，政府当初批准建立东京电力公司柏崎—刈羽核电站1号反应堆的程序并无不当，安全审查的程序也合法有效，即使以2005年当时的科学标准衡量亦为如此。33位居住在柏崎市与刈羽村之间的原告准备向最高法院上诉。他们认为，由于安全性审查存在问题，所以政府的批准行为违法。② 从这一案件看，日本的司法机关在处理能源行政案件中发挥着重要的作用。

四　日本经验对我国的借鉴意义

日本经验对我国的启示包括以下六个方面。③

（一）健全的法规体系

经过几十年的发展和完善，日本在能源安全领域制定了相对完备的立法，如前已述及的能源储备、能源节约、可再生能源促进等方面的立法。这些立法对于确保日本能源安全起到了至关重要的作用。我国目前尚未形成系统的能源安全法规体系，能源安全管理对行政命令的依赖程度较高。在此情况下，应当借鉴日本的成熟经验，尽快建立和健全能源安全法规体系。

（二）重视保障石油安全

作为石油资源极其匮乏的国家，日本的石油储备体系非常完备。日本不仅建立了严密的管理层次和职责分明的管理制度，形成了"官民一体"的石油储备体系，而且确立了充足的战略石油储备规模，在调节日本国内供需、平抑油价、保障经济等方面起着积极的作用。同时，日本石油储备投融资方面的经验，也值得我国借鉴。

---

① 莫于川：《应将行政指导纳入我国行政诉讼受案范围》，http://politics.csscipaper.com/lawclass/litigation/29462_2.html。

② Court upholds rejection of residents' suit to halt nuclear reactor, see http://goliath.ecnext.com/coms2/gi_0199-5003564/Court-upholds-rejection-of-residents.html.

③ 闫侣桦：《战后日本的能源安全战略和对中国的启示》，硕士学位论文，对外经济贸易大学，2006年，第42—53页。

（三）大力优化能源结构

经过长期努力，日本的能源结构从高度依赖石油，发展为目前相对均衡的能源结构体系。反观我国能源消费结构，煤的比重过大，天然气、核能、水电的比例过低，国民经济的各部门除交通运输之外几乎均以煤为主要燃料，对石油的依赖也越来越严重。在这种情况下，我国应当借鉴日本经验，积极开发新能源和可再生能源，以技术创新来提高能源安全的保障率。

（四）节能与增效并举

日本实施了积极的节能战略，在财税、金融方面支持节能战略的推行，并实施了以节能为导向的产业政策，同时推动产业部门的节能技术向民用部门的推广，还立足于民用、运输、产业等跨部门的节能需求，大力加强战略性节能技术的开发和普及，在节能方面达到世界最先进的水平。同时，日本对能源消耗标准作了严格的规定，奖惩分明，极大地促进了能源的利用效率。日本的能源消费总量低于我国，但总产出却大约相当于我国的四倍。在这一方面，日本的经验也值得我国借鉴。

（五）融入环境保护理念

日本确立了"3E"（经济增长、环境、能源稳定供应）能源发展目标，制定实施了包含环境保护内容的"新阳光计划（1994—2030）"。我国目前处于环境事故集中爆发期，因工业生产导致的环境污染和对人体健康的损害越来越成为整个社会关注的焦点。在此情况下，应当借鉴日本经验，将节能、控制污染等环境保护问题与能源的进口、开发、运输、加工、消费和储备等环节紧密结合起来，以实现能源、环境、经济的协调和可持续发展。

（六）重视能源国际合作

日本非常重视能源外交方面，以确保从广泛的石油生产国获得源源不断的原油供给。同时，日本还积极在海外获取石油开采权，并将外国拥有的石油资源转变为由日本公司自主开采和销售的固定能源供应基地。政府出资设立石油公团，负责与国外公司联合进行石油的勘察和开发。一些大型企业也在政府支持下，设立石油开发公司，到国外开采石油。

为了确保能源安全，我国应当借鉴日本经验，进一步加强能源外交，为我国石油企业进军海外石油市场提供各方面的支持。包括外交、法律、制度和政策层面的支持，以及健全企业境外投资管理制度，调整国家现行税收、信贷和外汇政策，设立海外油气风险勘探专项基金，鼓励石油企业进行国际融资。

第三节　欧盟能源安全法治的考察与借鉴

一　欧盟的能源安全立法

（一）国际条约

欧盟能源安全法规体系在国际条约层面主要体现为《能源宪章条约》。《能源宪章条约》（以下简称《条约》）是一项多边条约，1998年4月生效。它规定了能源贸易、能源产业的外国投资保护、能源运输、能源争端解决以及能源效率等内容。条约最初的设计理念是旨在减少对跨界能源投资风险的规避，将生产者、消费者和过境国联系在一起，促使其共同遵守。[1] 到目前为止，《条约》已拥有包括俄罗斯在内的51个签署国，包括日本、哈萨克斯坦在内的47个批准国，以及作为观察员的中国、韩国、巴基斯坦等18个国家和东南亚联盟等10个国际组织，已经发展成为一个在全球范围内加强能源领域合作具有重要意义的国际多边协议。[2]

《条约》内容涵盖石油、天然气、煤炭及可再生能源等在内的各种能源资源，涵盖从勘探开发到生产加工、从运输分配到销售利用等能源领域活动的各个环节。条约主要分为投资保护、能源贸易和运输、能源效率及争端解决等几部分。条约规定，各国开展与能源有关的商业活动时，应遵循以下五项主要原则：对外国投资给予法律保护；在能源物资及相关设备的贸易中遵循关贸总定/世界贸易组织（GATT/WTO）准则；保障能源及能源产品的安全运输；通过协商、专家委员会调解以及国际仲裁等形式解决争端；最大限度地降低能源污染，鼓励提高能源效率。[3]

（二）基本法

在基本法层面，欧盟能源安全的法律主要是1951年的《欧洲煤钢共同体条约》和1957年的《欧洲原子能共同体条约》。这两部基本法，是关于欧盟能源安全最早的法律。[4] 此外，还包括1997年《阿姆斯特丹条约》，该条约涉

---

[1] 吕江：《欧盟能源安全的困境及其出路》，载《武大国际法评论》第11卷，武汉大学出版社2009年版，第234页。

[2] 杨洪：《论〈能源宪章条约〉中的环境规范》，《法学评论》2007年第3期。

[3] 参见 http://www.yadian.cc/blog/80333/。

[4] 谷冬梅：《国外能源安全法律制度的构建及对中国的启示》，《中国矿业》2010年第7期。

及欧盟和各成员国间在能源领域的电力分配问题。①

《欧洲煤钢共同体条约》旨在"通过各缔约国基本生产的扩展，为生活水平的提高与和平事业的进步而协作；坚决要求以根本利益的融合来代替世世代代的对立竞争，通过一项经济集团的成立，为久在流血分裂下互相矛盾的人民之间建立更广泛和更深刻的团结的基础并且为具有足够能力以掌握从今以后共同命运的组织打下奠基石"。从条约文本可见，在能源安全问题上，欧洲各国倾向于以利益共同体的形式出现。如《欧洲煤钢共同体条约》第1条规定，缔约各方间通过本条约建立以共同市场、共同目标和共同机构为基础的欧洲煤钢联营。在具体构建利益共同体的措施上，条约规定，联营各机构应在各自的职权范围内并且为共同的利益：在估计第三国的需要下，督促共同市场的正常供应；保证共同市场的一切使用者置于同样条件的基础上，对于生产资源的获取，具有均等的机会；督促制定最低价格，务使此项价格维持在这样的条件下；同一企业的别种交易中或者在另一时期内的全部价格不致引起连带的增长，同时仍准许作必要的折旧并且设法使投资有获取利润的正常可能性；督促维持企业发展和改进生产潜力的条件以及鼓励合理开发自然资源的政策，同时避免不加考虑地使此项自然资源趋于枯竭；促进劳工的生活条件和劳动条件的改善，务使劳工在所属每一工业中取得同等的进展；促进国际贸易的发展并且注意对外市场所开价格，务须尊重公平的界限；对于竞争的工业由于它所进行的或有利于自己的不正当行动，拒不给予一切保护的条件下，促进生产的正常扩展和革新以及质量的提高。② 在联营内部，根据本条约所规定的条件，下列各项应认为与煤钢共同市场相抵触，从而予以取消和禁止：进出口税或同等作用的捐税以及产品流通量的种种限制；在生产者之间，购买者之间或使用者之间建立歧视的措施或实践，特别是关于价格或交货的条件和运输的费率以及阻碍购买者自由选择其供应者的措施或实践；国家给予的津贴或支援，或国家强加的特殊负担，不论其采取何种形式；对市场的分配或经营加以限制的实践。③

《欧洲原子能共同体条约》的出现与当时"追求和平利用核能、担心石油供给安全以及铀的供应安全"的时代背景相契合。欧洲原子能共同体（EURATOM）通过共同体制定制度、指令、规章和行政决定，有权在欧盟范围内

---

① 杨泽伟：《中国能源安全法律保障研究》，中国政法大学出版社2009年版，第82页。
② 《欧洲煤钢共同体条约》第3条。
③ 《欧洲煤钢共同体条约》第4条。

拥有核材料。它运行一套在欧盟内保护核材料（除了用于国防目的）的制度。[1]

（三）次级法

次级法（Secondary Law）是指欧盟各机构依据其职权在能源领域所制定各种条例（Regulations）、指令（Directives）、决定（Decisions）、建议（Recommendations）和意见（Opinions）等。

1. 政策工具

自2000年起，欧盟逐年发表能源政策绿皮书。2000年11月欧盟委员会颁布的《关于欧盟能源供应安全的绿皮书》的目标是构建欧盟长期能源供应战略，确保其公民的福利和经济正常运转，以及"市场上能源产品不中断的可得性，价格上为所有消费者负担得起，保护环境并遵循可持续发展原则"。绿皮书提出的能源供应安全战略思路主要包括：推行能源来源多样化计划，减少与对外依赖相关的风险；以需求管理为基础，促进节能和能源效率，引导"更尊重环境的和控制更好"的消费；完成内部市场，以促进能源运营者之间更大的竞争来扩展能源供应的可选参数；给予新能源和可再生能源更大的财政扶助，支持核能研究；与其供应国家缔结战略伙伴关系，以促进供应安全。

2006年3月，欧盟委员会颁布了《可持续、竞争和安全的欧洲能源战略》绿皮书，阐明了实现欧盟"可持续的、有竞争力的和安全的"能源供应的途径，促进供应安全、经济竞争力和环境可持续性应是新政策的三大支柱，并应尊重国家能源主权。新政策的关键要素包括：与欧盟主要的供应者发展一种共同的外贸方式，包括加强欧盟与俄罗斯之间的对话，确保俄罗斯批准《能源宪章条约》，以改善在俄罗斯和转型国家的投资环境；强化供应和运输路线的多样化，包括加快建设新的液化天然气（LNG）设施终端来促进燃气供应多样化；提高能源在欧盟研究、开发和部署预算中的优先地位；改善成员国之间的相互联系，增加能源市场的透明度，促进竞争。[2]

2009年3月，欧洲理事会又通过《欧盟能源安全与团结行动计划》，报告强调了能源供应安全的重要性，并宣布在能源安全和气候变化的双重挑战下，欧盟能源安全战略主要围绕以下几方面展开：其一，内部统一能源市场建设成

---

[1] 托马斯·W. 瓦尔德：《国际机构在形成可持续发展国际能源法律与政策中的作用》，载［澳］艾德里安·J. 布拉德布鲁克、［美］理查德·L. 奥汀格主编《能源法与可持续发展》，曹明德、邵方、王圣礼译，法律出版社2005年版，第304—305页。

[2] 龚向前：《欧盟能源市场化进程中供应安全的法律保障及启示》，《德国研究》2007年第2期。

为欧盟能源安全战略的基础。欧盟通过电力和天然气自由化立法一揽子建议，推动欧洲垄断性能源大企业进行体制改革，促进欧洲能源市场开放与自由竞争，提高能源市场效率。其二，供应安全是欧盟能源安全战略的核心，包括修改欧盟战略石油储备立法和重新修订天然气供应安全指令，集体应对能源供应危机；实行能源供应多样化政策，重点发展与主要能源生产国和主要能源过境国的政治和经济关系，特别是要将东南欧、中亚里海、中东北非等周边地区纳入"泛欧能源供需体系"，以保障欧盟长期的能源安全。其三，能源安全与气候变化一体化政策是欧盟能源安全战略的新思路，这一政策旨在通过低碳技术及相关的制度创新，实施节能减排和增加利用可再生能源，减少油气进口，从而降低欧盟能源高度对外依赖所产生的安全风险。[①]

2010年11月，欧盟委员会正式发布了名为《能源2020——寻求具有竞争性、可持续性和安全性能源》的战略文件，该文件对未来10年欧盟能源新战略的优先行动领域进行了系统的战略规划，对于保障能源供应安全和实现营地气候变化目标具有重要的现实意义。文件明确了欧盟在能源领域的中期政策目标，强调欧盟需要在能源生产、使用和供应方面进行意义深远的变革。为此，新战略文件拟定了未来五个优先领域及其相应行动计划。第一，实现能效的欧洲，争取到2020年实现节能20%的目标。第二，建设真正统一的泛欧能源市场，确保能源自由流动。第三，为居民和企业提供安全可靠和用得起的能源。欧洲内部具有开放性和竞争性且运行良好的一体化能源市场，可以为消费者提供更多选择和更低的价格，并确保欧洲经济重要产业的竞争性地位。欧盟认识到运行有效的内部能源市场是能源供应安全的保证。第四，推动技术研发和创新，扩大欧洲在能源技术和创新上的领先地位。第五，强化欧盟能源市场的外部层面，加强欧盟的国际伙伴关系。欧盟对外能源政策必须确保所有成员国的有效团结、责任和透明，并反映欧盟的利益，确保欧盟内部能源市场的安全。[②]

2. 法律工具

在能源安全领域，欧盟的大部分调整手段以"指令"的形式出现。

在石油储备方面，1968年12月，欧洲共同体通过了关于成员国承担持有最低原油和（或）成品油强制性储备义务的第68/414/EEC号法令，要求成员国持有最低65天国内日均消费量的石油储备。1972年，该要求提高到最低90

[①] 崔宏伟：《欧盟能源安全战略分析的三种理论视角》，《德国研究》2010年第3期。

[②] 房乐宪：《欧盟能源2020战略》，http://www.nevfocus.com/news/20110226/2020.html。

天。2009年9月，欧盟颁布了关于成员国承担保有原油和（或）石油产品最低储备义务的第2009/119/EC号法令，对实施40余年的石油储备机制进行了全面改革，主要内容包括采用与IEA一致的储备义务、储备规模的核算方法。[1]

在公众参与方面，欧洲共同体1982年《关于某些工业活动的重大事故危害的指令》（又称《塞芬索指令》）规定：各成员国必须设立主管部门，向可能受事故影响的人和公众主动提供关于安全措施和事故状况的情报；成员国必须保证生产者采取一切必要措施预防和处理重大事故，包括向政府主管部门报告已经查明的现有危险、采取的安全措施、装备的安全设施，向工人提供的安全情报和安全培训。欧洲共同体理事会在1985年《关于环境影响评价的指令》中对环境影响评价的范围、程序和公众参与等问题做了规定，包括：开发建设者对主管机关和公众提供项目资料；征求主管机关、其他部门和公众的意见；主管机关在审批过程中的责任，等等。[2]

在能源市场方面，主要内容包括电力、天然气等领域。

（1）电力领域。欧盟统一电力市场是欧盟统一化进程的重要组成部分，其目标是"在电力的生产、输电和配电的环节增加效率，增强供应的安全性，同时注重环境保护"。欧盟电力市场改革包括两条平行线路：一是通过欧盟电力市场指令，推动成员国进行国内市场自由化改革，欧盟要求成员国满足国内市场自由化的最低要求；二是促进跨国输电线路的建设和跨境电力交易规则的制定。1992年5月，欧盟颁布《欧洲理事会关于新热水器能源效率要求的指令》，要求功率在4—400千瓦之间的热水器必须符合欧洲统一的能效标准。同年9月，欧盟又颁布《欧洲理事会关于家用电器消耗能源和其他资源的标签和标准的指令》，要求各成员国的家用电器生产商和销售商在出售家用电器的时候，必须标明该电器的能耗指标，以便消费者选择购买低能耗产品。[3] 1996年，欧盟颁布《电力市场指令》，旨在部分开放市场，对电力部门的组织、生产、传送、分配以及财务公开和透明等方面做了具体的规定。[4] 2001年，欧盟颁布《提倡电力来自可再生能源的指令》，以鼓励增加可再生能源在国内能源消费市场中的比重，即由1997年的6%发展到2010年的12%；来自

---

[1] 肖英：《欧盟石油储备改革新动向》，《国际石油经济》2010年第4期。
[2] 蔡守秋：《欧盟环境法的特点及启示》，《福建政法管理干部学院学报》2001年第3期。
[3] 同上。
[4] 杨泽伟：《中国能源安全法律保障研究》，中国政法大学出版社2009年版，第84页。

可再生能源的电力则由13.9%发展到22%；到2050年可再生能源在欧盟能源供应结构中将达到50%。① 2003年，欧盟颁布新的电力指令（第2003/54号）规定各成员国必须承担实施实现社会经济凝聚力目标的义务，采取确保供应安全、能源效率和抗击气候变化的措施。②

（2）天然气领域。1990年6月，欧洲共同体通过《欧洲理事会关于改进产业最终用户天然气和电力价格的共同程序的指令》，要求成员国的天然气和电力经营者定期向欧洲共同体统计局通报价格信息，以提高市场透明度，这被视为统一能源市场行动的开始。③ 1990年和1991年，欧洲共同体分别制定了《电力过境指令》（Electricity Transmit Directive）和《天然气过境指令》（Gas Transmit Directive），要求各成员国采取必要的措施，为电力和天然气的过境提供便利。④ 2003年6月，欧盟颁布《欧洲议会和理事会关于内部电力市场共同规则的指令》和《欧洲议会和理事会关于内部天然气市场共同规则的指令》，对电力和天然气的生产、运输和销售制定了一系列共同规则。2003年10月欧盟颁布指令，对跨国天然气和电力供应中如何征收增值税和避免双重征税作出了具体规定。⑤

（3）其他领域。1993年6月，欧盟颁布《欧洲理事会关于协调水、能源、运输和电讯部门运营实体采购程序的指令》，要求成员国在发包各种能源勘探和生产、运输和销售企业项目时，必须在欧盟官方刊物上颁布招标通告。1994年5月，欧盟颁布《欧洲议会和理事会关于颁发和使用碳化氢勘探和生产许可证的指令》，要求成员国平等对待在欧洲共同体内成立的实体；但出于国家安全理由，可以拒绝被第三国或第三国国民实际控制的实体从事这些活动。2002年12月，欧盟颁布了《欧洲议会和理事会关于建筑物能源效率的指令》，要求成员国采取共同的方法，制定公用建筑物的能效标准，定期检查公用建筑物的热水器和中央空调系统，并对公用建筑物的能效进行认证。⑥

在环境保护方面，早在20世纪90年代初，欧盟就开始采取措施，限制二氧化碳排放和提高能源效率。这些措施包括：推进电力领域可再生能源发展；汽车厂商义务削减25%二氧化碳释放；建议能源产品的税制改革。2000年6

---

① 杨泽伟：《中国能源安全法律保障研究》，中国政法大学出版社2009年版，第88页。
② 龚向前：《欧盟能源市场化进程中供应安全的法律保障及启示》，《德国研究》2007年第2期。
③ 杨光：《欧盟能源安全战略及其启示》，《欧洲研究》2007年第5期。
④ 杨泽伟：《中国能源安全法律保障研究》，中国政法大学出版社2009年版，第84页。
⑤ 杨光：《欧盟能源安全战略及其启示》，《欧洲研究》2007年第5期。
⑥ 同上。

月，欧盟颁布《欧盟气候变化纲领》（European Climate Change Programme, ECCP），主要目标是明确并采取一切必要的措施来践行《京都议定书》。[1]

3. 实施工具

为配合指令、政策的施行，欧盟还制订了详细的计划和措施。

在计划方面有六个专项五年计划，即研究市场变化的 ETAP 计划、强化国际能源合作的 SYNERGIE 计划、开发可再生能源的 ALTENER 计划、提高能源使用效率的 SAVE 计划、在固体燃料领域使用环境友好型技术的 CARNOT 计划以及安全使用核能的计划。2003 年 6 月，欧盟颁布了第二个综合性能源计划"智能能源—欧洲（2003—2006）"计划，重点放在支持开发可再生能源和提高能源使用效率上，并提出了推动运输部门可再生能源燃料多样化的 STEER 计划和与发展中国家进行可再生能源和能源效率合作的 COOPENER 计划。2007 年 4 月，欧盟又通过了"欧盟未来三年能源政策行动计划（2007—2009）"。

在措施方面，中长期能源政策主要包括五大措施：建立欧盟统一的天然气与电力市场；保障能源进口的稳定与安全；实施全方位的国际能源战略，加强与欧佩克、经合组织等的合作，通过与俄罗斯建立伙伴关系及签署合作协定以确保欧盟能源供给的稳定，特别要保证欧盟中长期的能源安全，强化对中亚、里海与黑海地区能源产业的项目评估、商业投资与技术合作，进一步使能源供给的来源多样化；提高能源效率与扩大核能利用规模，达到欧盟至 2020 年减少能源消耗 20% 的目标，并提出要求各国明确节约能源的责任目标；研究新能源技术，开发绿色能源。[2]

二　欧盟的能源安全执法

（一）能源供应保障

1. 能源开采

欧盟重视通过与能源生产国对话，推动能源供应来源多样化。

1997 年 11 月，欧盟与俄罗斯签署《伙伴关系和合作协定》（PCA），把能源合作列为重要合作内容。2000 年 10 月，"欧盟俄罗斯能源对话"机制建立，欧盟在对话中一方面愿意向俄罗斯提供投资和技术，改进能源生产和运输能力；另一方面要求俄罗斯向外国企业开放石油、天然气和电力市场，接受

---

[1] "European Climate Change Programme", see http://ec.europa.eu/clima/policies/eccp/index_en.htm.

[2] 杨光：《欧盟能源安全战略及其启示》，《欧洲研究》2007 年第 5 期。

《能源宪章条约》所提出的能源投资、运输和贸易条件,为能源部门投资者提供"一站式"服务,建立快速解决纠纷机制,接受国际会计标准等,以此改善投资环境,也为欧盟企业进入俄罗斯市场铺平道路。

北非地区也是欧盟能源进口来源多样化的重点合作对象之一。1995年,欧盟与地中海南岸12个国家签署了《欧洲地中海伙伴关系协定》,并建立了"欧洲地中海能源论坛"以及"1998—2002年行动计划"等专门的能源对话和合作机制。在2000年召开的第三次论坛会议上,欧盟提出了多项优先合作领域,其中包括鼓励地中海南岸国家加入《能源宪章条约》、对能源工业实行私有化、建立与欧盟连接的能源基础设施等。[①]

2. 能源进口

欧盟对外能源进口的战略目标,是在世界上寻找价格最稳定、运输最便宜、供应量稳定增长的能源,同时尽量使能源进口来源多元化。[②]近年来,为了保证能源供应安全,欧盟国家从中东、中亚和北非推动面向欧盟的石油天然气管道建设和升级项目。1996—2006年,欧盟为实施INOGATE计划,以5600万欧元整合苏联共和国的石油天然气管道系统,以确保东欧和中亚国家的石油天然气顺利流向欧盟市场。欧盟已决定实施或已完成策划的石油天然气管道项目还包括:2007年建成的挪威与英国之间的天然气管道、预计2010年完成的波罗的海管道项目、预计2020年完成的伊朗至奥地利天然气管道项目、阿尔及利亚至西班牙和阿尔及利亚至意大利的跨海天然气管道、埃及经土耳其至欧盟的天然气管道项目、把运送里海石油的俄罗斯敖德萨至波兰布罗迪石油管道延长到捷克的项目、捷克布拉迪斯拉发至奥地利施韦夏特油管、保加利亚布尔加什港至希腊亚历山德鲁波利斯油管、罗马尼亚康斯坦察至捷克特热什季油管等。此外,意大利、西班牙、英国等国都在修建液化天然气码头,以便从中东、北非地区进口液化天然气。到2020年前后,随着这些项目的完成,在中东、中亚和北非石油天然气资源国与欧盟市场之间将形成一个庞大的石油天然气供应网络。[③]

(二) 能源研究与技术开发

1. 战略目标

欧盟能源研究与技术开发政策的战略目标是:合理、有效地利用有限的人

---

① 杨光:《欧盟能源安全战略及其启示》,《欧洲研究》2007年第5期。
② 徐建华:《欧盟能源安全战略探析》,《经济与社会发展》2008年第4期。
③ 杨光:《欧盟能源安全战略及其启示》,《欧洲研究》2007年第5期。

力和财力，最佳地组织实施能源研究与技术开发计划，缩短成果中试验、推广、产业化及商品化周期。①

欧盟注重开发有竞争力的多样化的能源，旨在到 2030 年将能源对外依存度保持在 70%，可再生能源的使用达到 12%，同时力争达到《京都议定书》规定的环境保护标准。目前，发展可再生能源是欧盟能源政策的一个中心目标。2006 年，欧盟能源政策绿皮书强调应开发具有竞争力的可再生能源和其他低碳能源和载体，特别是替代运输燃料。目前，欧盟绿色可再生能源技术的市场容量约占全球市场的 35% 左右。2007 年 1 月，欧盟委员会公布新能源政策提案，提出到 2020 年将可再生能源在欧盟能源消耗总量中所占的比例提高到 20%，并使之成为一个具有约束力的目标。② 2009 年欧盟委员会颁布的 2009/28/EC 指令，也明确要求成员国在 2020 年欧盟的可再生能源比率达到 20%，其中运输领域要达到 10%。③

2. 具体措施

2003 年 5 月，欧盟通过了一项旨在促进在交通领域使用生物燃油的指令。据此，到 2005 年年底，欧盟境内生物燃油的使用应当达到燃油市场的 2%，2010 年底达到 5.75%。④《欧盟可再生能源发展方案》要求，到 2020 年，可再生能源消费分别占到能源总消费的 20% 以及运输行业的 10%。⑤ 2004 年 2 月，欧盟颁布《欧洲议会和欧洲理事会关于根据内部市场有效热力需求推动热电联发的指令》，要求成员国研究分析本国实施热电联发的潜力并对现有的立法和调控措施进行评估，以推动热电联发技术的实施。⑥ 欧盟对推动可再生能源开发进行了大量的投资，并实行奖励措施，启动公共和私营的合作项目，设立了 31 种奖项，奖励了 700 多个项目、127 项合作。2003 年，欧盟还启动了"智能能源"项目，支持欧盟各项能源政策的落实，例如在建筑和工业领域提高能源的使用效率，促进新的可再生能源与当地环境和能源系统的整合，支持交通能源的多样化，促进生物燃油的使用，以及支持发展中国家可再生能

---

① 周弘：《欧盟如何应对能源安全危机》，《求是》2005 年第 21 期。
② 徐建华：《欧盟能源安全战略探析》，《经济与社会发展》2008 年第 4 期。
③ 陈早：《欧盟促进可再生能源使用指令 2009/28/EC 概述》，《标准科学》2011 年第 10 期。
④ 周弘：《欧盟如何应对能源安全危机》，《求是》2005 年第 21 期。
⑤ 《生物燃料发展受质疑 欧盟考虑修改政策》，http://www.biodiscover.com/news/hot/industry/101965.html。
⑥ 杨光：《欧盟能源安全战略及其启示》，《欧洲研究》2007 年第 5 期。

源的开发和能源效率的提高。欧盟要求各成员国对这些措施作出承诺。[①] 2008年2月,欧盟运输、通信和能源部长理事会在布鲁塞尔通过了欧盟委员会提出的《欧盟能源技术战略计划》,该计划将鼓励推广包括风能、太阳能和生物能源技术在内的"低碳能源"技术,以促进欧盟未来建立能源可持续利用机制。在2009年3月的欧盟气候变化与能源峰会上,欧盟成员国在能源安全以及气候变化等方面达成了一致,并制定了一系列新的具体方针。这些方针包括:发展欧盟的能源基础设施;提高石油和天然气的存储量,加强危机反应机制,促进能源供应的安全;提高能源利用效率;促进包括可再生能源在内的能源及其供应多样化。欧盟重在发展"绿色技术",欧盟委员会制订了一项发展"环保型经济"的中期规划,主要内容是欧盟将筹措总金额为1050亿欧元的款项,在2009—2013年的5年时间中,全力打造具有国际水平和全球竞争力的"绿色产业",计划将130亿欧元用于"绿色能源",280亿欧元用于改善水质和提高对废弃物的处理和管理水平,另外640亿欧元将用于帮助欧盟成员国推动其他环保产业发展、鼓励相关新产品开发、提高技术创新能力并落实各项相关的环保法律和法规。[②]

3. 主要成效

1971—2002年这31年期间,按照石油当量计算,欧盟国家的初级能源供应总量每年平均增长1.1%,而同期各类能源的地位因能源结构调整而发生明显变化:煤炭供应年均减少1.1%,石油仅年均增长0.1%,水能年均增长0.9%,而天然气、核能、生物质和垃圾以及其他可再生能源的供应却分别以每年4.7%、10.0%、3.1%和3.9%的速度快速增长,替代能源发展保持了强劲势头。[③]

同时,欧盟国家普遍实现了能源消费增长速度低于GDP增长。按照2000年美元固定价格计算,欧盟最初15个成员国每实现1000美元国内生产总值所耗用的能源已从1970年的0.272吨石油当量下降到2003年的0.186吨石油当量。[④]

(三) 能源环境保护

《欧盟气候变化纲领》是一个多元参与的过程,使相关的成员都能加入其

[①] 徐建华:《欧盟能源安全战略探析》,《经济与社会发展》2008年第4期。

[②] 《2010世界新兴产业发展报告(全文)》第二部分。

[③] 杨光:《欧盟能源安全战略及其启示》,《欧洲研究》2007年第5期。

[④] 同上。

中，广泛采用了政策的方式方法来解决温室气体排放的削减问题。在实行方面，与之相配合的是 ECCP 管理委员会，并组建了 11 个工作组，涵盖了如下领域：排放交易、清洁发展机制、能源供应与需求、最终用户设备及工业过程能源效率、运输等。每个工作组都有基于成本效益的考量削减方案。排放交易机制是《欧盟气候变化纲领》中具有创新性的亮点。

2005 年 10 月，主要利益相关方提出了《欧盟气候变化纲领 II》。它更加深入地探讨减少温室气体排放的更加有效的方案，并强调与欧盟的"里斯本战略"协调一致，进一步提高经济增长，创造更多的就业机会。新的工作组已经成立，工作范围涵盖了碳捕获和储存、轻型车的二氧化碳减排、航空领域的减排、与气候变化影响的适应性等方面。其中一个工作小组还将评估《欧盟气候变化纲领 I》的政策和措施在会员国的落实情况，以及上述方案在减排方面的效果。上述评估工作还将被纳入更广泛的《欧盟气候变化纲领 I》的审查过程，对于成员国为实现《京都议定书》目标承诺所作出的努力提供多方面的指引。

三　欧盟的能源安全司法

（一）处理行业不端行为

欧盟的司法机构在能源管理，特别是处理行业不端行为方面，发挥着重要的作用。2011 年 3 月 23 日，欧盟委员会表示，将对意大利政府提起诉讼，因为后者未能收回向美国铝业公司位于该国两家冶炼厂提供的 2.95 亿欧元非法国家援助。欧盟委员会负责竞争事务的专员 Joaquin Almunia 称，为了纠正非法国家援助所导致的不正当竞争，必须立即从受益人手中收回援助资金。欧盟委员会称，该委员会在 2009 年 11 月发现意大利政府以优惠电价的形式向美国铝业提供非法国家援助，这使该公司相对于其他竞争对手获得了不公平优势。[①]

（二）处理能源相关争议

欧盟的司法机构的另一项重要职能是处理能源相关争议。2011 年 7 月，欧洲钢铁联合会及 5 家大型企业就欧盟碳排放规定将加大成本向欧洲法院提出起诉。根据相关碳排放规定，2013—2020 年间钢铁行业成本将多增加 50 亿欧元，购买碳排放证书还需要额外支付 65 亿欧元。欧钢联认为，欧洲单方面的规定将使欧洲钢铁企业在竞争中处于不利地位，并且将严重威胁欧洲能源需求量大的

---

① 《欧盟将因美国铝业问题对意大利提起诉讼》，http://yazhuxx.com/2011/0325/1282.html。

工业部门的发展,因此希望能取消相关规定,并免费发放碳排放证书。①

四 欧盟经验对我国的借鉴意义

欧盟经验对我国的启示包括以下三个方面。②

(一) 整合战略目标

欧盟的能源安全战略从维护石油供应安全的单一目标的战略发展成为一种综合安全战略,并将环境保护和欧盟市场统一战略目标与能源安全的战略目标结合起来。在这种综合战略中,每一项重大举措都可以服务于多项战略目标,由此加强了欧盟的多项重大战略的协调性,而且形成了能源安全、环境保护和市场统一这三大战略目标相辅相成、相互推动、和谐推进的局面。

(二) 国家积极规制

就限制石油能源消费而言,欧盟各国普遍采取收取高额能源税的手段进行干预。在不同成员国的油品价格中,能源税的比例高达 1/3—2/3。从鼓励可再生能源发展来看,欧盟成员国的政府干预主要通过以下几种形式进行。

1. 企业引导

德国政府的目标是把可再生能源在全国能源中的比例由目前的 8% 提高到 2020 年的 20%,计划到 2030 年前后使风能占全国发电总量比例由目前的 4% 提高到 25%。对于企业而言,这种目标的制订可以使其明确市场前景,起到激励企业投资的作用。

2. 开辟市场渠道

欧盟以立法手段强制电力公司接受用可再生能源生产的电力入网,以帮助企业克服可再生能源发展初期的竞争力弱势和获取能源市场份额。德国 1991 年颁布《电力入网法》,要求电力公司购买可再生能源电力;2000 年颁布《可再生能源法》,要求电力公司优先购买用林业废弃物、垃圾和小水电等技术生产的电力。

3. 鼓励投资和消费

德国 1998—2003 年推行 "10 万太阳能屋顶计划",为个人和企业在屋顶安装太阳能设施提供长达 10 年的低息贷款和无息贷款。从 2005 年开始,对于光伏系统的软贷款由新项目 "太阳能发电" 维持,计划发放 16000 笔贷款,

---

① 《欧洲钢铁行业就碳排放使成本加大向法院提出起诉》,http://www.56ld.com/bencandy.php?fid=3&id=1302。

② 杨光:《欧盟能源安全战略及其启示》,《欧洲研究》2007 年第 5 期。

总量达 5 亿欧元。[1]

4. 推行配额制度

20 世纪 90 年代以来，一些国家开始采用"可再生能源发电配额标准"（Renewable Portfolio Standard），推动可再生能源开发。在该制度下，每个企业都有使用可再生能源电力的配额，完成这种配额是企业的法律义务，政府允许企业以"可再生能源证"（Renewable Energy Certificate）形式对其配额进行相互交易。已经采用这种制度的欧盟国家包括英国、荷兰和丹麦。

（三）注重有序落实

欧盟发布的指令和决定等具有法律效力的文件，有的是对能源政策的全面规划，有的具体规定了要求执行的标准、程序和指标，有的是对成员国一些成功做法的推广。欧盟的各项法律文件一般都是通过转化为成员国的国家法律、法规和标准甚至分解为量化的任务配额，并通过各个成员国的执行机构加以落实。欧盟和成员国之间法制系统的顺利衔接和运行，为能源安全战略的依法有序落实，提供了基本的保障。例如，1998 年欧洲理事会为落实《京都议定书》达成有关减少温室气体排放的《共同分担协议》，将减排指标分配给每个成员国，而每个成员国则根据其减排配额制订出一系列法律和财税激励措施加以落实。又如，德国 1998 年颁布的《最大耗能法》就是将欧盟提出的有关降温和冷冻设备最大能耗标准变成了国家标准，同年颁布的《能耗标签法》也是按照欧盟法律，落实对冷冻设备、洗衣机、烘干机、洗碗机和家用电灯强制实行能效标签制度。

---

[1] 吕薇：《可再生能源发展机制与政策》，中国财政经济出版社 2008 年版，第 164—165 页。

第二十三章

加强能源安全法治建设的对策建议

加强我国能源安全法治建设，需要进一步明确能源安全法律保障的指导思想和基本原则，完善能源安全立法，加强能源安全执法、司法和法律监督。在此过程中，应充分考虑到我国能源安全管理的现实需要，并借鉴其他国家的成功经验。

第一节 指导思想和基本原则

根据实现经济社会又好又快发展的内在需要，转变观念和政策，是完善我国能源安全法治保障机制的关键。完善能源安全法律保障的指导思想，应当明确能源法制的理念基础，同时贯彻能源可持续发展理念。为了健全能源安全战略，应推进经济效益、经济安全与环境保护的进一步协调，处理好市场机制与宏观调控的关系，同时逐步实现能源供应体系的多元化，形成竞争开放的国内市场。能源安全法律保障的基本原则应当包括国家利益保障原则、安全与效率兼顾原则和综合调整原则。

一 完善指导思想

（一）明确能源安全法的价值理念

能源安全法的价值理念包括安全性和可预见性两方面内容。

1. 安全性侧面

能源安全法价值理念的核心是"安全"。安全是指一种没有危险、不受威胁、不出事故的状态。[①] 对于社会来说，安全意味着安宁与和平；对于个人来

[①] 中国社会科学院语言研究所词典编辑室编：《现代汉语词典》，商务印书馆2002年版，第7页。

说，安全意味着生命、财产和其他自由权利免遭侵害和保存。[①] 作为法的价值理念的"安全"，其所关注的是如何保护人们免受侵害，以及"如何缓解伴随人的生活而存在的某些困苦、盛衰和偶然事件的影响"。[②] 就能源安全法而言，作为价值理念的内容的"安全性"主要关注社会经济系统和生态环境系统，包括社会经济安全和生态环境安全两个方面。

在社会经济安全方面，能源作为重要的战略性资源，与一国的政治经济实力密切相关。能源储量和产量、能源市场、能源贸易、能源储存和输送、能源勘探开采技术以及国际石油合作，不仅会对一国的社会经济安全产生重要影响，而且还与全球战略利益竞争、国际政治和军事态势、意识形态等密切相关。能源安全法应当就这些方面对一国社会经济安全方面的影响予以充分考虑，并将保障社会经济安全作为其重要目标之一。

生态环境安全亦称"生态安全"，是指人类社会或者一国生存和发展所需的生态环境处于不受或者少受威胁或者破坏的状态。[③] 能源产业的勘探、开采、输送、加工炼制、供应、消费、贸易等环节不可避免地会对生态安全造成影响。如果说这些活动对社会经济系统的影响是利大于弊的话，那么对生态环境系统的影响则更多的是弊大于利。例如，在石油开采过程中，钻井泥浆内加入的化学制剂会对井场周围的水域和农田造成不良影响，如果发生井喷，还会污染大片农田或者海域，影响生态平衡；天然气开采过程中容易产生硫化物和伴生盐水，从而污染大气和水源；在石油加工炼制过程中，会排放硫化物、氮氧化物、一氧化碳、氨、有机化合物等污染物；在石油利用过程中会排放温室气体和其他污染物，造成热污染和酸雨。[④] 能源安全法应当对相关活动进行调整，使其对环境的负面影响缩减到最低程度。

2. 可预见性侧面

哈耶克认为，秩序是指这样一种事态，即"可以从我们对整体中的某个空间部分或某个事件部分所作的了解中学会对其余部分作出正确的预期，或者

---

① 吴汉东主编：《高科技发展与民法制度创新》，中国人民大学出版社2003年版，第91—92页。
② [美]埃德加·博登海默：《法理学——法律哲学与法律方法》，邓正来译，中国政法大学出版社1999年版，第219页。
③ 杨京平主编：《生态安全的系统分析》，化学工业出版社2002年版，第26页。
④ 何强、井文涌、王翊亭：《环境学导论》，清华大学出版社1994年版，第103—107页。对于二氧化碳等温室气体是否属于污染物，目前存在不同的观点，在此不作深入探讨。

至少是学会作出颇有希望被证明为正确的预期"[1]。他认为，社会秩序"在本质上便意味着个人的行动是由成功的预见所指导的，这亦即是说人们不仅可以有效地运用他们的知识，而且还能够极有信心地预见到他们能从其他人那里所获得的合作"[2]。就能源安全法而言，"可预见性"主要是指行为的可预见性，即行为过程的可预见性和行为法律结果的可预见性。此处的"行为"，是指能源勘探、开采、输送、加工炼制、供应、消费、贸易等活动。

行为过程的可预见性体现为两个方面：一方面，行为主体可依法确定自身在一定条件下可为或者不可为之事。例如，根据各国能源安全法的一般内容，在从事能源勘探、开采、输送、加工炼制、供应、贸易等活动之前，行为主体应取得有关主管机关的许可；未经许可不得从事这些行为。这方面的"可预见性"体现了行为主体根据实在法对自身行为的性质和内容的判断。另一方面，行为主体可依法确定他人在一定条件下必为、可为或者不为之事。例如，一些国家规定，从事燃气等能源产品供应的能源企业负有义务提供安全、持续、可靠的能源供应与服务，消费者由此可依法预期，在通常情况下可以获得能源企业的普遍服务。这方面的"可预见性"体现了行为主体对他方行为的性质和内容的预期。可见，能源安全法中行为过程的可预见性，既包括了法律主体对自身行为的判断，也包括对他人行为的预期。当然，无论是"判断"还是"预期"，均体现了法的指引作用。[3]

根据一般原理，行为法律结果的可预见性可分为三类：第一类是鼓励性评价。例如，通过财政税收优惠政策，鼓励和引导单位和个人从事能源勘探、开采和利用新技术、新工艺的研究、开发和推广应用。第二类是认可性评价。只要行为人的行为符合能源安全法的要求，法律就不进行干预，而采取认可的态度。此类行为即通常所称的"合法行为"。第三类是否定性评价。这主要体现在行为人的行为违反了能源安全法中的义务性规定所引起的法律后果。此类行为即通常所称的"违法行为"。能源安全法的价值理念中行为结果的可预见性体现了法的预测作用。[4]

3. 安全性与可预见性的整合分析

安全性与可预见性并非孤立地存在，两者之间存在着密切关联。

---

[1] [英]哈耶克：《法律、立法与自由》第1卷，邓正来、张守东、李静冰译，中国大百科全书出版社2000年版，第54页。

[2] [英]哈耶克：《自由秩序原理》（上册），邓正来译，三联书店1997年版，第200页。

[3] 刘金国、舒国滢主编：《法理学教科书》，中国政法大学出版社1999年版，第271页。

[4] 同上书，第272页。

一方面，安全性是能源安全法的可预见性诉求的目的。能源安全法通过相应的法律规范，规定法律主体应为、可为或者不为之行为，实现法的指引和预测作用，从而确保社会经济安全和生态环境安全。在此，"应为"的行为主要是指法律规定的确保能源安全的义务，"可为"的行为是指法律规定的能源安全法主体可以从事、也可以不从事的行为，"不为"的行为是指法律禁止能源安全法主体从事的行为。可见，为确保安全性，能源安全法全面运用各类调控手段。

另一方面，可预见性是安全性诉求在立法中的具体体现和实现途径。安全性诉求的实现，有赖于并体现于能源安全法通过对行为主体的行为及其法律后果作出规范性评价。规范性评价直接体现可预见性诉求，并基于此实现安全性诉求。

在能源安全法的价值理念中，可预见性通过作用于行为过程和法律结果，作为实现安全性的手段和途径而存在；而安全性则是可预见性的目标和指向，是可预见性所力图实现的实质内容，概言之，两者之间是目的与手段之间的关系。

(二) 贯彻能源可持续发展理念

可持续发展，是指既满足当代人的需求，又不对后代人满足其需求的能力构成危害的发展。可持续发展理念的核心观点是：代际公平，强调当代人在发展与消费的同时，应当承认并努力做到使后代人有同等的发展机会，当代人的发展不能以损害后代人的发展能力为代价；代内公平，是一代人中一部分人的发展不应当损害另一部分人的利益，就是在一个国家范围内，地区利益服从国家利益；在国际范围内，国家利益服从全球利益；资源环境的可持续利用，是指在不超越资源环境承载能力的条件下，统筹规划，适度利用。在保持经济发展的同时，保证环境资源不遭到严重破坏，保持资源永续利用和提高生活质量；环境与发展的一体化，尽最大努力提高资源利用率，提高经济效益，保障经济稳定发展。①

在能源安全领域，可持续发展理念主要体现在三个方面：其一，能源可持续利用要实现代内公平与代际公平。可持续发展理念要求人们根据可持续性的条件调整生活方式，在生态可能的范围内确定自己的消耗标准。能源的开发和利用，不仅要考虑本代人的利益和需求，而且要顾及后代子孙的需要，避免后

---

① 教育部社会科学研究与思想政治工作司组编：《自然辩证法概论》，高等教育出版社2004年版，第86页。

代人从前代人种接下更糟的能源资源状况,影响后代人的生存和发展。其二,实现能源可持续性利用和发展。应立足于国内能源的勘探、开发与建设,同时加强对国际能源的利用,充分利用国内、国际"两种资源、两个市场",积极参与世界能源资源的合作与开发,以确保国内能源的可持续利用。其三,环境与发展的一体化。应统筹考虑城乡发展、区域发展、经济社会发展、人与自然和谐发展所需要的能源,实现能源和人口、资源、环境的协调发展和可持续发展。同时,能源安全立法应当充分发挥市场在配置能源的作用,通过价格、税收、拨款、信贷等经济刺激措施,鼓励能源的节约利用,综合利用降低能耗和成本,保证能源生产和利用的经济效益、环境效益最大化。

(三) 经济效益、经济安全与环境保护相协调

保护环境是生态文明建设对能源产业发展的基本要求。能源生产消费对环境影响很大,随着人民生活水平提高,环境问题将越来越受到全社会的关注。面对日益突出的环境压力,能源产业发展必须兼顾经济性和清洁性的双重要求,实现能源与环境协调发展。

经济效益即以尽量少的消耗获得尽量多的收益。在能源领域,经济效益意味着以尽可能少的能源能源消耗获取尽可能多的社会效益。能源是工业的根基,为国家带来重要的经济效益。经济安全是指一国最为根本的经济利益不受伤害,主要体现为:一国经济在整体上主权独立、基础稳固、运行健康、增长稳定、发展持续;在国际经济生活中具有一定的自主性、防卫力和竞争力;不至于因为某些问题的演化而使整个经济受到过大的打击和遭受过多的损失;能够避免或化解可能发生的局部性或全局性的危机。[①] 能源安全直接关系到国家的经济安全。同时,能源开发利用大多数是对物质事业能量的直接或者获取,不可避免地会对生态环境造成负面影响,由此又对经济效益和经济安全造成巨大的制约。因此,协调经济效益、经济安全与环境保护三者的关系,就成为完善能源安全法律保障机制的重要目标。

(四) 处理好市场机制与宏观调控的关系

就保障能源安全而言,市场机制与宏观调控缺一不可。由于能源产业事关国家经济命脉,有效的监管和协调必不可少。从前文所述的各国经验看,国家的宏观调在能源安全管理中发挥着重要的作用。特别是对涉及国家经济命脉的一次能源的管理,必要的行政规制十分重要,在能源领域,市场机制的最主要

---

① 新华社:《聚焦四中全会:如何认识维护国家经济安全?》,http://www.people.com.cn/GB/42309/42310/3080109.html。

功能是应对由自然垄断所形成的一系列的弊端,通过价格机制和供求机制,确保竞争性市场的有效运行,其积极作用也不容忽视。长期以来,我国能源安全管理的主要手段是行政规制,对市场机制的积极作用发挥不足,在进一步立法及其实施过程中应当注意。

二 确立基本原则

(一) 国家利益保障原则

此处的国家利益,主要是指能源开发利用所涉及的经济利益、社会利益和生态利益。在横向维度上,首先应承认三者之间的内在统一性,即在一般情况下,三者之间相互支持、相互促进。其次应将确保国家重大经济利益置于首位;但在特殊情形下,如发生重大油气价格波动从而严重影响社会稳定,发生重大油气事故从而对生态环境造成或者可能造成重大不利影响时,应以社会利益和环境利益为优先考虑。

在纵向维度上,应当处理好现实利益与长远利益之间的关系。应从战略的高度充分考虑后代人的长远利益,并在此基础上确保后代人在合理的时期内可以持续利用能源资源。在此前提下,能源安全法应充分重视满足当代社会经济发展的需要。两者之间的衔接点在于社会经济和技术的发展程度,特别是新能源和可再生能源的发展程度。随着新能源和可再生能源在社会经济发展中地位的不断提升,能源安全法协调现实利益和长远利益的具体策略、机制、制度和措施也会相应地发生变化。

(二) 安全与效率兼顾原则

在此应着重处理好如下三个方面的关系:

其一是经济安全与效率。从能源安全的视角看,国家整体经济安全性的要求高于作为产业发展指标的效率性的需求。例如,尽管企业储备的动用可能会影响到产业发展效率,甚至储备本身在很大程度上属于国家施加给油气企业的"额外"义务,但是基于安全性的重要作用,确保安全优先的实践是合理的。

其二是生态安全与效率。在一般情况下,二者之间不是非此即彼的互斥关系,因为环境保护要求目前已全面渗透于能源产业发展的各个环节和各个领域,成为能源产业发展不可分割的内容。但在特殊情况下,例如在发生因能源开发利用而产生环境污染的情况下,这种内在统一的平衡关系即被暂时打破。在此情况下,基于安全与效率兼顾原则,应将确保生态安全作为首要选项,从业者不得以产业发展为由拒绝履行环境保护义务,或者拒绝环境损害赔偿。

其三是安全性的相对性与效率标准。根据安全科学原理,"安全"不具有绝对性，而仅是指免受不可接受的风险伤害的状态。"某一安全性在某种条件下认为是安全的，但在另一条件下就不一定会被认为是安全的了，甚至可能被认为是危险的"①。与其他产业活动一样，能源产业活动不可能零风险。因而，能源安全法不以确保绝对安全性为目标，而只能确定一个可接受的标准，以达到一种相对的安全性。详言之，由于生态系统和环境要素具有自我恢复能力和自我净化能力，生态安全并不是指生态环境完全不受能源产业活动的影响，而是指此种影响不对生态系统的结构和功能的复杂性、自我维持能力、抵抗能力、恢复能力、生物多样性、营养循环和生物数量的稳定性等方面构成不良影响，亦即，使产业活动的范围和强度控制在生态承载力和环境容量之内；而社会经济安全也并非要求产业活动不对社会经济系统构成任何影响，而是指将影响控制在社会经济系统的承载范围之内，从而不对其正常运行产生不可控的负面影响。由于安全具有相对性，效率标准也就可能相应地发生变化，从而在整体上影响产业的发展。

（三）综合调整原则

综合调整原则，是指国家在规制能源产业活动、保障能源安全过程中综合运用市场机制和行政手段，充分发挥两类机制的优势，形成一个相互支持、互为补充的调整机制。市场机制的积极作用可以概括为五个方面：通过价格信号，市场机制反映各类资源的稀缺程度，调节和实现经济资源的合理配制；通过公平竞争，优胜劣汰，推动技术进步，同时实现经济资源的优化配置；市场信息是引导和调整企业生产发展方向的依据；市场是联系各个企业、使社会再生产顺利进行的桥梁和纽带；市场是政府实现调控的中介。② 同时为了克服市场失灵，各国在不同时期采取了不同程度的行政手段。一般认为，政府的经济职能主要在于提高效率、增进平等性和促进宏观经济的增长与稳定三个方面。③

任何国家都并非仅采用行政规制或者市场机制的单一手段保障能源安全。混合干预政策对许多国家能源产业的健康发展和能源安全保障起到了非常重要的作用。从理论上看，混合干预政策对凯恩斯主义全面干预政策进行了修正，认为社会经济活动应主要由市场进行调节，而政府的作用则在于监督、协调和

---

① 金龙哲、宋存义主编：《安全科学原理》，化学工业出版社2004年版，第13、120页。

② 邹名扬主编：《政治经济学新编》，中国政法大学出版社1999年版，第373—375页。

③ [美]保罗·A. 萨谬尔森、威廉·D. 诺德豪斯：《经济学》（第十四版），首都经济贸易大学出版社1996年版，第73页。

政策指导;[①] 从实践上看,无论在历史上还是在已经充分商品经济化的社会中,与自然资源直接相关的经济活动也从未完全市场化或者完全由国家控制。[②] 市场机制与行政手段总是相辅相成地共同为能源资源的有效利用和能源安全的保障发挥各自的积极作用。

第二节 完善能源安全立法

为了完善我国能源安全立法,应当制定科学的能源基本法,加快制定缺位的重要立法,修改现行相关立法,加强配套立法,并做好与相关立法的有效衔接。

一 制定能源基本法

2007年,国家能源领导小组办公室和清华大学分别提出了《能源法》的征求意见稿和专家建议稿。结合这两稿的内容以及本研究上文的研究结论,我国能源基本法的内容建议包括如下方面。

(一)主要内容

能源基本法的主要内容应当包括如下几个方面:总则,包括立法目的、适用范围、立法原则、职业健康与环境保护、教育与宣传等内容;能源监督管理,主要规定能源事务协调机构、能源行政主管部门和能源监督管理机构;能源市场,包括能源资源所有权、能源资源开发利用权、能源投资、市场竞争规制、禁止权利滥用、能源行业协会、消费者权利、市场准入、能源供应与服务、能源对外贸易、能源价格等方面的内容;能源安全,这是与本研究联系最为密切的部分,详见下文;能源环境保护;能源国际合作;等等。

(二)能源安全法律制度

在能源基本法中,涉及能源安全的主要法律制度包括如下几个方面。

1. 能源储备制度

在能源基本法中,应当明确规定国家能源战略储备制度,构建国家储备和企业储备相结合的能源战略储备体系。我国目前的石油储备以政府主导为特

[①] 李昌麒:《论市场经济、政府干预和经济法之间的内在联系》,载杨紫烜主编《经济法研究》第1卷,北京大学出版社2000年版,第65页。

[②] 肖乾刚、姜建初:《资源法制:创新与重构——可持续发展与我国自然资源法制》,载杨紫烜主编《经济法研究》第1卷,北京大学出版社2000年版,第466页。

色,在能源基本法中应当明确承担国家能源战略储备任务的企业保证储备能源的品种、数量和质量等符合标准、依法履行相应的能源安全等保障义务。同时,应当规定能源储备品种多样化战略,加强煤炭、石油、天然气、铀矿等战略能源或稀缺能源的储备。此外,能源基本法还应当对能源储备资金支持、能源储备的轮库、动用、补充等问题作出规定。能源储备的最重要内容是石油储备,详见下文。

2. 能源供应保障制度

稳定的能源供应保障是能源安全的重要方面。能源基本法一方面应当明确规定能源基础设施安全方面的内容,规定国家保障能源通道畅通与安全的义务,加强能源基础设施保护,特别是针对盗窃、抢劫或者破坏能源基础设施的行为明确规定处罚措施。另一方面,应当规定能源供应主体的普遍服务义务。从事民用电力、热力、燃气等能源产品供应的法律主体,应当为用户提供安全、持续、可靠的能源供应和服务。

3. 能源市场与价格制度

能源基本法应规定能源勘探、开发、生产、输送和分配实行市场准入制度,对从事行相关行为的法律主体实行许可制度。要获得许可,相关法律主体应同时具备如下条件:具有从事能源生产、供应与销售所必需的资金、技术、设施和设备;具有从事能源生产、供应与销售的专业技术人员;最近三年内无重大违法行为;法律、法规规定的其他条件。[①]

能源基本法应当明确要求从事民用电力、热力、燃气及其他能源产品供应的能源企业负有为公民提供安全、持续、可靠的能源供应与服务的义务,即普遍服务义务;能源供应管网应当公平、无歧视地向合格的能源企业和用户开放;实行能源输送与配售相分离的制度,在能源终端供应服务领域引入市场竞争机制。[②]

能源基本法应当规定,在政府定价和政府指导价的基础上,对于条件成熟的能源资源、能源产品和能源服务实行市场调节价;确定政府定价和政府指导价时,应当考虑能源资源、能源产品和能源服务的社会平均成本、市场供求状况、能源赋存现状、国民经济与社会发展要求以及社会承受能力等情况;其他能源资源、能源产品与能源服务的价格实行市场调节价。[③]

---

① 清华大学《能源法(专家建议稿)》第35条。

② 同上书,第41—44条。

③ 同上书,第47—49条。

4. 能源效率与节约制度

在此应当与节能减排有机结合，明确能源企业和重点用能单位的节能减排义务。同时，应当规定制定能源效率标准，包括国家标准和行业标准，健全有关能源效率标准体系。可以规定促进提高能源效率的激励措施，包括对化石燃料征收能源税、有关提高能效的财税和价格优惠等。在节约能源方面，应当对节约能源的基本国策以及能源企业和其他法律主体的节能义务作出规定。

5. 能源环境保护制度

在应对气候变化的宏观背景下，能源基本法应当明确规定对清洁能源发展的支持和促进措施。逐步提高清洁能源在能源结构中的比例，促进能源结构优化。同时，应当鼓励企业和个人参与清洁发展机制，提高减缓温室气体排放的能力。

同时，能源基本法应当与环境影响评价制度和"三同时"等制度相衔接，规定未通过环境影响评价的能源规划，不得实施；未通过环境影响评价的能源建设项目，不得审核；并认真执行"三同时"制度。应当规定能源企业和重点用能单位的环境自认，如签订环境保护目标责任书等，并明确规定其违法责任。

6. 能源对外合作制度

能源基本法应鼓励能源对外合作，尤其是在能源节约与合理利用、发展替代能源、能源技术研究与教育等领域的合作。开展广泛的能源项目合作。在能源对外投资方面，能源基本法应当就对外能源服务金融机构和能源投资发展基金的建立作出规定，并规定相关的信息支持机制。在能源进出口方面，能源基本法应当明确规定限制或者禁止进出口的事项。根据清华大学的研究，这些事项包括如下内容：为维护国家安全、社会公共利益，需要限制或者禁止进口或者出口的；国内供应短缺或为有效保护可能用竭的能源资源，需要限制或者禁止出口的；出口经营秩序出现严重混乱，需要限制出口的；依照法律、行政法规的规定，其他需要限制或者禁止进口或者出口的；根据我国缔结或者参加的国际条约、协定的规定，其他需要限制或者禁止进口或者出口的。[①]

二 加快制定缺位的重要立法

目前急需制定的重要能源安全立法包括《石油天然气法》、《石油储备法》和《原子能法》。分述如下：

---

① 清华大学《能源法（专家建议稿）》，第46条。

(一) 制定《石油天然气法》

《石油天然气法》的核心内容应当包括如下几个方面。

1. 管理体制

《石油天然气法》应明确我国石油天然气产业管理机构的构成、管理机构的职能、管理机构的资金来源、管理机构运行的原则等问题。应设立综合性石油天然气行政主管机关和独立的石油天然气监管机构。其中，石油天然气行政主管机关设置为能源部下负责石油天然气管理的司（局），监管机构应设置为国家能源监督管理委员会下负责石油天然气监督管理的分支机构。制度设计的基本思路是实现"政企分离"和"管监分离"，并充分发挥市场机制的作用。

2. 矿权管理制度

《石油天然气法》应当就石油天然气矿权（包括探矿权和采矿权）的获得、流转、收回等问题作出明确的规定，进一步发挥市场机制的积极作用，允许具备勘查资质的企业获得矿权，谨慎地引入合同机制，健全勘探开发区块退出机制，就建立合理的矿权流转机制作出框架性的规定。法律文本的具体内容可以包括：取得矿权资格的程序和条件；许可证持有者的基本权利和义务；合同持有者的基本权利和义务；许可证条件下的财税条件；合同条件下的财税条件；投资限制；矿权转让；矿权展期；矿权撤回；矿权终止；矿权过期；不同矿产资源并行采矿权安排；跨界区块争议解决程序。在这其中，与现行《矿产资源法》相衔接的内容可在立法技术上采用指引性规定。

3. 管道经营准入制度

在石油管输经营准入方面，石油管道输送可与其他运输工具平行竞争，不具有形成垄断的特殊条件（这与下文所述的天然气管道输送有所不同）。但鉴于石油资源的战略地位以及我国石油管道输送的发展现状，进一步立法应当在现有制度的基础上，在如下两个方面作出谨慎的调整：一方面，关于管道建设投资的要求。首先，规定管道建设投资的资金标准和资质要求，确保管道公司拥有足够的经济实力、相当的技术实力和运营能力。其次，在符合资质要求的前提下，允许民间资本依法进入，保持市场的良性运作。再次，重视消费者权益和公共利益的保护。应考虑管道公司能否在保证合理盈利的情况下进行相对合理的收费，确保消费者不承担高昂的使用费用，并有利于能源供应的保障。最后，对可能产生的环境影响进行充分评估，责令相关企业和单位采取有效措施尽量避免对环境的不利影响，同时采取有效的措施进行环境恢复。另一方面，准入制度的具体内容安排。首先，将第三方准入纳入许可条件。管道公司在获得建设和运营许可时，应同时承诺向第三方提供无歧视的接入服务。获得许可后如不履行此项义务,应予处罚,并要求其采取补救措施。其次,明确规定第三方的权利和义务。对第三方行使接入权的条件、程序和救济手段等作出规定,同时规定其应当承担的义务,如支付相应的费用等。[①]

在天然气管输经营准入方面,[②] 建议从如下三个方面完善我国天然气管输经营准入制度:首先,推动建立第三方准入机制。可首先对长输管道实行协商性的第三方准入制度,要求管道企业公布指导性的运输费率和协商程序;之后,可在财务上分离运输业务账目,监管部门对账目进行审计,避免出现歧视、交叉补贴和不正当竞争行为;[③] 待时机成熟后,再形成健全的第三方准入机制。其次,逐步实现管道中立。为避免形成垄断,管道公司应在管理和经营上独立于上游或下游业务。管道公司应公开其管网开放的规范和程序,其主要内容应包括:分离管道公司运输与供应职能的方案;运输管道第三方准入的一般规定;服务条件、用户资格和收费标准等。[④] 此类规定有利于贯彻公开准入原则。当然,考虑到我国的现实情况,管道中立应逐步推进。最后,采取差别性政策。在气源已经或即将多元化、市场竞争格局已经或即将形成的东部等地区,应实行第三方准入,并可考虑设立区域性监管机构,作为建立全国性监管体系的试点。对于基础设施已具一定规模但气源市场竞争性不足的地区,应着重提高输配系统运营效率,促进气源开发。在其他刚刚步入发展初期的地区,应鼓励基础设施投资,对天然气商品和服务价格进行有效的监管。[⑤]

4. 石油定价制度

现行的在国际三地原油加权平均价格基础上加一定成本、再加一定利润的

[①] 本部分参考了作者作为主要承担者参加的中国—欧盟能源环境项目"石油天然气立法支持项目"子课题"石油天然气输送管网监管研究"的相关研究成果。

[②] "天然气输送"在不同情况下具有不同的内涵:对于陆上天然气而言,是指将可出售的管道天然气从加工(净化)厂出厂处运输到电厂或其他直接由运输管道供气的大型耗气装置,以及城市配气系统的城市门站;对于海上天然气而言,是指从到岸处运输在海上净化过的天然气和从陆上加工厂出厂处运输净化过的天然气到上述连接点;对于进口液化天然气(LNG)而言,是指将可出售的管道天然气从气化厂出厂处运输到上述连接点。参见世界银行、中国国务院体改办经济体制与管理研究所基础设施咨询基金联合报告《中国:天然气长距离运输和城市配气的经济监管》,2000年12月,第24页。

[③] 罗东坤、褚王涛:《借鉴欧美经验制定中国天然气法律》,《天然气工业》2007年第1期。

[④] 世界银行、中国国务院体改办经济体制与管理研究所、基础设施咨询基金联合报告:《中国:天然气长距离运输和城市配气的经济监管》,2002年,第15、46页。

[⑤] 国家发展改革委经济体制与管理研究所、《中国石油天然气行业监管体系研究》项目组:《中国石油天然气行业监管体系研究》,石油工业出版社2007年版,第130页。

成品油定价机制,对于保证国内市场供应、降低国际市场价格非正常波动给国内市场造成的负面影响,发挥了重要的作用。同时,该机制也存在价格调整滞后、定价基点过高、缺乏风险控制措施等问题。①

石油下游产业属于非自然垄断产业,定价机制的完善应着眼于实现市场定价。但在有效竞争市场尚未形成之前,我国难以一步到位地实现完全市场定价。基于此,建议从如下三个方面完善我国石油定价机制:其一,进一步调整政府在石油价格管理方面的职能,使之由价格制定者转变为宏观调控者,充分发挥市场配置资源的基础性作用。如果石油价格处于正常波动范围之内,政府的职能应限于市场监管,规范经营者行为,使价格充分反映市场供求的变化。只有在石油价格的变动超出正常范围时,政府才动用行政权力,干预市场运行。在此,油价变动"超出正常范围"的情况包括:发生全国或局部地区石油供应中断或大幅度减少,造成或可能造成国内供需严重失衡;国内市场石油价格大幅度上涨,已经或可能使国民经济遭受重大影响或损害;等等。其二,使国内油价与国际油价进一步接轨。目前,我国原油价格的调整比国际油价调整滞后20天,对国际市场的反应相对滞后。应进一步完善成品油的国内价格与国际价格的接轨制度,进一步完善国内石油价格与国外石油价格的联动机制,②使国内石油价格更及时、更全面地反映国际市场的动态变化。为此,应进一步缩短国内成品油价格调整的滞后期,将目前的调整周期逐步缩短,最后与国际油价同步。另外,目前的油价调整基数是在国际油价大幅下降而我国国内仍然沿用半年之前国际高油价时期的价格基础上制定的。随着国际油价的回升,势必加重消费者的实际负担。建议在适当的时候改变目前的调价基础,以长期均价作为测算依据。其三,在完善目前燃料油期货市场的基础上,增加石油交易品种,最终建立健全的石油期货交易体系。③ 石油企业可以利用期货市场进行套期保值,从而规避价格风险。健全的石油期货交易体系也有利于我国尽快融入全球石油定价体系,在国际石油定价中发挥更大的作用。但是,我国石油天然气产业目前处于高度集中的状态,主要企业不希望放弃左右市场价格的权利。同时,国内石油生产商基本可以接受目前国际原油每桶60—70美元的价格,国家通过石油期货改革油价定价方式的意愿可能不是很强。因此,形

---

① 史丹等:《中国能源工业市场化改革研究报告》,经济管理出版社2006年版,第19—20页。

② 高洁:《我国国内外石油价格联动机制研究》,硕士学位论文,四川大学,2007年,第38—45页。

③ 史丹等:《中国能源工业市场化改革研究报告》,经济管理出版社2006年版,第241页。

成健全的石油期货交易体系可能需要逐步推进。

5. 天然气定价制度

在《石油天然气法》中，应当从如下几个方面完善天然气定价制度。首先，重视宏观调控，实施有效监管。尽管设立独立的监管机构是欧美国家的普遍经验，但考虑到我国由于天然气市场体系尚未成熟，竞争机制尚不健全，所以目前设立独立的监管机构可能为时尚早。最可行的策略是加强宏观调控，加大天然气上游企业勘探开发基金的财政投入，提高企业生产积极性。同时从税收、技术、环境保护等方面加强调控，调节天然气消费结构，促进天然气市场发展。为了保护弱势用户（如家庭和小型商业用户），应在推进市场定价的同时，确保针对弱势用户的价格应与天然气替代价值的水平相当，对配气公司收取的最高气价进行有效监管。其次，引入竞争机制。采取循序渐进的路径，"管好中间，放开两边"，推进天然气价格的市场化：在上游领域，由现行的国家定价向指导价过渡，在确保资源安全和供应稳定的前提下，激励投资者的积极性；在中游领域，允许第三方进入天然气管输网络，但有鉴于中游领域的自然垄断性质，对管输价格仍然进行严格监管；在下游领域，逐步向市场定价过渡。再次，完善定价技术。应以天然气的热值为基础进行，并对单位体积天然气的质量作出规定。遵循"消费量越大，单位气价越低"的政策，收取容量费，以鼓励天然气的使用。重视能源比价，将天然气价格与可替代能源（如燃料油、柴油、LNG等）价格和物价指数挂钩，以鼓励天然气消费。最后，实施进口多元化战略。应加强与中亚、俄罗斯等国家和地区的能源合作，分散天然气进口地，同时鼓励中石油、中石化、中海油等国内大型石油公司加强与产气国的合作，共建天然气加工企业，保证国内供气安全和气价平稳。①

6. 环境保护制度

我国现有的石油天然气开发利用环境保护制度主要体现在相关立法和石油企业制定的内部环境管理规程中。这些制度为我国石油天然气开发利用中的环境保护工作提供了重要的法律依据，但同时在效力、信息管理、公众参与程度等方面也存在问题。为此，《石油天然气法》应当从如下几个方面对目前的石油天然气环境保护制度进行完善。首先，与现有法律制度深入衔接。《石油天

---

① 曹琛：《我国天然气定价机制研究》，硕士学位论文，中国石油大学，2007年，第48—49页；史丹等：《中国能源工业市场化改革研究报告》，经济管理出版社2006年版，第270—273页；国际能源署：《开发中国的天然气市场——能源政策的挑战》，朱起煌等译，地质出版社2003年版，第136页；霍小丽：《我国天然气定价机制的建立与完善》，《中国物价》2007年第11期。

然气法》应更充分地吸收环境保护相关立法的最新成果。例如，环境影响评价制度是贯彻环境保护法风险预防原则的一项重要制度。进一步立法应充分考虑现行环境影响评价相关立法的发展，在立法技术上进行适当处理，使之与国家环境保护立法实现较好的衔接。同时，对相关问题作出更加明确的规定。例如，我国目前实施的是2000年修订的《大气污染防治法》，其中对油气回收等问题只字未提。随着我国经济高速增长，油库、加油站等服务设施和场所成为新的大气污染源，油气挥发可能带来一系列的环境问题。①《石油天然气法》当对此给予高度关注。其次，提高制度效力和可操作性。我国目前具有较强针对性和较高可操作性的石油天然气开发利用环境保护制度的内容大多规定在三大石油公司的有关内部规程中。在实践中，这些规程发挥了较大的作用。然而，这些文件毕竟不是国家立法，在适用范围上具有局限性，而具有更高法律效力的立法又未对石油天然气开发利用环境保护作出专门而明确的规定。因此，通过《石油天然气法》，对石油天然气开发利用作出明确的、具有可操作性的专门规定，便成为迫切之需。② 最后，重视公众参与和激励机制。应吸收现有相关立法中有关公众参与环境保护的法律规定，将公众参与环境保护的主

---

① 例如，油气挥发物经紫外线照射后，会与空气中的氮氧化物发生物理化学反应，生成光化学烟雾，形成温室效应，破坏臭氧层。同时，油气挥发和泄漏对人类生存环境构成了威胁。油气的主要成分是苯、二甲苯、乙基苯及其他碳氢化合物，多属致癌物质，油气挥发物被吸入人体后，会对人体产生直接的危害，并可能造成爆炸和火灾的隐患。为了应对这些问题，一些国家几十年前就开始从立法层面作出了相应的规定。1975年，美国联邦法规文件中首次提及控制汽车加油油气逸散的管制方案，计划在全美空气质量最差的地区，采用油气回收技术作为加油时油气逸散的控制策略。1977年修订的《清洁空气法》规定，特定地区必须采用油气回收技术以控制加油时的油气扩散。20世纪80年代后期，美国进一步完善了《清洁空气法》，其中明确指出，只有当加油站安装油气回收系统后才能满足环境保护法规的要求；1990年《清洁空气法》中规定："对认定为臭氧污染造成空气质量不好或严重的地区，必须推行第二阶段油气回收计划以作为管制措施。"目前在美国加州和美国中心城市已全部安装了二次油气回收装置。在欧洲，针对加油站建设方面也有着严格的标准规范。不少南美国家和亚洲国家也纷纷采取措施，效仿欧美国家来约束本国加油站的安全环境保护建设。我国目前尚未针对防治油气挥发污染大气环境制定专门的法律规范。

② 一些国外经验可供借鉴。例如，印度尼西亚2001年的《石油天然气法》在有关原则和目的的第3条中规定，产业活动应当持续不断地符合环境保护的要求；在有关上游业务活动的第11条中规定，合作合同应当包含关于环境管理的条款；在有关鼓励措施的第38条中规定，无论是国家立法还是产业获得，均应充分考虑环境条件和环境保护的要求。伊朗伊斯兰共和国《石油法》第7条规定："在实施石油工程时，石油部应制定正确完整的监理计划来保护石油的储藏，与有关组织协作保护自然资源和设施、防止环境（空气的、水的、土壤的）污染。"再如，马里2004年的《碳氢化合物勘探、开采、运输和提炼组织法》专门就"环境、卫生、安全和文化遗产"作出了规定。

要制度进行内化。就激励机制而言，目前在财税制度和法律责任等方面均有待完善。法律责任制度可在立法技术上从责任形式、责任大小等方面进行完善。与法律责任制度相比，财税制度的完善难度更大。石油财税制度体系至少包括石油增值税、石油企业所得税、石油资源税、石油消费税、针对海外业务的特殊优惠等方面。

(二) 制定《石油储备法》

为防范石油供应风险，保障国家经济安全，使我国的石油储备的建设、管理、动用、监管等有法可依，应尽快制定《石油储备法》，其具体内容应包括如下几个方面。

1. 管理体制

《石油储备法》应当规定统一监管的管理体制。国务院为决策主体，决定石油储备的规划、政策、建设、收储、资金、动用等重大事项。国务院能源主管部门和相关部门是管理主体，负责编制规划和计划，提出收储计划、储备动用建议，组织实施决策层确定的规划、计划和石油储备动用；受托国有石油企业和政府认定的承储企业是实施主体，负责执行国家石油储备基地建设、储备石油采购等任务，执行政府储备动用和轮换指令，进行储备设施的维护和储备石油的保管等。

2. 政府和企业储备

《石油储备法》应当建立完善的政府储备机制。储备规模应当至少高于中等发达国家平均水平，并充分考虑国家经济安全需要和财政预算。国家经济宏观主管部门和能源主管部门申报政府石油储备项目，经批准后组织有关企业实施。地方政府应为项目建设提供便利，协调解决土地征用、拆迁安置、配套公用设施、社会治安等有关问题。

《石油储备法》应当规定，从事原油加工的企业和成品油批发的企业，必须承担企业储备义务。企业储备所需的建设资金、采购资金和运行管理费用由企业负担。建议原油加工企业原油最低库存量为该企业上一年20天的日平均原油加工量；成品油批发企业成品油最低库存量为该企业上一年15天的日平均成品油销售量。企业储备的原油和成品油采购、储存、更新串换由企业自行决定。企业储备的数量可以根据国家石油消费情况适时适量调整。

3. 储备动用与恢复

《石油储备法》应当规定，因突发事件等导致全国或局部地区石油供应中断或大幅度减少，已经或可能造成国内市场供需严重失衡，国民经济可能遭受重大影响或损害，以及国务院明确需要动用国家石油储备的其他情形下，国家经济宏观主管部门、国家能源主管部门、国家财政主管部门等提出动用国家石油储备的建议或应急预案，报国务院批准。依法动用企业储备，相关企业应当执行。国家石油储备动用后，国家经济宏观主管部门、国家能源主管部门、国家财政主管部门应提出石油储备恢复方案，石油储备企业应当按要求完成。

4. 财政与资金支持

《石油储备法》应当规定，政府石油储备建设资金、储备石油采购资金和储备运行管理费用由国家财政解决。项目建设资金由国家经济宏观主管部门、国家能源主管部门根据国务院批准的可行性研究报告，申请、筹措国家财政专项资金；储备石油采购资金由国家经济宏观主管部门、国家能源主管部门根据国务院批准的收储计划申请，由国家财政专项资金安排。

5. 安全与环境保护

《石油储备法》应当规定，石油储备基地安全生产、消防和治安保卫工作由受托国有石油企业负责；地方政府、安全生产、公安等部门依法实施监督和指导。受托国有石油企业应设置安全生产、消防、治安保卫和环境保护管理机构，配备专职人员，明确职责任务，建立各项安全管理制度，并制定火灾等安全事故应急预案和治安突发事件处置预案。政府石油储备从业人员必须接受安全生产、消防安全、治安保卫等教育和培训。石油储备基地应加强环境保护管理，采取有效措施，避免石油泄漏和废弃物排放对环境的污染。

（三）制定《原子能法》

美国于1946年颁布《原子能法》，1954年进行了修订；英国于1946年颁布《原子能法》，之后又做了修订和补充；日本于1955年颁布了《原子能法》；韩国于1958年颁布了《原子能法》；法国尚未制定《原子能法》，但把各项法律分散在国家其他法律中。[①] 我国是全球在建民用核设施最多的国家。我国的核能立法自1984年即已起步，但近30年中没有实质性进展。

日本核电危机对我国核能立法进程起到了推进作用，《原子能法》已列入2011年国务院立法工作计划，作为第三类需要积极研究论证的项目，由工业和信息化部、环境保护部和国家能源局联合起草。在《原子能法》征求意见稿尚未公布之前，我们期待该法包括如下几方面的内容：核材料管理，包括：对铀矿资源的保障与勘查采冶管理、对核材料的国家管制、利用许可和审批、持有者的法律义务等。核设施管理，包括：管理体制、核设施建设和运营许

---

① 王硕：《中国原子能法草案拟征求意见 围绕核安全立法》，http://news.hexun.com/2011-04-25/129006793.html。

可、核设施资质认证、规划区、营运单位的法律义务、核设施退役等。核技术管理，包括：管理原则、研发管理、生产应用许可、安全管理、人员资质管理等。核废物管理，包括：管理原则、经费来源、许可审批、放射性废物运输的许可、运输主体、运输工具、运输安全责任、跨境运输等。核安全保障，包括：基本方针、管理体制、应急计划、应急救援等。核物质进出口，包括：进口管理、出口管理、专营权、放射源的进出口管理等。应急与赔偿，包括：应急计划、应急救援、损害赔偿原则、营运者的赔偿责任、财务安排等。[①] 在这其中，以下两方面应特别关注。

1. 核利用安全

核设施的建设应当在确保民众安全、水源安全和粮食安全的前提下进行。在管理部门中，国家核安全委员会不应局限于核工业领域的专家，还应增加地质地震、国土规划、气象、水利、农业、食品、海洋、社会学、经济学、保险业、公安消防、军队、防恐、医学、心理、应急救灾等各方面的专家。应当明确规定核电站周边的安全半径圈，规定核电站必须远离居民集居区边缘和水源保护地边缘、粮食等经济作物耕作区边缘以及水产养殖区边缘，并且必须在其主风向的下风区。同时还应当规定核电站商业运行后，从每年税后利润中提取50%的资金作为核事故赔偿预备基金，核事故赔偿预备基金交由当地财政部门专项管理。此外，还应当规定当地政府制订或完善核应急预案，并定期组织核电站周边居民的核应急演练，提高应急反应能力。

2. 环境损害赔偿

发生事故后，赔偿范围应包括：核辐射造成人员死亡、居民健康受到损害以及下一代健康受到损害所需要的医疗救治、护理等费用，核辐射造成水源污染、海水污染、食品污染、土壤污染、建筑物污染、道路污染、车辆污染以及个人和家庭的其他财产损失等。关于赔偿主体，应由核电公司应当首先承担全额损害赔偿责任；不足部分，由当地政府承担补充性赔偿责任。[②]

三 修订现行《电力法》

电力安全是能源安全的最重要内容之一。我国目前施行的 2009 年修改的

---

① 叶荣泗、吴钟瑚主编：《中国能源法律体系研究》，中国电力出版社 2006 年版，第 214—215 页。

② 《呼吁制定"核利用安全法"和"核事故污染赔偿法"》，http://bbs.news.ifeng.com/viewthread.php? tid = 6337983。

《电力法》在一些方面无法很好地适应能源安全管理的现实需要，特别是在煤电联动、输配分离和电价管理方面的问题尤为突出。

(一) 煤电联动机制

我国《国民经济和社会发展第十二个五年规划纲要》要求"积极推进电价改革"[①]。在我国，电价改革的关键在于煤电价格改革。由于煤电市场决定、电价政府管制，煤电联动成是目前情况下最现实的选择。我国在2004年就建立了煤电联动机制，原则上以不少于6个月为一个煤电价格联动周期。若周期内平均煤价比前一周期变化幅度达到或超过5%，相应调整电价，其中煤价涨幅的70%由电价来补偿，其余30%由发电企业通过降低成本来承担；如变化幅度不到5%，则下一周期累计计算，直到累计变化幅度达到或超过5%，进行电价调整。2005年和2006年进行了两次煤电联动。之后，由于煤价涨得太快，放弃了联动。为了解决"电荒"问题，煤电联动机制的启动已迫在眉睫。

然而，煤电联动并不必然意味着电价上涨：当煤炭价格上涨时，电力价格上涨；当煤炭价格下跌时，电力价格也随之下跌。但是，我国的煤电联动调价是单方向的，燃料价格上涨，电力价格随之上涨；当燃料价格下跌时，电价无法随之下调。[②] 在修订《电力法》的过程中，应着力解决这一问题。

(二) 输配分离机制

输配分离，即将输电和配电环节从资产、财务和人事上分拆，输电环节由电网管理，在售电环节将地方供电局改组为独立的法人实体，再辅之以购电大户与电厂签订直供合同，将配电网的建设运行下放地方。只有在输配分离的情况下，才能打破电网作为单一购买方的现状，形成购电方和发电方的自由选择，有利于公开、透明的定价机制的形成。在我国，国家电力公司被拆分、实现"厂网分开"后，输电网仍由配电公司管理，模糊了电网的真实成本，影响了电价改革。[③]《电力法》修订过程中应当特别关注这一问题。

(三) 电价管理制度

现行《电力法》规定了发电环节电价和销售环节电价，但未明确输配环节电价。在修订《电力法》过程中，应当明确上网电价、输配电价和销售电价，这样才有利于形成科学、合理的电价机制。上网电价除特殊情况外，均通过竞价上网，形成市场竞争；输电电价和配电电价由国家根据合理补偿成本、

---

① 《国民经济和社会发展第十二个五年规划纲要》第49章。

② 林伯强：《煤电联动并非我国独有》，《科学时报》2011年6月20日。

③ 《商务周刊》编辑部：《遥遥无期的输配分离》，《商务周刊》2010年第5期。

合理确定收益、依法计入税金和公平负担的原则分别制定；终端销售电价应在上网电价、输电电价、配电电价的基础上形成。同时，还可以考虑实行电力优质优价和峰谷电价，并允许一定容量以上的大电力用户直接同发电企业订立双边购电合同，合同价格由大用户与发电企业双方商定。[1]

四 加强配套立法

在进一步能源立法过程中，应当更加重视制定和完善配套立法，特是与能源安全相关的立法。具体而言，应当特别关注如下几个方面。

（一）《煤炭法》配套立法

应当制定的配套立法包括《〈煤炭法〉实施条例》、《煤炭生产开发条例》、《特殊和稀缺煤种资源勘查开发管理条例》、《煤矿建设条例》、《瓦斯治理与利用管理条例》、《煤矸石管理条例》、《洁净煤技术开发与推广条例》、《煤矿区保护条例》、《煤矿关闭和矿井报废管理条例》等。其中，《特殊和稀缺煤种资源勘查开发管理条例》应当规定，对于特殊和稀缺煤种实行保护性开采，合理确定开发规模、范围和顺序，对稀缺煤种应当控制开发速度。《煤矸石管理条例》应当对煤矸石的堆放、保存、交易、开发利用作出明确规定。[2]

（二）《电力法》配套立法

应当制定的配套立法包括《电价条例》、《电力市场开放与输配电分离条例》。在电价管理上，我国目前主要依据一些行政规章如2005年《上网电价管理暂行办法》、《输配电价管理暂行办法》、《销售电价管理暂行办法》、《电价监督检查暂行规定》等，以及根据需要发布的一些"通知"，如2011年1月国家发展改革委、国家电监会《关于2010年1—9月可再生能源电价补贴和配额交易方案的通知》、2011年5月国家发展改革委《关于适当调整电价有关问题的通知》、2011年6月国家发展改革委《关于整顿规范电价秩序的通知》等进行管理，亟须上升到行政法规层面，特别是对上网电价、输电电价、配电电价管理作出详细的规定。《电力市场开放与输配电分离条例》旨在进一步规范电力市场，推进电力输配分离。

---

[1] 安璐：《〈电力法〉亟待解决的若干问题》，《安徽水利水电职业技术学院学报》2004年第1期。

[2] 叶荣泗、吴钟瑚主编：《中国能源法律体系研究》，中国电力出版社2006年版，第47—49页。

(三)《节约能源法》配套立法

应当加强《节约能源法》的配套立法,特别是有关节能监督监察的立法。2009年,国家质量监督检验检疫总局发布《高耗能特种设备节能监督管理办法》,对高耗能特种设备的生产、使用和监督管理等作出了规定。但是在其他领域,尚未有类似的法规或者行政规章出台。在进一步立法中,应当扩大调整范围,争取制定《节能监督监察条例》。

(四)《石油天然气法》配套立法

在上游领域,应根据现实情况的变化进行修订的立法包括《石油天然气地质资料管理条例》和《石油地震勘探损害补偿办法》,需要新制定立法的领域包括石油天然气勘探开发、海上油气田弃置管理、石油天然气对外投资等方面。其中石油天然气勘探开发方面的立法应针对规范和调整石油天然气勘探开采活动的特殊需要,对石油天然气资源所有权、探矿权和采矿权的取得、流转和交易、勘探开发投入和资金保障、开发效率、环境保护、资料保密等方面的内容作出规定。石油天然气对外投资方面的立法应当对投资战略规划、投资主体、外汇管理财政和金融支持等方面作出规定。关于海上油气田弃置管理方面的立法应当就海上油气田废弃的拆除要求、财税处理、环境保护等方面的内容作出规定。在中下游领域根据现实情况需要补充的立法领域包括石油天然气贸易管理成品油市场管理、加油站管理等。其中,石油天然气贸易管理方面的立法可以就管理部门职责、贸易资质的取得、贸易规则等方面作出规定,关于成品油市场管理方面的规定立法可以主要规定经营资质的取得和丧失、经营行为、市场管理、处罚等方面的内容,关于加油站管理的立法内容可以包括管理机构、经营资质、管理程序、监督、知识产权和商业秘密等方面。在产业支持方面,建议制定石油天然气勘探开发和利用环境保护、战略石油储备和油气田矿区设施保护方面的专门立法。[①]

第三节 加强能源安全执法

在明确能源安全法律保障的指导思想和基本原则、完善能源安全立法的基础上,我国还应在执法方面进一步加快能源管理体制改革,加强能源战略储备和能源环境应急处理工作,推动建立损害赔偿社会化机制。

---

① 叶荣泗、吴钟瑚主编:《中国能源法律体系研究》,中国电力出版社2006年版,第183—186页。

一 加快能源管理体制改革

推进能源管理体制改革，具体应当从协调机构、行政机构和监管机构三个方面入手。

（一）协调机构

根据我国能源管理的实际需要，应当设立能源事务协调机构，负责能源领域重大事项的协调工作。早在2005年6月，我国就成立了国家能源领导小组，作为我国在能源管理方面最高层次的议事协调机构。2008年3月，成立了由国家发展和改革委员会代管的国家能源局，撤销国家能源领导小组，同时设立了国家能源咨询委员会。2010年，国务院决定成立国家能源委员会，这是目前中国最高规格的能源机构。我们期望在进一步的机构改革中能够设立能源部，同时对能源协调机构做进一步调整。能源事务协调机构可以由国务院总理以及国务院能源、经济、科技、财税、建设、资源与环境保护等有关主管部门的负责人组成。[1]

（二）行政机构

我国目前低级别多头管理的能源行政管理模式导致能源管理体制缺乏统一规划，同时能源领域的市场化改革相对滞后。为此，在现有国家能源局的基础上，建议设立能源部，负责制定能源发展政策，能源事务实施统一管理，管理能源资源储备，保障国家能源安全，加强国际合作等。同时应当注意的是，能源行政主管部门应当着力转变职能，打破条块分割，理顺与国务院其他主管部门的关系，实现对能源的统一协调管理。[2]

（三）监管机构

我国能源管理应当确立管监分离的原则，设立独立于能源部的能源监管委员会，负责制定能源监管的政策目标，对能源市场进行监督，规范能源价格，参与能源安全生产和能源影响评价的监督。

在美国，联邦能源监管委员会作为一个独立的机构，调整州际天然气、石油和电力输送，同时也对天然气和水电项目进行监管。其职能主要包括经济监管和基础设施监管两个方面。在经济监管方面，能源监管委员会监督州际天然气的输送与销售、石油管道输送、电力输送与批发销售，并进行财务金融监督

---

[1] 清华大学环境资源与能源法研究中心课题组：《中国能源法（草案）专家建议稿与说明》，清华大学出版社2008年版，第54—56页。

[2] 张永胜：《论我国能源安全制度的软肋》，《兰州学刊》2009年第4期。

和企业监管。在基础设施监管方面，能源监管委员会对水电项目进行许可和监督，对州际天然气项目的选址和废弃进行审批，同时监管与天然气和水电项目以及主要电力政策活动相关的环境事务。[1] 联邦能源监管委员会在监管范围和监管手段等方面的成熟经验可供我国借鉴。

二 加强能源环境应急处理工作

一方面，能源企业应当依法承担应急义务。能源企业的应急义务主要包括制定应急预案、在发生环境污染事故后采取应急措施、向可能受到环境污染事故影响的各方及时通报、向有关主管部门报告并接受调查处理四个方面。

另一方面，人民政府和主管部门应当履行应急职责。主要包括：有关行政主管部门制定环境污染事故应急计划；发生能源环境事故后及时向政府或者上级主管部门报告，以使政府或者上级主管部门能够及时采取进一步的措施；人民政府在接到有关主管部门的环境污染事故报告后及时向公众告知发生事故的有关情况；人民政府在接到环境污染事故报告后及时采取应急措施。

三 推动能源环境损害赔偿社会化

我国尚未建立健全的能源环境损害赔偿社会化机制。美国《超级基金法》提供了可供借鉴的经验。从保护环境健康的角度看，该法通过环境风险社会化、环境损害赔偿社会化的路径实现环境保护的目的，值得我国在进一步环境健康立法中采纳参考。尤其是《超级基金法》关于基金运作的规定，如资金来源、基金使用的申请程序、损害赔偿责任的承担形式、责任承担主体、基金使用领域等，对我国环境健康损害赔偿社会化机制具有较高的借鉴价值。[2]

我国目前的环境责任保险制度也无法完全适应环境损害赔偿的需要。一方面，承保范围过窄。对于战争、军事行动特别是排污企业正常排污行为或企业违反法规不履行倾废义务所致之损害，环境责任保险人目前一般不予承保，而企业的合法或者违法排污正是造成环境损害的主要原因。我国在20世纪90年代曾在大连、沈阳、长春、吉林等地开展环境责任保险业务，但由于承保范围

---

[1] *About FERC*, See http://www.ferc.gov/for-citizens/about-ferc.asp.

[2] 同时也应注意到，该法对环境健康的保护作用有限。尽管《超级基金法》间接对环境健康保护产生影响，但其直接目的在于恢复生态环境，尤其是被污染的地块，而未直接涉及本研究所关注的"环境健康"的相关内容，因而在环境健康损害赔偿领域作用有限。因此，必须结合其他立法，才能更加充分地发挥其在环境健康保护领域的作用。

过窄，导致赔付率过低，企业投保的积极性不高，有的试点城市甚至没有企业投保。[①] 因此，扩大承保范围是推动我国环境责任保险发展的必要措施。另一方面，保险人积极性不高。由于环境损害风险非常大，保险公司往往不愿意开展环境责任保险业务。为了解决这些问题，政府应在财政和税收方面对开展环境责任保险业务给予适当的扶持，同时通过相应的激励措施，鼓励保险人开展环境责任保险业务。

第四节　加强能源安全司法

在能源安全司法方面，应当不断提高重视程度，加强业务素质培养，重视违法犯罪处理。唯有如此，才能使司法机关在能源安全保障中逐步发挥更大的作用。

一　不断提高重视程度

要解决能源安全司法监督缺位等问题，提高司法机关在保障能源安全方面的作用，首要的措施是提高重视程度。首先是保障司法的独立性，最主要的是避免地方权力对能源司法的干预，使得司法机关能够依法履行职责。其次是重视判决的彻底执行。建议最高人民法院出台相应的司法解释，加大对能源安全案件特别是重大能源安全案件的判决执行力度，形成若干典型案例，逐步扩大司法机关在能源安全保障领域的影响力。最后是加强能源安全司法的宣传力度，使其在社会更广泛的范围内受到认可和支持，从而为能源安全司法奠定良好的社会基础。

二　加强业务素质培养

专业素质不足是影响能源安全司法工作的重要原因之一。为此，一方面应当通过选拔和录用一批具有能源相关专业知识背景和实践经验的司法人员，使其能够更加胜任于审理能源安全相关案件。另一方面可以对司法人员进行定期的能源安全基础知识和法律知识培训，不断提高其业务素质。另外，还可以将司法人员处理能源安全案件的效果列入其年度绩效考核指标，激励其不断提高业务素质。

[①] 洪贺：《试论环境责任保险制度》，《黑龙江金融》2004年第6期。

三 重视违法犯罪处理

能源安全法律责任包括民事责任、行政责任以及刑事责任三个方面。能源犯罪是行为人（单位或个人）在能源的开发利用过程中违反国家能源管理法律规定，故意或过失地危害能源安全，造成能源安全事故，依法应当承担刑事责任的行为。依法追究犯罪人的刑事责任，有助于对潜在危害行为形成威慑，从而在一定程度上预防能源安全相关犯罪的发生。同时，这也有利于提高决策者、司法机关和社会公众对能源安全的重视程度，从而在另一个侧面完善我国能源安全司法。

第七编

农产品产地环境保护法治篇

引 言

近年来，我国的食品安全问题严重，诸如问题奶粉、毒豇豆、毒大米、毒黄瓜、苏丹红、瘦肉精等，到最近的湖南毒大米事件[1]，无不令人谈之色变！以至于公众感叹"啥都不敢吃"、"谁都不敢吃"。[2] 不仅国内如此，国际食品安全问题也非常突出，诸如美国"沙门氏菌病"事件、欧洲雀巢婴儿食品事件乃至最近的欧洲马肉事件频发，向全世界敲响了食品安全的警钟。

有学者指出："食品对人类的生存是至关重要的，食物权是国际人权法律所确认的一项基本人权。"[3] 食品安全是关系广大人民群众人身健康的重大问题，受到国家和全社会的密切关注，党和国家领导人多次就食品安全问题发表重要讲话。[4] 2012年11月，国务院专门下发了《关于食品安全问题的决定》（以下简称《决定》），该文件指出："食品安全是重大的民生问题，关系人民群众身体健康和生命安全，关系社会和谐稳定。"[5] 该文件提出，要用3年左右的时间使食品安全的突出问题得以遏制，食品安全工作初现成效；用5年左右的时间，使食品安全机制、体制基本完善，食品安全整体水平得以大幅提高。"《决定》的出台明确了当前和今后一段时期我国食品安全工作的总体思

---

[1] 李海啸：《湖南万吨毒大米流向广东 调查近一月仍无结论》，http://www.hn.xinhuanet.com/2013-03/27/c_115178266.htm。

[2] 潘多拉：《从"啥都不敢吃"到"谁都不敢吃"》，《法律与生活》2004年第12期。

[3] Carmen G. Gonzalez, "Markets, Monocultures, and Malnutrition: Agricultural Trade Policy Through an Environmental Justice Lens", *Michigan State University College of Law Journal of International Law*, Vol. 14, 2006, p. 345.

[4] 参见饶沛、廖爱玲《习近平：遏制食品安全违法犯罪提高消费者满意度》，http://scitech.people.com.cn/n/2012/0916/c1007-19019333-1.html；乔雪峰《李克强谈食品安全问题 称治乱用重典》，http://finance.people.com.cn/GB/17061934.html，除此之外，2013年3月17日上午，国务院总理李克强在记者见面会时提到："食品安全是天大的事，要坚决查处。"

[5] 国务院《关于加强食品安全工作的决定》，http://www.gov.cn/zwgk/2012-07/03/content_2175891.htm。

路，为进一步加强食品安全工作指明了方向。"[1]

伴随着严峻的食品安全形势和农村、农业环境污染状况，农产品产地环境保护法理论和实践的研究意义凸显。同时，2013年中央一号文件指出："健全农产品质量安全和食品安全追溯体系。强化农业生产过程环境监测，严格农业投入品生产经营使用管理，积极开展农业面源污染和畜禽养殖污染防治。支持农产品批发市场食品安全检测室（站）建设，补助检验检测费用。健全基层食品安全工作体系，加大监管机构建设投入，全面提升监管能力和水平。"[2]说明国家在农产品产地环境保护方面的政策导向非常明确。

农产品产地环境保护法研究对于提升政府和社会对农产品产地环境保护的认识，保障人民群众的生命财产安全，推进农产品产地环境保护相关法律和政策的出台，促进国家经济社会的健康永续发展具有突出意义。

---

[1] 《国务院食品安全办负责人解读国务院〈关于加强食品安全工作的决定〉》，http：//www.gov.cn/zwhd/2012-07/03/content_2175897.htm。

[2] 中共中央、国务院《关于加快发展现代农业 进一步增强农村发展活力的若干意见》，http：//news.xinhuanet.com/2013-01/31/c_124307774_7.htm。

第二十四章

我国农产品产地环境面临的严峻形势

我国农产品产地环境形势严峻,对农产品质量安全构成了重要的影响。《2012年中国环境状况公报》显示:随着工业化、城镇化和农业现代化地不断推进,农村环境形势严峻。突出表现为工矿污染压力加大,生活污染局部加剧,畜禽养殖污染严重。全国798个村庄的农村环境质量试点监测结果表明,试点村庄空气质量总体较好,但农村饮用水源和地表水受到不同程度污染,农村环境保护形势依然严峻。[①]我国严峻的农产品产地环境形势构成了农产品产地环境保护法治的现实基础。

第一节 农产品产地环境保护的概念

农产品产地环境会影响农产品的质量。为了保障农产品的质量要求,就必须严格保护农产品产地环境。农产品产地环境保护与农业环境保护、农村环境保护、农用地环境保护等概念都有所不同,进行专门的农产品产地环境保护是必要的。

一 农产品产地环境与农产品质量安全

农产品的生长发育离不开环境,产地环境质量直接影响着农产品生长。目前农产品产地环境污染源主要有大气污染、水质污染、土壤污染,这些污染源对农产品质量安全均有极大影响。大气污染主要针对有叶子的农作物,通过光合作用,使农作物的一些化学元素含量超过标准含量,严重影响了农产品质量,还会引发食物链问题,给人的健康带来巨大威胁,并产生严重的经济损失。任何生物体的生长都离不开水,只要水受到污染,那么生物体必然受到影响。土壤污染往往是通过农作物吸收和食物链的积累,直到影响人或高级动物

---

① 《2012年中国环境状况公报》。

的健康。而且，土壤重金属污染是不可逆过程，污染后极难恢复，将长期对土壤功能产生影响，后果十分严重。①

(一) 种植环境对农产品质量安全的影响

1. 种植自然环境对农产品质量的影响

各种农作物都来自田野，它们的根系吸收着土壤里的养分和水分，叶子则吸收大气中的二氧化碳和氧气。因此，只要农产品生产环境受到污染，农作物当中便也会留下各种污染物质的痕迹。例如，钢铁厂和磷肥厂会排出含氟粉尘，炼铅厂会排出含铅烟气，炼锌厂会排出含镉飘尘，沥青铺路令农作物沾染多环芳烃类致癌物，化工厂会排出含苯污水，电镀厂会排出含有毒重金属的污水，矿山的矿渣堆放会污染土壤，未分类垃圾填埋会污染土壤和水源等。这时候，即使不施化肥、不打药，农产品也会失去纯净品质。②

2. 农业投入品污染对农产品质量的影响

在农作物的生产过程当中，不可避免地需要使用多种化学物质。如除草剂、肥料、杀虫剂、杀菌剂、生长调节剂等。这些物质当中有的是高毒高残留产品，有的则是生物可降解的产品，不能一概而论。

按我国的有关规定，蔬菜、水果、茶叶生产当中不得使用高毒性高残留农药，而且在上市前一段时间内不得使用农药，以等待较早施用的农药在上市前渐渐降解成无毒物质。这个时间间隔称为"农药的安全等待期"。然而，在目前情况下，许多农民仍在使用国家已经明令禁止的高毒高残留农药，或者是超剂量、超范围使用农药，或者是临近收获仍然使用农药，这就给蔬菜水果等产品带来了威胁。调查发现，10多年前就已经禁用的敌敌畏等农药至今仍然在不少地方暗中使用。

在农产品生产当中，化肥问题也不可忽视。种植者不顾土壤养分平衡滥施化肥，不仅造成农产品质量的下降，而且会造成亚硝酸盐的积累，给储藏过程带来污染的隐患。

(二) 养殖环境对农产品质量的影响

在水产养殖方面，养殖环境对水产品的质量影响很大。特别是养殖的水域环境状况，对于水产品造成直接的影响。发生在20世纪的日本水俣病，就是由于水域含有重金属，致使该水域内的鱼成为不安全的食品。在肉、蛋、奶等动物性食品的生产当中，如果饮水、饲料中含有污染物，畜产品中也将残留污

---

① 吴为、张琰、胡捷：《南通市农业环境安全现状与防治对策》，《环境整治》2009年第2期。
② 中华人民共和国国务院新闻办公室：《中国的食品安全质量状况白皮书》，2007年8月27日。

染物质。由于动物具有富集污染的能力，所以畜禽产品中所含的污染物质浓度往往远远高于饲料和饮水当中的浓度。

因此，为了保障农产品质量安全，必须对农产品产地环境进行严格的保护。

二 农产品产地环境保护的定义

农产品产地环境保护有三个关键词：农产品、产地、环境保护。本研究通过语义分析的方法，阐释农产品产地环境保护的定义。

（一）农产品

农产品首先是产品。《现代汉语词典》对产品的解释是：生产出来的物品。该解释是一个偏正短语，中心词是物品，限定部分是"生产出来的"。所谓生产出来的，是指经过劳动生产出来的。据此，自然产生的物品，例如矿产等，不属于产品。《产品质量法》第2条第2款对于产品进行了定义：产品是指经过加工制作，用于销售的产品。《产品质量法》对产品的界定与《现代汉语词典》的解释区别不大，都强调需要经过人的劳动，只是《产品质量法》对产品的界定多了销售这一层。

不同领域对农产品的定义有所不同。语言学上的解释比较通俗易懂。《现代汉语词典》（第5版）对农产品解释为：农业中生产的物品，如稻子、小麦、高粱、棉花、烟叶、甘蔗等。但随着世界各国农业的快速发展、农产品自身链条的不断延长，农产品的范围也不断向更深和更广的领域延伸。

农业科学对农产品的界定着重于从农产品外延。《中国大百科全书·农业》将农产品定义为：广义的农产品包括农作物、畜产品、水产品和林产品；狭义的农产品则仅指农作物和畜产品。

经济学对农产品的界定着重于农产品生产过程。《经济大辞典·农业经济卷》将初级农产品定义为初级产业产出的未加工或只经初加工的农、林、牧、渔、矿等产品。其中有的直接用于消费，有的用作制造其他产品的原料。初级产品中有的是未经加工的原始形态的产品，有的是经过初步加工的产品。

法学对农产品的界定是从有利管理，着重规制的角度入手的。《农产品质量安全法》第1条规定：本法所称农产品是指来源于农业的初级产品，即在农业活动中获得的植物、动物、微生物及其产品。无论是《现代汉语词典》还是《农产品质量安全法》都将农产品与农业密切联系起来。

由于本研究属于法学研究，其目的是推进农产品产地环境保护法治。定义农产品的基本原则是在遵循既有法律概念的基础上创新。因此，本研究认为：

农产品是指直接来源于农业的初级产品。

(二) 产地

《现代汉语词典》中对产地的解释是：物品出产的地方。《农产品产地安全管理办法》第 2 条第 1 款规定：农产品产地是指植物、动物、微生物及其产品生产的区域。本研究以为，农产品产地是指初级农产品生产的地方。例如，种植业农产品产地就是农产品种植的地方，养殖业产地就是水产品养殖的水面等。

在产地问题上，存在一个原产地效应的问题。所谓原产地效应即品牌原产地效应，又称为原产地形象，是指由于商品原产地的不同而使消费者对它们产生了不同的评估。原产地效应是产品的原产地影响消费者对产品的评价，进而影响购买倾向。原产地效应也是进行农产品产地环境保护的重要因素之一。

(三) 农产品产地环境保护

农产品产地环境保护是指为了从源头上保障农产品质量安全，对农产品产地的环境加以保护，防治产地环境污染和生态破坏。农产品产地环境保护的对象是农产品产地的环境，从环境要素的角度来讲，主要包括：土壤、水、大气。从污染源来看，农产品产地环境保护，既要防治工业污染，又要防治农业生产污染，还要防治农村生活污染。对于农产品产地环境保护的定义，说明如下。

1. 以源头控制和预防为原则

为了保障食品安全，必须从多角度多环节入手。但是如果食品的源头安全没有保障，则其他工作都无济于事。食品主要来源于农产品，进行农产品产地环境保护，有利于从源头上保障农产品质量安全。

2. 对农产品生产产地的环境进行保护

农产品产地环境是指能够影响农产品质量的自然环境和人工环境的总体，例如农产品产地的土壤、水、大气等。噪声、震动、热等也会影响动植物生长，也属于农产品产地环境保护的对象。同时，不同类型的农产品，其产地环境保护的重点也有所不同。例如水产养殖，重点是水环境，种植业农产品的重点是土壤，林业农产品会受到大气的影响。农产品产地环境保护是对农产品生产产地的环境予以保护，防治因为产地环境污染给农产品质量带来不良的影响。

3. 包括产地环境污染防治和产地生态破坏修复

产地环境污染和产地生态破坏是农产品产地环境问题的两种主要表现形式，产地环境污染如产地水污染、产地土壤污染。产地生态破坏如产地土壤流失、产地野生动物锐减等。应当指出，产地环境保护的重点在于产地环境污染防治。之所以如此，原因在于：产地环境污染对于农产品质量安全的影响是直接的、显见的、严重的。产地生态破坏对于农产品质量安全的影响则是间接的、隐性的、轻微的。

农业投入品对农产品质量安全的威胁很大。例如，高毒农药残留对于农产品质量安全的威胁丝毫不亚于产地环境污染。然而农业投入品对于农产品产地环境的影响是不同的，不可一概而论。例如农药喷洒过程中就会对大气造成污染，其顺水流入农田会对地表水、地下水和土壤造成污染。除草剂的使用一般会造成土壤和水污染。而被污染的大气、水、土壤又是进行农产品生产的自然环境，会对接下来进行的农产品生产活动造成影响，影响农产品质量安全。

然而，有些农业投入品却未必造成农产品产地环境污染。例如兽用激素。实践中一些畜牧养殖户常会使用催肥剂等，促进禽畜的生长。激素被禽畜食用后，会进一步流转到食用该禽畜的人体，导致人体危害。因此，激素的使用对于禽畜产品的质量威胁也很大，但是对于产地环境的影响却不大。因此，对于那些对产地环境没有影响或者影响不大的，其属于食品安全的范畴，并不属于产地环境保护的内容。

4. 包括一般农产品产地环境保护和特殊农产品产地环境保护

农产品产地环境保护在内容上既包括一般农产品产地环境保护，也包括特殊农产品产地环境保护。所谓一般农产品产地环境保护，是指对于所有的农产品产地环境保护的要求。这类环境保护适用于所有的农产品，保护要求比较低。所谓特殊农产品产地环境保护，是指对于名优特等特殊农产品产地环境的保护。这类环境保护适用于特殊的农产品，保护要求比较高。

目前农业部在实施无公害农产品、有机农产品产地、绿色农产品认证工作，由此也产生了无公害农产品产地环境保护、有机农产品产地环境保护、绿色农产品产地环境保护等概念。应当指出，无公害农产品产地环境保护、有机农产品产地环境保护、绿色农产品产地环境保护、生态农业保护等，都属于特殊农产品产地环境保护，是农产品产地环境保护的一部分。

特殊农产品产地环境保护还包括优势农产品产地环境保护。发展优势农产品，突出比较优势，提高农产品的市场竞争力，是我国农业发展的重要举措。农业部发布了《全国优势农产品区域布局规划》。对于优势农产品产地，应当严格保护。优势农产品产地环境保护属于特殊农产品产地环境保护的内容。

三 农产品产地环境保护与相关概念的区别

农产品产地环境保护与农业环境保护、农村环境保护、农用地环境保护等相关概念很相似，在内容上也可能有重叠之处。因此，有必要对上述若干概念进行区分，从而说明农产品产地环境保护的必要性。

（一）农产品产地环境保护与农业环境保护

1. 农业环境保护

农业环境保护是指合理利用农业自然资源，防治环境污染和保护农业生态平衡的综合措施。当前由人类活动所引起的农业环境质量恶化，已成为妨害农业生物正常生长发育、破坏农业生态平衡的突出问题之一。其中既有由农业外的人类活动引起的，也有由农业生产本身引起的。来自农业外的污染与危害主要包括对农区大气、农业用水和农田土壤的污染等，而来自农业本身的污染与危害主要包括农药污染、化肥污染等。

从污染源的角度看，环境污染可以分为工业环境污染、农业环境污染和生活污染。相对应的，为了做好环境保护工作，必须从工业环境保护、农业环境保护、生活环境保护三个方面入手。因此，农业环境保护是防治农业生产带来的环境污染和生态破坏，其关注点在于农业生产过程中所带来的环境污染，如农药、化肥、塑料薄膜等环境污染。

我国《环境保护法》第35条对农业环境保护进行了原则性的规定如下：各级人民政府应当加强对农业环境的保护，促进农业环境保护新技术的使用，加强对农业污染源的监测预警，统筹有关部门采取措施，防治土壤污染和土地沙化、盐渍化、贫瘠化、石漠化、地面沉降以及防治植被破坏、水土流失、水体富营养化、水源枯竭、种源灭绝等生态失调现象，推广植物病虫害的综合防治。县级、乡级人民政府应当提高农村环境保护公共服务水平，推动农村环境综合整治。由此进一步可见，农业环境保护是防治农业生产所带来的环境污染。

2. 农产品产地环境保护与农业环境保护的比较

农产品产地环境保护与农业环境保护存在很多联系。要保障农产品产地环境质量，必须对农业生产所造成的环境污染和生态破坏进行治理。两者在内容上有重合之处，例如对于农业投入品的监管、农业水体污染防治、土壤污染防治等，既属于农业环境保护的内容，也属于农产品产地环境保护的内容。然而，两者也存在很多区别。

（1）思路不同

农业环境保护是一种末端治理的思路，是防治农业生产可能或已经造成的环境污染和生态破坏。其因果关系可以这样表述：农业生产污染环境→农业环境保护。农产品产地环境保护是预防性思路，其出发点是为了保障农产品质量安全，而对农产品产地的环境加以保护。农产品产地环境保护的重点不是环境保护，而是农产品质量安全。

（2）内容不同

农业环境保护的内容是对农业生产带来的土壤污染、水污染和生态退化。而农产品产地环境保护的内容在防治影响农产品产地环境的工业污染、农业污染和生活污染。因此，农产品产地环境保护的内容比农业环境更广阔。

（3）方法不同

农业环境保护的主要方法是加强对农业投入品的管理，对农业生态进行修复。农产品产地环境保护，应当贯彻预防思维，设立产地环境标准，加强产地环境质量分级，落实农产品生产者责任是关键。

因此，农业环境保护不能替代农产品产地环境保护。

（二）农产品产地环境保护与农村环境保护

1. 农村环境保护

农村环境是与城市环境、城镇环境相对而言，是以农民聚居地为中心的一定范围内的自然及社会条件的总和。[①] 农村环境保护是指保护农民聚居地的环境。工业污染也可能给农村环境带来影响，例如工业污染废物向农村转移，也会产生农村环境保护的问题。农村环境保护将环境保护的地域范围限定于农村。从本质上讲，农村环境保护以维护农民人身财产权益和环境权益为出发点。

2. 农产品产地环境保护与农村环境保护的比较

由于绝大多数农产品生产在农村，农产品产地环境保护和农村环境保护在地域上具有一定的重合性。在内容上讲，农产品产地环境保护包括农村环境保护。

农产品产地环境保护和农村环境保护最显著的区别在于两者的目的不同。农产品产地环境保护目的在于保障农产品质量安全，是为了全社会的食品安全。农村环境保护的主要目的是维护良好的农村环境，保障农村居民的人身、财产和环境权益。因此，农产品产地环境保护对于农业生产者而言，主要是义务，而非权利。农村环境保护虽然也可能会让农民承担一定的义务，但是最终是为了维护农民的权益。农村环境保护，应当以维护农村居民权益为出发点。

---

① 刘青松主编：《农村环境保护》，中国环境科学出版社2003年版，第2页。

农产品产地环境保护，应当建立农业生产者的义务本位。因此，两者在制度设计上也会有很大的不同。

(三) 农产品产地环境保护与农用地环境保护

根据《土地管理法》的规定，我国土地分为农用地、建设用地、未利用地。农用地是直接用于农业生产的土地，包括耕地、林地、草地、农田水利用地、养殖水面等。我国对农用地实行严格的保护政策，突出表现在耕地和基本农田保护。

总体而言，农产品产地环境保护是对农产品产地环境整体的保护，重点是产地土壤、水、大气等环境要素；而农用地环境保护则是对农业用地的保护，其保护的对象是土壤环境，是对土地此单一环境要素的保护。

基本农田保护客观上体现了对农产品产地的保护要求，基本农田保护的部分内容即为农产品产地环境保护。然而，两者还有一定的区别：首先，基本农田保护的是耕地，但是农产品产地不仅仅是耕地。其次，基本农田保护的重点是耕地的数量，保障耕地的后备供应。而农产品产地环境保护重点是从产地环境入手，防治产地环境污染，以保障其出产的农产品能够符合人体健康要求。再次，基本农田保护是普遍的、全面的保护，而农产品产地环境保护则既包括农产品产地环境保护的一般要求，还包括名优特农产品产地环境保护的要求，既全面又有重点。

因此，农用地保护不能代替农产品产地环境保护。

第二节 我国农产品产地环境保护的严峻形势

农产品产地环境保护作为保障食品安全的重要环节，一旦出了问题，就会对人体健康造成极大威胁。改革开放 30 多年来，虽然我国农村经济社会有了很大的发展，但是农产品产地环境污染和生态破坏形势非常严峻，给我国农产品质量安全带来巨大的挑战。

一 农产品产地环境存在的突出问题

(一) 农产品产地环境问题对食品安全的威胁

随着经济社会的快速发展，我国农产品产地环境问题日益突出，产地环境污染和生态破坏严重,给人民群众的人身健康和财产安全带来了极大的威胁。①

1. 土壤环境问题对食品安全的威胁

农产品生产必须依托土壤,即使是水产品也与底土密切相关。以我国近年来频发的"镉米事件"为例,调查研究显示:"中国约10%的稻米存在镉超标问题。除镉之外,大米中还存在其他重金属超标的问题。……让人心情沉重的是,这些污染区多数仍在种植稻米,而农民也主要是吃自家的稻米。"② 2011年《新世纪周刊》以"镉米杀机"为题报道了广西思的村"鸡下软蛋、初生小牛软骨、人患骨痛病"和湖南株洲市新马村土壤中镉严重超标造成2人死亡,150名村民慢性轻度镉中毒的事件。③ 有人还专门制作了"中国大米污染不完全分布图"。④

在国外,震惊全球的日本富山"痛痛病"事件重要原因之一就是受害者食用了含镉污水灌溉的稻米。⑤

2. 水污染对食品安全的威胁

水产品生产于水域,水污染对水产品质量的影响可想而知。

污水灌溉也是导致农产品质量问题的重要因素。正如报道的那样:"地表污染水用于农作物生长,产出问题大米、小麦的事件早已不是新鲜事。"⑥ 我国水资源匮乏,特别是北方地区,污水灌溉农业非常普遍,有数据显示:截至

---

① 我国目前还没有专门的农业环境监测公报发布。根据2012年6月6日国家环境保护部发布的《2011年中国环境状况公报》的"土地与农村环境保护"部分指出:"随着农村经济社会的快速发展,农业产业化、城乡一体化进程的不断加快,农村和农业污染物排放量大,农村环境形势严峻。突出表现为部分地区农村生活污染加剧,畜禽养殖污染严重,工业和城市污染向农村转移。"参见《2011年中国环境状况公报》,http://jcs.mep.gov.cn/hjzl/zkgb/2011zkgb/201206/t20120606_231057.htm。还需指出的是,国家已经开展了土壤重金属污染调查,但至今还未披露调查结论。曾有人向国家环境保护部申请公开,但被国家环境保护部以涉及国家秘密为由拒绝。参见郄建荣《环保部以国家秘密为由拒绝公开全国土壤污染信息》,http://news.xinhuanet.com/yzyd/legal/20130225/c_114795934.htm?anchor=1。

② 宫靖:《镉米杀机》,《新世纪周刊》2011年第6期。

③ 同上。

④ 《中国大米污染不完全分布图》,《东南日报》2011年2月16日A03版。

⑤ 自然之友:《日本富山"痛痛病"事件》,《中国环境报》2009年6月16日第8版。

⑥ 《专家揭开地下水污染致癌真相》,《健康时报》2013年2月27日。

中国大米污染不完全分布图

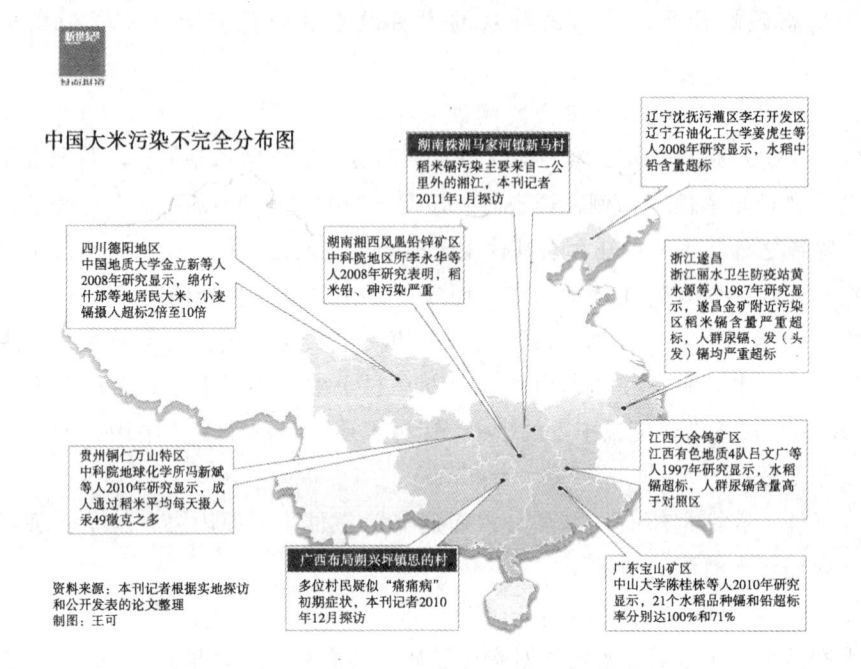

2004年,全国污灌面积为361.84万公顷,占全国灌溉总面积的7.33%。① 然而,由于缺乏有效监管,污水灌溉导致的农产品质量安全问题突出。2013年1月21日《新世纪周刊》刊载《土壤不能承受之重》一文,描述了甘肃白银污水灌溉给农产品质量带来的严重问题,该文以"吃污水灌溉出来的一切粮食、蔬菜,等于慢性自杀"的醒目用语,表达了污水灌溉给农产品质量带来的问题。②

为了缓解内河污染压力,世界各国采取污染入海措施。我国排入海洋的水污染、固体废物实际并没有得到有效治理,导致海洋环境污染很严重。③ 海洋污染对近海养殖业的水产品影响很大,国内近年来一些海域频遭污染,也让消费者对海产品的出处更为关注。④《2012年中国环境状况公报》显示:随着工

---

① 曾德付、朱维斌:《我国污水灌溉存在问题和对策探讨》,《干旱地区农业研究》2004年第4期。

② 刘虹桥:《土壤不能承受之重》,《新世纪周刊》2013年第3期。

③ 关于我国海洋环境污染状况,可以参考国家海洋局《2011年中国海洋环境状况公报》,http://www.coi.gov.cn/gongbao/huanjing/201207/t20120709_23185.html。

④ 《受重金属污染疑云笼罩 海鲜市场停售问题生蚝》,《无锡商报》2011年10月15日A05版。

业化、城镇化和农业现代化不断推进，农村环境形势依然严峻。突出表现为工矿污染压力加大，生活污染局部加剧，畜禽养殖污染严重。全国农村饮用水源和地表水受到不同程度污染，农村环境保护形势依然严峻。①

（二）社会认识和政府监管的偏差

农产品产地环境问题对食品安全的威胁引起了社会的广泛关注。然而，社会认识和政府监管却存在着较大偏差。

1. 忽视对农产品消费者的关注

将受害者定位于农民，忽视了对农产品消费者和公众人身健康的维护。不可否认，农产品产地环境问题的最大受害者是本地农民。农民暴露于农产品产地环境之中，被污染的环境要素如水、大气等会对农民造成直接的伤害。农民还食用自己生产的农产品而受害，因此关注农产品产地环境问题给农民带来的损害是必要的。但也不能忽视对农产品消费者和公众可能遭受的损害。中国中央电视台《三农直通车》栏目2011年9月16日报道了这样一个事例：河北邯郸永年县河北铺村的村民引污水灌溉小麦、玉米、蔬菜等，但农民自己不会食用它们，而是将其投放市场。②"被重金属污染的稻米还流向了市场。中国百姓的健康，在被重金属污染的稻米之前几不设防。"③ 农产品消费者是农产品产地环境问题的受害者，且具有很大扩散性，而社会对此似乎不太关注。

2. 农产品监管偏差

对于农产品产地环境污染和生态破坏带来的食品安全问题，政府监管的着力点有两个方面：第一，土壤污染防治和水污染防治，以土壤污染防治为主。第二，食品安全监测和监管，希望通过食品安全监管和食品质量监测避免对社会的危害。④ 上述两大监管措施存在严重问题，前者将农产品产地环境问题分割为土壤污染和水污染两个方面，没有作为综合性的环境要素进行整体保护，还存在监管目的、对象、方法等多方面的不切合性。后者属于末端措施，难以从源头上解决问题。

在监管对象上，将眼光锁定于向农产品产地排放污染物的行为人。造成农产品产地环境问题的主要原因是外来污染，但是农产品生产者在生产过程中的

---

① 《2012年中国环境状况公报》。
② 《中国农田污水灌溉凶猛 利弊急转》，http://info.china.alibaba.com/detail/1019968095.html。
③ 宫靖：《镉米杀机》，《新世纪周刊》2011年第6期。
④ 如《南方日报》2013年2月27日报道"湖南问题大米流向广东餐桌"，将问题的关注点锁定在粮库、监测等环节，参见《媒体称湖南万吨镉超标大米流向广东》，《南方日报》2013年2月27日A13版。

行为也是重要原因之一。人们将矛头指向排污者之时，似乎忘却了对农产品生产者的监管。

(三) 法律应对农产品产地环境保护的滞后

面对严峻的农产品产地环境问题，我国法律的反应却非常迟缓，明显滞后于实践需要，突出表现在以下几个方面：第一，土壤污染防治法迟迟不能出台。土壤污染防治法和重金属污染防治法在应对农产品产地环境问题有一定的作用，但是我国土壤污染防治法迟迟不能出台，重金属污染防治法更是遥遥无期。第二，农产品产地环境保护的法律规范被遗忘。我国从20世纪80年代起就开始关注农产品产地环境问题，然而随着《农产品产地安全管理办法》的出台，农产品产地环境保护的法律规制就淡出了人们的视线。农产品产地环境保护的一般规则失范是我国农产品环境保护问题的重要原因之一。第三，名优特农产品产地环境保护法的空白。名优特农产品是一个地区甚至是一个国家的名片，名优特农产品产地不仅应当符合农产品产地环境保护的一般要求，还应当具有更高的产地环境要求和更加严格的监管措施，然而，对此却只有为数甚少的几部农业部门规章来规范。名优特农产品产地环境保护基本处于无法可依的局面。

要做好食品安全工作，就必须保障农产品质量安全，而农产品质量安全有赖于良好的农产品产地环境。如果产地环境被污染或者破坏，农产品的质量安全就难以保证。只有在清洁的空气、清洁的水和清洁的土壤中生产出来的农产品，才能让人吃得放心。因此国务院《关于加强食品安全工作的决定》专门就农产品产地环境保护作出了规定："……加强农产品产地环境监管，加大对农产品产地环境污染治理和污染区域种植结构调整的力度。"[①] 正是如此，农产品产地环境保护被推上了历史的舞台。

二 我国农产品产地环境问题的成因

近年来，各级农业部门和环境保护部门在农产品产地环境保护方面做了大量工作，取得了较大的进展，部分地区农产品产地环境恶化的趋势得到了一定的遏制。但是由于多方面的因素，农产品产地环境恶化趋势仍没有得到有效控制，与社会进步和人民生活质量不断提高的要求还很不适应。

农产品产地环境问题是自然因素与人为因素综合作用的结果。自然因素仅

[①] 国务院食品安全办：《国务院食品安全办负责人解读〈国务院关于加强食品安全工作的决定〉》，http://www.gov.cn/zwhd/2012-07/03/content_2175897.htm。

为农产品产地环境问题的形成提供了外在条件，而人们不合理的生产与生活活动及其他有关社会经济因素，才是导致农产品产地环境问题的主要原因。

（一）思想认识因素

农产品产地环境保护意识淡薄。首先，农产品产地环境保护的社会氛围还没有完全形成，特别是一些地方领导和有关部门没有真正树立和落实好科学的发展观，对农产品产地环境问题的严重性及加强保护的重要性与紧迫性缺乏清醒的认识，没有把这项工作列入重要议事日程。各级政府和广大干部群众忽视农产品产地环境与资源保护的现象还十分突出，许多地方没有树立以人为本的思想，没有遵循经济发展与环境保护相协调的方针，只片面追求经济发展的短期效益，以牺牲农产品产地环境为代价换取一时的、局部的经济增长。

其次，部分地方领导农产品产地环境保护法律意识不强，有法不依、执法不严、地方保护的现象严重，对污染破坏农产品产地环境与资源的违法行为采取宽容甚至包庇的态度，严重阻碍了农产品产地环境保护工作的正常开展。

最后，广大农民群众农产品产地环境保护意识还比较淡薄，不合理使用农业投入品的现象还比较普遍，进一步加剧了农产品产地环境污染和资源破坏。

（二）不合理的农业生产活动

不合理的农产品生产活动是造成农产品产地环境恶化的主要原因之一，其中尤为突出的是不合理地使用化肥、农药、不可降解的塑料薄膜，以及日益增加的畜禽养殖业排泄物所带来的污染。化肥、农药及其他农业化学物质的使用，在农产品生产中使用有见效快、效果好、作用面广等特点，保证了作物的增产丰收，减轻了劳动强度，降低了人工费用，因此，使用种类日益繁多、范围日益扩大、用量增加。但是，由于不合理的使用，对农产品产地环境造成严重污染。

（三）乡镇工业污染加剧

乡镇工业已成为我国国民经济的重要组成部分，为广大农村地区脱贫致富、安置富余劳动力，作出了很大贡献。但由于农村经济条件的限制，致使乡镇企业在大规模发展的同时，不可避免地暴露出一些问题，如生产技术、方式和生产工艺落后，许多采用土法生产，生产能力低下，设备陈旧，乡镇企业经营管理水平低，从业人员素质低，"跑、冒、滴、漏"严重，资源和能源消耗高、浪费大，"三废"污染严重，给经济社会发展带来了近忧和远患。乡镇工业的主要污染物排放量占全国工业污染物排放总量的比重已接近或超过50%，已成为农产品产地环境的一个突出问题。另外，由于受利益驱动和地方保护主义的影响，国家明令取缔关停的"十五小"和"新六小"企业还有反弹现象。

(四) 落后的农村生活方式

不少贫困的农村地区都缺少燃料，由于没柴烧，不少地区挖草根、剥树皮、折树枝甚至乱砍滥伐。在一些地区，森林覆盖率急剧下降，部分地区覆盖率不足5%，甚至在1%左右。由于粮食与燃料的压力，贫困地区人民居住在这一特殊环境中，受环境条件的限制，商品经济难以发展，为了生存不得不以原始落后的生产方式"靠山吃山"，对土地实行掠夺式经营，盲目开发利用自然资源。

并且，随着人口的增加、生活水平的提高、农民传统生活习惯的改变，农村生活废物的种类、数量都不断增长，包括塑料袋、快餐盒、废电池等许多难以降解的物质。但是，农村环境基础设施建设普遍滞后，生活废物的收集处理设施远不能满足需要，大部分农村既没有垃圾存放点，也没有处理场所，农村生活废弃物随意排放，最终成了污染源，严重地污染了水源和土地，有些农村"脏、乱、差"现象突出。

(五) 工业和城市污染转移

城市生活污染和工业环境污染向农村转移加重了农产品产地环境污染。在农村，工业固体废物占用农田、侵占河道、随处焚烧等现象屡见不鲜。我国固体废物产生量持续增长，工业固体废物每年增长7%，城市生活垃圾每年增长4%；但是固体废物处置能力明显不足，导致工业固体废物（很多是危险废物）长年堆积，并向农产品产地转移，由此而污染的农田已达100万亩，加重了耕地矛盾。

(六) 不合理开发自然资源

一些农产品产地由于矿产资源等自然资源开发利用不当，盲目追求经济的发展，重开发利用，轻生态保护，致使生态环境受到破坏。少数地方农村的小矿点林立，有的甚至乱采滥挖，采富弃贫，废渣石乱倒乱弃，致使生态环境受到破坏。突出表现为粗放式的资源开发方式导致资源的浪费、植被生态破坏、地层塌陷和水土流失。

(七) 环境保护机制与制度因素

长期以来，我国环境保护工作的重心放在了城市，而较少关注农村。农产品产地环境保护政策法律存在很多问题，使得环境保护工作在农村缺乏有效的机制与制度保证。目前没有出台有关农产品产地环境保护的全国性专门法律法规，农产品产地环境保护的管理体制不顺，部门之间职责交叉，经常出现扯皮现象，一定程度上阻碍了农产品产地环境保护工作的有效开展。

第二十五章

我国农产品产地环境保护法治的回顾与反思

农产品产地环境保护法治是指由农产品产地环境保护立法、执法、司法、守法和法律监督所构成的法律运行体系。其中，完善的农产品产地环境保护立法是前提，高效的农产品产地环境保护执法是关键，公正的农产品产地环境保护司法是保障。

第一节 我国农产品产地环境保护立法、执法、司法情况的梳理

任何现有制度都有其历史渊源，而非凭空产生的。总结我国农产品产地环境法治的发展史，可以探索我国农产品产地环境法治的经验教训。我国农产品产地环境法治涉及环境法、食品安全法和农业法等多个法律领域。正是由于这一特征，我国农产品产地环境保护法治在很长时间内附属于食品安全、环境保护和农业法制度。考察农产品产地环境保护法治的历史，不可避免地要以食品安全和环境保护及农业法的发展制度为背景。

一 我国农产品产地环境保护立法的梳理

(一) 我国农产品产地环境保护立法的历史演进

1. 我国农产品产地环境保护立法的萌芽

虽然我国农产品相关的法律法规制定历史并不短，但正式的农产品产地环境立法却始于党的十一届三中全会之后。国务院于1979年8月28日发布了《食品卫生管理条例》，条例规定的食品卫生制度很大程度上都涉及农产品产地的环境管理要求。该条例经修改上升为《食品卫生法（试行）》，由五届全国人大常委会二十五次会议于1982年11月19日通过。

1986年6月25日，六届全国人大常委会十六次会议通过并颁布《土地管理法》，标志着我国土地管理工作开始纳入依法管理的轨道。其中就已经有了

保护耕地，改良土壤，提高地力，防治土地沙化、盐渍化、水土流失，制止荒废、破坏耕地等规定。

上述文件在农产品安全、农用地保护方面都有所规定，但还未正式涉及农产品产地环境保护，因此，可算作是我国农产品产地环境保护立法的萌芽期。

2. 我国农产品产地环境保护立法的开始

1992年9月，国务院发布了《关于发展高产优质高效农业的决定》，该决定将农产品质量问题提了出来，该政策在我国特殊农产品产地环境保护方面具有开创性意义。

1998年10月，党的十五届三中全会通过了《关于农业和农村若干重大问题的决定》，该决定作为党的一项政策，使中国农业发展转向从追求数量到追求质量和效益为中心的轨道上来。农产品产地环境保护也日益被提上议事日程。

1998年12月，《基本农田保护条例》出台，这是贯彻《土地管理法》保护土地特别是保护耕地的重要举措。基本农田保护的若干重要制度，丰富了我国农产品产地环境保护的内容，为正式的农产品产地环境保护法律出台作了重要的准备。

2001年12月11日，卫生部发布了《转基因食品的管理办法》，对转基因食用安全性与营养质量评价、申报与批准、标识与监督做了具体的规定。

2002年8月1日，农业部出台了《全面推进"无公害食品的行动计划"的实施意见》。该意见宣布，农业部等国家有关部门将通过健全体系、完善制度等措施，对农产品质量安全实行全面监管，力争用5年时间基本实现农产品无公害生产，解决"餐桌污染"，保障消费安全，使质量安全指标达到发达国家的中等水平，同年，卫生部制定了《食品安全行动计划》，提出了我国5年内食品安全的保障目标，要求健全食品卫生法律法规与标准体系，建立污染物检测信息系统，建立食源性疾病的预警控制系统，建立有利于促进食品生产经营企业自身管理的食品安全管理模式，建立有利于保证食品安全的卫生监管体制的行动策略。

3. 我国农产品产地环境立法的发展

真正使农产品产地环境保护走上法制轨道的，是2006年4月29日通过的《农产品质量安全法》。该法首次明确并且比较系统地规定了农产品产地环境保护，并对农产品产地环境保护的一些制度进行了原则性的规定。

2006年10月，农业部出台《农产品产地安全管理办法》，其中大部分内容都直接关系到农产品产地环境保护，特别是第三章，就农产品产地环境保护做了专门的规定。

2009年2月28日，党的十一届全国人大会常委会七次会议通过《食品安全法》。[①] 该法是食品安全领域的基本法，该法虽然不适用初级农产品问题，但是其重视食品安全的制度措施是可以借鉴的。《食品安全法》的颁布，标志着我国食品安全工作上了一个新的台阶。食品卫生的概念被食品安全所取代。我国食品安全的工作理念发生了重大变化，由此带动了农产品产地环境保护工作的进一步完善。

与此同时，农产品产地环境保护的地方立法也如火如荼地开展，很多地方都制定了本地方的农产品质量安全条例，对当地农产品产地环境保护进行了规定。

（二）我国农产品产地环境保护立法的现状

我国已经形成了一套初具规模的农产品产地环境立法。以《土地管理法》、《农产品质量安全法》、《环境保护法》、《农业法》、《基本农田保护条例》、《农产品产地安全管理办法》为主导，以及诸如《消费者权益保护法》、《传染病防治法》、《商标法》、《刑法》等法律中有关农产品产地环境保护的相关规定构成的法律形态，是我国农产品产地环境保护法律体系的基本框架。还应当指出，一些地方的农业环境保护条例和农产品质量安全条例中也有很多关于农产品产地环境保护的内容。

此外，关于地理标志保护的国内法（如《商标法》）和国际法（如《世界贸易组织原产地规则协议》）等都可以适用于农产品产地环境保护。

1. 《土地管理法》的规定

《土地管理法》是我国土地开发利用的主体性法律，其中包含农产品产地环境保护的内容。

其一，保护土地资源。《土地管理法》第3条规定："十分珍惜、合理利用土地和切实保护耕地是我国的基本国策。各级人民政府应当采取措施，全面规划，严格管理，保护、开发土地资源，制止非法占用土地的行为。"

其二，土地规划。《土地管理法》第19条规定："土地利用总体规划按照下列原则编制：（一）严格保护基本农田，控制非农业建设占用农用地；（二）提高土地利用率；（三）统筹安排各类、各区域用地；（四）保护和改善生态环境，保障土地的可持续利用；（五）占用耕地与开发复垦耕地相平衡。"

其三，土地调查。《土地管理法》第27条规定："国家建立土地调查制度。

---

① 李怀、赵万里：《中国食品安全规制制度的变迁与设计》，《财经问题研究》2009年第10期。

县级以上人民政府土地行政主管部门会同同级有关部门进行土地调查。土地所有者或者使用者应当配合调查，并提供有关资料。"

其四，土地评级。《土地管理法》第 28 条规定："县级以上人民政府土地行政主管部门会同同级有关部门根据土地调查成果、规划土地用途和国家制定的统一标准，评定土地等级。"

其五，耕地保护。《土地管理法》第 31 条第 1 款规定："国家保护耕地，严格控制耕地转为非耕地。"

其六，基本农田保护。不仅《土地管理法》第 34 条就基本农田保护制度作出了原则性规定，划定了基本农田保护的范围，而且国务院还专门出台了《基本农田保护条例》，落实《土地管理法》的精神，对基本农田保护制度进行了全面系统的规定。

其七，提高地力。《土地管理法》第 35 条规定："各级人民政府应当采取措施，维护排灌工程设施，改良土壤，提高地力，防止土地荒漠化、盐渍化、水土流失和污染土地。"

其八，土地复垦。《土地管理法》第 42 条规定："因挖损、塌陷、压占等造成土地破坏，用地单位和个人应当按照国家有关规定负责复垦；没有条件复垦或者复垦不符合要求的，应当缴纳土地复垦费，专项用于土地复垦。复垦的土地应当优先用于农业。"

2.《农产品质量安全法》的规定

《农产品质量安全法》对我国农产品产地环境保护进行了比较系统的规定，集中体现在第三章。该规定是我国农产品产地环境保护的主要法律依据。

其一，农产品禁止生产区域。《农产品质量安全法》第 15 条规定："县级以上地方人民政府农业行政主管部门按照保障农产品质量安全的要求，根据农产品品种特性和生产区域大气、土壤、水体中有毒有害物质状况等因素，认为不适宜特定农产品生产的，提出禁止生产的区域，报本级人民政府批准后公布。具体办法由国务院农业行政主管部门商国务院环境保护行政主管部门制定。农产品禁止生产区域的调整，依照前款规定的程序办理。"该规定是对农产品产地进行分级的依据。

其二，禁止建立农产品生产基地。《农产品质量安全法》第 17 条规定："禁止在有毒有害物质超过规定标准的区域生产、捕捞、采集食用农产品和建立农产品生产基地。"上述关于农产品禁止生产区域和禁止建立农产品生产基地的规定，是农产品产地环境保护的重要制度。

其三，禁止向农产品产地排放废弃物。《农产品质量安全法》第 18 规定：

"禁止违反法律、法规的规定向农产品产地排放或者倾倒废水、废气、固体废物或者其他有毒有害物质。农业生产用水和用作肥料的固体废物,应当符合国家规定的标准。"该条规定可以被理解为农产品产地主要环境要素的保护。

其四,农业投入品管制。《农产品质量安全法》第 19 条规定:"农产品生产者应当合理使用化肥、农药、兽药、农用薄膜等化工产品,防止对农产品产地造成污染。"

3.《环境保护法》的规定

《环境保护法》在一定意义上充当了我国的环境基本法,整体上可以适用于农产品产地环境保护。《环境保护法》对农业环境保护的内容与农产品产地环境保护密切相关。《环境保护法》第 33 条规定:"各级人民政府应当加强对农业环境的保护,促进农业环境保护新技术的使用,加强对农业污染源的监测预警,统筹有关部门采取措施,防治土壤污染和土地沙化、盐渍化、贫瘠化、石漠化、地面沉降以及防治植被破坏、水土流失、水体富营养化、水源枯竭、种源灭绝等生态失调现象,推广植物病虫害的综合防治。县级、乡级人民政府应当提高农村环境保护公共服务水平,推动农村环境综合整治。"

4.《农业法》的规定

《农业法》是我国农业生产领域的综合性法律,其第八章"农业资源与农业环境保护"与农产品产地环境保护密切相关的。

其一,农业自然资源保护。《农业法》第 57 条规定:"发展农业和农村经济必须合理利用和保护土地、水、森林、草原、野生动植物等自然资源,合理开发和利用水能、沼气、太阳能、风能等可再生能源和清洁能源,发展生态农业,保护和改善生态环境。县级以上人民政府应当制定农业资源区划或者农业资源合理利用和保护的区划,建立农业资源监测制度。"农业自然资源保护可以作为农产品产地生态保护的一个部分。

其二,耕地保护。《农业法》第 58 条规定:"农民和农业生产经营组织应当保养耕地,合理使用化肥、农药、农用薄膜,增加使用有机肥料,采用先进技术,保护和提高地力,防止农用地的污染、破坏和地力衰退。县级以上人民政府农业行政主管部门应当采取措施,支持农民和农业生产经营组织加强耕地质量建设,并对耕地质量进行定期监测。"耕地保护可以作为农产品产地土壤环境保护的制度内容。

其三,生态治理。《农业法》第 59 条规定:"各级人民政府应当采取措施,加强小流域综合治理,预防和治理水土流失。从事可能引起水土流失的生产建设活动的单位和个人,必须采取预防措施,并负责治理因生产建设活动造成的水土流失。各级人民政府应当采取措施,预防土地沙化,治理沙化土地。国务院和沙化土地所在地区的县级以上地方人民政府应当按照法律规定制定防沙治沙规划,并组织实施。"该规定可以作为农产品产地生态治理制度的内容。

其四,农业生产过程污染防治。《农业法》第65条规定:"各级农业行政主管部门应当引导农民和农业生产经营组织采取生物措施或者使用高效低毒低残留农药、兽药,防治动植物病、虫、杂草、鼠害。农产品采收后的秸秆及其他剩余物质应当综合利用,妥善处理,防止造成环境污染和生态破坏。从事畜禽等动物规模养殖的单位和个人应当对粪便、废水及其他废弃物进行无害化处理或者综合利用,从事水产养殖的单位和个人应当合理投饵、施肥、使用药物,防止造成环境污染和生态破坏。"

其五,农业环境污染防治。《农业法》第66条规定:"县级以上人民政府应当采取措施,督促有关单位进行治理,防治废水、废气和固体废弃物对农业生态环境的污染。排放废水、废气和固体废弃物造成农业生态环境污染事故的,由环境保护行政主管部门或者农业行政主管部门依法调查处理;给农民和农业生产经营组织造成损失的,有关责任者应当依法赔偿。"

5.《基本农田保护条例》的规定

我国的基本农田保护制度,在客观上体现了一些农产品产地环境保护的要求。根据《基本农田保护条例》的规定,基本农田,是指按照一定时期人口和社会经济发展对农产品的需求,依据土地利用总体规划确定的不得占用的耕地。从这一定义可以看出,基本农田的范围,涵盖了绝大多数的农产品产地。

《基本农田保护条例》规定了基本农田的范围。其第10条规定:"下列耕地应当划入基本农田保护区,严格管理:(一)经国务院有关主管部门或者县级以上地方人民政府批准确定的粮、棉、油生产基地内的耕地;(二)有良好的水利与水土保持设施的耕地,正在实施改造计划以及可以改造的中、低产田;(三)蔬菜生产基地;(四)农业科研、教学试验田。根据土地利用总体规划,铁路、公路等交通沿线,城市和村庄、集镇建设用地区周边的耕地,应当优先划入基本农田保护区;需要退耕还林、还牧、还湖的耕地,不应当划入基本农田保护区。"对于基本农田保护制度,必须要引起重视。农产品产地环境保护如何处理与基本农田保护的关系,也是一个需要认真研究的问题。

6.《农产品产地安全管理办法》的规定

《农产品产地安全管理办法》是农业部出台的行政规章。农产品产地安全包括产地环境安全,所以该办法的绝大多数内容可以适用于农产品产地环境保护。因此,《农产品产地安全管理办法》是我国对农产品产地环境保护规定最为细致且最具有操作性的规范性文件。

《农产品产地安全管理办法》分为六章，共27条，主要规定：总则，包括立法目的、适用范围、管理体制；产地监测与评价；禁止生产区域，包括禁止生产区域的条件、设立程序、调整；产地保护，包括产地环境保护；监督检查；附则。

(三) 关于地理标志保护的国际法

1. 地理标志

地理标志是一种用于具有特定地理来源的商品的标志，这些商品具有可主要归因于产地的品质、声誉或特征。最普遍的情况就是，地理标志包括商品产地的名称。农产品是这方面的典型，它们具有根源于产地的品质，受气候和土壤等当地特定因素的影响。一个标志是否被承认是地理标志，由各国法律决定。

地理标志需要保护。消费者认为地理标志代表产品的产地和品质。许多地理标志已获得了有价值的声誉，如果不加以适当保护，那么从事不正当商业行为的人就可能作伪。未经授权者使用虚假地理标志的行为，有损于消费者和合法生产者的利益。消费者会受到蒙骗，误以为他们所购买的是具有特殊品质和特点的真货，而实际上得到的是赝品。合法生产者也会失去宝贵的业务，同时其产品已获公认的声誉也受到损害。

2. 地理标志的国际法保护

世界知识产权组织管理的一些条约对地理标志的保护做了规定，其中最值得注意的是1883年签订的《保护工业产权巴黎公约》以及《保护原产地名称及其国际注册里斯本协定》。此外，《与贸易有关的知识产权协定》（TRIPS）第22条至第24条涉及在世界贸易组织（WTO）框架下对地理标志进行国际保护的问题。

(1) 《里斯本协定》

《保护原产地名称及其国际注册里斯本协定》(Lisbon Agreement for the Protection of Application and Their International Registration)，简称《里斯本协定》，是关于保护产品原产地地理名称的协定。1958年在葡萄牙里斯本签订，1967年在斯德哥尔摩修订，1979年10月2日修改。

《里斯本协定》共18条。其主要内容包括：建立特别联盟；保护国际局注册的原产地名称；产地名称及原属国概念的定义；保护的内容；根据其他文本的保护；国际注册；驳回及对驳回的异议；通知；在特定期限内允许使用；普通名称；注册有效期限和费用；诉讼；特别联盟大会；国际局；财务；修改；规定的期限；退约；签字；语言；保存人的职责；过渡条款。

该协定在保护工业产权联盟系统内，所适用的国家组成特别联盟，在其领土内保护联盟其他国家产品的原产地名称。原产地名称系指一个国家、地区或地方的地理名称，用于指示一项产品来源于该地，其质量或特征完全或主要取决于地理环境，包括自然和人为因素。原属国系指其名称构成原产地名称而赋予产品以声誉的国家或者地区或地方所在的国家。保护旨在防止任何假冒和仿冒。原产地名称的国际注册，应经特别联盟国家主管机关请求，以按照所在国法律已取得此种名称使用权的自然人或法人的名义，在国际局办理注册。国际局应立即将该项注册通知特别联盟其他国家的主管机关并在期刊上公告。各国主管机关可以声明对通知注册的某个原产地名称不予保护。但是，该声明应说明理由，在收到注册通知之日起 1 年之内作出。

《里斯本协定》规定，协定由世界知识产权组织管理。为保护原产地名称的必要诉讼可以在特别联盟各国根据国家法律进行，应主管机关的请求或应检察院的公诉，由任何有关方面，自然人或法人，国营企业或私人企业提出。在成立该组织的公约生效后 5 年内，未批准或加入本议定书的特别联盟国家，如果欲行使该议定书规定权利的，视同已接受这些条款。任何国家希望行使上述权利的应书面通知总干事。该通知自接到之日起生效。

截至 2004 年 12 月 31 日，《里斯本协定》缔约方总数为 22 个国家。应当指出，我国还不是《里斯本协定》缔约国。

（2）《原产地规则协定》

乌拉圭回合多边贸易谈判的非关税措施谈判组将原产地规则问题列为重要议题之一，拟订了《原产地规则协定》，并最终获得通过。该协定由序言、四个部分和两个附件组成。

序言阐述了该规则的目标是在不损害或减少各成员方在关贸总协定下所享受的利益的前提下，通过按无歧视、透明、可预见、稳定和公正的方式制定和实施原产地规则。为解决因本协定而引起的争议，要建立迅速、有效和公正的协商机制及程序，促进国际贸易的正常发展。

协定的第一部分规定了原产地规则的定义和适用范围。原产地规则定义为成员方为确定货物原产国而实施的法律、法规和普遍适用的行政命令。它包括所有的非优惠商业政策措施及政府采购和贸易统计中使用的原产地规则，而与契约性的区域自治性的贸易体制所提供的、超出关贸总协定第 1 条第 1 款范围的关税无关。

协定的第二部分是实施原产地规则的规定。规定各成员方应保证原产地规则的规定明确性和执行上的连续性、统一性、公正性和合理性及有关制度规章的透明度，保证不将其作为直接或间接造成贸易障碍的手段来使用，原产地规则本身也不得对国际贸易形成限制、扭曲或破坏性的影响。其中第 3 条规定，货物的原产国应为该货物的完整生产国或最后实现实质性改变的国家。原产地规则在成员方之间的实施应该是非歧视的，并且对进口产品或出口产品实施的原产地规则不得严于确认国内产品所实施的原产地规则。

第三部分是关于通知、审查和争端解决的程序安排的规定。规定设立原产地规则委员会和原产地规则技术委员会，由后者协助前者监督并审查规则的实施情况，并适时提供建议以推动本协定各项目标的实现。

第四部分是对原产地规则的协调的规定。它规定了对原产地规则进行协调的目标和原则，并规定了对原产地规则的协调工作，后者向前者不定期提交关于原产地规则的解释和意见，并由前者作出是否采纳的决定。

附件 1 是关于原产地规则技术委员会的协议，规定了该委员会的任务和代表制度。附件 2 是关于优惠的原产地规则的共同宣言，优惠的原产地规则是指成员方用于决定是否给予某种商品根据契约性或区域自治性的贸易体制所提供的超出总协定第 1 条第 1 款范围的关税优惠的法律、规章和普遍适用的行政命令。

根据上述国际法的精神，我国《商标法》及其实施条例、《反不正当竞争法》以及《原产地标记管理规定》、《原产地标记管理规定实施办法》，《地理标志产品保护规定》都对地理标志保护作出了规定。

二　我国农产品产地环境保护执法的梳理

（一）我国农产品产地环境保护执法的历史演进

我国农产品产地环境执法是伴随着农产品产地环境立法而演进的。改革开放以前，农业生产的主要内容是增加农产品产量，保障温饱。至于农产品产地环境保护，则未成为一个专门的话题。此外，改革开放之前我国环境保护工作也处于初创阶段，尚未认识到农产品生产与环境保护之间的联系，两者没有衔接，相互脱节。

1. 初创

从改革开放至 1995 年，是我国农产品产地环境执法的初创阶段。这一阶段，我国处在计划经济向市场经济过渡时期。社会的各个方面发生了巨大变化，经济发展取得了巨大进步，科学技术水平有了较大提高，社会商品不断丰富，人民对食品的质量卫生要求也不断提高，国家对食品安全的监督管理体制基本建成。农产品产地环境执法也逐步开展，《食品卫生法》的相关条文已经涉及具体的农产品产地卫生环境监管的内容。

2. 正式建立

1995—2006年是我国农产品产地环境执法的正式建立阶段。这一阶段，我国市场经济体制基本建立，国家和社会对食品安全和农产品质量越来越重视。因此，如何加强对农产品质量的管理，保障人民身体健康，是政府监管部门的重要职责之一，也是食品企业的社会责任。在这一阶段，随着《农产品质量安全法》、《农产品产地安全管理办法》等相关法律法规的颁布，农产品产地环境执法体制正式建立，执法手段也逐步增强。

3. 发展阶段

2006年至今是我国农产品产地环境执法的发展阶段。这一阶段，食品安全工作越来越受到国家和社会的重视，由此带来农产品产地环境保护执法的进一步发展，表现在：农产品产地环境状况调查的正式开展；农产品产地环境监测制度的协调完善；农产品产地环境保护执法体制的进一步理顺；农产品产地环境保护执法能力的增强等。

（二）我国农产品产地环境保护执法的现状

1. 建立农产品产地环境执法体系

根据《土地管理法》、《农产品质量安全法》、《农业法》、《环境保护法》，我国已经建立了较为明确的农产品产地环境执法体系。在农产品产地环境执法方面，由农业部门主管农产品产地环境保护工作。对于工业污染物污染农产品产地环境、工业污染物向农产品产地转，或者发生重大环境污染事故的，由环境行政主管部门负责。其他部门在各自的职权范围内行使监管职责。

此外，全国的县（市）农业行政主管部门基本都成立了农业环境保护站，配备了相应的人员和设备，并根据需要设立了监测点，包括土壤监控点、自然监测点、农残定点监控点等，定期发布农业环境和农产品质量安全信息。

2. 控制农产品产地环境污染

农业投入品使用不当，农业生活废弃物和工业污染转移等，都会造成农产品产地环境污染，为了有效控制农产品产地环境污染的产生，农产品产地环境保护执法部门加大了对农业投入品的管理。加强"禁用、限用"农药使用管理，严厉打击假冒伪劣农资经营行为，深入开展农业投入品专项整治活动。同时还加大了节肥、节药农业生产技术的推广。指导农业生产者科学使用农药、化肥，积极推广生物农药和生物有机肥的使用，重点开展测土配方施肥、平衡施肥技术。对于优质农产品产地、绿色农产品产地、生态农业产地等特殊区域，采取了更加严格的执法手段。

3. 农产品产地环境评价和产地认定工作成效显著

我国农业部门和环境保护部门对全国主要农产品产地环境的空气质量、灌溉水质、土壤质量现状进行评价，并对农产品产地环境进行了分级。对于不符合产地环境标准的区域，禁止生产农产品，并积极采取修复措施，从产地源头有效地控制了农业投入品对生产环境的污染。

4. 产地环境监测管理工作力度加大

农业环境是农业生产的基本条件，切实加强农业生产环境的监测管理是有效防治农产品产地环境污染的主要措施。国家农业部门按照相关法律的要求，加大了农产品产地环境监测的资金投入和人员配备力度，强化定位监控点的建设。试行 GPS 定位对水质、空气、土壤进行监控与送样检测。

5. 开展农产品产地环境污染事故的调查处理

我国农产品产地环境污染事故每年都有不同程度的发生，不仅会危及产地群众的生命财产安全，对于食用该产地农产品的人群也会造成威胁。各级农业行政主管部门和环境行政主管部门对部分污染农产品产地企业进行了摸底调查，对于严重的污染事故进行处理，保障了农产品生产者和广大人民群众的合法权益。

三　我国农产品产地环境保护司法的梳理

（一）我国农产品产地环境保护司法的历史沿革

我国农产品产地环境司法，是指司法部门通过处理农产品产地环境案件的形式，维护农产品产地环境，打击污染和破坏农产品产地生态环境的行为。从严格的意义上讲，我国的农产品产地环境司法只有到《农产品质量安全法》实施才真正建立。之所以这么说，原因在于此前的农产品产地环境司法案件，有三种情形：工业污染农村案件，农业环境污染案件，农村生活污染案件。特别以第一种情形居多。无论上述哪种案件，都不具有本研究所说的农产品产地环境司法的性质。农产品产地环境司法的独特性质在于：案件具有保护农产品产地环境，进而保障农产品质量和安全的因素。因此，本研究以为，我国农产品产地环境司法是在《农产品质量安全法》实施以后才正式开始的。

（二）我国农产品产地环境保护司法的现状

1. 土地资源司法保障农产品产地生态环境

土地是农产品产地的主要环境要素。加大对土地的保护，是对农产品产地生态环境保护的重要方面。为此目的，司法加大对侵占耕地刑事犯罪和违法行为的打击和制裁力度。对于毁坏土地，私自占用农用地的行为予以严厉打击。对于土地征收和征用，重点审查是否按照法律规定的征地用途和目的，将其作为认定征地行为合法性的重要依据。

2. 保护农业环境保护设施

农业环境保护设施属于农业基础设施的一部分。司法将破坏农田环境保护工程的犯罪行为作为打击对象，加强涉及农产品产地环境设施建设工程案件的审判工作，维护农产品产地环境。

3. 农业生态环境保护司法

人民法院、人民检察院对违反法律、行政法规和破坏农业资源、生态资源、生物资源等违法犯罪行为，应坚决依法予以惩处。对因破坏环境的违法犯罪行为受到损害的农民、农户或者农民合作组织，支持其依法请求损害赔偿的权利。进一步推进农村环境保护的审判工作，促进可持续发展战略的实现。通过刑事、民事、行政等审判手段，树立并强化各项环保法律制度的权威，推进生态效益补偿制度、农村生态保护制度的全面建立。

4. 加大农村环境司法救助范围和力度

对环境损害赔偿且经济上确有困难的农民当事人，特别是特殊困难群体，积极采取缓、减、免交诉讼费的措施，确保符合救助条件的农民当事人打得起环境维权官司。

第二节　农产品产地环境保护立法、执法、司法存在的突出问题

一　我国农产品产地环境保护立法存在的问题

我国农产品产地环境保护立法虽然已经起步，但仍存在很多问题，亟待完善。首先需要指出，我国农产品产地环境保护立法理念落后。农产品产地环境保护立法理念是指贯穿于农产品产地环境保护立法中的，对农产品产地环境保护立法的本质、宗旨、原则及其运作规律的理性认识以及由此形成的理论基础和指导思想。我国农产品产地环境保护立法虽然伴随着《农产品质量安全法》的通过得到了很大提升，体现了以人为本，反映了经济规律，也强调了对农产品生产者权益的保护，但是仍然没有将维护农产品消费者和公众的人身健康作为出发点，由此导致农产品产地环境保护立法的原则、制度等都存在一些

问题。

现在结合上文的实证分析,来谈一谈我国农产品产地环境保护法律体系和内容存在的问题。

(一) 法律体系残缺

农产品产地环境保护的法律体系,是指由所有农产品产地环境保护规范所组成的有机系统。其主要的规范性文件包括《农产品质量安全法》、《农业法》、《环境保护法》、《农产品产地安全管理办法》等。我国农产品产地环境保护法律体系残缺不全,主要规范粗放,缺少主干法,重要法律制度缺位,导致难以发挥整体性效应。

1. 主要规范粗放

首先,2014年修订的《环境保护法》第49条对我国农产品产地环境保护进行了原则性规定,但由于其过于抽象和空泛,难以操作,需要由其他法律法规予以具体化。

其次,《农业法》关于农业环境保护的规定也没有体现出农产品产地环境的特点,没有认识到农产品产地环境保护的特殊性,甚至可以说复述了《环境保护法》对农业环境保护的规定,无非就是条文详细些罢了,与农产品产地环境保护之间存在较大的理念差异,难以有效地保护农产品产地环境。

再次,《农产品产地安全管理办法》对《农产品质量安全法》进行了具体落实,是有进步的,但是仍然有很多不足之处。《农产品产地安全管理办法》并非专门针对农产品产地环境保护的规定,只是其中包含了产地环境保护的内容。而且该办法属于农业部制定的部门规章,带有部门立法的一些典型问题,如部门利益主导、立法权限有限,对《农产品质量安全法》欠缺的制度和内容仍未予以补充。

最后,上述规范之间协调性差,尚未形成有序的体系。我国农产品产地环境保护法律的主要规范各自为政,出发点和立足点均不相同,因此呈现出杂乱无章的无序化状态,大有"东一榔头西一棒子"的样态。《环境保护法》、《农业法》、《农产品质量安全法》之间的不协调性明显,依据不同的法律处理结果大不相同。

2. 缺乏主干法

应当指出,法律体系完善的重要标准之一就是不能缺少主干性法律。如刑法体系中不能缺乏刑法典、民法体系不能缺乏民法典,环境法体系不能缺乏环境法典等。如果某一法律体系只是少了配套性文件或者执行性规范,并不意味着法律体系残缺,① 但是如果缺乏主干性的法律规范,就可以断言该法律体系是不完整的。说我国农产品产地环境保护法律体系残缺的主要依据在于,农产品产地环境保护的主干性法律规范缺乏,农产品产地环境保护社会关系的调整只能依赖分散于相关规范中的环境保护、污染防治、农产品质量等条文。在某种程度上讲,农产品产地环境保护在我国呈现无法可依的局面。

3. 重要法律制度缺位

我国农产品产地环境保护法律缺乏若干重要的农产品产地环境保护制度。首先,缺乏农产品产地环境标志制度。缺乏产地环境标志,就难以追根溯源,实施源头管理。其次,缺乏产地环境状况与农产品生产相衔接制度。《农产品质量安全法》和《农产品产地安全管理办法》对禁止生产区域虽有所涉及,但是都很不全面,执行难度大。再次,缺乏农产品生产者民事责任制度。出于国情考虑,我国农产品产地环境保护立法对农产品生产者的民事责任规定非常薄弱,不符合正义的基本要求。最后,缺乏农产品产地环境保护公益诉讼制度。公益诉讼是农产品产地环境保护法的重要制度,缺乏公益诉讼,就会使得公众参与难以落实,农产品产地环境保护缺乏驱动力。

上述重要制度的缺位,导致农产品产地环境保护工作难以独立展开,农产品产地环境保护法很不成熟。

(二) 管理体制混乱

我国的行政管理模式普遍实施条条管理,各部门之间的事权划分得比较细,这样的做法有利有弊。其有利方面在于:每项事情都有人管,不至于遗漏。其不利方面在于:有些事情管的部门多了,反而会发生混乱。

应当说,《环境保护法》、《农业法》、《农产品质量安全法》以及《农产品产地安全管理办法》对农产品产地环境保护监督管理体制的规定存在很大的冲突,农产品产地环境的监管体制仍然是一个纠缠不清的问题。《环境保护法》规定环境保护监督管理职权由环保部门统一行使,而依据《农业法》和《农产品质量安全法》,农业环境和农产品生产环境监督管理职权由农业行政部门统一行使。②

---

① 甚至可以说,任何一个部门法体系都可能缺乏一些规范。
② 根据国务院办公厅《关于印发环境保护部主要职责内设机构和人员编制规定的通知》,环境保护部有组织指导城镇和农村的环境综合整治工作的职能。该文件指出:"(六)负责环境污染防治的监督管理。制定水体、大气、土壤、噪声、光、恶臭、固体废物、化学品、机动车等的污染防治管理制度并组织实施,会同有关部门监督管理饮用水水源地环境保护工作,组织指导城镇和农村的环境综合整治工作。"

从现实情况来看，涉农环境监督管理职权是由农业部门来行使的。然而农产品产地环境保护本质上属于环境保护的内容，业务属性上与环境保护、污染防治最为贴近。农产品产地环境保护没有环境保护部门的参与，靠农业部门唱独角戏是做不好的。

农产品产地环境保护监管体制应当由环境保护部门和农业部门作为主要的管理部门。但是我国的农产品产地环境保护相关法并未明确确立环保部门的监管权限，在实践中也很少看到环保部门的身影。其次，农产品产地环境保护监管职能为多个部门所分割，如卫生部门、商务部门、质监部门、工商部门等，而诸多部门之间权限不明，相互越界，在有利可图之处竞相争夺监管权，在棘手问题上却又相互推诿。如此导致监管效力低下，重复监管和监管漏洞严重。不仅增加监管成本，还加重了相对人的生产经营成本。实不可取！

关于农产品产地环境保护监督管理体制，目前还没有明确的规定，但是关于污水灌溉监督管理体制，河北省曾经发文指出："各有关部门要按职责分工切实负起责任。农业部门要加大农业执法力度，组织开展污水灌区的水质、土壤、农产品、地下水质量监测，向农民宣传农灌用水安全标准，指导科学农灌。同时要加大生态农业示范区建设，发展节水灌溉，出台规范办法，科学合理施用农药化肥，严查国家明令禁止的高毒害农药。林业部门要将子牙河水系各主要河流列为造林绿化重点，制定工作计划，采取植物修复手段，控制河道污染物渗漏。环保部门要依法认真履行环境保护统一监管职责。环保部门负责组织制订农灌水源保护规划，研究确定农产品产地污染防治与环境监督管理办法。"[1]

（三）监管制度失范

1. 农产品产地环境监测混乱

首先，我国并无专门的农产品产地环境监测，而相关的农业资源监测和环境资源监测、海洋监测、农产品产地安全监测有所重叠，导致资源浪费，而监测工作又做不好，在农产品产地环境监测上该问题尤其突出。正如有学者指出的那样："农产品产地环境监测数据不真实、监测工作质量偏低。"[2] 因为在县市级地方，财政经费比较紧张，既要设置环境监测，又要有农业资源监测，两样都要做，导致两样都做不好，获取不了有效的监测数据。

---

[1] 河北省人民政府办公厅：《河北省人民政府办公厅转发省环保局等部门关于农田污灌危害农产品问题解决意见报告的通知》，http://www.hebei.gov.cn/article/20030805/498345.htm。

[2] 徐新宇、高晓芳：《农产品产地环境监测中的质量管理对策探讨》，《农产品质量与安全》2012年第5期。

其次，农产品产地安全监测点的设立过于少，不能形成网状。这主要是由于人力、物力和财力所限。监测点过多，所需的拨款就多了。这样无疑就大大降低了农产品产地环境监测的价值。此外，欠缺公开农产品产地环境监测数据、为受害者免费提供监测数据等规定。

2. 农产品禁止生产区域粗放

总体来说，我国农产品禁止生产区域制度存在以下几个问题：第一，规定得过于简单和原则，在实践中难以操作，不容易落实。第二，缺乏划为禁止生产区域后对土地所有权人和农产品生产者的补偿程序。第三，缺乏禁止生产区域设立错误的救济程序。第四，划为禁止生产区域之后的措施缺乏。第五，禁止生产区域的责任不明确。

在禁止生产区设立条件方面，我国法律不甚明确。对于何种情况下（各种污染物污染的标准达到怎样的程度）应当设置禁止生产区域，仅凭县级人民政府农业行政部门把握。而《农产品产地安全管理办法》规定的双重条件又过于严苛。农产品禁止生产区域对农产品消费者和公众权益保障非常重要，而我国相关标准和制度还非常欠缺，要同时具备这两个条件是很不容易的。

在禁止生产区法律效力方面，相关法律规定简单，且存在矛盾。根据《农产品质量安全法》的规定，禁止生产某类特定农产品的区域，并不禁止生产其他种类的农产品。而根据《农产品产地安全管理办法》则是不能生产食用农产品，对于非食用农产品，则另当别论。笔者推测立法者的意图，可能是认为非食用农产品不会给人带来危害。但这是不对的，例如棉花种植属于非食用农产品，但是被制成衣物后要与人体直接接触，如果棉花内的有毒有害物质含量过高，也可能会对人体造成危害。正如有学者指出的那样："食用农产品和非食用农产品之间的界限有时候也不是那么清晰。另外，由于在种植养殖环节很难区别是食用还是非食用，如玉米既可直接食用，也可作为饲料，甚至工业原料。"如何区处，难以明确。

3. 禁止向农产品产地排污过于笼统

相关法律对禁止向农产品产地排污问题的规定过于笼统，没有规定向农产品产地排放或者倾倒废水、废弃、固体废物或者有毒有害物质的方式。常见的排污来源有工业污染、农业污染和生活污染。那么上述三种形式的污染是否都应当被禁止呢，不得而知。一些地方利用厂矿企业排放的污水来灌溉农田，是否被允许，也不得而知。同时，向农产品产地排污的法律责任等也不明确。

4. 对农业投入品监管近乎无力

对于农业投入品的监管，相关法律只是原则上进行了规定，语焉不详。关于合理使用农业投入品的方式、剂量及不合理使用农业投入品的法律后果均没有明确规定。

（四）公众参与不足

我国农产品产地环境保护法律既没有严格确立公众参与原则，也没有保障公众参与的法律制度。以禁止生产区域为例，禁止生产区域与农产品生产者、消费者的关系非常密切，而禁止生产区域的划定程序除专家论证之外，缺乏真正意义上的公众参与。禁止生产区域制度缺少公众参与至少表现在两个环节：首先，申请划为禁止生产区域的公众参与。如果某个区域污染很严重，有毒有害物质对农产品质量安全的威胁极大，那么公众是否有权要求县级以上农业行政主管部门向省级人民政府农业行政主管部门提出建议呢？对此，法律只字未提。其次，是否要设置禁止生产区域，《农产品产地安全管理办法》只规定了专家意见，没有要求听取公众意见。这也是不科学的。

（五）法律责任不明

从总体上讲，农产品产地环境保护法律责任很不明确，关于责任主体、责任承担要件、免责事由、责任承担方式等都是盲点，以致农产品产地环境保护法律实践中法律责任形同虚设，难见真章。同时，由于法律规定的处罚力度过轻，正应验了"守法成本高、违法成本低"的说法，不仅未能抑制违法者的违法犯罪行为，反而还在一定程度上助长了行为人的侥幸心理。

二 我国农产品产地环境保护执法存在的问题

由于各种条件的限制，我国环境法律、法规的贯彻还不理想，依法执法、严格执法、执法到位等还存在不少难点。尤其是在当前我国农产品产地环境状况日益严峻的形势下，在向市场经济转轨过程中，由于经济利益的驱动，在"重经济，轻环保"的短期行为及"行政干预"影响下，一些地方、一些部门、一些企业无视法律法规，野蛮生产，无序排放，使得我国日益严峻的农产品产地环境问题雪上加霜。特别是目前，我国基层农产品产地环境执法机构不健全，执法力量严重不足，使得农产品产地环境监督仍然处在比较弱的状态，因而使农产品产地环境执法难、执法软、执法不力成为一个十分突出的问题。

（一）农产品产地环境保护执法能力不足

在我国现行的环境保护体制中，农产品产地环保工作发挥主要作用的是县级农业行政主管部门和环境管理部门，在县级以下的乡镇一般不设立专门的环境管理机构，由派出人员负责当地的农产品产地环境保护监管工作，或者由有关政府部门兼管，或者处于无人管理之境地。一般乡镇根本不存在农产品产地环境保护机构，也没有专职的执法人员。大多数情况下，都是将农产品产地环境保护职能归入乡镇一级政府。对面源广、分布散、隐蔽性强的农产品产地环境污染问题，农产品产地环境执法机构常常是无能为力。

农产品产地环境保护执法人素质不高。基层的农产品产地环境保护执法人员队伍主要还是以县一级的事业编制人员为主，相当大的一部分人缺乏农产品产地环境保护法律专业知识。因此，在农产品产地环境保护执法时往往不能履行法定的职责。而执法不当、执法有误的现象也时有发生。为了避免纠纷，基层农产品产地环境执法甚至不作为。

另外，执法经费不足，很多地方农产品产地环境保护执法经费难以保障，有的甚至连人员工资都无法保证，"以罚养罚""收费养人"的现象在一些地方仍然存在。农产品产地环境保护执法装备陈旧、匮乏，很多地方缺乏交通工具、取证设备等必要的执法装备，执行重大任务和应对突发事件的能力不强。

（二）执法力度不足，效果不明显

国家对于农产品产地环境执法的投入不足，执法能力不够，力度不足。农产品产地环境污染和生态破坏经常没有管。农产品产地环境执法经常出现因为经济建设或者发展农业生产而被叫停的情形。同时，农产品产地环境保护执法多数都以事后处罚的方式进行，没有充分重视事前手段的运用，以至于农产品产地环境污染和生态破坏情况仍在不断加剧，威胁着农产品产地群众的生命财产安全，并影响了广大农产品消费者的利益。

三 我国农产品产地环境保护司法存在的问题

我国农产品产地环境司法工作比较滞后，矛盾和问题也比较突出。农产品产地环境司法的功能没有得到充分发挥。

根据现行法律的规定，我国在民事诉讼和行政诉讼中，对原告资格有严格限制。在民事诉讼中，原告必须是与本案有直接利害关系的公民、法人或者其他组织，也就是说，公民、法人或者其他组织只有因自己的民事权益受到侵犯或与他人发生争议，才能以原告的资格向人民法院提起民事诉讼。在行政诉讼法中，原告是与具体行政行为有法律上利害关系的公民、法人或者其他组织，这也就意味着，只有具体行政行为对相对人的权利义务产生实际影响，相对人才能向人民法院提起行政诉讼。由于农产品产地环境污染和生态破坏行为一般并不直接损害私人的利益，它侵害或危及的往往是社会公共利益，而我国法律对原告资格的这种严格限制，无疑给农产品产地环境诉讼带来重重困难，大部分农产品产地环境污染和生态破坏案件难以进入司法领域，农产品产地环境司法保护长期处于无奈的缺位状态。

由此可以看到，一方面农产品产地环境污染和生态破坏现象和事件日益增多，受到社会的广泛关注；另一方面却普遍存在无人起诉，无人追究责任的问题。这是我国农产品产地环境保护司法存在的最突出问题。

第三节　存在问题的原因分析

我国农产品产地环境保护立法、执法、司法方面所存在的问题，究其原因是复杂的，既有法治外部因素，也有法治内部因素。

一　法治外部因素

（一）认识上的原因

认识上的原因主要表现在以下三个不足：第一，对于农产品产地环境问题的严重性认识不足。第二，对于农产品产地环境污染对农产品质量安全的影响认识不足。第三，对农产品产地环境保护的重要性认识不足。从主体的角度看，认识不足又存在于不同层面：第一是社会认识，第二是农产品生产者的认识，第三是政府和官员的认识。

1. 社会整体认识

环境污染导致农产品质量安全问题，在工业生产和生活过程中，由于人们的环保意识不强，致使产地环境污染引发食品的污染。如水污染导致食源性疾病的发生，海域的污染直接影响水产品的卫生质量。工业生产过程中产生的"三废"即废水、废气、废渣直接污染大气、水源和农田，给农作物的生长带来严重影响。工业废水及含有农药等污染物的水流入大海也给水产品带来了污染。

2. 农产品生产者的认识

首先，从农业生产知识来看，最近20年来，只有不到15%的农户接受过施肥培训，有的地方多达40%的农户不知道自己所在的村庄里有什么施肥活动。由于缺乏培训，大部分农户都简单地认为"施肥多，产量就高"，甚至将施肥当成农业生产过程中的一个固定程序而形成一种不假思索的农业生产定式，没有意识到化肥对土壤环境和人体健康造成的潜在危险；85%以上的农户不熟悉哪些农药是禁、限用农药，近30%的农户不知道禁、限用农药的影响，很多农户都认为蔬菜在施用杀虫剂后只要过7天或经过雨水冲洗就可以食用；绝大部分农户对国家有关农业投入品使用规定及符合质量标准要求的生产操作规范不清楚；几乎没有农户建立生产记录。

其次，从环境保护意识来看，虽然政府部门做了许多环保宣传工作，以期提高农民的环保意识，也收到了一些效果。但大多只是政策宣传，很少有针对农村实际情况的环保知识培训。由于农户环保知识贫乏，农产品产地污染控制和农产品质量控制最终未能在行动上落到实处。

最后，由于农业生产知识贫乏、环境保护与农产品质量安全意识淡薄，许多农业生产者根本就没有想到过农业污染和农产品质量安全问题，也不懂得如何预防和控制农产品产地环境污染，以及如何保证农产品的质量安全。

3. 政府和官员的认识

目前，食品安全问题已经成为政府和全社会共同关注的热点话题之一。然而，对于农产品产地环境保护，政府和官员的认识不足。之所以如此，乃是由于：

第一，没有深刻认识环境保护与农产品质量安全、食品安全之间的密切关系，仅仅将食品安全问题的治理放在生产后的环节之中，而未充分重视农产品种植和养殖环节。

第二，农产品产地环境保护是一项见效慢的工程，需要花费很长的时间进行环境治理和保护，但是良好的效果却也并不能立即显现。相对而言，政府更愿意选择那些见效快的措施和手段。

第三，原产地环境保护是一项复杂的工程，需要多个部门的配合和高效的管理机制。我国目前尚未形成这种机制，部门之间掣肘。

(二) 社会诚信方面的原因

有相当一部分农业生产者，尤其是小城镇郊区的菜农、专业渔场的养殖户、畜禽养殖户等，为了追逐超额利润，往往丧失道义，在明知用药后会对环境造成污染或对消费者造成损害，仍然大量使用化肥或激素。这些生产经营者自己不食用，却将产品大量投放到市场上销售。

这些丧失道义的生产经营者之所以大量存在，除了政府监管薄弱的原因外，主要的原因是生产者与消费者信息的严重不对称。消费者非常明白自己对优质农产品信息的掌握程度不够，他们对优质农产品的额外支付度不高，而更愿意以低价格购买劣质品。消费者这种更关心低价格而不是商品质量的行为，刺激了农产品生产经营者的机会主义行为。

导致信息严重不对称的主要原因，除了农业生产经营者规模小、组织化程度低而导致信息成本过高，以及消费者权益受到损害后的维权成本过高，制约了信息的充分提供和反馈外，更重要的是社会诚信的缺失。首先是农产品生产经营者的不诚信行为甚至欺诈行为，如以次充好等行为；其次是社会信用体系的缺失，尤其是几乎没有农产品独立认证体系，政府对农产品的认证也是非常欠缺的；即使是个别存在的认证机构，其认证责任及认证责任能力也明显与其认证行为不对称，因而难以达到认证效果。例如，没有认证错误赔偿制度和赔偿追索制度、独立认证机构的资金实力不足以保证赔偿、政府认证行为的定性不明确、认证后的后续监管问题，等等。

（三）农产品生产机制方面的原因

我国的农产品生产以家庭经营为主，农村户均经营土地 0.55 平方千米，组织化程度较低。截至 2007 年年底，虽然全国农产品经纪人已发展到 600 万左右，农民专业合作组织发展到 17 万个左右，农业产业化龙头企业 4500 多家，从事农牧渔生产经营的乡镇企业约 50 万个，但全国仍有 2 亿个农户独立作为农产品市场的主要参与主体。这种小规模的家庭经营，在农产品产地污染防治和农产品质量控制方面存在着明显不足：

首先，过小的生产经营规模使得信息成本很高，导致了农产品经营者在生产中采取机会主义行为的倾向很大；加之农产品经营者的组织化程度较低，政府难以做到有效地执行农产品市场准入规则和进行必要的农业污染监控管理，进一步助长了农产品经营者的机会主义倾向。同时，由于缺乏行业协会的约束，行业协会未能充分发挥作用，导致农产品经营主体的自律性不强。

其次，由于经营规模太小，组织化程度低，除大型农业企业、大型规范化农产品市场和超市外，大部分农产品的生产经营主体都不具备农业生产污染监测控制设备、技术和能力，在储运、销售等环节也不具备冷链管理、关键环节控制等必备设施，农业污染防治和农产品质量安全难以得到有效保证。

二 法治内部因素

所谓法治内部因素，是指立法、执法、司法、守法和法律监督等各方面的因素。法治内部因素，是农产品产地环境法治存在问题的主要原因。

（一）立法方面的原因

1. 立法理念偏差

立法理念是立法主体据以进行立法活动的重要理论依据，是为立法活动指明方向的理性认识。[①] 其内涵包含两个层面：第一是立法者的立法思维，即对立法的认识、价值取向、信念等。第二是上述思维上升为立法因素后的表现

---

① 张文显：《法理学》，高等教育出版社 1999 年版。

物,如立法目的、立法宗旨、立法原则等。立法理念是指导立法制度设计和立法活动的理论基础和主导的价值观,对于制定科学而良善的法律、发挥法律的作用,从而树立起法律的权威具有积极的意义。①

农产品产地环境立法理念,是指贯彻于农产品产地环境立法之中的,对立法的本质、宗旨、原则及其运作规律的理性认识以及由此形成的理论基础和指导思想。我国农产品产地环境立法虽然伴随着《农产品质量安全法》的颁布实施得到了很大提升,体现了以人为本的理念,强调了对农产品生产者权益的保护,也反映了经济规律,但是仍然没有将农产品消费者保护作为农产品产地环境保护的出发点。因此,无论在法律原则还是具体制度上都存在比较大的缺失。

2. 缺乏专门立法和配套政策

我国农产品产地环境保护立法,分散于《土地管理法》、《农产品质量安全法》、《环境保护法》、《农业法》、《基本农田保护条例》、《农产品产地安全管理办法》等规范性文件中,没有专门性的法律规范对其加以规定,以致农产品产地环境保护的法律体系混乱不清,重要制度残缺不全。这是农产品产地环境保护法制存在的基本问题。

3. 重要法律制度缺失

我国农产品产地环境立法缺乏若干重要的农产品产地环境保护制度,诸如:

(1) 产地环境质量分级制度。《农产品质量安全法》和《农产品产地安全管理办法》虽然对产地分级有所涉及,但是都很不全面,执行难度大。

(2) 农产品产地生态补偿制度。对于禁止生产区域,农业生产者遭受到了损失,但是我国法律上却没有救济和补偿措施。农产品产地生态补偿是国外解决此问题的重要手段。

(3) 产地环境修复制度。对于禁止生产、限制生产区域,没有后续修复措施,这种状况,非常不利于农产品生产者权益保障和农产品产地环境保护工作的持续开展。

(4) 产地环境标志制度。我国目前已有环境标志制度和农产品地理标志制度,但是缺乏农产品产地环境标志制度。农产品产地环境标志制度,是推动农产品产地环境保护,维护消费者合法权益的有力工具。此制度的欠缺,是我国农产品产地环境保护立法的突出问题之一。

---

① 高其才:《现代立法理念论》,《南京社会科学》2006 年第 1 期。

（5）特殊农产品产地环境保护制度。我国农产品产地环境保护法律体系是对一般农产品产地环境的保护，缺乏对名优特农产品产地的环境保护，这不利于提升我国农产品的品牌优势，是农产品产地环境保护立法的重要缺失。

（6）农产品生产者责任制度。出于国情考虑，我国农产品产地环境立法中没有规定农产品生产者的责任。这种缺失导致农产品生产责任链条没有起点，是非常不恰当的。

（二）执法方面的原因

1. 执法体制不顺

农产品产地环境保护执法的首要问题就是执法体制不顺。在农产品产地环境保护执法中，环境保护部门应当起到重要的作用。但是环保部门的执法权力没有得到法律的正式认可，在实践中也很少看到环保部门的身影。

首先，在农业部门与环保部门的关系上，从1998年6月国务院将"农村环境保护"的职能从农业部划归国家环境保护总局行使以来，"农业环境保护"与"农村环境保护"的术语一直在这两个部门，包括由国务院发布的规范性文件之中沿用至今。对于农业部而言，1998年6月国务院机构改革中农业部划出的"农村环境保护"职能并不能包含1994年6月国务院机构调整方案中划归农业部的"农业环境保护"职能，而且国家许多涉农的自然资源保护法律也明确将管理权限授权给农业部等部门行使。由于我国农产品产地环境保护事项非常广泛，而国家相关立法又很有限，因此在农产品产地环境保护事项的行政管理问题方面可以说与农业部和环境保护部都有关。因此，对于涉农环境保护事项，农业部和环境保护部"都管"或者"都不管"也是有根据的。这种职权分工上的不明确导致两部门为了争权夺利，争相插手管理对自己有利的行政事务，而对于自己不利的行政事务则相互推诿。

其次，除了农业部和环境保护部外，涉农环境保护事项的施行还涉及建设、规划、财政、水利、国土、林业、能源、经贸、科技、卫生等其他行政主管部门。在上述部门中，除环保部门主要行使环境保护的公共管理职能外，其他大多数部门在决策中"重产业经济发展、轻环境资源保护"的倾向是非常明显的。其结果是，不仅在由法律授权环保部门实施统一监督管理的事项中不协作、不配合，在法律授权经济和资源行政主管部门分工负责管理的环境与资源保护事项方面更是"我的地盘我做主"、"我不管也不让你管"。

2. 执法监督机制欠缺

农产品产地环境保护执法的监督机制亟待建立。随着农产品产地环境保护执法的发展，监督机制显得更加重要，它是保证农产品产地环境保护执法依法进行的必不可少的条件。但农产品产地环境保护执法责任机制、执法监督机制、权力制衡机制的建设还十分不足，公民参与环境保护缺乏制度性保障。

3. 受地方保护影响

现有体制主要的监管机构，如农业部门、环境保护部门等，按一般化对等分权原则配置，各级监管机构受地方政府的直接领导，上级监管机构只是业务上的领导。在地方政府过多地直接参与经济活动，唯 GDP 至上的前提下，农产品产地环境保护执法受到地方政府的强力干预。地方政府为了追求经济增长，甚至不惜在农产品产地引入严重污染的工厂企业，充当排污企业的保护伞。

(三) 司法方面的原因

司法方面的原因主要表现在以下三个方面。

1. 欠缺专门化的司法主体

由于基层法院一般都在县城，并且没有专门化的环境审判机构或者涉农审判组织，使得一些遭受农产品产地环境污染破坏的受害人无法得到及时、便捷、优质的司法救济。

2. 欠缺专业化的司法制度

农产品产地环境案件涉及"三农"问题，案件性质与当事人的特殊性决定了原产地环境案件的审理和执行不仅要立足"三农"，还要注意公众的权益，才能发挥司法在特定环境下的价值功能。然而，目前的农产品产地环境案件只能按照普通的司法制度审理，实际效果并不理想，突出表现为立案难、取证难、鉴定难、执行难。究其原因，主要在于大众化的司法制度难以适应农产品产地环境案件审判和执行的实际需要。这使得农产品产地环境保护的法治建设难以整体推进。有必要进行相应改革和创新，以提升司法在农产品产地环境保护中的地位，改变目前有法不依、执法不严的现状。

3. 欠缺农产品消费者维权司法机制

所谓消费者维权司法，是指对于因为农产品产地环境问题导致的农产品质量瑕疵，进而侵犯消费者的合法权益的，消费者有权向农产品生产者和污染产地环境的人请求赔偿，我国农产品产地环境司法中还没有这种诉讼。因此，农产品产地环境司法还没有发挥维护公众生命健康权益，保障食品安全的功能。农产品消费者即使受到损害，也无法起诉农产品产地环境的污染者。

第二十六章

境外农产品产地环境保护法治的考察借鉴

西方发达国家如美国、日本、德国等农产品产地环境保护法治起步较早，无论从内容到形式也趋于完善。因此，我国农产品产地环境保护法治，必须借鉴外国先进经验，结合自身特点逐步进行。

农产品产地环境保护法治有不同的模式。日本在农产品产地环境管理方面有专门立法，如1970年颁布的《农用地土壤污染防治法》。其他国家更普遍的管理方式是将产地环境管理蕴含在其构建的食品安全管理体系中。具体办法：一是通过综合立法，在国家的综合性法律中对农产品产地环境保护、农业投入品、生产过程、质量安全和包装标识作出明确规定。如英国的《食品安全法》、美国的《联邦食品、药品和化妆品法》、加拿大的《食品和药品法》等；二是对农产品的生产过程予以规范化管理，以严格控制生产过程中有害物质对作物及土壤的污染；三是对农产品质量严格把关。如欧盟涉及食品和农产品的550项标准就基本上属于对产品的检测标准，这些规定严格的产品标准实际上也隐含了对农业环境的关注。此外，一些发达国家已将土壤类型、理化性状、营养成分、重金属含量、农药残留等相关信息输入计算机，应用地理信息系统（GIS）等技术建立了与农产品安全质量密切相关的土壤信息化管理系统，并广泛开展对重金属、农药残留等有毒有害物质在土壤中的吸附转移、在植物中的吸收富集及其临界值的研究，为农产品产地环境安全管理提供科学依据。

第一节 美国农产品产地环境保护法治的考察借鉴

一 美国农产品产地环境保护立法的考察借鉴

（一）美国农产品产地环境保护相关立法

在美国，农产品产地环境保护有着完善的法律体系。农产品产地环境保护法体系既包括与食品安全有关的法律法规，还包括与环境保护有关的法律法规。美国农产品产地环境保护没有专门的立法，但是法律制度却已经比较完备，其原因在于：首先，美国的法律体系比较完备。美国是判例法国家，法院的判例是法的正式渊源。实践中一些农产品产地环境保护的判例，已经构成农产品产地环境保护法。其次，美国是联邦制国家，不仅联邦有立法权，州也有立法权。联邦法律没有解决的事项，可以在州立法中解决。实践中，美国有些州就专门制定了农产品产地环境保护的法规。再次，美国环境保护起步早，环境保护法律比较完善，为其农产品产地环境保护奠定了良好的基础。最后，美国农业发达，人们对农产品的质量要求比较高，整个社会对农产品质量的期待促进了农产品产地环境保护。

美国与农产品产地环境保护相关的法律法规包括《联邦食品、药品与化妆品法》、《联邦肉检验法》、《禽肉制品检验法》、《蛋制品检验法》、《食品质量保护法》以及《公共健康服务法》等。

1.《联邦食品、药品和化妆品法》

《联邦食品、药品和化妆品法》是美国关于食品和药品的基本法。经过多次修改后，该法已成为世界同类法中最全面的一部法律。美国的许多州的这类立法与此法相似；也有些州规定将此法的任何新要求自动加入州立法之中。

2.《食品质量法》

1996年8月3日，美国旨在保障农产品安全、保护儿童权益和解决法律体系不一致性的《食品质量保护法》正式出台。该法针对国内膳食和非膳食途径摄入农药残留进行了规制，并要求对农药所致的人体健康风险进行全面摸底，其颁布实施产生了重要的影响，具有相当大的现实意义。

《食品质量保护法》的最核心价值在于风险评估。风险评估原本适用于商业领域，在《食品质量保护法》中将其运用于农产品安全领域，并渗透到《食品质量保护法》的方方面面。风险评估的引入，使得该法具有很强的预防性、科学性和操作性。成为该法中要求得以科学体现和贯彻实施最主要的技术支撑。

《食品质量保护法》具体由美国环境保护署（EPA）执行，其主旨是就美国在几十年内形成的农药（杀虫剂）和食品安全相关法律体系进行科学定位、清理和系统规范。《食品质量保护法》需要通过风险评估技术主要解决3个方面的问题：（1）确定无毒或低毒取代高毒、高残留且能应用到相应农产品和食品中的新农药，并制定其相应残留允许限量标准；（2）在10年内，对现存已有的残留限量标准进行清理和再评估，确定新的、科学的残留允许限量标准；(3) 解决国内标准与国际标准的接轨问题。

在农产品产地环境安全风险管理方面，包括三个方面：一是风险评估，应用科学手段检验农产品中是否含有对人类健康不利的因素，分析其影响范围、影响时间、影响人群、影响程度；二是风险管理，为防范风险采取一系列的标准和规定的措施；三是风险信息交流与传播，通过有效的信息发布和信息传播使公众健康免于受到不安全农产品的危害。

3.《食品安全现代化法》

2011年1月4日，美国总统奥巴马正式签署了国会两院通过的《食品和药品管理局食品安全现代化法》（简称《食品安全现代化法》），使之成为正式法律，美国食品安全监管体系将面临70多年来最大的一次改革。《食品安全现代化法》将美国食品和药品监督管理局在食品方面的工作重心，从食品污染的事后监管反应转为事前科学预防，以期为美国的食品安全提供保障。

在农产品产地环境保护方面，《食品安全现代化法》要求美国食品和药品监督管理局必须为水果和蔬菜的种植和收割制定科学的最低标准，这些标准同时考量自然风险与人为因素，包括土壤、卫生、包装、温度控制、种植区的动物以及水源等。

（二）美国的农业投入品的管理制度

美国的农业发展实践，使政府认识到科学合理地使用农业投入品，是保护农业生态环境，保障农产品安全的重要环节。根据《环保法》、《劳工法》等法律法规，美国联邦政府相关部门制定了一系列农业投入品管理和使用的具体办法。

1. 登记注册

美国法律规定，所有的农药都必须在联邦农业部登记，在使用的州注册。美国自1910年颁布《杀虫剂法》以来，农药在一定程度上受联邦管理。但在第二次世界大战前，农药并未广泛使用，立法工作亦无关紧要。第二次世界大战极大地刺激了农药的开发和使用。农用化学工业成为美国国民经济的主要部门。1947年美国国会颁布了《联邦杀虫剂、杀菌剂和杀鼠剂法》（英文缩写为FIFRA，以下简称《农药法》）。此后又经过几次修订，并于1988年10月25日，经里根总统签字颁布。除了《农药法》这部有关农药管理的综合性法规外，美国《联邦食品、药品和化妆品法》中的有关规定也涉及农药管理的部分内容。根据《农药法》和《联邦食品、药品和化妆品法》的规定，美国联邦环保局（EPA）颁布了《农药登记和分类程序》、《农药登记标准》、《农药和农药器具标志条例》、《农产品农药残留量条例》等一系列农药管理法规，作为农药管理的依据。可以说，美国健全的农药管理法规、条例是美国农药管理工作成功的基础。

2. 发放农药使用证

使用农药许可证每年核发一次，使用者分为商业和个人两大类。同时都必须经过培训。

3. 监督实施

州农业厅每年对各地农药使用情况进行检查。检查结果向联邦农业部、州政府报告，并以此进一步获得政府的支持。

4. 加强基础研究与监测，确保农产品安全

包括风险评估和毒理分析，受危害的动物，农药试验、残留分析等。

5. 农药管理机构

美国的农药管理以联邦政府管理为主，联邦与各州政府相互配合。美国联邦环保局从1970年来对农药的监督和管理负主要责任，其他联邦机构如农业部食品及药物管理局、职业安全及卫生管理局和消费者产品安全委员会也被授权从事各自专业内的管理。

二　美国农产品产地环境保护执法的考察借鉴

（一）农产品产地环境保护执法由多个部门协同把关

美国涉及农产品产地环境保护的法律法规由国会授权的食品和药品管理局、美国农业部的食品安全检验署和动植物卫生检验署以及美国联邦环保局等负责监督和落实。食品和药品管理局的管辖范围比较广——除食品安全检验署管辖范围之外的所有食品。食品安全检验署负责确保肉禽蛋制品的安全。联邦环保局的任务包括保护消费者免受农药危害，改善有害生物管理方式；任何食品或饲料中含有食品和药品管理局不允许的食品添加剂等，或含有联邦环保局规定的农药残留限量超标的都不允许上市。动植物卫生检验署在美国食品安全网中的主要任务是，防止植物和动物带有有害生物和疾病。

（二）农产品产地环境保护执法强调市场化运作

经济激励和市场化运作是美国环境保护的常用、有效措施。采用市场化运作方式，可以激起环境保护的热情，让相对人自主自愿地保护环境，农产品产地环境保护中也是如此。以保护储备项目为例，它主要以竞标的方式来选择项目参与者。农场服务局根据环境收益指数对农场主采取保护性措施所获得的潜在环境收益以及要向农场主支付的成本打分。农场主可以采取更好的保护性措施来提高潜在环境收益得分或者降低愿意接受的支付水平而入选参加该项目。

（三）农产品产地环境保护执法力度大

在美国，农产品产地环境保护涉及农业利益集团、农村居民、环保主义者以及城市利益集团等诸多方面的利益。因此，农业环境保护并没有随着农场部门的减小而日渐式微，支持强度反而越来越大，农产品产地环境保护已成为立法和公共政策的重要领域。

三 美国农产品产地环境保护法治对我国的启示

（一）建立健全农产品产地环境保护的法律政策体系

美国农产品产地环境保护的一个典型特点就是完善的农产品产地环境保护法律政策体系，为农产品产地环境保护提供了良好的法律制度保障。近年来，我国政府已充分认识到食品安全和农产品产地环境保护的紧迫性与重要性，相继颁布实施或修订了一系列有关农产品产地环境保护的法律法规。但从整体上看我国还需要进一步建立健全农产品产地环境保护法律政策体系，一方面应将现有食品环境保护立法逐步扩展到农产品产地环境保护领域；另一方面针对农产品产地环境污染的特殊性积极出台农产品产地环境保护专门立法。

（二）增强农产品产地环境保护法律的操作性、规范性与可预见性

美国农产品产地环境保护法治强调法律的可操作性和执行性，注重法律的实际效果。虽然我国有关法律、法规对农产品产地环境保护做了原则性的规定，但不系统、不具体。如《农业法》规定，要求加强农村环境保护，防止生态破坏，合理施用农药、化肥等农业生产投入，但由于缺乏明确指导意见与激励措施，立法的实际效果大打折扣。

（三）调动政府和农民保护农产品产地环境的积极性

美国农产品产地环境保护法律政策具有较大的自愿性，联邦政府一方面通过资金、技术以及政策方面的支持，引导农场主参与农产品产地环境保护；另一方面为提高保护政策的实施效率，主动引入市场机制。我国也应当注重法律政策的实施效果，通过多种措施调动政府和农民的积极性。

（四）必须建立健全农产品产地环境保护的监督管理体制

美国的监管体制强调协调性。由于农产品产地环境保护涉及的事务非常繁多，而这些事务又分属不同的管理部门，所以做好部门的协调工作非常重要。我国农产品产地环境保护管理体制不顺，应当借鉴美国的经验，理顺我国农产品产地环境保护的管理体制。

第二节　日本农产品产地环境保护法治的考察借鉴

日本是我国一衣带水的邻邦，无论是在历史上，还是在现在，都与我国有着复杂的联系。日本的法律制度是我国法律改革和完善的重要参考对象。日本也是世界上环境治理有突出成效的国家，其环境法发达，具有显著的特征。因此，本研究选择日本作为主要考察和比较的对象。

一　日本农产品产地环境保护立法的考察借鉴

(一) 日本农产品产地环境保护相关立法

随着环境保全型农业的不断深入发展，日本陆续在防治农业生产污染、禽畜养殖业污染、固体废物污染、城市生活污染和高速道路污染等方面出台了一系列法律、法规。这些法律、法规虽然不是农产品产地环境保护方面的单行性法律、法规，但其内容具有配套性、系统性、可操作性的特点，惩戒措施也具有针对性和层次性的特点，而且经济措施与法律责任并举，客观上对农产品产地环境保护起到了重要作用。

日本农产品产地环境立法主要包括：(1) 防治农业生产污染的法律法规，如《食品、农业、农村基本法》、《农药取缔法》、《农用地土壤污染防治法》、《肥料管理法》、《食品循环资源再生利用法》、《有机农业法》、《堆肥品质法》、《农药残留规则》、《农地管理法》等环境保全型农业的法规。(2) 防治禽畜养殖业污染的法律、法规，如《家畜排泄物法》、《关于废弃物的处理及清扫的法律》、《防止水污染法》、《恶臭防治法》。(3) 其他法律，如《循环型社会形成推进基本法》、《关于废弃物处理及清扫的法律》、《水质污染防止法》等。

(二) 日本农产品产地环境保护立法的特点

日本在不同时期根据农业经济发展的需要，相继出台了相关的农产品产地环境保护立法和政策，大力推动了农业发展和农产品产地环境保护。其特征主要表现在6个方面。

1. 农产品产地环境保护主要依赖国家法律和政策的支撑

农业作为弱势产业在市场竞争中处于不利地位，对于工业高度发达的日本来说，农业的弱势性尤为明显，因此农业的发展必须得到政府的宏观调控和支持，农产品产地环境保护也离不开法律和政策支持。日本开展农产品产地环境保护主要是依靠政府在不同时期制定和实施各种法律和政策。

2. 以法律为准绳制定相应的配套政策和措施

为推进农产品产地环境保护法律的实施，日本制定了相应的配套政策和措施。例如，《有机农业法》出台之后，又相继颁布实施了《有机农产品蔬菜、水果特别标志准则》、《有机农产品生产管理要点》、《有机食品生产标准》、《有机农产品及特别栽培农产品标准》等，都道府县、市町村等地方政府根据当地的具体情况，制定多种多样的区域环境保护型农业推进方针和实施方案。

3. 改变农业生产方式推动农业环境保护

农产品产地环境问题的产生主要是由高投入、高产出、高能耗的生产方式带来的，因此改变农产品生产方式是保护和治理农业环境的关键。生态农业、有机农业等环境友好型农业生产方式不仅提高了产品质量和安全标准，也有效地保护了环境。

4. 建立健全环保型农产品的生产、认证制度

政府通过制定指导性的技术线路，既指导了农民生产，又在产品质量、规格标准和安全上进行全面控制，以实现农产品产地环境立法的目标。日本对持续农产品生产方式规定了3大类12项技术指标，在有机农产品和特别栽培农产品上对化肥和农药的使用方式和数量也进行了具体规定，并确立了检查认证制度，这些规定使日本的农产品生产有了统一的技术标准和质量安全保证。

（三）日本《农用地土壤污染防治法》

日本农产品产地环境立法的突出特点是农业土壤环境保护发达，以土壤污染防治为核心。《农用地土壤污染防治法》是一部较早、较成熟的土壤污染防治法律，对于环境立法上处于后进的我国来说，这部法律在很多方面都有很好的借鉴意义。①

1.《农用地土壤污染防治法》的内容

《农用地土壤污染防治法》1971年正式施行，于1993年又进行了修订。该法第1条指明了制定该法的目的，即"为了防治和消除农业用地被特定有害物质污染，以及合理利用已被污染的农业用地，研究防止生产有可能危害人体健康的农畜产品，以及妨害农作物生长的必要措施，以达到保护国民健康和保护生活环境的目的"。

该法第2条中，对第1条中出现的"农业用地"、"农作物"、"特定有害物质"的概念作了阐释。其中，农业用地是指"为耕种的目的，或者主要是

---

① 日本是目前亚洲地区土壤污染防治立法最为系统、专业和全面的国家。日本针对农用地和城市工厂土壤污染两种不同情况，分别制定了《农用地土壤污染防治法》和《土壤污染对策法》。

为放牧家畜的目的，或者为畜牧业采集牧草的目的而提供的土地"，从而较为全面地概括了该法所保护的环境要素。而由于对能够污染农用地土壤的其他物质（如污水、放射性物质等）的控制在其他法律（如《水质污染防治法》）中已有规定，因此，该法控制的仅仅是"特定的有害物质"即"以土壤中含有镉等为起因，生产危害人体健康的农畜产品，或者影响农作物生长的以政令规定的物质（放射性物质除外）"。对农用地土壤污染的具体规制措施包括：

（1）确定农用地的土壤污染区域。都、道、府、县知事对于其管辖区域内农用地土壤及生产的农作物中所含特定有害物质的种类和数量进行测定。如果确认该土壤生产的农作物可能会损害人的健康，或者该土壤所含有害物质会影响农作物生长发育，即可将该区域指定为有必要采取相应措施的"对策区域"。

（2）指定"特别区域"，限制土地利用。都、道、府、县知事可依据"对策区域"内土壤或农作物中含有害物质的种类和数量，规定在该地区"不宜种植的作物"或该地生产的某植物"已不宜作为饲料使用"，并可将该农用地区划为"特别区域"。

（3）制定农用地土壤污染对策计划。对于划定的"对策区域"，都、道、府、县知事必须制定农用地土壤污染对策计划。

（4）设置更为严格的污染物排放标准。

（5）负责日常监视和调查测定。都、道、府、县知事负有必须对农用地土壤中特定有害物质的污染状况进行日常监视的职责，并将监视结果报告给环境大臣。

2.《农用地土壤污染防治法》的特点

（1）对政府职责规定详细

该法针对土壤污染的特点，对农业用地土壤污染发生后的各种情况做了细致的考虑，对行政长官所负的义务给予了严格的规定，形成了一套缜密的行政制度。首先由行政长官根据实际污染情况指定对策地区，与此同时针对对策地区的实际情况制定对策计划，根据制定的计划对受污染土地采取措施。在计划中既包含了对于不同种类受污染土地的治理和利用，还对灌溉、排水等农用设施给予了充分的考虑，同时规定了对策地区的污染状况的调查监测制度。这样的规定可以使土壤污染发生后的防治工作能有条不紊地进行，有很强的可执行性，同时保证了污染地区的土地能够得到最大程度上的合理利用，指导性较强。

（2）对人体健康给予特别重视

该法对于其农产品可能危害人体健康的农业用地给予了特别的规定，制订了严格的管制措施以防止因土壤污染给人民健康带来的危害。这样的规定对人体健康给予了特别的保护,突出了立法的目的性,体现了现代环境法发展的趋势。

(3) 土壤污染调查检测科学

由于土壤污染的隐蔽性,其发现和治理都必须借助先进的科学技术手段,因此,该法规定行政机关在土壤污染发生后必须进行调查测定以及研究,并且对调查应采取的方式、人员组成等方面做了严格的控制,在确保调查研究顺利进行的同时力争将受污染地区的损失降到最低。

(4) 重视各部门处理污染事故的协调性

该法对土壤污染发生后各部门的协调作出了明确规定,同时还规定了国家以及各级行政区划应当对污染地区提供资助、援助以及指导,并且应大力推广有关土壤污染治理的科技研究成果,这样的规定提高了处理土壤污染事故的效率,能够将污染的损害降到最低,也对今后的土壤污染事故起到了预防控制的作用。

(5) 污染破坏农业用地犯罪的明确化

该法第17条以附属刑法的方式对污染、破坏农用土地的犯罪予以规定,且规定了具体的刑罚。

3.《农用地土壤污染防治法》实施效果

日本《农用地土壤污染防治法》颁布后,以清洁土壤为主要手段的土壤修复工程得以开展。据日本环境省2003年8月19日报道资料《农用地土壤污染细密调查结果以及对策之概要》,截至2003年的调查数据显示,超过标准值的特定有害物的地域累计数目为132个,面积为7224平方千米,治理完成面积合计达6054平方千米,占超标累计面积的83.8%。由国库出资治理完成的面积为5429平方千米,由都、道、府、县单独治理完成的地域累计面积为625平方千米。

二 日本农产品产地环境保护执法考察借鉴

(一) 日本农产品产地环境保护执法体制

环境保护主要依靠行政监督管理,科学合理的环境管理体制是进行有效环境管理应当具备的先决条件。日本为了对各种农产品产地环境进行严格控制,于1971年7月设置环境厅,并制定了《环境厅设置法》,明确环境厅的职权范围和权限,主要包括全面促进环境保护工作,防止公害,保护和改善自然环境及其他环境,确保国民的健康和文明的生活等。显然,日本防治公害的权限是一元化的，但农业部门仍然作为环境厅的协助机关参与农产品产地环境保护工作。日本在1970年12月颁布并于1993年修订的《农用地土壤污染防治法》第13条规定："环境厅长官、农林水产大臣或都、道、府、县知事为了调查测定农田土壤的特定有害物质引起污染的状况认为必要时，可以在其必要的限度内，派职员进入农田，对土壤或农作物等实施调查测定，或者无偿采集只限用于调查测定所必要的、最少量的土壤或农作物等。"

（二）日本农产品产地环境保护执法措施

在日本农产品产地环境执法，无论是对污染区域的指定，还是环境修复对策计划的制定，还是产地污染调查等，必须依照程序进行。日本农产品产地环境执法的保障措施主要包括以下几点。

1. 赋予行政机关进入检查等权力

为了对农产品产地特定有害物质的污染状况进行调查测定，有关行政人员可以进入该产地，并可以无偿采取土壤或农作物样本。

2. 行政机关的协调与合作

农产品产地环境保护涉及多个行政部门，需要各相关部门的协调合作。根据相关法律的规定，在资料和情报提供、意见听取等方面，农林水产大臣、环境大臣以及都、道、府、县知事可以要求相关的行政机关和地方公共团体给予支持。

3. 国家和地方政府对农产品产地环境规制的援助

国家和都、道、府、县知事应通过提供指导等援助措施，促进农产品产地污染对策计划的实施。并设置支援基金，通过制定支援法人制度，促进对土壤污染的治理。

三　日本农产品产地环境保护法治对我国的启示

（一）必须建立高效率的农产品产地环境污染事故处理制度

日本对于农产品产地环境污染事故的报告和处理程序进行了详细而明确的规定。我国应当学习这样成功的经验，建立一套适合我国国情的产地环境污染应急处理制度，以最高的效率处理产地环境污染的突发事故。

（二）必须重视人体健康的保护

日本农产品产地环境保护法治以保障人体健康保护为目的。我国的产地环境污染立法应当将人体健康的保护放在重中之重，建立严格的制度，保证人民群众，特别是广大农业生产者的身体健康尽可能少的受产地环境污染的影响。

（三）严格政府产地环境污染防治职责

日本农产品产地环境保护法治对行政机关行使污染防治职权行为进行了严格的规制。对于我国来说，行政机关工作人员在处理如污染等公共问题过程中侵害公民合法权益的现象时有发生。农产品产地环境污染现象多发生于农村，居民保护自身合法权益的意识有待增强，因此我国应在规定严格的农产品产地环境污染调查制度的同时，对行政机关工作人员在产地环境污染调查测定中的权力予以限制，以保护受污染地区人民群众的利益。

（四）完善农产品产地环境刑事责任

日本农产品产地环境刑事责任体系健全，执行效果好。我国目前对污染、破坏农用地的犯罪仅规定了非法侵占农用地罪和重大环境污染事故罪，并无针对农用地土壤污染犯罪的特别罪名，因此在修订环境刑法过程中，可以比照日本法中的规定，对于土壤污染犯罪给予特别的考虑。

四　对日本农产品产地环境保护法治经验的进一步分析

我国的国情与日本毕竟有所不同，在借鉴日本经验时需有所扬弃。表现在以下几点。

（一）关于预防原则问题

日本《农用地土壤污染防治法》重点规定了在土壤污染发生后，行政机关应采取的一系列措施，但对于预防土壤污染发生的工作，如对能够污染土壤的化学物质在生产和使用上进行限制，对农业用地的灌溉进行规范等方面并无太多涉及。我国应在立法时对于政府以及个人、集体以及企业在预防农用地土壤污染发生中所负的责任和义务予以明确规定，参照有关环境资源标准，建立起合理而有效的土壤污染预防制度，在源头上防止土壤污染的发生。

（二）关于土壤污染法律责任问题

日本作为环境法比较发达的国家，其环境法体系以及法治程度与我国都有很大差别，这就决定了调整同样问题的法律在中日两国间必然存在差异。日本的环境侵权法较为发达，不仅有《公害健康被害补偿法》等一系列法律对此加以规定，而且有以"四大公害"诉讼为代表的大量司法判例可供参考。同样，在日本刑法中也有详细而科学的关于破坏环境资源犯罪的规定，因而在这部《农用地土壤污染防治法》中就不必对土壤污染的民事以及刑事责任加以细致的规定，从而保证了法律体系的完整和协调。与日本情况不同，我国的环境侵权法正处于发展阶段，法律上没有具体的关于污染环境损害赔偿的规定（仅在《民法通则》中有原则性规定）。同样，我国的环境刑法也处于刚刚起步的阶段，对很多污染、破坏环境的行为缺少刑事责任的规定。鉴于这种情况，我国的污染防治法（如我国《水污染防治法》、《大气污染防治法》等法律）大多对污染环境的民事以及刑事责任作出明确规定，同样在制定土壤污染防治法时，应当详细说明土壤污染的民事以及刑事责任的负担，这样牵涉多方关系的土壤污染问题才能够真正做到有法可依，同时，这也有助于我国环境法律体系的进一步完善。

（三）关于追究政府责任问题

日本《农用地土壤污染防治法》中仅规定了对于土壤污染调查过程中一系列违法行为的刑事处罚措施，违法者仅在其行为较严重时负刑事责任，对于行政主体以及行政相对人的行政责任并无涉及，笔者认为，在我国，仅通过刑事责任并不能很好地防治土壤污染的发生，而通过对行政主体以及行政相对人在土壤污染发生时所负的行政责任可以比较好地弥补刑法调整污染行为的不足，从而有效地避免重大污染事件的发生。因此，我国土壤污染立法应明确各方面在污染发生后所负的行政责任，以适合我国国情的方式来防止和治理土壤污染。

（四）关于土壤污染防治的国际合作问题

日本作为岛国，与其他国家并无陆地相邻，与此不同，我国边境线长，邻国较多，一旦发生农用土壤污染，可能会牵涉其他国家，进而对其治理可能存在国际合作的问题，因此，我国应根据国情，在土壤污染防治法中加入国际合作的有关规定，与其他国家一起共同应对土壤污染问题。

第三节　韩国农产品产地环境保护法治的考察借鉴

一　韩国农产品产地环境保护立法

韩国将环保型农业发展纳入法制化的轨道。韩国自1997年起采取有机农产品标志和质量认证制度，1999年制定了《亲环境农业培育法》，2002年对环保型农产品实施义务认证制，从一开始就为环保型农业发展提供了法律和制度保障。

韩国把标准化的概念引入环保型农业。把无公害农产品分为四种，即农药残留量在标准1/2以下的"低农药农产品"、不施农药的"无农药农产品"、不施农药和化肥超过一年的"转换期有机农产品"与不施农药和化肥超过三年的"有机农产品"。每一种农产品都有具体、严格的认证标准。

"国立农产品质量管理院"专门负责制定认证标准,实施审查认证,进行事后跟踪管理,以保证认证工作的国家权威性,提高国民对环保型农产品的信任度。申请者只有在经营管理、种子、用水、土壤、栽培方法、产品质量及包装等方面全部符合规定标准,才能领到认证证书。一次认证有效期一年,改变了"一次认证定终身"的做法,以巩固和提高环保型农业经营质量。对严重违规及弄虚作假行为,实行严格的惩处,除取消认证资格外,还要根据情节处罚和罚款。如:对以欺骗手段获得认证、对未经认证的产品使用环保型农产品标志,掺假搭售未经认证的农产品等行为,分别处以 3 年以下有期徒刑或 3000 万韩元以下的罚款。

为对环保型农产品实行跟踪管理并方便消费者识别,韩国还准备实行"农产品生产履历制度"。规定商店销售的农畜产品除了要标明产地、生产者及联络方法外,还必须详细记载农药、化肥施用量、栽培及生长过程等,消费者通过卖场放置的电脑即可进行现场查询。目前,认证制度已在乐天、现代、新世界等几家大型百货店试行。据调查,80%以上的顾客表示欢迎,74%的顾客认为有生产履历的产品价格即使贵 5%—10% 也愿意购买。据悉,自 2008 年起,这一制度将全面开始实施。

二 韩国环境友好农产品认证制度

(一) 环境友好产品认证制度的内容

认证制度是审批有机生产食品标签和有机食品生产要求的制度。韩国政府在这一方面建立了多种法律法规性公共机构、机制,管理和加强认证制度。

农林部建立了支持性和常规性制度,鼓励农民参与可持续发展农业和促进农业可持续发展。1992 年韩国政府首次制定了政府大宗农产品质量认证制度。

随着人们对消费食品安全的日益关注,政府根据农产品质量管理法制定了有机农产品质量认证制度、无农药残留农产品质量认证制度 (1993) 和低农药残留农产品质量认证制度 (1996)。这三种农产品在韩国一般称之为"环境友好农产品 (EFAPs)"。但是这三种认证制度不是强制性的。因此,那些遵循环境友好农产品标准和原则的人在不经认证的情况下,可以自愿在其产品上标明环境友好产品性质或有关说明和解释。

销售有机产品需要认证,这是对消费者的一种保证。结合政府对产品生产和销售的管理,制定了有机食品和其他可持续发展农产品的公共机构标签制度。只有经过认证的农场,才允许经营这些农产品。政府机构和私人组织委托的检测中介对农场和产品的检测加强了产品质量的管理。

按政府环境友好产品的质量标准规定，现有四种农产品：化学杀虫剂施用量较低（低于普通农场施用量的50%）的产品、未施用过杀虫剂的产品（从未施用杀虫剂）、过渡期不足三年的过渡产品和有机产品。为了有效地和可信地实施质量认证制度，作为一个政府组织，国家农产品质量管理局被指定为政府认证机构，负责可持续农产品的质量认证。国家农产品质量管理局是农林部的一个下属机构，专门负责农产品质量管理，包括产品检测和质量认证。该机构负责建立质量管理制度和确保农产品销售中的公平交易，包括农产品标准和产品原产地标识管理。

为了促进环境友好农业的发展，政府通过了《环境友好农业促进法》。在2001年修改法生效后，自愿认证转变为强制认证促使了质量认证制度的全面实施。按此修改法，所有生产或进口有机农产品和标明有机农产品特征或特点的人必须获得认证机构的认证。并根据国际标准，如《食品法典》，制定了未经加工的有机产品的认证规定。

（二）环境友好农产品认证程序

认证必须经三个步骤：

第一，每个农民在开始有机农业生产前必须向国家农产品质量管理局的当地办事处或授权的私人组织递交其农业生产计划；

第二，国家农产品质量管理局的当地办事处负责对农场的土壤和灌溉水检测分析等；

第三，国家农产品质量管理局的当地办事处检测最终产品，确定其产品无农药残留和在生产过程中未施用化学肥料。通过上述三种所需的程序认证的农民可以使用认证有机产品的标签。

鉴于有机产品质量严格的管理机制，大多数消费者信任市场上销售的有机产品。但是，许多农民抱怨这种三步骤认证程序。由于这个原因，许多从事有机农业生产的组织试图建立他们自己的认证机构。但是，此事说来容易，做来难，因为认证机构的投资和运行成本很高。

（三）环境友好农产品认证标识

作物产品认证按下列划分：

（1）有机农产品：三年以上未施用化学杀虫剂和肥料的农田生产的产品。

（2）无残留农产品：未施用化学杀虫剂的农田生产的产品。建议化学肥料施用量不到常规生产施用量的一半。

（3）低残留产品：施用化学杀虫剂、但施用量不到常规生产所建议施用量的一半的农田生产的产品。化学肥料施用量不到常规农业生产所建议的施用量的 2/3。

(四) 私营认证机构

国家农产品质量管理局从 2002 年开始允许私营组织认证有机农产品。目前经国家农产品质量管理局授权的私营认证机构有 8 家。私营认证机构比例占总数约 8%。国家农产品质量管理局准备授权更多的私营认证机构。但是，真正合格的认证机构数量不足。然而，消费者愿意接受政府颁发的认证，而不是其他私营机构的认证。为此，政府对鼓励私营机构的发展面临困难。

第四节 德国农产品产地环境保护法治的考察借鉴

一 德国农产品产地环境保护法治的考察借鉴

(一) 德国农产品产地环境保护的立法与执法

德国的农产品产地环境保护有一套较完善的法律法规，涉及农产品产地环境保护的法律法规主要有：《种子法》、《物种保护法》、《肥料使用法》、《自然资源保护法》、《土地资源保护法》、《植物保护法》、《垃圾处理法》和《水资源管理条例》。对于有机农业，除上述法规外，德国根据欧盟规定分别于 1991 年和 1994 年公布了种植业和养殖业的生态农业管理规定，2002 年又公布了有机农业法案，对有机农业制定了更严格的标准和规定。

相关农业法规中对在农场中安装农业生产设施、废弃物排放、肥料施用与销售等都做了严格规定。如畜禽粪便必须贮存在密封且无渗透的储罐内，并应存放 6 个月以上方可施用；在一级、二级水源保护区禁止施用污泥肥料，在三级区内施用要经过有关机关批准；家禽粪便在 10 月至翌年 2 月底，地下水重新形成期间不得施用。

此外，德国对于违反法律规定都有相应的惩罚措施。如违反法律规定造成水资源污染等不良后果者，处以 5 年监禁或罚款；对违反排污规定，可能给人畜带来有毒物质或传染病，并由此对水源、空气和土壤造成污染或不良影响者处以 3 年以下监禁或罚款。

(二) 德国农产品产地环境保护生态补偿制度

随着农产品数量供应的充足以及 WTO 贸易的要求，世界各国农业发展越来越关注农业环境保护与农产品质量安全。而日益恶化的农业生态环境已对农业生产和农产品质量安全构成严重威胁。由于农业污染具有发生随机、来源不稳定、时空差异大等特点，农产品产地环境保护与工业和城市生活污染防治不同，难以安装固定处理设施进行末端治理，其防治必须进行源头控制。而通过政策措施鼓励农民改变农业生产方式，采用环境友好生产措施，是进行农产品产地环境污染源头控制的一个有效手段。对德国和欧盟的农产品产地环境保护进行研究发现，生态补偿已成为调控农民改变生产方式，采用环境友好农业生产技术，保障农产品质量安全和保护农业生产环境的一个重要手段。

1. 德国农产品产地环境保护生态补偿的方式

德国政府对于农业生产采取了一定的方式，使得生产对环境的影响朝着有利于环境保护的方向发展，并通过给予一定的补贴予以鼓励。农业环境保护补贴的基本原则是：自愿参加，至少5年，遵守有关环境保护的规定。

德国农产品产地环境保护生态补偿可分为几种不同的类型：一是有机农业。整个农场的生产活动必须全部按照有机农业的标准，也就是说既包括种植业，也包括畜牧业，所有产品都要符合生态农业标准，并贴有机食品的标签。二是粗放型草场使用，包括将耕地变为粗放使用型草场。要求的条件是：草场载畜量不超过每公顷1.42大牲畜单位，最少不少于0.3大牲畜单位；大幅度减少肥料和农药施用量；不转变为耕地。三是对多年生作物放弃使用除草剂。多年生作物包括各种水果和葡萄等。

由于生态系统服务的公共物品性质，传统意义上政府是生态系统服务的购买者或资助者。德国的农产品产地环境保护生态补偿方式以政府购买为主。其中欧盟对属于欧盟政策范围内的农业环保措施提供补贴，补贴的计算基础是以前的收入和采取农业环保措施所需要的经费。根据土地的用途情况，每公顷土地可获得的最高补贴为450—900欧元。另外，在德国的一些州，如果参与环保项目还可以得到另一份补助。目前有些州环保型土地已达2/3左右，农户可以从政府那里得到补助。同时，德国还不断提高对农业环境措施的援助强度，原来没有明确支持办法的环境措施也明确了支持补贴，如能源作物每公顷补贴45欧元。

对于目前德国发展较快的有机农业，农业部门提供免费的咨询和技术服务。每年5月15日接受农业申请，经检查核实后，将有关情况和数据存档，并发放补贴。有机农产品一般由社会检测机构按标准进行认定，提供收费服务。根据欧盟规定，有机农业企业每年要接受1次严格检查。德国现有的有机农产品检测机构，都是经政府确认的私营企业，经检测机构检测合格的产品即发给证书。目前，德国的有机企业均加入相关协会，协会统一有机农产品标识，规定规范化生产模式，定期对有机农业企业进行抽查，不遵守有关规定的要给予惩罚。

2. 德国农产品产地环境保护生态补偿的特点

德国农产品产地环境保护生态补偿的相关规定具有以下几个特点：一是农产品产地环境保护的实施主要是通过补偿、鼓励农民采取环境友好的生产方式实现农业生产方式和生产结构的转变，从而达到保护生态环境的目的；二是补偿的方式基本上都是政府通过某一项目的实施支付给农场主，并且该项目具备一定延续性；三是补偿一般都与相应的环保措施挂钩，并且这些环保政策均为实质性环保措施；四是保护项目的实施是通过政府与农户达成协议的方式实现的。

3. 德国农产品产地环境保护生态补偿取得的成效

德国和欧盟农产品产地环境保护法律法规及生态补偿的实施，使德国农产品产地环境得到了明显改善。如氮的利用率明显提高，氮在农业总产品中的利用率从1980年的27%上升到目前的70%—80%，已经接近最大值，明显缓解了氮素环境污染的程度。到2005年年底，德国已拥有17020个有机农场，总面积807405公顷，分别占全国农场总数的4.2%，总面积的4.7%。此外，欧盟在1998—2003年的5年时间里，虽然肥料的施用量减少了9%，但粮食产量仍然增加了5%，环保补贴措施对耕地质量的保护、保持粮食综合生产能力发挥了重要的作用。

二 德国产地环境保护法治对我国的启示

（一）制定农产品产地环境保护法规

德国农产品产地环境保护法治完善，几乎覆盖了农产品产地环境保护的各个环节。对我国而言，必须尽快制定农产品产地环境保护的法律法规，如自然资源保护法、土壤污染防治法、垃圾处理法、农业清洁生产条例、农业循环经济促进条例、水资源管理条例等，做到农产品产地环境保护有法可依。

（二）建立农产品产地生态补偿制度

德国农产品生态补偿制度是其特色之一，实施的效果良好。我国应建立农产品产地生态补偿政策，加强对农产品产地环境保护、提高农产品质量与农产品安全等方面的支持，鼓励引导农民进行绿色生产。结合地域特征和种养结构，推广普及环境友好型农业生产技术，实现节本增效。对于采用优良农业生产技术规范的农户给予补贴，引导农民采用优良的农业生产技术，发展资源节约型、环境友好型农业。

（三）以项目为依托，实施农产品产地生态补偿

依托项目管理实施环境法律政策是德国在农产品产地环境保护上的一条成功经验。目前我国在退耕还林、退牧还草、农村沼气建设等方面均采用项目支

持形式实施生态补偿,取得了较好效果。针对我国农产品生产中的化肥农药不合理使用、畜禽粪便得不到资源化利用、作物秸秆随处丢放、农村生活污水和垃圾的无序排放,应尽快建立相应的废弃物综合利用生态补偿专项,引导农民采用环境友好的生产和生活方式,改善生态环境。

第五节 境外农产品产地环境保护法治对我国的启示

境外农产品产地环境保护积累了不少好的经验和做法,总结起来主要有如下几条。

一 强化立法,保护农产品产地环境

农产品产地环境保护主要依靠加强产地环境管理来实现,而产地环境管理能否顺利进行又要看产地环境保护方面的立法状况如何。美国、日本、韩国和德国在农产品产地环境保护方面的立法是比较完善的。

美国十分重视农产品产地环境保护的立法工作,强调依法对农产品产地生态环境进行保护。从20世纪30年代起,美国陆续颁布了一系列法律,如《土地侵蚀法》、《自然资源保护法》、《清洁水法》等,旨在防治土壤污染与侵蚀、水土流失,保护农业生态环境。

日本也通过制定一系列农产品产地环境保护法律政策,使农产品生产走上了可持续发展的轨道。其农产品产地环境保护方面的法规主要有:《农用地土壤污染防治法》、《持续农业法》、《家畜排泄物法》、《肥料管理法》、《农业环境规范》等。

德国的农产品产地环境保护有一套较完善的法律法规,如《自然资源保护法》、《土地资源保护法》、《水资源管理条例》、《肥料使用法》和《垃圾处理法》等。这些法律法规从源头上制止了环境污染的发生。德国不仅重视农产品产地环境立法,而且对于违反法律的行为规定有具体的惩罚措施。如规定:"违反法律规定造成水资源污染等不良后果者,处以5年监禁或罚款。"

二 健全农产品产地环境管理体制

农产品产地环境保护工作的展开,必须依赖于健全的农产品产地环境保护管理体制。由于农产品产地环境保护涉及多个部门的职权范围,所以在考虑农产品产地环境保护管理体制时,必须妥善处理好统一管理和相互协调的矛盾。

从上述美国、日本、韩国和德国的经验来看,无不是确立了主管部门和相

关部门协调管理的原则。所谓主管部门，是指主要行使农产品产地环境保护职权的部门，在美国是农业部门，在日本是环境保护部门。无论是农业部门还是环境保护部门，作为主管部门都是可以的，因为二者都与农产品产地环境保护密切相关，没有绝对的优劣之分。

所谓协调管理，是指各相关管理部门必须做好协调和配合工作，特别是在发生农产品产地环境污染事故时，必须以维护公众健康为出发点，做好应急处理工作。因此，在制定法律的时候，要充分考虑农产品产地环境保护的特殊性，不能一味地分权和制约。

三 利用组织增强农产品产地环境保护效果

国外一些农业或非农业组织在农产品产地环境保护方面起到了很大的作用，他们的活动增强了农产品产地环境保护的效果。美国的农业组织、非农业组织及个人在增强农产品产地环境保护效果方面起到了积极的作用。首先，农业组织利用专业优势，宣传、教育和推广可持续农业研究的新成果。如美国农田托拉斯，通过主办会议和讲习班等方式，讨论耕作方法和水土保持计划，并参与了农田保护活动，帮助逆转或至少减缓了农田急剧减少的趋势。其次，环保组织等开展农产品产地环境教育和宣传农产品产地环境保护。如环保组织反滥用杀虫剂全国联合会，通过在各地建立信息中心、出版刊物等方式，宣传杀虫剂的危害性，介绍有关替代品，监督杀虫剂的立法与执法，从而达到限制杀虫剂使用的目的。

日本的农产品产地环境保护主要是由各级农业协会来组织实施的。农业协会是日本的主要农业团体，其宗旨是"促进发展农民的合作组织，提高农业生产力和农民在社会上的经济地位，同时促进国民经济的发展"。农协负责农产品产地环境保护的组织和实施工作，具体包括组织农业生产、经营管理荒地、加工农业产品、提供生产服务、诊断土壤问题、销售有机肥料、开辟绿色观光、宣传农业环保知识等。

德国的农产品生产组织主要有"综合农业促进联合会"、"农业雇主协会"和"有机农业颁证组织"等。"综合农业促进联合会"是农业、农业管理、农业经济、农业技术、化工和植保等协会、组织和企业的联合体，它致力于农业的可持续发展，其活动内容包括研究综合农业技术方法、探讨科研成果的实际应用、宣传环保型农业的内容和意义；"农业雇主协会"主要负责综合农业技术方法的实施；"有机农业颁证组织"主要职责是发展有机农业、为农民提供技术咨询和服务、组织专家对有机农产品进行监测和评审等。

四　加强农业投入品的管理

随着农业生产实践的发展，如何科学合理地使用农业投入品、保护农产品产地生态环境、保障农产品安全，成为各国政府越来越重视的问题。美国、日本、韩国、德国四个国家在农业投入品的管理方面积累了不少好的经验。

其一，严格的农药登记和管理制度。美国、日本、韩国、德国四个国家都有十分严格的农药登记和管理制度，在具体细节上又各有侧重。如美国的农药管理以联邦政府管理为主，联邦与各州政府相互配合，农药使用证每年核发一次且使用情况由州农业厅进行监督检查；德国除了加大对农药管理的立法之外，还规定在对农药进行登记的时候由不同的政府部门负责不同的农药监测审查项目，意见一致时方能登记；日本则禁止DDT、六六六、有机汞等剧毒物质的登记和销售，规定所有的农药必须经过对水生动植物的毒性和水污染等方面的检查后才能进行销售，而且进行商标登记的农用化学品应附加一个登记申请，标明该产品的药效实验结果、动植物毒性和残留性能及样品。

其二，肥料的施用及管理。对于减轻由于肥料造成的环境负荷问题，美、日、韩、德等国家已有较多的研究积累，并形成了较为成熟的技术和方法。主要有如下措施：第一，提倡施用有机物肥料来改良土壤和资源循环。第二，严格管理化肥的销售。第三，保护水源。

五　发挥农产品产地环境标志的作用

农产品产地环境保护发达国家的经验告诉我们，必须重视农产品产地环境标志的重要作用。农产品产地环境标志不仅为消费者建立和提供可靠的尺度来选择有利于自身健康的农产品，也为农产品生产者提供公平竞争的统一尺度，可以提高农产品生产者和消费者的环境保护意识，鼓励环境友好型农产品生产，从而达到保护农产品产地环境，保障农产品质量，维护农产品消费者权益的目的。

对于农产品产地环境标志的法律保护，不仅有各国国内法，而且还有国际条约和国际公约。我国应当借鉴先进经验，对我国的环境标志制度或者农产品地理标志制度予以完善，成为实施农产品产地环境标志制度的有利载体。

六　重视农产品产地环境保护的教育与科研

美国、日本、韩国、德国四个国家十分重视农产品产地环境的教育与科研工作，他们不仅拥有世界一流的教学设备、实验室，而且把最新的科研成果推广应用，帮助农民利用现代化的生产技术，有效从事农产品生产，提高农产品质量，保护好自然资源与环境，搞好资源综合利用，以减少化肥用量、防止水土流失和污染。

20世纪70年代以来，美国的农产品产地环境教育越来越被重视。美国的许多农学院通过开设农业与资源保护、资源开发利用等课程，推动了农产品产地环境问题的治理，为农产品产地环境保护培养了大批专业人才；同时，又通过举办农业科技讲座、短期培训班等方式，对农民进行产地环境方面的教育，从而形成了教育、科研和技术推广三结合的完备体系。

日本的高等学校为农产品产地环境保护培养了大批专门人才，也提高了日本的环境管理水平和科研监测水平。另外，日本还十分重视农产品产地环境科研工作。日本的环境保护研究随着时代要求的不同而选择不同的课题，其中既有应用技术研究，也有基础理论课题；既考虑近期工作，又有长远安排。其研究课题包括水质对水产生物和农作物影响、农药残留的紧急对策的调查研究和环境问题对农林水产生态系统的影响等。这些研究对于做好日本农业环境保护工作起到了很大的推动作用。

第二十七章

加强农产品产地环境保护法治建设的对策建议

加强农产品产地环境保护法治建设，是一项系统工程，应当从多个方面着手。

首先应当提高对农产品产地环境保护的认识。加强宣传和教育，提高全社会对农产品产地环境保护的重要性的认识。各级政府部门，特别是农业省、县应该把产地环境保护作为保障人民健康、提高人民生活水平和保证社会稳定的大事来抓。通过公众舆论和新闻媒体，树立严格遵守产地环境标准的企业及其产品的良好形象。通过网络、电视、报纸等传媒不断地加强对群众的农产品质量安全教育，要提高公众对农产品产地环境保护重要性和农产品产地环境问题造成严重危害的认识。这样一方面可以增强农产品生产者及监督、检验者对消费者的责任感，使他们真正关心消费者的利益，从而把农产品产地环境问题当作保障人民健康、提高人民生活水平和保障社会安定的大事来做；另一方面可以引导消费者在消费过程中的正确趋向，使他们选择环境友好型农产品，从而选择安全健康的消费方式。

其次，应加大科研技术开发。随着国家和公众对食品安全问题关注度的提高，农产品产地环境必将受到越来越广泛的关注。中央和地方各级政府应加大监管力度，加强科研技术开发，安排相应技术研发专项资金，针对各地农产品产地环境污染的特点，采用遥感技术与地面监测相结合的方法，建立环境污染遥感监测系统，以取得农产品产地环境污染的快速监测，并着力研究产地环境污染修复、污染防治等关键技术，开展综合防治技术试点示范，为可能出现的农产品产地安全问题提供可行的技术支撑。

当然，最重要的是要从完善农产品产地环境保护立法、执法和司法着手，加强我国农产品产地环境保护法治建设。

第一节 指导思想和基本原则

一 指导思想

(一) 以人为本

以人为本渊源于《宪法》的明文规定："中华人民共和国的一切权力属于人民"。《立法法》第5条规定："立法应当体现人民的意志。"从以人为本的指导思想出发，一切法律活动必须以人的根本利益为出发点和归宿；法律不再是规定人们义务的工具，而是人们行使权力的规则、实现权利的保障；法律应当体现对人的关怀与保护。这种关怀与保护是多层次、多方面的。

遵循以人为本的指导思想，我国农产品产地环境保护法治应当做到以下两个方面。

1. 对公众健康的保护

生命健康是人的基本权利，保护公众生命健康是农产品产地环境法治的目的与宗旨。如前所述，农产品产地环境保护是为了保障农产品质量安全，因此，应当将广大农产品消费者的生命健康权作为农产品产地环境保护的根本出发点。

众所周知，我国当前乃至往后很长时间内，农产品生产者中的绝大部分即个体农户和农民，既是农产品生产者，也是自产农产品的消费者，甚至可能将大部分产品留作口粮，自我消费了，这是原始自给自足的农业经济在当前的有限体现。如果狭隘地保护"农产品消费者健康"，则无法将农民用于自我消费的生产行为纳入法律规范，极有可能导致迫于生计的农民在高度污染、不适合耕种的区域种植自我消费的农作物等不理性行为，这有违生命伦理。因此，也应当将农产品生产者纳入法律的保护范围。

2. 对农产品生产者权益的合理保护

农产品产地环境保护法治不仅应当对"公众"提供保护，也应当保护农产品生产者的应有权益。必须将处于农产品生产及消费环节之外却与农产品赖以生长的自然环境密切相关的环境破坏者及污染源主体纳入法律规范中，适度地外延扩张、合理地保护农产品生产者的权益。

(二) 风险预防

我国食品安全立法的指导思想经历了"末端控制"和"末端预防"两个时期。末端控制和末端预防是在农产品生产链条的末端，即进入市场销售阶段对其质量安全进行控制和预防的管理模式,强调对进入消费市场的农产品质量安全的控制与管理。这两种管理模式存在自身无法克服的局限性:首先,处在末端的管理无法涵盖农产品生产者用于自我消费的生产行为;其次,农产品在进入市场阶段才"确诊"为不符合质量安全,禁止销售甚至销毁,将导致社会财富的极大浪费和生产者无可挽回的损失;最后,很可能导致不法生产者冒险闯关,以次充好,对我国本已严峻的农产品质量安全状况将是难以预测的冲击。

基于末端控制和末端预防的局限性,风险预防理念进入立法者的视野。风险预防理念起源于环境法上的一个原则,即德国的 Vorsorge 法则。[①] 其核心是社会应当通过提前规划和阻止潜在有害行为来寻求避免破坏环境。该原则在《里约宣言》得到采纳与重述:"为了保护环境,各国应根据本国的能力广泛应用预防原则,当存在严重或不可逆危害的威胁时,不得以缺乏充分的科学证据为理由,延迟采取符合成本效益的措施以防止环境退化。"

农产品生产在时间和地域上可变性大,质量安全问题的产生与发展又具有缓发性、潜在性与不确定性,一旦发生,后果及损失往往无法消弭。风险预防正是对以客观存在的事实作为法律调整对象的传统法学理论的拓展和修正,即主体权利义务关系的设定不需要建立在现实存在的事实或行为基础上,法律制度的设计可以以某种科学的可能性为前提。它比传统的末端防控更能有效防止未知和不确定的质量安全问题,利于风险的防范与损害的减少。

在风险预防理念指导下,应当从源头对农产品质量进行管理和控制,将原本局限于流通领域的现实风险防控延伸到生产源头的潜在风险预防。通过产地环境保护制度来减少或者制止尚未发生的失范行为,从而保障农产品质量安全。

二 基本原则

农产品产地环境保护法治的基本原则,是指贯彻整个农产品产地环境法治体系,指导农产品产地环境保护立法、执法、司法的具有统帅性、全局性的原则和理念。农产品产地环境保护法治的基本原则体现了农产品产地环境保护法治的指导思想,统摄农产品产地环境保护法治的具体制度,是农产品产地环境保护法治的精髓和灵魂所在。根据理论和实践的要求,农产品产地环境保护法治的基本原则包括以下几点。

---

① 马缨:《科技研究管理与风险预防原则》,《科技管理研究》2005 年第 10 期。

（一）预防原则

农产品产地环境保护的进程包括事前、事中和事后三个环节，内容上呈现预防—监管—应急—追责四个方面。正如学者指出的那样："实践证明等污染后再治理所付出的代价远比预防污染所花的代价高出好几倍甚至几十倍。产地环境的保护必须进行事前预防从源头控制。"[1] 预防原则是环境法的基本原则之一，[2] 农产品产地环境保护法的预防原则是环境法预防原则在农产品产地环境领域的落实。

1. 农产品产地环境保护预防原则的概念

预防原则是源头管理思想的法学体现，是指应当预防农产品产地环境污染和生态破坏的发生，预防农产品产地环境污染对农产品质量的不良影响，从而将危害遏制在萌芽状态。由于农产品产地环境问题可能带来的后果具有严重性和不可逆性，因此农产品产地环境保护法必须以预防为基本原则。

农产品质量安全涉及千家万户的利益，一旦出现问题可能难以收拾，甚至引发全社会的不良反应。产地环境与农产品质量密切相关，农产品产地环境污染和生态破坏的后果性具有隐蔽性、潜伏性、极大的危害性和难控制性。从经济学来看，预防的成本比较低，而后果发生后消除影响的成本却非常高。因此，农产品产地环境保护法应当采取预防原则，降低风险和成本。

有学者指出："风险引致系统的、常常是不可逆的伤害，而且这些伤害一般是不可见的。"[3] 农产品产地环境问题的后果有些是不可逆的，突出表现在对农产品消费者的人身损害方面。食用有毒有害农产品而致死致残的，既难以用金钱弥补，也无法挽回。受害人及其亲属遭受的精神痛苦也是不可逆的。因此必须采取预防措施，不要等后果发生后去补救。

2. 农产品产地环境保护法预防原则的内容

农产品产地环境保护要求彻底的预防，其内容包含两个方面：首先，对于尚未污染或有轻微污染的农产品生产区域，应当消除和控制污染，使农产品产地环境质量达到能够保障农产品安全的要求，即在该区域生产农产品不会因为

---

[1] 张华：《关于特色农产品发展与保护的地方立法思考》，《西部法学评论》2012年第3期。

[2] 环境法中的预防原则是指对开发和利用环境的行为所产生的环境质量下降或环境破坏等应当事前采取预测、分析和防范措施，以避免、消除由此可能带来的环境损害。预防为主、防治结合要求将环境保护的重点放在事前防止环境污染和自然破坏之上，防止环境问题的产生和恶化，同时也要求积极治理和恢复现有的环境污染与自然破坏，以保护生态系统的安全和人类的健康及其生产安全。参见汪劲《环境法学》，北京大学出版社2006年版，第153页。

[3] ［德］乌尔里希·贝克：《风险社会》，何博闻译，译林出版社2004年版，第20页。

产地环境问题而出现农产品质量不安全的情况。其次,对于已经严重污染的区域,应当禁止生产农产品,切断农产品产地环境与消费者之间的联系。被划为禁止生产区域的,应当采取污染治理和生态修复措施。

对于预防产地环境污染和禁止生产区域两方面,应当注意:第一,二者并非等量齐观,前者在农产品产地环境保护法中占据更加重要的地位,是预防原则的主要方面,后者是次要方面。第二,预防产地环境污染与禁止生产区域也不是先行后续的关系,不是说先预防,预防不了了就划为禁止生产区。而是按照产地是否被污染及其程度来划分的,未污染的要防止污染,已经污染的要禁止生产农产品。

(二) 综合协调原则

有人指出:"环境问题有相当的广度,它很少局限于某一个具体的学科。"[1] 农产品产地环境保护亦是如此。农产品产地环境保护法具有较强的综合性,综合协调原则是农产品产地环境保护法的基本原则。

1. 农产品产地环境保护法综合协调原则的内容

农产品产地环境保护法的综合协调原则是指应当对农产品产地环境进行综合性保护,实施综合性的管理方式,并对相关主体的利益进行协调。综合协调原则的内容包括三个方面:第一,对农产品产地环境保护进行综合保护;第二,实施综合性的管理方式;第三,对相关利益主体实行协调保护。

第一,对农产品产地环境的综合保护。农产品质量受到多重环境要素的影响,其中最为突出的水、土壤、大气,也包括其他环境要素,如声环境、辐射环境等。农产品产地环境保护重点是水、土壤和大气环境管理。其中任何一个方面出了问题,都可能导致农产品质量下降甚至不符合健康标准。因此,对环境要素要实施综合保护,不能有所偏废,但是也不宜平均用力。有的地方水污染较严重,就应当重点保护水环境,有的地方土壤污染比较严重,就应当重点保护土壤环境。另外,不同农产品对环境要素的需求不同,有的农产品对水环境要求较高,有的农产品对土壤环境要求较高。所以农产品产地环境保护也要因地制宜。

第二,实施综合性的管理方式。应当实施集中的监管体制。农产品产地环境保护涉及环保、农业、水利、海洋、林业等多个部门,事权分散,不易形成合力。应当由行使综合管理职权的部门对农产品产地环境保护实施统一监管。

---

[1] [美] 戴斯·贾丁斯:《环境伦理学——环境哲学导论》,林官民、杨爱民译,北京大学出版社2002年版,第8页。

整合相关资源，实现农产品产地环境保护管理的高效化和集约化。还需采用综合管理的方法。有学者指出："多元化的调整方法是环境法调整方法的基本特征。"[①] 农产品产地环境保护法要采取综合性的方法，首先是经济、法律、政策、教育等多种手段相结合。其次是既要有正面的促进、引导、激励手段，又要有反面的约束、鞭策和责任手段。最后是将事前、事中和事后相结合，将预防、监管、应急和追责相结合。

第三，对利益主体的协调平衡。所谓利益，是指"可以免除人类之缺乏感，而发生满足之感之内部的或外部的事件和状态。简言之，可以说是满足人类的价值感情之一切事体"[②]。法是社会利益的平衡器，农产品产地环境保护法尤其如此。农产品产地环境保护法律关系的主体众多，利益诉求各有不同。农产品产地环境保护法必须协调好各主体之间的利益关系，不能为了保护一方的利益而过分损害另一方的利益。如此才符合农产品产地环境保护法的正义价值，也才能保证农产品产地环境保护法得以顺利实施。[③]

农产品产地环境保护法首先要保护农产品消费者的权益，也要兼顾农产品生产者的权益。有学者指出："在现代社会，无论是发达国家还是发展中国家，'强者破坏、弱者受害'成为一种规律性现象。"[④] 虽然在农产品生产中农产生产者具有优势地位，但是在整个社会中却可能处于劣势地位。造成农产品产地环境污染的主要原因是外来污染者和农业投入品的生产者，而非农产品生产者。因此，必须兼顾农产品生产者的利益。

2. 农产品产地环境保护法综合协调原则的落实

第一，综合的环境要素保护。必须树立农产品产地环境整体化观念，对农产品产地环境进行综合性的保护。环境具有整体性，大气环境、水环境、土壤等要素都是环境的组成部分，其中一个部分的变化都会对整体环境产生影响。举例而言，农药污染灌溉用水，而灌溉用水的污染又会对农产品产地土壤环境产生不良影响。因此，保护农产品产地环境就必须对整个产地环境进行保护，而不能只保护其中某一种环境要素，或者说某个部门就保护某一种环境要素。

---

① 杜群：《环境法融合论》，科学出版社2003年版，第46页。
② [日] 美浓部达吉：《宪法学原理》，何作霖等译，中国政法大学出版社2003年版，第66页。
③ 世界环境与发展委员会指出："人与人之间利益和成本分配又包括当代人之间和当代人和后代人之间的利益和成本分配。"参见世界环境与发展委员会《我们共同的未来》，王之佳等译，吉林人民出版社1997年版，第80页。但是此处所指的利益平衡，是当代人的利益平衡，是实证法上的利益平衡。
④ 韩立新：《环境价值论》，云南出版社2005年版，第174页。

其次，从农产品生产的属性来说，只有产地环境全面良好和健康，所生产的农产品才会符合健康的要求。

第二，综合的监管体制。农产品产地环境保护涉及多个监管部门，理顺监管体制是做好农产品产地环境保护工作的重中之重。世界范围内在农产品产地环境保护方面比较成功的模式是以环境保护为主，农业、食品、质检部门为辅的全面、综合监管体制。我国应当在吸收国内外成功的监管模式和立法经验的基础上，确立以环保部门为主，其他相关部门配合的农产品产地环境保护监管体制，推进我国农产品产地环境保护执法的跨越式进步。

第三，综合平衡各方利益。综合平衡各方利益的核心是兼顾农产品生产者的利益，尤以激励制度和法律责任制度为重。首先，应创设激励制度。农产品生产者有义务保护农产品产地，但农产品产地环境保护是需要成本投入的，一旦投入成本却不能得到高于成本的收益，农产品生产者就没有从事农产品产地环境保护的积极性。因此，农产品产地环境保护法必须要创造一定的激励机制，使得农产品生产者有进行农产品产地环境保护的积极性。例如农产品产地环境标志制度、环保型农业投入品补贴制度等。其次，应完善法律责任制度。农产品产地环境保护法律责任制度总体来说对农产品生产者比较严格，可能会抑制农产品生产者的积极性。因此，必须合理平衡农产品产地环境保护责任。对于外来污染导致农产品产地环境问题的，农产品消费者可以向排污者请求赔偿，此时便不得再向农产品生产者请求赔偿。农产品消费者也可以向农产品生产者请求赔偿，农产品生产者承担责任以后，可以向排污者追偿。

(三) 公众参与原则

公众参与是环境保护法的基本原则之一。[1] 环境法中的公众参与是指"法律通过各种法定的形式和途径，鼓励公众积极参与环境保护事业，保护他们对污染和破坏环境的行为依法进行监督的权利"[2]。哈耶克说："民主可能是实现某些目的的最好方法。"[3] 公众参与是环境民主的集中体现，是促进环境保护工作开展的重要方式。农产品产地环境保护法以公众参与为原则不仅是环境保护的要求，更是农产品产地环境保护法自身特性的要求。

---

[1] 目前大多数环境法学者将公众参与作为环境法的一项基本原则，也有部分学者将其作为环境法的一项基本制度。

[2] 周珂：《环境法》，中国人民大学出版社2008年版，第41页。

[3] ［英］费雷得里希·奥古斯特·哈耶克：《自由宪章》，杨玉生、冯兴元、陈茅等译，中国社会科学出版社1999年版，第148页。

1. 农产品产地环境保护法公众参与原则的概念

农产品产地环境保护法的公众参与原则，是指公众通过法律规定的形式和途径，参与到农产品产地环境保护活动中，监督外来环境污染和生态破坏的行为人、农产品生产者和行政机关积极履行农产品产地环境保护义务。

第一，农产品产地环境保护法的公众参与原则，是环境法公众参与原则在农产品产地环境保护法中的具体体现，其既具有环境法公众参与原则的一般特征，也具有自身的特点。

第二，公众必须依法参与农产品产地环境保护。农产品产地环境保护具有公益性，但是自由也是法的基本价值。自由包括两个方面：一方面是在法律规定的范围内行使权利，不受他人干涉；另一方面是不得干涉他人行使其权利。[1] 如果法律没有规定农产品产地环境保护公众参与，或者没有规定某种特定的事项范围、形式、途径，那么这些领域就是农产品生产者的权利范围，此时就不是参与而是侵犯。因此，公众必须依法参与农产品产地环境保护。

第三，公众参与的监督对象包括外来环境污染和生态破坏的行为人、农产品生产者和政府。对于外来环境污染和生态破坏的行为人和政府，公众可以采取公益诉讼的方式来实现。对于农产品生产者，公众可以通过获取农产品产地环境信息和市场方式来实现。对外来环境污染和生态破坏的监督是农产品产地环境保护法公众参与的重点。

2. 公众参与作为农产品产地环境保护法基本原则的原因

农产品产地环境保护法的公众参与基本原则是参与式民主在农产品产地环境保护领域推演的必然结果。"参与式民主是立足于公民身份的政治，公民不仅仅是选民，也不能仅仅把自己看作是政府的顾客、政府的管理对象，公民自身是管理者、自治者，是自己命运的主宰者，为此必须参与公共事务的讨论、协商和决定。"[2] 之所以将公众参与作为农产品产地环境保护法的基本原则，其主要原因在于：

首先，公众与农产品产地环境关系极为密切。农产品产地环境不仅会通过环境媒介影响到社会公众，还会通过农产品影响到不特定的农产品消费者。较之于一般的环境，农产品产地环境与公众的利益关系更为密切。参与的积极性也会更高。

其次，公众参与农产品产地环境保护也是实现农产品产地环境保护法正义

---

[1] 参见张文显《法哲学范畴研究》，中国政法大学出版社2001年版，第207页。
[2] 陈炳辉：《参与式民主的现代衰落与复兴》，《中国社会科学院报》2009年4月14日第6版。

价值的方式。农产品消费者权益保护具有事后性和狭隘性，作为潜在的农产品消费者，公众参与农产品产地环境保护也可看作对农产品消费者保护的另一种形态，从而也体现了农产品产地环境保护法的正义价值诉求。

最后，公众参与是推进农产品产地环境保护的重要措施。有学者指出："'治理'实际上是国家的权力向社会的回归，'治理'的过程就是还政于民的过程，从全社会的范围来看，'治理'离不开政府，更离不开公民的参与和合作。"① 公众参与是推进农产品产地环境保护的重要措施。只有通过公众参与，才能监督政府、外来环境污染和生态破坏的行为人、农产品生产者进行农产品产地环境保护。

3. 农产品产地环境保护公众参与原则的落实

有学者指出："公众参与作为一种制度化的民主制度，应当是指公共权力在作出立法、制定公共政策、决定公共事务或进行公共治理时，由公共权力机构通过开放的途径从公众和利害相关的个人或组织获取信息，听取意见，并通过反馈互动对公共决策和治理行为产生影响的各种行为。"② 公众参与农产品产地环境保护的主要内容包括三个方面：第一，农产品产地环境信息公开；第二，公众参与农产品产地环境决策；第三，公益诉讼。上述三方面需要通过具体制度予以落实。

第一，农产品产地环境信息公开。"公众参与环境保护的前提是环境信息对公众的公开。"③ 农产品产地环境信息公开，是指政府机构和农产品生产者应当公开农产品产地环境信息，从而保障社会公众享有农产品产地环境信息知悉权。农产品产地环境信息公开制度的内容包括公开的主体、形式、范围、程序等。④

第二，公众参与农产品产地环境决策。公众可以通过法律规定的范围、方式和途径，参与农产品产地环境信息决策。例如参与农产品产地环境规划的编制听证、参与禁止生产区域的划定与变更等。

第三，公众享有一定的救济性权利。公众所享有的上述两方面权利受农产品生产者或者排污者或者政府机构阻挠，导致公众的权利得不到行使的，公众

---

① 俞可平：《治理与善治》，社会科学文献出版社2000年版，第5—6页。
② 蔡定剑：《公众参与及其在中国的发展》，《团结》2009年第4期。
③ 张建伟：《论环境信息公开》，《河南社会科学》2005年第2期。
④ 农产品产地环境信息公开与公众知情权是相对应的。因此，农产品产地环境标志制度也可以看做是对农产品产地环境信息公开的实现方式。

有权起诉到法院，请求公力救济。[①] 此外，公众还可以通过公益诉讼参与农产品产地环境保护。

第二节 完善我国农产品产地环境保护立法

一 完善法律体系

伯尔曼说："在法律中，形式合理表示通过逻辑概括和解释的过程对抽象规则的系统阐释和使用，它强调的是通过逻辑的方法搜集全部法律上具有效力的规则并使之合理化，再把它们铸造成内部一致的复杂的法律命题。相比之下，实质合理突出的方面不是符合逻辑的一致性，而是符合道德考虑、功效、便利和公众政策。"[②] 因此应当从完善法律体系和推进专门立法两方面着手，推进我国农产品产地环境保护法制进程。

完备的法律体系是保障农产品产地环境保护有法可依的前提。必须制定《农产品产地环境保护法》，并完善《农产品质量安全法》等相关法律规定，推进农产品产地环境保护地方立法。

（一）制定《农产品产地环境保护法》

为完善农产品产地环境保护法律体系，必须制定农产品产地环境保护的主干法，集中规定农产品产地环境保护的法律规范。

《农产品产地环境保护法》在体例上可做如下设计：第一，总则：包括适用范围、基本原则、管理体制等。第二，监督管理：包括农产品产地环境标准制度、环境监测制度、农产品产地环境标志制度、产地环境状况与农产品生产相衔接制度等。第三，农产品产地主要环境要素的保护：主要包括农产品产地土壤、水的污染防治。第四，特殊农产品产地环境保护。第五，法律责任。第六，附则。

（二）修改《农产品质量安全法》，出台其实施细则

《农产品质量安全法》是我国农产品产地环境保护法最主要的法律渊源，

[①] 有学者指出："请求救济权是指公民的环境权益受到侵害以后向有关部门请求保护其权利，它既包括对国家行政机关的主张权利，又包括向司法机关要求保护的权利。"参见王明远《环境侵权救济法律制度》，中国法制出版社2001年版，第31—35页。笔者以为，请求救济权仅仅是指向司法机关请求救济的权利。向行政机关请求救济，实际上是请求行政机关履行监督管理职权。

[②] ［美］哈罗德·J.伯尔曼：《法律与革命》，贺卫方等译，中国大百科全书出版社1993年版，第653、654页。

但其对农产品产地环境保护的规定过于简单，且操作性有待提高。因此应当修改《农产品质量安全法》，增加农产品生产区域制度，还应当尽快出台《农产品质量安全法》实施细则及配套法规，增强农产品产地环境保护的操作性。

（三）推进农产品产地环境保护的地方立法

地方环境立法是我国环境立法体制的重要组成部分。[①] 环境保护立法不是中央立法机关或行政机关的法律保留领域，同时环境问题固有的区域性是地方环境立法的前提，而环境法的制定和实施也具有很强的区域针对性。鉴于我国各地方在经济发展水平和环境条件方面存在的差异性，中央的环境立法只能做原则性的规定，具体的则必须由各个地方人大和政府机关根据实际情况制定相应的实施方案。

由于国家农产品产地环境保护立法只能解决农产品产地环境保护领域最基本和最普遍的问题，期望中央立法特别详尽和具体是不现实的，我国各地的农业生产能力差异很大，农业生产环境也各不相同。农产品产地环境保护要根据各地的实际情况，制定地方法规、规章。通过地方环境立法可以把中央法律法规具体化和地方化，可以填补中央环境立法的空白，解决地方特有的环境问题，并为国家立法积累经验，在适当的时候上升为中央立法。

二　推进我国农产品产地环境保护专门立法

立法是法制最重要的环节和先导。完善我国农产品产地环境保护法的关键是推进农产品产地环境保护专门立法，系统规定我国农产品产地环境保护的目的、原则、管理体制、基本制度和法律责任，从根本上改变我国农产品产地环境保护无法可依的局面。

从专门立法的必要性上来讲，唯有专门立法才能统合现有规范，构建农产品产地环境保护法的规则、原则和制度，形成完善的农产品产地环境保护法体系，使农产品产地环境保护有法可依。专门立法还能为农产品产地环境保护执法提供法律依据，提高执法效能。专门立法还能为农产品产地环境司法提供有力的依据，减少法的不确定性。总之，推进我国农产品产地环境保护专门立法具有极大的必要性。

从专门立法的可行性上来讲，首先，从群众基础来讲，农产品产地环境保护专门立法是顺应严峻的食品安全和农产品安全形势的，社会呼声高，群众基

[①] 李广兵：《可持续发展与地方环境立法》，载吕忠梅、徐祥民主编《环境资源法论丛》第3卷，法律出版社2003年版，第108页。

础好。其次，从国家动向来看，农业部专门颁发了《关于进一步加强农产品产地环境安全管理的通知》，对农产品产地环境安全作出了规定。国务院于2012年11月出台的《关于食品安全问题的决定》指出："……加强农产品产地环境监管，加大对农产品产地环境污染治理和污染区域种植结构调整的力度。"说明国家已经认识到农产品产地环境保护的重要性，并将进一步采取措施保护农产品产地环境。再次，从立法基础来看，我国《农产品质量安全法》和《农产品产地安全管理办法》为农产品产地环境保护专门立法提供了坚实的前期基础。农产品产地环境保护专门立法在总结、反思、借鉴、提炼和升华的基础上，完全可以做到青出于蓝而胜于蓝。最后，从经济技术条件来看，农产品产地环境保护专门立法的经济技术条件已经具备，农产品产地环境监测、农产品产地环境标志、农产品产地环境责任评估和认定等技术手段已经成熟。我国制定农产品产地环境保护专门立法具有可行性。

现对我国农产品产地环境保护专门立法构想。

(一) 立法原则、立法位阶、法的命名

农产品产地环境保护法的立法原则、立法位阶与法的命名是立法的前提性问题。如果不将上述三个问题解决好，则难以展开下一步的工作。

1. 立法原则

"虽然乍看起来守旧思想似乎是同进步直接对立的，但它却是使进步变得稳妥有效的一个必要因素。守旧思想的审慎态度必须控制追求进步的热情，否则就会招致祸害。人们在整个进步过程中的一个首要的、虽然不是唯一的问题，就是如何以正确的比例来调和这两种倾向，既不至于过分大胆或轻率，也不至于过分慎重或迟延。"[1] 基于此，农产品产地环境保护专门立法必须以"保守下的超越"为原则，这是我国农产品产地环境保护专门立法的技术性原则。之所以如此，原因在于：

首先，农产品产地环境保护专门立法在世界范围内都属于前所未有，对于农产品产地环境保护专门立法整体上已经定位于超越。如果畏首畏尾，农产品产地环境保护专门立法可能都不能进入立法程序，何来下一步的工作。梅因指出："社会的需要和社会的意见常常是或多或少地走在'法律'的前面。我们可能非常接近地到达它们之间缺口的结合处，但永远存在的趋向是要把这缺口重新打开来。"[2] 农产品产地环境保护立法过分保守，就很可能沦为抄袭既有

---

[1] [英] 休·塞西尔：《保守主义》，杜汝楫译，商务印书馆1986年版，第8—9页。
[2] [英] 梅因：《古代法》，深景一译，商务印书馆1996年版，第17页。

的制度和规范，没有价值可言。对于不合理的规定，要大胆摒弃，对于合理可行的制度，要勇敢接受。

其次，正是由于农产品产地环境保护专门立法没有太多的国际经验可以借鉴，在某些方面和某些环节，就不可以无视我国农产品生产和农产品产地环境保护的立法政策要求。如果将农产品产地环境保护专门立法设计得过分超前，就可能不符合我国国情，违背社会客观需要，从而将法律引入歧途。

2. 立法位阶

立法位阶是指立法的效力位阶。也就是说，对于农产品产地环境保护专门立法，究竟是制定法律，还是制定行政法规，抑或是行政规章?[①] 本研究认为，应当由全国人大常委会制定法律。

第一，农产品产地环境保护立法涉及事项众多，需要多个部门配合监管。如果位阶过低，势必难以统摄众多部门，也难以创立新的规则、原则和制度。农产品产地环境保护法律责任制度属于立法保留的范畴，非法律不得规定。

第二，农产品产地环境保护法属于《环境保护法》的下位法。虽然目前《环境保护法》是由全国人大常委会立法，但将《环境保护法》修改为环境基本法，由全国人大立法的呼声非常高。鉴于此，农产品产地《环境保护法》由全国人大常委会立法顺理成章。

第三，鉴于严峻的农产品安全形势，唯有国家立法才能体现出权威性和重要性，从这个方面考虑，也应当由全国人大常委会出台农产品产地环境保护专门立法。

3. 法的命名

我国农产品产地环境保护专门立法应当以《农产品产地环境保护法》命名，才能贴切地表达立法的内容。不可使用诸如《农产品产地环境法》、《原产地环境保护法》等名称。其原因在于：《农产品产地环境法》更像一个学术用语，没有体现保护农产品产地环境的意思。《原产地环境保护法》中"原产地"用语不妥，农产品产地是基于农产品生产而来的，而原产地更多的是一种地理标志保护问题，两者之间相去甚远。

（二）立法目的

我国农产品产地环境保护专门立法以一元论确定其立法目的。结合我国的实际，一般人会先入为主地认为，我国的农业很落后，农产品生产者的生活水

[①] 立法位阶与立法主体密切相关，不同主体制定的规范性文件就具有不同的性质，其效力等级也有所不同。具体参见《立法法》的有关规定。

平还很低下，农民的权益需要保障。进而得出农产品生产者是弱者的结论。再进一步就倾斜为对农产品生产者的保护了。实际上，上述结论的得出是不正确的。虽然在我国农业还很不发达，农民的权益还需要保障，但是在农产品生产上却存在严重的信息不对称问题。农产品生产者掌握着农产品生产的全过程，对农产品产地环境非常熟悉，对于农产品产地环境的影响也很大。因此，在农产品生产上，农产品生产者处于优势地位，在农产品产地环境保护上亦是如此，因此，不能单纯地将农产品生产者作为弱者。相反，农产品消费者不能掌控农产品生产过程，处于弱者地位，应当予以保护。《农产品产地环境保护法》正是基于一元目的论，将农产品消费者的权益保障作为最终目的。

对于保护农产品产地环境，防治农产品产地环境污染和生态破坏，实际上与一元论并不矛盾。首先，保护农产品产地环境，防治农产品产地环境污染和生态破坏是《农产品产地环境保护法》的直接目的，而保障农产品消费者和公众的权益则是《农产品产地环境保护法》的根本目的，两者在目的体系中处于不同位置，不存在矛盾。其次，保护农产品产地环境、防治农产品产地环境污染和生态破坏是实现保障农产品消费者权益的必要条件，它们是一贯的。如果农产品产地环境遭到污染或者破坏，那么农产品消费者的权益就很难得以保障。反之，只有农产品产地环境保护工作做好了，农产品产地环境污染和破坏得以遏制，农产品消费者的权益才能得以保障。

因此，我国《农产品产地环境保护法》的目的包括以下四个要点：第一，保护农产品产地环境，防治农产品产地环境污染和生态破坏是《农产品产地环境保护法》的直接目的。第二，保障农产品质量安全是《农产品产地环境保护法》的中间目的。第三，维护农产品消费者和公众的人身健康是《农产品产地环境保护法》的根本目的。第四，促进农业的发展和保障农产品生产者的权益，则不应当成为《农产品产地环境保护法》的目的。

（三）基本原则

我国农产品产地环境保护专门立法应当确立以下基本原则：第一，预防原则。第二，综合协调原则。第三，公众参与原则。

1. 预防原则

预防原则是我国环境保护法的基本原则之一，我国环境保护法起初即确立了该原则。"从中国看，早在《关于保护和改善环境的若干规定（试行草案）》（1973）就已提到贯彻'预防为主'的方针。"[1] 随着《环境影响评价法》、

---

[1] 蔡守秋主编：《环境资源法教程》，高等教育出版社2010年版，第125页。

《清洁生产促进法》、《循环经济促进法》等法律文件的出台，预防原则被确立为我国环境保护法的基本原则之一。然而，我国农产品产地环境保护专门立法确立和实施预防原则还是有很长的路要走。首先，我国的农产品产地环境保护立法才刚刚起步，基本原则和基本制度还很不成熟，农产品产地环境保护预防原则本身也可能存在一些瑕疵。其次，从历史上来看，我国环境保护工作虽然提倡预防为主、防治结合和综合治理原则，但是这项原则在实践中却被异化了，没有真正地得以贯彻实施，演变为环境保护不重视预防，反而在出事之后才抓。因此从整体上讲，农产品产地环境保护预防原则还有很长的路要走。在农产品产地环境保护立法中实施预防原则，从工作方法上必须要做到以下几点：

第一，思想上提高对农产品产地环境保护预防原则的认识。无论是农产品生产者，还是农产品产地环境管理者，还是农产品产地的排污者或者潜在排污者，都应当引起重视，树立预防观念。一旦发生了农产品质量安全问题，不仅农产品生产者难逃责任，农产品产地环境监督者也应当承担责任。

第二，制度上保障农产品产地环境保护预防原则的落实。预防原则的制度保障主要体现在农产品产地环境保护立法的重点应当放在预防前端，如农产品产地环境监测、农产品产地环境影响评价、产地环境状况与农产品生产相结合等。

第三，方法上借鉴风险管理的方法。风险管理是为应对现代风险社会而产生的一种管理方法，其主要内容是风险分析、风险评估、风险管理。第一方面是要做好监测。必须建立统一的农产品产地环境监测制度。第二方面是制定严格的产地环境标准。必须结合农产品本身的特点和农产品生产的特点，出台农产品产地环境标准。第三方面是要严格做好产地环境质量分级，特别是在禁止生产区域和禁止生产食用农产品的区域，要严格监管，一旦发现有生产食用农产品的活动，要立即制止。

2. 综合协调原则

《环境保护法》第 4 条第 2 款规定："国家采取有利于节约和循环利用资源保护和改善环境、促进人与自然和谐的经济技术政策和措施，使经济社会发展与评说保护相协调。"学者一般将之称为协调发展原则，或者经济社会与环境协调发展原则。我国农产品产地环境保护专门立法应当在该原则的基础上升华确立综合协调的原则，在内容上包括三个方面：第一，对我国农产品产地环境实施全面、综合的保护。第二，以综合性为指导，确立我国农产品产地环境保护管理体制。第三，综合协调各利益主体之间的关系。

对于第一方面，尤其应当避免以农用地保护、土壤污染防治替代农产品产地环境保护。对于第二方面，应当建立综合高效的管理体制。对于第三方面，我国《农产品产地环境保护法》必须防止过度抑制农产品生产者的权益，主要通过补贴和补偿制度、追偿制度等来实现。

3. 公众参与原则

公众参与是我国环境保护法的基本原则之一。1973年8月第一次全国环境保护会议审议通过的《关于保护和改善环境的若干规定》所确立的环境保护32字方针就有"依靠群众、大家动手"的表述。[①] 而1989年《环境保护法》第6条第1款规定："一切单位和个人都有保护环境的义务，并有权对污染和破坏环境单位和个人进行检举和控告。"不仅如此，《环境影响评价法》、《公众参与环境影响评价暂行办法》、《环境信息公开办法（试行）》等规范性文件已经将公众参与环境保护的原则落实下来。我国农产品产地环境保护专门立法应当确立公众参与原则，不仅在总则中要对公众参与农产品产地环境保护作出原则性规定，还需在公众参与农产品产地环境决策、环境信息公开、公益诉讼等具体制度中予以落实。

（四）管理体制

应当以公共利益原则、集中统一原则、效率原则和科学原则为标准，构建环境行政主管部门统一监管，农业行政主管部门和其他相关部门配合的管理体制。

1. 环境保护部门统一监管

环境保护部门是农产品产地环境保护监督管理权限的主要行使者。包括国家环境保护部门和地方环境保护部门。总体来说，中央环境保护行政部门统一行使我国的农产品产地环境保护监督管理职权，而地方环境保护部门则在本区域内行使农产品产地环境保护监督管理职权。

环境保护行政部门应当统一行使农产品产地环境保护管理职权。从科学性原则来讲，环境保护行政部门是环境保护行政管理职权的专业部门、专门部门。农产品产地环境保护虽然与农产品有关，但归根结底仍然是环境保护问题，因此，环境保护行政主管部门应当行使监督管理职权，而且是主要的监管者。

国家环境保护行政部门一般通过抽象行政行为，行使全国性的统筹职权。

[①] 该32字方针是：全面规划、合理布局、综合利用、化害为利、依靠群众、大家动手、保护环境、造福人民。该32字方针在1979年《环境保护法（试行）》中得以沿用。

其主要职责是：(1) 根据国家立法机关和行政机关的部署和委托，制定或者联合其他部门制定有关全国性的农产品产地环境保护规范性文件和政策。(2) 负责重大农产品产地环境保护问题的统筹协调和监督管理。农产品产地环境保护监督管理体制涉及多个部门，一旦发生重大农产品环境问题或者遇有重要情况，一般是由环境保护部门联合其他部门，或者牵头其他部门来处理。(3) 负责国家性的农产品产地环境监测，发布全国性的农产品产地环境监测信息。(4) 制定或者联合有关部门制定农产品产地环境保护标准。(5) 重大农产品产地环境污染事故的处理。(6) 实施农产品产地环境保护基本制度。

地方环境保护部门一般通过具体行政行为，行使地方性的监管职权。其职责主要是：(1) 审批农产品产地环境周围的建设项目环境影响评价文件；(2) 对农产品生产者污染农产品产地的行为作出处理；(3) 指导农产品生产者保护农产品产地环境；(4) 对农产品产地外来环境污染的行为人作出处理决定；(5) 其他。上述列举是不完全列举，在具体实施中可能会有其他职权。

2. 农业行政主管部门配合

农产品产地环境保护是涉农事项，不可能绕开农业行政部门。在一些国家，农业行政部门包括林业、渔业；在另一些国家则是分离的。因此，在农产品产地环境保护中，农业行政部门的主要职责是配合环境保护部门做好农产品产地环境保护管理工作。

我国的农业环境保护工作刚刚起步。对于农业环境保护工作的业务属性，目前还有争议。首先，农业部设置有农业环境监测系统，该系统的设立是为了监测农业环境数据，为农业部系统提供技术支持。从这个意义上说，农业环境保护应当由农业部来负责实施。其次，根据《环境保护法》的规定，环境保护行政主管部门负责我国的环境保护工作，虽然农业环境保护具有较强的业务属性，但也归属于环境保护问题，环境保护部门也有监管职权。根据实际情况来看，农业环境保护工作主要还是由农业部门负责，只有发生重大的农业环境污染事故时，环境保护部门才介入。法律应当明确农业行政部门在农产品产地环境保护中的职能。

其他与农产品产地环境保护有关的行政部门，如海洋行政部门、质量检疫部门等，在各自的职权范围内行使农产品产地环境保护监督管理职能。

(五) 基本制度

应当在农产品产地环境保护专门立法中创设农产品产地环境标志制度、产地环境状况与农产品生产相衔接制度、农产品产地环境保护法律责任制度、农产品产地环境保护公益诉讼制度，并规定农产品产地环境标准制度、农产品产地环境监测制度等。

1. 农产品产地环境标志制度

我国已经建立了一系列的农产品产地地理标志制度，例如优质农产品产地标志。可以借鉴农产品产地地理标志制度，建立农产品产地环境标志制度。

农产品产地环境标志可能涉及农业部门、环保部门、工商部门，我国应当建立由环境保护部门为主，农业部门和工商部门为辅的农产品产地环境标志制度。因为农产品产地环境标志需要以农产品产地环境标准为前提，以农产品产地环境监测为基础，这些工作主要属于环境保护行政主管部门的职权范围。农产品产地环境标志制度的具体实施应当由农业部门和工商部门配合和辅助。

2. 产地环境状况与农产品生产相衔接制度

应当说，该制度在我国已经有了相当的基础，应当结合相关法律规定，在农产品产地环境保护专门立法中予以系统规定。

首先，对于禁止生产区应当予以细化，强调制度的精细性和可操作性。补充划为禁止生产区域后对土地所有权人或者土地使用权人的补偿程序、禁止生产区域设立错误的救济程序、禁止生产区域生态修复等制度，进一步明确禁止生产区域的法律效力及相关法律责任。在禁止生产区设立条件方面，应当以违反农产品产地环境标准为条件。

其次，在特殊农产品产地的特殊环境要求方面，应当引入地理标志加强对环境保护的要求，不能提供优质环境的，不得申请农产品产地地理标志。

3. 农产品产地环境保护法律责任制度

我国农产品产地环境保护专门立法应当将农产品产地环境保护民事责任作为立法的重点。专门立法应当明确以下几点：

首先，向农产品产地排放污染物或者在农产品产地从事生态破坏行为，给农产品生产者、农产品产地权利人造成损害的，行为人的责任与普通的环境侵权并无一致，可以按照环境保护法和侵权法对于环境侵权的一般规则来追究责任，而且可以提起公益诉讼。

其次，农产品生产者的民事责任应当分情形立法：第一，农产品生产者在禁止生产区域从事农产品生产，导致其所生产的农产品不符合质量安全标准，由此给农产品消费者造成损害的，农产品生产者应当承担赔偿责任。第二，农产品生产者明知或应当知道某区域被严重污染，仍然在该区域从事农产品生产，导致其所生产的农产品不符合质量安全标准，由此给农产品消费者造成损害的，农产品生产者应当承担赔偿责任。除上述两种情形之外，农产品生产者一般不对消费者承担民事责任。

最后，外来污染和破坏的行为人对消费者的责任。外来污染和破坏与农产品消费者受害者之间存在直接的因果关系，排污者应当承担对农产品消费者的民事责任。

4. 农产品产地环境保护公益诉讼制度

我国《民事诉讼法》已经正式确立了公益诉讼制度。[①] 农产品产地环境保护既是环境污染问题，也是关于众多消费者权益的问题，非常符合我国《民事诉讼法》对公益诉讼的要求。我国农产品产地环境保护专门立法应当建立公益诉讼制度，既可以保护农产品产地环境，也可以为我国公益诉讼制度的全面铺开做先导。

国家应当划定农产品生产区域，排污者在该区域范围内超标排放或者在该区域范围外超标排污，但有证据证明其超标排放的污染物进入农产品产地，并导致农产品产地环境污染的，公众可以请求负有监督管理职权的机关履行监管职责。该机关不履行职责的，可以以该机关为被告提起行政诉讼，也可以以排污者为被告提起民事诉讼，要求被告停止向农产品产地排放污染物的行为，对受到污染的农产品产地进行治理和修复。

第三节　强化我国农产品产地环境保护的执法和司法

一　强化我国农产品产地环境保护执法

（一）完善农产品产地环境保护管理体制

从理论以及发达国家农产品产地环境保护监管的实践看，农产品环境保护执法无疑趋向于专业性、公正性和独立性。因此，需要对我国现有农产品产地环境保护管理体制进行系统性改革，改变现有执法体系中职能分散、职责不清、标准体系混乱等问题，以适应农产品产地环境保护执法跨区域化和国际化的发展趋势。具体地说：

第一，应该将农产品产地环境保护的管理权力集中，避免机构和资源的重复设置，通过行政执法与公安和司法部门协同配合，加强产地环境监管。从源头控制农产品的污染，加大对涉及农产品质量安全的环境污染事件责任企业和责任人的惩罚和打击力度，健全农产品产地环境管理制度。

[①] 《民事诉讼法》第55条："对污染环境、侵害众多消费者合法权益等损害社会公共利益的行为，法律规定的机关和有关组织可以向人民法院提起诉讼。"

第二，合理归并现有执法机构的职能，实行执法专业化。将卫生部门所负责的食品卫生监管职能归于食品药品管理局，卫生部门或只负责食源性疾病的调查处理，或同时负责本地食品零售和餐饮的卫生监管。

第三，统一标准体系。首先，改变现有国家标准、地方标准、行业标准并行的多标准体系，统一标准体系；对于农产品产地环境而言，应当统一标准的制定，由一个机构对标准负责，其他监管机构可以接受该机构的委托协助制定相关的农产品产地环境标准，并对该机构负责（可以考虑由环境保护部全面负责农产品产地环境标准的制定，这也符合成立环境保护部的初衷）。

第四，实行垂直一体化监管模式，提高监管效率。一方面，实行由中央监管机构负责监管的垂直一体化监管模式，按区域设置监管机构；另一方面，实行属地化监管原则，改变现在上下级监管机构同时参与具体的监管事务的现状。

（二）强化农产品产地环境保护的执法能力

1. 探索推广乡镇环保办公室

关于农产品产地环境保护的各项法律、法规和规章最终都是由基层环境保护行政管理部门贯彻到农村去。我国的环境保护行政管理部门只设到县一级，而且一般设在县或者区的中心地区，由于农村地域广阔，县级环境保护管理部门很难对广阔的农产品产地环境进行周全的监管，这就导致了对农产品产地环境监管的力度不足。但全面增设乡镇级的环境保护行政主管部门"派出机构"，需要的资源相当巨大，恐怕很难实现。解决这一问题的一条有效途径就是对现有的政府基层组织的职能进行优化，发挥它们在环境保护方面的职能。目前，我国已有一部分的乡镇设立了环境保护办公室，实现农产品产地环境保护的有效执法。这一做法成效斐然，非常值得在广大的农村地区推广实行。同时，在乡镇设立环境保护工作办公室对于在农村地区进行环保知识宣传，提高农民的环保意识，意义重大。

2. 扩大环境保护部门的执法权

在农产品产地环境执法的手段上，应当将限期治理的决定权等刚性的执行权赋予环境保护行政管理部门。农产品原产地环境保护的难度很大，但就目前的情况来看，环境保护行政主管部门缺乏必要的强制执行权。在我国的环境保护法律中只有《水污染防治法》、《噪声污染防治法》和《固体废物污染环境防治法》赋予了环境保护行政主管部门有限的限期治理权，其余的都将这份权力赋予地方政府，而环境行政主管部门只有通过向法院申请强制执行来实现环保义务的履行。即使不考虑政府追求经济发展而对可能产生的农产品产地环境问题的懈怠，这种做法很可能会延长污染的时间，对农产品原产地环境带来不可逆转的危害。因此，应当赋予环境保护行政主管部门更充分的权力。

3. 强化农产品产地环境保护执法保障

农产品产地环境保护执法是一项政策性、专业性、技术性很强的工作，建设一支数量足、素质高、设备齐的执法队伍迫在眉睫。应健全农产品产地环境保护行政执法机构，从人事编制和财政供给上解决基层农产品产地环境保护执法人员不足和经费欠缺问题。加强农产品产地环境保护专业知识培训，提高执法队伍的整体素质，切实提高现场执法能力。为农产品产地环境保护执法队伍配备必要的执法设备，以利于调查取证。加强执法队伍管理，建立健全内部工作机制和责任追究制，提高执法效率。

（三）创新农产品产地环境保护执法机制

1. 推行政府目标责任制

在我国许多的农村地区，由于经济水平不高，群众脱贫致富的要求很强烈，而环境保护意识薄弱，没有认识到农产品产地环境保护的重要性。为此，一方面必须加强宣传教育，提高认识，使群众和政府官员认识到保护农产品产地环境，不仅仅维护了自己的生存环境，也保障了本地农产品质量安全，对于推进本地的农产品生产是大有裨益的。另一方面，为了切实地做好农产品产地环境保护和治理，应当将农产品产地环境保护目标纳入地方政府和负责人的考核评价体系中去，将目标完成情况作为对地方人民政府及其负责人进行考核评价的内容，以此来使政府的责任真正落到实处。

2. 支持完善政绩考核制度

要加强政府领导干部的农产品产地环境保护法制教育，树立科学的发展观和政绩观，建立完善的农产品产地环境保护实绩考核制度，建立包括经济、资源、生态环境建设等方面指标的领导干部综合考核体系，打破干扰地方保护主义和人为障碍。

3. 创新执法机制

探索建立农业部门与环境保护部门以及其他部门间的执法协调会商机制，建立不同层级、不同区域农业部门间的信息共享和执法协作机制，建立农产品产地环境保护执法中的检查联动机制，建立执法监督检查机制和执法考核评议机制，进一步推动执法机制创新。

二 强化农产品产地环境保护司法

（一）完善农产品产地环境司法体制

农产品产地环境保护的司法工作，主要是在农村展开的，要做好这项工作，必须结合我国农村环境司法实际。为了保护农产品产地环境质量，应当进行司法体制的改革与创新。

首先，应当强化乡镇人民法庭的建设。目前，我国农村人民法庭基本上设在经济较为发达、交通较为便捷的乡镇，很多经济水平偏低、交通不便的乡镇至今还没有设立人民法庭，这不符合司法均衡和司法便民原则的要求，无法满足大多数农村地区对于包括农产品产地环境案件在内的涉农纠纷的司法需求。

其次，可以考虑在中级人民法院设立专门的案件受理中心，根据当事人的诉讼请求，依法组成巡回法庭，深入基层，力求就地审判包括农产品产地环境案件在内的涉农案件，把司法关注民生落实到田间地头。农业巡回法庭的工作流程可以设计为：案件受理中心受理涉农案件，案件初步审查，依法组成农业巡回法庭，就地调解或者审判和执行。

（二）农产品产地环境保护司法制度的创新

1. 明确消费者的起诉资格

对于农产品消费者，如果是因为产地环境污染引起的，可以作为原告向排污者提起诉讼。如果农产品生产者存在故意或者重大过失，也应当允许农产品消费者对其提起诉讼。

2. 试行农产品产地环境公益诉讼

农产品产地环境，不仅涉及当地农民的环境权益问题，也涉及产品质量问题，从而对广大的不特定社会群体造成影响。一旦发生了产地环境污染案件，应当允许采用公益诉讼的形式。具体而言：

（1）放宽农产品产地环境诉讼的原告资格

取消《行政诉讼法》中关于原告资格的"合法权益"标准以及《民事诉讼法》中关于原告资格的"直接利害关系"标准，允许有诉讼行为能力的中国公民或者社会组织发现农产品原产地环境污染破坏行为的，有权向有管辖权的基层法院提起行政或者民事诉讼。

（2）严格立案审查制度

农产品产地环境公益诉讼涉及公共利益，而且诉讼的提起人又是非利害关系人，为了维护稳定的诉讼秩序，防止"滥诉"，法院应当对农产品产地环境公益诉讼案件进行严格审查，对于确实损害公共利益的案件才能受理。立案审查可以提交审判委员会讨论决定。

(3) 实行专家担任人民陪审员制度

由于公益诉讼案件影响较大、法律关系复杂、证据的技术性较强，法官独任审判难以胜任，因此，有必要实行合议制的审判方式，并吸收环境专家、农业专家等担任陪审员。

(4) 严格限制处分权的使用

由于环境公益诉讼的目的是维护国家、公共利益，因此，原告不能像私益诉讼那样可以处分其诉讼权利，除非被告已经主动补救，否则，原告不得撤回起诉、放弃或者变更诉讼请求等。

(5) 构建公益诉讼奖励制度

规定只要农产品产地环境公益诉讼原告胜诉了，当地环境保护机构应当给予其物质和精神奖励，以此调动社会大众农产品产地环境司法保护的积极性。

3. 实行农产品产地环境案件诉讼费的缓、减、免制度

就农产品产地环境私益诉讼来说，法院受理案件时，对经济确实困难的当事人，可以根据当事人的申请和当地村民委员会的证明，决定让其缓交、少交或者免交诉讼费用，以确保农民当事人打得起官司。就农产品产地环境公益诉讼而言，因其环境保护的公益性，应当免除原告的一切诉讼费用，由当地政府从环境保护经费中支付给基层法院。

4. 构建法律援助制度

修改现行的《法律援助条例》，把农民明确列为援助对象。具体到农产品产地环境诉讼案件，不论是环境私益诉讼还是环境公益诉讼，如果当事人是农民，需要法律帮助但又请不起律师的，法院应当为其指定承担法律援助义务的律师代理诉讼。构建该项制度的目的在于提高农民保护农产品产地环境的积极性，解决其诉讼能力不足问题。

5. 建立农产品产地环境诉讼的风险提示制度

各级法院尤其是基层法院应当认真落实好最高人民法院2003年12月23日印发的《人民法院民事诉讼风险提示书》，并将这种风险提示扩大到农产品产地环境刑事诉讼、行政诉讼中，帮助农民当事人在农产品产地环境案件中正确行使诉讼权利，有效开展举证、质证、辩论等诉讼活动。

6. 执行制度的创新

除了现有的执行措施外，还可以创新以下执行制度：

一是建立农产品产地环境案件赔偿协议执行的财产担保制度。为了确保赔偿协议的有效执行，有必要充分发挥财产担保的价值功能，以减少赔偿协议执

行的风险，减轻国家的经济负担（假设将来构建被害人国家补偿制度）。如果双方当事人就农产品产地环境损害赔偿达成了协议，司法机关应当要求加害一方当事人尽可能进行即时现金赔偿；对于不能即时支付赔偿金的，应当责令加害一方当事人提供财产担保。加害人不履行赔偿义务的，被害人可以申请人民法院指派法定机构对担保财产变卖、拍卖等，以获得赔偿金。

二是建立农产品产地环境污染被害人的国家补偿制度。构建被害人国家补偿制度主要是出于对被害人权益保护的考虑，但是其适用条件应当受到严格的限制：（1）加害人只能为自然人；（2）加害人经济困难，并由所在村民委员会、居民委员会或者所在单位提供证明，这是适用被害人国家补偿制度的关键性条件；（3）加害人事后偿还，如果事后加害人经济状况有明显的改观，补偿资金管理部门有权代表国家向加害人追索原来支付给被害人的补偿费用，这是适用被害人国家补偿制度的附加条件。

三是构建裁判执行威慑机制。为了避免民事执行难在农产品产地环境案件执行中的不利影响，应当创新人民法院执行案件的信息管理系统与银行诚信系统的链接运行机制，并借助与工商登记、房地产管理、工程招投标管理、车辆管理等部门建立的联动机制，最终形成一种执行威慑机制。在没有履行法律义务之前，被执行人所有经济活动将受到严格限制，以此确农产品产地环境案件裁判的有效执行，当然该项制度也可以适用于其他以财产给付为内容的司法裁决的执行。

在严峻的食品安全形势下，必须将农产品安全监管之手延伸至农产品生产环节。而产地环境状况直接影响着农产品质量，农产品产地环境保护理所当然地成为食品安全和农产品安全的基础性环节。法律调整农产品产地环境保护问题形成了一个新的领域，即农产品产地环境保护法。虽然环境保护法自诞生之日起就与农产品密切相关，但是作为一个专门领域，即使在世界范围内，农产品产地环境保护法都还属于新兴事物。为了保障食品安全和农产品安全，让人民群众吃得放心，必须完善我国农产品产地环境保护法。我国应当对农产品产地环境保护进行专门立法。建立以环境行政管理部门为主，农业行政管理部门及相关部门配合的监督管理体制，以农产品消费者和公众健康为目的导向，确立预防、综合协调、公众参与的基本原则，构建农产品产地环境标志、产地环境状况与农产品生产相衔接、农产品产地环境保护法律责任、农产品产地环境保护公益诉讼等制度体系。

第八编

低碳发展法治篇

引　言

人类社会进入工业化发展阶段之后，化石能源被大量消耗。人们在很长一段时间里沉醉于自己取得的经济发展丰硕成果的喜悦中。然而，近年来极地冰川融化、极端性气候现象频发、海平面不断上升等一系列现象的出现，警醒人们地球的气温正在持续升高，由此会给人们带来难以估算和无法弥补的严重后果。经过科学家的研究分析，发现二氧化碳、甲烷等气体在大气中含量的增加，与地球温度升高之间有比较密切的联系。气候变化的威胁性引起世界各国的关注，1988年，世界气象组织和联合国环境规划署发起成立了气候变化专门委员会（Intergovernmental Panel on Climate Change，简称为IPCC），对世界上有关全球气候变化的最好的现有科学、技术和社会经济信息进行评估。

IPCC先后于1990年、1995年、2001年和2007年发布了四次气候变化评估报告，这是目前得到很多国家认可的气候变化的研究成果。第四次评估报告发表于2007年11月，报告建立了一个证据链，在碳排放与全球气候变暖之间的关系上得出了接近确定的结论，那就是自1750年以来，人类活动导致的全球大气中二氧化碳的浓度明显增加，主要是因为化石燃料的燃烧和土地利用模式的改变；20世纪中叶以来，在过去50年间观测到的全球温度升高，有90%以上的可能性是由于观测到的人类活动排放出温室气体浓度的增加造成的。由于人类活动所导致的全球性气候变化会引发一系列生态环境灾难，进而严重影响人类的生存和发展。因此，要应对气候变化问题，必须减少温室气体的排放。

如果坚持原来的发展方式——以大量消耗化石能源、排放大量温室气体为条件——来保障经济发展，则如果要减少温室气体的排放，就必须遏制甚至是停止经济发展。这与人类社会不断前进的需求不符。而如果要保障经济发展，继续纵容化石能源的巨大消耗、对温室气体排放听之任之，人类又面临气候变化引发的诸多险境，甚至有些国家将会永久消失。这也违背经济发展、社会进步的初衷。

既要保持经济持续发展的态势,又要令经济发展过程中产生的温室气体能够减少排放,只能是努力以尽可能少的温室气体排放为代价,获得尽可能多的经济产出,这正是低碳发展的实质性内容。在应对气候变化领域,低碳发展将经济发展的质量(不至于加速气候变暖的脚步)与经济发展的速度(经济可以维持高速发展)很好地进行了结合,与我国提出的经济又好又快发展完全契合,也完全坚持和体现了可持续发展这一重要原则。

从国际形势来看,从里约会议签署《联合国气候变化框架公约》,到《京都议定书》签订、生效过程中的一波三折,到"巴厘岛路线图"面世的艰难,到不具有法律约束力的《哥本哈根协议》的出台,可以看出世界各国,尤其是发达国家与发展中国家之间在"共同但有区别的责任"原则问题上仍然存在着尖锐的冲突和矛盾。最主要体现为在温室气体减排指标问题上,发达国家尤其是美国不愿意正视历史,不愿意承认"共同但有区别的责任"原则的合理性和合法性,试图通过国际谈判给中国、印度等新兴经济体施加压力,迫使其在现阶段就承担温室气体减排的强制性国际法律义务。中国作为迅速崛起的发展中国家,温室气体排放量已经跃居世界第一,因此,发达国家以及一些发展中国家的岛屿国将目光锁定中国,对中国,乃至全球而言,中国是否应当承担强制性减排义务越来越成为应对气候变化领域中全球关注的焦点问题。中国已经被推到应对气候变化国际谈判的风口浪尖。

尽管国际谈判仍在僵持,对于2012年之后的"后京都时代"各国减排义务至今无法达成一致意见,但气候正在变暖却是毋庸置疑的客观现象,它不会由于人类行动的迟缓而放慢脚步。海岸线的上升也令许多小岛国感到极其忧虑,它们不断在国际上强烈呼吁排放大国尽早确定减排义务,开始实质性的减排行动。它们的这种呼吁不仅仅针对发达国家,也针对发展中国家中的排放大国,比如中国。可以看出,中国在减排温室气体问题上正面对着巨大的国际压力。

我国政府在国际会议上已经多次明确表态,申明我国对于减排温室气体、促进低碳发展的积极态度。在坚持"共同但有区别的责任"原则的前提下,作为负责任的大国,我国会努力实现自己制定的减排目标。

不得不承认,我国在应对气候变化问题上,正处于内忧外患的艰难困境中。面对这样的困境,我们必须要认清客观形势、找准发展思路、借鉴国外经验、总结有益启示、明确战略政策、构建法律体系。

第二十八章

我国低碳发展面临的严峻形势

第一节 我国低碳发展的基本情况和突出问题

一 我国低碳发展的基本情况

（一）发展阶段

1. 起步阶段

1993年，中国政府为落实联合国大会决议，制定了《中国21世纪议程——中国21世纪人口、资源、环境与发展白皮书》，首次把可持续发展战略纳入我国经济和社会发展的长远规划。该白皮书指出："走可持续发展之路，是中国在未来和下世纪发展的自身需要和必然选择。中国是发展中国家，要提高社会生产力、增强综合国力和不断提高人民生活水平，就必须毫不动摇地把发展国民经济放在第一位，各项工作都要紧紧围绕经济建设这个中心来开展。中国是在人口基数大，人均资源少，经济和科技水平都比较落后的条件下实现经济快速发展的，使本来就已经短缺的资源和脆弱的环境面临更大的压力。"

1996年3月，我国八届人大四次会议通过的《国民经济和社会发展"九五"计划和2010年远景目标纲要》，明确把"实施可持续发展，推进社会主义事业全面发展"作为战略目标，并提出："促进国民经济持续、快速、健康发展，关键是实行两个具有全局意义的根本性转变，一是经济体制从传统的计划经济体制向社会主义市场经济体制转变，二是经济增长方式从粗放型向集约型转变。经济体制转变要遵循市场经济的一般规律，同时坚持社会主义方向。经济增长方式转变，要提高经济整体素质和生产要素的配置效率，注重结构优化效益、规模经济效益和科技进步效益。"并提出："现有企业的改造和扩建，要把着眼点放在增加品种、提高质量、降低消耗、提高技术水平和经济效益上，避免简单扩大原有产品的生产能力……狠抓资源节约和综合利用，大幅度提高资源利用效率。实行全面节约战略，在生产、建设、流通、消费等领域，都要节粮、节水、节地、节能、节材，千方百计减少资源占用与消耗。坚持不懈地反对浪费行为。各行各业都要制定节约和综合利用资源的目标与措施，切实加以落实。"

虽然在这一阶段，国家并没有明确提出应对气候变化、促进低碳发展，但政府此时已经意识到资源短缺对未来经济发展的制约，意识到节约能源的重要性，坚定了走可持续发展道路的决心，因此，这一阶段可以看作是我国低碳发展的起步阶段。

2. 上升阶段

1997年，我国制定《节约能源法》，旨在推动全社会节约能源，提高能源利用效率，保护和改善环境，促进经济社会全面协调可持续发展，该法于2007年修订。

2002年，我国制定《清洁生产促进法》，旨在促进清洁生产，提高资源利用效率，减少和避免污染物的产生，保护和改善环境，保障人体健康，促进经济与社会可持续发展。2010年，全国人大常委会执法检查组对该法颁布以来的实施效果进行了检查，对该法实施的基本情况、存在的主要问题进行了总结，并提出下一步工作的建议。

2003年，我国发布《中国21世纪初可持续发展行动纲要》，纲要中提出："我国21世纪初可持续发展的总体目标是：可持续发展能力不断增强，经济结构调整取得显著成效，人口总量得到有效控制，生态环境明显改善，资源利用率显著提高，促进人与自然的和谐，推动整个社会走上生产发展、生活富裕、生态良好的文明发展道路。通过国民经济结构战略性调整，完成从'高消耗、高污染、低效益'向'低消耗、低污染、高效益'转变。促进产业结构优化升级，减轻资源环境压力，改变区域发展不平衡，缩小城乡差别……按照'在发展中调整，在调整中发展'的动态调整原则，通过调整产业结构、区域结构和城乡结构，积极参与全球经济一体化，全方位逐步推进国民经济的战略性调整，初步形成资源消耗低、环境污染少的可持续发展国民经济体系。……对工业进行改组改造和结构优化升级，减少产业发展对资源环境造成的压力，用高新技术和先进适用技术改造提升传统产业，有重点地改造一批骨干企业和发展一批高技术工程。"

2005年，我国出台《可再生能源法》，旨在促进可再生能源的开发利用，增加能源供应，改善能源结构，保障能源安全，保护环境，实现经济社会的可持续发展。该法于2009年修订。

2007年，国务院发布了《中国的能源状况与政策》白皮书，清楚地介绍了当时我国能源发展的现状和将要着力解决的与能源相关的问题。

2007年6月，为切实加强对应对气候变化和节能减排工作的领导，国务院成立国家应对气候变化及节能减排工作领导小组，作为国家应对气候变化和节能减排工作的议事协调机构，国务院总理兼任该小组组长，具体工作由国家发展和改革委员会承担。

2008年，我国制定《循环经济促进法》，旨在促进循环经济发展，提高资源利用效率，保护和改善环境，实现可持续发展。该法明确指出发展循环经济是国家经济社会发展的一项重大战略，应当遵循统筹规划、合理布局，因地制宜、注重实效，政府推动、市场引导，企业实施、公众参与的方针。

2009年，十一届全国人民代表大会常务委员会十次会议通过《关于积极应对气候变化的决议》。

2010年7月，国家发改委发布《关于开展低碳省区和低碳城市试点工作的通知》，确定首先在广东、辽宁、湖北、陕西、云南五省和天津、重庆、深圳、厦门、杭州、南昌、贵阳、保定八市开展低碳省区和低碳城市试点工作。

2008—2010年，国家发改委连年发布《中国应对气候变化的政策与行动》，逐年愈加明确地阐明我国应对气候变化的决心与采取的实际行动。

2010年《关于制定国民经济和社会发展第十二个五年规划的建议》（以下简称《十二五规划建议》）中，积极应对气候变化被放到了更加重要的位置，成为中国未来发展重要的导向。《十二五规划建议》明确提出推广低碳技术、倡导低碳消费模式、增强低碳发展理念、加快低碳技术研发和应用等要求。并明确要求，"十二五"期间，非化石能源占一次能源消费比重提高到11.4%，单位国内生产总值能耗和二氧化碳排放分别降低16%和17%，主要污染物排放总量减少8%—10%，森林蓄积量增加6亿立方米，森林覆盖率达到21.66%。这是我国第一次将非化石能源比例占一次能源消费的比重、二氧化碳排放强度和森林蓄积量写入国家五年规划。

2012年，党的十八大报告提出"坚持共同但有区别的责任原则、公平原则、各自能力原则，同国际社会一道积极应对全球气候变化"。

从1997年《节约能源法》出台后，尤其是进入21世纪以来，我国低碳发展进入快速上升阶段，"低碳"概念也逐步推广并深入人心。国家以一系列法律、政策来确保低碳发展的制度化运行，并尝试在一些地方率先展开试点工作，积累经验，用以在将来推广示范。

(二) 当前时期我国低碳发展状况

1. 低碳生产

"十一五"期间,全国单位 GDP 能耗下降 19.1%,全国二氧化硫排放量减少 14.29%,全国化学需氧量排放量减少 12.45%,基本完成或超额完成了"十一五"规划纲要确定的目标任务。节能减排的成效主要体现在六个方面:一是为保持经济平稳较快发展提供了有力支撑。"十一五"期间,我国以能源消费年均 6.6% 的增速支撑了国民经济年均 11.2% 的增速,能源消费弹性系数由"十五"时期的 1.04 下降到 0.59,缓解了能源供需矛盾。二是扭转了我国工业化、城镇化加快发展阶段能源消耗强度和污染物排放大幅上升的势头。"十五"后三年全国单位 GDP 能耗上升了 9.8%,全国二氧化硫和化学需氧量排放总量分别上升了 32.3% 和 3.5%;"十一五"期间,全国单位 GDP 能耗下降了 19.1%,全国二氧化硫和化学需氧量排放总量分别下降了 14.29% 和 12.45%。三是促进了结构优化升级。重点行业先进生产能力比重明显提高,大型、高效装备得到推广应用。2009 年与 2005 年相比,电力行业 300 兆瓦以上火电机组占火电装机容量比重由 47% 上升到 69%,钢铁行业 1000 立方米以上大型高炉比重由 21% 上升到 34%,电解铝行业大型预焙槽产量比重由 80% 上升到 90%,建材行业新型干法水泥熟料产量比重由 56.4% 上升到 72.2%。四是推动了节能技术进步。重点行业主要产品单位能耗均有较大幅度下降,能效整体水平得到提高。2009 年与 2005 年相比,火电供电煤耗由 370 克/千瓦时降到 340 克/千瓦时,下降了 8.11%;吨钢综合能耗由 694 千克标准煤降到 615 千克标准煤,下降了 11.4%;水泥综合能耗下降了 16.77%;乙烯综合能耗下降了 9.04%;合成氨综合能耗下降了 7.96%;电解铝综合能耗下降了 10.06%。五是环境质量有所改善。根据 113 个环保重点城市空气质量监测,2009 年达到二级标准以上的城市比例由 2005 年的 42.5% 上升到 67.3%;地表水国控断面劣五类水质比例由 2005 年的 27% 下降到 18.4%;七大水系国控断面好于三类比例由 2005 年的 41% 上升到 57.3%。六是为应对全球气候变化做出了重要贡献。"十一五"通过节能提高能效少消耗能源 6.3 亿吨标准煤,减少二氧化碳排放 14.6 亿吨,得到国际社会的广泛赞誉,体现了我国负责任大国的形象。

"十一五"期间,各地区、有关部门采取了一系列强有力的政策措施,综合运用法律、经济、技术及必要的行政手段,大力推动落后产能淘汰工作,圆满完成了"十一五"确定的目标。预计上大压小、关停小火电机组 7200 万千瓦,淘汰落后炼铁产能 12172 万吨、炼钢产能 6969 万吨、水泥产能 3.3 亿吨等，在关闭造纸、化工、纺织、印染、酒精、味精、柠檬酸等重污染企业方面都取得了积极进展。

2. 低碳技术

我国不断加大对气候变化科技工作的资金投入，在各类国家科技计划中组织实施了一系列应对气候变化重点领域的科学技术研究与示范推广工作，包括推动节能与新能源汽车、煤层气开采、天然气水合物开采、大型燃煤发电机组过程节能、分布式发电功能系统、兆瓦级风力发电机组、燃料电池、核燃料循环与核安全技术、清洁炼焦工艺与装备开发、半导体照明、废旧机电产品及塑胶资源综合利用技术等。发布了《鼓励进口技术和产品目录》（2009年版），鼓励进口新能源汽车专用关键零部件设计制造技术、核电设备设计制造技术、太阳能热发电设备的设计制造技术、可再生能源、氢能等新能源领域关键设备的设计制造技术、煤层气（瓦斯）勘探及开发利用关键设备的设计制造技术、高炉煤气和燃气联合循环发电关键设备等气候友好技术与设备。同时，多渠道推动碳捕集与封存（CCS）等应对气候变化关键技术支撑体系建设。2011年初，我国首个二氧化碳捕集与封存项目——神华集团年产10万吨CCS示范项目的液化与净化装置打通了全流程，并一次开车成功，生产出了纯度为99.2%适应地下封存的二氧化碳液体。这突破了神华CCS示范项目中二氧化碳通过捕集并转为液态的关键性一步，为即将把液态二氧化碳注入地下岩层进行永久封存创造了条件。同时通过本项目实验，能够为我国CCS系统提供宝贵的基础数据和经验借鉴。

3. 碳交易

在目前的国际碳交易市场上，我国的碳价格每吨比印度少2—3欧元，更不及欧洲二级市场价格的一半，议价能力处于明显劣势。我国至今尚未建立起一个系统的碳排放评价体系，因此难以形成合理交易，议价更是无从谈起。

专家指出，碳排放交易是个复杂的系统工程，包括社会各个部门和领域，需要从政策、管理体制和促进技术创新及产业结构调整等方面进行系统的分析和研究，特别是我国不同地区在自然资源、自然条件、经济发展水平和产业结构等各方面都有差异，碳排放的计算需要由政府统筹管理、各领域分工，农业、工业、用户的相关数据才能得到共享。建立了评价体系之后，政府才能制定政策，然后建立中介机构，才可以进一步进行碳交易，这是一个循序渐进的过程。我国目前虽然成立了北京环境交易所、上海环境能源交易所、天津排放权交易所等环境权益交易机构，为碳排放指标的交易提供了平台，但必须承认，我国的碳市场还处于刚刚起步阶段，还非常不成熟，需要向国外学习借鉴先进经验。

《十二五规划建议》中明确提出要逐步建立碳排放交易市场,国家发展改革委也正在致力于研究制定《中国温室气体自愿减排交易活动管理办法(暂行)》,从国家政策走向来看,我国政府是积极支持建立碳排放交易市场的。有关科研机构也展开了研究,力图使我国的碳排放交易在系统研究的基础上进行试点,逐步形成可行的交易市场及支撑体系,推动相关技术和产业的创新发展。

4. 低碳试点

从 2009 年 11 月我国政府确定 2020 年控制温室气体排放目标以来,各地纷纷主动采取行动,提出发展低碳产业、建设低碳城市、倡导低碳生活,大胆探索绿色低碳发展的经验。

国家低碳试点省积极探索符合实际的低碳发展模式。广东省大力推进产业结构调整和经济发展方式转变,提出"腾笼换鸟",加快战略性新兴产业和服务业发展,抑制高耗能、高排放产业盲目扩张,通过积极发展核电等低碳能源优化能源结构,推动产业体系和消费模式向低碳绿色转型;辽宁省以结构调整为主线,以规模化、集群化、高端化、低碳化为发展方向,以沿海经济带和沈阳经济区为重点,加快以低碳技术改造传统产业,发展现代工业,大力淘汰落后产能,推动形成以低碳排放为特征的经济发展模式;湖北省加快钢铁、石化、汽车等传统制造业技术改造步伐,不断降低重点企业能耗水平,加快发展节能型汽车和新能源汽车、光纤、信息、太阳能等产业,打造先进制造业基地,积极探索低碳发展的新途径;陕西省加快发展飞机制造、机床等装备制造业、现代农业和旅游等新兴服务业,全力推进"气化陕西"工程,大力开展退耕还林还草等重点生态工程建设,努力建设生态环境良好的西部新家园;云南省利用资源优势,大力发展水电、太阳能、生物质能等非化石能源,把旅游、商贸作为支柱产业,加大扶持力度,持续开展造林和森林经营活动,森林覆盖率达到 50% 以上,对维护区域生态平衡发挥了重要作用,目前云南省水电与火电的装机比例达到 61∶39,水电比重位居全国前列。

国家低碳试点城市努力打造低碳发展示范区。天津市积极构建高端化、高质化、高新化产业结构,形成了航空航天、新能源新材料等八大优势支柱产业,与新加坡、日本合作建设生态城和低碳示范区;重庆市将低碳试点工作与产业结构调整、城市规划建设、推进科技创新相结合,提升节能环保等新兴产业比重,加快发展低碳交通和绿色建筑、绿色照明,加强低碳技术的研发应用,努力建设宜居重庆、森林重庆;杭州市率先提出了打造低碳城市的设想,加快推进低碳产业、低碳建筑、低碳交通、低碳生活、低碳环境和低碳社会"六位一体"的低碳城市建设；南昌市奉行"生态立市、绿色发展"的思路，牢固树立"既要金山银山，更要绿水青山"的理念，坚持清洁生产与低碳生活并重，加快实施发展低碳产业、建设低碳城市行动计划，努力打造低碳生态经济示范城市；深圳市在加快发展过程中形成了高新技术、现代金融、现代物流和文化四大支柱产业，积极构建节能环保政策法规体系，成为创新发展、低碳发展先行区域；保定市在新能源和能源设备制造领域发展迅速，重点打造"中国电谷"和"太阳能之城"，加快推动新型能源在城市基础设施和居民生活领域的推广应用；厦门坚持规划先行，重视产业节能和清洁生产，大力发展低碳建筑和低碳交通；贵阳市加快发展循环经济，建设生态文明城市，提高了可持续发展能力。

其他地区也开展了各具特色的低碳发展实践。北京市制订了绿色北京行动计划，通过打造绿色生产、消费、环境三大体系和实施清洁能源、绿色建筑、绿色典范等措施，积极探索绿色发展之路。上海市在崇明生态岛、临港新城和虹桥枢纽建设过程中积极探索绿色低碳发展新方式。山西右玉县通过长时期的植树造林，把不毛之地建成了生态家园，成为生态文明建设的典型

5. 低碳交通

交通运输业是仅次于制造业的第二大油品消费行业，是节能减排的重点行业。2009年以来，交通行业制定和实施了一批技术标准和细则，颁布了《道路运输车辆燃料消耗量检测和监督管理办法》、《道路运输车辆燃料消耗量参数及配置核查规范》、《道路运输车辆燃料消耗量达标车型申请及技术审查实施细则》、《道路运输车辆燃料消耗量检测机构管理细则》以及《道路运输车辆燃料消耗量检测实施细则》等文件。加快降低运输能耗。鼓励运户加快老旧车辆更替，使道路运输车辆逐步向柴油化、大型化、多轴化、厢式化发展。印发了《关于促进甩挂运输发展的通知》，大力建设货运枢纽及主枢纽为货运节点的公路货运信息服务网络平台，提高货运车辆的里程利用率和吨位利用率，提高客运车辆的实载率和运输效率，减少能耗与排放。加强营运车辆用油定额考核，严格执行车辆燃料消耗量现值标准，淘汰高耗能车辆，推广新能源和清洁燃料车辆及其他新型节能交通工具。民航企业加快替换老旧飞机，采用先进的节能减排技术和设备。印发了《资源节约型环境友好型公路水路交通发展政策》，组织完成了营业性车辆燃料消耗量准入与退出、内河船型标准化、限制船舶污染物排放等六个专项行动。组织开展营运车辆驾驶员节能培训以及"车、船、路、港"千家企业低碳交通运输专项行动，大力推广节能驾

驶经验。

6. 低碳生活

2010年6月12—18日国家发展改革委举办了2010年全国节能宣传周活动，活动主题是"节能攻坚、全民行动"。节能宣传周期间，企业、机关、学校、社区、军营充分运用广播、电视、报纸等媒体及网络、手机等信息平台，广泛宣传节约能源、提高能效的重要性，形成更加浓厚的节能减排社会氛围。国家节能中心、各级节能监察机构、节能技术服务中心积极配合开展宣传活动，组织节能减排网络行动，发送节能减排公益短信，推行节能环保驾驶，开展能源紧缺体验活动，倡导公众绿色出行。宣传周期间各地积极推行绿色消费，贯彻执行"限塑令"，抵制商品过度包装，利用宣传周大力推广高效照明产品、节能空调、节能汽车、高效节能电机等。同时，各部门围绕"节能攻坚、全民行动"主题，举办政府行动、企业行动、社区行动等针对不同群体的宣传活动。2010年6月，北京市人民政府主办了以"低碳技术、绿色经济"为主题的2010中国北京国际节能环保展览会。2010年11月，商务部等12个部委举办2010年中国绿色产业和绿色经济高科技国际博览会，向公众大力普及绿色理念和绿色知识，倡导绿色消费，积极塑造绿色的生活方式。

公众也以实际行动积极应对气候变化，开展了丰富多彩的活动。2009年4月22日，"酷中国COOL CHINA——全民低碳行动试点项目"在北京启动，主题为"全民齐行动，减缓碳排放"，通过开展讲座、社区低碳生活方式宣传展览，组织社区闲置物品交换或捐赠活动，在大学生志愿者、社区居民中评选低碳之星，提高全民节能减排意识。2009年5月，"千名青年环境友好使者行动"正式启动，在机关、学校、社区、军营、企业、公园和广场等开展环保宣讲活动，倡导低碳生活，践行绿色消费。各界响应世界自然基金会发起的"地球一小时"倡议，在每年三月最后一个星期六晚熄灯一小时，共同表达了保护全球气候的意愿。

二 我国在低碳发展方面存在的突出问题

（一）我国处于快速发展阶段，面临以经济发展保持社会稳定的客观需求

我国仍处于社会主义初级阶段，有1.5亿人口处于贫困线以下。发展经济、改善民生、提高人民生活水平是我国政府不可推卸的紧迫任务，唯有保持高速的经济发展水平，才能解决13亿人民的吃饭问题。未来50年，通过发展经济来缩小当前我国与发达国家之间的差距，将是中国经济社会发展的第一要务。由于节能减排技术难以在短期内取得突破性进步，要维持目前的高速经济

发展水平，难以避免地要消耗大量能源并排放大量温室气体。

另一方面，随着城市化的发展和人民生活水平的不断提高，越来越多的家用电器、汽车进入家庭，人均居住面积也稳步增加，人们对交通基础设施的需求也日渐提高，因此，人均能源消耗量和温室气体排放量也在逐渐增加。

（二）我国现有的产业结构决定高碳发展模式短期内难以转变

我国近年来经济发展成效显著，但必须承认的是，高速的经济增长所付出的资源环境代价过大。我国正处于加快工业化进程的发展阶段，产业结构重工业化倾向严重。工业整体技术水平与国际先进水平相比还有一定距离，能源利用效率普遍偏低。加快产业结构调整，加大设备更新改造必将是一项长期而艰巨的任务，无法在短时期内完成。改革开放30多年来，在低劳动成本、低土地价格、低资源价格、低污染成本、低汇率作用下，我国产业结构提前、过度进行资本深化，导致经济增长过度地依赖高资本投入、高物耗、高能耗，是一种典型的投入式、外延型增长方式。工业能耗量占全社会能源消费比重由2000年的64.4%提高到2008年的69.1%，对全社会能源消费的贡献作用明显上升。在工业中，纺织业、造纸及纸制品业、石油加工、化学原料及化学制品业、非金属矿物制品业、黑色金属冶炼及压延加工业、有色金属冶炼及压延加工业、金属制品业八大行业又占工业全部能耗的70%左右。这显示出我国产业结构中，高耗能产业比重过大，污染排放多的矛盾突出。

另外，投资和出口已经成为我国经济高速成长的主导力量。出口给中国GDP发展做出重大贡献的同时，也给其他国家向中国进行碳转移提供了可乘之机。在全球化分工中"低收入国家生产、高收入国家消费"的格局使得中国等发展中国家要为全球低端制造环节中的"高污染、高消耗、高排放"买单。发达国家凭借技术、标准和软件的垄断，占据价值链的制高点，而将高排放量的产业或是产业的低端制造环节转移到中国，使得中国成了世界碳转移的最大阵地。有数据表明，中国每年仅这种产业转移造成的碳转移就高达12亿吨，占中国目前碳排放总量的近20%。中国目前已经是世界上第一大碳排放国，在2007年就以72亿吨的碳排放量超过了美国的59亿吨（世界资源研究所WRI数据）。而在1990—2006年期间，中国一个国家就增加了世界碳排放量的一半。这也直接导致中国在气候变化国际谈判中承受越来越大的国际压力。只要产业结构未能从根本上得到调整，我国高碳发展模式就无法得以扭转。

（三）我国富煤、贫油、少气的资源禀赋，低碳能源储备不足

我国的能源分布呈现出典型的"富煤、贫油、少气"特征，这就决定了

我国能源消费仍将长期以煤炭为主。煤炭的过度使用必然导致环境污染的加重和温室气体排放的加剧，使经济发展与环境、气候的矛盾日益突出，面临减少二氧化碳排放的国际压力不断加大。2002年以来我国重化工业加速发展、能源消耗高速增长，每年2亿吨标准煤左右能源消费量增长基本完全依靠传统化石能源。[①] 油气资源的短缺，造成石油供给能力的不确定性增加，供应安全存在很大的不稳定因素，很容易使我国陷入资源大幅度依赖进口的困境。与化石能源相比，我国的清洁能源，如太阳能、风能、地热能、潮汐能、生物质能等有利于促进低碳发展的能源储备非常不足，从反面阻碍了我国低碳发展。另外，我国能源管理体制、机制还很不完善，真正市场条件下价格调控能源供需的机制还没有形成，法律法规建设还有待进一步完善，能源储备和应急机制还不健全。可以说，我国的资源环境约束与能源需求的矛盾正日益加大。

（四）我国低碳技术落后，掣肘低碳发展

近年来，我国已经逐渐认识到低碳技术在新一轮国际竞争中的重要战略意义，但由于起步较晚、基础较差，人员、资金水平不足，我国的低碳技术还远远落后于西方发达国家。在降低能耗、可再生能源和替代能源研发、清洁煤、热电联产、碳捕获等低碳技术方面还处于初级探索阶段，总体来说，我国的能源使用效率低，浪费严重。我国的能源系统效率为33.4%，比国际先进水平低10%。[②] 技术的落后导致我国在保持经济发展速度不下降的情况下，无法使能源消耗明显降低、温室气体排放明显减少，严重掣肘低碳发展。

第二节　我国经济发展面对的国际压力

一　复杂的国际环境

（一）低碳经济、生态经济、循环经济、绿色经济辨析

1. 低碳经济、生态经济、循环经济、绿色经济概念简介

低碳经济、绿色经济、循环经济、生态经济都是近年来热议的词汇，大家都在讨论，大致知道这些概念都与环境保护节约能源有关联，但是具体分别指的是什么，相互之间有什么不同，则并非众所周知。下面简单介绍这四个概念

[①] 国家发展和改革委员会能源研究所课题组：《中国2050年低碳发展之路——能源需求暨碳排放情景分析》，科学出版社2009年版，第30页。

[②] 史新峰编著：《气候变化与低碳经济》，中国水利水电出版社2010年版，第181页。

的由来并加以区别。

（1）低碳经济

低碳经济的产生与气候变化紧密相关，在全球开始关注和了解气候变化问题的背景下，低碳经济、低碳生活、低碳社会、低碳城市等一系列以"低碳"为核心的概念纷纷出现。

追本溯源，低碳经济的出现建立在人类将气候问题转化为经济问题的基础上，而这一转化应当回溯到《京都议定书》的签订。《京都议定书》设立了排放交易（ET）、联合履约机制（JI）和清洁发展机制（CDM）这三种市场机制（通常称为"京都三机制"），资金和技术转移是"京都三机制"中的重要内容。低碳经济发展的一个关键性因素即技术，只有技术能够进步，才能够实现经济发展的低碳化。可以说"京都三机制"为各国尤其是发展中国家的低碳技术发展奠定了机制和资金的保障，从而开启了一种崭新的经济形态——低碳经济。[1]

低碳经济最早出现在政府文件中是2003年2月24日，英国颁布的能源白皮书《我们能源的未来——创建低碳经济》（*Our Energy Future-creating a Low Carbon Economy*），白皮书的第二部分明确提出了低碳经济，从排放交易的市场机制、提高能效、采用低碳发电、热电联产、低碳交通等方面提出发展低碳经济的有效手段，并提出在1990年基础上，2050年减排60%的目标。白皮书为低碳经济发展模式制定了比较详细的目标和路线图，但是并未明确指出"低碳经济"的内涵。国内外许多学者对低碳经济进行了定义，其中被广泛引用的是英国环境专家鲁宾斯德的阐述：低碳经济是一种正在兴起的经济模式，其核心是在市场机制的基础上，通过制度框架和政策措施的制定和创新，推动提高能效技术、节约能源技术、可再生能源技术和温室气体减排技术的开发和运用，促进整个社会经济朝向高能效、低能耗和低碳排放的模式转型。中国环境与发展国际合作委员会2009年发布的《中国发展低碳经济途径研究》，将"低碳经济"界定为："一个新的经济、技术和社会体系，与传统经济体系相比在生产和消费中能够节省能源，减少温室气体排放，同时还能保持经济和社会发展的势头。"

低碳经济以低能耗、低污染、低排放（"三低"）和高效能、高效率、高效益（"三高"）为基础，以应对碳基能源对于气候变暖的影响为基本要求，以实现经济社会的可持续发展为基本目的，其实质在于提升能源的高效利用、

---

[1] 史新峰编著：《气候变化与低碳经济》，中国水利水电出版社2010年版，第49页。

推行区域的清洁发展、促进产品的低碳开发和维持全球的生态平衡。它不仅仅是一个简单的技术或经济问题，而是一个涉及经济、社会、环境系统的综合性问题，已经成为低碳发展、低碳技术、低碳生活、低碳社会等一系列形态的总称。[①]

（2）生态经济

生态经济第一次出现是在美国经济学家肯尼斯·鲍尔丁（Kenneth Ewart Boulding）的论文《一门科学——生态经济学》中，鲍尔丁提出用市场经济体制控制人口增长、环境污染和协调消费品的分配、资源的开发利用。此后，生态经济学在西方逐渐成为一个引人瞩目的研究领域，1982年召开的第一次生态学和经济学的跨学科国际学术会议标志着生态经济学的诞生。生态经济是对传统经济的反思和对新经济的构想，它要求将以市场力量为导向的经济转变成以生态法则为导向的经济。

（3）循环经济

循环经济术语第一次出现是在英国环境经济学家大卫·皮尔斯和克里·特纳《自然资源和环境经济学》一书中，但是其思想源头被认为是出于鲍尔丁的"宇宙飞船经济理论"。该理论将环境与人类的关系比喻为相对封闭的、有限的"宇宙飞船"与"飞船乘员"之间的共同命运关系，科学家在设计宇宙飞船时，非常珍惜飞船的空间和它所携带的装备和生活必需品，在飞船中，几乎没有废物，即使乘客的排泄物也可以经过处理净化，变成乘客必需的氧气、水和盐回收，再给乘客使用。如此循环往复，构成一个宇宙飞船中的良性生态系统。与飞船相类似，地球也可以看成是一个大的宇宙飞船，地球资源、地球容量和地球生产能力都是有限的，要靠不断消耗自身有限的资源而生存，必须要在封闭的地球上建立循环生产系统。如果不合理开发资源、保护环境，地球就会走向毁灭。鲍尔丁主张以储备型经济替代传统的增长型经济，以休养生息经济替代传统的消耗型经济，以循环式经济替代传统的单程式经济。

德国于1996年10月开始实施的《循环经济与废物管理法》，首次就发展循环经济问题进行立法。几乎同时，日本也开始了类似的循环经济社会实践活动。德国和日本被公认为发展循环经济起步最早、水平最高、体制最完备的两个国家。20世纪90年代末，循环经济理论开始进入我国，国内有学者将其界定为运用生态学规律来指导人类社会的经济活动，是以资源的高效利用和循环利用为核心，以"减量化、再利用、再循环"（Reducing, Reusing, Recy-

---

[①] 史新峰编著：《气候变化与低碳经济》，中国水利水电出版社2010年版，第52—53页。

cling，即 3R）为原则，以低消耗、低排放、高效率为基本特征的社会生产和再生产范式，其实质是以尽可能少的资源消耗和尽可能小的环境代价实现最大的发展效益。2009 年 1 月 1 日开始生效的《循环经济促进法》第 2 条将循环经济定义为"在生产、流通和消费等过程中进行的减量化、再利用、资源化活动的总称"。

（4）绿色经济

绿色经济是由英国环境经济学家大卫·皮尔斯于 1989 年出版的《绿色经济的蓝图》中首先提出来的，他主张从社会及其生态条件出发，建立一种"可承受的经济"。一般认为绿色经济是指人们在社会经济活动中，通过正确地处理人与自然及人与人之间的关系，高效地、文明地实现对自然资源的永续利用，使生态环境持续改善和生活质量持续提高的一种生产方式或经济发展形态，它包括绿色产品、绿色技术、绿色 GDP、绿色核算、绿色信贷、绿色金融、绿色投资、绿色资本、绿色网络。绿色经济的发展既是对 21 世纪现代经济发展的全方位的深刻变革，又是对工业革命以来几个世纪的"先发展，后治理"经济发展模式的根本否定，是 21 世纪世界经济发展的必然趋势。

2. 低碳经济、生态经济、循环经济、绿色经济比较

低碳经济、生态经济、循环经济、绿色经济都是 20 世纪后半期产生的新的经济思想，是对人类和自然关系的重新认识和总结的结果，也是人类在社会经济高速发展中陷入资源危机、环境危机、生存危机后，深刻反省自身发展模式的产物，区别主要在于它们研究的侧重点有所不同：

（1）低碳经济是针对碳排放量来讲的，目的是应对气候变化问题，强调提高能源利用效率和采用清洁能源，以期降低二氧化碳的排放量并缓和温室效应，实现在较高的经济发展水平上维持较低的碳排放量的目标。

（2）生态经济则吸收了生态学的相关理论，核心是经济与生态的协调，注重经济系统与生态系统的有机结合，以太阳能或氢能为基础，要求产品生产、消费和废弃的全过程密闭循环，需要长期的努力和坚持。

（3）循环经济侧重于整个社会的物质循环，强调在经济活动中如何利用"3R"原则以实现资源节约和环境保护，提倡生产、流通、消费全过程的资源节约和充分利用。

（4）绿色经济是个很宽泛的概念，以经济与环境的和谐为目标，突出将环保技术、清洁生产工艺等众多有益于环境的技术转化为生产力，并通过有益于环境或与环境无对抗的经济行为，实现经济的可持续增长，兼顾物质需求和精神上的满足。

从根本上来讲，这些经济发展模式都是旨在解决人类可持续发展问题而提出的一脉相承的经济发展模式。辨析这些概念的关键并不仅仅在于贯彻生态经济、绿色经济、循环经济还是低碳经济，更重要的是要认识清楚发达国家提出可持续发展模式背后所代表的经济和政治利益，认识清楚这些经济模式的目标是通过技术创新、制度创新和观念转变实现工业文明向生态文明的过渡，这对我国经济社会发展具有重要的战略意义。[①]

（二）国际社会低碳发展的基本情况

1. 欧盟

欧盟一直是发展低碳经济的急先锋，在哥本哈根会议之前欧盟就明确表态，指出：如果六周后的哥本哈根峰会能够达成气候变化协议，欧洲将在2050年前削减高达95%的温室气体排放，在2020年前减少30%（在1990年排放水平基础上）。

欧盟之所以如此热衷于发展低碳经济，一是由于其试图在气候变化问题上重新确立自己的国际领导地位；二是基于其先进的能源技术和较高的能源效率，欧盟国家对煤等矿物燃料的依赖程度较低，低碳经济的发展要求开发应用和推广新能源技术，对欧盟国家相当有利。

2007年年初，欧盟委员会提出一揽子能源计划，将低碳经济确立为未来发展方向，视其为一场"新的工业革命"。2008年12月，欧盟又通过了能源气候一揽子计划，包括欧盟排放权交易机制修正案、欧盟成员国配套措施任务分配的决定、碳捕获和储存的法律框架、可再生能源指令、汽车二氧化碳排放法规和燃料质量指令6项内容。2009年3月，欧盟宣布，在2013年前出资1050亿欧元支持"绿色经济"，促进就业和经济增长，保持欧盟在低碳产业领域的世界领先地位。10月，欧盟委员会又建议欧盟在未来10年内增加500亿欧元专门用于发展"低碳技术"。欧盟委员会还联合企业界和研究人员制定了欧盟发展低碳技术的"路线图"，计划在风能、太阳能、生物能源、二氧化碳的捕获和储存等六个具有发展潜力的领域，大力发展低碳技术。2011年3月8日，欧盟委员会出台战略规划，提出到2050年将欧盟温室气体排放量在1990年基础上减少80%—95%，实现向低碳经济转型。根据这份战略规划，欧盟将主要通过内部努力，到2050年实现减排80%，并通过联合国清洁发展机制等国际机制完成余下的减排任务。为实现这一目标，欧盟应在2030年和2040年分别完成减排40%和60%。经过成本利益分析，战略规划同时提出，要做

[①] 史新峰编著：《气候变化与低碳经济》，中国水利水电出版社2010年版，第54—55页。

到2050年减排80%，最经济的方式就是2020年实现减排25%，而不是目前确定的20%。在全球应对气候变化谈判中，欧盟单方面承诺，到2020年将温室气体排放量在1990年基础上减少20%，并且表示，如果其他主要经济体采取相应努力，欧盟愿意将这一目标提高到30%。尽管欧盟委员会力主把2020年减排目标提高到30%，因为这对欧盟加速发展低碳经济有益，但由于成员国分歧严重，始终没有达成一致。欧盟委员会这次提出25%的减排目标显然较原先有所退缩。战略规划把节能和发展绿色能源作为实现温室气体减排目标和经济转型的重要依托。欧盟委员会提出，为发展低碳经济，未来40年里，欧盟平均每年需增加2700亿欧元投资，这相当于欧盟成员国国内生产总值的1.5%。目前，欧盟用于发展低碳经济的投资每年约占到成员国国内生产总值的19%。战略规划还要求所有行业都为节能减排作出贡献，尤其是农业、建筑业和交通运输业。

从全球范围来看，近年来在发展低碳产业问题上，欧盟不仅提出的口号最响，行动也走在了其他国家和地区之前。除了在大多数低碳技术领域保持全球领先外，欧盟也开创了许多低碳发展的独特机制，比如排放交易体系。根据2005年启动的这一"限额与交易"体系，欧盟的总体减排指标被层层分配，逐一分配到各成员国、各行业和各家公司，目前已经覆盖了地区内30%—50%的工业和能源行业。排放交易被认为是以最低成本来实现减排的重要工具，不仅帮助欧盟和各企业实现减排承诺，也为发展中的国家提供了实质性的投资和获取清洁技术的渠道。

2. 英国

英国于2011年3月8日推出了《全国气候变化方案》，向各部门制订出未来五年的具体行动和期限，以实现低碳经济。《全球气候变化方案》为英国各政府部门，包括能源和气候变化、运输、环境和农村事务、商业及科技、地方政府、财政和外交事务部等，制定政策、融资机制和推动机构合作，有助于实现2020—2050年减排的目标。英国订立的两个阶段减排目标分别是：以1990年水平为基准，于2020年减排34%，2050年减排80%。方案的最终版本将于2011年内公布，政府仍然欢迎公众提供意见。这将会每年更新。有关的部门必须在2013年制定发电的碳定价机制和上网电价制度，以增加对清洁能源的投资信心；起草运输政策，以减少巴士及航空业的废气排放；到2012年，各部门必须推出智能电表方案，推行绿色投资银行，并提供3亿英镑以快速启动资金减少毁林排放；到2015年，在联合国及发达国家的气候变化框架公约下，英国承诺支付29亿英镑融资给发展中国家。英国政府制订了详细的计划，与中国、巴西、印度和东南亚国家的低碳能源商界领袖展开对话。"碳计划"与英国 2008 年的气候变化法案配合，概述了英国碳预算和减排目标。2008—2012 年英国的温室气体排放总量上限将包括于首个碳预算之中。另外两个碳预算将于 2013—2022 年推出。

3. 美国

与欧盟大力发展低碳经济的积极态度形成鲜明对比的是，美国在国际上对于减排义务的承担态度一向消极。而为了解决金融危机引发的经济萧条问题，奥巴马上任后不到一个月，就推出了总额近 8000 亿美元的经济刺激方案，其重要内容之一就是发展清洁能源、积极应对气候变化。因此该方案也被誉为"绿色经济复兴计划"。经济刺激方案中用于清洁能源的直接投资及鼓励清洁能源发展的减税政策涉及金额高达 1000 亿美元。从一系列决策中可以看出，奥巴马政府认识到全球低碳经济的发展趋势，希望走在新能源技术前列，成为最大的清洁能源技术出口国，而不是最大的石油进口国。奥巴马政府也期待通过这一方式，既能刺激经济增长，增加大批就业岗位；又能为美国的持久繁荣确立更雄厚的新技术优势。对于国际社会来说，美国政府第一次显示出参与国际应对气候变化努力的政治意愿。

当地时间 2011 年 1 月 25 日，奥巴马发表国情咨文时表示，到 2035 年美国的清洁能源发电比例需达到 80%。可再生能源发电将不再局限于风能和太阳能，还包括核能、天然气以及碳捕获和掩埋技术。虽然该新提案不一定能够最终获得通过，但这代表了国会大力发展清洁能源的决心。美国能源部长朱棣文也表示，新计划将在未来 25 年内使美国清洁能源发电能力翻一番。推广清洁电力将使风能和太阳能制造商获益，发展天然气则有利于天然气公司，而清洁煤炭则将刺激传统能源企业的发展。奥巴马希望将原本用于石油、煤炭和天然气的补贴转投到清洁能源研究和部署工作中。相对来说，奥巴马政府对于节能减排、发展清洁能源表现出一定程度上的决心。

但是从现实来看，绿色经济是一项长期经济规划，更新美国老化的能源基础设施需要规划和时间。持续存在的失业问题令奥巴马的民众支持率节节下降。美国民众"碳意识"普遍淡薄，习惯于能源浪费的生活方式，比如开大排量汽车、空调温度很低、大量使用一次性餐具等，他们对政府提倡的绿色经济并不热衷。针对美国民众这样的态度，奥巴马推进低碳发展的决心显然不够坚定。甚至有人戏称奥巴马的清洁能源目标不过是个"假动作"，指出奥巴马的国情咨文中一次也没有提到过全球气候危机问题，并且顾及一些势力强大、污染严重的企业的利益，故意将虚构的"清洁煤炭"、放射性核能以及污染性天然气重新定义为"清洁能源",以此来混淆这些"脏"能源与太阳能、风能以及地热等真正的清洁能源之间的概念。在2月15日奥巴马向国会提交的2012财年预算计划中,美国政府将把联邦环保局的预算削减13%,至89.7亿美元,该局正面临着共和党限制其资金和权力的要求。此外,美国共和党于2011年3月4日引入新法案,以阻挠联邦环保局对工厂及电厂所作出的温室气体限排令的执行。由此可以看出,美国进行节能减排所面临的国内阻力非常强大。

4. 日本

受地理环境等自然条件制约,全球气候变暖对日本的影响远大于世界其他发达国家。面对气候变暖可能给本国农业、渔业、环境和国民健康带来的不良影响,日本各届政府一直在宣传推广节能减排计划,主导建设低碳社会。日本有一套完整的"四级管理"模式——首相→经济产业省→其下属的资源能源厅→各县的经济产业局,节能减排监督工作相当到位。在政府的引导下,日本企业纷纷将节能视为企业核心竞争力的表现,重视节能技术的开发。日本政府还通过改革税制,鼓励企业节约能源,大力开发和使用节能新产品。在政府的倡导下,建设低碳社会已深入人心,日本民众在日常生活细节问题上响应政府低碳号召。在提升相关人员水平上也有创新。为了培养足够的环保人才,日本当局决定引进二氧化碳排放管理职业,鼓励日本人考取一项称为"CO_2经理"的文凭。日本政府想要借用这项新措施,使日本企业更认真对待环保问题。而且,也能让日人将"减排"视为一个有前景的职业。2011年2月18日,日本一个重要电力产业组织以信函形式敦促联合国认可日本公共与私人部门正在研究的双边碳排放信用新体系。日本公共事业行业长期以来一直在呼吁改革《联合国气候变化框架公约》认证碳排放信用的方式,称现有的清洁发展机制(CDM)太缺乏灵活性,不仅耗时(指获得联合国批准),而且将那些可以转换技术,提高能源利用率的项目排除在外,包括核能和清洁煤炭发电厂,难以大范围推广,因此致力于研究新的双边碳排放信用体系,期望能够被联合国采纳。

5. 澳大利亚

澳大利亚政府2011年2月24日公布了2012年固定碳价格的方案,发起了让"排碳者买单"的第三番尝试。时任首相茱莉亚·吉拉德表示,从2012年7月起,污染者均需支付固定的碳排放价格,政府将在之后5年内,逐步建立基于市场的碳价格体系。吉拉德将人类造成的气候问题描述为对国家的威胁。她表示:"本质上,这是一次经济改革,也是正确的做法。我可以将接下来（关于碳价格）的争论描述得更清晰一些吗？我不打算再让步。"作为世界最大的煤炭出口国，澳大利亚因为本国80%的发电依赖于煤炭，成为发达国家中人均碳排放最高的国家之一。2007年劳动党执政并郑重宣告要削减碳排放，但后来无果而终。吉拉德上任以后，在减碳方面还算成功。2011年年，初框架协议已得到了其他党派的支持，包括曾反对此前方案的绿党。然而，该方案的决定性细节仍有待与绿党达成共识，如实际起始价格、支付的补偿标准等细节尚未最终议定。若议会通过本次方案，澳大利亚将成为制定全国性二氧化碳价格的少数国家之一。本次方案公布后，澳大利亚一些地区的电价有所上升，但绝大多数2012年的合同未能成交。这反映了当时人们对于此尚存疑虑。2014年7月17日，澳大利亚政府宣布废除碳排放税，成为全球首个废除碳税方案的国家。

6. 韩国

韩国决定从2011年开始，正式推进温室气体减排政策实施。韩国环境部在给李明博总统的2011年业务计划报告中，提出了为实现国家温室气体减排中期"2020年排放展望值对比削减30%"的目标，将施行有效的温室气体减排政策。韩国环境部表示，将通过引入绿卡制度，利用已有的碳点制度（节约自来水、电、燃气）和公共交通工具，购买绿色产品等方式，实行各种各样有关绿色生活实践的综合奖励机制计划。为削减交通领域二氧化碳排放，韩国在2020年之前将推广电动汽车100万辆，实行低碳汽车制（温室气体排放在100克/千米以下），执行强有力的激励机制。此外，政府还将推进水质、水生态系统中心支流（2020年之前为47条支流）环境对策的实施。首先将在2012年之前改善和治理污染严重的8条支流，到2020年，47条支流将全部得到改善和治理。为提高国民生活质量，强化实施生活共感型环境政策必不可少。对于影响城市生活环境四大要素的噪声、室内空气质量、人工照明、恶臭，要进行特别管理，为低收入阶层提供环保健康服务和生态旅游体验凭单以及无偿提供旧家具等，扩大更平民化的环境政策的实施。[①]

二 严峻的气候变化谈判形势

（一）历次气候变化谈判发展历程

从世界范围内看，关于全球气候变化的研究已经进行了30余年。1979年召开的第一次世界气候大会，标志着研究进程正式启动。1988年，世界气象

---

① 参见中国气候变化信息网（http://www.ccchina.gov.cn）。

组织、联合国环境署等机构联合建立了政府间气候变化专门委员会（IPCC）。此后迄今，IPCC 先后于 1990 年、1995 年、2001 年和 2007 年发布了四次气候变化评估报告，这是目前得到很多国家认可的气候变化的研究成果。第四次评估报告发表于 2007 年 11 月，报告建立了一个证据链，在碳排放与全球气候变暖之间的关系上得出了接近确定的结论，那就是自 1750 年以来，人类活动导致的全球大气中二氧化碳的浓度明显增加，主要是因为化石燃料的燃烧和土地利用模式的改变；20 世纪中叶以来，在过去 50 年间观测到的全球温度升高，有 90% 以上的可能性是由于人类活动排放出的温室气体浓度增加造成的。由于人类活动所导致的全球性气候变化会引发一系列生态环境灾难，进而严重影响人类的生存和发展。有鉴于此，国际社会已经达成共识，针对气候变化问题采取全球范围内的应对行动。在这一共识之下，各个国家出于对本国自身利益的考虑，又在不断进行着博弈，各个国家在气候变化会议上的态度迥然不同，除了一贯以来发达国家和发展中国家之间的矛盾之外，发达国家相互之间、发展中国家相互之间也出现了不同的立场，可以说，应对气候变化领域中国际格局格外复杂。

1. 《联合国气候变化框架公约》

1992 年里约热内卢举行的联合国环境与发展大会上，154 个国家和欧共体签署了《联合国气候变化框架公约》，这是第一个由国际社会全体成员参与谈判的国际环境条约。公约的最终目标是要将大气中温室气体的浓度稳定在能够防止气候条件受到危险的人为干扰的水平上。公约要求发达国家率先采取行动，在 20 世纪末将其二氧化碳和其他温室气体的排放降低到 1990 年的水平，还要求其他国家调查并报告二氧化碳和其他温室气体的排放情况。该公约使国际社会全体成员在通过国际法律手段控制温室气体排放这一问题上达成了基本共识，同时还为发达国家和发展中国家规定了有关控制温室气体排放的不同义务。然而，这个公约毕竟是框架性的，是各国利益妥协的产物，对于那些关键性的义务，比如限制和削减二氧化碳排放量的指标和时间表等，均未做出具体、明确和有法律约束力的规定。另外，该公约有关关键性承诺的条款措辞冗长晦涩，反映出发达国家不愿意为减缓气候变化作出具体承诺的心态。

2. 《京都议定书》

1997 年 12 月 1—11 日，《联合国气候变化框架公约》第三届缔约方会议在日本京都举行，通过了《京都议定书》，该议定书对公约附件一国家（即发达的工业化国家）的温室气体排放量确定了具有法律约束力的、具体的、有差别的减排指标；根据"共同但有区别的责任"原则，对发展中国家没有规定强制性的减排指标。议定书的重要意义在于它以量化的指标和具体的达标时间落实了发达国家在国际环境事务中的"有区别的"责任。此外，议定书还规定了"京都三机制"，即：附件一缔约方之间的联合履行机制、附件一缔约方与非附件一缔约方之间的清洁发展机制及附件一缔约方之间的排放贸易机制。

值得说明的是，议定书的生效历程相当艰难。议定书文本虽然在 1997 年就获得了通过，但之后并未立即生效。其生效需要具备两个条件：首先是经国内程序批准议定书的国家必须达到 55 个；其次是在批准议定书的国家中，附件一国家 1990 年二氧化碳排放量须至少占全体附件一国家 1990 年排放总量的 55%。作为当时温室气体排放量最大的美国，在克林顿在位期间，出于民主党代表普通民众利益的立场签署了《京都议定书》，但布什上台后，代表大资本家利益的共和党成为执政党，节能减排必然会损害石油等能源行业资本家的经济利益，于是布什政府以"会破坏美国经济竞争力"为由，于 2001 年宣布退出《京都议定书》，令议定书的生效一度前景黯淡。直到 2004 年 11 月 18 日，俄罗斯常驻联合国代表向联合国秘书长安南递交了普京总统签字的正式批件。按照有关规定，《京都议定书》在 2005 年 2 月 16 日正式生效。

3."巴厘岛路线图"

由于《京都议定书》一期承诺减排义务到 2012 年截止，那么此后如何进一步减少温室气体的排放，就面临着所谓"后京都"问题。2007 年 12 月 3—15 日，联合国气候变化大会在巴厘岛召开，这是联合国历史上规模最大的气候变化大会。这次会上，由于立场的重大差异，各国围绕"共同但有区别的责任"、技术开发及转让和资金援助等核心问题展开了激烈交锋。经过与会国家的通力协作和协商，最终终于通过了具有重大意义的"巴厘岛路线图"。

根据国家应对气候变化领导小组办公室司长苏伟的总结，"巴厘岛路线图"的亮点主要有以下几点：第一，强调了国际合作。"巴厘岛路线图"第一项第一款指出，依照气候变化框架公约的原则，特别是"共同但有区别的责任"原则，考虑社会、经济条件以及其他相关因素，与会各方同意长期合作共同行动，行动包括一个关于减排温室气体的全球长期目标，以实现公约的最终目标。第二，把美国纳入进来。由于其退出了《京都议定书》，美国如何履行发达国家应尽减排义务一直存在疑问。"巴厘岛路线图"明确规定，公约所有发达国家缔约方都要履行可测量、可报告、可核实的温室气体减排责任，将美国纳入其中。第三，除减缓气候变化问题外，还强调了另外三个在以前谈判中被忽视的重要问题：即适应气候变化问题、技术开发和转让问题以及资金问题。第四，为下一步落实公约设定了明确的时间表。第五，中国为绘成"巴厘岛路线图"作出了自己的贡献。中国把环境保护作为一项基本国策，将科学发展观作为执政理念，根据公约的规定，结合中国经济社会发展规划和可持续发展战略，制定并公布了《中国应对气候变化国家方案》，成立了国家应对气候变化领导小组，颁布了一系列法律法规。中国的这些努力在本次大会上得到各方普遍好评。

这次会议上各方利益的冲突表现非常明显：发达国家同发展中国家之间在气候变化问题上的立场分歧众所周知，发达国家积极主张发展中国家也要承担减排义务，而发展中国家坚持"共同但有区别的责任"原则；发展中国家内部也在分裂：其中一些小岛国，如马尔代夫，几乎没有碳排放，但却深受海平面上升的威胁，因此积极主张减排责任应由污染国负担。南太平洋库克群岛的代表甚至提出中国和印度这些排放大国应当在下一阶段框架协议中对减排义务做出承诺。发达国家之间立场更是截然不同，大会此前发布的一份决议草案要求发达国家2020年前将温室气体排放量在1990年水平上减少25%—40%。美国、日本和加拿大等反对这一目标。欧盟赞成这一目标，并表示如有必要这个目标还可以"更高"。欧盟认为，美国已经成为本次大会的主要障碍。而美国早在会前就表态，美国不会签署呼吁强制削减温室气体排放的任何协议，在会议召开前也丝毫未显露退让迹象，但在各国代表批评美国的立场，并敦促其重新考虑之后，美国代表团最终达成妥协，由框架公约全部缔约国参加的工作组才正式开始谈判。另外，澳大利亚也在此期间加入议定书，令美国成为世界上唯一一个尚未批准《京都议定书》的工业化国家。

4.《哥本哈根协议》

2009年12月7—18日在哥本哈根举行的哥本哈根会议上，来自192个国家的谈判代表召开峰会，商讨《京都议定书》一期承诺到期后的后续方案，即2012—2020年的全球减排协议。经过激烈和艰难的谈判，最终在19日达成了没有法律约束力的《哥本哈根协议》。这个结果难免令许多国家和组织感到失望，但也要看到一些积极的方面：第一，它维护了"共同但有区别的责任"原则，坚持了"巴厘岛路线图"的授权，坚持并维护了公约和议定书"双轨制"的谈判进程，反映了各方自"巴厘岛路线图"谈判进程启动以来取得的共识，包含了谈判各方的积极努力。第二，在"共同但有区别的责任"原则下，最大范围地将各国纳入了应对气候变化的合作行动，在发达国家实行强制减排和发展中国家采取自主减缓行动方面迈出了新的步伐。第三，在发达国家提供应对气候变化的资金和技术支持方面取得了积极的进展，提出了一个量化的、可预期的目标。第四,在减缓行动的测量、报告和核实方面,维护了发展中国家的权益。第五,根据 IPCC 第四次评估报告,提出了将全球平均温度升高控制在工业革命以前 2 摄氏度的长期行动目标。

客观来说,哥本哈根会议没有完成"巴厘岛路线图"的谈判任务,对 2012 年之后的国际减排任务未能作出最终安排。而确定国际减排指标是迫在眉睫的任务。为解决该问题,公约第 16 次缔约方会议和议定书第 6 次缔约方会议于 2010 年 11 月在墨西哥坎昆举行,此次会议的核心任务是继续按照"巴厘岛路线图"的要求,加强《联合国气候变化框架公约》和《京都议定书》的全面、有效和持续实施。

5. 坎昆会议

2010 年坎昆会议在会前得到的关注和期望都远远少于哥本哈根会议,甚至许多环境领域的专家在会前就悲观地预计本次会议不会达成有突破性的新协议。

坎昆会议的主要议题内容分为四个方面:第一是《哥本哈根协议》的法律化,这一议题以美国主张尚未立法而告失败。第二是各国减排目标的确立,对 2012 之后各国减排目标的确立并不明晰。第三是发达国家转让新技术问题,目前,西方发达国家在风能、太阳能等绿色能源领域投入了大量资金,且卓有成效。它们将此视为未来经济发展的另一制高点,当然不愿意向其他国家转让各种新技术,认为这是长期研究的成果,且掌握在私人大企业、大公司中,国家无权勒令其免费转让。其实,这也是发达国家阻遏新兴经济体继续发展的手段之一。第四是如何保障发达国家的资金援助及时到位,从欧盟的立场与表态来看,资金援助机制的建立应该是有希望的。

6. 德班会议

由于议定书第一承诺期于 2012 年 12 月 31 日到期,如何保证发达国家签署第二承诺期成为德班气候大会的关键问题。根据会议达成的有关发达国家进一步减排承诺的文件,议定书第二承诺期于 2013 年 1 月 1 日起生效,到 2017 年 12 月 31 日结束,目标是发达国家到 2020 年将温室气体排放总量在 1990 年的基础上减少 25%—40%。与此同时,文件呼吁议定书发达国家缔约方在 2012 年 5 月 1 日前提交各国的量化减排目标,然后经进一步减排特设工作组讨论,提交下届气候大会并通过。但加拿大、日本、俄罗斯此前已明确表示不签署第二承诺期,美国也一直拒绝承诺强制减排,因此第二承诺期将主要由欧盟国家参与。大会同时决定建立德班增强行动平台特设工作组,该工作组于 2012 年上半年投入工作,并在 2015 年前负责制定一个适用于所有公约缔约方的法律工具或法律成果。各缔约方要在工作组工作成果的基础上，从2020年开始根据该法律工具或者法律成果探讨如何减排，降低温室气体排放。

德班气候大会宣布启动旨在帮助发展中国家应对气候变化的绿色气候基金。大会通过的有关成果文件显示，一些国家已经表示愿意为该基金的启动提供资金。基金有望在2012年完成相关工作，并帮助发展中国家准备好使用该基金，促进发展中国家建立本国的清洁能源蓝图，以适应气候变化。根据德班会议成果，将成立一个由20个成员组成的基金常务委员会，这些成员将从发达国家和发展中国家中平衡选出，常务委员会将负责监督气候资金的筹集。会议同时就长期筹资的工作日程达成一致。

此外，在《坎昆协议》基础上，德班会议还对适应气候变化、技术转移、帮助发展中国家等方面作出了进一步的安排。在适应方面，适应委员会将帮助最贫穷国家和最容易受气候变化影响的国家增强适应能力，国家适应计划将允许发展中国家评估并减少面对气候变化时的脆弱性。在技术方面，技术机制将于2012年全面实施，并同意设立气候技术中心与网络。各国政府还同意为需要支持的减排行动提供资金等方面的支持。[1]

我国在德班会议上态度鲜明：中国已经确立了有国内法律约束力的减排目标，对接受有法律约束力的国际减排协议也持开放态度。但解振华也强调，中国2020年后加入具有法律约束力框架协议的五项条件，要坚持《联合国气候变化框架公约》和《京都议定书》基本框架，坚持"共同但有区别的责任"原则，坚持可持续发展原则，坚持缔约方驱动、公开透明、广泛参与和协商一致的原则，按照"巴厘岛路线图"授权，落实《哥本哈根协议》和《坎昆协议》共识，在《京都议定书》第二承诺期、减缓、适应、资金、技术、透明度和能力建设等问题上取得一系列全面、均衡成果。[2]

(二) 我国在气候变化谈判中面临的压力

1. 国际压力

作为最大的发展中国家，我国近年来发展速度非常快，已经引起世界各国的广泛关注。由于长期以来采用的是高投入低产出的粗放型经济发展模式，我国在经济取得飞速发展的同时，也付出了高昂的环境资源代价。温室气体的排

---

[1] 《德班气候大会艰难通过决议，行动是最好的》，http://www.ipcc.cma.gov.cn/Website/index.php?ChannelID=11&NewsID=1600。

[2] 《中国代表团团长、国家发展改革委副主任解振华出席"基础四国"部长新闻发布会》，http://www.ccchina.gov.cn/cn/NewsInfo.asp?NewsId=30503。

放量也已经超过美国,跃居世界第一。因此,对中国经济的迅速崛起心存忌惮的西方国家,试图以中国的节能减排为切入点,制约中国的经济发展。从多次气候变化中的矛盾焦点即可以看出,发达国家与发展中国家之间对于"共同但有区别的责任"原则立场截然不同。以美国为典型代表的发达国家强调,它们曾排放过大量温室气体是既定事实,但它们已经着力改进能源技术,接下来将要向大气排放大量温室气体的将是发展中国家,已有的事实无法更改,因此,应当对发展中国家将要进行的大规模排放防患于未然,企图回避自己应当承担的较发展中国家更重的历史责任。从历次气候变化国际谈判可以看出,发达国家一直试图逃避承担更多更重的责任,并且往往将发展中国家的减排责任作为挡箭牌,以发展中国家承担强制性减排义务作为其自己承诺减排的必要性条件,而中国作为温室气体排放量最大的发展中国家,自然就成为众矢之的。

除了发达国家之外,那些特别容易受气候变化影响的小岛国对气候变化的后果格外担心,也因此强烈希望碳排放大国,包括发展中国家的碳排放大国,能够大幅度减排。如果中国违背这些国家及其国民的意愿,继续按照原先的状态排放温室气体,会非常不利于中国与国际社会的融洽相处。另外,中国温室气体排放量已经十分巨大,如若任其发展而不予控制,的确会损害全人类利益,这不符合我国在国际上一向坚持的负责任大国形象。

2. 国内压力

我国是最易受气候变化影响的国家之一。近年来,我国受到了严重的气候灾害侵袭。2008年百年不遇的雪灾导致全国交通系统大规模瘫痪,农作物也受到大面积毁损;2009年遭受了夏季高温和冬季多年不遇低温的袭击;2009—2010年,西南地区发生了有气象记录以来最为严重的秋冬春持续特大干旱。2010年入汛后华南、江南地区连遭14轮暴雨袭击;北方和西部地区连遭10轮暴雨袭击;多地高温突破历史极值。气象灾害的异常性、突发性、局地性十分突出,极端气象事件多发偏重,并引发其他严重的自然灾害,造成重大人员伤亡和经济损失。如果不能采取有效措施应对气候变化,我国还将遭遇更为严重和频繁的损害。人民的生命和财产无法得到保障,不符合我国人民民主专政的国家性质。

从另一个角度来看,我国的能源分布呈现典型的"富煤、贫油、少气"特征,人均能源禀赋不足。由于我国的经济发展长期走高能耗低产出的粗放型发展道路,在经济取得飞速发展的同时也耗费了大量能源,导致我国能源形势日趋严峻。如果我国不能转变经济发展方式,变高碳发展模式为低碳发展模式,那么在不久的将来,我们将要面对必须依靠进口能源来维持经济发展的窘境，这种发展具有明显的不可持续性。

三 关于国际对我国施加低碳发展压力的客观评价

（一）合理性

全球气候系统是一个统一的整体，无论是引起气候变化的原因，还是因为气候变化而要承担的不利后果，都是全球各国所要共同面对的问题。纵使发达国家在引起气候变暖的问题上，排放过更多的温室气体，但不能否认包括我国在内的发展中国家近年来也为气候变化作出了不少的"贡献"。2011年2月15日，独立调研机构经济学人智库与西门子在新加坡发布"亚洲绿色城市"指数显示，上海、北京、广州、南京、武汉的综合绿色指数处于亚洲平均水平，但其单位GDP能耗排名很高。该指数共对亚洲22个城市在能源供应、二氧化碳排放、土地使用和建筑物、交通、垃圾、水资源、卫生、空气质量和环境治理八项环境绩效进行了评估。报告指出，中国5个大陆城市单位GDP的能耗最高，北京为12.3百万焦耳/美元，上海为11.7百万焦耳/美元，广州10.5百万焦耳/美元。此外上海、北京和广州的二氧化碳人均排放量也位列前三，北京的人均碳排放量8.2吨/年，上海为9.7吨/年，广州为9.2吨/年，而22个城市的平均值为4.6吨/年。可以看出，我国的几个重要城市人均碳排放量远远高于平均水平。

根据国家统计局的统计数据，2000—2008年期间我国碳排放量持续增长，增长率以2003年为拐点，已经出现持续下降的趋势（如图28-1）。但不能忽视的是，我国进入21世纪以后，每年的碳排放量是非常巨大的。

应对气候变化应当是世界各国共同解决的问题。为了全人类的利益，也为了中华民族自身的利益，我国的确有必要进行低碳发展，否则终有一天要自食恶果。

（二）不合理性

据统计，近代工业革命200年来，发达国家排放的二氧化碳占全球排放总量的80%。如果说二氧化碳排放是气候变化的直接原因，谁该承担主要责任就不言自明。无视历史责任，无视人均排放和各国的发展水平，要求近几十年才开始工业化，还有大量人口处于绝对贫困状态的发展中国家承担超出其应尽义务和能力范围的减排目标，是毫无道理的。发达国家如今已经过上富裕生活，但仍维持着远高于发展中国家的人均排放，且大多属于消费型排放；相比之下，发展中国家的排放主要是生存排放和国际转移排放。我国目前人均GDP只有3700多美元，按照联合国贫困标准来衡量，我国还有1.5亿人处在

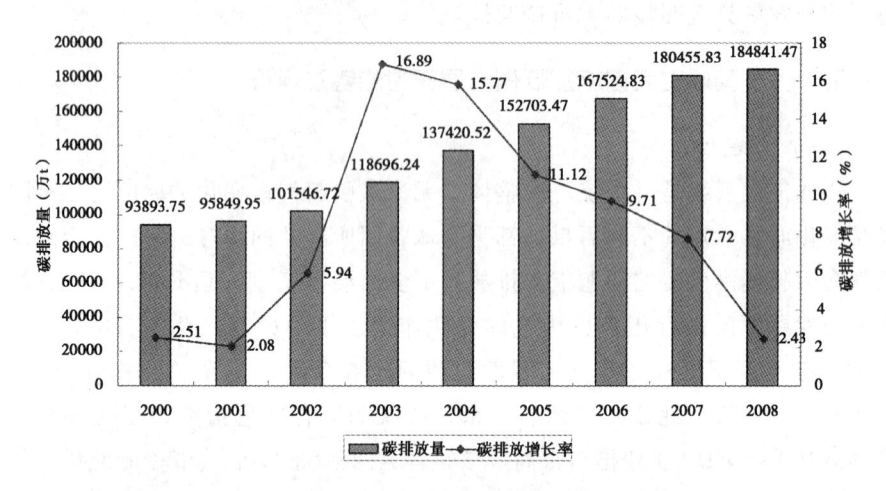

图 28 – 1 中国 2000—2008 年碳排放量及增长率

数据来源：根据《中国能源统计年鉴》（1999—2009）相关能源数据计算得出。

贫困线标准以下，因此，发展经济、改善民生、提高人们的生活水平是我国必须及时有效解决的紧迫问题，不能以停滞经济发展为代价来要求我国减少温室气体排放。应对气候变化必须在可持续发展的框架下统筹安排，绝不能以延续我国的贫穷和落后为代价。发达国家必须率先大幅量化减排并向发展中国家提供资金和技术支持，这是其不可推卸的道义责任，也是必须履行的法律义务。但现在国际社会对中国减排的呼声日渐强烈，却忽略了这种"有区别"的责任的承担，《哥本哈根协议》已经签署14个月后，发达国家承诺向非洲、小岛国家和不发达国家在3年内提供300亿美元应对气候变化的快速启动资金仍没有兑现。明显可以看出发达国家在资金和技术援助方面的消极态度。

坎昆大会上，以日本、俄罗斯等为代表的国家，拒绝支持《京都议定书》的第二承诺期，使谈判陷入僵局。一些发达国家意图把中国、印度也纳入《京都议定书》附件一国家，让中国和印度也承担减排与资金承诺，这成为近几次气候变化国际谈判争议的焦点。这种态度在德班会议上更加显露无遗。虽然迄今为止，中国、印度仍然坚持"共同但有区别的责任"原则，但可以看出发达国家千方百计迫使我国承担强制性减排义务的企图。中国在德班会议上所表现出的态度也有些微松动的迹象。

从各方面进行比较，可以发现发达国家与发展中国家之间在碳排放需求方面存在明显的不同。二者的对比见表 28 – 1 所示：

表 28-1　　　低发展水平和高发展水平国家碳排放需求比较[①]

发展权益类别	内容	高发展水平国家	低发展水平国家	碳排放需求评估
基本生存	衣、食、住（住房面积、家用电器、空调、供热）	已基本满足	尚有较大差距	仍将有较大的需求增长，主要用于低发展水平国家改善国民生存条件
生活质量	医疗卫生、教育文化、期望寿命等	已处于较高水平	仍处于相对低下水平	直接排放需求较低，可略为不计
经济与制度结构	合理的劳动就业结构、社会保障、政治与民事权益	已基本建立并趋于完善	传统农业部门的制度惯性，阻碍合理经济制度结构的建立	低发展水平国家需要工业化、城市化和法制化来大量吸收和转化传统的、低效的农业劳动力，必然需要大量的碳排放
社会分摊成本	邮电、交通、通信、道路、防洪抗旱设施、自来水和排污设施、污染治理设施等	体系相对完善，主要为维护和折旧投入	体系尚未建或尚在建，主要为建设投入	对体系维护的碳排放需求较低；但体系建立的碳排放需求巨大
环境保护	污染治理、碳排放强度等	污染得到基本控制，碳排放强度较低	污染仍在蔓延，碳排放强度较高	高发展水平国家的碳排放强度可望进一步降低；低发展水平国家的碳排放强度需要经过一个从增加到降低的过程

---

① 潘家华：《人文发展分析的概念构架与经验数据——以对碳排放空间的需求为例》，《中国社会科学》2002 年第 6 期。

第二十九章

我国低碳发展法治的回顾与反思

第一节 我国低碳发展的立法、执法情况的梳理

一 低碳发展立法情况的梳理①

（一）低碳发展立法现状

1. 法律

（1）《节约能源法》

该法制定于 1997 年，修订于 2007 年。与 1997 年的《节约能源法》相比，2007 年修订之后的《节约能源法》扩大了法律调整的范围，增加了建筑节能、交通运输节能、公共机构节能等内容；健全了节能管理制度和标准体系，设立了一系列节能管理制度，如节能目标责任评价考核制度、固定资产投资项目节能评估和审查制度、落后用能产品淘汰制度、重点用能单位节能管理制度，能效标识管理制度，节能奖励制度等。《节约能源法》还明确国家要制定强制性用能产品（设备）能效标准、建筑节能标准、交通运输营运车船燃料消耗限值标准、公共机构能源消耗定额和支出标准等；完善了促进节能的经济政策，规定中央财政和省级地方财政要安排节能专项资金支持节能工作，对生产、使用列入推广目录需要支持的节能技术和产品实行税收优惠，对节能产品的推广和使用给予财政补贴，引导金融机构增加对节能项目的信贷支持等，从总体上构建了推动节能的政策框架；明确了节能管理和监督主体，规定了统一管理、分工协作、相互协调的节能管理体制，理顺了节能主管部门与各相关部门在节能监督管理中的职责；强化了法律责任，规定了 19 项法律责任，包括违反固定资产投资项目节能评估和审查规定，重点用能单位违反管理制度，生产、进

---

① 这里的立法是广义上的立法，既包括法律、法规，也包括人大和国务院发布的一些规范性文件，还包括我国参加的国际公约及议定书。

口、销售不符合强制性能效标准的用能产品、设备，使用国家明令淘汰的用能设备或者生产工艺，违反能效标识管理，编造虚假能源统计数据等方面的法律责任，明确了相应的处罚措施，加大了处罚范围和力度。

该法还设立了节能目标责任制和节能考核评价制度，固定资产投资项目节能评估和审查制度，落后高耗能产品，设备和生产工艺淘汰制度，重点用能单位节能管理制度，能效标识管理制度，节能表彰奖励制度等一系列有利于节约能源的法律制度。

（2）《森林法》

1985年我国制定《森林法》，1998年进行了修订。该法对我国森林资源保护和林业事业发展发挥了巨大作用。修订后的《森林法》扩大了适用范围，突出了森林培育及保护管理在国家生态环境建设中的主体地位；明确了森林生态效益补偿基金和森林植被恢复费的法律地位，扩大了植树造林、绿化国土的资金来源；减轻了林农的负担，有利于调动全社会办林业、全民搞绿化的积极性；突出了林业科技的重要地位，为科技兴林提供了法律支持；确立了珍贵树木及其制品、衍生物进出口制度和建立保护区、保护天然林的法律制度，加强了国家对珍贵森林资源和生物多样性保护的力度；明确了各级林业主管部门的行政处罚权，加大了对各种林业违法行为的处罚力度。该法在当时的历史背景下具有进步意义，但用今天的视角来看，则存在诸多不足。它基本上是一部关于植树造林、森林经营、采伐和运输管理的法律，没有脱离传统林业理论的束缚，它关注的重点是林产品产量和经济利益，而并非森林的生态效益。因此，《森林法》在生态建设和环境保护中的应有作用难以得到充分发挥，难以满足我国林业建设和生态建设的实际需要。必须在现代林业理论指导下进行较大的修改，并将其纳入环境法的部门法体系中，使其成为环境法的有机组成部分。

（3）《清洁生产促进法》

该法制定于2002年，2012年2月29日作出修改。该法明显体现出"促进法"的特征，规定了多种促进清洁生产的手段和制度，如财政税收政策、政府采购、污染削减自愿行动计划及清洁生产审核制度等，这些手段和制度体现了一定的超前性，对以后的环境保护立法都有着积极的借鉴意义。2012年2月29日对该法进行修改的一个主要内容在于进一步强化了清洁生产审核制度，细化强制性清洁生产审核规定，确保审核质量，并进一步明确了政府职责。县级以上地方人民政府根据国家清洁生产推行规划、有关行业专项清洁生产推行规划，按照本地区节约资源、降低能源消耗、减少重点污染物排放的要求，确定本地区清洁生产的重点项目，制定推行清洁生产的实施规划并组织落实。此外，为保证清洁生产推行规划和强制性清洁生产审核的有效实施，为之提供必要的资金支持，修改后的《清洁生产促进法》专门增加了国家设立中央财政清洁生产资金（包括部分中央预算内安排的节能减排项目资金和中央财政清洁生产专项资金等）的规定。

(4)《可再生能源法》

该法制定于2005年，修改于2009年。与2005年的《可再生能源法》相比，修改后的《可再生能源法》增加对各类可再生能源的开发利用作出统筹规划的规定、实行可再生能源发电全额保障性收购制度、国家财政设立可再生能源发展基金是三个最关键的变化之处，也将对引领今后可再生能源发展产生重要的影响。

2005年《可再生能源法》虽然规定了全额收购制度，但主要是通过在电网覆盖范围内发电企业与电网企业履行并网协议来解决。实施中，由于企业责任关系不明确，缺乏对电网企业的有效行政调控手段和保障性收购指标要求，有关全额收购的规定难以落实。修改后的法律则明确，国务院能源主管部门会同国家电力监管机构和国务院财政部门，按照全国可再生能源开发利用规划，确定在规划期内应当达到的可再生能源发电量占全部发电量的比重，制定电网企业优先调度和全额收购可再生能源发电的具体办法，同时还明确这项工作由国务院能源主管部门会同国家电力监管机构督促落实。此外，可再生能源发展基金由原法律文本中的"可再生能源发展专项资金"变身而来。"资金"变身"基金"，实现了国际接轨。可再生能源发展基金是国际上很多国家推进可再生能源持续快速发展所采用的有效办法。国家财政设立可再生能源发展基金，资金来源包括国家财政年度安排的专项资金和依法征收的可再生能源电价附加收入等。

(5)《循环经济促进法》

该法制定于2008年，明确规定了促进循环经济发展的各项重要法律制度，具体包括：循环经济发展规划制度、总量调控制度、循环经济的评价指标体系和考核制度、以生产者为主的责任延伸制度、重点企业监督管理制度等。该法还规定国家制定产业政策，应当符合发展循环经济的要求，即有关部门研究制定产业结构政策、组织政策、区域布局政策等内容时，应当体现循环经济的概念，促进"减量化、再利用、资源化"的开展。要求国务院循环经济发展综合管理部门会同国务院环境保护等有关主管部门，定期发布鼓励、限制和淘汰的技术、工艺、设备、材料和产品名录。通过产业政策和相关的产业、产品和技术目录引导产业投资和发展方向，是国家调控经济发展和产业结构的重要手段，也是国家提高能源和资源利用效率、保护环境的重要手段。此外，该法从财政、税收、金融、价格、政府采购5个方面规定了促进循环经济发展的激励措施。这些制度和措施的落实，为我国循环经济的发展发挥了重要的推动作用。

2. 全国人大及其常委会通过的决议

（1）《关于积极应对气候变化的决议》

2009年8月27日十一届全国人民代表大会常务委员会十次会议通过该决议，决议中提出应对气候变化是我国经济社会发展面临的重要机遇和挑战，要求应对气候变化必须深入贯彻落实科学发展观，采取切实措施积极应对气候变化，"要强化节能减排，努力控制温室气体排放……大力发展循环经济，淘汰落后产能和产品，不断提高资源综合利用效率……要立足国情发展绿色经济、低碳经济。这是促进节能减排、解决我国资源能源环境问题的内在要求，也是积极应对气候变化、创造我国未来发展新优势的重要举措。研究制定发展绿色经济、低碳经济的政策措施，加大绿色投资，倡导绿色消费，促进绿色增长。要紧紧抓住当今世界开始重视发展低碳经济的机遇，加快发展高碳能源低碳化利用和低碳产业，建设低碳型工业、建筑和交通体系，大力发展清洁能源汽车、轨道交通，创造以低碳排放为特征的新的经济增长点，促进经济发展模式向高能效、低能耗、低排放模式转型，为实现我国经济社会可持续发展提供新的不竭动力。"决议还提出要加强应对气候变化的法治建设，为应对气候变化提供更加有力的法制保障，要求努力提高全社会应对气候变化的参与意识和能力，积极参与应对气候变化领域的国际合作。

（2）《国民经济和社会发展第十二个五年规划纲要》

该规划纲要专篇论述"加快建设资源节约型、环境友好型社会，提高生态文明水平"，明确提出："面对日趋强化的资源环境约束，必须增强危机意识，树立绿色、低碳发展理念，以节能减排为重点，健全激励与约束机制，加快构建资源节约、环境友好的生产方式和消费模式，增强可持续发展能力。"为此规划提出具体要求：积极应对全球气候变化；加强资源节约和管理；大力发展循环经济；加大环境保护力度；加强生态保护和防灾减灾体系建设。在积极应对全球气候变化部分中，明确提出："把大幅降低能源消耗强度和二氧化碳排放强度作为约束性指标，有效控制温室气体排放。合理控制能源消费总量，抑制高耗能产业过快增长，提高能源利用效率。强化节能目标责任考核，完善节能法规和标准，健全节能市场化机制和对企业的激励与约束，实施重点节能工程，推广先进节能技术和产品，加快推行合同能源管理，抓好工业、建筑、交通运输等重点领域节能。调整能源消费结构,增加非化石能源比重。提高森林覆盖率,增加蓄积量,增强固碳能力。加强适应气候变化特别是应对极端气候事件能力建设。建立完善温室气体排放和节能减排统计监测制度,加强气候变化科学研究,加快低碳技术研发和应用,逐步建立碳排放交易市场。坚持共同但有区别的责任原则,积极开展应对全球气候变化国际合作。"和以往相比,这次规划纲要在节能目标的基础上,增加了非化石能源占一次能源消费的比重、二氧化碳排放强度和森林蓄积量这三个指标,表明我们正在形成一个将气候变化包含在内的节能环保体系,充分反映了中国特色的控制温室气体排放、增强适应气候变化能力的特点。

根据对"十一五"规划人口资源环境指标的后评估,指标完全实现。万元GDP能耗实现下降20%左右的规划目标;耕地保有量控制在1.212亿公顷,优于规划要求;工业增加值用水量下降35%,超额实现规划所规定的下降30%的目标,农业灌溉用水有效系数提高到规划要求的0.5;化学需氧量下降14%、二氧化硫排放量累计下降12%,超额实现下降10%的规划目标。特别是节能减排指标作为约束性指标,起到了"硬约束"的作用。在绿色发展方面取得了重大进展,这为"十二五"实行绿色发展提供了重要经验。

对于应对气候变化这样的长时间、全局性战略来说,政策的长期一致性是极其重要的。要切实地减少温室气体排放、走低碳发展之路,需要对整个经济发展方式以及人类生活方式进行大规模的调整,需要长期的、不懈的努力。我国的政治优势之一恰恰在于可以制定出国家长远的发展规划,并保持政策的长期延续性,五年规划发展历史正是"政策长期延续性"的重要体现,虽然历经波折,但是追求现代化与国家长期最优发展战略的目标却一以贯之。因此,我国也是能够沿着同一方向,按照自身逻辑,持续地追求国家长期发展战略目标的少数国家之一,而不会出现因立场不同的政党之间的相互轮替而"推倒重来"。

3. 国务院文件

(1)《节能中长期专项规划》

该规划由国家发展改革委于2004年11月发布,旨在推动全社会开展节能降耗,缓解能源瓶颈制约,建设节能型社会,促进经济社会可持续发展,实现全面建设小康社会的宏伟目标。规划期分为"十一五"和2011—2020年,重点规划了到2010年节能的目标和发展重点,并提出2020年的目标。规划分五个部分:我国能源利用现状,节能工作面临的形势和任务,节能的指导思想、原则和目标,节能的重点领域和重点工程,以及保障措施。

(2) 国务院《关于加强节能工作的决定》

2006年8月,国务院作出该《关于加强节能工作的决定》,该决定要求充分认识加强节能工作的重要性和紧迫性,用科学发展观统领节能工作。提出到"十一五"期末,万元国内生产总值(按2005年价格计算)能耗下降到0.98吨标准煤,比"十五"期末降低20%左右,平均年节能率为4.4%。重点行业主要产品单位能耗总体达到或接近21世纪初国际先进水平。初步建立起与社会主义市场经济体制相适应的比较完善的节能法规和标准体系、政策保障体系、技术支撑体系、监督管理体系,形成市场主体自觉节能的机制的主要目标。

该决定要求从大力调整产业结构、推动服务业加快发展、加快构建节能型产业体系、积极调整工业结构、优化用能结构等角度入手加快构建节能型产业体系。着力抓好工业、建筑、交通运输、商业和民用、农村、政府机构等重点领域的节能工作。大力推进节能技术进步。以健全节能法律法规和标准体系、加强规划指导、建立节能目标责任制和评价考核体系、建立固定资产投资项目节能评估和审查制度、强化重点耗能企业节能管理、完善能效标识和节能产品认证制度、加强电力需求监测和电力调度管理、控制室内空调温度、加大节能监督检查力度为切入点加大节能监督管理力度。并从深化能源价格改革、加大政府对节能的支持力度、实行节能税收优惠政策、拓宽节能融资渠道、推进城镇供热体制改革、实行节能奖励制度等角度建立健全节能保障机制。加强节能管理队伍建设与基础工作和组织领导。

(3)《能源发展"十一五"规划》

该规划由国家发展改革委于2007年4月发布,该规划分析了我国当下的能源形势,提出了以邓小平理论和"三个代表"重要思想为指导,用科学发展观和构建社会主义和谐社会两大战略思想统领能源工作,贯彻落实节约优先、立足国内、多元发展、保护环境,加强国际互利合作的能源战略,努力构筑稳定、经济、清洁的能源体系,以能源的可持续发展支持我国经济社会可持续发展的能源发展指导方针,并从消费总量与结构和生产总量与结构两方面提出了2010年发展目标。提出重点建设能源基地建设工程、能源储运工程、石油替代工程、可再生能源产业化工程、新农村能源工程五大能源工程。要求着力抓好重点工业、交通运输、建筑、商业和民用领域的节能环保工作,能源行业的重点在于煤炭工业、石油天然气工业、电力工业。要求贯彻落实"自主创新,重点跨越,支撑发展,引领未来"的科技发展指导方针,建立和完善以企业为主体、市场为导向、产学研相结合的能源科技创新体系。优先发展先进适用技术，提升能源工业技术水平；加强前沿技术研发，为未来能源发展奠定基础。最后，从增加勘查投入，提高资源保障程度、发挥规划调控作用，规范开发建设秩序、加快法规建设，改进行业管理、深化体制改革，完善价格体系、强化资源节约，保护生态环境、扩大对外开放，加强国际合作和建立应急体系，提高安全保障7个方面提出保障措施。

(4)《中国应对气候变化国家方案》

该方案由国家发展改革委于2007年6月组织编制。方案明确了到2010年中国应对气候变化的具体目标、基本原则、重点领域及其政策措施。方案概述了中国气候变化的现状和应对气候变化的努力与成就，明确了气候变化对中国的影响与挑战，提出中国应对气候变化的指导思想和在可持续发展框架下应对气候变化、遵循《联合国气候变化框架公约》规定的"共同但有区别的责任"、减缓与适应并重、将应对气候变化的政策与其他相关政策有机结合、依靠科技进步和科技创新、积极参与、广泛合作等原则。并指出我国应对气候变化的总体目标是：控制温室气体排放取得明显成效，适应气候变化的能力不断增强，气候变化相关的科技与研究水平取得新的进展，公众的气候变化意识得到较大提高，气候变化领域的机构和体制建设得到进一步加强。为实现这一总体目标，我国需要完成控制温室气体排放、增强适应气候变化能力、加强科学研究与技术开发、提高公众意识与管理水平等主要目标。方案还介绍了我国在减缓温室气体排放的重点领域、适应气候变化的重点领域、气候变化相关科技工作、气候变化公众意识、机构和体制建设等方面的相关政策和措施。表明了我国对气候变化若干问题的基本立场和气候变化国际合作需求。

(5)《可再生能源中长期发展规划》

该规划由国家发展改革委于2007年8月发布，介绍了国际可再生能源发展状况、我国可再生能源发展现状，阐述了发展可再生能源的重要意义、指导思想和原则。将今后15年我国可再生能源发展的总体目标设定为：提高可再生能源比重，促进能源结构调整；解决无电人口的供电问题，改善农村生产、生活用能条件；清洁利用有机废弃物，推进循环经济发展；规模化建设带动可再生能源新技术的产业化发展。并提出了三个具体发展目标：①充分利用水电、沼气、太阳能热利用和地热能等技术成熟、经济性好的可再生能源，加快推进风力发电、生物质发电、太阳能发电的产业化发展，逐步提高优质清洁可再生能源在能源结构中的比例，力争到2010年使可再生能源消费量达到能源消费总量的10%，到2020年达到15%；②因地制宜利用可再生能源解决偏远地区无电人口的供电问题和农村生活燃料短缺问题，并使生态环境得到有效保护。按循环经济模式推行有机废弃物的能源化利用，基本消除有机废弃物造成的环境污染；③积极推进可再生能源新技术的产业化发展，建立可再生能源技术创新体系，形成较完善的可再生能源产业体系。到 2010 年，基本实现以国内制造设备为主的装备能力。到 2020 年，形成以自有知识产权为主的国内可再生能源装备能力。

根据该规划，2010 年和 2020 年可再生能源发展重点领域为：水能、生物质能、风能和太阳能。

最后，规划提出了提高全社会的认识、建立持续稳定的市场需求、改善市场环境条件、制定电价和费用分摊政策、加大财政投入和税收优惠力度、加快技术进步及产业发展六项规划实施保障措施。

(6)《可再生能源发展"十一五"规划》

这一规划由国家发展改革委根据《可再生能源中长期发展规划》提出的目标和任务所制定，于 2008 年 3 月发布。该规划是指导"十一五"时期我国可再生能源开发利用和引导可再生能源产业发展的主要依据。它介绍了我国可再生能源的发展现状和面临形势，发展可再生能源的指导思想和 2010 年发展目标，对水电、生物质能、风电、太阳能和农村可再生能源等可再生能源的发展分别提出了指导方针、发展目标、规划布局和建设重点。分析了发展可再生能源对环境的有利影响和可能产生的不利影响，提出保障措施和激励政策。

(7)《中国应对气候变化的政策与行动》

国务院新闻办公室 2008 年 10 月发布《中国应对气候变化的政策与行动》，国家发展改革委于 2009 年 11 月发布《中国应对气候变化的政策与行动——2009 年度报告》，2010 年 11 月发布《中国应对气候变化的政策与行动——2010 年度报告》。

2008 年的《中国应对气候变化的政策与行动》包括前言、气候变化与中国国情、气候变化对中国的影响、应对气候变化的战略和目标、减缓气候变化的政策与行动、适应气候变化的政策与行动、提高全社会应对气候变化意识、加强气候变化领域国际合作、应对气候变化的体制机制建设、结束语。

2009 年的《中国应对气候变化的政策与行动——2009 年度报告》包括前言、减缓气候变化的政策与行动、适应气候变化的政策与行动、地方应对气候变化行动、气候变化领域国际合作、体制机制建设与公众意识提高、结束语。

2010 年的《中国应对气候变化的政策与行动——2010 年度报告》包括前言、减缓气候变化的政策与行动、适应气候变化的政策与行动、应对气候变化能力建设、公众意识和行动、地方应对气候变化的政策与行动、行业应对气候变化的行动、参与气候变化国际谈判的立场和主张、应对气候变化国际交流与合作、结束语。

4. 我国参加的国际公约、议定书

(1)《联合国气候变化框架公约》

1992年6月，联合国环境与发展大会上通过《联合国气候变化框架公约》，我国时任总理李鹏代表中国政府签署，我国成为公约成员国。该公约于1994年3月正式生效，其最终目标是：将大气中温室气体的浓度稳定在防止气候系统受到危险的人为干扰的水平上。这一水平应当在足以使生态系统能够自然地适应气候变化、确保粮食生产免受威胁并使经济发展能够可持续地进行的时间范围内实现。

作为非附件一缔约方，我国必须承诺：（a）用待由缔约方会议议定的可比方法编制、定期更新、公布并按照第十二条向缔约方会议提供关于《蒙特利尔议定书》未予管制的所有温室气候的各种源的人为排放和各种汇的清除的国家清单；（b）制订、执行、公布和经常地更新国家的以及在适当情况下区域的计划，其中包含从《蒙特利尔议定书》未予管制的所有温室气候的源的人为排放和汇的清除来着手减缓气候变化的措施，以及便利充分地适应气候变化的措施；（c）在所有有关部门，包括能源、运输、工业、农业、林业和废物管理部门，促进和合作发展、应用和传播（包括转让）各种用来控制、减少或防止《蒙特利尔议定书》未予管制的温室气体的人为排放的技术、做法和过程；（d）促进可持续地管理，并促进和合作酌情维护和加强《蒙特利尔议定书》未予管制的所有温室气体的汇和库，包括生物质、森林和海洋以及其他陆地、沿海和海洋生态系统；（e）合作为适应气候变化的影响做好准备；拟订和详细制定关于沿海地区的管理、水资源和农业以及关于受到旱灾和沙漠化及洪水影响的地区特别是非洲的这种地区的保护和恢复的适当的综合性计划；（f）在它们有关的社会、经济和环境政策及行动中，在可行的范围内将气候变化考虑进去，并采用由本国拟订和确定的适当办法，例如进行影响评估，以期尽量减少它们为了减缓或适应气候变化而进行的项目或采取的措施对经济、公共健康和环境质量产生的不利影响；（g）促进和合作进行关于气候系统的科学、技术、工艺、社会经济和其他研究、系统观测及开发数据档案，目的是增进对气候变化的起因、影响、规模和发生时间以及各种应对战略所带来的经济和社会后果的认识，和减少或消除在这些方面尚存的不确定性；（h）促进和合作进行关于气候系统和气候变化以及关于各种应对战略所带来的社会和社会后果的科学、技术、工艺、社会经济和法律方面的有关信息的充分、公开和迅速的交流；(i) 促进和合作进行与气候变化有关的教育、培训和提高公众意识的工作，并鼓励人们对这个过程最广泛地参与，包括鼓励各种非政府组织的参与；(j) 依照第十二条向缔约方会议提供有关履行的信息。

(2)《京都议定书》

《京都议定书》是1997年12月在日本京都由《联合国气候变化框架公约》参加国三次会议制定的。其目标是"将大气中的温室气体含量稳定在一个适当的水平，进而防止剧烈的气候改变对人类造成伤害"。议定书贯彻了"共同但有区别的责任"原则，为38个工业化国家（其中包括11个中东欧国家）规定了具有法律约束力的限排义务，即这38个工业化国家在2008—2012年的承诺期内，把它们的温室气体排放量从1990年排放水平平均降低大约5.2%。《京都议定书》于2005年2月16日正式生效。

《京都议定书》建立了三个合作机制，即国际排放贸易（IET）、联合履行机制（JI）和清洁发展机制（CDM）。合作机制的设计目的在于帮助发达国家通过在其他国家以较低的成本获得减排量，从而降低发达国家实现其排放目标的成本。合作机制通过减排项目的全球配置，能够刺激国际投资，为全世界各个国家实现"更清洁"的经济发展提供了重要的实施手段。尤其是清洁发展机制，其目的在于通过促进发达国家的政府机构及商业组织对发展中国家的环境友好投资，从而帮助发展中国家实现可持续发展。我国现在是CDM项目的最大提供国，CDM项目的注册数量和年减排量均居世界第一。

作为发展中国家，我国目前还不承担二氧化碳的强制性减排义务，但这已经成为近年来历次气候变化谈判会议上的争论焦点。

(二) 促进低碳发展立法的积极作用

虽然目前我国的立法当中还没有明确提出"促进低碳发展"字句，但是从以上诸多法律法规和政策性文件的内容中，我们可以看出国家对节能减排、提高能效等问题的重视和制度导向。通过上述法律法规与政策性文件的制定和实施，我国在节能减排领域取得了重大成就，"十一五"规划中所制定的各项节能降耗指标得以顺利完成，为进一步的低碳发展提供了良好的基础。

有关法律法规的制定有利于我国低碳发展的法制化，使我国的低碳发展从起步阶段就处于法律的鼓励和制约范围内，令其有法可依。

二 低碳发展执法情况的梳理

（一）低碳发展执法现状

1. 节能和提高能效

在这一方面，政府做了大量工作：

（1）进一步强化节能目标责任考核制度，将"十一五"节能目标分解落实到了各省、自治区、直辖市，并且建立了目标责任制，对未能完成目标任务的地方政府官员进行问责。2009年和2010年，政府继续对全国31个省级政府和千家重点企业节能目标完成情况与节能措施落实情况进行了评价考核，并向社会公告考核结果。2010年8月，国务院组织13个部门，组成6个督察组，对全国18个重点地区进行节能减排专项督查，促进各地加大工作力度，努力完成"十一五"节能目标。

（2）加快调整产业结构，通过调整工业内部结构、加快发展服务业等措施，进一步加大结构节能工作力度。2009年7月，国务院转发了有关部门《关于抑制部分行业产能过剩和重复建设引导产业健康发展若干意见》，对抑制产能过剩工作提出了相关政策要求，初步遏制了产能过剩行业重复建设的势头；加快发展服务业，2009年以来，大力推动生产性服务业和生活性服务业发展，2010年8月，国务院召开了服务业发展改革工作座谈会，提出将发展服务业作为加快转变经济发展方式、调整经济结构的战略性举措，国务院办公厅发布了《关于发展家庭服务业的指导意见》，制定了加快家庭服务业发展的重点支持政策。加快淘汰落后产能，以钢铁、水泥、平板玻璃、有色金属、焦炭、造纸、制革、印染等行业为重点，采取分解落实目标责任、完善政策约束、建立激励和监督检查机制等一系列综合措施，确保任务按期完成。

（3）完善制度标准和价格政策。建立健全能效制度和标准。推进固定资产投资项目节能评估工作，制定了固定资产投资项目节能评估和审查暂行办法；继续扩大强制性能效标识实施范围，2009年以来，制定发布了计算机、电风扇、打印机、双端直管荧光灯等9种产品能效标识实施规则，以及进一步加强建筑门窗节能性能标识工作的规则等；制定了重点耗能行业能效水平对标指南；实施道路运输车辆燃料消耗量限值标准和准入制度；制定了能源管理体系、企业节能量计算方法等基础标准33项；发布了节能发电调度经济补偿办法，完善推广节能发电调度政策。通过深化能源价格改革，进一步完善节能降耗经济政策。

2009年以来，实施了成品油价格和税费改革，多次调整成品油价格，不断完善价格形成机制。2009年11月，提高全国销售电价，进一步优化了电价结构，更好地体现了公平负担成本的原则。2010年6月，上调天然气出厂基准价格，取消价格双轨制，扩大浮动幅度，引导天然气资源合理配置。对能源消耗超过国家和地方规定单位产品能耗（电耗）标准的，实施惩罚性电价，对超标一倍以上的，比照淘汰类电价加价标准执行。

（4）加强监测。国家发展改革委组织编制了2005年温室气体排放清单，建立了中国温室气体清单数据库，启动了部分省区和城市温室气体清单编制工作。相关部门积极推进温室气体监测试验，在全国范围内建立若干省级温室气体试点监测站，选择电力、钢铁、水泥等重点工业行业的若干典型企业开展二氧化碳自动监测试点，选择典型城市生活垃圾填埋处理场开展甲烷在线监测试点。这些项目的实施，将对提高中国温室气体排放核算能力起到积极作用。完善应对气候变化统计体系。对能源消费统计相关内容进行修订和补充，增加和细化了能源品种，使之基本与国际能源统计品种分类一致，增加了可再生能源电力产量和国际燃料舱等统计内容。加强对能源供应、消费的统计和单位国内生产总值能耗的核算，及时进行节能监测和节能分析，为国家节能减排政策的制定提供参考依据。

（二）低碳发展执法的积极作用

1. 使相关立法和政策得以落实

法律和政策制定出来以后，必须通过政府的执法行为方能落到实处。近年来我国出台了一系列有利于促进低碳发展的法律法规和政策性文件，但这些法律法规和政策性文件要真正发挥促进低碳发展的作用，就必须依靠政府的实际执行。

2. 以政府行为引导企业和公众响应低碳发展

我国的经济发展是典型的政府主导型发展，政府的发展观念不仅直接控制国家的发展方向，还会对企业和社会公众在非常大程度上发挥引导作用。当政府的执法行为明显倾向于低碳发展的时候，企业和公众也会随之认真思考向低碳发展和低碳消费转型，这有利于在全国范围内加快低碳发展的速度。

通过上述一系列行之有效的执法活动和措施，才使得我国低碳发展得以在较短时间内步入正轨。因此，低碳发展的执法活动对于我国低碳发展起到了必不可少的推动作用。

第二节 我国低碳发展立法、执法存在的突出问题

一 立法存在的突出问题

(一) 对法律在加快转变经济发展方式中的作用认识不足

我国早已意识到转变经济发展方式对于保障可持续发展的必要性，也是低碳发展的一条必经之路，但是迄今为止，转变经济发展方式仍然停留在国家的一些政策性文件中，而没有进入法律规范的范畴。作为依法治国的社会主义国家，法律相对于政策来说效力更高、约束更强，但是我国尚未充分重视利用法律这一强有力的工具来促进经济发展方式的转变。

(二) 法律体系不完善

1. 缺乏促进低碳发展的专门立法

虽然我国已经出台大量与促进低碳发展有关的法律法规和政策性文件，但是至今没有一部以"低碳发展"冠名。它们只是从不同的侧面来发挥促进低碳发展的间接作用，但并非专门针对低碳发展进行立法，因此，无法做到系统完整的规定促进低碳发展的法律制度。

2. 法律之间不协调

从1979年《环境保护法（试行）》颁布以来，我国逐步制定了大量有关环境保护的法律法规，并已形成一个较为全面的环境保护法律体系。这一体系中的各个部分新旧不一，因此，法律理念与宗旨也会出现迥异现象。譬如，大部分环境保护相关法律都还没有体现出《循环经济促进法》中的源头控制思想。法律之间存在诸多不协调的情况。

(三) 法律制度不完备

促进低碳发展的一些重要制度，如碳交易制度、碳税制度等还没有建立或者还不够健全。

由于中国碳交易市场没有作为法律依据的长效机制，可能会使投资者持观望态度，故而导致我国当前的碳交易市场存在着交易量小，交易系统不规范，缺乏稳定的盈利模式等困境。审视我国已经建立的碳交易所，北京环境交易所、上海环境能源交易所、大连环境交易所等，它们开展碳交易的方式主要有两种方式：国内企业的自愿减排 CER 项目，我国和国际的 CDM 项目。可以说，真正意义上的碳排放权交易尚未形成。这是因为国内开展强制性交易的基本条件尚不具备，如限制碳排放措施未立法、评估体系未建立、

交易规则未制定、中介体系未成熟。碳交易市场的建立是一项系统工程,需要从制度的设计、市场供需双方的培育、相关基础设施软硬件建设、相关专业人员培养等多方面统筹开展工作。由于未能建立起真正的碳交易市场,我国在国际上至今缺乏碳定价权,致使我国在减排国际合作中难以掌握主动权。

碳税是指针对二氧化碳排放所征收的税。它以环境保护为目的,希望通过削减二氧化碳排放来减缓全球变暖的速度。碳税通过对燃煤和石油下游的汽油、航空燃油、天然气等化石燃料产品,按其碳含量的比例征税来实现减少化石燃料消耗和二氧化碳排放。1990年,芬兰在欧洲率先引入碳税。此后,丹麦、荷兰、瑞典等国家也引入了碳税。在目前我国温室气体排放量位居世界第一的大背景之下,实施碳税制度,不仅是刺激中国经济向低碳排放方向转型的重要举措,还可以树立中国在积极应对全球气候变化上的国际形象,有力地反击以美国为首的西方国家在国际贸易问题上对中国的刁难。可以说,碳税可能是解决我国面临的能源环境问题比较理想的经济手段。但是在实际应用中,由于碳税制度实施的时间不长,其对温室气体减排的效果及对经济和能源系统的影响还有待于进一步深入探讨和定量化。碳税通常会给征税对象产生额外负担,从而遭到相关工业部门和经济部门的反对,并且如果没有一定的减缓或补偿措施,碳税的征收将对那些能源密集型部门产生不利影响,使其在国际贸易中降低甚至失去竞争力。但从长期发展来看,我国作为《联合国气候变化框架公约》的缔约方之一,随着市场化改革的逐步深化,能源价格逐步放开,在我国开征碳税将是二氧化碳减排政策上的一个不得不为的选择。[①]

二 执法存在的突出问题

(一) 执法不严、违法不究的问题

尽管根据《节约能源法》的要求,节能目标完成情况要作为对地方人民政府及其负责人考核评价的内容,但长期以来"发展才是硬道理"的思维仍然深刻影响着地方政府的行为选择,地方领导也习惯于更多考虑以地方 GDP 的增长作为自己政绩的更重要衡量标准。因此,在遇到有一些企业产能落后但能够给地方财政贡献大量税收的情况下,有一些地方政府采取"睁一只眼闭一只眼"的态度;而另一方面,为了完成节能减排的要求,某些地方政府采

[①] 杨杨、杜剑:《碳经济背景下欧盟碳税制度对我国的启示》,《煤炭技术》2010 年第 3 期。

取其他变通手段，如河南省林州市 2011 年 1 月 8 日起停止供暖，让居民无法在严寒季节取暖，但这又违反了违背了国务院办公厅《关于确保居民生活用电和正常发用电秩序的紧急通知》的要求，完成任务和保证民众基本需求孰轻孰重，地方政府难以权衡。类似的，还有诸多地方采取的"拉闸限电"措施，也是为了完成节能减排硬指标而不顾及民众生活的典型事例。这些变通手段的出现正是因为当地政府对于工业企业节能减排执法不严违法不究之后采取的补救措施。

（二）机械执法社会效果不佳的问题

目前由于执法水平所限或其他种种原因，我国行政部门还广泛存在机械执法问题，当然也包括在促进低碳发展的执法过程中。行政机关在执法时过分强调法律的明文规定，固然从表面上看起来是严格遵守法律规定，但是经常成为执法机关推脱其应为的行政作为的借口。在实践中常常出现行政机关以法无明文规定为由而放弃对违法行为进行查处的行政不作为现象，这种情形较之于其他行政违法，其危害性有过之而无不及。它一方面降低了现有法律体系的威信；另一方面以严格守法的姿态表明了执法的疲软和无力，动摇了公众对法律制度的信任与依靠。由于我国低碳发展领域的立法还非常不健全，因此更容易出现行政部门以缺乏法律依据为由，拒绝进行应有的有利于低碳发展的执法行为。

第三节 存在问题的原因分析

一 立法方面问题的原因分析

（一）立法理念不够先进

立法理念直接影响着立法活动和具体法律制度的设计，任何一项法律创制活动都必然会受到一定立法理念的影响。

长期以来，我国将环境保护的重心放在污染防治问题上，对于低碳发展重要意义的认识到近年来才逐渐提高，因此，我国大多数法律法规在制定的时候立法理念并没有体现出低碳色彩。即使是一些较新的与低碳发展密切相关的法律，如《节约能源法》、《可再生能源法》、《循环经济促进法》等，也大多是从推动节约能源、提高能效、促进可再生能源的开发利用，增加能源供应，改善能源结构，保障能源安全、促进循环经济发展、保护和改善环境，实现可持续发展着眼，并没有鲜明地体现出减少温室气体排放的立法理念。在这样的背景下制定出来的法律制度和措施也难以很好地响应低碳发展的要求。

(二) 缺乏低碳发展意识

虽然"低碳"已经逐渐成为一种潮流,低碳经济、低碳消费、低碳出行、低碳建筑等与低碳相关的概念纷至沓来,社会公众也表现出很大的热情,但是从总体来看,我国政府、企业和公众的低碳意识仍然不足。我国曾专门针对企业管理人员进行过一项气候变化意识调查——《基于问卷的企业管理人员气候变化意识调查》,调查报告显示:我国企业高管们的气候意识水平仍较低。在这些管理人员中,董事、监事的气候变化意识水平最低,技术类企业管理人员则最高。和国外相比,国内企业界的气候变化意识还有很大差距。[①] 整个社会的低碳发展意识未能充分树立,立法者也难以形成深刻的低碳意识,因此,他们在制定法律的时候也难以运用专业的低碳知识构建起完善的法律制度和体系。

二 执法方面问题的原因分析

(一) 执法体制不健全

由于专门立法的缺失,应对低碳发展承担责任的部门并不明确,发展改革部门、环保部门、林业部门、交通管理部门、科技部门等都与低碳发展密切相关,但由于现有立法中并未规定哪个部门为主管部门,哪个部门为协管部门,因此在具体执法的过程中容易造成多部门共同执法、政出多门、互相争权和推诿责任的现象。众多部门在执法时缺乏有效沟通协调,造成行政管理效率低下。譬如原国家环保总局坚持2007年7月1日起全面实施国Ⅲ排放标准,而国家发展改革委则主张由于油品质量跟不上,国Ⅲ排放标准迟至2009年12月31日实施。最后,双方经过激烈争执不得不进行折中妥协,机动车国Ⅲ排放标准推迟至2008年7月1日在全国全面实施。[②] 又如《循环经济促进法》规定,国务院循环经济发展综合管理部门负责组织协调、监督管理全国循环经济发展工作;国务院环境保护等有关主管部门按照各自的职责负责有关循环经济的监督管理工作。县级以上地方人民政府循环经济发展综合管理部门负责组织协调、监督管理本行政区域的循环经济发展工作;县级以上地方人民政府环境保护等有关主管部门按照各自的职责负责有关循环经济的监督管理工作。上述条款对部门职能职责的规定较为笼统,没有明确发展改革部门、环境保护部

---

① 《强化意识促进低碳 企业高管面临新命题》,http://www.eichina.net。

② http://www.chinavalue.net。

门、科学技术部门、商务部门、财政税收部门、统计部门等与发展循环经济密切相关的部门的各自职责和协调机制，不利于部门之间协调协作，形成合力。而《循环经济促进法》中规定的财政支持、投资倾斜、税收优惠、价格政策等，还没有得到有效落实。

（二）执法机制不完善

1. 标准不统一

现在市场上出现了各种各样被冠以"低碳"名号的商品，如低碳家电、低碳住宅等，商家以"低碳"吸引消费者，并且往往这些低碳类商品的价格要高于同类别其他商品。但至今还没有制定出统一的低碳行业、低碳技术等标准，这就不利于执法部门维护行业标准和市场秩序，难以杜绝恶性竞争。

2. 考核评价体系不健全

如果考核评价体系不到位，会影响整个节能减排工作的顺利进行。必须建立科学的节能减排考核指标和方法。不仅要比较单位 GDP 能耗，还应考虑重点行业、重点领域、重点产品降低能耗的指标，考虑行业间以及行业内不同规模间企业的能耗比较，这样才有利于科学地推进节能减排。但目前我国政府是用单位 GDP 能耗这种"一刀切"的考核标准来考核节能效果，但从实际情况看，不同产业、不同地区之间的比较缺乏一定的公正性和合理性。

"十二五"规划纲要提出，到 2015 年能源消耗的强度比 2010 年要下降 16%，温室气体的排放强度要下降 17%。要实现这些目标，责任重大，挑战巨大，建立科学的节能减排指标考核评价体系则是重要前提。

3. 统计、监测等监督机制不健全

《国务院批转节能减排统计监测及考核实施方案和办法的通知》要求要逐步建立和完善国家节能减排统计制度，按规定做好各项能源和污染物指标统计、监测，按时报送数据。要对节能减排各项数据进行质量控制，加强统计执法检查和巡查，确保各项数据的真实、准确。严肃查处节能减排考核工作中的弄虚作假行为，严禁随意修改统计数据，杜绝谎报、瞒报，确保考核工作的客观性、公正性和严肃性。但由于职能主体不明确，难以形成健全的统计、监测监督机制，导致无法保证统计、监测工作的有效实施。

（三）执法队伍不完备

现在政府部门中具有低碳发展专业知识的人才还比较欠缺，导致促进低碳发展的执法工作难以有效推进。低碳作为近年来新兴的领域，其涉及面非常广，需要执法人员不仅要具备充分的行政管理经验，还要掌握经济学、科技、工业、农业、建筑业、交通运输业等多方面的知识，这对执法人员的要求相对于一些较为传统的执法领域来说就高得多。应当承认，我国目前政府部门中精通于低碳发展的工作人员数量还非常少，执法队伍没有达到应有的水平。这样的现状导致机械执法现象难以避免。

第三十章

境外低碳发展法治的考察借鉴

"低碳"最初是由英国首相布莱尔在2003年2月24日发表的《我们未来的能源——创建低碳经济体》[①]白皮书中提出。2005年，英国召开了由20个温室气体排放大国环境能源部长参加的"向低碳经济迈进"的高层会议，此后，低碳概念很快为国际社会所接受，并推动形成低碳发展的全球性行动。

《联合国气候变化框架公约》和《京都议定书》规定了主要发达国家的温室气体减排义务和量化减排目标。为履行国际义务，主要发达国家陆续通过立法和行政命令确认本国的排放控制目标，实施以节约能源、提高能效、发展非化石能源等为主要途径的温室气体排放控制措施，并探索了排放限额、排放许可交易等配套市场机制，以期降低全社会的减排成本。也正因如此，国外特别是日本、欧盟、美国在低碳发展领域已有比较成熟的实践和理念，对我国构建低碳发展立法体系具有重要借鉴意义。对国际社会低碳发展的努力进行分析，有助于准确了解我国当前面临的国际形势，也是提出完善我国低碳发展法律保障机制对策建议的重要前提。

第一节 日本低碳发展法治的考察借鉴

一 日本低碳发展立法经验及评析

《京都议定书》签订的次年，即1998年，日本颁布了《地球温暖化对策推进法》，并于2002年、2005年和2008年对该法进行了三次修改。进入21世纪以来，日本提出了创建循环型社会的基本计划，2000年6月，日本颁布《建设循环型社会基本法》，该法于2001年1月生效。以该法为核心，低碳发

[①] 《我们未来的能源——创建低碳经济体》，http://wenku.baidu.com/view/46524049c850ad02de8041f3.html。

展、循环经济等领域立法得以快速发展。目前，日本已经形成了由一系列专门法律组成的低碳发展法律法规体系。

（一）立足于日本的发展阶段和现实条件

日本在环境资源领域的立法与实践的需求关系密切。早期的环境法案颁布与其水污染和大气污染造成的悲剧密切相关，如《环境污染基本法》（1967）和"污染控制会议"（1970年召开，在该会议上颁布了14部污染控制法律和相关环境标准）。20世纪60年代末70年代初，日本的环境立法取得了削减环境污染的明显成效。在此基础上，面对90年代以来资源快速耗竭和废物排放不断增加等日益突出的新形势、新问题，日本环境政策开始逐步转型，由之前的污染治理为主转向建设可持续发展的循环型社会。

日本是土地狭小、资源受到严重限制的国家，环境与资源问题一直是影响日本经济发展的"瓶颈"。因此，法律立足于日本环境与资源的现实情况和日本政治经济的发展阶段，以国家立法设定基本战略。《地球温暖化对策推进法》规定了国家、地方公共团体、事业者以及国民公众的职责，国家应对气候变化的基本方针与政策，国家、地方公共团体、事业者应对气候变化的规划和计划，国家、都、道、府、县地球温暖化防止活动推进中心、温室气体总排放量的公告等。但是，该法的各项规定都是原则性的，基本上是一种政策性的宣示，既不涉及《气候变化框架公约》和《京都议定书》要求控制温室气体排放总量，也不涉及减缓与适应等具体措施。

（二）低碳发展、循环经济、清洁生产等法律法规协同发展

法律法规之间的协调配合有助于法的实施。在低碳发展领域，日本陆续制定了一系列重要立法。1991年，日本制定《再生资源利用促进法》，2000年，日本修订该法，制定《资源有效利用促进法》，修订的法律覆盖了日本几乎一半的城市生活垃圾和工业废物。此外，在包装物回收、建筑材料、家用电器等领域，日本也分门别类制定了相关法律。包括：《容器和包装物的分类收集与循环法》（LColREC）、《废物管理和公共清洁法》（WM&PCLAW）、《家庭电器回用法》（SHAR）、《建筑材料回用法》、《食物回用法》以及"领跑者计划""绿色"采购等相关法律。这些不同的单项法律从不同的领域支持着基本法的具体落实。

（三）举步维艰的强制性立法

与数量众多的专项法律相比，在促进低碳发展、应对气候变化的综合性立法方面，特别是为日本设置强制性的减排目标与时间表、规定具体的减缓温室气体排放的措施等内容上，日本一直举步维艰。

2010年3月12日,日本内阁提出《地球温暖化对策推进法修订案(草案)》,并提交国会审议。该法的立法目的是规范温室气体减排,降低温室效应对地球带来的负面影响,同时,通过尽可能降低能源供给对化石燃料的依存程度、率先促进能源供求方式和社会经济结构的转变,确保经济发展、稳定就业、能源供给,保护当前及未来国民的健康生活。草案要求在全球达成公平减排协议的基础上,日本温室气体排放2020年比1990年下降25%;在全球达成2050年减排50%的协议基础上,日本温室气体排放2050年比1990年下降80%。此外,草案还规定环境大臣在征求公众意见的基础上制订行动计划,并经内阁会议同意决定,主要内容包括实施温室气体排放限额与排放许可交易制度、"绿色"税制改革、可再生能源电力定价全额调配制度,促进核电发展,提高能效,促进教育、研发等。遗憾的是,伴随日本政坛变动,该法前景并不明朗。

二 日本低碳发展执法经验及评析

（一）制定和实施长期战略规划

与其他国家通常以五年、十年为期制订规划相比,日本政府高度重视长期战略规划和计划的制订与实施。

2004年,日本政府着手研究"面向2050年的日本低碳社会情景"计划,目标是为2050年日本实现低碳社会目标提出具体对策。同年,日本政府发表《面向2050年的日本低碳社会》白皮书。2007年5月,日本首相安倍晋三提出将低碳社会作为日本未来发展方向,同年6月,日本内阁通过《21世纪环境立法战略》,正式将低碳社会作为日本政府在2050年前的重点发展目标。2008年6月,日本首相福田康夫提出日本新的防治全球气候变暖对策,即"福田蓝图"。蓝图指出,日本温室气体减排的长期目标是:到2050年温室气体排放量比目前减少60%—80%。2008年7月,内阁会议通过了依据福田蓝图制定的《低碳社会规划行动计划》（A Dozen Action towards Low-Carbon Societies）,提出将低碳社会作为未来发展方向,对住宅、工业、交通、能源等都提出了预期减排目标,并提出相应的技术与制度支撑。

（二）确立综合性管理体制,实现政府、企业和民众合作

日本政府强调通过综合性管理体制实现促进低碳发展的国家战略。《低碳社会规划行动方案》明确了日本建设低碳社会要遵循三项基本原则:（1）在所有部门减少碳排放;（2）提倡节俭,通过更简单的生活方式达到更高质量的生活,从高消费社会向高质量社会转变;（3）提倡与大自然和谐共存,让

保持和维护自然环境成为人类社会的本质追求。

在日本，政府不仅应当监督企业的生产行为是否满足法律法规要求的资源生产率、最终处置量、循环利用率等具体指标，还负责激励企业从事低碳生产与经营，促进低碳技术和产业发展，寻找变革和战略投资的契机，促进技术升级。同样，日本政府高度重视民众生活和消费方式的转变。政府呼吁全社会参与低碳发展和循环型社会构建的努力，重视每一个国民的作用，让国民理解减排的意义、重要性、做法和可能伴随的负担，从而采取实际行动。长期以来，日本政府和相关团体通过电视、网络、发行刊物、举办讲座等形式向消费者提供节能知识，进行节能宣传教育。

三　对我国低碳发展法治的启示

（一）促进低碳发展的根本目的在于保障本国经济社会可持续发展

从总体上看，日本低碳发展的努力绝非为低碳而低碳，或者单纯为了应对气候变化而低碳，而是努力实现统筹循环经济、低碳发展、污染防治、经济转型、技术创新等领域的有机结合，将能源节约、提高能效、发展非化石能源与应对气候变化作为一个整体考虑，将经济发展、改善民生与保护环境有机结合，保障本国经济社会可持续发展。具体包括：（1）应对温室气体浓度迅速上升带来的气候变化问题；（2）应对过多、过滥、粗放式地使用能源和资源，单位能耗和单位资源消耗过高，资源枯竭进一步加深的问题；（3）应对高污染物威胁人类健康、生物多样性，对环境造成严重破坏的问题。

（二）发挥政府、企业和公众促进低碳发展中的作用

在强调生产方式转变以及新技术和新产品研发的同时，日本社会提倡节俭，强调生活和消费方式的转变，倡导民众通过更简单的生活方式达到高质量的生活，从高消费社会向高质量社会转变。《低碳社会规划行动计划》第1条就提出在所有部门实现碳排放的最小化，最大限度挖掘各经济部门的碳减排潜力，体现各部门共同参与。从总体上看，日本强调政府在低碳基础设施建设和发展领域的职责，强调生产企业开发温室气体排放量少的商品，而对民众，则强调改变生活和消费方式。

为了充分发挥公众在低碳发展的积极作用，日本低碳领域的立法特别注重公众的支持，千方百计在法律草案起草和研究中体现对纳税人权益的保护，对公众意见的关注和采纳，以及向公众信息公开，力争低碳发展有关政策的出台，都能建立在广泛认同的基础上。

第二节　欧盟低碳发展法治的考察借鉴

一　先进的低碳发展理念

在低碳发展领域，欧盟始终处在领跑者的行列，为国际社会贡献了先进的低碳发展理念。1896 年，瑞典科学家斯·阿累尼乌斯首创"温室效应"一词，并预言燃料释放的二氧化碳气体将导致气候变暖，当时社会很不以为然，然而这位 1903 年度诺贝尔奖获得者不幸言中。[1] 1989 年，英国环境经济学家皮尔斯出版《绿色经济蓝图》一书，率先提出了"绿色经济"概念。绿色经济与传统的基于煤、石油和天然气等化石燃料的"黑色"经济相对应，在生态经济学的基础上，强调人类经济发展与自然生态资源的相互依赖，以及人类经济活动对气候变化和全球变暖的相互影响。2003 年 2 月 24 日，英国政府发表了《我们未来的能源——创建低碳经济体》（*Energy White Paper*：*Our Energy Future-Creating a Low Carbon Economy*）白皮书，在全世界率先提出了"低碳"概念，明确了低碳发展的目标，并引发了其他国家对低碳发展的积极响应。2009 年，英国学者安东尼·吉登斯出版了《气候变化的政治》一书，率先提出了"保障型国家"的概念，对低碳经济时期政府的战略角色进行全面界定。[2]

总体上看，欧盟国家的低碳发展理念强调明确的政府职责与角色定位，低碳发展与应对气候变化相结合。

二　欧盟低碳发展立法经验及评析

（一）低碳发展的欧盟指令

1.《气候行动与可再生能源一揽子计划》

2007 年 3 月，欧盟提出一项"能源和气候一体化决议"，即"20—20—20"行动：欧盟承诺到 2020 年将欧盟温室气体排放量在 1990 年基础上减少 20%，若能达成新的国际气候协议（即其他发达国家承诺相应大幅度减排，发展中大国也承诺相应义务），则欧盟承诺减排 30%；可再生能源在总能源消费中的比例提高到 20%，生物质燃料占总燃料消费的比例不低于 10%；能源

---

[1] 彭近新：《以科学发展观为指南，发展中国特色低碳经济——人类从应对气候变化走向低碳经济》，《环境保护》2009 年第 11 期。

[2] 李军鹏：《面向低碳经济的政府管理创新》，《领导科学》2010 年第 10 期。

效率提高20%。2008年1月,欧盟进一步提出《气候行动和可再生能源一揽子计划》的立法建议。2009年11月17日,欧盟议会正式批准了这项计划。

这项计划内容具体包括六项内容:(1)欧盟排放权交易机制修正案:加大温室气体控制范围,扩展欧盟排放交易机制(ELIETS);(2)欧盟成员国配套措施任务分配的决定:在成员国间推行责任分担协议(Burden Sharing Agreement)机制;(3)可再生能源指令:制定约束性可再生能源目标,强调推行生物质燃料;(4)碳捕捉与封存的法律框架:制定关于碳捕获和封存(CCS)以及环境补贴的新规则;(5)汽车二氧化碳排放法;(6)燃料质量指令。该计划在欧盟气候和能源政策领域具有里程碑意义,成为欧盟日后参与低碳发展、应对气候变化国际谈判的主要依据与基础。

2. 《适应气候变化发展白皮书》

2009年初,欧盟委员会出台了适应气候变化影响政策的《适应气候变化发展白皮书》,明确2009—2012年为实施"适应"战略的第一规划阶段,2013年开始第二规划阶段。第一规划阶段以四项行动为支柱:(1)建立起气候变化对欧盟影响及后果的知识基础;(2)将"适应"战略融入欧盟主要的政策领域;(3)综合运用各种政策工具解决资金问题;(4)开展国际适应合作。

3. 《哥本哈根气候变化综合协议》

为推动哥本哈根联合国气候变化谈判达成全球气候变化合作协议,欧盟率先承诺了2012年后的减排目标,并提出了后2012谈判方案——《哥本哈根气候变化综合协议》。协议重申了欧盟减排20%—30%的承诺,并提出了以公平并确保对等减排努力的方式对发达国家的总体减排目标进行分配。指标分配中必须考虑的参数包括:人均国内生产总值、单位国内生产总值温室气体排放、1990—2005年的温室气体排放趋势及人口趋势。

4. 关于促进循环经济、清洁生产领域的指令

2000年6月,欧盟启动了欧盟气候变化计划,目的是要确保欧盟制定出统一有效的政策措施,以确保温室气体排放的减少,从而落实《京都议定书》所规定的减排目标。从2000—2008年,欧盟通过了一系列指令,包括2001/77/EC指令(关于可再生能源)、2003/30/EC指令(关于生物柴油)、2003/96/EC指令(关于能源税收)、2003/54/EC指令(关于电力市场自由化)和2003/87/EC指令(关于温室气体排放交易)等,用以促进欧盟成员国能效的提高和可再生能源开发利用,降低温室气体的排放。这些指令已经构成了一个系统的温室气体减排政策体系。

（二）有关国家低碳发展的立法

欧盟指令有直接或间接的约束力，对成员国有关政策和法律的制定有指令性或指导性作用；而欧盟成员国根据本国国情颁布的国内立法，通过建立与欧盟指令相互衔接的基本法律制度，使欧盟指令得以在本国立法中确认或深化，丰富了欧盟的低碳发展立法。

1. 英国的《气候变化法案》

英国是世界上第一个通过立法引入长期的具有法律约束力框架来应对气候变化、促进低碳发展的国家。2007年3月，英国政府起草了《气候变化法议案》（Climate Change Act），启动了立法进程。2001年11月14日，法案正式提交议会下院讨论。2008年3月，法案在下院获得通过，随后提交上院讨论。2008年11月，该法获得议会批准，2008年11月26日，法案由英国女王签署生效。

英国的《气候变化法案》法律文本长达108页，主要包括以下几方面内容：

（1）具有法律约束力的碳减排目标。法案规定到2020年英国在1990年的基础上实现26%—32%的减排，2050年在1990年的基础上实现80%的减排。

（2）碳预算制度。法案规定每五年为一个周期制定碳排放上限，一次设定三个五年的碳预算，调控到2050年的排放路径。核心条款是通过碳预算制度促进减排目标的实现，由此把促进低碳发展用法律形式固定下来。

（3）成立气候变化委员会。负责对每个阶段的碳预算方案进行评估，然后确定削减碳预算的时机，明确事务大臣在作出相关决策时应该考虑气候变化委员会的建议。2008年12月1日，气候变化委员会（Committee on Climate Change，CCC）正式成立。

（4）进一步的碳减排措施。引入气候变化税、碳排放贸易基金、碳信托交易基金，并要求在2016年所有的新建住宅要达到零碳排放。[①]

由于英国财政部门认为排污权的拍卖属于财政问题，所以《气候变化法案》没有规定排污权的拍卖问题。[②]

2010年4月8日，英国《能源法》生效。该法的立法目的是规范碳捕捉和封存技术示范、评估与利用的相关活动，规范电厂发电低碳化与采用碳捕捉技术相关事宜，规范电力和燃气市场管理局以及国务大臣与之相关的职能，规

[①] 王利：《低碳经济：未来中国可持续发展之基础——兼谈中国相关法律与政策的完善》，《池州学院学报》2009年第2期。

[②] 王慧：《英国〈气候变化法〉述评》，《世界环境》2010年第2期。

范发电许可和电力与燃气供应商相关事宜。

2. 德国关于促进低碳发展的立法

德国虽然没有制定专门应对气候变化、促进低碳发展的立法，但相关立法形成的法律体系却颇为完备。2001年德国实施《可再生能源法》（Renewable Energy Sources Act），通过强制入网、固定电价、政府补贴等一系列措施鼓励可再生能源的发展。2002年，实施《热电联产法》，该法规定对利用热电联产技术发电的企业给予补贴；按照德国政府的计划，到2020年，将热电联产技术供电比例较目前水平翻一番。2005年，颁行《能源节约法》，规定了新建建筑的能耗新标准，按照《能源节约法》的规定，建筑的允许能耗要比2002年前的能耗水平下降30%左右。2008年，对《可再生能源法》作了修订，并制定了《可再生能源供热法》（Renewable Energies Heat Act），以提高可再生能源供热在供热能源消费中的份额。2009年，德国政府发布《国家生物质能行政计划》（National Biomass Action Plan for Germany-Biomass and Sustainable Energy Supply），以支持欧盟委员会在2005年发布的《生物质能行动计划》。由此不难看出，德国走的是专项立法道路。

三 欧盟低碳发展执法经验及评析

（一）目标分解

低碳目标的分解落实在欧盟及其成员国之间普遍存在。通过明确低碳目标的实施期限、责任主体和实施步骤，确保既定目标的实现。

第一，在欧盟及其成员国之间分解减少碳排放的国际法律义务。欧盟在《京都议定书》下的整体义务是在2008—2012年期间，将其温室气体排放量在1990年的基础上减少8%。为了确保目标实现，欧盟内部达成了减排分担协议，将此目标分解到各成员国，1998年7月，欧洲理事会环境部长级会议上对各国减排任务作出决定：德国承诺减排21%，英国减排12.5%，丹麦减排21%，荷兰减排6%，而希腊、葡萄牙的排放量允许增长25%和27%，爱尔兰允许增长13%（如图30-1）。2009年4月1日，欧盟委员会发布《适应气候变化白皮书：面向一个欧洲的行动框架》，以提高欧盟应对气候变化的应变能力，并提出区分第一阶段（2009—2012）和第二阶段（2013年以后），分别实施不同的适应战略。[①]

---

① 葛全胜、曲建升等：《国际气候变化适应战略与态势分析》，《气候变化研究进展》2009年第6期。

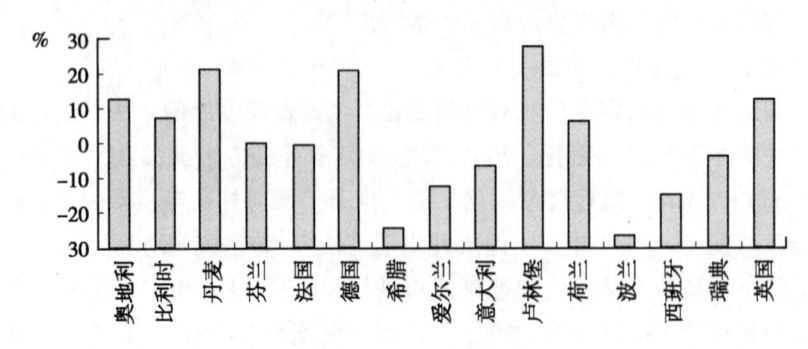

图 30-1 欧盟国家 2008—2012 年减排目标（相对于 1990 年）

第二，在成员国内部分解减少碳排放的具体责任。比如，英国以法律形式明确了中长期的减排目标，但在具体实施中，英国的碳预算制度明确从 2009 年开始分三个五年的实施：2008—2012 年、2013—2017 年和 2018—2022 年。由气候变化委员会提出三个五年期碳预算方案和相关政策建议，获得议会上下两院的批准后实施。

（二）政府白皮书、政府行动计划等国家战略

1. 政府白皮书

2000 年 6 月，欧洲委员会发布了欧洲《气候变化计划》（Climate Change Programme）。此后每年，欧盟委员会都出台新的气候变化年度计划。

2003 年 2 月 24 日，英国政府发表了《我们未来的能源——创建低碳经济体》（Energy White Paper: Our Energy Future-Creating a Low Carbon Economy）白皮书，在全世界率先提出了"低碳"概念，并明确提出了从根本上把英国变成一个低碳国家的总体目标，要保持能源供应的稳定性和可靠性，促进国内外竞争性市场的形成，协助提高可持续的经济增长率并提高劳动生产率，确保每个家庭以合理的价格获得充分的能源服务。[①]

2007 年 5 月，英国发布《迎接能源挑战》（Energy White Paper: Meeting the Energy Challenge）白皮书，明确提出了包括六个方面的主要内容：（1）建立应对气候变化的国际框架，成为全球碳交易市场的基础；（2）重申了 2003 年能源白皮书中确立的减排目标，并明确可以根据将来情况的变化对减排目标进行相应调整；（3）进一步发展和完善公平竞争和公开透明的国际市场；（4）通过信息、激励、政策等手段促进节能；（5）大力发展低碳技术；

---

① 任力：《国外发展低碳经济的政策及启示》，《发展研究》2009 年第 2 期。

(6) 创造和保证良好的投资环境。[①]

2. 政府行动计划

如果说白皮书的内容还以战略性布局为主要特征，那么各国不断发布的政府行动计划则包括了更为具体的努力。英国政府陆续发布了《向全球低碳经济前进：实施施坦恩报告》（2007 年 10 月）、《建设低碳经济——英国应对气候变化做出的贡献》（气候变化委员会，2008 年 12 月）、《英国低碳转型计划》（2009 年 7 月）等，在实施层面使英国的低碳发展行动路线图不断清晰。2008 年 12 月，德国联邦政府通过《德国适应气候变化战略》，从十三个相关领域提出构建德国适应气候变化影响的行动框架。此外，欧盟范围内的其他国家，如芬兰、德国、法国、荷兰、西班牙、丹麦、奥地利、爱沙尼亚、匈牙利等均已发布了本国的国家行动计划。

（三）强制性标准保障

2007 年 2 月，欧盟委员会通过了修订《燃料质量指令》的立法动议，为用于生产和运输的燃料制定了更严格的环保标准，主要借助欧盟碳排放交易体系、碳税等政策工具，帮助企业建立碳排放成本管理体制。[②] 英国通过制定行业规范和标准，明确各行业减排目标、任务和标准，要求电力行业供应商自 2003 年开始 3% 的电力要来自可再生能源，此后逐年提高，2010 年要达到 10.4%，2015 年增加到 15.4%。同时，要求建筑行业严格执行"欧盟建筑能耗标准体系"。实践证明，通过执行这一强制性标准，2006 年英国全国新建房屋的能耗比 2002 年前下降了 40%。[③]

（四）灵活的市场机制

英国于 2001 年开始征收气候变化税；2002 年，英国实行政策性补贴，建立起了世界上第一个国家碳排放交易体系（UK ETS），成为最早实施温室气体排放贸易机制的国家。随着实践经验不断积累，英国开始采取一些税收减免措施。比如：政府和重工业、能源产业签订自愿协议，如果它们能够通过投资实现低于标准的碳排放，就不需要支付全税，可以减免 80% 的气候变化税。[④] 与之类似，德国也于 2002 年开始着手排放权交易的准备工作，目前已形成了比

[①] 鲍健强、朱逢佳：《从创建低碳经济到应对能源挑战——解读英国能源政策的变化与挑战》，《浙江工业大学学报》（社会科学版）2009 年第 2 期。

[②] 周剑、何建坤：《北欧国家碳税政策的研究与启示》，《环境保护》2008 年第 22 期。

[③] 仇保兴：《创建低碳社会 提升国家竞争力——英国减排温室气体的经验与启示》，《建设科技》2009 年第 2 期。

[④] 普雷斯科特：《低碳经济遏制全球变暖——英国在行动》，《环境保护》2007 年第 11 期。

较完善的法律体系和管理制度。①

四 积极推进国际法规范的建立和实施

(一) 欧盟积极推进《京都议定书》的生效

1998年,欧盟召开环境部长理事会会议,通过了《欧盟关于气候变化的战略》文件,表明欧洲对履行《京都议定书》项下碳减排义务的立场和态度。2000年和2005年,欧盟先后启动欧洲第一个和第二个气候变化方案（ECCP I 和 ECCP II）,2001年9月,欧盟理事会通过了《关于促进可再生能源电力发展法令》,为履行《京都议定书》迈出了重要一步。2002年,欧盟通过第六届环境行动方案,将碳减排义务纳入欧盟农业、能源、区域和科研等领域。此外,欧盟还以支持俄罗斯加入世贸组织为条件,拉拢其批准《京都议定书》。在欧盟的积极推动下,《京都议定书》最终于2005年2月16日正式生效。②

(二) 将促进国际法的实施与自身发展结合

为帮助其成员国履行《京都议定书》项下的温室气体减排承诺,欧盟于2005年正式启动了欧盟排放交易体系,欧洲碳金融服务体系初步形成并发展。实际上,欧盟通过提出占据碳交易领域的"制高点",以欧元定价碳交易,带动相关金融服务并向全球进行金融渗透,挑战美国在全球金融市场的优势地位。③

五 对我国低碳发展法治的启示

(一) 应高度关注行业标准与产品标识可能构筑新的绿色壁垒

应当看到,在积极履行减少碳排放义务的同时,欧盟更多的是从本地区发展战略考虑,为本地区经济的可持续发展和巩固在全球的地位服务。

欧盟之所以率先减排并不断提出更高的排放目标,是因为欧盟在节能技术和清洁能源技术的开发应用领域处于世界最先进的水平,欲借机在节能环保和清洁能源开发领域掀起一场新的技术革命,使欧盟企业占据世界经济增长制高点。从整体上提升欧盟企业的国际竞争力,对其他发达国家的企业长期压制,欧盟也可以乘势实现其国际经济与政治目标。研究欧盟及其成员国的低碳发展努力的变化趋势,无一例外呈现出从关注国内的节能减排到关注国际协调合

---

① 任力:《国外发展低碳经济的政策及启示》,《发展研究》2009年第2期。
② 周剑、何建坤:《欧盟气候变化政策及其经济影响》,《现代国际关系》2009年第2期。
③ 同上。

作、各国统一行动以及相关框架条约的重要性。英国《气候变化法案》对国外进口英国境内的产品所导致的碳排放也进行调整,这一规定无疑会对中国外贸带来一定的负面影响。①

(二) 应及时提升和整合低碳发展有关立法和政策

低碳发展是人与自然互动关系上出现的系统性问题,调整正在发生危机的系统结构,使之朝着自然可承受的方向发展,需要全社会各个领域的共同努力,形成相对完整的促进低碳发展的政策体系。从内容来看,欧盟及其成员国在促进低碳发展方面的努力包括了通过税收、贸易或标准为碳定价、鼓励低碳科技的创新以及减少碳排放的措施,也包括了制止森林砍伐、发展碳汇林业、适应气候变化能力建设等一系列措施。

第三节 美国低碳发展法治的考察借鉴

一 美国有关低碳发展的理论研究

20世纪80年代,伴随着全世界新古典自由主义思想的崛起,美国通过排污交易机制来解决"酸雨"这一典型的环境外部性问题,取得了巨大的成功。碳排放权交易也是受此启发逐渐发展起来的。

美国理论界很早就将低碳经济、气候变化与美国面临的国内国际政治形势联系起来进行分析,在政治、经济、环境、法律等诸多领域发表了一系列重要著作。在外交政策领域,早在1989年,时任美国联邦政府海洋与环境科学事务高级顾问戴维·沃思(David A. Wirth)提出,面对气候变化对人类的潜在影响,国际社会应当加紧将应对温室效应提升到外交政策议程的高度。② 2000年,美国环境政治学家保罗·哈里斯(Paul G. Harris)在《气候变化与美国外交政策》(*Climate Change and American Foreign Policy*)论文集中,对美国国内政治和对外气候政策进程之间的互动进行了多角度分析。在经济学领域,安德烈亚斯·米斯巴赫(Andreas Missbach)以"调节学派"和公共决策模型理论分析,提出美国采取特定气候变化政策及其政策工作选择偏好的决定因素。③

---

① 王慧:《英国〈气候变化法〉述评》,《世界环境》2010年第2期。

② David A. Wirth, "Climate Chaos",转引自马建英《美国气候变化研究述评》,《美国研究》2010年第1期。

③ Andreas Missbach, "Regulation Theory and Climate Change Policy", Panl G. Harris ed., Climate Change and Amenlan Foreign Polily, New York: St. Martin's press, 200, pp. 131 - 150.

在国际法领域，1999 年，美国能源部能源效率与可再生能源办公室主任罗伯特·狄克逊（Robert K. Dixon）编辑出版论文集《联合国气候变化框架公约共同执行活动试点：经验与教训》（The U. N. Framework Convention on Climate Activities Implemented Jointly Pilot: Experiences and Lessons Learned）。而在与碳排放密切相关的能源领域，有关的研究成果最多。

二　美国低碳发展立法经验及评析

美国宪法确立了在联邦政府和州政府之间分权制衡的制度，同时提供了联邦政府和州政府合作立法与行政的框架，并普遍应用于各个领域立法中。在环境立法领域，美国地方立法比联邦立法行动更迅速，也更为积极。

（一）联邦层面的立法努力

2007 年以来，在促进低碳发展领域，美国出现了一系列相关法律议案：《气候责任与创新法案》、《全球变暖污染控制法案》、《气候责任法》、《减缓全球变化法案》、《安全气候法案》、《低碳经济法案》、《美国气候安全法案》等，这些法案昭示着美国正在迈向气候变化的联邦立法。[1]

2009 年 5 月 15 日，美国众议院民主党提名人亨利·威克斯曼（Henry Waxman）与爱德华·马基（Edward Markey）共同提出《清洁能源安全法案》（ACES）。5 月 21 日，该法案以 33∶22 票的结果在美国众议院能源和商务小组委员会通过，[2] 随后，6 月 26 日，以 219∶212 票的微弱多数在众议院通过，成为美国历史上第一个明确碳减排目标和制度措施的法律文件。[3]《清洁能源安全法案》（ACES）共 1400 多页，几乎涵盖了清洁能源、能源效率、经济转型、农业和林业碳抵消等减少碳排放的所有行业。法案规定美国到 2020 年温室气体排放量要在 2005 年的基础上减少 17%，到 2050 年减少 83%。此外，法案引入名为"总量控制与排放交易"（Cap and Trade）的温室气体排放权交易制度。[4] 但随后，与之匹配的参议院立法进程进展缓慢。2009 年 11 月，民主党参议员约翰·克里将《2009 年美国清洁能源就业与美国能源法案》提交全院大会讨论，2010 年 5 月，民主党参议员约翰·克里、独立参议员约瑟夫·利伯曼和共和党参议员林赛·格雷汉姆共同起草了《2010 年美国能源法

---

[1] 邓梁春：《美国气候变化相关立法进展及其对中国的启示》，《世界环境》2008 年第 2 期。
[2] 美国众议院能源委员会通过温室气体减排法案，参见 http://news.sohu.com。
[3] 美国迈出应对气候变化重要一步，参见 http://news.xinhuanet.com。
[4] 许鸣：《〈美国清洁能源安全法案〉简介及其对我国的启示》，《新西部》2010 年第 6 期。

案（讨论草案）》，作为新的立法版本提交。该草案提出的中长期减排目标与之前的版本基本一致，但是其近期的减排目标却大大降低，同时还大幅度减小了碳市场的规模。就目前参议院席位看，力推气候变化立法的民主党难以获得通过终结辩论所需的 60 票支持。[①] 一旦本届参议院未能通过 2010 年美国能源法案，以后一段时间内美国将很难进行气候变化立法。该法案要成为法律还有很长的路，参议院是否通过需要再查。[②]

2010 年 7 月 22 日，美国国会参议院多数党领袖哈里·瑞德宣布，由于无法凑够必要的票数，参议院将暂停运作了近一年的气候立法。这也意味着美国短期内不会出台全国性的应对气候变化法律，美国向清洁能源经济的转型将大大延缓。

（二）更为积极的州立法

1997 年，美国克林顿政府签署了《京都议定书》，但并没有把《京都议定书》提交国会。2001 年，美国布什政府宣布抛开《京都议定书》，单独为美国设定温室气体减排目标。美国在这一问题上表现出的摇摆不定的消极态度，受到了世界各国的批评，也促成了更为积极的地方努力。

相比联邦政府，美国各州政府的反应更为积极。2006 年 9 月 27 日，加利福尼亚州州长施瓦辛格（Schwarzenegger）签署《加州全球变暖解决法案》（*California Global Warming Solutions Action*, *2006*），成为美国第一个对碳排放采取限制性措施的州。根据该方案：（1）加州于 2008 年 1 月前以 1990 年的温室气体排放量为基础确立 2020 年全州温室气体排放总量；（2）2009 年 1 月前，为温室气体的重大排放源制定强制性规则；（3）2011 年 1 月前，通过制定规章来实现温室气体减排，并寻求温室气体减排的最大限度的可行性技术支持和最大效益路径，包括规定使用市场机制和可替代的遵守机制；（4）2009 年 1 月前，制订一项计划，明确如何使温室气体的重大排放源通过规章、市场机制和其他行动实现减排；（5）召集环境公平咨询委员会和经济技术委员会，向加利福尼亚空气资源局提供咨询意见；（6）确保公众知情并有机会对加利福尼亚空气资源局的所有的行动予以评论；（7）加利福尼亚空气资源局在采取任何强制性措施或者授权性的市场机制时，应考虑加州的经济、环境和公众健康、受规制的企业之间的公平、电力安全、与其他环境法律的一致，并保证这些规则不给低收入团体造成不成比例的影响。此外，加利福尼亚州还通过了

[①] 高翔：《主要发达国家能源与应对气候变化立法动向及其启示》，《中国能源》2010 年第 2 期。
[②] 周珂、徐岭、潘文军：《中国应对气候变化法治建设刍议》，《学习与探索》2010 年第 2 期。

《全球变暖对策法》，从而创立了温室气体排放全州综合控制措施体系。

不仅加州如此，其他各州也纷纷通过制定地方立法、地方计划或方案等，填补国家层面的政策空白，代表各州去解决全球问题，促进低碳发展。美国现已有40个州执行了削减温室气体排放的法规，20个州出台了鼓励使用可再生能源的措施，新泽西州通过了《对抗全球变暖法案》，成为美国首个通过立法强制大幅削减温室气体排放量的州。[①] 2005年11月，美国东北部7个州宣布将参与旨在创立区域性有效控制来自电厂的温室气体排放的"限额—贸易计划"的"区域温室气体行动计划"，此后又有3个州加入该行动计划。[②]

三 美国低碳发展司法经验及评析

提起诉讼也是各州积极行动的具体体现，比较著名的就是马萨诸塞州诉联邦环保局案（Massachusetts VS. EPA），这也是联邦最高法院受理的第一个关于温室气体的诉讼。美国是遵循判例的国家，因此，该案对美国联邦和各州的低碳发展司法和立法产生了广泛的影响，具有重要意义。

（一）缘起

1999年10月20日，美国马萨诸塞州等12个州、3个城市和一些环保组织向美国联邦环保局提出立法请愿：大量排放的二氧化碳和其他温室气体已经对人体健康和环境造成危害，美国联邦环保局应当按照《清洁空气法》第202条（a）（1）项之规定，制定规章，对新车排放二氧化碳和其他温室气体的事项进行管制。

2003年9月8日，联邦环保局对立法请愿作出了拒绝的行政决定。联邦环保局的主要理由有：（1）二氧化碳不属于《清洁空气法》第202条规定的"大气污染物"，第202条（a）（1）项并未授予联邦环保局对温室气体进行规制的法定权限。（2）气候变化是重要的具有政治经济影响的议题，除非国会明确授权，否则联邦环保局不能主动为之。（3）国会之前已制定了由交通部执行的有关燃料经济的标准，如果联邦环保局制定规则可能与该标准相冲突。（4）假设联邦环保局有权对温室气体进行规制，但考虑到科学不确定性，目前对温室气体立法也是不明智的。（5）联邦环保局认为对机动车辆的排放进

[①] 邢继俊：《发展低碳经济的公共政策研究》，博士学位论文，华中科技大学，2009年，第34页。

[②] 这七个州指康涅狄格、特拉华、缅因、新罕布什尔、新泽西、纽约、佛蒙特；2007年1月，马萨诸塞州和罗得岛州加入到此项区域温室气体行动计划；2007年4月，马里兰加入该计划。

行规制与总统的政策相违背。布什政府应对气候变化的国家策略并非借助于法律的强制，而主要借助于自愿性计划以达到减排的目的。

(二) 一审程序

针对联邦环保局拒绝对温室气体排放进行立法的行政决定，这些请愿者向美国联邦地区法院起诉，要求法院裁决美国联邦环保局履行制定规章的职责。初审法院驳回了原告的诉讼请求。

(三) 上诉审程序

2005年4月，立法请愿者以及后来加入的"诉讼参加人"共计12个州、4个地方政府、13个环境团体，① 依据《清洁空气法》第307条②向哥伦比亚地区联邦巡回上诉法院提起诉讼，要求联邦环保局依据《清洁空气法》第202条对由新的机动车辆引起的温室气体的排放进行立法。另有10个州和6个行业协会则为支持联邦环保局的"诉讼参加人"。此即马萨诸塞州诉联邦环保局案。

在法庭审理中，被告美国联邦环保局的抗辩理由主要有：(1) 原告没有起诉资格。原告声称自己受到的健康和利益损害与美国联邦环保局没有制定规定新机动车二氧化碳排放标准的规章之间没有因果关系，而且原告所受到的损害并不会因为自己制定一个满足原告愿望的规章就可以得到救济。(2) 被告没有法定的监管职责。《清洁空气法》没有把二氧化碳列为污染物，因此美国联邦环保局无权监管。

法院认可了原告的起诉资格。对于第二个辩论焦点，法院认为根据《清洁空气法》第202条(a)(1)项之规定，看不出美国联邦环保局有对新车和新马达制定温室气体排放标准的正当性。导致地球气候变化的原因很多，目前的证据很难科学地证明全球气候变化和机动车排放的二氧化碳、其他温室气体有关或者有很大的关系。如果以后有更加充分的科学证据证明需要采取机动车限制排放措施，美国联邦环保局则有义务来实施。

2005年7月15日，哥伦比亚地区联邦巡回上诉法院以2：1作出裁决，认

---

① 12个州为：加利福尼亚、康涅狄格、伊利诺伊、缅因、马萨诸塞、新泽西、新墨西哥、纽约、俄勒冈、罗德岛、佛蒙特和华盛顿；4个地方政府为哥伦比亚特区、美属萨摩亚岛、纽约市和巴尔的摩；13个环境团体为生物多样性中心、食品安全中心、自然保存法律组织、环境倡议者、环境捍卫者、地球之友、绿色和平、技术评价国际中心、全国环境信托、自然资源保护委员会、塞拉俱乐部、忧患科学家协会和美国公益研究组织。

② 依据该条规定，针对联邦环保局局长依据《清洁空气法》第202条制定任何大气污染物标准的行为提起的司法审查诉讼，在哥伦比亚地区联邦巡回上诉法院提起。如果发现该行为是专断的、任性的和滥用自由裁量权的或者是其他不符合法律的行为，法院可以据此对该行为予以撤销。

为美国联邦环保局的行为是其依据《清洁空气法》第 202 条适当履行其自由裁量权的表现,驳回并拒绝了原告诉讼请求。①

(四) 三审程序

2006 年 6 月,美国联邦最高法院受理了上诉。原告声称:联邦环保局已经放弃了其依据《清洁空气法》对由新的机动车辆引起的四种温室气体的排放进行立法规制的职责。要求最高法院回答两个与《清洁空气法》第 202 条(a)(1)项之含义有关的问题:联邦环保局是否拥有对源于新的机动车辆的温室气体排放进行立法规制的权限?如果存在这种权限,联邦环保局所声称的拒绝为之的原因是否与《清洁空气法》相符合?

联邦环保局辩称:(1) 马萨诸塞州等原告没有诉讼主体资格。(2) 根据《清洁空气法》的规定,联邦环保局并未被授予监管二氧化碳和其他温室气体的权力。(3) 即使《清洁空气法》授予联邦环保局监管二氧化碳等温室气体的权力,此时行使此项权力也是不明智的,因为它可能与现任政府针对气候变化问题所采取的措施特别是国际谈判相冲突。

最高法院的判决意见主要包含以下四点内容:(1) 马萨诸塞州等原告在事实上具有要求联邦环保局监管二氧化碳等温室气体的起诉资格。(2) 美国联邦环保局有权对温室气体进行监管。(3) 联邦环保局必须保护公共健康和福利。(4) 联邦环保局做出拒绝决定所依赖的推理偏离了《清洁空气法》的法律文本。

2007 年 4 月 2 日,美国联邦最高法院的 9 名大法官以 5 票对 4 票的比例通过判决:尽管监管本身不足以扭转全球气候变暖,但是,为了减缓或者降低全球气候变暖而对来自交通部门的温室气体进行监管是联邦环保局的职责。联邦环保局声称其无权限管制新下线汽车和货车的废气排放并不正确,政府须管制汽车污染。

最终的结果是,2009 年 10 月 30 日,美国联邦环保局发布了《温室气体强制报告规则》,要求企业对温室气体的年排放量进行报告。

(五) 给我国的启示

1. 低碳发展司法受到不同利益的博弈

该案当事人众多。本案原告包括十几个州、地方政府和众多环境团体,被告也有十几个州、众多行业利益团体。实际上,各州使用化石燃料能源产品,如天然气、碳和石油的比例是不同的,与此相关的能源、经济利益也有较大差

---

① 2005 年 12 月 2 日,哥伦比亚地区联邦巡回上诉法院拒绝了原告有关重审的请求。

别。低碳发展司法势必影响各州能源及经济利益。本案原告都是在美国能源利用中使用碳氢化合物能源比例较小的州，甚至有6个州还低于全国最低使用比率。被告则恰恰相反，大多数都高于全国平均比率。因此，有观点认为，那些力主对温室气体进行立法的州都是受到巨大利益驱动的，原告各州希望通过诉讼来获取有关规范温室气体的立法权，以此来谋求更多的政治、经济利益。[①]

最高法院的判决意见书，在某种程度上来讲，也代表着美国国内各种经济利益和政治观点的博弈。四名大法官的异议意见书也在某种程度上表达了他们对于美国政府的气候变化政策与法律机制的认同。

2. 对美国低碳发展领域的影响

该案可能促使美国制定更加综合性的有关气候变化的法律，激励像加利福尼亚州等州那样制定控制温室气体减排、促进低碳发展的法律。对美国能源产业政策和投资领域，该案也可能带来深远影响。有学者认为，美国将在能源领域有更多的政策出台，比如进一步鼓励开发可再生能源和其他能够替代石油的汽车燃料；提高能效，采取经济等激励政策来鼓励提高汽车能效技术的研发；进一步加大对可再生能源的开发利用，以减少对石油、煤炭等的使用等。也有学者估计，在国家层面，甚至可能导致美国国会将会为应对全球变暖而力推新立法。[②]

四 对我国低碳发展法治的启示

（一）促进低碳发展的根本目的在于保障本国经济社会可持续发展

其一，低碳发展立法直接受国内经济复苏影响。奥巴马政府上台后曾把应对气候变化与医疗改革、金融改革等一起列为推动立法的重点议题，但气候立法在国会的基础从一开始就不牢固。金融危机以来，美国经济虽然有所回升，但随着经济刺激措施逐步用完，总体上还是表现疲软。从近期来看，无论是发展清洁经济还是碳交易，都会削减美国经济的竞争力，引发大量失业，对美国现有的经济发展和生活模式带来额外的负担。

其二，将气候变化问题与能源安全、经济转型和技术创新战略和提高国家竞争力相联系。与我国将低碳发展的重点放在产业结构升级、产品能耗降低领

---

① 陈冬：《气候变化语境下的美国环境诉讼——以马萨诸塞州诉美国联邦环保局案为例》，《环球法律评论》2008年第5期。

② 李艳芳：《从"马萨诸塞州等诉环保局"案看美国环境法的新进展》，《中国人民大学学报》2007年第6期。

域不同,发达国家一般倾向于把重点放在交通、商业、公用建筑和住宅等更综合的领域。这也决定了低碳发展战略出台需要更为艰难的谈判和不断的妥协。比如:《清洁能源安全法案》明确规定将确保工业排放的削减、绿色岗位与工人转型、帮助消费者、清洁能源出口作为真正实现国家向清洁能源经济转型、提高美国国际市场竞争力的手段。

(二) 促进低碳发展的中心和重点是保障国家能源安全

美国是能源消费大国,在能源实用技术、节能技术、新能源、战略储备、海陆运输、市场机制、相应法律法规建设各方面都走在世界前列。美国《清洁能源安全法案》特别突出了清洁能源与能源效率在应对气候变化中的作用,明确规定了清洁能源发电在电力需求中应占的比例,确定了国家对清洁能源技术和能源效率技术的投资规模。法案不仅将能源结构的改善(如发展清洁能源和提高能源效率)作为减缓气候变化的主要措施,还在制度层面引入了"总量控制"制度来控制温室气体的排放,规定以2005年的温室气体排放量为基准,到2012年时温室气体的排放减少3%,2020年减少17%,2030年减少42%,2050年减少83%。同时,它也规定了排放限额的交易制度,包括温室气体排放配额的分配与登记、禁止超标排放、不遵守的处罚、贸易、储蓄与借贷、战略储备、许可证等。为此,有人甚至认为《清洁能源安全法案》就是综合性的能源法。

美国促进低碳发展的相关立法进展表明,应对气候变化的政策不能与能源政策相割离。应对气候变化问题,从某种意义上说是能源发展问题;全球各国减排温室气体的措施,主要还是能源生产和利用方面的技术和措施。气候变化问题对发展的影响,对国家而言是远期制约,减排温室气体问题在温室气体排放的全球环境容量不明确、各国排放权的产权不明确之前只是道义上的问题,属于软约束;而能源问题对发展的影响,对国家而言均是现实制约和物质基础的制约,属于硬约束。因此美国的气候变化立法进程才会时疾时徐,却始终把能源政策作为国家的核心战略。不是将远期和国际软约束作为制定战略的优先考虑,而是重点从突破能源对发展的硬约束考虑,以节能、提高能源效率、发展可再生能源、保障能源供给的安全与独立为主体,水到渠成地实现应对气候变化、控制温室气体排放的目标。

第四节 国际社会低碳发展的努力

毫不夸张地说,减少碳排放、促进低碳发展已经成为关系全球环境安全的重大问题。在过去的20多年中，国际社会先后制定了《联合国气候变化框架公约》、《京都议定书》、《波恩协议》、《马拉喀什协定》、《气候变化与可持续发展德里部长宣言》、"巴厘岛路线图"等重要文件或决定，为全球应对气候变化行动提供了基本的法律制度。在这些文件中，最重要的是《联合国气候变化框架公约》和《京都议定书》。

一 公约和议定书

（一）公约层面

1. 制定背景

《联合国气候变化框架公约》（UNFCCC，下文简称《框架公约》），于1992年5月9日在联合国通过，并于1992年6月在巴西里约热内卢召开的联合国环境与发展大会期间正式开放签署，153个国家和欧洲共同体签署了《框架公约》。这是第一个全面控制二氧化碳等温室气体排放以应对全球变暖给人类经济和社会带来不利影响的公约。

1992年6月，我国政府签署了《框架公约》，同年年底，全国人大常委会审议并批准了公约，我国成为该公约最早的十个缔约方之一。

2. 主要内容

《框架公约》由前言、26条正文和两个附件组成。包括公约目标、原则、承诺、研究与系统观测、教育培训和公众意识、缔约方会议、秘书处、公约附属机构、资金机制和提供履行公约的国家履约信息通报及公约有关的法律和技术等条款。

《框架公约》第2条规定：公约及其缔约方会议可能通过的任何相关法律文书的最终目标是将大气中温室气体的浓度稳定在防止气候系统受到危险的人为干扰的水平上。这一水平应当在足以使生态系统能够自然地适应气候变化、确保粮食生产免受威胁并使经济能够可持续地进行的时间范围内实现。

公约规定了用于指导缔约方采取履约行动的若干原则，主要包括：（1）公平原则（"共同但有区别的责任"原则）：各缔约方应当在公平的基础上，根据它们"共同但有区别的责任"和各自的能力，为人类当代和后代的利益保护气候系统。（2）预防原则：各缔约方应当采取预防措施，预防、防止或尽量减少引起气候变化的原因，不能以存在科学上的不确定性为由推迟采取预防措施。（3）可持续发展原则：各缔约方有权并且应当促进可持续发展，所采取的政策措施应当适合自己的具体情况。

此外，根据公约确立的发达国家和发展中国家"共同但有区别的责任"

原则，公约将所有国家分为附件一缔约方和非附件一缔约方，规定了不同的公约义务。

（二）议定书层面

1. 制定背景

根据《框架公约》的规定，1997年12月1—11日，在日本京都召开的第三次《框架公约》缔约方大会（COP3）上，由160个会员以第1/CP.3号决定通过了《京都议定书》（*Kyoto Protocol*，以下简称《议定书》）。[①]《议定书》规定，必须在至少55个国家签字，而且其中发达国家占1990年全球温室气体总排放量的55%以上，之后的90天后，才能生效。《议定书》于2005年2月16日正式生效。

我国政府于1998年5月29日签署该议定书。

2. 主要内容

（1）温室气体排放控制目标

由于《框架公约》没有规定量化的温室气体排放控制目标，所以确定具体减排目标就成为《议定书》的最主要内容。《议定书》第3条第1款规定：附件一缔约方应个别的或者共同的确保附件A所列温室气体的排放总量（以二氧化碳当量计）不超过按照附件B中所登记的其排放量限制、削减承诺和根据本条规定所计算的分配数量，并使这类气体的全部排放量在2008—2012年的承诺期间削减到1990年水平之下5%。该条第2款还提出了具体要求，为附件一缔约国确定了具体的、有差别的减排指标，如欧盟8%，美国7%，日本、加拿大各6%，俄罗斯、乌克兰、新西兰零减排，澳大利亚、冰岛的排放量增长限制在8%和10%。欧盟成员国作为一个整体参与减排行动。

（2）温室气体种类

附件A明确规定了六种温室气体：二氧化碳、甲烷、氧化亚氮、氢氟碳化物、全氟化碳和六氟化硫。

（3）三个灵活机制

《议定书》引入了"京都三机制"：（1）附件一缔约方之间的联合履约机制（JI，《议定书》第6条）；（2）附件一缔约方与非附件一缔约方之间的清洁发展机制（CDM，《议定书》第12条）；（3）附件一缔约方之间的排放权交易（ET，《议定书》第17条）。这三个灵活机制允许发达国家选择合适方式在全球范围内实现温室气体减排。

---

① 《京都议定书》，http://unfccc.int/kyoto_protocol/items/2830.php。

3. 历史意义

《议定书》是第一个为发达国家规定了具有法律约束力的具体碳减排指标的国际法律文件。其历史意义至少有三个方面：

第一，《议定书》的制定使《框架公约》的实施迈出了关键一步。《议定书》标志着气候变化国际谈判步入建设性发展阶段，为碳减排提供国际法律基础。

第二，《议定书》明确了附件一缔约方在2012年之前将温室气体的总排放量在1990年的基础上削减5%。

第三，《议定书》通过附件一缔约国率先减排的示范作用，带动发展中国家参与全球碳减排行动。

二 未来的走向

(一) 世界议员大会的努力——G8+5立法者论坛

2005年7月，英国作为2005年G8峰会轮值主席国前夕，根据英国首相布莱尔的倡议，由全球环境议员联盟的分支机构全球英国（Globe UK）承办了第一届G8+5气候变化立法者论坛。我国全国人大环境与资源保护委员会代表中方参与论坛。论坛的目标是：使来自G8成员国家和印度、中国、巴西、墨西哥、南非、西班牙、澳大利亚的立法者及有关的国际人士团结起来，讨论2012年以后的气候变化框架协议。

2006年7月，第二次论坛在比利时举办；2007年2月，第三次论坛在美国首都华盛顿举办；2007年6月，第四次论坛在德国首都柏林举办。经过四轮谈判，中方代表团对会议主办方提出的会议声明和2012年后气候变化框架文件提出修改意见后表示同意。2008年2月，第五次论坛在巴西首都巴西利亚举办。可以预见的是，随着气候变化议题越来越多地受到各国立法机关的重视，世界议员大会的努力也必将在国际社会发挥越来越大的影响力。

(二) 世界各国在加快低碳发展问题上观点渐趋一致

为了应对气候变化的严峻形势，国际社会要求世界各国必须转变高碳排放生存发展方式，减少碳排放。在如何实现碳减排问题上，国际社会在一些重大问题上已经趋于达成共识。可以预见的是，在促进低碳发展的努力进程中，发展中国家也不能置身事外。当然，也应当注意到，发达国家的减排承诺似难兑现。尽管《议定书》确定了目标，但据有关数据统计，截至2006年，根据《框架公约》执行机制的数据，日本的排放量增长了5.3%，美国的排放量增长了14.4%，加拿大增长了21.7%，澳大利亚增长了28.8%。[①]

（三）主要力量的博弈将不断演变

低碳的目标是减少人为温室气体排放，而温室气体排放的主要来源是能源的生产和消费，能源是国民经济和社会发展的动力，事关国家的重大经济利益和发展空间。因此，在过去和可预见的将来，要求减少碳排放和要求经济社会发展将始终是难以调和的矛盾。从谈判进程看，由于复杂的矛盾、政治分野的力量对比，涉及各国的根本利益等原因，谈判甚至远比"南北问题"更为复杂。目前，世界各国已经清晰形成欧盟，美国、日本等发达国家和"77国集团加中国"三大利益集团。

1. 欧盟

欧盟各国经济发达，环境状况良好，政治上环保势力强，力图主导气候变化国际谈判的走向；而且，由于清洁能源在欧盟国家能源构成中比例较大，并且很多欧盟国家都拥有先进的环保技术和较充足的资金，因此，欧盟各国极力要求立即采取较激进的碳减排措施。

2. 美国、日本等发达国家

美国、日本等发达国家，多为能源消耗大国或者温室气体减排压力较大的国家。由于担心减排行动可能会对本国经济造成过大负担，它们反对立即采取碳减排行动，也拒绝采取抑制经济发展的任何措施。

3. "77国集团加中国"

"77国集团加中国"组成了发展中国家阵营，由130个成员国组成，分别来自亚非拉三大区域，与欧盟和以美国为首的"伞形"发达国家集团针锋相对。"77国集团加中国"主张发达国家对全球气候变化承担历史和现实责任，应当率先采取减排行动；同时反对在目前情况下由发展中国家承担碳减排的义务，担心由此阻碍其自身的经济发展。当然，在这个集团内部，各种分歧也都存在：

（1）以沙特为代表的产油国担心碳减排措施会影响其石油生产和出口，越来越成为谈判进程强硬的反对者；

（2）小岛国联盟（35国）是受气候变化不利影响较大的发展中国家，与欧盟持近似的激进观点，强烈要求发展中大国参与碳减排；

（3）以中国、印度为代表的发展中大国还处于快速发展阶段，面临可持

[①] UNFCCC, *Total Aggregate Greenhouse Gas Emissions of Individual Annex I Parties, 1990—2006*, Available at http://unfccc.int.

续发展和能源问题的挑战，基本持中间状态；

（4）以阿根廷、巴西为代表的拉美国家则对主动承担义务表现出跃跃欲试的态度。

这个集团中，中国扮演了重要角色，使得在重大问题上协调一致，基本保证了维护发展中国家的基本利益。

（四）未来的谈判路线尚不清晰

根据《议定书》第3条第9款的规定，后京都机制（《议定书》第一承诺期的2008—2012年以后）的谈判不迟于2005年启动。2007年12月，《框架公约》第十三次缔约方会议暨《议定书》第三次会议在印度尼西亚巴厘岛举行。巴厘岛会议的重点议题是2012年后应对气候变化国际合作安排问题。在各方努力下，会议达成关于2012年后加强应对气候变化国际合作的一揽子行动计划，被称之为"巴厘岛路线图"（Bali Roadmap）。"巴厘岛路线图"进一步确定了《框架公约》和《议定书》下的"双轨"谈判进程：一是在公约下启动一项新的谈判进程，在2009年12月丹麦哥本哈根举办的COP15上达成新的国际协定；二是在《议定书》下继续谈判已批准《议定书》的发展国家2012年后的减排指标。

"巴厘岛路线图"显然只是各方讨价还价的妥协产物，多处用词含糊，各方有不同解读。可以预见，随着实质谈判的开始，斗争将日益激烈，局面也将更加复杂。

三 对我国的影响研究

研究低碳发展、应对气候变化问题产生的历史和现实，本质上是经济社会发展模式问题，即未来发展模式的问题。国际社会的各项努力和谈判，本质上也是发展中国家在争取生存权和发展权的问题。

（一）我国面临的压力和动力

1. 我国面临的压力

在国际社会层面，我国面临的压力越来越大。

（1）要求我国承担碳减排义务。我国积极参与并推进了近年来国际社会共同应对气候变化的努力，充分表明了负责任的态度。《哥本哈根协议》也坚持了《框架公约》、《议定书》、"巴厘岛路线图"确认并延续的"共同但有区别的责任"原则。但是，应该看到，尽管我国采取了强有力的节能减排措施，单位国内生产总值二氧化碳排放强度在降低，但排放总量确实在增加。虽然这种情况是合理的、必然的，也是《框架公约》和《议定书》许可的，但这种情况很容易被煽动为"如果中国不承担碳减排义务,其他国家的努力都等于白费"。所以,要求我国承担碳减排义务的呼声已经越来越多。

(2) 发展中国家的利益之争。"京都三机制"项下吸收资金援助和技术转移等重大问题的实施逐渐细化和明朗,发展中国家之间的经济利益重新配置变得越来越现实和紧迫。发展中国家阵营内部呈现出进一步分化的趋势。中国与小岛国联盟(AOSIS)、能源输出国(OPEC)等国家的分化不断加强。

在国内层面,我国面临的压力也与日俱增。

(1) 对我国现有发展模式提出了重大的挑战。发达国家在人均国民生产总值达到4万美元以后才出现峰值,而我国从人均3000美元的时候,就开始采取措施,减缓二氧化碳的排放。我国主动承诺在2005年单位国内生产总值二氧化碳比1990年排放强度下降46%的基础上,到2020年单位国内生产总值二氧化碳排放比2005年下降40%—45%。这一目标的确定是自主行动,不附加任何条件,不与任何国家的减排目标挂钩。但在目前的技术水平下,达到工业化国家的发展水平意味着人均能源消费和二氧化碳排放必然达到较高的水平,世界上目前尚没有既有较高的人均GDP水平又能保持很低人均能源消费量的先例。未来随着中国经济的发展,能源消费和二氧化碳排放量必然还要持续增长,减缓温室气体排放将使我国面临开创新型的、可持续发展模式的挑战。

(2) 对我国以煤为主的能源结构提出了巨大的挑战。我国是世界上少数几个以煤为主的国家,在2005年全球一次能源消费构成中,煤炭仅占27.8%,而中国高达68.9%。与石油、天然气等燃料相比,单位热量燃煤引起的二氧化碳排放比使用石油、天然气分别高出约36%和61%。由于调整能源结构在一定程度上受到资源结构的制约,提高能源利用效率又面临着技术和资金上的障碍,以煤为主的能源资源和消费结构在未来相当长的一段时间将不会发生根本性的改变,使得我国在降低单位能源的二氧化碳排放强度方面比其他国家面临更大的困难。

2. 我国面临的动力

(1) 通过积极的合作态度树立我负责任大国形象。虽然《框架公约》和《议定书》提供了很好的制度基础,但它们本身却不能完全满足有效地管理应对气候变化所需的响应和行动,只是缺乏必要的惩罚和激励机制的软机制而已。[①] 而我国作出的主动承诺,是在《框架公约》和《议定书》下义务以外

---

① 胡鞍钢、管清友:《应对全球气候变化:中国的贡献——兼评托尼·布莱尔〈打破气候变化僵局:低碳未来的全球协议〉报告》,《当代亚太》2008年第4期。

的积极行动，在国际上获得了良好评价。

（2）密切与其他国家的合作关系。在气候变化领域，我国签署的国际条约和协定有：《中国和欧盟气候变化联合宣言》（2005年9月）、《中华人民共和国与澳大利亚联邦关于气候变化和能源问题的联合声明》（2007年9月）、《中华人民共和国政府和澳大利亚政府关于进一步密切在气候变化方面合作的联合声明》（2008年4月）、《中华人民共和国和法兰西共和国关于应对气候变化的联合声明》（2007年11月）、《中华人民共和国政府和日本国政府关于进一步加强气候变化科学技术合作的联合声明》（2007年12月）等。

（3）抢占国际碳排放市场的有利地位。2008年，世界经济在遭受金融危机的重创之下，全球碳交易额依然高达910亿欧元左右，增长近1.3倍。发达国家已经形成了碳交易货币，以及包括以直接融资、银行贷款、碳交易指标、碳期权期货等一系列金融工具为支撑的碳金融体系。但全球四个碳交易所均为发达国家主导，我国提供的碳减排量已占全球市场的1/3左右。[1]根据学者计算，如果《议定书》尽可能有效地实施，世界范围内的现值成本可能高达8000亿—15000亿美元，而收益约为1200亿美元。如此巨大的成本投入，极有可能对国际资本在世界范围内的流动产生巨大的影响。[2]

（二）我国的宏观战略调整

1. 积极参与气候变化谈判

经中央和全国人大常委会批准，11月6—7日，全国人大环境与资源保护委员会与"全球议员和谐环境组织"联合在天津召开气候变化立法者国际论坛。这是我国首次在气候变化议题上主持召开世界级论坛，标志着我国越来越积极地参与气候变化谈判进程。来自英国、美国、巴西、南非等16个国家和地区的60多名议员出席会议。陈至立副委员长出席开幕式并致辞。论坛一致通过了共同声明，强调了《框架公约》及其《议定书》的原则，强调了发达国家的责任和向发展中国家提供资金、技术转让和能力建设支持的承诺。此后，全国人大代表团赴墨西哥出席了气候变化立法者论坛，递交了天津论坛通过的共同声明，为促进坎昆气候变化大会取得成果作出贡献。

2. 不断提高转变发展方式、促进低碳发展的战略地位

党的十七大提出深入贯彻落实科学发展观，坚持全面协调可持续发展，并首次提出了转变经济发展方式的战略任务。2006年，我国政府首次在国家

---

[1] 顾华详、王红泉：《论我国推进低碳经济发展的法治路径》，《新疆农垦经济》2010年第3期。
[2] 杨兴：《论〈京都议定书〉对国际政治和国际经济的潜在影响》，《时代法学》2005年第3期。

"十一五"国民经济和社会发展规划中提出了"节能减排"的约束性指标,即到 2010 年单位国内生产总值能耗降低 20% 左右,主要污染物排放总量减少 10%。2007 年,我国政府颁布了《中国应对气候变化国家方案》和《节能减排综合性工作方案》及相关政策性文件,2008 年 10 月和 2009 年 11 月,我国分别发布了《中国应对气候变化的政策与行动》白皮书和《中国应对气候变化的政策与行动——2009 年度报告》,及时公布了国家方案的实施情况和取得的进展。我国 31 个省、自治区、直辖市和新疆生产建设兵团都完成了升级应对气候变化方案的编制工作,并进入组织实施阶段。2011 年 3 月召开的十一届全国人大四次会议通过的《国民经济和社会发展第十二个五年规划纲要》中,设专章规定了"积极应对全球气候变化",并明确提出了"到 2020 年中国单位国内生产总值二氧化碳排放比 2005 年下降 40%—45%"的指标要求。特别值得关注的是,这是我国首次提出温室气体减排量化目标。2012 年,党的十八大报告明确提出"坚持共同但有区别的责任原则、公平原则、各自能力原则,同国际社会一道积极应对全球气候变化"。

(三) 具体政策的调整和完善

我国制定和实施了一系列产业政策和专项规划。积极培育节能环保、新能源、新材料、新能源汽车、信息、航空航天、海洋等战略性新型产业,加快重点行业的调整和更新,支持企业加快技术改造和转型升级。主要包括以下几点。

1. 循环经济政策

自 2008 年 8 月《循环经济促进法》实施以来,我国在钢铁、有色、电力等重点行业,在废弃物回收、再生资源加工利用等重点领域开展了循环经济试点,资源回收利用体系初见雏形。循环经济在企业、园区、区域等层级发展,逐步形成了具有中国特色的循环经济模式,积极推动了节能减排新技术在钢铁、电力、建材、化工、农业等重点领域的推广应用,提升了传统产业的竞争力。

2. 能源政策

我国制定了《能源中长期发展规划纲要 (2004—2020)》,在包括新能源和可再生能源在内的各个方面发布了一系列政策措施。不断加大清洁能源和可再生能源发展的力度,在保护生态的基础上,有序发展水电,积极发展核电,鼓励支持农村边远地区大力发展生物质能、太阳能、地热、风能等。抢占前沿低碳能源技术制高点,攻克可再生能源与化石燃料高效清洁利用技术难关。我国在煤燃烧、煤气化、煤液化、太阳能电池、太阳能制氢、生物催化转化等方面取得了一批基础研究成果。2013 年 1 月 1 日,国务院印发《关于印发能源发展"十二五"规划的通知》,明确提出"十二五"期间单位国内生产总值能耗比2010年下降16%,能源综合效率提高到38%,火电供电标准煤耗下降到323克/千瓦时,炼油综合加工能耗下降到63千克标准油/吨;提出要大力开发非常规天然气资源、积极有序发展水电、安全高效发展核电。

3. 节能减排政策

我国陆续发布了《节能技术政策大纲》、《节能产品认证管理办法》、《节能减排综合性工作方案》等一批重要规范性文件。推动建立和落实节能减排评价考核体系,加快实施节能减排重点工程,完善有利于节能减排的财税政策。推进节能减排科技重点示范工程,积极培育战略性新兴产业生长点。开展"十城千辆"节能与新能源汽车示范推广应用工作、"十城万盏"半导体照明应用工程等。

在低碳建筑方面,目前,建筑能耗约占我国全社会总能耗的30%。2008年国家颁布《民用建筑节能条例》以来,建筑节能工作开展加强。到2009年年底,全国城镇新建建筑设计阶段执行节能强制性标准的比例为99%。同时大力推动北方采暖地区既有居住建筑供热剂量及节能改造工作。深入开展了国家机关办公建筑和大型公共建筑节能监管体系建设。

在低碳城市试点方面,2008年,国家发展改革委和世界自然基金会(WWF)共同确定上海市和保定市作为中国低碳城市发展项目(Low Carbon City Initiative in China, LCC)的两个试点城市。2010年,国家发展改革委正式确定在广东、辽宁、湖北、陕西、云南五省和天津、重庆、深圳、厦门、杭州、南昌、贵阳、保定八市开展低碳省区和低碳城市试点工作。[①]

此外,在天然林保护、退耕还林等领域,我国也一直探索开展积极的努力。

---

① 《国家发展改革委关于开展低碳省区和低碳城市试点工作的通知》,http://www.sdpc.gov.cn。

第三十一章

加强低碳发展法治建设的对策建议

从国外低碳发展立法、执法与司法的经验来看,"低碳"是指低能耗、低排放、低污染为基本特征的一种经济发展模式,其本质是通过制度创新、技术创新与管理创新,从根本上减少人类对化石能源的依赖,减少二氧化碳等温室气体排放的发展模式。

我国正处于快速工业化和城市化进程,需较大的温室气体排放空间,同时我国也有保护全球的责任和政治意愿。2011年3月十一届全国人大四次会议审议通过了《国民经济和社会发展第十二个五年规划纲要》,明确提出"十二五"期间"单位国内生产总值能源消耗降低16%,单位国内生产总值二氧化碳排放降低17%"的约束性指标,并设专章规定"积极应对全球气候变化",提出"加快低碳技术研发应用,控制工业、建筑、交通和农业等领域温室气体排放。探索建立低碳产品标准、标识和认证制度,建立完善温室气体排放统计核算制度,逐步建立碳排放交易市场。推进低碳试点示范。"为此,加强我国低碳发展法治建设已势在必行。

第一节 指导思想和基本原则

我国是最早制定实施《应对气候变化国家方案》的发展中国家,是近年来节能减排力度最大的国家。在保护生态的基础上,我国有序发展水电,积极发展核电,鼓励支持农村、边远地区和条件适宜地区大力发展生物质能、太阳能、地热、风能等新型可再生能源,成为新能源和可再生能源增长速度最快的国家;持续大规模开展退耕还林和植树造林,大力增加森林碳汇,是世界人工造林面积最大的国家。[①] 这些都是我国为实现低碳发展而扎实努力的见证,也是进一步完善低碳发展法律保障机制的现实基础。

---

① 史新峰编著:《气候变化与低碳经济》,中国水利水电出版社2010年版,第167页。

一 指导思想

(一) 清醒对待

从总体上看,我国碳排放总量大、增长快和能源利用效率低的现实不容回避,[①] 但人均碳排放量低、历史累积排放量低、人口增长和人均GDP增加等因素也值得重视。与发达国家不同的是,我国不是后工业化时期的低碳发展,而是工业化过程中的低碳发展模式,我国的经济总体水平、科技水平、法治建设都还不够完善,因此,不能照搬发达国家低碳发展的模式。实际上,由于支撑重工业发展的是能源,随着国际能源和资源产品不断大幅涨价,我国抗风险能力受到的挑战越来越大,已经严重影响了经济增长的稳定性。我国能源生产和能源消费结构中,煤炭一直占绝对比重,多年处于68%—76%的高位水平,水电等零碳能源所占比重多年不超过8%,核能比重更低。这些都是促进低碳发展工作中必须高度重视的问题。

(二) 积极减碳

2009年11月,我国公布了到2020年单位国内生产总值二氧化碳排放比2005年下降40%—45%的目标。这是我们根据国情采取的自主行动,也是为全球应对气候变化作出的有力表率。应当看到,从我国国情和所处的发展阶段分析,实现这一目标需要艰苦卓绝的努力。

从国际来看,正如国务院发布的《能源发展"十二五"规划》中指出的,发达国家一方面利用自身技术和资本优势加快发展节能、新能源、低碳等新兴产业,推行碳排放交易,强化其经济竞争优势;另一方面,通过设置碳关税、"环境标准"等贸易壁垒,进一步挤压发展中国家发展空间。我国作为最大的发展中国家,面临温室气体减排和低碳技术产业竞争的双重挑战。我国也已经注意到沿海低地国家、小岛屿国家、最不发达国家、内陆国家和非洲国家的诉求,尊重他们把经济和社会发展作为优先事项,以发展本国经济消除贫困;注意到美国、欧盟等国家和地区的战略考虑,并注意从全人类的共同利益出发,作出积极努力。

在国内,高碳排放和其他伴生物排放导致的环境污染已经造成严重后果。发达国家工业化200多年遇到的环境问题逐步出现,分阶段解决,而我国在30多年的快速发展中集中出现。因此,环境问题呈现复合型的特点。我们要发挥后发优势,改变不可持续的发展方式,调整经济结构、产业结构、能源结

[①] 江泽民:《对中国能源问题的思考》,《上海交通大学学报》2008年第3期。

构,转变发展和消费方式,只有这样,中国的经济发展才能持续。

(三) 全面保障

发挥体制机制的耦合效应,以明确国家促进低碳发展的政策导向、建立促进低碳发展的规划保障、健全促进低碳发展的考核体系和完善科技体系的促进和支撑等为抓手,为促进低碳发展建立全面保障。

1. 明确国家促进低碳发展的政策导向

低碳发展涉及许多领域,是复杂的系统工程。必须深入贯彻落实科学发展观,坚持节约资源和保护环境的基本国策,以增强可持续发展能力为目标,以保障经济发展为核心,以科学技术进步为支撑,加快转变发展方式,努力控制温室气体排放,不断提高应对气候变化的能力,在新的更高起点上促进低碳发展。

2. 建立促进低碳发展的规划保障

面对国际气候变化谈判的形势和更加开放的市场环境,国务院有关部门应当抓紧制定促进低碳发展的规划,修订产业政策和发展规划,引导产业结构调整和升级,及时调整战略布局,推进企业联合重组,利用好国内外两种资源。

3. 健全促进低碳发展的考核体系

把减少碳排放和增加碳汇作为转变经济发展方式的重要指标,纳入国民经济和社会发展规划,制订具体工作目标,列入了各级党委、政府政绩考核的重要内容,逐步建立责任考核体系。

4. 完善促进科技体系的促进和支撑

实施促进低碳发展科技专项行动,开展低碳技术和低碳产品遴选与成果转化推广,切实加强低碳技术研发与储备,充分发挥社会化科技服务体系的重要作用,进一步形成科技促进低碳发展的工作合力。

二 基本原则

基本原则体现基本精神,构成基础或者本源的综合性、稳定性的准则。对低碳发展的立法、执法、司法具有宏观指导性和具体运用性。基本原则决定基本性质、基本内容和基本价值取向。

(一) 统筹原则

我国的低碳发展与发达国家最大的不同,就是我国正处在工业化快速发展的阶段,国民生产总值在快速增长,碳排放需求呈不断上升趋势,要在保持国民经济快速发展的同时,降低二氧化碳排放上升速度,使之平缓上升,实现经济又好又快发展。因此,做好各个方面的统筹工作,对我国而言至关重要。具体包括如下。

1. 统筹国内与国际、当前与长远、经济社会发展与生态文明建设

既注意到国内的基本国情和发展需求，也注意到国际社会的共同努力和强烈意愿；既注意到努力提高人民生活水平的急迫需求，也注意到为全人类的共同长远利益努力的国家义务；既注意到全面建设小康社会所要求的经济社会发展水平，也注意到物质文明、精神文明、政治文明、生态文明等的全面建设。

2. 统筹应对气候变化和适应气候变化

在为应对气候变化积极行动的同时，也不可否认短期内气候变化的趋势难以得到根本性扭转，因此，应在积极减缓气候变化的同时，提高农业、水资源、海洋、气象等重点领域适应气候变化的能力，以减轻气候变化对我国经济社会发展和民众生活的不利影响。

3. 统筹低碳发展与其他相关政策

低碳发展是一种发展模式的转型，应当注意统筹与相关政策的关系。统筹能源节约与可再生资源开发利用并举；统筹低碳生产、低碳产品、低碳消费、低碳交通、低碳建筑相结合；统筹低碳降碳和碳吸收碳捕获碳封存相结合；统筹技术研发和开展试点相结合；统筹碳吸收与增加碳汇相结合，通过碳捕捉和碳封存增加碳蓄积，减少碳循环，同时增加碳汇，通过植树造林、草原修复、湿地保护、农田改造和海洋管理等措施保护自然碳库，努力减少人口。

（二）政府引导、规划先行原则

规划是促进低碳发展科学有序进行的前提和基础，是对低碳发展进行评价、监测、监督的依据。政府引导、规划先行原则要求在国家统一部署下，依据本地区的技术水平、产业基础、发展定位等实际情况来确立相应的低碳发展方向，防止资源过于集中在某一领域，最终造成整个国家范围内的资源浪费和产能过剩。我国各地对促进低碳发展的积极性日渐高涨，许多城市显示出低碳发展的愿望和决心，上海、贵阳、杭州、保定、德州、无锡等很多城市已提出了建设低碳城市的构想。低碳发展应该分区域、分行业、分企业稳步推进，防止重复建设和产能过剩问题。比如，钢铁、水泥、平板玻璃、煤化工、多晶硅和风电设备等产业重复建设现象非常严重，以致出现爆发性增长，产能严重过剩。如果没有政府合理的规划和引导，这种"一窝蜂"地发展不但浪费资源，也势必影响整个产业的有序发展。特别要做好中央和地方规划之间、各级政府规划之间、部门和专业规划之间的衔接，避免"打架"。要增强规划的权威性，重要规划应经过人大批准成为法规，不至于因为换了领导就推倒重来。那样的话，制定和实施规划就成了一句空话。

（三）积极参与国际合作原则

2009年9月，胡锦涛在联合国气候变化峰会上向国际社会阐明了中国关于气候变化问题的原则和立场，提出了国际合作应对气候变化应坚持的四项原则，即：履行各自责任是核心，实现互利共赢是目标，共同发展是基础，确保资金技术是关键。既要谈判参与碳规则的制定，又要积极利用已经确立的发展机制，比如清洁发展机制。中国需要掌握在应对气候变化国际舆论中的主动权，利用媒体将我们已经作出的努力传遍世界，在国际合作中树立负责任大国形象，宣传好在推广先进技术和节能减排上所取得的经验、向全世界说明中国为应对气候变化所做的努力。继续对外开展应对气候变化政策对话与交流，拓展应对气候变化国际合作渠道，加快资金、技术和人才引进，有效消化、吸收国外先进的低碳技术和应对气候变化技术等。参与国际合作是参与国际"规则"制定、保护发展权益的需要。加快低碳发展，不仅可以直接参与新的国际游戏规则的讨论和制订，也有利于我国的中长期发展和长治久安。

（四）公众参与原则

应利用各种媒介宣传普及低碳发展知识，让公众认识到低碳发展应对气候变化的重要性和紧迫性。在提高生产中资源能源效率的同时，大张旗鼓地反对消费中的浪费，做到丰年不忘灾年，增产不忘节约，消费不能浪费。降低二氧化碳排放强度、提高碳生产率，形成低碳的生产方式和消费行为，是我们保护地球这个唯一家园的必然选择。一方面，政府及其有关部门应当加强社会宣传、提高低碳意识，提倡低碳消费，发展低碳贸易；另一方面，通过有关法律法规和政策的实施，引导公众自觉承担低碳义务。

第二节 加强低碳发展法治建设的立法建议

2009年8月27日，十一届全国人民代表大会常务委员会十次会议通过了《关于积极应对气候变化的决议》，第四部分提出加强应对气候变化的法治建设："要把加强应对气候变化的相关立法作为形成和完善中国特色社会主义法律体系的一项重要任务，纳入立法工作议程。适时修改完善与应对气候变化、环境保护相关的法律，及时出台配套法规，并根据实际情况制定新的法律法规，为应对气候变化提供更加有力的法制保障。"

"十二五"规划明确把大幅降低能源消耗强度和二氧化碳排放强度作为约束性指标，有效控制温室气体排放，这对低碳发展提出了明确要求。加强促进低碳发展立法和基础能力建设，全面开展立法调研和法案起草，强化低碳发展政策措施，是促进低碳发展的基础和保障。目前，我国在有关低碳经济的开发利用领域已经制定了《煤炭法》、《电力法》、《节约能源法》、《可再生能源法》、《清洁生产促进法》、《循环经济促进法》等法律。制定并实施了减缓气候变化的《节能中长期规划》、《可再生能源中长期发展规划》、《核电中长期发展规划》、《中国应对气候变化科技专项行动》、《节能减排综合性工作方案》、《节能减排全民行动实施方案》、《2000—2015年新能源与可再生能源产业发展规划要点》、《新能源与可再生能源产业发展"十五"规划》、《能源发展"十二五"规划》、《中国应对气候变化的政策行动》等规划与政策。我国积极制定并实施的一系列有关低碳经济发展的政策和法律法规，显示了党中央、国务院高度重视应对气候变化、保障能源安全、实现低碳发展的决心，也为低碳经济在中国的发展创造了良好的法律与政策环境。

为了进一步加强低碳发展法制建设，可以从以下几方面健全和完善低碳发展立法体系。

一 制定《低碳发展促进法》

近年来，不少学者、专家呼吁建议尽快制定低碳发展促进的相关立法。集中表现为屡有全国人大代表提出制定低碳发展相关立法的议案。

2010年召开的十一届全国人大三次会议上，黄河等30名代表、徐景龙等31名代表、周洪宇等30名代表提出三份制定《低碳经济促进法》的议案。议案提出，低碳经济的实质是能源高效利用、清洁能源开发、追求绿色GDP，核心是能源技术和减排技术创新、产业结构和制度创新以及人类生存发展观念的根本性转变，建议制定《低碳经济促进法》，把应对气候变化、发展低碳经济纳入法制轨道。

2011年召开的十一届全国人大四次会议上，褚君浩等30名代表提出关于制定《低碳技术促进法》的议案。议案提出，随着我国工业化、城镇化进程加快，资源环境越来越成为经济发展的硬约束。低碳发展已是一项长期任务，建议制定《低碳技术促进法》。明确促进低碳技术发展的指导思想，核心技术研发的政策引导；规范低碳技术广泛应用的政策环境和人文环境。

反对制定《低碳发展促进法》的意见认为，我国制定和修订了多部与应对气候变化相关的法律法规以及相关规划，从全局和长远看，需要制定一部应对气候变化的专门法律。目前该项工作正稳步推进，国家发展改革委已将应对气候变化立法作为2010—2012年开展的重点立法项目之一，立法前期调研工作正有序进行。因此，可以先通过制定和修改相关法规规章解决议案所提问题。

然而，从实践来看，加快制定一部《低碳发展促进法》，有助于倡导低碳发展理念和节能的生活方式，以国家立法宣示低碳发展理念，利大于弊。我国人口众多，能源资源相对不足，随着工业化、城镇化进程加快和人民生活水平不断提高，在今后相当长一个时期，能源需求仍将较快增长，发展面临的资源环境约束日趋增强，能源问题解决不好，将成为制约我国经济社会发展的瓶颈。因此，应当努力在全社会形成以节约能源为荣、以浪费能源为耻的社会风气，引导全民参与节能，倡导低碳发展理念和节能的生活方式，促进资源节约型、环境友好型社会建设。

制定《低碳发展促进法》的条件已经成熟。《低碳发展促进法》是应对气候变化巨大压力的必然要求，是迎接国际竞争新挑战的重要途径，是贯彻落实科学发展观的迫切需要，是建成资源节约型、环境友好型社会的必要手段。围绕节约能源、提高能效问题，我国已经制定了一些法律法规，这为制定《低碳发展促进法》提供了扎实的制度支持。国家运用多种宣传手段，倡导我国人民群众响应低碳号召，培育低碳生活习惯，具有了坚实的群众基础。国家发展改革委组织开展了低碳省区和低碳城市试点工作，为法律实施做了充分的试点准备。世界主要国家的相关立法和规范性文件为我国立法提供了丰富的国际经验。

二 开展相关法律的后评估

立法后评估通过多种形式，对法律制度的科学性、法律规定的可操作性、法律执行的有效性等作出客观评价，发现制度设计和实施中存在的问题，为修改完善法律、改进立法工作提供重要依据。近年来，随着我国社会主义市场经济体制的逐步形成，科学发展观、可持续发展、生态文明理念不断深入，清洁生产、循环经济等低碳发展模式逐步得到社会认同，公众对环境质量的要求不断提高，低碳发展有关立法的制度设计和实施情况遇到了新情况、新问题，需要以三个方面为重点开展立法后评估。

（一）与低碳发展战略要求不一致的制度措施需要尽快统一

生态资源环境系统的有机统一和法律之间的相互关联，客观上要求法律具备一定的系统性和完整性，要求法律、法规、规章之间相互协调和配合。有的法律已经制定和实施多年，一些重要法律制度和措施的规定同低碳发展的理念出现了比较突出的不一致问题。这些不一致的规定削弱了环境保护法的综合协调作用，给执法带来了一定不便，也有损法律的权威性。

(二) 与转变经济发展方式不适应的规定需要及时修改

随着我国社会主义市场经济体制的逐步发展和确立，国家经济管理方式已经发生了重大改变。有的法律是以计划经济体制为基础制定的，相关制度设计以政府行政管制手段为主，一些法律规定直接依赖于计划经济管理制度。这些规定与当前我国社会主义市场经济体制和转变经济发展方式要求已不相适应，需要及时修改。

(三) 实践中一些行之有效的制度需要补充到法律中

低碳发展要求政府主导。随着依法治国的理念不断深入，对政府依法行政、权责相统、有权必有责、用权受监督、违法受追究的要求不断强化。但是，有些法律关于地方政府的行政责任和问责制度的规定过于原则，缺少政府对促进低碳发展负责的约束机制、责任追究制度和公众的环境权及公众参与制度，而且，同环境保护规划、总量控制等其他法律制度也缺乏衔接。这些政策制度创新和立法实践应当尽快补充到法律中。

三 修改现行相关立法

(一) 修改《循环经济促进法》

第一，修改总量控制制度。《循环经济促进法》规定，县级以上地方人民政府应当依据上级人民政府下达的本行政区域主要污染物排放、建设用地和用水总量控制指标，规划和调整本行政区域的产业结构，促进循环经济发展；新建、改建、扩建建设项目，必须符合本行政区域主要污染物排放、建设用地和用水总量控制指标的要求。

应当看到，总量控制制度有助于控制污染企业，促进结构调整，但单纯强调总量控制，而忽视分配不均和不合理的问题，可能出现有助于低碳发展的产业和企业无法马上建设，而高碳产业和企业耗费大量指标的问题。这就无法体现国家把促进低碳发展作为调整企业产品结构、产业结构的手段的目的。相应的，如果在总量控制前提下开展有条件的分配和交易，把指标分配、总量控制、指标交易结合起来，更可能有助于低碳产业和企业的发展。

第二，修改重点企业监督管理制度。《循环经济促进法》规定，重点能源消费单位的节能监督管理，依照《节约能源法》的规定执行。重点用水单位的监督管理办法，由国务院循环经济发展综合管理部门会同国务院有关部门规定。这两款规定缺乏具体内容，使得重点企业监督管理制度在实践中难以实施。

重点企业是钢铁、有色金属、煤炭、电力、石油石化、化工、建材、建筑、造纸、印染等行业内，年综合能源消费量、用水量超过国家规定总量的企业，是用能和用水大户，应当在法律中明确对重点企业用能用水的具体监督管理措施。

第三，增加对居民生活用水、电、气累进加价收费制度。全国人大环资委起草的循环经济法草案中规定，国家对城市居民生活所用的电、气、自来水等资源性产品实行累进加价收费制度。在草案审议过程中，由于有关方面对这一规定有不同的意见，法律委员会认为累进加价收费制度涉及问题比较复杂，最终删除了这一条款。

实际上，对城市居民生活用水，1998年国家计委和建设部曾发文要求地方根据条件实行阶梯式水价（累进加价的一种形式），2002年国家计委等五部门发文要求全国各城市争取在2005年年底之前实行这一制度。对城市居民生活用电，浙江等多个省份也早已实行阶梯电价。这一制度不仅有助于培育全社会低碳生活、低碳消费意识，也符合低碳发展要求公众参与的基本原则，应当列入法律中。

表31-1 《循环经济促进法》修改建议稿

	规定内容	建议修改为
1	第13条 县级以上地方人民政府应当依据上级人民政府下达的本行政区域主要污染物排放、建设用地和用水总量控制指标，规划和调整本行政区域的产业结构，促进循环经济发展。 新建、改建、扩建建设项目，必须符合本行政区域主要污染物排放、建设用地和用水总量控制指标的要求。	增加一款作为第三款：鼓励有条件的地方在总量控制指标下开展指标分配和交易，培养低碳产业和企业的发展。
2	第16条第2款 重点能源消费单位的节能监督管理，依照《中华人民共和国节约能源法》的规定执行。 第16条第3款 重点用水单位的监督管理办法，由国务院循环经济发展综合管理部门会同国务院有关部门规定。	建议修改为：重点企业应当制定严于国家标准或者行业标准的单位产品能耗限额企业标准和取水定额企业标准，并报送省、自治区、直辖市人民政府综合经济管理部门和标准化主管部门备案。 重点企业应当对本条第二款规定的企业标准的实施情况进行审核，并定期向所在省、自治区、直辖市人民政府综合经济管理部门提交审核报告。国务院经济综合宏观调控部门或者省、自治区、直辖市人民政府综合经济管理部门可以组织有关部门对该企业标准的实施情况进行检查。 国务院经济综合宏观调控部门或者省、自治区、直辖市人民政府综合经济管理部门应当定期公布重点企业单位产品能耗限额企业标准和取水定额企业标准的实施情况，并对取得显著成绩的企业给予表彰奖励。

续表

	规定内容	建议修改为
3		增加一条作为第 26 条：国家对城市居民生活所用的电、气、自来水等资源性产品，根据实际需要和可能实行累进加价收费制度。具体办法由国务院或者省、自治区、直辖市人民政府制定。

（二）修改《可再生能源法》

第一，关于可再生能源发电项目的上网电价问题。2005 年实施的《可再生能源法》有关条款实质上已经确立了有利于促进可再生能源开发利用的原则，也即"合理成本加合理利润"的原则。这一规定在实施中面临两个问题：一是在确定上网电价中如何准确把握有利于促进可再生能源开发利用的原则和经济合理性原则的关系。比如对太阳能光伏发电等同常规能源发电成本差别很大的项目，需要确定高电价才能满足正常商业化运营要求，但电价太高会产生社会补贴费用太高的问题。二是相关的招标定价和按照可再生能源类别、地区类别分类定价的关系问题。通过竞争性招标可以适当压低上网电价水平，满足经济合理性，但由于项目管理和价格管理体制问题以及企业之间的过度竞争，出现了定价过低和同一地区资源相近的不同项目上网电价存在较大差异的不合理情况。为了更好应对这些问题，2009 年 12 月通过的《可再生能源法修订案》做了突破，规定"电网企业依照本法第十九条规定确定的上网电价收购可再生能源电量所发生的费用，高于按照常规能源发电平均上网电价计算所发生费用之间的差额，由在全国范围对销售电量征收可再生能源电价附加补偿"。但这一规定仍未完全解决上述问题。

建议补充修改可再生能源法第五章的有关规定，按照风力、生物质、太阳能等可再生能源发电类别，分别规定定价原则和办法，并把政府招标定价作为分类定价的参照或者依据，使得同一地区同类可再生能源发电项目获得同等水平的上网电价。

第二，关于太阳能热利用尽快纳入建筑节能体系问题及其强制利用问题。太阳能热水器在热水供应和供暖方面发挥着越来越大的作用，已成为建筑节能的重要技术手段之一。在欧盟各国、澳大利亚等国家，都明确太阳能热利用是一种重要的建筑节能技术，享受建筑节能技术的各种优惠政策。因此，建议国务院有关部门进一步落实《节约能源法》第 40 条有关规定，尽快将太阳能热水器明确纳入建筑节能技术体系，在按建筑部件的要求规范其生产、应用和维护的同时，也享受建筑节能技术的各种优惠政策。同时，鼓励地方实施强制安装政策,推动全国强制安装政策的实施。目前我国太阳能热水器产品的标准、检测和认证体系已基本建立,同时拥有良好的市场基础和制造业基础,具备实施强制安装政策的基本条件。近年来,在海南省、深圳市、邢台市等省市已开始实施地方性强制安装政策,要求12层(或9层)以下的新建建筑必须安装太阳能热水器。因此,建议适当调整《可再生能源法》中有关规定,授权地方根据当地情况,制定有关强制安装的具体规定。

表31-2　　　　《可再生能源法(修正案)》修改建议稿

	规定内容	建议修改为
1	第20条 电网企业依照本法第十九条规定确定的上网电价收购可再生能源电量所发生的费用,高于按照常规能源发电平均上网电价计算所发生费用之间的差额,由全国范围对销售电量征收可再生能源电价附加补偿。	增加一款作为第二款:国务院能源主管部门按照风力、生物质、太阳能等可再生能源发电类别,分别规定定价原则和办法,并把政府招标定价作为分类定价的参照或者依据,保证同一地区同类可再生能源发电项目获得同等水平的上网电价。
2		增加一条作为第19条:国家鼓励医院、学校、宾馆、工厂宿舍等城镇集体用户使用太阳能热水器,提高太阳能光热系统应用。 省、自治区、直辖市人民政府可以根据地方实际,制定强制安装太阳能热水器的法规。

四　健全和完善配套法规

法律体系内部应当是一个有机统一、相互协调的系统。不断完善中国特色社会主义法律体系,客观上要求行政法规制定工作与法律制定工作相衔接。一是根据法律适时制定有关实施细则或者配套制度,增强法律的执行性;二是对根据全国人大及其常委会授权制定的行政法规,经过实践检验,条件成熟时,及时向全国人大及其常委会提出法律案;三是在拟订国务院立法工作计划时,做好与全国人大常委会立法工作计划的衔接,在工作中加强与全国人大各专门委员会和常委会法工委的沟通。

(一)国务院及有关主管部门应抓紧制定相关行政法规和规章

以《循环经济促进法》和《可再生能源法(修正案)》为例,根据梳理,两部法律需要国务院及其有关主管部门制定行政法规和规章的条款及其制定情况(见表31-3、表31-4所示)。

表 31-3 《循环经济促进法》配套规定情况一览表

	条款	规定内容	责任部门	制定情况
1	12（1）	全国循环经济发展规划	国务院循环经济发展综合管理部门会同国务院环境保护等有关主管部门编制，报国务院批准后公布施行	亟待制定
2	15（4）	强制回收的产品和包装物的名录及管理办法	由国务院循环经济发展综合管理部门规定	亟待制定
3	16（3）	重点用水单位的监督管理办法	由国务院循环经济发展综合管理部门会同国务院有关部门规定	亟待制定
4	17（2）	循环经济标准体系	国务院标准化主管部门会同循环经济发展综合管理和环境保护等有关部门建立	已经基本建立
5	19（2）	禁止在电器电子等产品中使用的有毒有害物质名录	由国务院循环经济发展综合管理部门会同国务院环境保护等有关主管部门制定	亟待制定
6	28	限制生产和销售的一次性消费品名录及限制性的税收和出口措施	具体名录由国务院循环经济发展综合管理部门会同国务院财政、环境保护等有关主管部门制定	亟待制定 相关文件中有涉及
7	38	有关废电器电子产品拆解、再利用的行政法规	国务院	2009年国务院发布《废弃电器电子产品回收处理管理条例》
8	42	循环经济发展专项资金的具体管理办法	国务院财政部门会同国务院循环经济发展综合管理等有关主管部门	2012年财政部、国家发展改革委联合制定《循环经济发展专项资金管理暂行办法》
9	44	对促进循环经济发展的产业活动给予税收优惠和运用税收等措施鼓励进口节能产品、限制出口耗能高产品的具体办法	国务院财政、税务主管部门	《国家鼓励的资源综合利用认定管理办法》；《财政部、国家税务总局关于企业所得税若干优惠政策的通知》等

表 31-4 《可再生能源法（修正案）》配套规定情况一览表

	条款	规定内容	责任部门	制定情况
1	8（1）	全国可再生能源开发利用规划	国务院能源主管部门会同有关部门	2007年8月，国家发展改革委发布《可再生能源中长期发展规划》
2	8（2）	全国可再生能源开发利用中长期总量目标实现规划	国务院有关部门	亟待制定
3	14	电网企业全额收购可再生能源发电的具体办法	国务院能源主管部门会同国家电力监管机构	2007年7月，国家电力监管委员会发布《电网企业全额收购可再生能源电量监管办法》

续表

条款		规定内容	责任部门	制定情况
4	24	可再生能源发展基金征收使用管理的具体办法	国务院财政部门会同国务院能源、价格主管部门制定	2006年6月，财政部发布《可再生能源发展专项资金管理暂行办法》

（二）地方人大及其常委会制定地方性法规

从现行有效的8600多部地方性法规来看，不论在总体数量上，还是在实际功能上，都确立了其在中国特色社会主义法律体系中的独特地位。

比如2010年8月6日，青海省人民政府颁布《青海省应对气候变化办法》，自2010年10月1日起实施。这是我国首部应对气候变化的地方法规，该法规在青藏高原实施后，也成为我国应对气候变化工作法制化和规范化的一个标志。《青海省应对气候变化办法》分总则、适应气候变化、减缓气候变化、保障措施、附则，共5章28条，明确了应对气候变化的责任主体、适应气候变化的主要措施、减缓气候变化的主要制度和手段以及应对气候变化的保障措施。明确了各级政府在应对气候变化中的主导作用，理顺了各级人民政府及其有关部门应对气候变化的基本职责，将应对气候变化工作纳入了全省各级政府国民经济和社会发展规划，统筹协调各级政府及其部门的应对气候变化行动。明确了地方应对气候变化工作的基本原则、重点任务、重点领域，规定了地方应对气候变化的财政保障、税收优惠、节能减排监管等重点保障措施，规定了地方各级政府及其有关部门和企事业单位、国家工作人员在应对气候变化工作中的责任和义务，增强了全社会应对气候变化的责任意识。

第三节 加强我国低碳发展法治建设的其他建议

加强我国低碳发展的法治建设，还应当从政策、规划、执法和司法等领域着手。

一 尽早启动低碳发展相关政策研究

降低二氧化碳排放强度已经列为我国国民经济和社会发展"十二五"规划的约束性指标。从国内外相关经验来看，应当尽早启动低碳发展的相关政策研究。具体包括以下几点。

（一）改革能源价格形成机制

低碳发展与能源领域的改革密不可分。能源价格，特别是科学核定煤炭行业、电力行业、石油天然气行业和城市供热领域的成本核算体系，是构建起反映市场供求关系、资源稀缺程度和环境资源成本的价格体系的关键。随着我国可再生能源和清洁能源规模的扩大，有关政策应当逐步调整，逐步形成科学合理的价格形成机制。

（二）构建绿色财税体系

研究加大节能、可再生能源、低碳发展创新领域的财税支持力度。在能源的开发环节，应当通过税费调整，把环境资源成本反映在能源价格中；在能源的消费流通环节，通过征收能源税增加能源使用成本，引导合理的能源消费模式。此外，"十二五"规划中已经明确提出研究征收碳税，为低碳技术创新和大规模应用提供了稳定的价格信号。

（三）低碳技术创新支撑体系

建议设立国家能源研究实验室，强化从基础研究、技术开发到实施示范全过程的实验能力。完善鼓励技术创新的相关政策，加快技术成果的产业化，特别是框架性和共性技术的研发以及执行国家重大研究战略的关键支撑。

二　编制国家促进低碳发展中长期规划

2008年10月29日，中国政府正式发布的《中国应对气候变化的政策与行动》白皮书表明了中国应对气候变化的坚定态度和积极行动。我国政府在哥本哈根会议之前宣布了到2020年要在2005年的基础上单位国民生产总值的排放降低40%—45%，非化石能源占一次能源比重要达到15%左右，增加4000万公顷的森林面积和13亿立方米的森林蓄积量的目标。

但是，经济翻两番面临能源约束。2002年，党的十六大提出2020年的国内生产总值比2000年翻两番的目标；2007年，党的十七大进一步提出2020年的人均国内生产总值比2000年翻两番的目标。2012年，党的十八大提出2020年实现国内生产总值和城乡居民人均收入比2010年翻一番的目标。能源需求能否得到满足，直接关系翻两番经济增长和社会发展目标能否实现。

编制国家促进低碳发展中长期规划，将应对气候变化、促进低碳发展战略全面、系统地融入规划中，其作用体现为两个方面：一是在全球气候变化的大环境下，通过在自然生态、人居环境、产业部门等领域采取积极措施，使气候变化对生态环境的负面影响降到最低限度；二是将低碳发展与环境保护紧密结合起来，追求两者之间的平衡，控制应对措施对生态环境造成的破坏。

国家促进低碳发展中长期规划应当明确提出行动目标、低碳发展的指导思想、原则、目标、重点工作和主要任务，以及森林覆盖率等指标，同时组织研究将上述目标分解落实到地方和行业的方法和实施方案，制定低碳发展统计指标体系，提出国家、地方和行业控制温室气体排放考核方案，并制定相关的考核办法。

三　开展相关法律的执法检查

当前和今后几年，促进低碳发展的重点是充分运用法律武器和宣传舆论工具，强化执法监督，采取切实有力措施，大张旗鼓地进行宣传和检查低碳发展相关法律、法规的贯彻落实，严厉打击那些高污染、高排放、高耗能造成严重污染、影响极坏的违法行为。扭转有法不依、执法不严、违法不究的局面，需要人大和政府组织开展相关法律的执法检查，总结法律实施的成功经验，发现实施中存在的问题。具体包括以下几点。

（一）检查配套法规的制定情况

要按照法律的明确要求和工作需要，检查法律配套法规，特别是具体规章制度和政策措施的制定情况。完备的配套法规是把法律中重要制度和措施落到实处，增强法律可操作性的保障。

（二）检查主要制度的实施情况

每一部法律都建立了几项重要制度和措施，主要制度的实施情况是法律实施的重要标志。以《循环经济促进法》为例，该法主要规定了编制循环经济发展规划、实行总量控制、建立和完善循环经济评价指标体系、确立生产者责任延伸制度、对耗能、耗水总量大的重点企业实行重点监督管理以及建立健全能源统计制度和循环经济标准体系六项制度，这六项制度的落实情况，就是该法执法检查的重点内容。

（三）检查统计、监测、考核体系的建设情况

建立科学、完整、统一的碳减排统计、监测和考核体系，并将能耗降低和碳减排完成情况纳入各地经济社会发展综合评价体系，作为政府领导干部综合考核评价和企业负责人业绩考核的重要内容，实行严格的问责制，是强化政府和企业责任，促进低碳发展的重要基础和制度保障。因此，应当检查统计执法状况，确保各项数据的真实、准确；检查数据统计监测中的弄虚作假行为，确保考核工作的客观性、公正性和严肃性。

（四）检查低碳发展相关机制体制状况

其一，市场机制。市场化机制的作用发挥得好，法律制度的实施也就越容易。我国煤、电、天然气等能源价格关系尚未理顺，能源价格尚不能充分反映能源稀缺程度、供求关系和环境成本，价格对节能的政策导向较弱。这些都是

执法检查中的重点内容。

其二，监管机制。由于我国正处在改革不断深入的时期，机构改革客观上会造成有关部门职责与法律规定不尽一致，职能分工交叉等状况，管理、监督、监察机构的建设和运行状况也是执法检查的重点。

(五) 检查低碳发展的技术支撑能力

其一，行业能效水平，特别是与国际先进水平相比，我国单位产品二氧化碳排放量所处的阶段。

其二，低碳技术和产品推广应用水平。比如一些新能源和节能环保产业如太阳能光伏电池制造等，产品多数用于出口，国外使用这些产品实现了节能减排，我国却在生产中消耗大量能源资源，排放大量二氧化碳。

其三，自主创新水平。主要是具有自主品牌的碳减排技术和产品的创新水平，特别是在关键核心技术方面。

四 强化人民法院解决经济发展方式转变中纠纷的功能

促进低碳发展，加快转变经济发展方式，应当充分发挥人民法院的审判职能作用。具体包括两点。

(一) 研究低碳发展对审判工作提出的新问题

短期内，促进低碳发展有可能引发一些新的矛盾纠纷。比如淘汰落后企业和产能，公司清算、企业破产、兼并和重组等情形将增多；土地征收、房屋拆迁等情形将增多，由上述活动引发的矛盾纠纷相当部分会进入诉讼程序，这就使得人民法院的审判工作面临着新的挑战。2010 年，最高人民法院印发《关于为加快经济发展方式转变提供司法保障和服务的若干意见》的通知，明确了为加快经济发展方式转变提供司法保障和服务的审判职能。[1]

(二) 研究保障和服务低碳发展的审判工作

通过审判，鼓励和引导资本向新能源、新材料、节能环保、生物医药、信息网络和高端制造产业转移；促进解决低碳产业企业融资难的问题；依法保障和促进循环经济和节能环保产业的发展，提高环境保护司法水平。

---

[1] 孙佑海：《保障经济转型 维护环境权益——〈关于为加强经济发展方式转变提供司法保障和服务的若干意见〉解读》，《中国环境报》2010 年 8 月 27 日第 3 版。

结语

本报告的基本结论

本报告从发展观的历史脉络入手,导出又好又快发展、可持续发展、科学发展观和生态文明等基本范畴,以环境资源法治问题为中心和重点,从环境、资源、能源和气候变化等影响可持续发展的若干主要方面深入分析可持续发展与环境资源法治建设的相互关系,分析相关领域法治建设面临的形势和存在的问题,借鉴国外先进做法和有益经验,提出完善相关领域法治建设的政策建议。

报告在较为全面地收集整理相关理论文献、梳理分析相关实践的基础上,围绕以下问题开展深入研究:第一,如何准确把握促进经济又好又快可持续发展、推进生态文明建设与法治建设之间的关系;第二,如何适应环境保护新形势加强环境保护法治建设;第三,如何进一步依法保护水资源,遏制水污染和水浪费;第四,如何加强对生态用地的法律保护,从而不因建设用地扩张和土地占补平衡制度的滥用而导致生态用地萎缩;第五,如何推进优势矿产资源立法保护;第六,如何定位我国能源安全立法的主攻方向;第七,如何构建农产品产地环境保护立法的重点制度;第八,如何适应经济发展方式转变要求,依法保障和推进我国低碳发展和绿色发展。

围绕上述八个方面,报告构建了基础篇和专题七篇,形成、提出和强调了以下基本观点和结论:

(一)关于科学发展、可持续发展、生态文明与法治建设

其一,科学发展观是对"又好又快"发展思想的继承和发展,可持续发展是科学发展观的重要内容和基本要求。贯彻落实科学发展,要求加快推进生态文明建设,推动整个社会走上生产发展、生活富裕、生态良好的文明发展道路。

其二,可持续发展与法治建设具有密切联系。一方面,可持续发展对法治建设具有深刻影响,它使法律理念和立法目的发生深刻变革,对立法、执法和司法等提出了新的要求。另一方面,法治为可持续发展提供法律引导、促进和

保障作用，推动和促进可持续发展进程。

其三，我国经济社会发展过程中仍然面临一些严峻形势，突出表现在环境污染、资源紧张、能源问题和气候变化等方面。推动经济又好又快可持续发展对法治建设提出了新的更高要求。为此，必须进一步加强和完善环境资源法治建设，更加注重提高立法质量，健全法律体系，更加突出执法司法工作，坚持立法、执法、司法和法律监督同步推进协调发展。

（二）关于环境保护法治建设

其一，我国污染加剧的总体态势尚未得到根本遏制。把环境保护与经济发展高度融合，在发展中保护、在保护中发展，是解决环境问题、实现经济又好又快和可持续发展的战略方向。

其二，我国已经初步形成具有中国特色的环境保护法律体系，环境执法队伍逐步发展壮大，执法和司法力度不断加强。同时，环境法治还存在许多不适应，突出表现在思想观念存在偏差、关键领域法律缺失，法律制度不完备、环境执法工作任务重等方面。导致以上问题的原因既有发展阶段制约、法治意识不强等外部原因，也有环境法治理念落后、环境立法急于求成、环境执法体制不顺等内部原因。

其三，完善环境保护法律保障机制，必须更新指导思想，牢固树立以人为本、环保优化经济的思想；完善环境法治的基本原则和环境立法体系，修改《环境保护法》；建设完备的环境执法体系，改革创新环境执法体制和工作机制；强化环境司法，细化环境损害赔偿等各项司法制度。

（三）关于水资源法治建设

其一，水问题已经成为威胁我国21世纪经济社会可持续发展的重大问题和突出瓶颈。建设水资源法治，把水资源的管理、保护、开发、利用、节约、配置以及防治水害过程中的一切水事活动和水资源管理工作的各个环节纳入法制化轨道，依法治水、依法管水，是实现水资源可持续利用的根本保证。

其二，我国水资源法治建设取得了全面进步，也存在诸多问题和不足，表现在：涉水四法关系不清、不协调；水资源执法有法不依、执法不严、违法不究现象普遍；司法保护介入不足、受理案件少，对水污染犯罪打击力度不够等。

其三，根据水法治建设的新形势，参考国外先进经验，加强水资源法治建设，要进一步推进相关立法，加强饮用水水源地保护、节约用水等专门立法，修订《水法》等；要加强水资源执法，建立运行顺畅的执法机制等；要建立行政执法与司法保护的联动机制，支持水污染公益诉讼等。

(四) 关于土地资源法治建设

其一，我国土地资源保护面临日益严峻的挑战，土地资源保护法治建设仍存在诸多不足。立法规定滞后，缺乏土地生态保护、土壤污染防治和土地规划的专门立法；执法部门不作为、不当作为的现象较为普遍；司法机关难以对地方政府滥用"公共利益"的征地行为进行有力的监督和制约。

其二，导致土地资源法治建设不足的原因包括：没有树立土地生态系统管理的思维，没有或较少考虑对具有资源供给功能和生态服务功能的林地、草地、湿地的保护；地方政府基于土地财政的违法征地行动；单独依靠省级以下国土部门的垂直管理难以形成有效约束等。

其三，健全和完善我国土地资源法治，必须树立和贯彻生态系统管理、公共利益本位和市场经济的理念；必须制定统一的《土地法》，对土地的利用和保护进行统筹安排和统一管理，加强对林地、草地和湿地的保护；必须建立科学的土地使用权（承包经营权）制度，完善土地流转制度、占补平衡制度等，强化土地资源的统一管理，加强土地资源政府问责制。

(五) 关于矿产资源法治建设

其一，处于快速发展中的我国在优势矿产资源开发利用方面陷入了前所未有的内忧外患，而优势矿产资源法律保障机制在立法、执法和司法等方面不同程度地存在着与形势要求不相适应的问题，包括立法滞后、法律位阶低、法律体系残缺、有法不依、执法不严和地方保护等。

其二，导致我国优势矿产资源法律保障问题产生的原因主要有：受发展阶段限制所致的立法观念陈旧、缺乏科学的立法规划、立法技术水平差，执法积极性、执法能力、执法水平受限，司法观念落后、司法水平欠缺、司法协作性不佳以及行政干预等。

其三，要尽快对现行矿产资源法进行修改，制定一部专门的《优势矿产资源保护法》；要完善矿产资源分类分级管理制度、矿业权流转制度、税费制度和矿山地质环境保护制度等；强化对违法开采优势矿产资源的违法行为的制裁和打击力度。

(六) 关于能源安全法治建设

其一，我国能源需求消耗不断增长，能源缺口巨大；能源储备机制有待完善；能源生产利用方式不可持续；进口来源单一，对外依存度高；新能源和可再生能源开发利用水平低，环境成本较高。

其二，我国能源安全法规体系不健全，缺少能源基本法以及一些重要领域的单行立法；能源安全法律制度不完备，市场准入、能源合同等领域存在不足；能源安全日常管理和应急管理较为薄弱。

其三，完善能源安全立法，应当积极制定能源基本法，加强《煤炭法》、《电力法》、《节约能源法》和《石油天然气法》的配套立法；加强能源安全执法，加快能源管理体制改革，设立能源部，对能源事务实施统一管理；确立管监分离的原则，设立独立于能源部的能源监管委员会。加强能源战略储备和能源环境应急处理工作。

（七）关于农产品产地环境保护法治建设

其一，我国农产品产地的环境污染范围不断扩大，对农产品的质量安全构成了严重威胁。农产品产地环境保护立法严重滞后；相关立法不够协调；立法内容不全面，操作性不强；法律责任不当；执法能力不足，执法力度不强等。

其二，境外农产品产地环境保护法治具有借鉴性。美国建立了健全的农产品产地环境保护法律体系，日本对于农业土壤环境保护发达，韩国建立了有机农产品标志和质量认证制度，德国建立了农产品产地生态补偿制度。

其三，我国应当出台《农产品产地环境保护法》，出台《农产品质量安全法》实施细则，推进农产品产地环境保护的地方立法；完善农产品产地环境保护管理体制，实施专业有力的监管，提高农产品产地环境保护的执法能力。

（八）关于低碳发展法治建设

其一，通过应对气候变化实施可持续发展已经成为世界各国的共同课题，而我国承受着巨大的国际压力。促进低碳发展是我们全面衡量政治、经济、环境资源、科技等各方面因素之后作出的慎重、艰难而正确的决定。

其二，我国低碳发展相关立法和执法已经取得长足发展，但还存在诸多问题：法律体系还不完善，缺乏专门针对低碳发展的专门立法；过多倚重政策性文件；地方政府执法不严违法不究的问题仍然存在，碳交易制度、碳税制度等还没有建立或者还不够健全等。

其三，我国应当支持制定《低碳发展促进法》和《应对气候变化法》，对《循环经济促进法》等相关法律及有关配套法规进行修改；改革能源价格形成机制、构建绿色财税体系、完善低碳技术创新支撑体系等；编制国家低碳发展中长期规划，开展相关法律的执法检查等。

本报告的主要创新

本报告在注重结构与风格统一性、领域与内容完整性的同时，特别注重从法律机制的角度研究提出促进经济又好又快可持续发展的系统性、针对性和操作性强的立法和政策建议。其中一些观点和成果具有很强的创新性和应用性。报告的创新点主要体现在以下几点。

(一) 提出将"严格水资源管理"上升为基本国策

人多水少是我国的基本国情水情，在全球气候变化和大规模经济开发双重因素的交织作用下，水资源问题已经成为威胁我国经济社会可持续发展的重大问题和突出瓶颈，我国水资源短缺、水环境污染和水生态破坏面临的形势将更加严峻。基于此，借鉴有关基本国策的实施经验，建议将"严格水资源管理"从一般制度上升为基本国策，将强化水资源管理的工作推向新层次。

将严格水资源管理上升为基本国策，必须从以下几个方面努力：(1) 完善落实"严格水资源管理"基本国策的相关立法。一方面要通过立法明确"严格水资源管理"的基本国策地位。建议在《水法》"总则"部分增加规定："严格水资源管理是我国的基本国策。"另一方面要完善基本国策的具体内容和配套法规体系。特别是要建立和完善以取水许可和水资源论证为核心的用水总量控制制度，以定额管理为核心的用水效率控制制度，以排污许可和总量控制为核心的水功能区限制纳污制度。(2) 完善"严格水资源管理"基本国策的配套规划、考核评价和责任追究机制。(3) 建立与"严格水资源管理"基本国策相适应的科技支撑体系。(4) 加强"严格水资源管理"基本国策的宣传教育。

(二) 提出制定统一的《土地法》

近年来，我国的土地资源面临诸多严峻问题。(1) 工业化、城镇化的迅猛发展导致耕地面积持续减少而威胁国家粮食安全。(2) 耕地占补平衡制度的实施导致林地、草地和湿地被大量侵占。(3) 土壤污染问题突出。(4) 土地生态破坏加剧，功能退化严重。(5) 土地资源利用保护政策反复多变，资金浪费严重。(6) 土地资源调查统计不科学，地籍管理混乱。

必须转变观念，树立生态系统管理的理念，制定统一的《土地法》，对耕地、林地、草地、湿地的利用和保护进行统筹安排和统一管理。《土地法》需特别强调以下几点：第一，提高对土地生态服务功能的认识，重视和加强对土地其他生态服务功能的保护。第二，将土地分为农用地、建设用地、资源用地和生态用地等基本类型，综合考虑粮食安全、林草供给和生态安全等多重利益，对全国土地进行生态化的系统管理。第三，变革耕地、林地、草地、湿地分散和多头管理的体制，强化各类土地资源的统一管理，加强各部门之间的衔接和协调。第四，树立公共利益的原则，加强对政府征地行为的规范和监督，通过源头控制，减少对耕地、林地、草地和湿地的侵占。第五，完善占补平衡制度，克服为片面保证耕地面积而侵蚀林地、草地、湿地的局限，实现经济效益、社会效益和环境效益总体上的最大化。第六，重视对土地质量的保护，加强对土壤污染、水土流失、荒漠化、盐碱化、石漠化等土地环境问题的防治。

还必须加强《土地法》的配套性立法。第一，按照《全国主体功能区规划》、《全国生态功能区划》和《全国土地利用总体规划纲要（2006—2020年)》的要求，制定《土地规划法》。第二，制定《不动产登记法》，建立以统一的土地资源调查统计制度为核心的不动产登记制度。国家将出台并实施不动产统一登记制度，这为《不动产登记法》奠定了政策基础。第三，制定《土壤污染防治法》，加强土壤污染防治，尤其是重金属污染的防治。

(三) 提出单独立法保护优势矿产资源

进入21世纪以来，优势矿产资源（稀土、钨、锡、锑、钼）因其重要战略价值成为国际社会关注的热点。在我国，尽管已采取多种措施加强优势矿产资源保护，但资源供给与需求、开发与保护之间的矛盾十分突出，相关法律保障机制薄弱：(1) 立法方面，我国现行《矿产资源法》没有专门针对优势矿产资源的规定，保护优势矿产资源的主要法律依据是行政法规和部门规章，立法位阶低、法律制度不健全、立法协调性差。(2) 执法方面，有法不依、违法不究、执法不严和执法能力问题比较突出。(3) 司法方面，对优势矿产资源的司法管辖不合理、司法程序公正性差、地方行政干预多、裁判执行阻力大、司法协作机制乏力。

应当以科学发展观和可持续发展为导向，尽快制定《优势矿产资源保护法》。(1) 坚持科学的立法原则。立法应当从我国的国情出发，坚持资源保护和开发利用并重，兼顾国际国内市场，兼顾国家、地方、企业和公众利益，政府调控和市场机制相结合。通过立法确立优势矿产资源国家所有、资源有偿使用、尽力节约和循环利用、预防生态风险和鼓励公众参与的法律原则。(2) 明确立法内容。优势矿产资源立法框架和主要内容应包括：总则、优势矿产资源的管理、优势矿产资源的勘探、优势矿产资源的开采、优势矿产资源的利用和回收、矿山安全和环境保护、法律责任和附则。资源管理方面，重点建立勘查开发规划、行业准入、战略储备、资源税、资源进出口管理、资源有偿使用和环境保护、资源回收利用、公众参与等制度。(3) 修改相关法律法规、完善矿业执法和司法体制。建议在《矿产资源法》修改时明确规定，优势矿产资源作为战略性矿产资源由国家统一管理、特殊保护；适时再次修改《刑法》，增加非法开采优势矿产资源罪；及时清理已不适应当前保护优势矿产资源需要的法律法规。

（四）提出推进农产品产地环境保护立法

一直以来，我国食品安全工作重视加工环节，对农产品生产环节不够重视。由于认识不到位，我国农产品产地环境保护立法还停留在较为粗浅的层面。《农产品质量安全法》等法律对农产品产地环境保护规定简单，操作性不强，而相关配套性法规、规章和政策迟迟不能出台。作为部门规章的《农产品产地安全管理办法》对于农产品产地环境保护的规定具有较大的局限性。

应当从理念、法律体系和基本制度等方面着手，推进我国农产品产地环境保护立法。在理念方面，确立以人为本和风险预防的指导思想，树立统一协调、利益平衡的原则。在法律体系方面，制定《农产品产地环境保护法》，出台配套法规和政策，加强立法。在具体制度方面，应当建立农产品产地环境标志等制度。(1) 农产品产地环境标志制度意味着，用于销售的农产品应当附有农产品产地环境标志，标明农产品产地环境状况。(2) 产地环境状况与农产品生产相衔接制度应当规定：农产品生产区域环境污染严重，不符合农产品产地环境标准的，应当划为禁止生产区域，禁止从事农产品生产；对被划定为禁止生产区域的所有权人，应当予以充分的补偿；禁止生产区域应当予以治理和修复；名优特农产品产地应当符合更高的环境标准，实施更加严格的监管。(3) 农产品产地环境保护责任制度。在农产品禁止生产区域从事农产品生产，给消费者造成损害的，农产品生产者应当承担责任。某些区域虽然未被划定为禁止生产区，但农产品生产者明知或应知其为严重污染的区域仍生产农产品，给消费者造成损害的，农产品生产者应当承担责任。(4) 农产品产地环境保护诉讼制度。排污者向农产品产地违法排放污染物的，公众有权请求负有监督管理职权的机关履行监管职责。该机关不履行职责的，法律规定的机关和有关组织可将该机关作为被告提起行政诉讼，也可将排污者作为被告提起民事公益诉讼。

(五) 提出加强能源安全和低碳发展法治建设

在能源安全法治方面,应当健全能源安全战略,努力实现经济效益、经济安全与环境保护相协调,完善能源安全立法,积极制定能源基本法,加快制定缺位的重要立法,修订一些现行立法,加强《煤炭法》、《电力法》、《节约能源法》的配套立法。

在低碳发展法治方面,应当从国情出发,清醒对待、积极减碳。制定《低碳发展促进法》或《应对气候变化法》,对《循环经济促进法》、《可再生能源法》、《清洁生产促进法》等与低碳发展紧密联系的法律及有关配套法规进行修改。

(六) 积极推动相关研究成果的应用转化

本课题非常注重理论与实践相结合,注重研究成果的应用转化。研究报告在深入开展环境资源法治理论研究的基础上,针对环境保护、水资源管理、土地管理、优势矿产资源保护、能源安全、石油储备、农产品产地环境保护和低碳发展八个具体领域,提出了9项立法草案建议,分别是:《〈中华人民共和国环境保护法〉修改建议稿》、《〈中华人民共和国大气污染防治法〉修改建议稿》、《〈中华人民共和国节约用水条例(草案)〉建议稿》、《〈中华人民共和国土地法(草案)〉建议稿》、《〈中华人民共和国优势矿产资源保护法(草案)〉建议稿》、《〈中华人民共和国能源法(草案)〉中有关能源安全的规定》、《〈中华人民共和国石油储备法(草案)〉建议稿》、《〈中华人民共和国农产品产地环境保护法(草案)〉建议稿》、《〈中华人民共和国低碳发展促进法(草案)〉建议稿》。

上述9项立法建议是本课题研究成果应用价值的集中体现。以上述研究成果及立法建议为基础,课题组于2011年向中国法学会提供了四篇要报,其中《应单独立法保护我国优势矿产资源》、《应推进农产品产地环境保护立法》、《应将"严格水资源管理"上升为基本国策》三篇要报被中国法学会刊发,并产生了良好的社会反响。要报《应单独立法保护我国优势矿产资源》刊登后,时任国土资源部部长徐绍史同志高度重视,专门作出批示,"请国土部法规司负责同志与孙佑海同志取得联系,通报有关情况,研究有关的立法"。遵照徐绍史部长的批示,国土部法规司负责同志已经与课题组负责人进行了联系,商谈如何推动我国优势矿产资源保护的立法工作。可以预见,本报告的相关研究成果及立法建议还将在今后的法治建设中进一步发挥积极的参考支撑作用。

面向生态文明新时代的环境资源法治建设

面对资源约束趋紧、环境污染严重、生态系统退化的严峻形势，党的十八大报告从关系人民福祉、关乎民族未来的高度，提出了把生态文明建设融入经济建设、政治建设、文化建设、社会建设各方面和全过程，努力建设美丽中国，实现中华民族永续发展。把生态文明建设纳入中国特色社会主义事业五位一体总体布局，明确提出大力推进生态文明建设，是十八大报告的重大理论创新和实践亮点，由此开创了建设生态文明、实现美丽中国梦的新时代。

报告重申了节约资源和保护环境的基本国策，明确了节约优先、保护优先、自然恢复为主的指导方针，突出了推进绿色发展、循环发展、低碳发展，形成节约资源和保护环境的空间格局、产业结构、生产方式、生活方式的发展路径，提出了全面促进资源节约、加大自然生态系统和环境保护力度、加强生态文明制度建设的目标要求，描述了天蓝、地绿、水净的美好家园的蓝图。

报告强调指出，保护生态环境必须依靠制度。要把资源消耗、环境损害、生态效益纳入经济社会发展评价体系，建立体现生态文明要求的目标体系、考核办法、奖惩机制。建立国土空间开发保护制度，完善最严格的耕地保护制度、水资源管理制度、环境保护制度。

党的十八大报告对于生态文明建设的战略部署和总体安排，与又好又快发展、可持续发展、科学发展等战略思想一脉相承，并且统摄于科学发展观的指导思想。促进经济又好又快可持续发展，推进生态文明建设，推进环境资源法治建设，都必须以科学发展观为指导。面向未来的生态文明建设，从理念、原则、制度等方面，对环境资源法治建设提出了新要求新任务。

法治是最成熟最稳定最权威的制度形式，环境资源法治是推动经济又好又快和可持续发展的最重要法治保障，也是推进生态文明建设的最重要法治保障。必须看到，与党的十八大报告有关生态文明建设的要求和任务相比，本报告提出的有关成果和建议只是生态文明制度建设过程的节点而非终点。这是一项未竟的事业，对环境资源法治问题的研究，还需要继续努力，需要与时俱进，需要不断创新。

适应生态文明建设的新要求，在本项课题研究的基础上，今后的理论研究和实践发展中，必须以生态文明理念为指导，进一步发挥环境资源法治在生态文明建设中的重要作用，进一步开展对相关问题的深入细致研究。

在环境保护法治方面，面对环境污染新形势，今后在以下方面还需要加强研究：一是城市大气环境质量特别是细微颗粒物（PM2.5）的突出问题，要求环境管理由目前的污染控制为导向转型为以质量改善为导向，进而转型为以环境风险防控为导向，这些方面对现行环境立法和法律制度冲击很大，如何适应环境监管新要求，完善最严格的环境保护制度，需要深入研究。二是土壤污染和地下水污染形势严峻而复杂，监管涉及多个部门，相关法治建设如何跟进，需要进一步研究。三是如何完善环境税、绿色金融等制度，更加有效地发挥环境经济政策在促进环境保护中的作用，需要深入研究。四是如何进一步落实地方政府的环境保护主体责任以及相关企业的环境损害修复治理和赔偿责任，还有待进一步研究。

在水资源法治方面，与以往的水资源管理制度相比，最严格水资源管理制度的管理目标要求更高，制度体系要求更全，管理措施要求更严，责任主体要求更准，制度约束要求更紧，制度落实要求更实。这些变化和要求，对水资源法治建设提出了新的课题。面对新形势新要求，水资源法治建设的诸多领域，包括国家水权和水市场建设、城乡供水安全保障、地下水保护、生态用水保障等，还需要按照最严格水资源管理制度的要求，进行全面、系统、有针对性的研究和完善。这将是未来水法治建设理论研究和实践工作中一项重大而复杂的系统工程。

在土地资源法治方面，在工业化、城镇化和农业现代化加快推进的新形势下，我国的土地制度还存在诸多问题，有必要在兼顾效率和社会公平及确保粮食安全的前提下，不断进行以促进土地流转和规范土地征收为重点的地权制度革新，进一步解放农业生产力，切实维护不同区域和不同阶层农民的土地权益，并严守18亿亩耕地红线，与时俱进地推动我国经济社会可持续发展。为此，在现有研究的基础上，需要重点对地权在农业文明和工业文明建设中地位和功能、土壤污染防治和湿地保护立法、集体土地所有权和使用权及其流转、林权制度改革、失地农民的改革利益分享和社会保障等问题，开展进一步的研究。

在矿产资源法治方面，面对矿产资源市场国际化趋势和国内供需矛盾日益突出的形势，加强对优势矿产资源的节约和保护仍将是今后有关法治建设的基本议题。一是要进一步研究完善优势矿产资源全过程节约管理制度，促进生产、流通、消费过程的减量化、再利用、资源化，提高利用效率和效益。二是要进一步研究完善优势矿产资源勘查、保护、合理开发和战略储备的法律问题。三是研究如何进一步深化优势矿产资源产品价格和税费改革，建立反映市场供求和资源稀缺程度、体现生态价值和代际补偿的资源有偿使用制度和生态补偿制度。

在能源安全法治方面，在本课题研究成果的基础上，还需要加强各能源品种安全的专门立法研究。其中有两方面值得特别注意：一是页岩气专门立法研究。需要就资源产权的合理配置、行政手段和市场机制的协调与配合以及页岩气资源开发利用相关的环境保护等问题，进行深入探讨。二是加强能源安全管理与气候变化应对立法之间衔接的研究。这就要求在进一步的能源立法中充分考虑应对气候变化的需求，并在正在展开的气候变化应对立法中虑及保障能源安全的需要。

在农产品产地环境保护法治方面，作为一个新兴的法律领域，农产品产地环境保护法治问题后续研究的重点主要在以下几个方面：一是域外农产品产地环境保护法的做法和经验，是后续研究的亟待加强的重要环节之一。二是名优特农产品产地环境保护法具有其内在的特殊性，必须强化对名优特农产品产地环境保护法的研究。三是水域农产品产地环境保护与陆地农产品产地环境保护存在较大不同，关注点存在差别，应当强化水域农产品产地环境保护法研究。四是农产品产地环境保护法与相关法律部门和法律领域的关系，需要进一步研究。五是污水灌溉农产品产地的环境保护法律监管还处于盲点，需要开展相关研究。

在低碳发展法治方面，低碳发展涉及环境、资源和能源等诸多方面，低碳发展法治是一套综合性、系统性法治建设。在环境、资源和能源法治研究的基础上，还需要重点开展以下方面的研究：一是开展碳排放权交易制度研究，为建立和完善碳交易市场机制提供制度支撑保障。二是开展碳税制度研究，要深入研究碳税的征收对象、范围、额度等具体问题，合理确定应税二氧化碳的计税依据、二氧化碳排放系数、应纳税额计算等，把环境资源成本反映在能源价格中。三是开展低碳发展配套政策体系研究。要研究低碳发展中长期规划编制、支持低碳发展的配套政策、统计和管理制度等问题。

我们还要看到，环境资源问题是影响可持续发展的最重要最关键问题，但绝不是唯一问题。财税、金融、科技、人口和教育等因素，均是影响可持续发展的重要因素，甚至与环境资源问题一样对可持续发展具有同等重要的影响。

因此，可持续发展的法治保障机制，是由环境资源法治与其他各方面法治共同组成的。要加强和完善可持续发展的法治建设，绝非环境资源法治所能独立完成，而是需要财税、金融等其他各方面的法治建设共同推进。正是在这个意义上，党的十八大报告提出要把生态文明建设融入经济建设、政治建设、文化建设、社会建设各方面和全过程。按照这一要求，在经济又好又快和可持续发展的法治问题研究中，不仅需要对环境资源法治问题开展深入研究，也需要对其他各个相关方面和领域的法治问题开展深入研究，从而构建适应生态文明建设要求的综合法治保障体系。

面向未来，环境资源法治以及整个法治建设，必须牢固确立尊重自然、顺应自然、保护自然的生态文明理念，始终坚持绿色发展、循环发展、低碳发展的原则，不断健全国土空间开发、资源节约、生态环境保护的体制机制制度，推动形成人与自然和谐发展的现代化建设新格局，为社会主义生态文明建设提供更加系统完备、协调有力的法治保障。

附 录

附录一

《中华人民共和国环境保护法》修改建议稿[①]

第一章 总 则

第一条【立法目的】为保护和改善生活环境与生态环境,防治污染和其他公害,保障人体健康,建设生态文明,促进社会主义现代化建设的发展,制定本法。

第二条【环境定义】本法所称环境,是指影响人类生存和发展的各种天然的和经过人工改造的自然因素的总体,包括大气、水、海洋、土地、矿藏、森林、草原、野生生物、自然遗迹、人文遗迹、自然保护区、风景名胜区、城市和乡村等。

第三条【适用范围】本法适用于中华人民共和国领域和中华人民共和国管辖的其他海域。

第四条【环保规划】国家采取有利于环境保护的价格、税收、金融、贸易等经济、技术政策和措施,坚持代价小、效益好、排放低、可持续的环境保护新道路,使经济社会发展与环境保护相协调。

国家制定的环境保护规划必须纳入国民经济和社会发展计划。

第五条【科技教育】国家鼓励环境保护科学教育事业的发展,加强环境保护科学技术的研究和开发,提高环境保护科学技术水平,普及环境保护的科学知识,发展环境保护产业和环境服务业。

第六条【权利和义务】国家保护公众享受良好环境的权利。

一切单位和个人都有保护环境的义务,并有权对污染和破坏环境的单位和

[①] 本书写作过程恰逢《环境保护法》的修改。为配合做好《环境保护法》的修改工作,我们起草了环境保护法修改建议稿。《环境保护法》已于2014年4月24日经第十二届全国人大常委会第八次会议审议通过,我们的部分建议也已被采纳。鉴于修改建议稿能够帮助读者了解法律起草过程和学界的研究成果,对加强环境保护法治建设仍具有重要参考价值和指导意义,我们特予以保留,供读者参考。

个人进行检举和控告。

公民应当增强节约资源和保护环境的意识，合理消费，节约资源。

国家鼓励和引导公民使用节能、节水、节材和有利于保护环境的产品及再生产品，减少废物的产生量和排放量。

第七条【管理体制】国务院建立环境保护综合协调机制。

国务院环境保护行政主管部门，对全国环境保护工作实施统一监督管理。

县级以上地方人民政府环境保护行政主管部门，对本辖区的环境保护工作实施统一监督管理。

国家海洋行政主管部门、港务监督、渔政渔港监督、军队环境保护部门和各级公安、交通、铁道、民航管理部门，依照有关法律的规定对环境污染防治实施监督管理。

县级以上人民政府的土地、矿产、林业、农业、水利行政主管部门，依照有关法律的规定对资源的保护实施监督管理。

第八条【地方政府责任】地方各级人民政府，应当对本辖区的环境质量负责，采取措施改善环境质量，保障公众健康。

第九条【政府投入、奖励】各级人民政府应当不断加大环境保护投入，实施环境综合治理，加强生态文明建设，提高环境管理能力。

对保护和改善环境有显著成绩的单位和个人，由人民政府给予奖励。

第二章　环境监督管理

第十条【国家环境监察】国家实行环境监察制度。

受国务院委托，国务院环境保护行政主管部门组织实施国家环境监察，设置区域环境监察机构，对各部门以及各省、自治区、直辖市，以及计划单列市人民政府执行国家环境保护方针、政策、规划、法律、法规、标准情况进行监督检查。

第十一条【目标考核】国家实行环境保护目标责任制和考核评价制度，将地方人民政府及其负责人任期内环境保护目标完成情况作为考核内容。

未达到国家环境质量标准的区域或者流域内的有关地方人民政府，应当按照国务院或者国务院环境保护行政主管部门规定的期限，达到国家环境质量标准。该地方人民政府应当制定限期达标规划，并可以根据国务院的授权或者规定，采取更加严格的措施，按期实现达标规划。

第十二条【政府报告】县级以上人民政府应当向本级人民代表大会常务委员会报告本行政区域的环境保护工作。

环境污染和生态破坏问题严重的地方，县级以上地方人民政府应当向本级人民代表大会专项报告本行政区域的环境保护工作。

第十三条 【质量标准】国家环境质量标准由国务院环境保护行政主管部门负责制定、公布，国务院标准化行政部门提供国家标准编号。

省、自治区、直辖市人民政府对国家环境质量标准中未作规定的项目，可以制定、公布地方环境质量标准，并报国务院环境保护行政主管部门备案。

第十四条 【排放标准】国家污染物排放标准由国务院环境保护行政主管部门根据国家环境质量标准和国家经济、技术条件制定、公布，国务院标准化行政部门提供国家标准编号。

省、自治区、直辖市人民政府对国家污染物排放标准中未作规定的项目，可以制定、公布地方污染物排放标准；对国家污染物排放标准中已作规定的项目，可以制定、公布严于国家污染物排放标准的地方污染物排放标准。地方污染物排放标准须报国务院环境保护行政主管部门备案。

凡是向已有地方污染物排放标准的区域排放污染物的，应当执行地方污染物排放标准。

国务院环境保护行政主管部门根据控制环境污染的需要和国家污染物排放标准，制定国家污染防治技术政策。

第十五条 【环境监测】国务院环境保护行政主管部门建立监测制度，制定监测规范，统一发布国家环境监测信息，会同有关部门组织监测网络，加强对环境监测的管理。

国务院和省、自治区、直辖市人民政府的环境保护行政主管部门，应当定期发布环境状况公报。

国务院环境保护行政主管部门可以根据环境管理的实际需要，在重点区域、流域对环境监测工作实行垂直管理。

第十六条 【区划、规划】国务院环境保护行政主管部门应当会同有关部门，建立和完善环境质量状况评价指标体系，根据国家主体功能区划，组织编制环境功能区划和生态功能区划。

县级以上人民政府环境保护行政主管部门，应当会同有关部门对管辖范围内的环境状况进行调查和评价，拟订环境保护规划，经计划部门综合平衡后，报同级人民政府批准实施。

第十七条 【环保公共设施】县级以上地方人民政府应当制定规划，统筹安排建设城镇污水集中处理设施及配套管网，城市生活废弃物的清扫、收集、运输和处理等环境卫生设施，危险废物和放射性废物集中处置设施、场所以及其他环境保护公共设施,并建立相应的机制保障设施正常运行。

第十八条【环境影响评价】编制有关开发利用规划,建设对环境有影响的项目,应当依法进行环境影响评价。

国务院有关部门、设区的市级以上地方人民政府及其有关部门,对其组织拟定的重大经济和技术政策草案,应当进行环境影响论证。

对超过重点污染物总量控制指标、生态破坏严重或者尚未完成生态恢复任务的地区,以及超过重点污染物排放总量控制指标或造成严重生态破坏的企业,有关人民政府环境保护行政主管部门应当暂时停止审批除减少污染物排放和生态恢复项目以外的所有建设项目的环境影响评价文件。

第十九条【总量、许可、交易】国家实行重点污染物排放总量控制制度和排污许可制度。对实施排放总量控制的重点污染物,有关排污单位可以依法开展排污权的有偿使用和交易。具体办法由国务院规定。

第二十条【监督检查】县级以上人民政府环境保护行政主管部门或者其他依照法律规定行使环境监督管理权的部门,有权对管辖范围内的排污单位进行现场检查。被检查的单位应当如实反映情况,提供必要的资料。检查机关应当为被检查的单位保守技术秘密和业务秘密。

县级以上人民政府环境保护行政主管部门或者其他依照法律规定行使环境监督管理权的部门,发现排污单位排放污染物,严重危害公众健康或者可能对公众健康造成严重危害的,有权依法查封、扣押有关排污设备、设施。

第二十一条【信息公开】县级以上人民政府及其环境保护行政主管部门,应当依照国家有关信息公开的规定,公开环境质量、突发环境事件等公共环境信息,以及环境行政许可、排污收费、环境行政处罚等企业环境信息,并与工商、贸易等主管部门以及银行、保险、证券等金融机构实现信息共享。

公民、法人或者其他组织,可以依据国家有关规定,向县级以上人民政府及其环境保护行政主管部门和有关企业事业单位申请获取环境信息。

第二十二条【跨界协调】跨行政区的环境污染和环境破坏的防治工作,由有关地方人民政府协商解决,或者由上级人民政府协调解决,作出决定。

第二十三条【联防联控】国务院环境保护行政主管部门会同国务院有关主管部门,根据防治区域性环境污染的实际需要,可以确定实施环境污染联合防治的重点区域、流域,报国务院批准。

国务院环境保护行政主管部门应当会同国务院有关主管部门和重点区域、流域内的省、自治区、直辖市人民政府,按照属地管理与区域联动相结合的原则,建立联合防治区域性环境污染的协调机制,并评估联合防治的效果。

第三章 保护和改善环境

第二十四条【生态保护】 各级人民政府对具有代表性的各种类型的自然生态系统区域，珍稀、濒危的野生动植物自然分布区域以及其他生物多样性丰富区域，重要的水源涵养区域，具有重大科学文化价值的地质构造、著名溶洞和化石分布区、冰川、火山、温泉等自然遗迹，以及人文遗迹、古树名木，应当采取措施加以保护，严禁破坏。

第二十五条【特别保护区域】 在国务院、国务院有关主管部门和省、自治区、直辖市人民政府划定的风景名胜区、自然保护区和其他需要特别保护的区域内，不得建设污染环境的工业生产设施；建设其他设施，其污染物排放不得超过规定的排放标准。已经建成的设施，其污染物排放超过规定的排放标准的，限期治理。

第二十六条【资源开发的生态保护】 开发利用自然资源，必须依法制定有关生态环境保护与恢复治理的方案，并采取措施保护生态环境。

第二十七条【农村环境保护】 各级人民政府应当加强对农业环境的保护，防治土壤污染、土地沙化、盐渍化、贫瘠化、沼泽化、地面沉降和防治植被破坏、水土流失、水源枯竭、种源灭绝以及其他生态失调现象的发生和发展，推广植物病虫害的综合防治。

各级人民政府及其农业等有关部门应当指导农业生产者科学种植和养殖，合理施用肥料、农药、植物生长激素等，防治农业源污染环境。

县级以上各级人民政府应当按照统筹规划、突出重点、因地制宜、分类指导的原则，加强农村饮用水水源地保护、生活污水和垃圾处理、畜禽养殖污染、历史遗留的农村工矿污染治理，推动农村环境集中整治。

禁止在饮用水水源保护区、自然保护区的核心区和缓冲区、风景名胜区，城镇居民区、文化教育科学研究区等人口集中区域，以及法律、法规规定的其他禁养区域内建设畜禽养殖场、养殖小区和水产养殖场。

第二十八条【海洋环保】 国务院和沿海地方各级人民政府应当加强对海洋环境的保护。向海洋排放污染物、倾倒废弃物，进行海岸工程建设和海洋石油勘探开发，必须依照法律的规定，防止对海洋环境的污染损害。

第二十九条【城乡规划环保要求】 制定城市规划，应当确定保护和改善环境的目标、任务。

直辖市，省、自治区人民政府所在地的城市，以及国务院确定的其他城市，应当在编制城市总体规划的同时，编制城市环境保护专项规划。

第三十条【城乡建设环保要求】城乡建设应当结合当地自然环境的特点，保护植被、土壤、水域和自然景观，加强城市园林、绿地和风景名胜区的建设。

第四章　防治环境污染和其他公害

第三十一条【企业环保要求】产生环境污染和其他公害的单位，必须把环境保护工作纳入计划，建立环境保护责任制度；采取有效措施，防治在生产建设或者其他活动中产生的废气、废水、废渣、粉尘、恶臭气体、放射性物质以及噪声、振动、电磁波辐射等对环境的污染和危害。

设区的市级以上地方人民政府环境保护主管部门会同同级人民政府有关部门确定的重点排污单位，应当实行企业环境监督员制度。具体办法由国务院环境保护行政主管部门会同国务院人力资源和社会保障行政主管部门制定。

第三十二条【清洁生产】新建工业企业和现有工业企业的技术改造，应当采用资源利用率高、污染物排放量少的设备和工艺，采用经济合理的废弃物综合利用技术和污染物处理技术。

第三十三条【"三同时"】建设项目中的环境保护设施，必须与主体工程同时设计、同时施工、同时投产使用。建设项目必须经原审批环境影响评价文件的环境保护行政主管部门验收合格后，方可投入生产或者使用。

环境保护设施应当保持正常运行，不得擅自拆除或者闲置，确有必要拆除或者闲置的，必须征得所在地的环境保护行政主管部门同意。

第三十四条【排污申报、企业信息公开】排放污染物的企业事业单位，必须依照国务院环境保护行政主管部门的规定申报登记，并根据监测结果，及时、准确地公开其所排污染物的名称、浓度、总量，排放的强度、频次、方式和影响范围，环境保护设施的建设和运行情况等环境信息。

第三十五条【排污收费】排放污染物的单位，依照国家规定缴纳排污费，并负责治理。

征收的排污费必须用于污染的防治，不得挪作他用，具体使用办法由国务院规定。

第三十六条【技术、设备引进】禁止引进不符合我国环境保护规定要求的技术和设备。

第三十七条【事故应急】生产经营单位应当排查和评估本单位的环境风险隐患，健全预防和控制环境风险隐患的措施，并按照国家有关规定编制突发环境事件应急预案，向社会公开，同时报送所在地环境保护行政主管部门备案。

各级人民政府及其有关部门应当加强环境风险隐患排查的监督管理，做好突发环境事件预防工作。

发生突发环境事件的生产经营单位，应当立即启动环境事件应急预案，采取有效措施，防止污染扩散，同时通报可能受到污染危害的单位和居民，并按规定向当地人民政府环境保护行政主管部门和有关部门报告。环境保护行政主管部门接到报告后，应按照规定及时向本级人民政府和上级环境保护行政主管部门报告。

各级人民政府及其有关部门在应对突发环境事件之外的其他突发事件时，应当在抢险、救援、处置过程中采取必要措施，避免或减少突发事件对环境造成损害。

突发环境事件应急处置工作结束后，有关人民政府应当立即组织评估事件造成的环境影响和损失，国务院环境保护行政主管部门应当对重大、特别重大突发环境事件组织调查，地方人民政府环境保护行政主管部门应当对一般、较大突发环境事件组织调查，并将调查结果报同级人民政府。

第三十八条【污染危害处理】县级以上地方人民政府环境保护行政主管部门，在环境受到严重污染威胁居民生命财产安全时，必须立即向当地人民政府报告，由人民政府采取有效措施，解除或者减轻危害。

第三十九条【有毒化学品、放射性、机动车】生产、储存、运输、销售、使用有毒化学物品和含有放射性物质的物品，或者排放含有毒有害化学物质的废物和放射性废物，以及制造、使用机动车船的单位和个人，必须遵守国家有关规定，防止污染环境。

国务院环境保护行政主管部门会同有关部门编制禁止或者限制向环境排放的含有毒有害物质的污染物名录。

第四十条【设备转移】任何单位不得将产生严重污染的生产设备转移给没有污染防治能力的单位使用。

第四十一条【环境污染责任保险】国家鼓励排放污染物的企业投保环境污染责任保险。

生产、贮存、运输、使用危险化学品和放射性物品，收集、贮存、运输、利用、处置危险废物，排放重金属污染物，以及国务院规定的其他高环境风险企业事业单位，应当购买环境污染责任保险。

环境污染责任保险的具体范围和管理办法，由国务院环境保护行政主管部门会同国务院保险监督管理机构制定。

第四十二条 【经济政策】 国家建立健全生态补偿机制。

国务院环境保护主管部门会同国务院经济综合宏观调控部门、工业主管部门，提出高污染、高环境风险产品目录。对生产该目录范围内的产品的项目，安全生产、贸易和其他有关行政主管部门应当加强监督管理，银行业金融机构在审查有关贷款申请时应当充分考虑相关环境风险。

国家开征环境保护税，并在制定资源税、企业所得税以及增值税、消费税等税收政策时，充分考虑环境保护的实际需要。

对自愿实施技术改造并减少污染物排放的企业，以及按照产业结构和城乡规划布局调整的要求关闭、搬迁、转产的排污企业，有关人民政府应当通过财政、税收、信贷、土地等政策措施予以鼓励和扶持。

国务院规定的重点行业的企业申请上市或者申请再融资的，国务院证券监督管理机构应当会同国务院环境保护行政主管部门审查申请企业遵守环境保护法律、法规和标准的情况。

第五章 法律责任

第四十三条 【处罚衔接】 违反本法规定，水、大气、固体废物、环境噪声、海洋、放射性污染防治以及环境影响评价等法律对处罚已有规定的，从其规定。

违反本法规定，造成土地、森林、草原、水、矿产、渔业、野生动植物等资源的破坏的，依照有关法律的规定承担法律责任。

第四十四条 【按日计罚】 有下列行为之一，企业事业单位受到环境保护行政主管部门处罚，并被责令改正或者限期改正违法行为后，逾期不改正，经催告仍不改正，其后果已经或者将造成环境污染的，作出处罚决定的环境保护行政主管部门除依法强制违法行为人改正违法行为外，按环境违法行为造成的损失以及修复费用、污染物处理费用、环境保护设施运行成本等，每日处以一万元以上十万元以下的罚款：

（一）建设项目需要配套建设的环境保护设施未建成、未经验收或者经验收不合格，主体工程正式投入生产或者使用的；

（二）不正常使用污染物处理设施，或者未经环境保护主管部门批准拆除、闲置污染物处理设施的；

（三）无经营许可证或者不按照经营许可证规定从事收集、贮存、利用、处置危险废物经营活动的；

（四）未经许可擅自从事贮存和处置放射性固体废物活动，或者不按照许可的有关规定从事贮存和处置放射性固体废物活动的；

（五）未采取有效污染防治措施，向大气排放恶臭气体或者其他含有有毒物质气体的；

（六）在城市市区噪声敏感建筑物集中区域内，夜间进行禁止进行的产生环境噪声污染的建筑施工作业的。

第四十五条 【限期治理】 对因污染环境依法实行限期治理的企业事业单位，作出限期治理决定的环境保护行政主管部门应当责令其限制生产、限制排放或者停产整治。限期治理的期限最长不超过一年。

经限期治理，逾期未完成治理任务的，由作出限期治理决定的环境保护行政主管部门报请有批准权的人民政府责令关闭。

第四十六条 【复议、起诉】 当事人对行政处罚决定不服的，可以在接到处罚通知之日起十五日内，向作出处罚决定的机关的上一级机关申请复议；对复议决定不服的，可以在接到复议决定之日起十五日内，向人民法院起诉。当事人也可以在接到处罚通知之日起十五日内，直接向人民法院起诉。当事人逾期不申请复议、也不向人民法院起诉、又不履行处罚决定的，由作出处罚决定的机关申请人民法院强制执行。

第四十七条 【侵权责任】 因污染环境造成损害的，污染者应当承担停止侵害、消除危害、恢复原状、赔偿损失等侵权责任。

赔偿责任和赔偿金额的纠纷，可以根据当事人的请求，由环境保护行政主管部门或者其他依照法律规定行使环境监督管理权的部门处理；当事人对处理决定不服的，可以向人民法院起诉。当事人也可以直接向人民法院起诉。

完全由于不可抗拒的自然灾害，并经及时采取合理措施，仍然不能避免造成环境污染损害的，免予承担责任。

第四十八条 【公益诉讼】 因污染损害公共环境利益的，经依法登记的环境保护社会团体、县级以上地方人民政府环境保护行政主管部门，可以依法向人民法院提起诉讼，要求污染者承担侵权责任。

第四十九条 【污染损害评估鉴定】 国务院环境保护行政主管部门制定环境污染损害评估鉴定技术规范，会同国务院司法行政主管部门批准设立环境污染损害评估和鉴定机构。

第五十条 【诉讼时效】 因环境污染损害赔偿提起诉讼的时效期间为三年，从当事人知道或者应当知道受到污染损害时起计算。

第五十一条 【治安处罚、刑事责任】 排污单位违反国家规定向环境排放、倾倒毒害性、放射性、腐蚀性物质或者传染病病原体等危险物质，构成非法处置危险物质的违反治安管理行为的,由公安机关对排污单位直接负责的主管人员和其他直接责任人员依法给予行政拘留处罚。

违反国家规定,排放、倾倒或者处置有放射性的废物、含传染病病原体的废物、有毒物质或者其他有害物质,严重污染环境的,依法追究刑事责任。

第五十二条【渎职处分】环境保护监督管理人员滥用职权、玩忽职守、徇私舞弊的,由其所在单位或者上级主管机关给予行政处分;构成犯罪的,依法追究刑事责任。

第六章 附 则

第五十三条【国际条约】中华人民共和国缔结或者参加的与环境保护有关的国际条约,同中华人民共和国法律有不同规定的,适用国际条约的规定,但中华人民共和国声明保留的条款除外。

第五十四条【生效日期】本法自　　年　月　日起施行。

附录二

《中华人民共和国大气污染防治法》修改建议稿[①]

第一章 总 则

第一条【立法目的】为了防治大气污染，保护和改善生活环境和生态环境，保障人体健康，促进经济和社会的可持续发展，制定本法。

第二条【基本原则】大气污染防治应当坚持预防为主、防治结合的原则，优化能源和产业结构，合理规划布局，促进清洁生产，发展低碳经济和循环经济，推行区域污染联合防治。

国家加强工业、交通运输大气污染防治，切实改善城市和区域大气环境质量，积极推进农业大气污染防治。

第三条【基本政策】国务院和地方各级人民政府，必须将大气环境保护工作纳入国民经济和社会发展规划，加强大气污染防治科学研究，采取大气污染防治措施，保护和改善大气环境。

第四条【政府责任】县级以上地方人民政府对本辖区的大气环境质量负责，采取有效对策和措施，使本辖区的大气环境质量达到规定的标准。

第五条【管理体制】县级以上人民政府环境保护主管部门对大气污染防治实施统一监督管理。

各级公安、交通运输、铁道、渔业等主管部门根据各自的职责，对机动车船和航空器污染大气实施监督管理。

县级以上人民政府其他有关主管部门在各自职责范围内对大气污染防治实施监督管理。

[①] 本书写作过程恰逢《大气污染防治法》的修改。为配合做好《大气污染防治法》的修改工作，我们起草了大气污染防治法修改建议稿。《大气污染防治法》已于2015年8月29日经第十二届全国人大常委会第十六次会议审议通过，我们的部分建议也已被采纳。鉴于修改建议稿能够帮助读者了解法律起草过程和学界的研究成果，对加强大气污染防治法治建设仍具有重要参考价值和指导意义，我们特予以保留，供读者参考。

第六条 【污染防治重点】 国务院应当根据大气环境质量状况确定大气污染防治重点城市、重点区域、重点大气污染物。

第七条 【达标排放】 向大气排放污染物，不得超过国家或者地方规定的大气污染物排放标准和重点大气污染物排放总量控制指标。

第八条 【责任考核】 国家实行大气环境保护目标责任制和考核评价制度，将大气环境保护目标完成情况作为对县级以上地方人民政府及其负责人考核评价的内容。

第九条 【人大监督】 国务院应当定期向全国人民代表大会常务委员会专项报告全国大气污染防治工作。

国家确定的大气污染防治重点区域有关地方人民政府和重点城市人民政府，应当定期向本级人民代表大会常务委员会专项报告本行政区域内大气污染防治工作。

第十条 【权利和义务】 任何单位和个人都有保护大气环境的义务，并有权对污染大气环境的单位和个人进行检举和控告。

各级人民政府和排放大气污染物的重点企业应当按照法律法规的规定向社会公开有关大气环境信息，保障公众的知情权和参与权。

第十一条 【鼓励与引导】 国家采取有利于大气污染防治以及相关综合利用活动的经济、技术政策和措施。

在防治大气污染、保护和改善大气环境方面成绩显著的企业事业单位和个人，由各级人民政府及其有关主管部门给予表彰和奖励。

第十二条 【防治技术与产业】 国家鼓励和支持大气污染防治科学技术研究，推广先进适用的大气污染防治技术；鼓励和支持开发、利用水能、风能、太阳能、地热能、潮汐能、核能和生物质能等清洁能源。

国家鼓励和支持大气污染防治相关环境保护产业发展。

第十三条 【绿化与生态建设】 各级人民政府应当保护天然植被，推进生态治理工程建设，加强植树种草、城乡绿化工作，因地制宜地采取有效措施做好防沙治沙工作，改善大气环境质量。

第二章 大气污染防治标准和规划

第十四条 【环境质量标准】 国务院环境保护主管部门制定和发布国家大气环境质量标准。

省、自治区、直辖市人民政府对国家大气环境质量标准中未作规定的项目，可以制定和发布地方环境质量标准，并报国务院环境保护主管部门备案。

第十五条【排放标准】国务院环境保护主管部门根据国家大气环境质量标准和国家经济、技术条件制定和发布国家大气污染物排放标准。

省、自治区、直辖市人民政府对国家大气污染物排放标准中未作规定的项目，可以制定和发布地方排放标准；对国家大气污染物排放标准中已作规定的项目，可以制定和发布严于国家排放标准的地方排放标准。地方排放标准须报国务院环境保护主管部门备案。

凡是向已有地方排放标准的区域排放大气污染物的，应当执行地方排放标准。

第十六条【防治规划】国务院环境保护主管部门会同国务院有关主管部门及有关省、自治区、直辖市人民政府编制国家大气污染防治规划，报国务院批准。国家大气污染防治规划应当包括重点大气污染物控制以及重点城市、重点区域大气污染防治的目标、任务和措施。

省、自治区、直辖市大气污染防治规划，根据国家大气污染防治规划和本地实际情况，由省、自治区、直辖市人民政府环境保护主管部门会同有关部门编制，报同级人民政府批准。

规划的修订须经原批准机关批准。

第三章 大气污染防治监督管理

第十七条【规划环评】国务院有关部门、设区的市级以上地方人民政府及其有关部门，在组织编制工业、能源、交通、城市建设、自然资源开发的有关专项规划过程中，应当综合考虑规划对大气环境可能造成的影响。

前款所列专项规划应当在上报审批前依法进行环境影响评价。

第十八条【项目环评】新建、扩建、改建向大气排放污染物的建设项目，应当依法进行环境影响评价。

对未取得重点大气污染物排放总量控制指标的建设项目，环境保护主管部门不得受理其环境影响评价文件。

企业新建项目需要办理营业执照的，应当在办理营业执照前报批建设项目环境影响评价文件。需要办理营业执照的新建项目企业类型名录，由国务院环境保护主管部门会同国务院工商行政管理部门制定。

第十九条【特殊区域保护】在国务院和省、自治区、直辖市人民政府划定的风景名胜区、自然保护区、文物保护单位附近地区和其他需要特别保护的区域内，不得建设污染大气环境的工业生产设施。

第二十条【"三同时"管理】建设项目的大气污染防治设施，应当与主体工程同时设计、同时施工、同时投入使用。大气污染防治设施应当经过环境保护主管部门验收,验收不合格的,该建设项目不得投入生产或者使用。

排污单位应当保持大气污染物处理设施的正常使用;拆除或者闲置大气污染物处理设施的,应当事先报县级以上地方人民政府环境保护主管部门批准。

第二十一条【总量控制】国家对重点大气污染物排放实行总量控制制度。

国务院确定重点大气污染物排放总量控制目标,并与省、自治区、直辖市人民政府和企业集团签订总量控制目标责任书。省、自治区、直辖市人民政府应当将总量控制目标逐级分解到市、县和排污单位。

国务院环境保护主管部门会同国务院有关部门,依据总量控制目标责任书,对省、自治区、直辖市人民政府和企业集团进行年度考核,考核结果报国务院审定。县级以上地方人民政府定期对辖区内排污单位的重点大气污染物总量控制指标完成情况进行考核。

国务院和县级以上地方人民政府应当公布考核结果。

第二十二条【区域限批】对大气污染严重的地区和排放大气污染物超过重点大气污染物总量控制指标的地区或者企业集团,环境保护主管部门应当暂停审批其新增重点大气污染物排放总量的建设项目的环境影响评价文件。

具体实施办法由国务院环境保护主管部门制定。

第二十三条【排污交易】国家实行重点大气污染物排放指标有偿取得和交易制度。

具体办法由国务院财政主管部门会同国务院环境保护主管部门等有关部门制定。

第二十四条【申报登记】向大气排放污染物的企业事业单位和个体工商户,应当按照国务院环境保护主管部门的规定,向县级以上地方人民政府环境保护主管部门申报登记拥有的大气污染物排放设施、处理设施和在正常作业条件下排放大气污染物的种类、数量和浓度,并提供防治大气污染方面的有关技术资料。

企业事业单位和个体工商户排放大气污染物的种类、数量和浓度有重大改变的,应当及时申报登记。

第二十五条【排污许可】国家实行排污许可制度。

向大气排放工业废气、含有毒有害物质的大气污染物的企业事业单位,集中供热设施的运营单位,以及其他按照规定应当取得排污许可证方可排放大气污染物的企业事业单位,应当向县级以上人民政府环境保护主管部门申请排污许可证。

禁止前款规定的企业事业单位无排污许可证或者违反排污许可证的规定排

放大气污染物。

未取得排污许可证或者未按照排污许可证的规定排放大气污染物的，工商行政管理机关不予办理营业执照的年度检验。

排污许可的具体办法和实施步骤由国务院制定。

第二十六条【排污收费】向大气排放污染物的企业事业单位和个体工商户，应当按照国务院的规定缴纳排污费。

第二十七条【排污口规范化】向大气排放污染物的企业事业单位和个体工商户，应当按照法律、行政法规和国务院环境保护主管部门的规定设置大气污染物排放口。

禁止以规避监管为目的，在非紧急情况下使用大气污染物应急排放通道或者采取其他规避监管的方式排放大气污染物。

第二十八条【环境监测】国家建立大气环境质量和大气污染源监测制度。

国务院环境保护主管部门负责制定大气环境质量和大气污染源监测和评价规范，组织建设和管理全国大气环境质量和大气污染源监测网，组织开展大气环境质量和大气污染源监测，统一发布全国大气环境及其变化趋势等信息，并实时发布城市空气质量监测数据。

县级以上地方人民政府环境保护主管部门负责组织建设与管理本行政区域大气环境质量和大气污染源监测网，开展大气环境质量和大气污染源监测，统一发布本行政区域内大气环境质量状况信息。

第二十九条【企业监测义务】向大气排放污染物的企业事业单位应当对其所排放的大气污染物进行监测，由该单位主管环境事务的负责人审核签字。原始监测记录应当至少保存五年。

不具备环境监测能力的企业事业单位，应当委托环境保护主管部门所属环境监测机构或者经省、自治区、直辖市环境保护主管部门认定的环境监测机构进行监测；接受委托的环境监测机构从事监测活动所需经费由委托方承担，收费标准按照国家有关规定执行。

重点排污单位应当安装大气污染物排放自动监测设备，与环境保护主管部门的监控设备联网，并保证监测设备正常运行和数据正常传输。

应当安装大气污染物排放自动监测设备的重点排污单位名录，由设区的市级以上地方人民政府环境保护主管部门根据本行政区域的环境容量、重点大气污染物排放总量控制指标的要求以及排污单位排放大气污染物的种类、数量和浓度等因素确定。

企业自行监测的具体办法，由国务院环境保护主管部门制定。

第三十条【现场检查】环境保护主管部门和其他主管部门有权对管辖范围内的向大气排放污染物的企业事业单位和个体工商户进行现场检查。被检查的企业事业单位和个体工商户必须如实反映情况，提供必要的资料。检查部门有义务为被检查的企业事业单位和个体工商户保守技术秘密和业务秘密。

对造成或者可能造成严重大气污染以及可能导致环境执法证据灭失或者隐匿的，县级以上环境保护主管部门可以会同公安部门对有关设施、场所、物品、文件、资料采取查封、扣押、登记等证据保全措施。

第三十一条【政府信息公开】县级以上人民政府环境保护主管部门对违反本法规定、严重污染大气环境的企业及其负责人名单予以公布，并通报银行业、证券业监督管理机构和商业银行，通报有关机关、群众团体以及行业协会。

有关机构在受理和审查企业贷款申请以及上市和再融资申请时，应当综合考虑环境保护主管部门提供的企业环境守法信息。对违反法律规定、严重污染大气环境的企业，商业银行应当收紧或者停止信贷服务，证券业监督管理机构不得核准该企业上市以及再融资。

对违反法律规定、严重污染大气环境的企业，有关机关、群众团体以及行业协会不得授予企业及其责任人荣誉称号；已经授予的，应当撤销。

第三十二条【企业信息公开】大气污染物排放超过国家或者地方污染物排放标准，或者污染物排放总量超过总量控制指标的污染严重企业，使用有毒有害原料进行生产或者在生产中排放有毒有害物质的企业以及国家规定的重点排污单位，应当公开污染物排放情况等环境信息，接受公众监督。

企业不得以保守商业秘密和技术秘密为由，拒绝公开环境信息。

第三十三条【企业环境监督员】国家建立企业环境保护监督员制度，对企业环境管理与监督人员实行登记备案制度。

具体管理办法，由国务院环境保护主管部门制定。

第三十四条【专业化经营】国家鼓励、支持大气环境保护技术和装备的标准化和现代化，鼓励向大气排放污染物的企业事业单位委托专业化公司承担大气污染治理设施运营服务。

接受企业事业单位委托专门从事大气污染治理设施运行管理的运营单位，应当持有环境保护主管部门核发的环境污染治理设施运营资质证书。

具体管理办法，由国务院环境保护主管部门制定。

第三十五条【环境管理体系认证】向大气排放污染物的企业事业单位可以根据自愿原则，按照国家有关环境管理体系认证的规定，向国家认证认可监督管理部门授权的认证机构提出认证申请，通过环境管理体系认证，提高清洁生产水平。

第三十六条【臭氧层保护】国家鼓励、支持消耗臭氧层物质替代品的生产和使用，逐步减少消耗臭氧层物质的产量，直至停止消耗臭氧层物质的生产和使用。

在国家规定的期限内，生产、使用、进出口消耗臭氧层物质的企业事业单位必须按照国务院环境保护主管部门核定的配额进行生产、使用和进出口。

第四章 大气污染防治措施

第一节 工业大气污染防治

第三十七条【清洁生产与循环经济】企业应当优先采用能源和原材料利用效率高、污染物排放量少的清洁生产工艺，发展循环经济，减少大气污染物的产生和排放。

第三十八条【洁净煤技术】国家采取有利于煤炭清洁利用的经济、技术政策和措施，鼓励和支持使用低硫分、低灰分的优质煤炭，鼓励和支持洁净煤技术的开发和推广。

第三十九条【锅炉产品标准】国务院有关部门应当根据国家规定的锅炉和火电厂大气污染物排放标准，在锅炉产品质量标准中规定相应的污染物初始排放控制要求；达不到规定要求的锅炉，不得制造、销售、转移或者进口。

第四十条【煤炭开采】国家推行煤炭洗选加工，降低煤的硫分和灰分，限制高硫分、高灰分煤炭的开采。

新建的所采煤炭属于高硫分、高灰分的煤矿，必须建设配套的煤炭洗选设施，使煤炭中的硫分、灰分达到规定的标准。

对已建成的所采煤炭属于高硫分、高灰分的煤矿，应当按照国务院批准的规划，限期建成配套的煤炭洗选设施。

煤矿企业应当采取有效措施防止矸石山自燃。

国家鼓励煤矿企业采用合理、可行的技术措施，对煤层气进行抽放利用，对煤矸石进行综合利用。

第四十一条【燃煤污染控制】火电厂（含热电厂、自备电站）和其他燃煤企业排放烟尘、二氧化硫、氮氧化物等大气污染物超过排放标准或者总量控制指标的，必须配套建设除尘、脱硫、脱硝等减排装置或者采取其他控制大气污染物排放的措施。

国家鼓励燃煤企业采用先进的除尘、脱硫、脱硝、脱汞等多种大气污染物协同控制的技术和装备。

第四十二条 【脱硫脱硝】 石油炼制、合成氨生产、煤气和煤焦化、有色金属冶炼、钢铁冶炼等过程中排放含有硫化物和氮氧化物气体的，应当配备脱硫、脱硝装置或者采取其他降低硫化物和氮氧化物排放的措施。

第四十三条 【可燃气体处理】 工业生产中产生的可燃性气体应当回收利用，不具备回收利用条件而向大气排放的，应当进行防治污染处理。

向大气排放转炉气、电石气、电炉法黄磷尾气、有机烃类尾气的，须获得当地环境保护主管部门的许可。

可燃性气体回收利用装置不能正常作业的，应当及时修复或者更新。在回收利用装置不能正常作业期间确需排放可燃性气体的，应当将排放的可燃性气体充分燃烧或者采取其他减轻大气污染的措施。

第四十四条 【淘汰落后工艺、设备】 国家对严重污染大气环境的落后生产工艺和落后设备实行淘汰制度。

国务院经济综合宏观调控部门会同国务院有关主管部门，公布限期禁止采用的严重污染水污染大气环境的工艺名录和限期禁止生产、销售、进口的严重污染大气环境的设备名录。

生产者、销售者或者进口者应当在规定的期限内停止生产、销售或者进口列入前款规定的设备名录中的设备。工艺的采用者应当在规定的期限内停止采用列入前款规定的工艺名录中的工艺。

依照本条第二款、第三款规定被淘汰的设备，不得转让、赠予或者以其他方式转移。

第四十五条 【退出机制】 国家实行重污染企业退出机制。

县级以上人民政府应当采取财政、价格、税收、土地、信贷、政府采购等经济政策措施，鼓励和支持重污染企业实施技术改造和技术升级，或者自愿关闭、搬迁、转产。

第四十六条 【"双高"产品名录】 国务院环境保护主管部门会同国务院经济综合宏观调控部门、工业主管部门提出高污染、高环境风险产品名录。

国务院贸易主管部门、海关总署制定加工贸易禁止或者限制类商品目录，国务院财政、税收主管部门制定取消出口退税的商品清单和确定相关税率时，应当考虑高污染、高环境风险产品名录所列商品在生产加工或者使用过程中产生的环境影响。

国务院财政、税收主管部门制定消费税、资源税税目和税率时，应当考虑高污染、高环境风险产品名录所列产品在开采、生产加工或者使用过程中产生的环境影响。

国务院安全监督管理部门对生产加工或者使用高污染、高环境风险产品名录所列产品的企业，应当加强安全监管，防止因安全生产事故引发环境污染。

第二节 交通运输大气污染防治

第四十七条【公交与限行】国家鼓励发展公共汽车、轨道交通等公共交通事业，以及有利于乘坐公共交通运输工具、步行或者非机动车使用的城市规划和建设，减少机动车出行量。

城市人民政府可以根据本辖区大气污染防治的需要和机动车排放污染状况，划定限制机动车行驶的区域和时段，并向社会公告。

经国务院批准，城市人民政府可以根据本辖区大气污染防治的需要和机动车排放污染状况，实施限制高污染排放车辆使用的方案，并向社会公告。

第四十八条【车船达标】省、自治区、直辖市人民政府提前执行国家机动车船大气污染物排放标准中相应阶段排放限值的，应当事先报请国务院批准。

机动车船向大气排放污染物不得超过规定的排放标准。

任何单位和个人不得制造、销售或者进口污染物排放超过规定排放标准的机动车船。

第四十九条【新车型式核准】生产企业在批量生产新定型机动车船前，应当获得国务院环境保护主管部门的环境保护型式核准。未经环境保护型式核准的，公安交通管理部门不得办理注册登记。

国务院环境保护主管部门可以委托按照有关规定取得资质的机动车船检验机构承担新定型机动车船环境保护型式核准技术工作。

国务院环境保护主管部门按照国家机动车船排放标准，对获得环境保护型式核准投入批量生产的机动车船排放达标情况实施生产一致性检查。

具体实施办法由国务院环境保护主管部门制定。

第五十条【在用车环保符合性】机动车船生产企业应当按照国家机动车船排放标准的规定，保证在用机动车船的环保符合性，并定期向国务院环境保护主管部门报告。

第五十一条【鼓励清洁车船】国家通过税收优惠等政策，鼓励低排量、低污染、节能型机动车船等交通运输工具的开发、生产、销售和使用，减少机动车船的大气污染物排放。

第五十二条【在用车委托检验】省、自治区、直辖市人民政府环境保护主管部门应当委托已取得资质认定的机动车检验机构，按照国务院环境保护主管部门制定的检测规范对机动车污染物排放进行定期检测。

机动车检验机构应当按照国务院环境保护主管部门制定的规范，与委托检测的环境保护主管部门联网，及时报送定期检测数据。

交通运输、渔政等有监督管理权的部门可以委托已取得主管部门资质认定的承担机动船舶检验机构，按照规范对机动船舶污染物排放进行定期检测。

检验机构对机动车船排气污染检测收取费用，应当执行省、自治区、直辖市人民政府价格主管部门核定的收费标准。

第五十三条【在用车定期检测】在用机动车的所有者应当按照国家规定的期限要求，将机动车送至省、自治区、直辖市人民政府环境保护主管部门委托的机动车检验机构，对机动车排气污染进行定期检测。

对未按照规定进行排气污染检测的机动车，或者检测结果不合格的机动车，公安交通主管部门不予进行安全性能检测。

省、自治区、直辖市人民政府可以根据本行政区域机动车排放污染状况和空气质量要求，确定更严格的本行政区域机动车排气污染检测周期。

第五十四条【环保检验合格标志】在用机动车排气污染经定期检测合格的，由省、自治区、直辖市人民政府环境保护主管部门核发机动车环保检验合格标志。

未取得机动车环保检验合格标志的机动车，不得上路行驶。

环保检验合格标志管理办法由国务院环境保护主管部门制定。

第五十五条【在用车检查与检测】县级以上地方人民政府环境保护主管部门可以在机动车停放地对在用机动车的污染物排放状况进行检查与检测，并可以会同公安交通主管部门对行驶机动车的污染物排放状况进行检查与检测。

检查和检测不得向车主收取费用。被检查和检测的机动车驾驶员或者所有者有义务配合检查和检测。

第五十六条【强制召回】县级以上地方人民政府环境保护主管部门应当定期向上级环境保护主管部门报告在用机动车定期检测和监督抽测情况。

国务院环境保护主管部门应当建立全国在用机动车定期检验和监督抽测信息报告制度，并对报告信息进行分析，组织对排放超标机动车型进行确认性调查。

通过确认性调查认定排放超标属于设计、生产存在缺陷的机动车，应当由生产企业负责召回。具体实施方法由国务院环境保护主管部门会同国务院质量检验等部门制定。

第五十七条【在用车维修】机动车船维修经营者应当按照国家有关机动车船污染控制装置维修技术规范和机动车船排放标准进行维修，保证维修后的机动车船稳定达到机动车船大气污染物排放标准。

机动车船维修经营者应当按照国家有关规定，定期向所在地环境保护主管部门报送机动车船污染控制装置维修情况。

机动车船污染控制装置维修技术规范和管理办法，由国务院环境保护主管部门会同国务院交通运输主管部门制定。

第五十八条【强制报废】已登记的机动车经修理或者采用排放控制技术后，大气污染物排放仍不符合在用机动车排放标准的，由公安交通管理部门责令停止使用，注销车辆行驶证和牌照，或者按照国家有关规定予以强制报废。

国家鼓励各级人民政府采取经济政策促进高污染排放机动车的提前淘汰、报废或者更新。

第五十九条【油品质量】国务院环境保护主管部门应当按照机动车排放标准的实施要求，核定机动车船用燃料有害物质控制水平，制定和发布机动车船用燃料有害物质控制标准。

生产、进口、销售的机动车船用燃料，有害物质含量必须符合机动车船用燃料有害物质控制标准。

各级质量检验主管部门会同环境保护主管部门、工商行政管理部门、成品油销售主管部门，对销售机动车船用燃料的有害物质含量达标情况进行监督检查。

禁止生产、进口、销售和使用含铅汽油。

机动车船用燃料环境保护管理规定由国务院制定。

第六十条【燃料添加剂】生产和销售的机动车船用燃料应当添加有效清除积碳、降低大气污染物排放的清净剂。

生产、进口、销售机动车船用燃料清净剂或者其他添加剂的，应当向国务院环境保护主管部门备案。

禁止生产、进口、销售使用后影响人体健康、污染环境和对机动车船排放净化系统产生危害的车船用燃料清净剂及其他添加剂。

车船用燃料清净剂及其他添加剂管理规定，由国务院环境保护主管部门制定。

第六十一条【车载排放诊断系统】机动车船生产企业应当确保车载排放诊断系统正常工作。

机动车驾驶员或者所有者有义务在车载排放诊断系统报警后，对机动车进行维修，确保车辆排放达到机动车排放标准。

县级以上地方人民政府环境保护主管部门应当对车载排放诊断系统进行检查和检测，机动车检验机构应当按照国家有关规定对车载排放诊断系统进行定期检验。

第六十二条 【航空器】国家鼓励生产、进口低污染物和低温室气体排放的航空器,并鼓励在航空器使用过程中采取有效措施减少大气污染物和温室气体排放。

第三节 城市和区域大气污染防治

第六十三条 【空气质量达标】城市人民政府应当按照国家大气污染防治规划的要求,制定城市大气污染防治规划,加强大气污染防治工作,确保城市大气环境质量按照功能区达到国家或者地方大气环境质量标准。

未达到大气环境质量标准的大气污染防治重点城市,应当按照国务院或者国务院环境保护主管部门规定的期限,达到大气环境质量标准。该城市人民政府应当制定限期达标规划,并可以根据国务院的授权或者规定,采取更加严格的措施,按期实现达标规划。

第六十四条 【城市空气质量公报】城市人民政府环境保护主管部门应当定期发布大气环境质量状况公报。

大气环境质量状况公报应当包括城市大气环境污染特征、主要污染物的种类及污染危害程度等内容。

大、中城市人民政府应当建立大气环境污染预警机制,发布空气质量日报和大气环境质量预报。

第六十五条 【城市清洁能源】国务院有关部门和地方各级人民政府应当采取措施,改进城市能源结构,推广清洁能源的使用。

城市人民政府可以在本辖区内划定禁止销售、使用国务院环境保护主管部门规定的高污染燃料的区域。该区域内的企业事业单位、个体工商户和居民应当在当地人民政府规定的期限内停止燃用高污染燃料,改用天然气、液化石油气、电或者其他清洁能源。

对未划定为禁止使用高污染燃料区域的城市市区内的其他民用炉灶,限期改用固硫型煤或者使用其他清洁能源。

城市人民政府应当制定规划,要求饮食服务企业限期使用天然气、液化石油气、电或者其他清洁能源。

第六十六条 【集中供热】城市建设应当统筹规划,在燃煤供热地区,发展热电联产和集中供热,统一解决热源。在集中供热管网覆盖的地区,不得新建燃煤供热锅炉,原有分散的中小型燃煤供热锅炉应当结合地区供热能力逐步拆除。

第六十七条 【扬尘】在人口集中地区存放煤炭、煤矸石、煤渣、煤灰、砂石、灰土等物料，必须采取防燃、防尘措施，防止污染大气。

第六十八条【城市绿化】 城市人民政府应当采取综合措施防治扬尘污染，实行绿化责任制，提高人均绿地面积，减少市区裸露地面；加强建设施工管理，控制施工扬尘；加强运输和道路清扫管理，控制道路扬尘。

在城市市区和其他居民集中居住地区进行建设施工或者从事其他产生扬尘污染活动的，应当采用封闭、覆盖、洒水降尘、表面凝结等防治扬尘污染的措施，有效防治扬尘污染。

国务院有关主管部门应当将城市扬尘污染的控制状况作为城市环境综合整治考核的依据之一。

第六十九条【区域联防】 国家对重点区域大气污染实行联合防治制度。

国务院环境保护主管部门会同国务院有关主管部门，根据主体功能区划目标、区域环境质量状况和大气污染防治工作需要，划定国家大气污染防治重点区域，报国务院批准。

国务院环境保护主管部门根据国务院委托，组织国家大气污染防治重点区域内的省、自治区、直辖市人民政府，建立区域大气污染防治协调机制。

国家大气污染防治重点区域应当统一规划。国家大气污染防治重点区域规划由国务院环境保护主管部门会同国务院经济综合宏观调控部门，商国家大气污染防治重点区域内的省、自治区、直辖市人民政府编制，报国务院批准。

重点区域大气污染防治规划应当确定分阶段达到的大气环境质量目标，联合监测、信息共享以及其他具体措施，并规定有关地方人民政府的责任目标和考核机制。

第四节 有毒有害物质污染大气防治

第七十条【有毒有害物质名录管理】 国务院环境保护主管部门应当根据化学物质对人体健康和生态环境的危害和影响，以及大气污染防治工作的需要，制定、调整并公布有毒有害物质名录。

有毒有害物质名录包括重金属及其化合物（汞、铅、砷）、持久性有机污染物（二噁英等）、不易降解且易蓄积在生物体内的有毒化学物质（五氯硝基苯等）以及其他有毒有害物质。

第七十一条【环境管理登记】 生产有毒有害物质、使用有毒有害物质从事生产或者进出口有毒有害物质的企业（以下简称"生产、使用、进出口有毒有害物质的企业"），应当建立环境风险预警体系向所在地的省、自治区、直辖市环境保护主管部门办理环境登记手续，提交环境风险评估报告和清洁生产审核报告，申领环境管理登记证明。

环境管理登记证明应当载明特定生产工艺或者用途、年最大生产量或者使用量以及风险控制措施和排放控制等管理要求。

环境风险评估报告由生产、使用、进出口有毒有害物质的企业，委托具有甲级环境影响评价资质的单位，按照国务院环境保护主管部门颁布的有毒有害物质危害和风险评估技术规范编制。环境风险预警体系建设和运行技术规范由国务院环境保护主管部门会同有关部门制定。

生产、使用、进出口有毒有害物质的企业，在申请污染物排放许可证时，应当提交环境管理登记证明。

第七十二条【限制排放】在有毒有害物质防控的重点区域，禁止新建、改建、扩建增加有毒有害物质排放的项目。

向大气排放烟尘、粉尘和其他有害大气污染物的企业事业单位和个体工商户，必须采取有效治理措施。

严格限制向大气排放含有毒物质的废气和粉尘；确需排放的，必须经过净化处理，不得超过规定的排放标准。

第七十三条【运输、装卸和贮存】运输、装卸、贮存能够散发有毒有害气体或者粉尘物质的，必须采取密闭措施或者其他防护措施。

第七十四条【露天焚烧】禁止在人口集中地区和其他依法需要特殊保护的区域内，露天焚烧沥青、油毡、橡胶、塑料、皮革、垃圾以及其他产生有毒有害烟尘和恶臭气体的物质；确需焚烧处理的，必须采用专用焚烧装置。

第七十五条【放射性污染防治】向大气排放含放射性物质的气体和气溶胶，必须符合国家有关放射性防护的规定，不得超过规定的排放标准。

第七十六条【煤炭开采限制】禁止开采含放射性和砷等有毒有害物质超过规定标准的煤炭。

第七十七条【禁限措施】国务院环境保护主管部门根据有毒有害物质的环境危害状况和国家经济、技术条件，商国务院有关部门提出有毒有害物质禁止或者限制生产、使用的意见，报国务院批准后实施。

第七十八条【POPs控制】排放二噁英等持久性有机污染物的企业和垃圾等废弃物焚烧设施的运营单位，应当按照国家有关技术导则和规划的要求，采取有利于减少二噁英等持久性有机污染物排放的技术方法和工艺，配备有效的净化装置，并向社会公开环境信息。

第七十九条【排放削减计划】国务院环境保护主管部门组织编制二噁英等持久性有机污染物排放源清单，并根据排放情况和国家技术、经济条件，制定二噁英等持久性有机污染物的国家削减计划和考核指标。

省、自治区、直辖市环境保护主管部门应当根据二噁英等持久性有机污染物的国家削减计划，组织制定并实施本行政区域内二噁英等持久性有机污染物削减计划，评估削减计划的实施成效，并将结果定期上报国务院环境保护主管部门。

第八十条【室内污染】室内装饰用的涂料、板材产品质量标准中，必须规定有毒有害物质的含量限值。

公共场所的经营管理单位，应当遵守室内空气质量标准，定期组织室内空气监测，并在显著位置公示监测结果；发现室内空气所含有毒有害物质超过室内空气质量标准的，应当采取停止、限制使用或者其他有效措施，避免或者降低对公众健康的损害。

第八十一条【责任保险】在生产中使用或者产生氯气、光气、氨气、硫化氢以及其他有毒有害物质的企业，应当投保环境污染责任保险。

储存、运输和处置前款规定的有毒有害物质的企业，应当投保环境污染责任保险。

新建项目未投保环境污染责任保险的，环境保护主管部门不得批准其环境影响评价文件；已经建成的，不得通过验收，不得发放排污许可证；现有企业，应当按照环境保护主管部门要求的期限投保环境污染责任保险。

承担环境污染责任保险的商业保险机构可以委托取得国务院环境保护主管部门资质认可的机构进行环境污染责任保险风险评估。

环境污染责任保险投保具体办法，由国务院环境保护主管部门会同国务院保险监督管理机构制定。

第五节 恶臭、油烟和秸秆焚烧污染大气防治

第八十二条【恶臭防治】向大气排放恶臭气体的排污单位，必须采取有效措施，防止居住、医疗卫生、文化教育等人口集中地区受到污染。

第八十三条【油烟控制】饮食服务业的经营者，应当在办理营业执照前报批建设项目环境影响评价文件。建设项目环境影响评价文件未经审批的，工商行政管理机关不予办理营业执照。

饮食服务业的经营者应当安装油烟净化设施或者采取其他油烟净化措施，使油烟达标排放，并防止对附近居民的正常生活造成干扰。

依照前款规定安装的油烟净化设施，应当定期清理、维修，确保其有效运行。

未安装油烟净化设施且未采取其他油烟净化措施，或者未确保油烟净化设

施有效运行,工商行政管理机关不予办理年度检验。

禁止在居民楼内从事排放油烟的餐饮经营活动。

第八十四条　【秸秆焚烧】国家通过财政、税收等手段,鼓励秸秆还田以及利用秸秆、落叶等物质开发生物质能源或者肥料。

禁止在人口集中地区、机场周围、交通干线附近以及当地人民政府划定的区域露天焚烧秸秆、落叶等产生烟尘污染的物质。

第八十五条　【油气回收】储油库、加油站和油罐车等挥发油气的设施、场所,应当按照国家有关标准,安装油气回收装置。

第五章　大气污染突发事件处置

第八十六条　【应急职责】各级人民政府及其有关主管部门,可能发生大气污染事故的企业事业单位,应当依照《中华人民共和国突发事件应对法》和国务院有关环境污染突发事件应急的规定,做好大气污染事故和突发事件的应急准备、监测与预警、应急处置和事后恢复等工作。

第八十七条　【政府应急预案】各级人民政府及其有关主管部门,应当制定有关大气污染事故和突发事件的应急预案,对容易引发重大、特别重大污染事故的危险源、危险区域进行调查登记、风险评估和现场检查与监控,责令有关企业事业单位采取防范措施。

前款规定的应急预案,应当包括重污染天气的预测预警、应急响应以及环境应急保障措施等恶劣天气情况下防范和控制大气污染的内容。

第八十八条　【单位应急预案】可能发生大气环境污染事故的企业事业单位,应当制定相关的应急预案,并对生产经营场所、有危险物品的建筑物、构筑物及周边环境开展隐患排查,及时采取措施消除隐患,防止发生突发环境事件。

企业事业单位的应急预案应当报当地人民政府和环境保护主管部门备案,并定期组织演练。

可能发生安全生产事故的企业事业单位,应当按照应急预案的规定,采取措施,有效防范和控制次生大气环境污染。

第八十九条　【事故报告】企业事业单位发生大气环境污染事故,应当立即启动应急预案,进行先期处置,防止污染扩大,同时向当地人民政府或者环境保护主管部门报告。环境保护主管部门接到报告后,应当及时向本级人民政府报告,并通报有关主管部门。

第九十条　【政府应急反应】在发生严重大气污染事故,危害人体健康、生命财产和公共安全的情况下，当地人民政府应当立即启动应急预案，及时发布公告，采取强制性应急措施，包括责令有关排污企业事业单位停止排放污染物。

第九十一条【救援队伍】发生大气污染事故风险较高的大中型企业，应当建立专业环境应急救援队伍。

国家鼓励企业专业应急救援队伍通过签订救援协议，开展区域大气污染事故应急救援互助。

第六章 控制温室气体排放

第九十二条【原则、指标和规划】国务院根据减缓与适应气候变化并重的原则，以控制温室气体排放、增强可持续发展能力为目标，以保障经济发展为核心，确定控制温室气体排放的约束性指标。

国务院和地方各级人民政府应当将控制温室气体排放的约束性指标纳入国民经济和社会发展中长期规划。

第九十三条【调整产业结构】国家严格限制高耗能、高排放产业发展，加快淘汰落后产能，降低单位产值能耗。

国家支持高附加值产品的开发和生产，大力发展低碳的高新技术产业和现代服务业，推动低碳技术产业化。

第九十四条【能源效率管理】国务院能源主管部门制定和完善工业、建筑、交通运输等行业的能源效率标准，加强对重点用能单位和公共机构的节能管理。

第九十五条【统计、监测和考核】国务院经济综合宏观调控部门会同国务院环境保护等主管部门，制定温室气体排放的统计、监测和考核办法，报国务院批准后实施。

国务院环境保护主管部门组织开展对温室气体排放的监测工作，加强温室气体监测网络建设。

第九十六条【温室气体排放强度标准】国务院环境保护主管部门根据温室气体排放约束性指标和国家经济、技术条件，制定和发布钢铁工业、有色金属工业、石油化工工业、建材工业、交通运输、农业机械、建筑节能、商业和民用节能等主要行业温室气体的排放强度标准。

第九十七条【低碳技术】国家加强应对气候变化基础研究，加快应对气候变化领域关键技术的研发和应用，促进碳吸收技术和各种适应性技术的发展，探索发展碳捕获及其封存、利用技术。

国务院科技主管部门会同国务院环境保护主管部门组织开发全球气候变化监测技术、温室气体减排技术和气候变化适应技术，重点研究开发大尺度气候变化准确监测技术。

钢铁工业、有色金属工业、石油化工工业、建材工业、交通运输、农业机械、建筑节能、商业和民用节能等主要行业，应当加强二氧化碳、甲烷等温室气体的排放控制与处置利用、生物固碳及固碳工程等低碳技术的开发和推广。

第九十八条【纳入环评】 规划编制机关组织进行规划的环境影响评价和建设单位组织进行建设项目的环境影响评价时，应当分别对规划和建设项目实施后因温室气体排放可能造成的环境影响进行分析、预测和评估，提出预防或者减轻因温室气体排放造成的不良环境影响的对策和措施，并进行跟踪监测。

第九十九条【绿色消费】 国家引导绿色消费，倡导低碳、健康文明的生活方式和消费方式，将低碳指标纳入环境标志产品认证，加强节能产品认证和能效标识管理。

国务院财政主管部门会同国务院有关部门，将节能标志产品和环境标志产品纳入政府采购目录。

国家运用价格、税收等市场机制，鼓励消费者优先购买节能标志产品和环境标志产品。

第一百条【增强碳汇功能】 国家实施重点生态林建设工程，推进植树造林，增强林业碳汇功能。

国家鼓励和引导农牧业经营者采取保护性耕作、草原生态建设等措施，增加农田和草地碳汇功能。

第一百〇一条【国际气候合作】 国家鼓励开展应对气候变化领域的国际合作，有效引进、消化、吸收国外先进的低碳技术，积极利用国外资金，提高我国应对气候变化的能力。

第七章 法律责任

第一百〇二条【监管失职的法律责任】 环境保护主管部门或者其他依照本法规定行使监督管理权的部门，不依法作出行政许可或者办理批准文件的，发现违法行为或者接到对违法行为的举报后不予查处的，或者有其他未依照本法规定履行职责的行为的，对直接负责的主管人员和其他直接责任人员依法给予处分。

第一百〇三条【拒不配合检查的法律责任】 拒绝、阻挠环境保护主管部门或者其他依照本法规定行使监督管理权的部门现场检查或者在接受监督检查时弄虚作假的,或者不按照要求提供必要资料的,由县级以上人民政府环境保护主管部门或者其他依照本法规定行使监督管理权的部门责令改正,处一万元以上十万元以下的罚款。

第一百〇四条【违反"三同时"制度的法律责任】违反本法规定,建设项目的大气污染防治设施未建成、未经验收或者验收不合格,主体工程即投入生产或者使用的,由县级以上人民政府环境保护主管部门责令停止生产或者使用,直至验收合格,并处五万元以上五十万元以下罚款。

不正常使用大气污染物处理设施,或者未经环境保护主管部门批准擅自拆除、闲置大气污染物处理设施的,由县级以上人民政府环境保护主管部门责令限期改正,并处五万元以上五十万元以下罚款。

第一百〇五条【违反排污申报和在线监测制度的法律责任】违反本法规定,有下列行为之一的,由县级以上人民政府环境保护主管部门责令限期改正;逾期不改正的,处一万元以上十万元以下罚款:

(一)拒报、瞒报或者谎报国务院环境保护主管部门规定的有关大气污染物排放申报事项的;

(二)未按照规定安装大气污染物排放自动监测设备或者未按照规定与环境保护主管部门的监控设备联网,并保证监测设备正常运行和数据正常传输的;

(三)未按照规定对所排放的大气污染物进行监测或者未按照要求保存原始监测记录的;

(四)不具备环境监测能力的企业事业单位,未按照要求委托环境保护主管部门所属环境监测机构或者经省、自治区、直辖市环境保护主管部门认定的环境监测机构进行监测的。

第一百〇六条【超标超总量排污的法律责任】违反本法规定,向大气排放污染物超过国家或者地方规定的排放标准,或者超过重点大气污染物排放总量控制指标的,由县级以上环境保护主管部门责令限期治理,并可以处五万元以上五十万元以下的罚款。

限期治理期间,由环境保护主管部门责令限制生产、限制排放或者停产整治。限期治理的期限最长不超过一年;逾期未完成治理任务的,报经有批准权的人民政府批准,责令关闭。

限期治理期间,不得新建、改建、扩建增加大气污染物排放总量的建设项目。

第一百〇七条【逃避监管排污的法律责任】违反法律、行政法规和国务院环境保护主管部门的规定设置大气污染物排放口的，由县级以上地方人民政府环境保护主管部门责令改正；逾期不改正的，处一万元以上十万元以下的罚款。

以规避监管为目的，在非紧急情况下使用大气污染物应急排放通道或者采取其他规避监管的方式排放大气污染物的，由县级以上人民政府环境保护主管部门责令改正，处二万元以上十万元以下的罚款；情节严重的，县级以上地方人民政府环境保护主管部门可以提请有批准权的人民政府批准，责令停产整顿。

第一百〇八条【违规制造、销售、转移或者进口锅炉的法律责任】违反本法规定，制造、销售、转移或者进口未达规定要求的锅炉的，由有关主管部门责令停止制造、销售、转移或者进口，处二万元以上二十万元以下罚款。

第一百〇九条【洗煤、脱硫和脱硝设施不符合要求的法律责任】违反本法规定，有下列行为之一的，由县级以上人民政府环境保护主管部门责令限期建设配套设施，处十万元以上一百万元以下罚款：

（一）新建开采高硫分、高灰分煤炭的煤矿，未建设配套的煤炭洗选设施的；

（二）排放含有硫化物和氮氧化物气体的石油炼制、合成氨生产、煤气和煤焦化、有色金属冶炼、钢铁冶炼企业，未配备脱硫、脱硝装置或者采取其他降低硫化物和氮氧化物排放的措施的。

第一百一十条【违反工艺和设备淘汰制度的法律责任】违反本法规定，生产、销售或者进口列入禁止生产、销售、进口的严重污染大气环境的设备名录中的设备，或者采用列入禁止采用的严重污染大气环境的工艺名录中的工艺的，由县级以上人民政府经济综合宏观调控部门责令改正，处五万元以上二十万元以下的罚款；情节严重的，由县级以上人民政府经济综合宏观调控部门提出意见，报请本级人民政府责令停业、关闭。

将淘汰的设备转让、赠予或者以其他方式转移的，由转移者所在地县级以上地方人民政府环境保护主管部门或者其他依法行使监督管理权的部门没收转移者的违法所得，并处违法所得二倍以下罚款；由接受转移者所在地县级以上地方人民政府环境保护主管部门或者其他依法行使监督管理权的部门没收该淘汰设备，处所支付货款二倍以下罚款。

第一百一十一条【制造、销售或者进口超标机动车船的法律责任】违反本法规定，制造、销售或者进口污染物排放超过规定排放标准的机动车船的，由国务院环境保护主管部门或者其他依法行使监督管理权的部门责令停止违法行为,没收违法所得,可以并处违法所得一倍以上三倍以下的罚款;对无法达到规定的污染物排放标准的机动车船,予以没收销毁。

违反本法规定,生产企业未按照要求召回因设计或者生产缺陷导致污染物排放超过规定排放标准的机动车的,由国务院环境保护主管部门责令召回,处二十万元以上一百万元以下罚款。

第一百一十二条【违法检测的法律责任】违反本法规定,未经省、自治区、直辖市人民政府环境保护主管部门或者交通运输、渔政等依法行使监督管理权的部门委托,擅自进行在用机动车船大气污染物排放检测的,由县级以上人民政府环境保护主管部门或者交通运输、渔政等依法行使监督管理权的部门责令停止违法行为,并处五万元以上二十万元以下罚款。

违反本法规定,接受委托进行机动车船大气污染物排放检测的机构在检测中弄虚作假的,由县级以上人民政府环境保护主管部门或者交通运输、渔政等依法行使监督管理权的部门责令停止违法行为,限期改正,并处一万元以上十万元以下罚款;情节严重的,由负责资质认定的部门取消其资质。

第一百一十三条【违反燃油管理规定的法律责任】违反本法规定,生产、进口、销售机动车船用燃料不符合国家规定的机动车船用燃料标准,或者生产、进口、销售使用后影响人体健康和污染环境的机动车船用燃料清净剂及其他添加剂的,由县级以上地方人民政府环境保护主管部门责令停止违法行为,没收违法所得,并处违法所得一倍以上三倍以下罚款。

违反本法规定,生产、进口、销售和使用含铅汽油的,由所在地县级以上地方人民政府环境保护主管部门或者其他依法行使监督管理权的部门责令停止违法行为,没收所生产、进口、销售的含铅汽油和违法所得,并处违法所得一倍以上三倍以下罚款。

第一百一十四条【超期使用高污染燃料的法律责任】违反本法规定,在当地人民政府规定的期限届满后继续燃用高污染燃料的,由所在地县级以上地方人民政府环境保护主管部门责令拆除或者没收燃用高污染燃料的设施。

第一百一十五条【违法修建供热锅炉的法律责任】违反本法规定,在城市集中供热管网覆盖地区新建燃煤供热锅炉的,由县级以上地方人民政府环境保护主管部门责令停止违法行为或者限期改正,可以处二万元以上二十万元以下罚款。

第一百一十六条【违反物料管理规定的法律责任】制造、销售、转移或者进口违反本法规定,未采取防燃、防尘措施,在人口集中地区存放煤炭、煤矸石、煤渣、煤灰、砂石、灰土等物料的,由县级以上人民政府环境保护主管部门根据不同情节，责令停止违法行为，限期改正，给予警告或者处十万元以下罚款。

第一百一十七条【违反扬尘污染防治的法律责任】违反本法规定，在城市市区和其他居民集中居住地区进行建设施工或者从事其他产生扬尘污染的活动，未采取封闭、覆盖、洒水降尘、表面凝结等有效扬尘防治措施，致使大气环境受到污染的，限期改正，处十万元以下罚款；对逾期仍未达到当地环境保护规定要求的，可以责令其停工整顿。

前款规定的对因建设施工造成扬尘污染的处罚，由县级以上地方人民政府建设主管部门决定；对其他造成扬尘污染的处罚，由县级以上地方人民政府指定的有关主管部门决定。

第一百一十八条【违法排放有毒有害气体的法律责任】违反本法规定，有下列行为之一的，由县级以上地方人民政府环境保护主管部门责令停止违法行为，处二十万元以上二百万元以下的罚款：

（一）未采取有效污染防治措施，向大气排放烟尘、粉尘、恶臭气体或者其他有害大气污染物的；

（二）未经过净化处理，超过排放标准向大气排放含有毒物质的废气和粉尘的；

（三）未采取密闭措施或者其他防护措施，运输、装卸或者贮存能够散发有毒有害气体或者粉尘物质的；

（四）排放二噁英等持久性有机污染物的企业和垃圾等废弃物焚烧设施的运营单位，未按照国家有关技术导则和规划的要求，采取有利于减少二噁英等持久性有机污染物排放的技术方法和工艺，未配备有效的净化装置，或者未向社会公开环境信息的；

（五）未经当地环境保护主管部门的许可，向大气排放转炉气、电石气、电炉法黄磷尾气、有机烃类尾气的；

（六）生产有毒有害物质，使用有毒有害物质从事生产或进出口有毒有害物质的企业不按规定建立或环境风险预警体系的。

第一百一十九条【违法焚烧的法律责任】违反本法规定，未采用专用焚烧装置，在人口集中地区和其他依法需要特殊保护的区域内露天焚烧沥青、油毡、橡胶、塑料、皮革、垃圾以及其他产生有毒有害烟尘和恶臭气体的物质的，由所在地县级以上地方人民政府环境保护主管部门责令停止违法行为，处十万元以下罚款。

第一百二十条【开采超标煤炭的法律责任】违反本法规定，向大气排放含放射性物质的气体和气溶胶的,按照国家放射性污染防治法律法规的规定,予以处罚。

开采含放射性、砷等有毒有害物质超过规定标准的煤炭的,由县级以上地方人民政府按照国务院规定的权限责令关闭。

第一百二十一条【违反餐饮管理的法律责任】违反本法规定,饮食服务业的经营者未安装油烟净化设施或者未采取其他油烟净化措施,超过排放标准排放油烟,干扰附近居民正常生活的,由县级以上地方人民政府环境保护主管部门或者其他依法行使监督管理权的部门责令停止违法行为,限期改正,可以处二万元以上二十万元以下罚款。

违反本法规定,在居民楼内从事排放油烟的餐饮经营活动的,由县级以上地方人民政府环境保护主管部门或者其他依法行使监督管理权的部门责令立即停止营业;对未依法取得营业执照的,移送工商行政管理机关依照《无照经营查处取缔办法》的规定予以处罚。

第一百二十二条【违法焚烧秸秆和落叶的法律责任】违反本法规定,在人口集中地区、机场周围、交通干线附近以及当地人民政府划定的区域露天焚烧秸秆、落叶等产生烟尘污染的物质的,由所在地县级以上地方人民政府环境保护主管部门责令停止违法行为;情节严重的,处二千元以下罚款。

第一百二十三条【未按规定安装油气回收装置的法律责任】违反本法规定,储油库、加油站和油罐车等挥发油气的设施和场所未按照国家有关标准安装油气回收装置的,由县级以上人民政府环境保护主管部门责令停止使用,限期改正,处五万元以上五十万元以下罚款。

第一百二十四条【违反应急管理规定的法律责任】企业事业单位违反本法规定,有下列行为之一的,由县级以上地方人民政府环境保护主管部门责令改正;情节严重的,处二万元以上十万元以下罚款:

(一)不按照规定制定大气污染事故应急预案的;

(二)不按规定将大气污染事故应急预案报当地人民政府和环境保护主管部门备案的;

(三)大气污染事故发生后,未及时启动大气污染事故应急预案,采取有关应急措施的。

第一百二十五条【发生大气污染事故的法律责任】违反本法规定,造成大气污染事故的,由县级以上人民政府环境保护主管部门依照本条第二款的规定处以罚款;对直接负责的主管人员和其他直接责任人员可以处以上一年度从本企业事业单位取得的收入百分之五十以下的罚款。

对造成一般或者较大大气污染事故的,按照污染事故造成的直接损失的百分之二十计算罚款;对造成重大或者特大大气污染事故的,按照污染事故造成的直接损失的百分之三十计算罚款。

第一百二十六条 【按日计罚】违反本法规定,经环境保护主管部门处罚后,违法行为人仍不停止违法行为或者逾期不改正的,环境保护主管部门应当对该违法行为人实施按日计罚。

按日计罚的每日罚款额度为一万元。计罚期间自环境保护主管部门作出责令停止违法行为决定之日或者责令限期改正的期限届满之日起,至环境保护主管部门核查之日止。

当事人申请核查的,环境保护主管部门应当自受理申请之日起三个工作日内实施核查。当事人未申请核查的,环境保护主管部门应当自作出责令停止违法行为决定之日或者责令限期改正的期限届满之日起三十日内完成核查。

第一百二十七条 【行政复议】当事人对行政处罚决定不服的,可以申请行政复议,也可以在收到行政处罚决定之日起十五日内向人民法院起诉;期满不申请行政复议或者起诉,又不履行行政处罚决定的,由作出行政处罚决定的机关申请人民法院强制执行。

第一百二十八条 【大气污染损害赔偿】因大气污染受到损害的当事人,有权要求排污方排除危害和赔偿损失。

由于不可抗力造成大气污染损害的,排污方不承担赔偿责任;法律另有规定的除外。

大气污染损害是由受害人故意造成的,排污方不承担赔偿责任。大气污染损害是由受害人重大过失造成的,可以减轻排污方的赔偿责任。

大气污染损害是由第三人造成的,排污方承担赔偿责任后,有权向第三人追偿。

第一百二十九条 【大气污染纠纷处理】因大气污染引起的损害赔偿责任和赔偿金额的纠纷,可以根据当事人的请求,由环境保护主管部门调解处理;调解不成的,当事人可以向人民法院起诉。当事人也可以直接向人民法院起诉。

第一百三十条 【举证责任】因大气污染引起的损害赔偿诉讼,由排污方就法律规定的免责事由及其行为与损害结果之间不存在因果关系承担举证责任。

第一百三十一条 【共同诉讼】因大气污染受到损害的当事人人数众多的,可以依法由当事人推选代表人进行共同诉讼。

环境保护主管部门和有关社会团体可以依法支持因大气污染受到损害的当事人向人民法院提起诉讼。

国家鼓励法律服务机构和律师为因重金属等有毒有害物质污染所致人体健康损害以及其他直接危害公众身体健康的大气污染损害诉讼中的受害人提供法律援助。

第一百三十二条【委托监测】 因大气污染引起的损害赔偿责任和赔偿金额的纠纷，当事人可以委托环境监测机构提供监测数据。环境监测机构应当接受委托，如实提供有关监测数据。

第一百三十三条【损害评估】 国务院环境保护主管部门应当制定环境污染损害评估技术规范，会同国务院司法主管部门设立环境污染损害评估鉴定机构。

因大气污染造成环境损害的，按照国家有关规定，由依法取得相应资质的环境污染损害评估鉴定机构，确定污染损害范围及程度。

第一百三十四条【行政拘留】 违反本法规定，构成下列违反治安管理行为，尚不构成犯罪的，由公安机关处警告、罚款或者十五日以下的拘留；构成犯罪的，依法追究刑事责任：

（一）拒绝、阻挠环境保护主管部门或者其他依照本法规定行使监督管理权的部门现场检查的；

（二）盗窃或者损毁大气环境监测公共设施的；

（三）在非紧急情况下使用大气污染物应急排放通道等规避监管的方式以及违反本法其他规定的，向大气排放毒害性、放射性、腐蚀性物质或者传染病病原体等危险物质的；

（四）发生大气污染事故后，为隐瞒或者掩盖事故原因、推卸责任，伪造、销毁监测数据或者其他证据。

单位有前款之一的，处警告或者罚款，并对其直接负责的主管人员和其他直接责任人员依照前款规定处罚。

第八章 附 则

第一百三十五条【定义】 本法中下列用语的含义：

（一）大气污染，是指大气环境因某种物质的介入，而导致其化学、物理、生物或者放射性等方面特性的改变，使其功能减退或者丧失，从而影响大气的有效利用，危害人体健康、生命财产安全或者破坏生态环境，造成大气质量恶化的现象。

（二）大气污染物，是指直接或者间接向大气排放的，能导致大气环境污染的物质。

（三）机动车船，是指包括由燃料燃烧驱动的摩托车、汽车、非道路动力机械、火车、交通运输船舶和作业船舶等在内的可移动的车辆和船舶。

第一百三十六条【航空器管理办法】航空器大气污染防治管理办法，由国务院制定。

第一百三十七条【施行日期】本法自　年　月　日起施行。

附录三

《中华人民共和国节约用水条例（草案）》建议稿

第一章 总 则

第一条【立法目的和依据】为了加强节约用水管理，提高水资源利用效率和效益，保护和改善生态环境，促进国民经济和社会全面协调可持续发展，根据《中华人民共和国水法》等有关法律，制定本条例。

第二条【概念界定】本条例所称节约用水，是指采取经济、技术、行政等综合措施，调整用水结构，降低供水、用水消耗，减少损失和废污水排放，制止浪费，高效利用水资源。

第三条【适用范围】在中华人民共和国领域内的节约用水及其监督管理工作，适用本条例。

第四条【节水原则和目标】国家厉行节约用水，建立政府推动、市场引导、公众参与的节约用水机制，按照循环经济减量化、再利用、资源化的原则发展节水型工业、农业和服务业，建设节水型社会。

第五条【管理体制】国务院水行政主管部门负责全国的节约用水监督管理工作。国务院发展改革主管部门、住房城乡建设行政主管部门等部门在各自的职责范围内负责节约用水的有关工作。

国务院水行政主管部门在国家确定的重要江河、湖泊所设立的流域管理机构，在其管辖的范围内行使法律、行政法规规定的和国务院水行政主管部门授予的节约用水监督管理职责。

县级以上地方人民政府水行政主管部门负责本行政区域内的节约用水监督管理工作。县级以上地方人民政府发展改革主管部门、住房城乡建设行政主管部门等部门在各自的职责范围内负责本行政区域内节约用水的有关工作。

第六条【政府责任】县级以上人民政府应当将节约用水工作纳入国民经济和社会发展规划、年度计划，发展节约用水产业，优化用水结构，促进水资源合理配置。

第七条 【节约用水目标责任制和考核评价制度】国家实行节约用水目标责任制和考核评价制度，将节约用水目标完成情况作为对地方人民政府及其主要负责人考核评价的内容。

省、自治区、直辖市人民政府每年向国务院报告节约用水目标责任的履行情况。

第八条 【节水产业政策】国家实行有利于节约用水的产业政策，限制发展高耗水、高污染行业。

国家鼓励和支持节约用水技术的研究、开发和应用，建立节约用水技术开发推广体系，推广节约用水新技术、新工艺、新设备和新产品。

第九条 【宣传教育与奖励】国家开展节约用水宣传和教育，普及节约用水科学知识，增强全民节约用水意识。

县级以上人民政府及其有关主管部门应当对节约用水有突出贡献的单位和个人，给予表彰和奖励。

第十条 【公众参与】国家鼓励通过用水户协会等多种形式，引导公众参与节约用水工作。

第十一条 【义务和检举】任何单位和个人都应当依法履行节约用水的义务，有权检举浪费水资源、破坏水环境的行为。

第二章 基本管理制度

第十二条 【节约用水规划】国务院水行政主管部门会同国务院发展改革主管部门根据经济社会发展要求、全国水资源状况和水资源综合规划，编制全国节约用水规划，征求国务院其他有关部门意见后，报国务院批准施行。

县级以上地方人民政府水行政主管部门会同发展改革主管部门根据上一级节约用水规划以及经济社会发展要求、本行政区域水资源状况和水资源综合规划，编制本行政区域节约用水规划，征求同级人民政府其他有关部门意见后，报同级人民政府批准施行。

第十三条 【节约用水规划主要内容】节约用水规划应当包括水资源及其开发利用现状，节约用水潜力，中长期需水预测，供需平衡分析，节约用水目标、任务和措施等内容。

节约用水规划一经批准，必须严格执行。经批准的规划需要修改时，必须按照规划编制程序经原批准机关批准。

第十四条 【节水标准】国务院水行政主管部门会同国务院标准化主管部门、国务院建设主管部门等有关部门组织制定节约用水的国家标准和行业标准，建立节约用水标准体系。

省、自治区、直辖市制定的地方节约用水标准应严于强制性的国家标准和行业标准；法律、行政法规另有规定的除外。

国家鼓励企业制定严于国家标准、行业标准和地方标准的企业节约用水标准。

第十五条【节水产品推广和高耗水产品淘汰】国家鼓励使用先进的节水技术和节水产品，对落后的、耗水量高的产品、设备和工艺实行淘汰制度。

节水产品、设备推广目录及淘汰的用水产品、设备目录，由国务院发展改革主管部门会同国务院水行政主管部门和国务院建设主管部门制定并公布。

节水技术、工艺推广目录和淘汰的用水技术、工艺目录，由国务院水行政主管部门会同国务院工业行政主管部门制定并公布。

省、自治区、直辖市人民政府可以补充制定本行政区域淘汰的产品、设备和工艺目录。

禁止生产、进口、销售、使用列入淘汰目录和不符合强制性节水标准的产品、设备，禁止使用列入淘汰目录和不符合强制性节水标准的工艺。

第十六条【节水产品认证】国家推行节水产品认证制度。具体办法由国务院认证认可监督管理部门、国务院水行政主管部门规定。

第十七条【节水产品政府采购】公共机构应当优先采购列入节水产品、设备政府采购名录中的产品、设备。

节水产品、设备政府采购名录由省级以上人民政府的政府采购监督管理部门会同同级有关部门制定并公布。

本条例所称公共机构，是指全部或者部分使用财政性资金的国家机关、事业单位和团体组织。

第十八条【水价管理】国家实行促进节约用水和水资源保护的价格政策，逐步建立反映市场供求关系、水资源稀缺程度和环境损害成本的水价形成机制，引导取用水单位与个人节约和合理利用水资源。

国家因地制宜推行国有水利工程水费加末级渠系水费的农业用水终端水价制度；对城镇居民生活用水实行阶梯式水价制度；对非居民用水实行超计划、超定额累进加价制度，超计划、超定额累进加价费用应当列入政府财政专户，用于节约用水工作。

阶梯式水价的具体征收办法和超计划、超定额累进加价办法，由省、自治区、直辖市人民政府价格主管部门组织制定。

第十九条【节水设施建设"三同时"制度】新建、改建、扩建建设项目，建设单位应当编制节水措施方案,配套建设节水设施,并与主体工程同时设计、同时施工、同时投入使用。

建设项目的节水措施方案应当报县级以上地方人民政府水行政主管部门或流域管理机构审查同意;对城市规划区内的建设项目,水行政主管部门应当征求城市建设主管部门的意见。节水措施方案未经审查或审查不同意的,建设项目不得开工建设。

建设项目竣工后,建设项目法人应当向审查节水措施方案的水行政主管部门或流域管理机构申请该建设项目配套建设的节水设施竣工验收;对城市规划区内的建设项目,水行政主管部门应当征求城市建设主管部门的意见。节水设施未经验收或者验收不合格的,建设项目不得投入使用。

第二十条【取水权转让】国家鼓励取用水单位和个人将通过采取节水措施节余的水量依法进行有偿转让。具体办法由国务院水行政主管部门制定。

第二十一条【非常规水源的开发利用】国家鼓励和支持开发利用再生水、雨水、海水、苦咸水等非常规水资源。非常规水资源的开发利用应当纳入节约用水规划。

再生水处理设施和管网应当与污水处理设施配套建设。符合再生水利用条件的用水单位,应当优先使用再生水。

有条件的地区在进行新区建设、旧城改造和市政基础设施建设时,应当建设渗水地面及雨水集蓄和利用设施。

第三章 用水管理制度

第二十二条【基本制度】国家实行总量控制和定额管理相结合的用水管理制度。

国务院根据国民经济和社会发展规划、水资源综合规划,确定省、自治区、直辖市的用水总量控制指标。县级以上地方人民政府根据用水定额、经济技术条件和上级政府下达的用水总量控制指标,制定年度用水计划,对本行政区的年度用水实行总量控制。

前款所称用水定额是生产单位产品或提供单位服务所用水资源的限额。

第二十三条【计划用水管理】国家对下列取用水单位和个人实行计划用水管理:

(一)纳入取水许可管理的;

(二)使用公共供水数额较大的。

前款所称数额较大的标准由省、自治区、直辖市人民政府确定。

第二十四条【计划用水管理2】纳入计划用水管理的单位和个人应当于每年12月31日前,向县级以上地方人民政府水行政主管部门或流域管理机构报送上年度的用水状况报告和下一年度取用水计划建议。

县级以上地方人民政府水行政主管部门或流域管理机构应当根据年度用水计划、节约用水目标、相关行业用水定额和水平衡测试结果,对取用水计划建议进行核定,并于次年的1月31日前下达本年度取用水计划。

用水状况报告应包括取用水情况、用水效率、节水目标完成情况和节水效益分析、节水工程措施等内容。

第二十五条【计划用水管理3】县级以上地方人民政府水行政主管部门或流域管理机构应当对报送的用水状况报告进行审查。对用水效率低的单位和个人,水行政主管部门或流域管理机构应当开展现场调查,组织实施用水设备用水效率检测,责令实施水平衡测试,并提出书面整改要求,限期整改。

第二十六条【用水定额】国务院水行政主管部门会同国务院质量监督检验管理部门制定主要高耗水行业的国家用水定额。

省、自治区、直辖市人民政府应当指导制定并公布本行政区域行业用水定额,并定期进行评估调整;对国家用水定额已作规定的项目,可制定严于国家用水定额的地方用水定额。

第二十七条【水平衡测试】纳入计划用水管理的单位和个人应当定期进行水平衡测试,并由有管辖权的水行政主管部门组织验收核定。经测试发现不符合节水规定的,用水单位和个人应当限期整改。

第二十八条【用水计量】用水应当计量。不同性质的用水应当分别计量。

用水单位和个人应当按照规定配备和使用经依法检定合格的计量设施,加强对计量设施的检查与日常维护,保证计量准确。

公共供水企业不得向本单位职工无偿提供用水。任何单位不得对用水实行包费制。

第二十九条【用水统计制度】县级以上各级人民政府统计部门应当会同同级水行政主管部门,建立健全用水统计制度,完善用水统计指标体系,改进和规范用水统计方法,确保用水统计数据真实、完整。

国务院统计部门会同国务院水行政主管部门,定期向社会公布各省、自治区、直辖市以及主要用水行业的用水和节水情况等信息。

公共供水企业应当按月向有管辖权的水行政主管部门报送用水户用水资料。

第三十条【用水效率标识1】国家对使用面广、耗水量大的产品,实行用水效率标识管理。实行用水效率标识管理的产品目录和实施办法，由国务院水行政主管部门会同国务院质量监督检验管理部门制定并公布。

第三十一条【用水效率标识2】对列入国家用水效率标识管理产品目录的产品，生产者和进口商应当标注用水效率标识，在产品包装物上或者说明书中予以说明，并按照规定报国务院水行政主管部门和国务院质量监督检验管理部门共同授权的机构备案。

生产者和进口商应当对其标注的用水效率标识及相关信息的准确性负责。禁止销售应当标注而未标注用水效率标识的产品。

禁止伪造、冒用用水效率标识或者利用用水效率标识进行虚假宣传。

第四章　节约用水措施

第三十二条【工业节水政策】国家发展节水型工业。县级以上地方人民政府应当改善工业布局和推进结构调整，使工业建设与当地水资源条件相适应。

在水资源短缺地区，限制发展高耗水工业。

第三十三条【工业节水措施1】工业企业应当加强企业内部用水管理，建立用水管理制度，建设节水型企业。

工业企业应当采用先进技术、设备和工艺，采取循环用水、综合利用及废水处理回用等措施，降低用水单耗，提高水的重复利用率。用水单耗超过用水定额的工业企业，有管辖权的水行政主管部门不得批准新增取水量或者计划用水指标。

第三十四条【工业节水措施2】工业企业应当采用节约用水的设备、工艺和技术，减少水资源的损耗。用水设备、工艺和技术不符合节约用水要求的，应当限期治理，进行技术改造。

工业企业应当采取高效、节水型冷却方式。间接冷却水应当循环使用。

第三十五条【农业节水政策】国家鼓励发展节水型农业。县级以上地方人民政府应当根据当地水资源条件，推广耗水少、效益高的农作物和其他农业项目，优化农业种植结构。

在水资源短缺地区，鼓励发展旱作农业，限制发展高耗水农作物。规划建设商品粮、棉、油、菜等农业生产基地时，应当充分考虑当地水资源条件。

第三十六条【农业灌溉系统改造】国家加大对灌区、排灌泵站技术改造的财政投入力度，改革灌溉管理体制，改造灌溉设施，采取渠道防渗、管道输水等方式，减少灌溉用水的损耗，提高灌溉用水效率。

第三十七条【农业灌溉技术推广】各级人民政府应当加强对农业节约用水的技术指导和培训，完善农业节约用水技术推广和社会化服务体系，因地制宜地推广喷灌、滴灌等节水灌溉方式和技术，逐步取代大水漫灌等耗水量高的灌溉方式。

第三十八条【农业节水设施建设】国家鼓励单位和个人投资兴建农业节水设施。对农业节约用水项目和农业开发项目中有节约用水措施的，有关部门应当优先立项。

在水资源短缺地区，国家鼓励和支持农村集体经济组织和个人兴建集雨水窖、水池、水塘等蓄水工程，增加有效水源。

第三十九条【服务业节水】国家加强对服务业用水的管理。游泳、洗浴、洗车、洗衣等特殊用水行业，应当采用低耗水或者循环净化用水等节水技术、设备或设施。

第四十条【公共场所节水】新建、改建、扩建的公共建筑应当安装使用节水器具。公共机构未安装使用节水器具的，应当在县级以上人民政府规定的期限内安装。

县级以上地方人民政府可以通过财政补贴等方式，更换公共场所现有的非节水型用水器具。

第四十一条【公共供水设施管理】县级以上地方人民政府应当加大对公共供水设施建设和改造的投入力度，加强对公共供水系统运行的监督管理，降低供水管网漏失率，保障供水安全。

供水企业和自建供水设施的单位应当加强供水设施的维护管理，防止跑、冒、滴、漏等浪费现象。

在城市公共供水管网能够满足用水需要的地区，不得新增自备水井，已建的应当逐步关闭。

第四十二条【城市景观环境用水】城市园林绿化应当采用喷灌、滴灌等节水灌溉方式，禁止采用大水漫灌等高耗水灌溉方式。缺水地区园林绿化应当选用耐旱型树木、花草，限制大规模景观用水。

在有条件使用再生水的地区，限制或者禁止将自备水源取水、自来水及优质地表水作为城市道路清扫、城市绿化和景观用水使用。

第五章　激励措施

第四十三条【节水专项资金政策】县级以上人民政府应当安排节水专项资金，支持节水技术研究开发、节水技术和产品的示范与推广、重点节水工程的实施、节水宣传培训、信息服务和表彰奖励等。

第四十四条【财政税收扶持政策】 国家对生产、使用列入节水技术和节水产品推广目录的节水技术和产品及再生水利用、海水利用等非常规水源开发利用项目，实行税收优惠、财政补贴等扶持政策。

第六章 监督管理

第四十五条【监督管理】 县级以上地方人民政府水行政主管部门应当加强对取用水单位和个人用水情况的监督检查。有关单位和个人对监督检查工作应当给予配合，不得拒绝或者阻碍监督检查人员依法执行职务。

第四十六条【处罚1】 县级以上人民政府水行政主管部门或者其他有关部门及其工作人员，有下列行为之一的，由其所在单位、上级主管机关或者监察机关对直接负责的主管人员和其他直接责任人员依法给予行政处分；构成犯罪的，依法追究刑事责任：

（一）对不符合法定条件的建设项目签署节水措施方案审查同意意见的；

（二）对未经水行政主管部门审查同意节水措施方案的建设项目，擅自办理建设工程规划许可证或者施工许可证的；

（三）不按照规定核定、下达年度取用水计划的；

（四）违反规定征收超计划累进加价费用的；

（五）强制取用水单位或者个人购买、使用特定的节水产品或者器具的；

（六）不履行监督职责，发现违法行为不予查处的；

（七）其他滥用职权、玩忽职守、徇私舞弊的行为。

第四十七条【处罚2】 违反本条例规定，新建、改建、扩建建设项目有下列行为之一的，由县级以上地方人民政府水行政主管部门责令停止违法行为，限期改正，处十万元以上二十万元以下罚款：

（一）节水设施竣工未经验收的；

（二）节水设施竣工验收不合格擅自投入使用的。

第四十八条【处罚3】 缺水地区建设大规模用水景观的，由有管辖权的水行政主管部门核减区域用水总量控制指标。

第四十九条【处罚4】 违反本条例规定，有下列行为之一的，由县级以上地方人民政府水行政主管部门扣减用水计划，处五万元以上十万元以下罚款：

（一）用水实行包费制的单位；

（二）未按规定开展水平衡测试的重点用水单位；

（三）未按规定报送用水情况或者用水户用水资料，或者报送内容不实的；

（四）未按规定及时维修供水设施，出现重大跑、冒、滴、漏水事故的；

（五）从事游泳、洗浴、洗车、洗衣等业务未使用低耗水或者循环净化用水等节水技术、设备或设施的。

第五十条【处罚5】用水量大的工业生产设备、工艺和技术不符合节约用水要求，未在规定期限内治理或者改造，或者未达到治理或者改造要求的，由县级以上地方人民政府水行政主管部门依据职权，责令限期改正，处十万元以上二十万元以下罚款。

第五十一条【处罚6】生产、进口、销售国家明令淘汰的产品、设备的，依照《中华人民共和国产品质量法》的规定处罚。

第五十二条【处罚7】生产、进口、销售不符合强制性用水效率标识的产品的，由质量监督检验管理部门或工商行政主管部门责令停止违法行为，没收违法生产、进口、销售的产品和违法所得，并处违法所得一倍以上五倍以下罚款；情节严重的，由工商行政管理部门吊销营业执照。

第五十三条【处罚8】使用国家明令淘汰的设备或者工艺的，由县级以上地方人民政府水行政主管部门责令停止使用，限期更换；逾期不更换的，可以由县级以上地方人民政府水行政主管部门提出意见，报请本级人民政府按照国务院规定的权限责令停业整顿或者关闭。

第五十四条【处罚9】违反本条例规定，应当标注用水效率标识而未标注的，由质量监督检验管理部门责令改正，处五万元以上十万元以下罚款。

违反本条例规定，未办理用水效率标识备案，或者使用的用水效率标识不符合规定的，由质量监督检验管理部门责令限期改正；逾期不改正的，处三万元以上五万元以下罚款。

伪造、冒用用水效率标识或者利用用水效率标识进行虚假宣传的，由质量监督检验管理部门责令改正，处十万元以上二十万元以下罚款；情节严重的，由工商行政管理部门吊销营业执照。

第五十五条【处罚10】取用水单位或者个人未安装用水计量设施的，责令限期安装，并自取用水之日起，按照工程设计取水能力或者取水设备额定流量全时程运行计算取用水量，直至安装计量设施为止；逾期不安装的，由县级以上地方人民政府水行政主管部门限制其取用水，可以并处十万元以上二十万元以下罚款。

计量设施不合格或者运行不正常的，责令限期更换或者修复；逾期不更换或者不修复的，按照工程设计取水能力或者取水设备额定流量全时程运行计算取用水量，可以并处五万元以上十万元以下罚款。

第五十六条【处罚11】纳入计划用水管理的单位或者个人拒绝接受监督检查的，由县级以上地方人民政府水行政主管部门责令停止违法行为，限期改正，处一万元以上十万元以下罚款。

第五十七条【处罚12】违反本条例规定，有下列行为之一的，由县级以上地方人民政府水行政主管部门依据职权，责令限期改正，处五万元以上二十万元以下罚款：

（一）纳入计划用水管理的单位或者个人拒不执行年度取用水计划的；

（二）水平衡测试不符合节水规定拒不整改的；

（三）符合再生水利用条件而未优先使用再生水的；

（四）在进行新区建设、旧城改造和市政基础设施建设时，有条件建设渗水地面及雨水集蓄和利用设施而未建设的；

（五）有条件使用再生水而将自备水源取水、自来水及优质地表水作为城市道路清扫、城市绿化和景观用水使用的；

（六）城市园林绿化采用大水漫灌等高耗水灌溉方式的。

第七章 附 则

第五十八条【授权条款】省、自治区、直辖市人民政府可以根据本条例，制定节约用水具体实施办法。

第五十九条【施行日期】本条例自　年　月　日起施行。

附录四

《中华人民共和国土地法（草案）》建议稿[①]

第一章 总 则

第一条【立法目的】 为了加强土地管理，维护土地的社会主义公有制，按照生态系统管理的要求，优化国土空间利用秩序，合理开发和高效利用土地资源，实行严格的耕地保护制度，防治土壤污染和生态破坏，维护农民合法权益，促进经济社会的可持续发展，根据宪法，制定本法。

第二条【土地所有和使用基本制度】 中华人民共和国实行土地的社会主义公有制，即全民所有制和劳动群众集体所有制。

全民所有，即国家所有土地的所有权由国务院代表国家行使。

任何单位和个人不得侵占、买卖或者以其他形式非法转让土地。土地使用权可以依法转让。

国家为了公共利益的需要，可以依法对土地实行征收或者征用并给予合理补偿。

国家依法实行土地资源有偿使用制度。

国家应当根据国民经济和社会发展的需要，按照自然规律和市场规律的要求，对土地供应的总量、时序、结构实行宏观调控和市场化配置。

第三条【土地基本国策】 十分珍惜、合理利用土地和切实保护耕地是我国的基本国策。

各级人民政府应当积极采取措施，全面规划，严格管理，保护、开发土地资源，制止非法占用破坏土地的行为。

第四条【土地分类及用途管制原则】 国家实行土地用途管制制度。

---

① 本学者建议稿系在已公开的《〈土地管理法〉修改草案征求意见稿》（参见http://wenku.baidu.com/view/53def1c34028915f804dc2e3.html）的基础上修改而成。

国家编制土地利用总体规划，规定土地用途，将土地分为农用地、建设用地、生态用地和其他用地。严格限制农用地转为建设用地，控制建设用地总量，对耕地实行特殊保护。

前款所称农用地是指直接用于农业生产的土地，包括耕地、林地、草地、农田水利用地、养殖水域用地等；建设用地是指建造建筑物、构筑物的土地，包括城乡住宅和公共设施用地、工矿用地、交通水利设施用地、旅游用地、军事设施用地等；生态用地是指具有典型生态服务功能，对维持区域生态平衡具有重要作用的土地，主要包括生态公益林地、湿地等；其他用地是指农用地、建设用地和生态用地以外的土地。

使用土地的单位和个人必须严格按照土地利用总体规划确定的用途使用土地。

第五条【土地权利人合法权益受法律保护】土地权利人的合法权益受法律保护，任何单位和个人不得侵犯。

第六条【管理和责任主体】国务院土地行政主管部门统一负责全国土地的管理和监督工作。

县级以上地方人民政府土地行政主管部门的设置及其职责，由省、自治区、直辖市人民政府根据国务院有关规定确定。

县级以上人民政府的农业、林业、水利、环保、海洋等行政主管部门，依照有关法律的规定对相应土地的利用和保护实施监督和管理。

第七条【国家土地督察制度】国家实行土地督察制度，对省、自治区、直辖市人民政府和计划单列市人民政府的土地利用和管理情况进行监督检查。

第八条【举报】任何单位和个人都有遵守土地管理法律、法规的义务，并有权对违反土地管理法律、法规的行为提出检举和控告。

第九条【奖励】在保护和开发土地资源、合理利用土地以及进行有关的科学研究等方面成绩显著的单位和个人，由人民政府给予奖励。

第二章 土地权利

第十条【土地权利种类】土地权利包括国家土地所有权、集体土地所有权、建设用地使用权、土地承包经营权、农用地使用权、宅基地使用权、地役权、土地抵押权等。

国家土地所有权人和集体土地所有权人对自己的土地依法享有占有、使用、收益和处分的权利。

建设用地使用权人、土地承包经营权人、农用地使用权和宅基地使用权人，对其依法取得的土地，享有占有、使用和收益的权利。

土地抵押权人依照法律规定享有优先受偿的权利。

地役权人依照地役权合同享有相应的权利。

任何单位和个人不得设立法律未规定的土地权利。

第十一条【国家和集体土地所有权的客体】城市市区的土地属于国家所有。

农村和城市郊区的土地，除由法律规定属于国家所有的以外，属于农民集体所有；宅基地和自留地、自留山，属于农民集体所有。

第十二条【土地使用和权利人义务】国有土地和农民集体所有的土地，可以依法确定给单位或者个人使用。使用土地的单位和个人，有保护、管理和合理利用土地的义务。

第十三条【集体土地所有权的行使主体】农民集体所有的土地依法属于村农民集体所有的，由村集体经济组织或者村民委员会经营、管理；已经分别属于村内两个以上农村集体经济组织的农民集体所有的，由村内各该农村集体经济组织或者村民小组经营、管理；已经属于乡（镇）农民集体所有的，由乡（镇）农村集体经济组织经营、管理。

第十四条【集体土地承包经营权】农民集体所有的土地由本集体经济组织的成员承包经营，从事种植业、林业、畜牧业、渔业生产。土地承包经营期限为三十年。发包方和承包方应当订立承包合同，约定双方的权利和义务。承包经营土地的农民有保护和按照承包合同约定的用途合理利用土地的义务。土地承包关系保持稳定并长久不变。农民的土地承包经营权受法律保护。

在土地承包经营期限内，对个别承包经营者之间承包的土地进行适当调整的，应向乡（镇）人民政府备案。

第十五条【国有土地承包经营权】国有土地可以由单位或者个人承包经营，从事种植业、林业、畜牧业、渔业生产。农民集体所有的土地，可以由本集体经济组织以外的单位或者个人承包经营，从事种植业、林业、畜牧业、渔业生产。发包方和承包方应当订立承包合同，约定双方的权利和义务。土地承包经营的期限由承包合同约定。承包经营土地的单位和个人，有保护和按照承包合同约定的用途合理利用土地的义务。

第十六条【集体土地承包经营权流转】土地承包经营权人可以依法以转包、出租、互换、转让、股份合作等方式流转土地承包经营权。

土地承包经营权流转不得改变土地所有权性质，不得改变土地用途，不得损害土地承包经营权人的权益。

任何组织或者个人不得妨碍或者强迫承包方流转土地承包经营权。

第十七条【国有农用地使用权流转】农用地使用权人可以依法以出租、互换、转让、股份合作等方式流转农用地使用权，或者经土地所有权人同意，向单位或者个人发包土地使用权。

第十八条【承包经营义务】土地承包经营权人和农用地使用权人应当保护和合理开发利用土地，不得降低土地质量，挖砂、取土应经村集体组织或村民委员会同意，并接受村集体成员的监督。

第十九条【建设用地使用权分层设立】建设用地使用权可以分别在地表、地上或者地下设立。

地铁、隧道、人行通道、地下街、地下车库、地下仓库、人防工程等地下的建（构）筑物及其附属设施使用的土地空间，可以设立建设用地使用权（地下）。过街天桥、高架道路、城市轻轨、跨河桥梁、空中走廊等空中建（构）筑物及其附属设施使用的土地空间，可以设立建设用地使用权（地上）。

第二十条【建设用地使用权取得方式】建设用地使用权可以依法以出让、划拨、作价入股（出资）、转让、继承、租赁等方式取得。

建设用地使用权人应当按照法律规定合理开发和利用土地。

第二十一条【宅基地使用权】宅基地使用权人依法对集体所有的土地享有占有、使用和收益的权利，可以依法利用该土地建造住宅及其附属设施。

第二十二条【规划限制】使用土地的单位或者个人应当严格按照土地利用总体规划确定的土地用途、规模合理利用土地。确需改变土地用途的，应当依法报批。

第二十三条【土地权利争议调处】土地所有权和使用权争议，由当事人协商解决；协商不成的，由人民政府调处解决。

单位之间的争议，由县级以上人民政府调处解决；个人之间、个人与单位之间的争议，由乡级人民政府或者县级以上人民政府调处解决。

调处达成协议的，由负责调处的人民政府出具调处意见书。

调处未达成协议的，当事人可以自收到调处终结书之日起，依法提起诉讼。

在土地所有权和使用权争议解决前，任何一方不得改变土地利用现状。

已经登记发证的土地发生权属争议的，依法通过异议登记等程序处理。

涉及中央国家机关的土地权利争议，依照国家有关规定处理。

第三章　土地调查、登记和统计

第二十四条【国家土地调查制度】国家建立土地调查制度。土地调查成果是编制国民经济和社会发展规划以及从事国土资源规划、管理、保护和利用的重要依据。

县级以上人民政府土地行政主管部门会同同级有关部门进行土地调查。土地所有者或者使用者应当配合调查，并提供有关资料。

第二十五条【评定土地等级】县级以上人民政府土地行政主管部门会同同级有关部门根据土地调查成果、规划土地用途和国家制定的统一标准，评定土地等级。

第二十六条【国家实行土地登记制度】国家实行土地统一登记发证制度，具体办法由国务院规定。

依法改变土地权属和用途的，应当办理土地变更登记手续。

依法登记的土地权利受法律保护，任何单位和个人不得侵犯。

依法应当登记而未登记的土地，不得转让、出租、作价入股或者抵押。

第二十七条【登记效力】土地权利的设立、变更和灭失，自登记时起生效，法律另有规定的除外。

第二十八条【土地先行登记制度】土地权利依法登记的，其地上和地下建筑物、构筑物、附着物等附属物一并登记。未经依法登记的土地，其地上和地下建筑物、构筑物、附着物等土地附属物的所有权或者其他权利不得先行登记。

第二十九条【属地登记原则】土地登记实行属地登记制度。

土地登记以县级行政区为登记区组织实施。设区的市人民政府可以将所辖市区内的土地实行统一登记。

第三十条【发证机关】农民集体所有的土地，由县级人民政府依据已确认的所有权、建设用地使用权、土地承包经营权、农用地使用权及宅基地使用权登记造册，核发土地权利证书。

土地使用权人依法使用的国有土地，由县级人民政府登记造册，核发土地权利证书。

土地抵押权、地役权由县级人民政府土地行政主管部门登记造册，核发土地权利证书。

中央国家机关在地方的土地由国务院指定的部门确认使用主体和用途后登记。

确认林地、草原的所有权或者使用权，确认水面、滩涂的养殖使用权，分别依照《中华人民共和国森林法》、《中华人民共和国草原法》和《中华人民共和国渔业法》的有关规定办理。

第三十一条【土地统一登记系统】国家建立统一的土地登记系统，各类土地登记结果应当依法进行汇交，土地登记资料可以依法公开查询。

第三十二条【土地统计制度】国家建立土地统计制度。

县级以上人民政府土地行政主管部门和同级统计部门共同制定统计调查方案，依法进行土地统计，定期发布土地统计资料。土地所有者或者使用者应当提供有关资料，不得虚报、瞒报、拒报、迟报。

土地行政主管部门和统计部门共同发布的土地面积统计资料是各级人民政府编制土地利用总体规划的依据。

第三十三条【动态监测】国家建立全国土地管理信息系统，对土地利用状况进行动态监测。

第四章 土地利用规划与计划

第三十四条【土地利用总体规划编制依据、主体】各级人民政府应当依据国民经济和社会发展规划、全国主体功能区规划和国土整治、污染防治、生态保护、土地供给能力以及各项建设对土地的需求，组织编制土地利用总体规划。

土地利用总体规划的规划期限由国务院规定。

第三十五条【下级规划符合上级规划】下级土地利用总体规划应当依据上一级土地利用总体规划编制。

地方各级人民政府编制的土地利用总体规划中的建设用地总量不得超过上一级土地利用总体规划确定的控制指标，耕地保有量和基本农田保护面积不得低于上一级土地利用总体规划确定的控制指标。

省、自治区、直辖市人民政府编制的土地利用总体规划，应当确保本行政区域内耕地总量不减少。

城市（镇）土地利用总体规划应当确定城市市（镇）区建设用地规模，划定城市建设用地扩展边界。

第三十六条【规划编制原则】土地利用总体规划按照下列原则编制：

（一）按照经济效益、社会效益、环境效益相结合的原则，对耕地、林地、草地、湿地和建设用地的利用和保护进行一体化的规划；

（二）严格保护基本农田，控制非农业建设占用农用地；

（三）提高土地利用率；

（四）统筹安排各类、各区域用地；

（五）保护和改善生态环境，防治土壤污染和生态破坏，保障土地的可持续利用；

（六）占用耕地与开发复垦耕地相平衡。

第三十七条【县、乡级规划明确土地利用分区】县级土地利用总体规划应当划分土地利用区，明确土地用途。

乡（镇）土地利用总体规划应当划分土地利用区，根据土地使用条件，确定每一块土地的用途，予以公告。

第三十八条【征求意见、听证】各级土地利用总体规划报送审批前，组织编制机关应当依法将土地利用总体规划草案予以公告，并采取论证会、听证会或者其他方式征求公众和专家等有关方面的意见。公告的时间不得少于三十日。

第三十九条【规划审批主体】土地利用总体规划实行分级审批。

全国土地利用总体规划、跨省域土地利用总体规划，以及省、自治区、直辖市的土地利用总体规划，报国务院批准。

省、自治区人民政府所在地的市、人口在一百万以上的城市以及国务院指定的城市的土地利用总体规划，经省、自治区人民政府审查同意后，报国务院批准。

本条第二款、第三款规定以外的土地利用总体规划，逐级上报省、自治区、直辖市人民政府批准；其中，乡（镇）土地利用总体规划可以由省、自治区、直辖市人民政府授权的设区的市、自治州人民政府批准。

土地利用总体规划一经批准，必须严格执行。

第四十条【与城乡规划的关系】城市建设用地规模应当符合国家规定的标准，充分利用现有建设用地，不占或者尽量少占农用地。

城市总体规划、村庄和集镇规划，应当与土地利用总体规划相衔接，城市总体规划、村庄和集镇规划中建设用地规模不得超过土地利用总体规划确定的城市和村庄、集镇建设用地规模。

在城市规划区内、村庄和集镇规划区内，城市和村庄、集镇建设用地应当符合城市规划、村庄和集镇规划。

第四十一条【与专项规划的关系】江河、湖泊综合治理和开发利用规划，应当与土地利用总体规划相衔接。在江河、湖泊、水库的管理和保护范围以及蓄洪滞洪区内，土地利用应当符合江河、湖泊综合治理和开发利用规划，符合河道、湖泊行洪、蓄洪和输水的要求。

第四十二条【土地利用总体规划的修改】经批准的土地利用总体规划的修改，须经原批准机关批准；未经批准，不得改变土地利用总体规划确定的土地用途。

有下列情形之一的，可以向原批准机关申请修改土地利用总体规划：

（一）因国务院或者省级人民政府批准的能源、交通、水利等基础设施建设项目，需要修改土地利用总体规划的；

（二）因行政区划调整或者城镇迁址，需要修改土地利用总体规划的；

（三）因土地利用的自然、社会和经济条件发生重大变化，需要修改土地利用总体规划的；

（四）规划审批机关认为应当修改土地利用总体规划的其他情形。

土地利用总体规划修改，应当确保上级土地利用总体规划确定的各项约束性用地控制指标不变。

第四十三条【土地利用计划管理】各级人民政府应当加强土地利用计划管理，实行建设用地总量控制。

土地利用年度计划包括新增建设用地、土地整治及耕地保有量等计划指标。

土地利用年度计划，根据国民经济和社会发展计划、国家产业政策、土地利用总体规划以及建设用地和土地利用的实际状况编制。土地利用年度计划的编制审批程序与土地利用总体规划的编制审批程序相同，一经审批下达，必须严格执行。

第四十四条【政府向人大报告土地利用年度计划执行情况】省、自治区、直辖市人民政府应当将土地利用年度计划的执行情况列为国民经济和社会发展计划执行情况的内容，向同级人民代表大会报告。

第五章 土地保护

第一节 耕地保护

第四十五条【耕地保护目标责任制】国家实行耕地保护目标责任制。各级人民政府应保证土地利用总体规划确定的本行政区域内的耕地保有量和基本农田保护面积不减少。

省、自治区、直辖市人民政府应当建立耕地保护工作制度，采取措施，将耕地保护责任目标落实到县（市、区）、乡（镇）人民政府，并每年向同级人民代表大会报告耕地保护目标落实情况。

第四十六条【耕地保护责任目标考核】县级以上人民政府土地行政主管部门会同同级有关部门组织对下级人民政府落实耕地保护责任目标情况进行考核。

第四十七条【耕地保护补贴制度】国家实行耕地保护补贴制度，设立耕地保护基金，根据各地区耕地保护数量、质量以及耕作状况，给予补贴。耕地保护补贴应当使耕地承包经营权人受益。补贴办法由省、自治区、直辖市人民政府制定。

补贴费用由市、县人民政府从土地出让收入、耕地占用税以及相关税费中提取。

第四十八条【耕地表土剥离】县级以上地方人民政府应当按照有关规定要求占用耕地的单位将所占用耕地耕作层的土壤用于新开垦耕地、劣质地或者其他耕地的土壤改良。

第四十九条【土壤污染防治和生态保护】各级人民政府应当采取措施，维护排灌工程设施，改良土壤，提高地力，防止土地荒漠化、石漠化、盐渍化、水土流失和污染土地。

已有立法的，按照相关规定的要求开展土壤污染防治和生态保护工作；没有立法的，国务院应根据需要及时制定有关防治土地荒漠化、石漠化、盐渍化等土地退化和土壤污染的规定。

第五十条【基本农田保护制度】国家实行基本农田保护制度。各级人民政府应当加强对基本农田的保护，确保本行政区域内的基本农田总量不减少、用途不改变、质量有提高。

县级人民政府土地行政主管部门会同同级农业行政主管部门，根据土地利用总体规划划定基本农田。

第五十一条【基本农田保护区划定】下列耕地应当根据土地利用总体规划划入基本农田保护区，实行永久性保护，严格管理：

（一）经国务院有关主管部门或者县级以上地方人民政府批准确定的粮、棉、油生产基地内的耕地；

（二）有良好的水利与水土保持设施的耕地，正在实施改造计划以及可以改造的中、低产田；

（三）蔬菜生产基地；

（四）农业科研、教学试验田；

（五）国务院规定应当划入基本农田保护区的其他耕地。

各省、自治区、直辖市划定的基本农田应当占本行政区域内耕地的百分之八十以上。

基本农田保护区以乡（镇）为单位进行划区定界。

不得将低等劣质耕地以及不适宜粮食生产的耕地划为基本农田。

第五十二条【基本农田三落实】划定的基本农田，应当落实到图件、地块和农户，有关信息向社会公开。

未经批准，任何单位或者个人不得占用或者改变基本农田用途。

第五十三条【基本农田只增不减】国家鼓励扩大基本农田规模，提高集约水平和利用效率，优化耕地，改良和提高基本农田质量，建设水利、交通等相关设施。

各级地方人民政府应当根据本地区经济发展和建设需求，对基本农田建设进行合理布局。基本农田保护区内的基本农田只能增加，不得减少。法律另有规定除外。

第五十四条【禁止占用搞建设，禁止基本农田养鱼等】非农业建设必须节约使用土地，可以利用荒地的，不得占用耕地；可以利用劣地的，不得占用好地。

禁止占用耕地建窑、建坟或者擅自在耕地上建房、挖砂、采石、采矿、取土等。

禁止占用基本农田发展林果业和挖塘养鱼。

第五十五条【占用耕地补偿制度】国家保护耕地，严格控制耕地转为非耕地。

国家实行占用耕地补偿制度。非农业建设经批准占用耕地的，按照"占多少，补多少"的原则，由占用耕地者负责补充与所占用耕地的数量和质量相当的耕地；没有条件补充或者补充的耕地不符合要求的，应当按照省、自治区、直辖市的规定缴纳耕地补充费用，专款用于补充新的耕地。

补充耕地需占用林地、草地和湿地的，需经林业、农业、水利、海洋、环保等相关行政主管部门的同意，并缴纳森林植被恢复费、草原植被恢复费等费用。生态功能特别重要的林地、草地和湿地，不得作为耕地占补平衡的对象。

第五十六条【耕地占补平衡制度】省、自治区、直辖市人民政府应当严格执行土地利用总体规划和土地利用年度计划，采取措施，确保本行政区域内耕地总量不减少；耕地总量减少的，由国务院责令在规定期限内组织补充与所减少耕地的数量与质量相当的耕地，并由国务院土地行政主管部门会同农业行政主管部门验收。

个别省、直辖市确因土地后备资源匮乏，新增建设用地后，新补充耕地的数量不足以补偿所占用耕地的数量的，必须报经国务院批准减免本行政区域内补充耕地的数量，进行异地补充。

实行耕地占补平衡，不得违反有关环境保护规划。

第五十七条【先补后占】建设占用耕地实行先补后占制度。

占用耕地者自行补充耕地的，经县级以上人民政府土地行政主管部门会同同级有关部门验收合格后，方可办理用地手续。

占用耕地者缴纳耕地补充费用的，由收取补充费用的人民政府负责补充耕地，并经上级人民政府土地行政主管部门会同同级有关部门验收合格后，方可办理用地手续。

各省、自治区、直辖市人民政府根据需要，建立土地整治项目储备库。

第五十八条【闲置处理】禁止任何单位和个人闲置、荒芜耕地。已经办理审批手续的非农业建设占用耕地，一年内不用而又可以耕种并收获的，应当由原耕种该幅耕地的集体或者个人恢复耕种，也可以由用地单位组织耕种。已经恢复耕种的，如果需要继续使用该土地进行建设，应当依法进行青苗补偿。

承包经营耕地的单位或个人连续二年弃耕抛荒的，原发包单位可以终止承包合同，收回发包的耕地。

第二节 林地、草地和湿地的保护

第五十九条【一般规定】为保护生态环境，维护生态平衡和生物多样性，国家应当按照生态系统管理的要求，加强对林地、草地和湿地的保护。

第六十条【林地保护】国家保护林地，禁止非法毁坏森林开垦耕地，加强对天然林以及其他生态功能特别重要的公益林地的保护。

国家对林地的保护，按照国家关于森林资源保护的规定实施。

第六十一条【草地保护】国家实行基本草原保护制度，禁止非法毁坏草原开垦耕地。

国家对草地的保护，按照国家关于草原保护的规定实施。

第六十二条【湿地保护】国家保护生态功能重要的湿地，禁止非法围湖造田和侵占江河滩地开垦耕地等侵占湿地的行为。

国家对湿地的保护，按照国家相关规定实施。

第六十三条【生态补偿】国家实行生态补偿制度。按照"谁保护、谁受益"，"谁改善、谁得益"，"谁贡献大、谁多得益"等原则，建立流域、区域等生态补偿机制。

第六十四条【退耕还林、还草、还湖】国家实行退耕还林、还草、还湖制度。各级人民政府应当依据土地利用总体规划，对破坏生态环境开垦、围垦的土地，有计划有步骤地退耕还林、还牧、还湖。

第六章 土地整治

第六十五条【土地整治定义】国家实行土地整治制度，对低效利用和不合理利用的土地进行整理，对生产建设破坏和自然灾害损毁的土地进行复垦，对污染的土地进行治理，对未利用土地进行开发，提高土地利用率和产出率。

国务院土地行政主管部门统一负责土地整治的规划、管理和监督。

第六十六条【土地整理】县、乡（镇）人民政府应当组织农村集体经济组织，按照土地利用总体规划，对田、水、路、林、村综合整治，提高耕地质量，增加有效耕地面积，改善农业生产条件和生态环境。

地方各级人民政府应当采取措施，改造中、低产田，整治闲散地和废弃地。

农村宅基地和村庄整理所腾出的土地，应当优先复垦为耕地。

第六十七条【土地复垦义务人】因挖损、塌陷、压占等造成土地破坏，用地者应当按照国家有关规定，承担复垦义务，并依据经土地行政主管部门审查通过的土地复垦方案，提取土地复垦资金，专项用于土地复垦。没有条件复垦或者复垦不符合要求的，应当缴纳土地复垦费，专项用于土地复垦。

没有履行复垦义务的，不得通过建设项目竣工验收；不予批准新的建设用地和采矿权。

复垦的土地应当优先用于农业。

第六十八条【采矿复垦计划】采矿申请者在申请许可证时需提交土地复垦计划。

采矿者需要对采矿前矿区的各种自然环境情况作详细的调查，如野生动植物、土壤、空气、水、景观、财产、文化遗产等，在此基础上，制定复垦计划。

第六十九条【土地破坏补偿】用地者破坏其他单位或者个人使用的土地的，除负责复垦外，还应当向遭受损失的单位或者个人进行土地损失补偿。

第七十条【开发利用土地】国家鼓励单位和个人按照土地利用总体规划，在保护和改善生态环境、防止水土流失和土地荒漠化的前提下，履行环境影响评价等有关程序，开发利用土地；适宜开发为农用地的，应当优先开发成农用地。

国家依法保护开发者的合法权益。

第七十一条【开发国有四荒地】开发未确定使用权的国有荒山、荒沟、荒丘、荒滩从事种植业、林业、畜牧业、渔业生产的，经县级以上人民政府依法批准，可以确定给开发单位或者个人使用。使用期限最长不得超过七十年。

一次性开发六百公顷以上，由国务院批准；六百公顷以下的，按照省、自治区、直辖市的规定，由县级以上地方人民政府批准，但两年内在同一地域四荒用地开发多次的土地总量不得超过九百公顷。

第七十二条【土壤环境修复】国家应当加强污染耕地、污染场地以及废弃矿场、垃圾填埋场的环境修复。

国家应当加快推进坡耕地及林地水土流失综合治理。

国家应当积极开展湿地生态修复。加强沿海滩涂、重要海域生态修复，启动海岛生态修复试点工程。

第七十三条【土地整治重大工程】土地整治实行项目管理。国家鼓励各省、自治区、直辖市依据全国土地利用总体规划和土地整治规划确定的土地整治重大工程，建设具有区域特点的土地整治重大项目。对承担整治项目的单位实行资质管理。

第七十四条【项目资金】各级人民政府应当加强土地整治专项资金收缴和使用管理。耕地补充费用、新增建设用地土地有偿使用费和土地出让收入用于农业土地开发部分等专项资金应当统筹使用，专项用于基本农田建设、保护和土地整治，并确定责任部门专门负责。

国家鼓励扩大土地整治资金渠道，引导社会资金投入土地整治，实行市场化运作。

第七十五条【权属管理和公众参与】土地整治必须尊重土地权利人的意愿，切实维护土地权利人的合法权益。县、乡（镇）人民政府应当加强土地整治的权属管理，准确界定各项土地权利，合理分配土地权益。土地权属调整不得损害农民土地承包经营权。

第七章　土地征收征用

第七十六条【公共利益范围】为了保障国家安全、促进国民经济和社会发展等公共利益的需要，有下列情形之一，确需征收集体所有土地的，由市、县级人民政府作出土地征收决定：

（一）国防和外交的需要；

（二）由政府组织实施的能源、交通、水利等基础设施建设的需要；

（三）由政府组织实施的科技、教育、文化、卫生、体育、环境和资源保护、防灾减灾、文物保护、社会福利、市政公用等公共事业的需要；

（四）由政府组织实施的保障性安居工程建设的需要；

（五）法律、行政法规规定的其他公共利益的需要。

公益性项目用地具体目录由国务院另行制定。

第七十七条【土地征收范围】 为了公共利益的需要，进行下列建设，国家可征收集体所有土地为国有：

（一）在土地利用总体规划确定的城镇建设用地范围内，国家实施城市规划进行建设的；

（二）在土地利用总体规划确定的城镇建设用地范围外进行基础设施、公共管理和服务设施、军事设施等公益性项目建设的。

在土地利用总体规划确定的城镇建设用地范围外，为了公共利益的需要进行非公益性项目建设需要征收土地的，依法定程序由国务院或者省、自治区、直辖市人民政府批准。

第七十八条【征收土地补偿标准】 土地征收补偿的方案，应当按照公平、公正、公开和保障被征地者持续发展的能力的原则予以确定。

征地补偿费用包括土地补偿费、安置补助费以及地上附着物和青苗补偿费等内容。征地补偿费标准由市、县人民政府根据当地土地资源条件、土地产值、土地区位、土地供求关系和社会经济发展水平等综合因素确定，经省、自治区、直辖市人民政府批准后公布，报国务院土地行政主管部门备案，作为实施土地征收补偿的依据。

征收土地的补偿费用标准应根据当地社会经济发展水平适时进行调整。

被征收土地上的附着物和青苗的补偿标准，由市、县人民政府制定，报省、自治区、直辖市人民政府备案。

土地征收补偿方案和标准的确定，应当采用听证会等形式，广泛听取当地群众的意见。

第七十九条【征收土地程序】 市、县人民政府在申报征收土地前，应当拟订征收方案，确定拟征收土地的用途、位置、补偿标准、安置途径，将有关事项向被征收土地的农民公告。

对拟征收土地现状的调查结果、安置方案须经被征收土地农村集体经济组织和农户确认，并签订土地征收补偿安置协议。被征收土地的农民提出申请的，市、县人民政府土地行政主管部门应当依照有关规定组织听证。被征收土地的农民知情、确认的有关材料应当作为征收土地报批的必备材料。

土地征收项目依照法定程序批准后，由县级以上地方人民政府予以公告，并组织实施。被征收土地的所有权人、使用权人应当在公告规定期限内，持土地权属证书到当地人民政府土地行政主管部门办理征收土地补偿登记。

第八十条【征收土地补偿争议裁决】被征收土地的农村集体经济组织和农民对征收土地方案中确定的补偿方案有争议的，由市、县人民政府协调；协调不成的，由省、自治区、直辖市人民政府裁决。对裁决程序和结果有异议的，可以自接到裁决决定之日起十五日内，向人民法院起诉。

征收土地补偿争议不影响征收土地的实施。

第八十一条【征收土地补偿费的分配与监管】征收土地补偿费归农村集体经济组织和被征收土地的农民所有，地上附着物及青苗补偿费归地上附着物及青苗的所有者所有。省、自治区、直辖市人民政府须制定征收土地费用的分配和监督使用办法。

被征收土地的农村集体经济组织应当将征收土地补偿费的收支和分配情况，向本集体经济组织的成员公布，接受监督。

禁止侵占、挪用被征收土地单位和农民的征收土地补偿费用和其他有关费用。

第八十二条【被征收土地农民社会保障制度】国家建立被征收土地农民的社会保障制度。

省、自治区、直辖市应当制订和公布本行政区域内各县（市、区）被征收土地农民的社会保障标准，并根据经济社会发展水平适时进行调整。

市、县人民政府应当具体落实被征收土地的农民的社会保障方案和措施，建立被征收土地的农民的社会保障基金，将被征收土地的农民纳入社会保障。

第八十三条【征收土地中的就业安置】地方各级人民政府应当采取扶持措施，安排失地农民就业，支持被征收土地的农村集体经济组织和农民从事开发经营，兴办企业。

第八十四条【征用土地】因抢险、救灾等紧急需要，可以依法对单位和个人使用的国有土地或者农民集体所有的土地实行征用并给予补偿。

征用土地使用后，应当恢复原状，交还原土地使用者，并根据土地权利人利益受损情况，分别给予土地被征用期间实际收益损失补偿、土地毁损或者恢复补偿。

征用土地补偿标准由省、自治区、直辖市人民政府规定。

第八十五条【征地中的农村房屋拆迁补偿制度】征收或征用土地涉及拆迁农民房屋的，应当向被拆迁人支付拆迁补偿，保障其居住条件。补偿方式可采取货币补偿或房屋安置等多种形式，补偿标准由市、县人民政府制定，报省、自治区、直辖市人民政府备案。

第八章 建设用地

第八十六条 【土地用途转用许可制度】 国家实行土地用途转用许可制度。建设占用土地，涉及农用地、生态用地转为建设用地的，应当办理土地用途转用许可手续。

未经土地用途转用许可的，有关部门不得批复建设项目可行性研究报告、核准项目申请报告。

第八十七条 【土地用途转用许可批准和监管】 下列用地的土地用途转用许可由国务院土地行政主管部门批准：

（一）需报国务院以及国务院投资主管部门批准、核准的建设项目；

（二）涉及占用基本农田的建设项目。

前款规定以外的其他建设用地的土地用途转用许可，由省、自治区、直辖市人民政府土地行政主管部门批准，报国务院土地行政主管部门备案。其中，乡（镇）土地利用总体规划确定的村庄、集镇建设用地范围内的土地用途转用许可由省、自治区、直辖市人民政府授权设区的市人民政府土地行政主管部门批准，报省、自治区、直辖市人民政府土地行政主管部门备案。

国务院土地行政主管部门和省、自治区、直辖市人民政府土地行政主管部门应当采取措施，对下级土地行政主管部门作出的土地用途转用许可实施情况进行监督管理；根据需要，上级土地行政主管部门可以组织对下级土地行政主管部门报送备案的土地用途转用许可项目的实施情况进行核查。

第八十八条 【土地用途转用许可审查内容】 土地用途转用许可机关办理土地用途转用许可时，对建设项目用地是否符合土地利用总体规划、土地利用年度计划、建设用地标准等情况进行审查。

第八十九条 【征收土地审批权限】 国务院以及国务院投资主管部门批准、核准的建设项目，占用基本农田的建设项目，需要征收农民集体所有土地的，由国务院批准。

征收前款规定以外的土地，由省、自治区、直辖市人民政府批准，并报国务院备案。

第九十条 【征收土地审查内容】 征收土地审批机关审查以下内容：

（一）征收土地的目的、依据；

（二）征收土地的用途、规模；

（三）征收土地的程序；

（四）征收土地补偿所适用的方案和标准；

（五）征收土地补偿安置资金和社会保障资金的落实情况。

第九十一条【建设用地供应审批】经批准的建设项目需要使用国有建设用地的，建设单位应当持法律、行政法规规定的环境影响评价文书等有关文件，向有批准权的县级以上人民政府土地行政主管部门提出建设用地申请，经土地行政主管部门审查，报本级人民政府批准。

第九十二条【批后监管】县级以上人民政府土地行政主管部门应当完善相关制度，加强建设用地审批后用地情况的监督管理，保障土地利用总体规划和土地利用年度计划的实施。

第九十三条【土地使用费收缴、使用】以出让等有偿使用方式取得国有建设用地使用权的建设单位，按照国务院规定的标准和办法，缴纳建设用地使用权出让金等费用后，方可使用土地。

农用地或者生态用地转为建设用地的，市、县人民政府应当提取规定数额的新增建设用地土地有偿使用费，在土地用途转用许可前按照规定先行上缴。

新增建设用地土地有偿使用费，百分之三十上缴中央财政，百分之七十留给有关地方人民政府，专项用于土地保护。

第九十四条【乡村建设用地要求】乡镇企业、乡（镇）村公共设施、公益事业、农村村民住宅等乡（镇）村建设，应当按照村庄和集镇规划，合理布局，综合开发，配套建设；建设用地，应当符合乡（镇）土地利用总体规划和土地利用年度计划，并按规定办理审批手续。

第九十五条【乡村公益用地审批】乡（镇）村公共设施、公益事业建设，需要使用土地的，经乡（镇）人民政府审核，向县级以上地方人民政府土地行政主管部门提出申请，按照省、自治区、直辖市规定的批准权限，由县级以上地方人民政府批准；其中，涉及占用农用地或者生态用地的，依法办理审批手续。

第九十六条【划拨用地】建设单位使用国有土地，应当以出让等有偿使用方式取得；但是，下列建设用地，经县级以上人民政府依法批准，可以以划拨方式取得：

（一）军事用地；

（二）保障性住房用地；

（三）涉及国家安全、社会公共秩序的特殊用地；

（四）法律规定的其他用地。

以划拨方式使用国有土地的，由市、县人民政府土地行政主管部门向土地使用者核发《国有建设用地划拨决定书》。

第九十七条 【集体建设用地流转范围】依法取得的农村集体建设用地使用权，经所在地县级人民政府批准，可以出让、租赁、入股、作价出资等方式，用于非公益性项目，但土地利用总体规划确定的城镇建设用地范围内的农村集体建设用地使用权，非因企业破产、兼并等情形不得转让。

第九十八条 【宅基地标准和审批】农村村民一户只能申请一处符合法定面积标准的宅基地，其宅基地的面积不得超过省、自治区、直辖市规定的标准。

农村村民建住宅，应当符合乡（镇）土地利用总体规划，并尽量使用原有的宅基地和村内空闲地。其中，涉及占用农用地或生态用地的，依法办理审批手续。

农村村民住宅用地，经乡（镇）人民政府审核，由县级人民政府批准。

第九十九条 【宅基地的使用】宅基地只能分配给本集体组织成员。

宅基地因自然原因灭失的，对失去宅基地的集体组织成员，应当重新分配宅基地。

宅基地使用权人经本集体组织同意，在保障基本居住条件的前提下，可以将其宅基地向符合宅基地申请条件的人转让、赠予或者出租。农村村民转让、赠予或者出租宅基地后，再申请宅基地的，不予批准。

国家鼓励有其他居住条件的农民自愿腾退宅基地并给予奖励。

第一百条 【临时用地审批】建设项目施工和地质勘查需要临时使用国有土地或者农民集体所有的土地的，由县级以上人民政府土地行政主管部门批准。其中，在城市规划区内的临时用地，在报批前，应当先经有关城市规划行政主管部门同意；在林区内的临时用地，在报批前，应当先经有关林业主管部门审核同意。土地使用者应当根据土地权属，与有关土地行政主管部门或者农村集体经济组织、村民委员会签订临时使用土地合同，并按照合同的约定支付临时使用土地补偿费。

临时使用土地的使用者应当按照临时使用土地合同约定的用途使用土地，并不得修建永久性建筑物。

临时使用土地期限一般不超过二年。

第一百〇一条 【土地闲置】已经办理审批手续的非农业建设占用耕地和已经取得建设用地使用权的单位和个人闲置土地，一年以上未动工建设的，应当按照省、自治区、直辖市的规定缴纳土地闲置费；连续二年未使用的，经原批准机关批准，由县级以上人民政府收回用地单位的建设用地使用权。

第九章 土地交易

第一百〇二条【建设用地有偿使用】国家依法实行建设用地有偿使用制度。但是，法律规定的划拨国有建设用地以及利用本集体建设用地建设乡（镇）村公共设施、公益事业用地、农村村民住宅用地的除外。

建设用地有偿使用方式包括：出让、租赁、作价出资或者入股。

第一百〇三条【土地市场】县级以上地方人民政府应当建立城乡统一的土地市场。

国有建设用地使用权和集体建设用地使用权的出让、转让和租赁，必须通过统一的土地市场以公开的方式进行。

土地承包经营权流转应当纳入城乡统一的土地市场。

第一百〇四条【建设用地使用权有偿取得方式】国有建设用地和集体建设用地使用权的出让、租赁，可以采取招标、拍卖等竞争方式或者双方协商的方式。工业、商业、旅游、娱乐和商品住宅等经营性用地以及同一土地有两个以上意向用地者的，应当采取招标、拍卖等方式出让。

商品住宅建设应当使用国有建设用地。

第一百〇五条【建设用地使用权转让】建设用地使用权的转让，应当符合法律规定，签订转让合同，办理变更登记。

未按建设用地使用权出让合同规定的期限和条件投资开发、利用土地的，建设用地使用权不得转让。

第一百〇六条【建设用地使用权年期】国有建设用地和集体建设用地使用权有偿使用的年期，其最高年限按照下列用途确定：

（一）采用出让方式的，居住用地七十年，其他用地五十年；

（二）采用租赁方式的，年限最高不超过十五年；

（三）采用作价出资或者入股方式的，年限参照出让方式确定。

采用租赁方式，最高年限确需超过十五年的，需报经所在地的省级人民政府批准。

第一百〇七条【合同签订】建设用地使用权的出让、租赁，应当签订书面出让、租赁合同。

国有建设用地使用权出让、租赁合同由市、县人民政府土地行政主管部门与土地使用者签订。

集体建设用地使用权出让、租赁合同由土地所有权人与土地使用者签订，报县级人民政府土地行政主管部门批准。

第一百〇八条【土地价格评估、申报制度】国家实行土地价格评估、申报制度。

县级以上人民政府土地行政主管部门会同有关部门依据国务院土地行政主管部门的规定，定期制定和公布基准地价、标定地价、出让最低限价等政府示地价。

转让建设用地使用权，应当向县级以上人民政府土地行政主管部门如实申报成交价格。

转让国有建设用地使用权价格明显低于市场价格时，市、县人民政府有权优先购买。

国家实行土地价格评估人员执业资格认证制度。土地价格评估应当遵循公正、公平、公开的原则，按照国家规定的技术规范进行。

第一百〇九条【集体土地流转收益】集体建设用地使用权出让、租赁的收益，归拥有集体土地所有权的农民集体所有；集体建设用地使用权转让和转租的收益，归原集体建设用地使用权人；出让、租赁合同另有约定的，依约定。

集体建设用地有偿使用收益中集体所有部分的使用方向、用途以及使用收益分配，由集体成员约定，使用情况应当向集体成员公开。

第一百一十条【土地用途改变程序】建设单位需使用国有建设用地或者集体建设用地的，应当按照建设用地使用权出让等有偿使用合同的约定或者国有建设用地使用权划拨批准文件的规定使用土地；确需改变该幅土地建设用途的，应当经有关人民政府土地行政主管部门同意，报原批准用地的人民政府批准。其中，在城市规划区内改变土地用途的，在报批前，应当先经有关城市规划行政主管部门同意。

第一百一十一条【改扩建禁止】在土地利用总体规划制定前已建的不符合土地利用总体规划确定的用途的建筑物、构筑物，不得重建、扩建。

第一百一十二条【建设用地使用权续期】建设用地使用权出让、租赁合同约定的使用年限届满，土地使用者需要继续使用土地的，应当至迟于届满前一年申请续期，除根据社会公共利益需要收回该宗土地的以外，应当予以批准。经批准准予续期的，应当重新签订出让、租赁土地有偿使用合同，支付建设用地使用权出让金等相关费用。

住宅建设用地使用权期限届满的，按国家有关规定自动续期。

非住宅建设用地使用权人未申请续期或申请续期未获批准的，无偿收回建设用地使用权，地上建筑物、构筑物及其附属设施的处理，有约定的，按约定处理；没有约定或约定不明确的，可将地上建筑物、构筑物及其附属设施拍卖，将拍卖所得扣除必要费用后返还所有权人。

第一百一十三条【国有建设用地使用权收回】有下列情形之一的，由有关人民政府土地行政主管部门报经原批准用地的人民政府或者有批准权的人民政府批准，可以收回国有建设用地使用权：

（一）为公共利益需要使用土地的；

（二）为实施城市规划进行旧城区改建，需要调整使用土地的；

（三）土地出让等有偿使用合同约定的使用期限届满，土地使用者未申请续期或者申请续期未获批准的；

（四）因单位撤销、迁移等原因，停止使用原划拨的国有土地的；

（五）公路、铁路、机场、矿场等经核准报废的。

依照前款第（一）项、第（二）项的规定收回国有建设用地使用权的，对建设用地使用权人应当给予适当补偿。

第一百一十四条【集体建设用地使用权收回】有下列情形之一的，农村集体经济组织报经原批准用地的人民政府批准，可以收回集体建设用地使用权：

（一）为乡（镇）村公共设施和公益事业建设，需要使用土地的；

（二）不按照批准的用途使用土地的；

（三）因撤销、迁移等原因而停止使用土地的；

（四）集体建设用地使用权出让等有偿使用合同约定的使用期限届满，土地使用者未申请续期或者申请续期未获批准的。

依照前款第（一）项规定收回农民集体所有的土地的，对建设用地使用权人应当给予适当补偿。

第一百一十五条【土地储备制度】国家建立土地储备制度。市、县人民政府应当将符合土地利用规划的经整理、收购或者依法收回的国有土地，纳入政府储备，进行必要的前期开发，使之具备供应和建设用地条件。

第十章 国家土地督察与监督检查

第一百一十六条【督察机构】国家土地总督察对省、自治区、直辖市人民政府以及计划单列市人民政府土地利用和管理情况进行监督检查。

国家土地总督察根据工作需要，向地方派驻国家土地督察机构，代表国家土地总督察履行监督检查职责。国家土地督察机构可以适时向其督察范围内的地方人民政府派出督察专员和工作人员进行巡视与督察。

第一百一十七条 【督察职权】国家土地总督察以及派驻地方的国家土地督察机构依法监督检查省级以及计划单列市人民政府耕地保护责任目标的落实情况、土地执法情况、土地管理审批事项和土地管理法定职责履行情况等。

国家土地总督察以及派驻地方的国家土地督察机构应当针对督察地区的土地管理情况，提出改进土地利用和管理工作的建议。

对监督检查中发现的问题，派驻地区的国家土地督察机构应及时向其督察范围内的相关省级和计划单列市人民政府提出整改意见。对整改不力的，由国家土地总督察依照有关规定责令限期整改；整改期间，暂停被责令限期整改地区的土地用途转用许可和土地征收的受理与审批。

第一百一十八条 【督察措施】国家土地总督察以及派驻地方的国家土地督察机构在监督检查中，可以采取必要的形式进行督察。在督察过程中要求有关地方人民政府提供文件资料、就有关问题作出解释和说明、开展实地调查和核实，被监督检查的地方人民政府应当予以配合。

第一百一十九条 【监督检查主体】县级以上人民政府土地行政主管部门对土地管理法律、法规的贯彻执行情况进行监督检查，依法制止和查处土地违法行为。

第一百二十条 【各部门配合义务】县级以上人民政府应当组织公安、城乡规划等部门，协助土地行政主管部门制止和查处土地违法行为。

第一百二十一条 【执法人员要求】县级以上人民政府土地行政主管部门应设置专门机构和队伍，确定人员，从事土地管理监督检查工作。

土地管理监督检查工作人员应当熟悉土地管理法律、法规，忠于职守、秉公执法。

土地管理监督检查工作人员应当经过培训，经考核合格，取得执法证件后，方可从事土地管理监督检查工作。

第一百二十二条 【事前发现】土地管理监督检查实行土地执法动态巡查制度，及早发现、制止土地违法行为。

第一百二十三条 【执法手段】土地管理监督检查应当运用现代技术手段开展执法检查，对土地违法行为进行全面、准确监控。

第一百二十四条 【监督检查措施】县级以上人民政府土地行政主管部门履行监督检查职责时，有权采取下列措施：

（一）要求有关单位或者个人提供有关文件和资料，进行查阅或者予以复制；

（二）要求有关单位或者个人就有关土地权利的问题作出解释或说明；

（三）进入涉嫌违法用地的现场进行查看或勘测。

第一百二十五条【监督检查措施】 县级以上人民政府土地行政主管部门有权责令有关单位或者个人停止、改正违反土地管理法律、法规的行为。拒不停止、改正的，土地行政主管部门可查封施工现场，并通知有关部门采取必要措施。

第一百二十六条【出示执法证件】 土地行政主管部门监督检查工作人员履行监督检查职责时，应当出示执法证件，被监督检查的单位和人员应当予以配合，不得阻碍依法进行的监督检查活动。

第一百二十七条【处分建议】 县级以上人民政府土地行政主管部门在监督检查工作中发现国家工作人员的违法行为，依法应当给行政处分的，向同级或者上级人民政府的行政监察机关提出行政处分建议书，有关行政监察机关应当依法予以处理。

第一百二十八条【行政不作为和错误作为处理】 县级以上人民政府土地行政主管部门在监督检查工作中发现土地违法行为构成犯罪的，应当将案件移送有关机关，依法追究刑事责任；尚不构成犯罪的，应当依法给予行政处罚或者行政处分。

依照本法规定应当给予行政处罚，而有关土地行政主管部门不给予行政处罚的，上级人民政府土地行政主管部门有权责令有关土地行政主管部门作出行政处罚决定或者直接给予行政处罚，并给予有关土地行政主管部门的负责人行政处分。

土地行政主管部门作出的行政处罚决定或者提出的处分建议有明显或重大错误的，上级人民政府土地行政主管部门应当责令撤销或者直接予以撤销，并责令有关土地行政主管部门重新作出行政处罚决定或者提出处分建议。

第十一章 法律责任

第一百二十九条【违反土地管制的责任】 未办理土地用途转用许可手续或者采取欺骗手段骗取土地用途转用许可手续，非法占用土地的，由县级以上人民政府土地行政主管部门责令退还非法占用的土地，对违反土地利用总体规划的，限期拆除在非法占用的土地上新建的建筑物和其他设施，恢复土地原状，对符合土地利用总体规划的，没收在非法占用的土地上新建的建筑物和其他设施，由作出处罚决定的土地行政主管部门组织拍卖，拍卖不成的，可以由县级以上人民政府责成有关部门拆除其建筑物和其他设施，可以并处罚款；对非法占用土地单位的直接负责的主管人员和其他直接责任人员，依法给予行政处分；构成犯罪的，依法追究刑事责任。

超过批准的数量占用土地，多占的土地以非法占用土地论处。

非法占用土地，对土地权利人造成损失的，应当承担赔偿责任。

第一百三十条【破坏和污染土地的责任】违反本法规定，占用耕地建窑、建坟或者擅自在耕地上建房、挖砂、采石、采矿、取土等，破坏种植条件的，或者因开发土地造成土地荒漠化、盐渍化的，由县级以上人民政府土地行政主管部门责令限期改正或者治理，恢复原状，可以并处罚款；违反环境保护法律规定，超标排放污染物或超过总量控制排放污染物或其他违法排污行为，造成土壤污染的，由县级以上人民政府环境保护行政主管部门责令限期改正或者治理，可处二千元以上十万元以下罚款；构成犯罪的，依法追究刑事责任。

违反法律规定，在其他土地上偷挖偷采砂、土造成土地破坏的，由县级以上人民政府土地行政主管部门责令限期改正或者治理，恢复原状，可以并处罚款。采挖数量较大，造成土地严重破坏的，依法追究刑事责任。[①]

污染或破坏土地，对土地权利人造成损失的，应当承担赔偿责任。对遭受污染或破坏的土地，应当承担治理恢复的责任；逾期不治理或确无能力治理的，也可由政府代为治理，但所需费用由污染或破坏土地者承担。

第一百三十一条【非法建农村住宅的责任】农村村民未经批准或者采取欺骗手段骗取批准，非法占用土地建住宅的，由县级以上人民政府土地行政主管部门责令退还非法占用的土地，限期拆除在非法占用的土地上新建的房屋。

依法经批准，但在建设过程中超过省、自治区、直辖市规定的标准，多占的土地以非法占用土地论处。

第一百三十二条【不履行复垦义务的责任】违反本法规定，拒不履行土地复垦义务的，由县级以上人民政府土地行政主管部门责令限期改正；逾期不改正的，责令缴纳复垦费，专项用于土地复垦，并予以一千元以上五万元以下的罚款。

第一百三十三条【侵占、截留、挪用征地款的责任】侵占、截留、挪用被征收土地单位的征地补偿费用和其他有关费用，由有关部门责令退还，构成犯罪的，依法追究刑事责任；尚不构成犯罪的，依法给予行政处分。

第一百三十四条【拒不交回土地的责任】依法收回国有建设用地使用权当事人拒不交出土地的，临时使用土地期满拒不归还的，由县级以上人民政府土地行政主管部门责令交还土地；逾期不交还的，自应当交还之日起，按照该

[①] 应修改刑法，新设破坏土地资源罪。

幅土地市场日租赁价格处以罚款。

第一百三十五条【擅自改变土地用途】擅自改变土地用途或者不按照批准的用途使用土地的，由县级以上人民政府土地行政主管部门责令改正，处以一千元以上五万元以下的罚款。

第一百三十六条【非法转让、出租土地的责任】买卖或者以其他形式非法转让土地的，由县级以上人民政府土地行政主管部门没收违法所得；对违反土地利用总体规划的，限期拆除在非法转让的土地上新建的建筑物和其他设施，恢复土地原状，对符合土地利用总体规划的，没收在非法转让的土地上新建的建筑物和其他设施，由作出处罚决定的土地行政主管部门组织拍卖，拍卖不成的，可以由县级以上人民政府责成有关部门拆除其建筑物和其他设施，可以并处罚款；对直接负责的主管人员和其他直接责任人员，依法给予行政处分；构成犯罪的，依法追究刑事责任。

第一百三十七条【不拆除的责任】依照本法规定，责令限期拆除在非法占用的土地上新建的建筑物和其他设施的，建设单位或者个人必须立即停止施工，自行拆除；对继续施工的，作出处罚决定的机关有权制止。建设单位或者个人对责令限期拆除的行政处罚决定不服的，可以在接到责令限期拆除决定之日起十五日内，向人民法院起诉；期满不起诉又不自行拆除的，建设工程所在地县级以上人民政府可以责成有关部门采取查封施工现场、强制拆除等措施。

第一百三十八条【阻碍执法的责任】单位或个人拒不接受土地行政主管部门履行监督检查职责，或者在接受监督检查时提供虚假文件资料、作虚假陈述的，予以警告，可以并处罚款。

阻碍土地行政主管部门监督检查工作人员依法履行监督检查职责，破坏查封的施工现场，或者转移、变卖、损毁依法扣押的施工设备的，由公安机关依法予以处罚；构成犯罪的，依法追究刑事责任。

第一百三十九条【问责制】有下列行为之一的，对县级以上地方人民政府主要领导人和其他负有责任的领导人员给予行政处分：

（一）大量耕地或者基本农田被违法占用的；

（二）违反土地利用总体规划和年度计划，情节严重的；

（三）对土地违法违规案件查处不力、压案不查，造成严重后果的。

第一百四十条【徇私舞弊的责任】有关行政机关工作人员在土地管理工作中玩忽职守、滥用职权、徇私舞弊，构成犯罪的，依法追究刑事责任；尚不构成犯罪的，依法给予行政处分。

第一百四十一条【公益诉讼】对侵占、闲置、污染和破坏土地资源等损害公共利益的行为，有关公民、行政机关和社会组织可以向人民法院提起诉讼。其他主体在合理期限内没有起诉或者存在其他确有必要情形的，检察机关也可以直接提起诉讼。

第十三章 附　则

第一百四十二条【生效时间】本法自　　年　月　日起施行。

附录五

《中华人民共和国优势矿产资源保护法（草案）》建议稿

第一章 总 则

第一条【立法目的】为了保护优势矿产资源和生态环境，促进优势矿产资源合理勘探、开发和利用，保障我国经济社会可持续发展，制定本法。

第二条【定义】本法规定的优势矿产资源是指我国储量丰富、品质优良、利用广泛，替代性差，市场优势明显，具有重要战略意义，国家给予特殊保护的矿产资源。

本法所指优势矿产资源包括但不限于稀土、钨、锡、锑、钛、钼等。

第三条【适用范围】在中华人民共和国领域及管辖海域从事优势矿产资源的地质研究、规划、勘探、开采及其他资源经营活动必须遵守本法。

第四条【合理利用原则】国家遵循自然和社会规律，科学勘探和规划，合理开采、加工和利用优势矿产资源，努力提升优势矿产资源的开发利用能力，保障优势矿产资源的可持续利用。

第五条【协调发展原则】开发利用优势矿产资源，必须保护矿区生态环境和自然景观，防治生态破坏和环境污染，尊重矿区原住民的生产、生活和文化习俗，促进当地经济社会可持续发展。

第六条【管理体制】国务院矿产资源行政主管部门负责全国优势矿产资源的管理工作。

省、自治区、直辖市人民政府可以接受国务院矿产资源行政主管部门的委托，负责本行政区域内优势矿产资源的管理工作。国务院矿产资源行政主管部门也可以直接委托优势矿产资源所在地的自治州、县和市政府矿产资源行政主管部门负责本辖区内优势矿产资源的行政管理工作。接受委托的自治州、县和市政府矿产资源行政主管部门就接受委托的事项直接向国务院矿产资源行政主管部门负责。

各级人民政府对本辖区优势矿产资源的保护工作进行全面监督，并保障矿区生态安全和经济社会的可持续发展。

第七条【公众参与原则】优势矿产资源规划、勘探和开采涉及矿区原住民利益的，规划和矿业管理部门应当向当地居民公开相关信息，征求公众的意见，自觉接受公众的监督。

任何单位和个人都有保护优势矿产资源，对非法开采、破坏性开采优势矿产资源的单位和个人进行举报的义务。

各级政府根据当地实际设立非法开采、破坏性开采优势矿产资源举报奖。

第八条【优势矿产名录】国家根据矿产资源的本底状况和经济建设的需要，通过优势矿产资源名录确定、调整优势矿产资源种类。国家对于列入优势矿产资源名录的矿产资源给予特殊保护。

优势矿产资源名录修改期限为五年，特殊情况下也可以提前或推后。

矿产资源名录及其相关标准由国务院矿产行政主管部门报国务院批准后公布。

第九条【矿产保护义务】优势矿产资源是国家重点保护的矿产资源，任何单位和个人均有依法保护优势矿产资源、合理勘探、开采、利用优势矿产资源的义务，禁止任何单位或个人用任何手段侵占或者破坏优势矿产资源。

国家鼓励社会团体和环境保护公益组织接受国家、地方政府、矿区原住民的委托，参与优势矿产资源的资源保护和监督管理工作。

第十条【信息公开】国家优势矿产管理部门和地方人民政府，应当根据各自的职责，定期或不定期公开管辖区域内优势矿产资源开发利用的信息和资源地的生态环境状况。

从事优势矿产资源勘探、开采和其他经营活动的企业必须依据法律规定，公开生产经营活动中污染物排放的情况，采取的污染防治、生态保护和生态恢复的措施以及这些措施实施的效果，本企业遵守环境保护各项法律制度的状况等。

第十一条【行业准入制度】国家实行优势矿产资源经营准入制度。从事优势矿产资源勘查、开采和其他经营活动的企业，必须符合我国法律规定的资质条件，并依照相关法律办理审查和登记。

国有矿山企业是开采优势矿产资源的主体，国家保障和促进国有企业在优势矿产资源开发中的作用。

国家鼓励国内、国外其他性质的企业参与优势矿产资源的勘探、开采和深加工，共同促进优势矿产资源利用技术的发展，提高资源利用效率。

第十二条【矿产资源有偿使用原则】国家实行优势矿产资源使用权有偿出让制度。勘探、开采优势矿产资源，必须按照国家有关规定申请许可证，缴纳权利金、生态补偿金。

国家和矿产资源地原住民有权利分享优势矿产资源开采的利益，具体分享的办法由国务院另行规定。

第十三条【生态保护和修复基金】国家设立优势矿产资源矿山生态保护与修复基金，用于矿区生态保护和生态恢复、地质灾害预防等。

优势矿产资源生态保护与修复基金的征收和使用由国务院另行规定。

第十四条【资源回收利用】国家建立优势矿产资源回收利用体系，勘探、开采和经营优势矿产资源的企业有义务就其所经营的优势矿产资源边角料、废料、尾矿等进行回收的义务，并应当开展优势矿产资源的循环利用。

国家鼓励单位、社会团体和个人参与资源的回收和循环利用，提高资源的利用率。国家对于开展优势矿产资源循环利用的企业给予相应的政策扶植。

第十五条【矿区生态恢复】勘探、开采优势矿产资源的单位因勘探许可证、采矿许可证有效期届满，矿产资源开采完毕，或因其他事由停止生产、关闭矿山的，有义务对矿区生态环境进行恢复。

矿业单位因故不能恢复矿区生态的，由矿业行政管理机关委托具有矿山治理资质的第三方单位进行矿区生态恢复，矿区生态恢复所需费用由矿业单位承担。

矿区所在地人民政府应当监督矿业单位充分履行矿山环境恢复的工作。

第十六条【奖励措施】国家鼓励和支持优势矿产资源开发利用的技术研究、开发和推广，鼓励开展优势矿产资源保护的宣传、教育、科学知识普及和国际合作。

国家对在优势矿产资源勘探、开采和利用方面的科学技术研究取得重大成就，做出突出贡献的单位和个人进行奖励。

第二章 优势矿产资源的管理

第十七条【矿产规划制度】国家的矿产资源总体规划中应当包括优势矿产资源规划。国家优势矿产资源规划由国务院矿产资源行政主管部门负责拟定，报国务院批准后实施。

地方优势矿产资源规划由省级人民政府制定，并报国务院矿产行政管理部门备案。

优势矿产资源开采计划必须符合国家优势矿产资源规划和国家矿产资源总

体规划。

第十八条 【资源储备制度】国家建立优势矿产资源储备制度,设立优势矿产资源储备基金、划定优势矿产资源保护区,保障优势矿产资源的可持续利用。

优势矿产储备由我国管辖范围内的已经开发利用的矿区和未利用的矿区构成。对于列入国家优势矿产资源储备范围的矿区,矿产的占有、使用和处分由国家优势矿产资源行政部门、矿区地方政府和矿业企业共同参与实施。

矿业企业有协助优势矿产资源储备的义务。对于实行优势矿产资源储备利益受到影响的单位,国家给予经济补偿和政策扶持。

优势矿产资源储备金的使用和矿产资源储备的具体事项由国务院另行规定。

第十九条 【矿业许可制度】勘探、开采优势矿产资源必须依法向国务院矿产行政主管部门申请优势矿产资源勘探、开采许可证,取得探矿权、采矿权。

探矿权人对于探矿证范围矿区内发现的优势矿产资源有权申请采矿许可证,并享有优先获得采矿权的权利。

探矿权人、采矿权人必须依据探矿许可证规定的时间、范围和方式进行优势矿产资源的勘探、开采和其他经营活动。

国家依法保护探矿权人、采矿权人及矿区相关权利人的合法权益。

国家保护优势矿产资源所在地原住民的合法权益。

第二十条 【矿业权转让】探矿权、采矿权可以通过协议有偿转让,转让方和受让方必须共同到矿产资源所在地管理部门履行转让登记手续。探矿权、采矿权转让必须依法经优势矿产行政管理部门批准,转让方为有效。

探矿权和采矿权只有经审查登记方可对抗第三人。

第二十一条 【矿业权终止】矿业权因为期限届满或其他事由而终止。

第二十二条 【涉外主体】外国人申请优势矿产资源采矿许可证的,必须符合相关规定、办理相关手续,并提供相应的同行业经营的经验证明材料,以及该企业在其本国经营中环境保护方面的信用证明或生态风险押金。

第二十三条 【总量控制制度】国家依据开采计划,实行优势矿产资源开采年度总量控制,年度开采总量由国务院相关部门根据上年度开采情况、矿区生态安全、市场供求状况等确定并公告。

第二十四条 【标签制度】国家实行优势矿产流通标签制度。开采优势矿产资源的企业要对本单位生产、出售的优势矿产资源的用途进行标签跟踪,并进行总量统计。优势矿产资源需求方采购的优势矿产资源必须具有生产标签。国家禁止购买无优势矿产资源标签的矿产。

优势矿产资源标签是优势矿产资源销售和流通的合法依据。国家优势矿产资源管理部门负责优势矿产资源开采量的统计和监督。

第二十五条【出口许可】优势矿产资源的开发利用应优先满足国内市场并兼顾国际社会的需要。出口优势矿产资源或者能够获得优势矿产资源的工业产品、原材料、边角料等，必须向管理部门提出申请。获得出口该类优势矿产资源的出口许可证。优势矿产资源的开发利用应优先满足国内市场的需要，用于出口的优势矿必须取得出口许可证，并符合国家规定的出口配额、种类、数量等。

国家根据优势矿产资源的年度开采量作为出口配额确定的依据，国家优势矿产资源出口定额按年度进行分配。

特殊情况下，国家可以对企业开采的优势矿产资源进行征用、征收并给予必要的补偿。

第二十六条【档案管理】优势矿产资源矿山地质资料属于国家所有，国家对优势矿产资源矿山资料、勘查成果档案资料和各类矿产储量的统计资料，实行统一的管理制度，按照国务院规定汇交或者填报。

探矿权、采矿权转让时必须连同资料档案一起转让，并报国务院优势矿产资源行政管理部门登记。

第二十七条【矿产资源税】国家开征优势矿产资源税，具体征收办法由国务院另行规定。

第三章　优势矿产资源的勘探

第二十八条【探矿证】勘查优势矿产资源，必须依法申请、经主管部门批准取得探矿许可证、并办理探矿证规定的相关登记；但是，已经依法申请取得优势矿产资源采矿权的矿山企业在划定的矿区范围内为本企业的生产而进行的勘查除外。

第二十九条【探矿权人的权利】依法获得的探矿权受国家法律保护，探矿权人应当根据本法相关规定，享受权利，履行义务。

勘探优势矿产资源必须严格遵守本法的相关规定，依据探矿许可证规定，注意保护生态环境、防止探矿造成矿区环境污染和生态破坏。

第三十条【矿业权流转】优势矿产资源探矿权、采矿权可以依法转让。转让探矿权、采矿权应当依法向国务院矿产行政管理部门提出申请，转让的条件和受让人的条件必须符合关于探矿权、采矿权转让的相关法律规定，并经管理部门审查、批准，办理转让登记方为有效。

转让探矿权、采矿权必须依法进行评估。

第三十一条【探矿权的终止】优势矿产资源的探矿权、采矿权因法定事由而终止。

第三十二条【矿区规划】国务院矿产行政主管部门应当就全国优势矿产资源状况制定优势矿产资源开发利用规划，并报国务院审查批准后实施。

优势矿产资源开发利用规划包括总体规划、勘探规划和开采利用规划。

国务院矿产资源行政主管部门负责监督规划的实施。

国务院矿产行政主管部门对拟修改的优势矿产资源开发利用规划应当报国务院审查批准。

优势矿产资源规划应当依法进行环境影响评价。

第三十三条【储备制度】国家根据需要划定国家优势矿产资源保护区，建立优势矿产资源储备制度。非经国务院授权或批准，任何单位和个人不得在优势矿产资源保护区内从事勘探、开采及其他危害优势矿产资源的活动。

优势矿产资源保护区的日常管护由国务院授权地方人民政府负责。地方人民政府可以与该矿区在先权利人签订有偿管护协议，由在先权利人进行管护。

第三十四条【矿区资料管理】优势矿产资源勘查成果档案资料和各类矿产储量的统计资料，实行统一的管理、有偿使用的制度。勘探单位必须按照国务院规定汇交或者填报。具体操作方法除有具体规定、执行规定外，可以在探矿权出让协议中约定。

探矿活动中涉及国家机密的依照相关法律规定执行。

第四章　优势矿产资源的开采

第三十五条【采矿权的取得】开采优势矿产资源，必须依法申请、经批准取得采矿权，并办理登记；但是，已经依法申请取得采矿权的矿山企业在划定的矿区范围内为本企业的生产而进行的勘查除外。

第三十六条【采矿权人的权利】国家保护探矿权和采矿权不受侵犯，保障矿区和勘查作业区的生产秩序、工作秩序不受影响和破坏。

第三十七条【采矿人的义务】采矿权人必须依据优势矿产资源行政管理部门批准的矿区、矿山范围、矿山设计方案、生产规模、资源回收等进行采矿活动。

采矿人不得超量开采和非法销售优势矿产资源及其产品。

采矿权人不得擅自将矿山以转包、租赁等方式转让他人进行开采。

第三十八条【收购产品】任何单位、个人不得收购、销售、加工和运输非法开采和来源不明的优势矿产资源。

第三十九条【资源税】国家对从事优势矿产资源的企业征收矿产资源税，具体税目、税额依据相关法律规定。

第四十条【生态补偿】国家采用生态补偿的方式对优势矿产资源地进行必要的补偿。

矿业企业应当缴纳矿产资源补偿费帮助矿区进行道路、卫生、教育等方面的基础设施建设。

国家鼓励矿业企业积极履行企业社会责任，支援矿区贫困人口，促进矿区经济发展。

第四十一条【环保义务】勘探、开采优势矿产资源必须采取必要的措施保护矿区及其相邻的土地、森林、河流、湖泊等自然资源在先权利人的利益。

采矿权人可以通过协商、协议等方式取得该在先权利人的同意，就通行、用水等事项达成协议。因勘探、开采优势矿产资源给他人人身、财产或生态环境带来的不良影响，由采矿权人消除。

鼓励矿业企业与所住地环境管理部门、水利部门及居民组织就环境污染防治、节约水资源、节能减排、保护土地和生态环境等签订自愿协议，共同遵守。

第四十二条【开采总量控制】国家实行优势矿产资源计划开采和年度总量控制制度。资源的开采计划和开采年度总量由国务优势矿产行政管理部门制定并公布。

第四十三条【优势矿产资源的利用】以优势矿产资源作为生产原料的矿业企业或者其他利用优势矿产资源生产产品的企业，在自身技术条件允许的前下具有回收优势矿产资源的义务。

第四十四条【循环利用】优势矿产资源利用企业应当珍惜优势矿产资源，注重优势矿产资源的循环利用。国家对于在优势矿产资源循环利用方面有突出贡献的企业给予奖励。

国家鼓励企业就优势资源节约利用、节能减排、循环利用和回收等签订自愿协议。

第四十五条【资源档案】优势矿产资源行政主管部门应当定期对优势矿产资源矿区进行调查研究，建立优势矿产资源资源档案。

矿业企业应当定期或不定期地向所在地矿产资源行政部门、环境保护部门等提交与其监督事项相关的信息和资料。

第四十六条【开采许可】 开采优势矿产资源应当按照采矿许可证规定的种类、数量、地点、区域、期限和开采方式进行采矿活动。

第四十七条【总量控制】 国家实行优势矿产资源统一管理和总量控制。获得开采权的单位，应当按照年度向优势矿产资源管理部门申请开采指标，并依据该开发指标安排生产。优势矿产资源管理部门可以根据资源情况和国家需要对开采指标进行调整。

第四十八条【资源标签】 国家建立优势矿产资源销售标签制度。国务院确定统一的优势矿产品收购单位，开采者不得向非指定单位销售优势矿产品。

工商行政管理部门对进入市场的优势矿产品应当进行全面的监督管理。

第四十九条【矿产品出口】 出口优势矿产资源及其资源性产品的，必须经国务院矿产资源行政主管部门或者国务院批准。

第五十条【出口许可】 国家实行优势矿产资源出口总量控制和许可制度。凡是出口优势矿产资源的企业必须依法向国家优势矿产资源管理部门申请出口许可证和出口配额，并取得国家主管机构核发的出口许可证。

海关凭出口许可证查验放行。办理出口手续，进行监督和检查。

紧急状态下国家可以视情况对出口总量进行调整。具体办法由国务院优势矿产资源管理部门决定。

禁止伪造、倒卖、非法转让优势矿产资源勘探许可证、采矿许可证和优势矿产资源进出口配额。

第五十一条【行政补偿】 因保护优势矿产资源造成矿区农业生产发展受到限制或者损失的，由优势矿产行政管理部门或当地人民政府负责给予补偿。

因探矿或采矿造成农作物或者其他损失的，由探矿或采矿企业负责赔偿，探矿人或采矿人无力补偿的，由当地人民政府给予补偿。补偿办法由省、自治区、直辖市政府制定。

第五十二条【生态恢复义务】 采矿证规定的采矿时间届满，采矿人必须对矿区进行全面的修复，对于废旧矿区存在的人身、财产或者生态安全隐患必须如实地向当地矿产资源行政主管部门提交相关资料。

第五章 矿山地质环境保护

第五十三条【环境影响评价】 勘探、开采优势矿产资源必须依法进行环境影响评价，环境影响评价报告应当包括矿区生态破坏和恢复的具体技术措施。矿区的环境影响评价报告在报当地环境保护行政管理部门进行审查和批准之前应当首先由矿产资源行政主管部门审查。环境保护部门在审批环境影响报告时应当征求矿业行政主管部门的意见。

矿区的环境影响评价及其审批必须以书面方式公开征求矿区公众的意见，征求意见的范围应达到矿区居民人数的三分之二。

第五十四条【污染和生态破坏预防】勘探、开采优势矿产资源必须遵守环境保护法律法规，采取预防措施，防止造成矿区环境污染和生态环境及生态系统的破坏和地质灾害。采矿建设项目的主体工程必须与保护环境、防治环境污染的配套设施同时设计、同时建设、同时投产和运转。

矿业企业必须与矿区人民政府签订矿区环境保护和生态恢复协议，此协议由辖区环境保护行政主管部门监督履行。为了确保矿区原住民的知情权，此协议的协商、签订和履行，应当吸收矿区原住民的代表参加。

第五十五条【环境风险押金】勘探、开发优势矿产资源的企业，进入矿区前必须向矿产资源所在地的环境保护部门缴纳生态环境风险押金。该风险押金的收取、退还和使用由国务院另行规定。

勘探、开采优势矿产资源造成环境污染或生态破坏的，应当履行污染治理、恢复生态的义务，并赔偿受害者的损失；

第五十六条【尾矿处理】勘探、开采优势矿产资源的企业，必须依据法律规定，采用科学的方法安全处理尾矿和废弃物。

国家鼓励民间资本和技术参与矿产治理和尾矿处理。

第五十七条【生态保护与修复基金】国家设立优势矿产资源矿山生态保护与恢复基金，用于优势矿区环境保护、地质灾害预防等。

第五十八条【矿区原住民利益保护】位于居民区附近的采矿区，投资人应当依法保护当地居民的生活环境，并对因采矿给自然资源和当地居民传统生活方式造成的不利影响支付相应的补偿金。

企业在进行可能涉及当地居民生活环境的矿区决策时，应当邀请当地的群众代表参加旁听，征求他们的意见，保护他们的利益。

第五十九条【矿山关闭】关闭矿山报废矿井，应当依照有关法律、法规和国务院的规定，提出矿山闭坑报告及有关采掘工程、安全隐患、土地复垦利用、环境保护的资料，并按照国家规定报请审查批准。

第六十条【环境责任保险】国家鼓励金融企业参与优势矿产资源开发环境污染赔偿责任保险，优势矿产资源勘探和开采的企业应当积极参与；通过保险分散优势矿产资源开发利用中的潜在风险。

第六章 法律责任

第六十一条【企业和个人的责任】违反本法规定,有下列违法行为之一的,由优势矿产资源行政主管部门制止其行为,并给予警告、处以十万元以上一百万元以下的罚款,没收生产设备及非法所得,吊销探矿证或采矿证;情节严重构成犯罪的依据刑法追究刑事责任:

(一)未取得优势矿产资源勘探许可证、采矿许可证或者未按探矿证、采矿证的规定勘探、开采优势矿产资源的;

(二)伪造、倒卖探矿证、采矿证、出口许可证,或通过其他违法方式利用探矿证、采矿证牟利的;

(三)勘探人在勘探中发展具有工业价值的共生伴生矿产时,未能及时、如实向审批部门报告,或擅自开采的;

(四)探矿人、采矿人在从事矿业活动过程中违反环境保护规定,导致自然资源破坏或环境污染的。

第六十二条【非法转让责任】擅自转让探矿权、采矿权的由登记机关责令改正,没收非所得,处二十万元以下的罚款;情节严重的,由国务院矿产行政管理部门吊销探矿证、采矿证。同时责令其承担民事责任,恢复矿区原状,赔偿损失。

第六十三条【赔偿责任】勘探、开采优势矿产资源,应当注意保护其他在先权利人的权利。

第六十四条【非法采矿的责任】违反本法规定,在优势矿产资源保护区从事探矿、采矿活动的,由优势矿产资源管理部门责令停止探矿、采矿行为,并处以一万以上十万元以下的罚款;造成矿区资源破坏、环境污染或者生态破坏的,由优势矿产资源行政主管部门限期恢复原状,并处十万元以上一百万元以下的罚款。情节严重构成犯罪的,依据刑法追究刑事责任。

第六十五条【违法收售矿产的责任】违反本法规定,非法出售、收购、运输国家优势矿产资源,由工商行政管理部门没收实物和违法所得,可以并处罚款。情节严重、构成犯罪的,依照刑法有关规定追究刑事责任。

第六十六条【贩卖和走私资源的责任】伪造、倒卖或者非法转让优势矿产资源出口许可证的,由优势矿产行政主管部门或者工商行政管理部门吊销证件,没收违法所得,可以并处违法所得五到十倍的罚款。情节严重构成犯罪的,依照刑法相关规定追究刑事责任。

非法走私、出口优势矿产资源及其国家控制的初级矿产品的,由海关依照海关法处罚；情节严重、构成犯罪的，依照刑法相关规定追究刑事责任。多次非法走私优势矿产资源的，按照多个违法行为从重处罚。

第六十七条 【主管部门工作人员责任】负责矿产资源勘查、开采监督管理工作的国家工作人员和国家其他有关工作人员有下列情形之一的，由行政机关给予行政处分；情节严重、构成犯罪的，依法追究刑事责任：

（一）违反本法规定批准规划、勘查、开采矿产资源和颁发探矿许可证、采矿许可证，或者对违法采矿行为不依法予以制止；

（二）未履行本法规定的职责或者玩忽职守；

（三）滥用职权干涉矿业企业自主经营；

（四）利用职务之便从矿业企业等牟取不正当利益；

（五）违反规定泄露国家优势矿产资源政策信息和秘密；

（六）倒卖或非法使用优势矿产资源矿山信息资料、知识产权和商业秘密；

（七）徇私舞弊或者利用职务之便牟取不正当利益；

（八）有其他违法行为。

第六十八条 【其他人员的法律责任】拒绝、阻碍从事矿产资源勘查、开采监督管理工作的国家工作人员依法执行职务，未使用暴力、威胁方法的，由公安机关依照治安管理处罚条例的规定处罚。以暴力、威胁方法阻碍从事矿产资源勘查、开采监督管理工作的国家工作人员依法执行职务构成犯罪的，依照刑法规定追究刑事责任；采用暴力方法阻止、威胁他人正常探矿、采矿行为的由公安机关依法进行处罚，情节严重构成犯罪的，依照刑法追究刑事责任。

第六十九条 【救济途径】当事人对行政处罚决定不服的，可以在接到处罚通知之日起十五日内，向作出处罚决定机关的上一级机关申请复议；对上一级机关的行政复议决定不服的，可以在接到复议决定通知之日起十五日内，向法院起诉。当事人也可以在接到处罚通知之日起十五日内，直接向法院起诉。当事人逾期不申请复议、不向法院起诉又不履行处罚决定的，由作出处罚决定的行政机关申请人民法院强制执行。

第七十条 【矿区争议处理】企业之间关于矿区范围及其相关的争议，由当事人协商解决，协商不成的由矿山所在地县级以上人民政府根据核定的矿区范围处理；跨省、自治区、直辖市的争议，由有关省、自治区、直辖市人民政府协商解决，协商不成的，由国务院处理。

当事人也可以向仲裁机构申请仲裁，或直接向矿区所在地的人民法院起诉。

第七章 附 则

第七十一条【与国际条约的协调】中华人民共和国缔结或者参加的与优势矿产资源有关的国际条约与本法有不同规定的,适用国际条约的规定,但中华人民共和国声明保留的条款除外。

第七十二条【施行日期】本法自　年　月　日生效。

本法生效后,各单行资源法律、法规与本法规定不一致的,适用本法的规定。

本法未规定的,适用各单行矿产资源法律、法规及有关矿产资源的法律、法规的规定。

附录六

《中华人民共和国能源法（草案）》中有关能源安全的规定[①]

第 章 能源安全

第一节 能源储备

第一条 【一般规定】 国家建立能源战略储备制度，建立国家储备和企业储备相结合的能源战略储备体系，保障能源安全。

第二条 【储备品种多样化】 国家根据能源安全需要，确保能源储备品种多样化，加强煤炭、石油、天然气、铀矿等战略能源或稀缺能源的储备。

第三条 【储备资金】 国家建立稳定的能源储备资金来源保障体制，确保国家能源战略储备指标的实现。

第四条 【储备动用】 国家能源战略储备的动用须由国务院根据国内外能源形势的实际需要依法决定。

第二节 能源供应保障

第五条 【基础设施保护】 国家加强能源基础设施保护，严禁任何盗窃、抢劫或者破坏能源基础设施的行为。

第六条 【普遍服务义务】 从事民用电力、热力、燃气及其他能源产品供应的能源企业负有为公民提供安全、持续、可靠的能源供应与服务的义务。

第三节 能源市场与价格

第七条 【一般规定】 国家对能源勘探、开发、生产、输送和分配实行市场准入制度，对从事相关行为的法律主体实行许可制度。

第八条 【许可条件】 需要许可的能源企业，应当具备下列条件：

（一）具有从事能源生产、供应与销售所必需的资金、技术、设施和

---

① 本附录内容主要参考清华大学《中华人民共和国能源法（专家建议稿）》编写而成，并根据本研究报告作相应调整。

设备；

（二）具有从事能源生产、供应与销售的专业技术人员；

（三）最近三年内无重大违法行为；

（四）法律、法规规定的其他条件。

第九条【输配分离制度】国家实行能源输送与配售相分离的制度，在能源终端供应服务领域引入市场竞争机制。

第十条【能源合同】开展能源输送、配送、消费等活动的当事人应当签订合同。

第十一条【定价原则】国家实行宏观调控与市场调节相结合的能源资源、能源产品与能源服务价格形成机制。在实行政府定价和政府指导价的基础上，对于条件成熟的能源资源、能源产品与能源服务实行市场调节价。

第十二条【定价规则】能源资源、能源产品与能源服务的政府定价、政府指导价定价权限和具体适用范围，以中央定价目录为依据。中央定价目录由国务院价格行政主管部门、能源行政主管部门会同有关部门制定、修订，报国务院批准后公布。

国务院价格主管部门在制定能源资源、能源产品与能源服务的政府定价、政府指导价时，应当考虑能源资源、能源产品与能源服务的社会平均成本、市场供求状况、能源赋存现状、国民经济与社会发展要求以及社会承受能力等情况。

实行政府定价、政府指导价定价以外的能源资源、能源产品与能源服务的价格实行市场调节价。

第四节　能源效率与节约

第十三条【企业节能减排】能源企业与重点用能单位应当定期向能源行政主管部门报告节能减排绩效，并向社会公布。

能源企业与重点用能单位可以与当地政府签订节能减排目标责任书。

第十四条【能效标准】国务院标准化行政主管部门会同国务院能源行政主管部门及国务院有关部门制定并发布与能源效率有关的国家标准和行业标准，建立健全有关能源的标准体系。

第十五条【经济措施】国家制定和实施下列经济措施，促进能源合理利用：

（一）对煤炭、石油、天然气等化石燃料征收能源税；

（二）对采取节约能源和提高能源效率措施的单位和个人提供财税优惠；

（三）确立差别能源价格机制，禁止对高耗能企业提供价格优惠；

（四）有利于能源合理利用的其他经济措施。

第十六条【节约原则】 国家实行节约能源的基本国策，实施节约与开发并举、把节约放在首位的能源发展战略。

任何单位和个人均负有节约能源，提高能源效率的义务。

第五节 能源环境保护

第十七条【能源环境管理】 国家加强能源环境管理，减少污染物的排放，保护生态环境和公众健康。

国务院和县级以上地方各级人民政府应当制定关于能源开发与利用的环境治理和生态恢复的综合规划，建立生态补偿机制。

第十八条【环境影响评价】 能源规划和能源建设项目应当严格遵守国家有关环境影响评价的法律、法规。未通过环境影响评价的能源规划，不得实施；未通过环境影响评价的能源建设项目，不得审核。

第十九条【企业环境责任】 能源企业与重点用能单位应当定期向环境保护行政主管部门报告环境保护绩效，并向社会公布。

能源企业与重点用能单位应当与当地人民政府签订环境保护目标责任书，或者与当地居民签订环境保护协议。

第六节 能源对外合作

第二十条【优先合作领域】 国家制定对外能源合作发展战略，建立和完善对外能源合作机制，促进中外有关组织和个人在能源节约与合理利用、发展替代能源、能源技术研究与教育等领域开展广泛的能源项目合作。

第二十一条【外资管理】 外国投资者在中华人民共和国管辖范围内从事能源勘探、开发、生产、输送和分配等活动，应当遵守中华人民共和国的法律、法规。

第二十二条【限制或者禁止情形】 国家基于下列原因，可以限制或禁止有关能源资源、能源产品的进口或者出口：

（一）为维护国家安全、社会公共利益，需要限制或者禁止进口或者出口的；

（二）国内供应短缺或者为有效保护可能用竭的能源资源，需要限制或者禁止出口的；

（三）出口经营秩序出现严重混乱，需要限制出口的；

（四）依照法律、行政法规的规定，其他需要限制或者禁止进口或者出口的；

（五）根据我国缔结或者参加的国际条约、协定的规定，其他需要限制或者禁止进口或者出口的。

附录七

《中华人民共和国石油储备法（草案）》建议稿

第一章 总 则

第一条【立法目的】为规范国家石油储备建设、管理和监督，保障石油储备安全可靠运作，制定本法。

第二条【石油储备的用途】国家石油储备主要用于应对突发事件等引起的石油供应中断或短缺，保障石油供应，维护国家经济安全。

第三条【石油储备的构成】国家石油储备由政府储备和企业储备组成。

国家石油储备品种包括原油和成品油。成品油包括汽油、柴油、航空煤油等。

第四条【石油储备管理的一般原则】国家石油储备实行政府统一监督管理，政府储备和企业储备分别运作。

第五条【动用石油储备的情形】在因突发事件等导致全国或局部地区石油供应中断或大幅度减少，已经或可能造成国内市场供需严重失衡，国民经济遭受重大影响或损害，以及国务院明确需要动用国家石油储备的其他情形下，国家能源管理部门会同财政主管部门提出动用国家石油储备的建议或应急预案，报国务院批准。

第六条【实施石油储备动用】根据国务院批准的国家石油储备动用建议或应急预案，由国家能源行政管理部门组织实施政府储备、企业储备的动用，相关企业应予执行。

第七条【石油储备的恢复】国家石油储备动用后国家能源行政管理部门会同财政管理部门提出石油储备恢复方案，石油储备企业在规定时间内予以完成。

第二章 管理体制

第八条【国务院的职责】国务院是国家石油储备的决策机关，决定国家石油储备规划、计划、政策、建设、收储、动用、资金等重大事项。

国务院行使国家石油储备动用权，未经国务院批准，任何单位和个人不得动用。

第九条【国务院能源管理部门的职责】国务院能源管理部门负责编制石油储备发展建设规划、计划，提出石油储备动用、收储计划以及相关政策建议，组织实施石油储备规划、计划和石油储备动用、轮换，负责建立石油储备预警系统，监控中国境内从事石油加工、进出口和销售企业的原油生产、加工、原油和石油制品进出口及原油和石油制品库存量等情况，组织有关研究单位对企业上报数据进行汇总和统计分析，发布石油储备预警报告。

第十条【受托企业】国家能源管理部门可以委托国有石油企业代行政府石油储备管理职责。

受托国有石油企业具体承担国家石油储备基地建设、收储任务，执行国务院石油储备动用和轮换指令。

第三章　政府储备管理

第一节　政府储备建设

第十一条【确定规模的依据】政府石油储备规模应根据国家经济安全需要和国家财政力量确定。

第十二条【申请与实施】国家能源管理部门按照国家基本建设有关规定和程序，申报政府石油储备项目，经批准后组织有关企业实施。

第十三条【项目建设要求】项目建设应依法实施，加强和规范项目建设管理，保证工程质量、建设工期和施工安全，控制和节约投资，提高投资效益。

第二节　政府储备的收储和轮换

第十四条【储备来源】政府石油储备的收储来源包括在国内外市场采购的石油、企业缴纳的实物税费油和国家留成油。

第十五条【收储计划】根据国务院批准的政府储备收储计划，国家能源管理部门提出收储方案并组织有关企业实施。

第十六条【储备轮换的组织】国家能源管理部门根据政府储备轮换计划及有关规定，组织有关企业实施政府石油储备轮换，通过公开招标、邀请招标或直接委托方式选择进口代理商，通过协商确定国内供应商，签订储备石油代理进口或供应合同。

第十七条【储备轮换的要求】为保证储备石油质量、品种适用以及其他特定需要，对储备石油进行适当轮换。当年石油轮换数量不得超过储备总量的 10%。

第十八条 【企业的配合义务】对政府石油储备的收储、轮换和动用，有关企业应在石油接卸、管道输送等方面予以优先保证。

第三节 储备资金管理

第十九条 【资金来源】政府石油储备项目建设资金、储备石油采购资金和储备运行管理费用由中央财政解决。

第二十条 【项目建设资金】项目建设资金由国家能源管理部门根据国务院批准的可行性研究报告，申请、筹措中央财政专项资金。

第二十一条 【采购资金】储备石油采购资金由国家能源管理部门根据国务院批准的收储计划申请，由中央财政专项资金安排。

第二十二条 【运行管理费用】石油储备运行维护费用，由受托国有石油企业编制年度预算，经国家能源管理部门核准后报财政部门拨付。

第四节 监督检查与报告

第二十三条 【监督检查】国家建立政府储备监督检查制度。

国家能源局会同有关部门定期检查政府储备库存数量、质量、安全和管理情况，石油储备建设、收储、轮换和动用计划的执行情况，检查政府石油储备基地和代储企业业务情况。

国务院财政部门监督政府石油储备项目建设和石油储备运行管理的财务执行情况。

第二十四条 【报告制度】国家建立政府储备报告制度。

受托国有石油企业和代储企业应当定期向国家能源局报送石油储备计划的执行情况和库存报告。

第二十五条 【企业的义务】受托国有石油企业应定期上报财务报表，经国家能源局汇总后报送国务院财政部门。

第五节 安全和环境保护

第二十六条 【职责分工】国家石油储备基地安全生产、消防和治安保卫工作由受托国有石油企业负责；地方政府、安全生产、公安等部门依法实施监督和指导。

第二十七条 【企业的安全义务】受托国有石油企业应设置安全生产、消防、治安保卫和环保管理机构，配备专职人员，明确职责任务，建立各项安全管理制度，并制定火灾等安全事故应急预案和治安突发事件处置预案，组织定期演练。

第二十八条【对从业人员的要求】政府石油储备从业人员必须接受安全生产、消防安全、治安保卫等教育和培训，保证从业人员具备必要的安全知识，熟悉安全和治安保卫规章制度和操作规程，掌握安全操作技能。未经教育和培训合格的从业人员，不得上岗。

第二十九条【环境保护】政府石油储备基地应加强环境保护管理，采取有效措施，避免石油泄漏和废弃物排放对环境的污染。

第四章 企业储备管理

第一节 企业储备

第三十条【承储企业类型】从事原油加工和成品油批发的企业，应当承担企业储备义务。

第三十一条【储备数量要求】从事原油加工的企业，原油最低库存量应当至少为该企业上一年度十五天的日平均原油加工量。

从事成品油批发的企业，成品油最低库存量应当至少为该企业上一年度十天的日平均成品油销售量。

第三十二条【储备自主管理】企业储备的原油和成品油采购、储存、更新串换由企业自行决定。

第三十三条【委托代储】经国家能源管理部门核准备案后，企业可以采取委托代储方式承担储备任务，委托代储的库存量计算在承储企业的库存量中，但不计算在代储企业的库存量内。

第三十四条【储量的调整】企业储备数量应根据国家石油消费情况适时适量调整。

因自然灾害、火灾等不可抗拒因素使企业无法承担企业储备任务时，国家能源管理部门可以临时对该企业储备数量进行调整。

第三十五条【资金来源】企业储备所需的建设资金、采购资金和运行管理费用由企业负担。

第二节 监督检查和报告

第三十六条【监督检查】国家能源、财政、商务等管理部门按各自职能对企业储备情况进行监督检查。

第三十七条【报告】承担企业储备的石油加工和成品油批发企业，应定期向国家能源管理部门报告原油加工量、成品油销售量和企业储备数量。

第五章　法律责任

（略）

第六章　附则

（略）

附录八

《中华人民共和国农产品产地环境保护法（草案）》建议稿

第一章 总 则

第一条【目的和依据】为了保护农产品产地环境，防治产地环境污染和生态破坏，保障农产品质量安全，维护农产品消费者和公众的人身健康，制定本法。

第二条【定义】本法所称的农产品产地，是指植物、动物、微生物及其产品生产的相关区域。

本法所称的农产品产地环境，是指农产品赖以生存和繁衍的各种天然和人工改造的自然因素的总和，包括土壤、水体、大气等。

第三条【适用范围】农产品产地环境污染和生态破坏，适用本法。

第四条【中央管理体制】国务院环境保护行政主管部门统一负责全国农产品产地环境保护监督管理工作。

国务院农业行政主管部门和其他有关部门依照本法的规定和各自的职责负责全国农产品产地环境保护有关监督管理工作。

第五条【地方管理体制】县级以上地方人民政府环境保护行政主管部门负责本行政区内农产品产地环境保护监督管理工作。

县级以上人民政府农业行政主管部门和其他有关部门依照本法的规定和各自的职责负责本行政区域农产品产地环境保护有关监督管理工作。

第六条【原则】产品产地环境保护应当坚持预防、综合协调和公众参与原则。

县级以上人民政府应当将农产品产地环境保护经费纳入财政预算，并根据社会发展需要，增加对农产品产地环境保护的投入。

第七条【宣传】各级人民政府及有关部门应当加强农产品产地环境保护的宣传，提高公众和农产品生产者的农产品产地环境保护意识。

第二章 农产品产地环境监督管理

第八条【农产品生产区】 国家划定农产品生产区，对该区域实施专门保护。

第九条【农产品产地环境质量标准】 国务院环境保护行政主管部门会同国务院农业行政主管部门制定国家农产品产地环境质量标准。

省、自治区、直辖市人民政府可以对国家农产品产地环境质量标准中未作规定的项目，制定地方标准，并报国务院环境保护行政主管部门和农业行政主管部门备案。

第十条【农产品产地环境监测】 国家建立农产品产地环境例行监测和报告制度。

国务院环境保护主管部门应当设立定位监测点，开展农产品产地环境监测，定期向同级人民政府和上级农业行政主管部门报告监测结果。

第十一条【农产品产地环境保护专项规划】 县级以上人民政府环境保护行政主管部门应当会同城乡规划、农业等部门制定农产品产地环境保护专项规划，报本级人民政府批准后执行。

第十二条【农产品产地建设项目环境影响评价】 农产品产地的建设项目，应当遵守国家有关建设项目环境影响评价的规定。在建设项目环境影响报告书中，应当有农产品产地环境保护的内容。

农产品产地的建设项目环境影响评价文件应当经县级以上人民政府农业行政主管部门依法审核后，报环境保护部门审批。

第十三条【农产品产地生态保护】 各级人民政府应当加强农产品产地生态保护，因地制宜开发农村能源，推广节能技术和设施，调整用能结构，鼓励利用沼气、太阳能、风能等新能源及可再生能源。

第十四条【产地环境标志】 农产品生产区出产的用于销售的农产品，应当附有农产品产地环境标志。

省级人民政府环境保护行政主管部门会同农业行政主管部门划分农产品产地环境标志实施区，对该区域的环境进行监测，并制作农产品产地环境标志。

没有产地环境标志的农产品，不得出售。

第十五条【禁止生产区域环境修复】 被划定为禁止生产区域的农产品产地，县级以上人民政府组织进行修复。

禁止生产区修复所需费用，由造成污染的责任方承担。责任方无法确定的，由县级人民政府拨付。

第三章 农产品产地环境污染防治

第十六条【农产品产地环境污染】农产品产地不得新建、扩建对农产品产地环境造成污染的建设项目。已经建成的项目污染农产品产地的，应当限期治理。

第十七条【农产品产地土壤污染防治】禁止向农产品产地排放或者倾倒废气、废水、固体废物或者其他有毒有害物质。

禁止在农产品产地堆放、贮存、处置有毒有害等危险废物。在农产品产地周围堆放、贮存、处置其他废物的，应当采取有效措施，防止对农产品产地环境造成污染。

第十八条【农产品产地水环境保护】禁止向农产品生产水域排放不符合标准的废水、废气、废渣。

第十九条【农产品产地大气环境保护】禁止向农产品生产区域排放废气、粉尘或者其他含有有毒有害物质的气体。确需排放的，不得超过国家规定的排放标准和排放量。

第二十条【防治禽畜污染】从事禽畜养殖的单位和个人，应当对畜禽粪便、废水和其他废弃物进行综合利用和无害化处理，防止造成污染。

第二十一条【防治农村生活污染】各级人民政府应当加强对农村生活垃圾无害化、减量化和资源化管理，防止造成农产品产地污染。

第四章 农业投入品污染防治

第二十二条【农业投入品使用原则】农产品生产者应当合理使用肥料、农药、农用薄膜等农业投入品，禁止使用国家明令禁止、淘汰的或者未经许可的农业投入品。

第二十三条【肥料】农业行政主管部门应当指导农民和农业生产经营组织开展测土配方施肥，科学使用化肥，鼓励种植绿肥，增加使用有机肥。

第二十四条【防治农药污染】禁止使用高毒、高残留农药，大力推广无毒、低毒的生物农药，严格执行禁用限用规定。

第二十五条【农业薄膜】鼓励农产品生产者使用易降解的环保型农用薄膜。

农产品生产者应当及时清除、回收农用薄膜、农业投入品包装物等，防止污染农产品产地环境。

第五章 监督检查

第二十六条【监督检查主体】县级以上人民政府环境保护行政主管部门负责农产品产地环境保护的监督检查。

执法人员履行监督检查职责时,应当向被检查单位或者个人出示行政执法证件。有关单位或者个人应当如实提供有关情况和资料,不得拒绝检查或者提供虚假情况。

第二十七条【责令减少或者消除污染】县级以上人民政府环境保护行政主管部门发现农产品产地受到污染威胁时,应当责令致害单位或者个人采取措施,减少或者消除污染威胁。

第二十八条【农产品产地污染事故】发生农产品产地环境事故时,有关单位和个人应当采取控制措施,及时向所在地乡级人民政府和县级人民政府环境保护行政主管部门报告。收到报告的机关应当及时处理并报上一级人民政府和有关部门。

发生农产品产地环境事故时,环境保护行政主管部门应当及时通报同级农业行政主管部门。

第二十九条【不得收取费用】开展监督检查不得向被检查单位或者个人收取任何费用。

第六章 法律责任

第三十条【禁区划定】违反《中华人民共和国农产品质量安全法》和本法规定的划定标准和程序划定的禁止生产区无效,给农产品产地权利人和农产品生产者造成损失的,应当赔偿。

第三十一条【农产品产地环境事故报告责任】发生农产品产地环境事故的单位未依照本法第二十八条规定采取措施并报告的,依照《中华人民共和国食品安全法》第八十八条的规定给予处罚。

第三十二条【农产品产地环境监管责任】农产品产地环境保护监督管理工作人员滥用职权、玩忽职守、徇私舞弊的,依法给予行政处分;构成犯罪的,依法追究刑事责任。

第三十三条【污染农产品产地责任】向农产品产地违法排放污染物的,责令限期改正;逾期不改正的,处二万元元以上二十万元以下罚款。

对于前款规定的行为,公众可以请求县级以上环境保护行政主管部门对排污者予以查处,县级以上环境保护行政主管部门自接到申请之日起六十日内未作出处理的，公众有权以排污者为被告向人民法院提起诉讼，请求排污者停止排污、修复受损的农产品产地环境。

第三十四条【违法使用农业投入品】农产品生产者违反本法规定，使用禁用农业投入品的，由县级以上农业行政主管部门依照有关法律、法规予以处罚；构成犯罪的，依法追究刑事责任。

第三十五条【农产品生产者的责任】农产品生产者在禁止生产区域内从事农产品生产的，对其生产的农产品所致损害应当承担赔偿责任。

农产品生产者明知或者应知是严重污染区域，仍然生产农产品的，对于其生产的农产品所致损害承担赔偿责任。损害是由受害者自己造成的，农产品生产者不承担责任。损害是由第三人造成的，农产品生产者承担责任之后，可向第三人追偿。

前款的严重污染区域，是指不符合农产品产地环境质量标准的区域。

第七章 附 则

第三十六条【生效时间】本法自　年　月　日起施行。

附录九

《中华人民共和国低碳发展促进法（草案）》建议稿

第一章 总 则

第一条【立法目的】 为了促进低碳发展，保护和改善环境，实现可持续发展，减缓和适应气候变化，制定本法。

第二条【定义】 本法所称低碳发展，是指通过不断提高碳利用率，实现以控制碳排放和增强碳吸收汇为特征的经济发展。

第三条【方针】 低碳发展是国家经济社会发展的一项重大战略，应当坚持统筹规划、节约优先、立足国内、多元发展、政府推动、依靠科技的方针。

第四条【原则】 低碳发展应当在可持续发展框架下，依靠科技创新和技术转让，全民参与和广泛国际合作，控制碳排放，增强碳吸收汇能力。

第五条【管理体制】 国务院低碳发展综合管理部门负责组织协调、监督管理全国低碳发展工作；国务院工业、环境保护、科技、农业、建设、商务等有关主管部门按照各自的职责负责有关低碳发展的监督管理工作。

县级以上地方人民政府低碳发展综合管理部门负责组织协调、监督管理本行政区域的低碳发展工作；县级以上地方人民政府工业、环境保护、科技、农业、建设、商务等有关主管部门按照各自的职责负责有关低碳发展的监督管理工作。

第六条【规划要求】 国家制定产业政策和专项规划，应当符合低碳发展的要求。

县级以上人民政府编制国民经济和社会发展规划及年度计划，县级以上人民政府有关部门编制工业、环境保护、科学技术等规划，应当包括低碳发展的内容。

第七条【鼓励科技】 国家鼓励和支持开展低碳发展科学技术的研究、开发和推广，鼓励开展低碳发展宣传、教育、科学知识普及和国际合作。

第八条【目标责任制】县级以上人民政府应当建立低碳发展的目标责任制，采取规划、财政、投资、政府采购等措施，促进低碳发展。

第九条【对企业事业单位的要求】企业事业单位应当建立健全管理制度，采取措施，节约能源，提高能源利用效率，实现低消耗、低排放发展。

第十条【对公民的要求】公民应当增强保护气候意识，合理消费，节约资源能源。

国家鼓励和引导公民增强资源忧患意识和节约意识，使用低碳产品，建立全社会低碳发展的长效机制。

公民有权举报浪费能源资源的行为，有权了解政府低碳发展的信息并提出意见和建议。

第十一条【对行业协会的要求】国家鼓励和支持行业协会在低碳发展中发挥技术指导和服务作用。县级以上人民政府可以委托有条件的行业协会等社会组织开展促进低碳发展的公共服务。

国家鼓励和支持中介机构、学会和其他社会组织开展低碳发展宣传、技术推广和咨询服务，促进低碳发展。

第二章 基本管理制度

第十二条【规划制度】国家实行低碳发展规划制度。

国务院低碳发展综合管理部门会同国务院有关主管部门编制全国低碳发展规划，报国务院批准后公布施行。设区的市级以上地方人民政府低碳发展综合管理部门会同本级人民政府有关主管部门编制本行政区域低碳发展规划，报本级人民政府批准后公布施行。

低碳发展规划应当包括目标、范围、主要内容、重点任务、进度安排和保障措施等，并规定单位国民生产总值能耗指标。

第十三条【指标制度】县级以上地方人民政府应当依据上级人民政府下达的本行政区域单位国民生产总值能耗指标，规划和调整本行政区域的产业结构，促进低碳发展。

新建、改建、扩建建设项目，必须符合本行政区域主要污染物排放、单位国民生产总值能耗指标的要求。

对超过单位国民生产总值能耗指标的地区，有关人民政府低碳发展综合管理部门应当制定规划和计划，在规定的时间内实现指标的要求。

单位国民生产总值能耗指标完成情况纳入地方经济社会发展综合评价体系，作为对地方人民政府及其负责人考核评价的内容。

第十四条【高耗能行业监管】国家对电力、钢铁、建材、化工等高耗能行业实行重点监督管理，制定和发布高耗能行业市场准入标准，限制高耗能、高排放、资源型行业产品出口。

第十五条【重点企业监管】国家对电力、钢铁、建材、化工等行业年综合能源消费量超过国家规定总量的重点企业，实行主要产品单位综合能耗目标完成情况考核。

重点企业主要产品单位综合能耗目标完成情况考核的具体管理办法由国务院低碳发展综合管理部门会同国务院有关主管部门制定。

第三章 控制碳排放

第一节 一般规定

第十六条【工业低碳】国务院有关部门和县级以上地方人民政府应当合理规划工业布局，要求高碳排放的企业进行技术改造，采取综合防治措施，提高能源效率，控制碳排放。

第十七条【农业低碳】国家强化高集约化程度地区的生态农业建设，推广科学施用化肥，引导增施有机肥。

在符合条件的地区推广光伏发电、风能、太阳能灶、太阳能采暖等项目在农业生产生活中的应用，推进农村地区改水、改厕、改圈工程，提高沼气利用率。

第十八条【碳交易制度】国家开展碳排放交易制度。具体管理办法由国务院低碳发展综合管理部门会同工业、环境保护、科技、农业、建设、商务等有关主管部门制定。

第十九条【标准制度】国家发布高耗能产品能耗限额强制性国家标准，建立资源能源利用、产品的运输和包装等指标，逐步建立工业领域低碳发展行业标准体系。

国家发布农业低碳生产推荐性标准，组织编制实施指南和技术手册，引导农业低碳发展。

第二十条【自愿减排制度】国家鼓励企业编制碳排放规划，开展碳排放审计，签订自愿减排协议书，将企业碳排放状况向社会公布。

第二十一条【节约钢铁】企业应当在确保安全的情况下，降低钢材使用系数，提高钢材强度和使用寿命。

第二节 低碳生产

第二十二条【对生产者的要求】在满足未来经济社会发展对工业产品基

本需求的同时，生产者应当尽可能减少水泥、石灰、钢铁、电石等产品的使用量，最大限度减少这些产品在生产和使用过程中产生的二氧化碳等温室气体排放。

第二十三条【对生产者的要求】国家禁止新建不符合产业政策的小火电机组以及其他落后产能项目。

禁止生产、进口、销售不符合能耗限额强制性国家标准的设备、材料和产品。

限制铁合金、生铁、废钢、钢坯（锭）、钢材等钢铁产品的出口。

第二十四条【农业低碳发展】县级以上地方人民政府应当加强农村环境综合整治，控制和减少农业生产中的碳排放量。

国家推广低排放的高产水稻品种和半旱式栽培技术，采取科学灌溉和测土配方施肥技术，降低稻田甲烷排放强度。

国家研究开发优良反刍动物品种技术和规模化饲养管理技术等措施，加强对动物粪便、废水和固体废物的管理。

第三节 低碳消费

第二十五条【认证和标识制度】国家建立健全能源效率标识等产品资源消耗标识制度，开展低碳产品认证。

生产者有权在其获得低碳认证的产品或者该产品的包装上标明低碳标识。

禁止伪造、冒用能源效率标识或者利用低碳认证进行虚假宣传。

第二十六条【政府强制采购】国家建立政府强制采购低碳产品制度。

国家机关、事业单位和团体组织，使用财政性资金采购的，应当优先选择获得低碳认证的产品或者其他采用节能新技术、新工艺、新设备、新材料生产的产品。

第二十七条【倡导低碳消费】国家倡导公民选择购买低碳产品、工程和服务。

第四节 低碳建筑

第二十八条【主管部门】国务院建设主管部门负责全国低碳建筑的监督管理工作。

县级以上地方各级人民政府建设主管部门负责本行政区域内低碳建筑的监督管理工作。

第二十九条【对新建建筑的要求】国家推广节能省地建筑，推动节能系统和可再生能源在建筑和基础设施中的应用。

新建建筑应当严格遵守国家强制性建筑节能标准。

第三十条【对既有建筑的要求】对符合条件的既有建筑，应当组织开展低碳改造，推广实施供热计量，减少建筑物采暖能耗。

第三十一条【对公共建筑的要求】对国家机关办公建筑和大型公共建筑，应当组织开展低碳监管体系试点，并逐步开展空调、照明、锅炉系统低碳改造。

第三十二条【对住宅的要求】国家鼓励和推进新建、改建居民住宅建筑时，合理布局垃圾收运体系，开展生活垃圾分类收集。

第五节 低碳交通运输

第三十三条【主管部门】国务院交通运输主管部门负责全国低碳交通运输的监督管理工作。

县级以上地方各级人民政府交通运输主管部门负责本行政区域内低碳交通运输的监督管理工作。

第三十四条【公共交通】县级以上地方各级人民政府应当优先发展公共交通，加大对公共交通的投入，完善公共交通服务体系，鼓励利用公共交通工具出行；鼓励使用非机动交通工具出行。

第三十五条【鼓励性规定】国家鼓励和支持相关企业采用先进技术、工艺和设备，开发生产节约能源或者使用新能源交通工具，减少交通领域碳排放。

第三十六条【禁止性要求】禁止生产、销售、进口和使用不符合国家机动车燃料消耗量限值标准的交通工具。

第四章 增强碳吸收汇

第三十七条【森林碳吸收汇】各级人民政府应当采取措施，组织退耕还林还草、保护林地和林木，预防森林火灾，防治森林病虫害，积极发展碳吸收汇林业，增强森林碳吸收汇功能。

国家鼓励和支持天然林资源保护、农田基本建设等重点工程，在天然林保护区域实行禁伐或者限伐制度，加强造林护林。

第三十八条【农业碳吸收汇】国家鼓励和支持农业优良品种推广，提高良种覆盖度。

国家鼓励和支持采取保护性耕作、草原生态建设等措施，增加农田和草地碳吸收汇。

第三十九条【湿地恢复与保护】各级人民政府应当采取措施，对生态失衡或者退化严重的重要湿地采取恢复和保护措施，提高湿地覆盖率。

禁止围垦国家禁止围垦的湿地。已经围垦的，应当逐步退耕还湿地，并按照国家规定给予补助。

第四十条【义务植树】国家开展适龄公民义务植树制度。各级人民政府应当组织全民义务植树，开展植树造林活动。

在植树造林、保护森林、湿地恢复等方面成绩显著的单位或者个人，由各级人民政府给予奖励。

第五章 激励措施

第四十一条【专项资金】国务院和省、自治区、直辖市人民政府设立低碳发展的有关专项资金，支持低碳发展的科技研究开发、技术和产品的示范与推广、重大项目的实施等。具体办法由国务院财政部门会同国务院低碳发展综合管理等有关主管部门制定。

第四十二条【科技支撑】国家积极推进低碳发展的国际合作与技术转让，为有效促进低碳发展提供科技支撑。

国务院和省、自治区、直辖市人民政府及其有关部门应当将全球气候变化监测与对策、低碳技术产业化发展、碳捕获及其封存列入国家或者省级科技发展规划和高技术产业发展规划，并安排财政性资金予以支持。

第四十三条【经济政策】国家对促进低碳发展的活动给予税收优惠，并运用调度、价格等措施，鼓励生产、进口、销售和使用低碳技术、设备和产品，限制在生产过程中高耗能、高排放的产品的出口。具体办法由国务院财政、税务主管部门制定。

企业使用或者生产列入国家清洁生产、资源综合利用、低碳认证等鼓励名录的技术、工艺、设备或者产品的，按照国家有关规定享受税收优惠。

第六章 法律责任

第四十四条【政府责任】县级以上人民政府低碳发展综合管理部门或者其他有关主管部门发现违反本法的行为或者接到对违法行为的举报后不予查处，或者有其他不依法履行监督管理职责行为的，由本级人民政府或者上一级人民政府有关主管部门责令改正，对直接负责的主管人员和其他直接责任人员依法给予处分。

第四十五条【不组织编制规划的责任】对依法应当编制低碳发展规划而未组织编制，或者未按法定程序编制和审批低碳发展规划的，由上级人民政府责令改正，通报批评；对有关人民政府负责人和其他直接责任人员依法给予处分。

第四十六条【有关政府部门的责任】违反本法规定，有关人民政府及其主管部门有下列行为之一的，由上级人民政府责令改正、通报批评；对有关主管部门负责人和其他直接责任人员给予行政处分；构成犯罪的，依法追究刑事责任：

（一）未根据上级人民政府下达的本行政区域单位国民生产总值能耗指标，规划和调整本行政区域的产业结构的；

（二）对超过单位国民生产总值能耗指标的地区，有关人民政府低碳发展综合管理部门未制定规划和计划，在规定的时间内实现指标要求的；

（三）未依照本法规定履行职责的其他行为。

第四十七条【重点企业的责任】违反本法规定，重点企业未实现主要产品单位综合能耗目标的，由省级以上人民政府低碳发展综合管理部门会同有关部门责令限期改正。拒不改正的，责令停止生产，可并处十万元以上二十万元以下的罚款。情节严重的，由省级以上人民政府低碳发展综合管理部门提出意见，报请本级人民政府按照国务院规定的权限责令停业或者关闭。

第四十八条【企业的责任】违反本法规定，新建不符合产业政策的小火电机组或者其他落后产能项目的，或者生产、进口、销售不符合能耗限额强制性国家标准的设备、材料和产品的，或者违反国家规定出口铁合金、生铁、废钢、钢坯（锭）、钢材等钢铁产品的，由县级以上人民政府低碳发展综合管理部门会同有关部门责令限期改正，并处五万元以上二十万元以下的罚款。拒不改正的，由县级以上人民政府低碳发展综合管理部门提出意见，报请本级人民政府按照国务院规定的权限责令停业或者关闭。

第四十九条【违反标识的责任】违反本法规定，伪造、冒用能源效率标识或者利用低碳认证的，由地方人民政府工商行政管理部门责令限期改正，可以处五千元以上五万元以下的罚款；逾期不改正的，依法吊销营业执照；造成损失的，依法承担赔偿责任。

第五十条【违反低碳建筑的责任】违反本法规定，新建建筑达不到国家强制性建筑节能标准的，由批准该建设项目的县级以上建设主管部门责令限期改正，处二十万元以上五十万元以下的罚款；逾期不改正的，由建筑许可证颁发机关依法吊销许可证。

第五十一条【违反低碳交通运输的责任】违反本法规定，生产、销售不符合国家机动车燃料消耗量限值标准的交通工具的，依照《中华人民共和国产品质量法》的规定处罚。

违反本法规定，进口不符合国家机动车燃料消耗量限值标准的交通工具的，由海关责令退运，可以处十万元以上一百万元以下的罚款。进口者不明的，由承运人承担退运责任，或者承担有关处置费用。

违反本法规定，交通运输企业使用不符合国家机动车燃料消耗量限值标准的交通工具的，由县级以上交通运输主管部门会同有关部门责令限期改正。情节严重的，由县级以上地方人民政府产品质量监督部门向本级工商行政管理部门通报有关情况，由工商行政管理部门依法吊销营业执照。

第五十二条【对工作人员要求】有关主管部门或者其他部门的工作人员徇私舞弊，滥用职权，玩忽职守，构成犯罪的，依法追究刑事责任。

第七章　附　则

第五十三条【施行日期】本法自　年　月　日起施行。

主要参考文献

1. 颜晓峰、谈万强主编：《发展观的历史进程》（上卷），人民出版社2007年版。
2. 李恒瑞等：《当代中国科学发展观论纲》，广东人民出版社2006年版。
3. 王伟光主编：《科学发展观概论》，人民出版社2009年版。
4. 李兴山、李景田主编：《科学发展观研究》，中共中央党校出版社2010年版。
5. [法]弗朗索瓦·佩鲁：《新发展观》，张宁、丰子义译，华夏出版社1987年版。
6. [印度]阿玛蒂亚·森：《以自由看待发展》，任颐、于真译，中国人民大学出版社2002年版。
7. 颜晓峰、谈万强主编：《发展观的历史进程》（下卷），人民出版社2007年版。
8. 李兴山、梁言顺主编：《科学发展观研究》，中共中央党校出版社2010年版。
9. 程天权主编：《科学发展观研究》，中国人民大学出版社2009年版。
10. 曹锦秋：《法律价值的"绿色"转向——从人类中心主义法律观到天人和谐法律观》，博士学位论文，吉林大学，2008年。
11. 颜士鹏：《中国当代社会转型与环境法的发展》，科学出版社2008年版。
12. 黄文艺：《科学发展观的法律价值论解读》，《苏州大学学报》（哲学社会科学版）2005年第5期。
13. 梁剑琴：《环境正义的法律表达》，博士学位论文，武汉大学，2009年。
14. 马晶：《环境正义的法哲学研究》，博士学位论文，吉林大学，2005年。
15. 孙佑海：《法治与建设资源节约型、环境友好型社会》，载《法治百家谈——百名法学家纵论中国法治进程》，中国长安出版社2007年版。
16. 孙佑海：《循环经济立法问题研究》，《环境保护》2005年第1期。

17. 蔡守秋等：《生态文明建设对法治建设的影响》，《吉林大学社会科学学报》2011年第6期。
18. 王灿发：《环境法的辉煌、挑战及前瞻》，《政法论坛》2010年第3期。
19. 孙佑海：《改革开放以来我国环境立法的基本经验和存在的问题》，《中国地质大学学报》（社会科学版）2008年第4期。
20. 汪劲：《中国环境法治三十年：回顾与反思》，《中国地质大学学报》2009年第5期。
21. 邢化峰：《基层环保执法软肋该如何突破？——反思固镇县6位环保官员被集体停职事件》，《环境保护》2010年第13期。
22. 裴敬伟：《中国环境行政的困境与突破》，《中国地质大学学报》（社会科学版）2009年第5期。
23. 张晏：《中国环境司法的现状与未来》，《中国地质大学学报》（社会科学版）2009年第5期。
24. 苏力：《关于能动司法与大调解》，《中国法学》2010年第1期。
25. 左卫民：《探寻纠纷解决的新模式——以四川"大调解"模式为关注点》，《法律适用》2010年第1期。
26. 吴英姿：《"大调解"的功能及限度：纠纷解决的制度供给与社会自治》，《中外法学》2008年第2期。
27. 章武生：《论中国大调解机制的构建——兼析大调解与ADR的关系》，《法商研究》2007年第6期。
28. 唐忠辉：《环境公益诉讼的规则要点与制度衔接》，《太平洋学报》2010年第5期。
29. 孙佑海：《关于建立我国环境公益诉讼制度的几个问题》，《国家检察官学院学报》2010年第3期。
30. 唐忠辉：《论环境损害赔偿中的强制监测义务》，《政治与法律》2009年第12期。
31. 任铁缨：《关于社会监督的几点思考》，《中共天津市委党校学报》2009年第4期。
32. 《改革开放中的中国环境保护事业30年》编委会编：《改革开放中的中国环境保护事业30年》，中国环境科学出版社2010年版。
33. 孙佑海：《保障经济转型维护环境权益——从我国环境司法的进展解读最高法院〈意见〉》，《环境保护》2010年第20期。
34. 陆新元主编：《环境监察》，中国环境科学出版社2009年版。

35. 汪劲、严厚福、孙晓璞编译：《环境正义：丧钟为认而鸣——美国联邦法院环境诉讼判例选》，北京大学出版社2006年版。
36. 李丹：《环境立法的利益分析》，知识产权出版社2009年版。
37. 李丹：《论环境损害赔偿立法中的环境公益保护》，《政法论坛》2005年第5期。
38. 王浩主编：《中国水资源问题与可持续发展战略研究》，中国电力出版社2010年版。
39. 李广贺主编：《水资源利用与保护》，中国建筑工业出版社2010年版。
40. 陈元主编：《我国水资源开发利用研究》，研究出版社2008年版。
41. 沈满洪：《中国水资源安全保障体系构建》，《中国地质大学学报》（社会科学版）2006年第1期。
42. 张岳、任光照、谢新民编著：《水利与国民经济发展》，中国水利电力出版社2006年版。
43. 蒋兰香：《我国水资源刑法保护机制研究》，《文史博览》2005年第14期。
44. 马拥军、余富基：《对〈防洪法〉实施十年来的法律思考》，《人民长江》2008年第11期。
45. 冷罗生：《〈水污染防治法〉值得深思的几个问题》，《中国人口·资源与环境》2009年第3期。
46. 侯俊、王超、兰林、万雷鸣：《我国饮用水水源地保护法规体系现状及建议》，《水资源保护》2009年第1期。
47. 常云昆：《论水资源管理方式的根本转变》，《陕西师范大学学报》（哲学社会科学版）2005年第4期。
48. 唐双娥：《水流概念与水资源概念的法学抉择》，《中国环境管理干部学院学报》2010年第1期。
49. 胡四一：《把握新机遇 落实新要求 切实把水资源管理工作提高到新水平》，《中国水利》2006年第11期。
50. 汪林、甘泓、倪红珍等：《水经济价值及相关政策影响分析》，中国水利水电出版社2009年版。
51. 陈维春、张式军：《水资源与水环境价值再认识》，《华北水利水电学院学报》（社科版）2005年第1期。
52. 李雪松：《中国水资源制度研究》，博士学位论文，武汉大学，2005年。
53. 王明远：《循环经济背景下水资源立法的健全和完善》，《现代法学》2009年第1期。

54. 魏显栋：《流域水行政执法的发展障碍及对策研究》，《水利发展研究》2006 年第 2 期。
55. 陈楚龙：《美国水资源发展的过程与战略》，《人民珠江》2006 年第 5 期。
56. 陈晓景：《流域管理法研究：生态系统管理的视角》，博士学位论文，中国海洋大学，2006 年。
57. 潘德勇：《美国水资源保护法的新发展及其启示》，《时代法学》2009 年第 3 期。
58. 余元玲等：《水资源保护法律制度研究》，光明日报出版社 2010 年版。
59. 江西省水利厅赴澳大利亚培训团：《澳大利亚水资源管理及水权制度建设的经验与启示》，《江西水利科技》2008 年第 1 期。
60. 肖泽晟：《自然资源特别利用许可的规范与控制——来自美国莫诺湖案的几点启示》，《浙江学刊》2006 年第 4 期。
61. 宋国君、徐莎、李佩洁：《日本对琵琶湖的全面综合保护》，《环境保护》2007 年 7 期。
62. 日本律师协会主编：《日本环境诉讼典型案例与评析》，中国政法大学出版社 2011 年版。
63. 胡德胜、陈冬编译：《澳大利亚水资源法律与政策》，郑州大学出版社 2008 年版。
64. 王勇：《澳大利亚流域治理的政府间横向协调机制探析——以墨累—达令流域为例》，《科协·经济·社会》2010 年第 1 期。
65. 姜国洲、马亚西：《澳大利亚水资源管理经验》，《前线》2009 年第 6 期。
66. 胡德胜：《论我国的生态环境用水保障制度》，《河北法学》2010 年第 11 期。
67. 王建华、王浩：《从供水管理向需水管理转变及其对策初探》，《水利发展研究》2009 年第 8 期。
68. 刘宁：《文化视野中的中国水资源问题》，《求是》2006 年第 23 期。
69. 张曼：《实行"最严格"的水资源管理制度》，《世界环境》2011 年第 2 期。
70. 王灿发：《饮用水水源地保护亟须专门立法》，《环境保护》2010 年第 12 期。
71. 周丽旋、吴健：《中国饮用水水源地管理体制之困——基于利益相关方分析》，《生态经济》2010 年第 8 期。
72. 马放、邱珊：《完善饮用水水源保护预警应急机制》，《环境保护》2007 年

1 期。

73. 朱双四、李爱仙、金明红：《〈水嘴用水效率限定值及用水效率等级〉国家标准解读》，《中国标准化》2010 年第 11 期。
74. 叶勇、谢新民：《地下水控制性水位管理分区研究》，《黑龙江水专学报》2009 年第 3 期。
75. 何少斌、孙又欣、吴荣飞、常丽：《我国防洪法的理性分析》，《中国防汛抗旱》2007 年第 4 期。
76. 陈雷：《实行最严格的水资源管理制度 促进经济社会全面协调可持续发展》，《人民日报》2009 年 3 月 22 日。
77. 马波、黄明健《水行政执法程序及其模式设计构想》，《水资源保护》2005 年第 1 期。
78. 田成有：《联动与能动：环境保护的必由之路》，载曾晓东主编《中国环境法治（2011 年卷上）》，法律出版社 2011 年版。
79. 黄莎：《我国环境法庭司法实践的困境及出路》，《法律适用》2010 年第 6 期。
80. 左玉辉：《土地资源调控》，科学出版社 2008 年版。
81. 刘春晖：《浅谈我国土地资源保护存在的问题及对策》，《黑龙江科技信息》2010 年第 18 期。
82. 丁英：《四川土地资源利用面临的问题及其对策》，《四川行政学院学报》2010 年第 2 期。
83. 温铁军：《中国新农村建设报告》，福建人民出版社 2010 年版。
84. 刘春晖、张琨：《浅谈我国土地资源保护存在的问题及对策》，《黑龙江科技信息》2010 年第 18 期。
85. 程雪阳：《公法视角下的中国农村土地产权制度变迁：1920—2010 年》，《甘肃行政学院学报》2010 年第 1 期。
86. 沈开举、郑磊：《社会变迁与中国土地法制改革：回顾与前瞻》，《公民与法》2009 年第 10 期。
87. 朱道林主编：《土地管理学》，中国农业大学出版社 2007 年版。
88. 李凤章、张秀全：《土地所有权立法之反思：透过历史的映照》，《北方法学》2009 年第 2 期。
89. 严金明：《土地规划立法的导向选择与法律框架构建》，《中国土地科学》2008 年第 11 期。
90. 黄贤金、濮励杰、尚贵华：《耕地总量动态平衡政策存在问题及改革建议》,《中国土地科学》2001年第4期。

91. 蓝潮永:《土地征收中存在的问题与对策》,《三峡大学学报》(人文社会科学版)2010年第4期。

92. 戴德军:《农村集体土地所有权主体制度缺陷的理论思考与立法建议》,《天府新论》2009年第6期。

93. 王利明主编:《民法》,中国人民大学出版社2008年版。

94. 陈俊:《土地立法的理念追求与制度构建》,《甘肃政法学院学报》2005年第3期。

95. 李凤章:《通过"空权利"来"反权利":集体土地所有权的本质及其变革》,《法制与社会发展》2010年第5期。

96. 田潇雨:《修改〈土地管理法〉的几点意见》,《中国土地》2009年第1期。

97. 陈晓军:《我国土地二元所有制的失衡与立法矫正》,《北方法学》2010年第6期。

98. 于文轩、周冲:《我国荒漠化防治立法的缺陷及其应对——以土地利用规制为视角》,《农业环境与发展》2009年第1期。

99. 陈建军、李立宏:《保障被征地农民的生存和发展空间——以完善我国土地征收补偿法律制度为视角》,《云梦学刊》2011年第1期。

100. 刘忠庆:《对违法批地用地制止难的思考》,《中国财政》2005年第2期。

101. 陈欣一、高伟:《论征地、拆迁中农村集体土地权益的司法保护》,《调研世界》2005年第9期。

102. 刘忠庆:《对违法批地用地制止难的思考》,《中国财政》2005年第2期。

103. 李茂:《美国土地审批制度》,《美国土地审批制度》2006年第6期。

104. 孙利:《土地管理的机制和特点》,《国土资源导刊》2007年第6期。

105. 李明:《美国土地管理制度考察与借鉴》,《黑龙江水利科技》2010年第3期。

106. 王珊珊:《美国土地复垦制度及对中国的启示》,《法制与社会》2008年第1期。

107. 林目轩:《美国土地管理制度及其启示》,《国土资源导刊》2011年第1期。

108. 高新军:《地方政府管理土地的美国借鉴》,《协商论坛》2011年第1期。

109. 李蕊:《从美国司法判例看我国土地征收制度的完善》,《广西社会科学》2005年第12期。

110. 肖泽晟：《公物法研究》，法律出版社 2009 年版。
111. 操小娟：《美国联邦土地管理中公共信托原则的运用》，《学习与实践》2009 年第 8 期。
112. 金洪云：《日本的农村振兴政策》，《中国党政干部论坛》2006 年第 4 期。
113. 胡春秀：《从日本土地征收制度的发展看我国土地征收立法的完善》，《云南大学学报》（法学版）2010 年第 5 期。
114. 孙强、蔡运龙：《日本耕地保护与土地管理的历史经验及其对中国的启示》，《北京大学学报》（自然科学版）2008 年第 2 期。
115. 王春华：《国外农地保护政策与措施对我国的启示》，《国土资源科技管理》2007 年第 2 期。
116. 赵绘宇：《生态系统管理法律研究》，上海交通大学出版社 2006 年版。
117. 杨朝霞：《论环境公益诉讼的权利基础和起诉顺位——兼谈自然资源物权和环境权的理论要点》，《法学论坛》2013 年第 3 期。
118. 崔建远：《准物权研究》，法律出版社 2003 年版。
119. 张璐：《"林权"概念的误读与理性认知》，《中国地质大学学报》（社会科学版）2010 年第 1 期。
120. 杨朝霞：《环境权：生态文明时代的标志性权利》，《环境保护》2012 年第 23 期。
121. 邵彦敏：《中国农村土地制度研究》，博士学位论文，吉林大学，2006 年。
122. 李凤章：《从事实到规范：物权法民意基础的实证研究——以土地问题为中心》，《政法论坛》2007 年第 3 期。
123. 吴殿廷、虞孝感、查良等：《日本的国土规划与城乡建设》，《地理学报》2006 年第 7 期。
124. 高飞：《论集体土地所有权主体立法的价值目标与功能定位》，《中外法学》2009 年第 6 期。
125. 贺雪峰：《地权的逻辑——中国农村土地制度向何处去》，中国政法大学出版社 2010 年版。
126. 祁雪瑞：《60 年土地制度变革及立法完善》，《学习论坛》2010 年第 3 期。
127. 黄贤金、濮励杰、尚贵华：《耕地总量动态平衡政策存在问题及改革建议》，《中国土地科学》2001 年第 4 期。
128. 张成立：《回顾与反思——新中国土地征收制度变迁及立法完善》，《中国国土资源经济》2009 年第 6 期。

129. 王娟:《论土地征收过程中失地农民权益保护问题》,《行政与法》2010年第4期。
130. 黎平、严明、杨志民:《农村集体土地征用中存在的问题与对策》,《中国矿业大学学报》(社会科学版) 2003年第4期
131. 赵进:《构建符合时代精神的规划法制》,《规划师》2008年第5期。
132. 黄中显:《关于土地生态化立法的思考》,《经济与社会发展》2010年第11期。
133. 陈年冰:《论我国地方土地立法》,《学术研究》2010年第12期。
134. 胡吕银:《在超越的基拙上实现回归——实现集体土地所有权的理论、思路和方式研究》,《法商研究》2006期年第6期。
135. 朱谦:《被架空的环评制度》,《中国改革》2011年第8期。
136. 孙立平等:《以利益表达制度化实现长治久安》,《领导者》2010年第4期。
137. 丁德昌:《论发展权视野中农地产权保护的法律机制》,《黑龙江省政法管理干部学院学报》2007年第6期。
138. 邢立亭、徐征和、王青主编:《矿产资源开发利用与规划》,冶金工业出版社2008年版。
139. 刘树臣、崔荣国:《我国优势矿产资源调控政策的思考》,《中国国土资源经济》2011年第8期。
140. 朱永峰主编:《矿产资源经济概论》,北京大学出版社2007年版。
141. 国土资源部编:《中国矿产资源报告》(2012),地质出版社2012年版。
142. 刘国平、胡朋、邵胜军、张璨:《中国稀土资源在全球地位的评估》,《中国有色金属》2011年第12期。
143. 李建勤:《中国优势金属矿产资源发展战略研究》,博士学位论文,北京师范大学,2005年。
144. 崔荣国、刘树臣等:《我国重要优势矿产资源国家竞争力研究》《中国矿业》2009年第10期。
145. 周宏春、王瑞江、陈仁义等:《中国矿产资源形势与对策研究》,科学出版社2005年版。
146. 张权:《我国稀土资源实现可持续发展的必经之路》,《资源经济与管理研究》2010年第3期。
147. 李志鹏:《开放条件下保障我国战略矿产资源安全的政策研究》,博士学位论文,中国社会科学院,2007年。

148. 殷修奇：《继续坚持矿产资源总量调控政策——规划先行》，《中国国土资源经济》2012 年 2 期。
149. 王来明主编：《探矿取宝矿冶卷》，山东科学技术出版社 2007 年版。
150. 陈建宏、古德生：《矿业经济学》，中南大学出版社 2007 年版。
151. 中国土地矿产法律事务中心、国土资源部土地争议调处事务中心编：《土地矿产争议典型案例与处理依据》（第四辑），中国法制出版社 2010 年版。
152. 石建东：《钨：从无序开采到地方收储》，《中国有色金属》2009 年第 10 期。
153. 国土资源部信息中心编写：《国土资源情报》，地质出版社 2007 年版。
154. 姜哲：《俄罗斯联帮矿产资源法律法规汇编》，地质出版社 2010 年版。
155. 张文驹主编：《中国矿产资源与可持续发展》，科学出版社 2007 年版。
156. 何金祥：《美国矿产储备政策的简要回顾》，《现代矿业》2009 年第 3 期。
157. 杨娴、邵燕敏、陆凤彬等：《矿产储备环境变迁与管理体系变革的联动机制——从美国看中国战略性储备管理体系的建设》，《公共管理学报》2009 年第 2 期。
158. 徐强：《美国全球资源战略总述与启示》，《经济研究参考》2007 年第 12 期。
159. 何金祥：《再论目前国际上矿产资源管理的若干发展趋势》，《国土资源情报》2005 年第 2 期。
160. 陈义政、刘刚、吴家齐：《国外矿资产评估准则比较研究》，《资源与产业》2009 年第 3 期。
161. 陈新华：《能源改变命运——中国应对挑战之路》，新华出版社 2008 年版。
162. 余敏友、唐旗：《能源安全观的变迁与国际能源机制的演进》，载《2009 中国能源法研究报告》，法律出版社 2010 年版。
163. 马延琛、吴兆雪：《中国新能源安全观与实现全球能源安全》，《东北亚论坛》2007 年第 4 期。
164. 杨逢珉、鲍华钧：《国际原油价格与中国能源安全》，《中国高新技术企业》2009 年第 21 期。
165. 杨泽伟：《中国能源安全法律保障研究》，中国政法大学出版社 2009 年版。
166. 李涛：《对我国能源安全战略问题的思考》，《特区经济》2009 年第 8 期。

167. 崔民选：《中国能源发展报告（2011）》，社会科学出文献版社 2011 年版。
167. 徐冬青：《中国能源安全战略体系的构建》，《市场周刊·理论研究》2009 年第 6 期。
168. 中国能源发展报告编辑委员会：《2007 中国能源发展报告》，中国水利水电出版社 2007 年版。
169. 王金南等：《能源与环境：中国 2020》，中国环境科学出版社 2004 年版。
170. 赵小平主编：《能源管理工作手册》，中国市场出版社 2008 年版。
171. 李岩：《美国确保能源安全的启示》，《瞭望》2007 年 Z1 期。
172. 叶荣泗、吴钟瑚主编：《中国能源法律体系研究》，中国电力出版社 2006 年版。
173. 林安薇：《能源安全观助解我国〈能源法〉之结》，《环境科学与管理》2006 年第 6 期。
174. 陈元：《能源安全与能源发展战略研究》，中国财政经济出版社 2007 年版。
175. 吴钟瑚：《经验与启示：中国能源法制建设 30 年》，《郑州大学学报》（哲学社会科学版）2009 年第 3 期。
176. 王文革：《中国节能法律制度研究》，法律出版社 2008 年版。
177. 白平则：《我国能源安全保障的法律问题探讨》，《经济问题》2007 年第 1 期。
178. 王灿发：《重大环境污染事件频发的法律反思》，《环境保护》2009 年第 17 期。
179. 张勇：《能源资源法律制度研究》，中国时代经济出版社 2008 年版。
180. 王明远：《我国能源法实施中的问题及解决方案》，《法学》2007 年第 2 期。
181. 李涛：《我国能源法律体系现状分析》，《中国矿业》2010 年第 3 期。
182. 阎政：《美国核法律与国家能源政策》，北京大学出版社 2006 年版。
183. 黄振中、赵秋雁、谭柏平：《中国能源法学》，法律出版社 2009 年版。
184. 宋玉春：《2005 年美国能源政策法案分析》，《现代化工》2006 年第 3 期。
185. 杨泽伟：《2009 年美国清洁能源与安全法及其对中国的启示》，《中国石油大学学报》（社会科学版）2010 年第 1 期。
186. 孙必干：《奥巴马新中东政策和我国能源安全》，《亚飞纵横》2009 年第 5 期。
187. 王琳、高建：《石油储备模式特点分析与借鉴》，《中国国情国力》2009

年第 12 期。
188. 牟雪江：《美国能源安全向内看》，《中国石油企业》2010 年第 5 期。
189. ［美］约瑟夫·P. 托梅因、理查德·D. 卡达西：《美国能源法》，万少廷译，法律出版社 2008 年版。
190. 周举文：《美国用能产品能效技术法规实用指南》，中国标准出版社 2009 年版。
191. 肖立兴：《国际能源机构——能源安全法律制度研究》，中国政法大学出版社 2009 年版。
192. 谷冬梅：《国外能源安全法律制度的构建及对中国的启示》，《中国矿业》2010 年第 7 期。
193. 欧玲湘：《日本构筑国内外双向能源安全战略》，《中国石化》2009 年第 6 期。
194. 王锐、刘霞：《新世纪日本能源安全战略及其启示》，《经济经纬》2007 年第 6 期。
195. 任之于：《"基本计划修正案"凸显日本能源安全意识》，《中国石化》2010 年第 6 期。
196. 陈其慎、王高尚、王安建：《日本能源安全保障分析》，《改革与战略》2010 年第 2 期。
197. 陈德胜、雷家骕：《法、德、美、日四国的战略石油储备制度比较与中国借鉴》，《太平洋学报》2006 年第 12 期。
198. 冯丹、耿波、王红：《从美日两国战略石油储备体系看我国石油储备发展》，《能源技术与管理》2009 年第 2 期。
199. 王乐编译：《日本的能源政策与能源安全》，《国际石油经济》2005 年第 2 期。
200. 井志忠：《日本石油储备的现状、措施及启示》，《外国问题研究》2009 年第 1 期。
201. 朴光姬：《日本的能源》，经济科学出版社 2008 年版。
202. 吕江：《欧盟能源安全的困境及其出路》，载《武大国际评论》第 11 卷，武汉大学出版社 2009 年版。
203. 杨洪：《论〈能源宪章条约〉中的环境规范》，《法学评论》2007 年第 3 期。
204. ［美］理查德·L. 奥汀格主编：《能源法与可持续发展》，曹明德、邵方、王圣礼译，法律出版社 2005 年版。

205. 龚向前：《欧盟能源市场化进程中供应安全的法律保障及启示》，《德国研究》2007 年第 2 期。
206. 崔宏伟：《欧盟能源安全战略分析的三种理论视角》，《德国研究》2010 年第 3 期。
207. 肖英：《欧盟石油储备改革新动向》，《国际石油经济》2010 年第 4 期。
208. 杨光：《欧盟能源安全战略及其启示》，《欧洲研究》2007 年第 5 期。
209. 徐建华：《欧盟能源安全战略探析》，《经济与社会发展》2008 年第 4 期。
210. ［英］哈耶克：《法律、立法与自由》第 1 卷，邓正来等译，中国大百科全书出版社 2000 年版。
211. 陈早：《欧盟促进可再生能源使用指令 2009/28/EC 概述》，《标准科学》2011 年第 10 期。
212. 吕薇：《可再生能源发展机制与政策》，中国财政经济出版社 2008 年版。
213. 罗东坤、褚王涛：《借鉴欧美经验制定中国天然气法律》，《天然气工业》2007 年第 1 期。
214. 国家发展改革委经济体制与管理研究所、《中国石油天然气行业监管体系研究》项目组：《中国石油天然气行业监管体系研究》，石油工业出版社 2007 年版。
215. 史丹等：《中国能源工业市场化改革研究报告》，经济管理出版社 2006 年版。
216. 霍小丽：《我国天然气定价机制的建立与完善》，《中国物价》2007 年第 11 期。
217. 张永胜：《论我国能源安全制度的软肋》，《兰州学刊》2009 年第 4 期。
218. 宫靖：《镉米杀机》，《新世纪周刊》2011 年第 6 期。
219. 刘虹桥：《土壤不能承受之重》，《新世纪周刊》2013 年第 3 期。
220. 徐新宇、高晓芳：《农产品产地环境监测中的质量管理对策探讨》，《农产品质量与安全》2012 年第 5 期。
221. 马缨：《科技研究管理与风险预防原则》，《科技管理研究》2005 年第 10 期。
222. 张华：《关于特色农产品发展与保护的地方立法思考》，《西部法学评论》2012 年第 3 期。
223. ［德］乌尔里希·贝克：《风险社会》，何博闻译，译林出版社 2004 年版。
224. ［美］戴斯·贾丁斯：《环境伦理学——环境哲学导论》，林官民、杨爱民译，北京大学出版社 2002 年版。
225. 蔡定剑：《公众参与及其在中国的发展》，《团结》2009 年第 4 期。
226. 张建伟：《论环境信息公开》，《河南社会科学》2005 年第 2 期。
227. 彭近新：《以科学发展观为指南，发展中国特色低碳经济——人类从应对气候变化走向低碳经济》，《环境保护》2009 年第 11 期。
228. 李军鹏：《面向低碳经济的政府管理创新》，《领导科学》2010 年第 10 期。
229. 王利：《低碳经济：未来中国可持续发展之基础——兼谈中国相关法律与政策的完善》，《池州学院学报》2009 年第 2 期。
230. 王慧：《英国〈气候变化法〉述评》，《世界环境》2010 年第 2 期。
231. 葛全胜、曲建升等：《国际气候变化适应战略与态势分析》，《气候变化研究进展》2009 年第 6 期。
232. 任力：《国外发展低碳经济的政策及启示》，《发展研究》2009 年第 2 期。
233. 鲍健强、朱逢佳：《从创建低碳经济到应对能源挑战——解读英国能源政策的变化与挑战》，《浙江工业大学学报》（社会科学版）2009 年第 2 期。
234. 周剑、何建坤：《北欧国家碳税政策的研究与启示》，《环境保护》2008 年第 22 期。
235. 仇保兴：《创建低碳社会 提升国家竞争力——英国减排温室气体的经验与启示》，《建设科技》2009 年第 2 期。
236. 普雷斯科特：《低碳经济遏制全球变暖——英国在行动》，《环境保护》2007 年第 11 期。
237. 周剑、何建坤：《欧盟气候变化政策及其经济影响》，《现代国际关系》2009 年第 2 期。
238. 邓梁春：《美国气候变化相关立法进展及其对中国的启示》，《世界环境》2008 年第 2 期。
239. 许鸣：《〈美国清洁能源安全法案〉简介及其对我国的启示》，《新西部》2010 年第 6 期。
240. 高翔：《主要发达国家能源与应对气候变化立法动向及其启示》，《中国能源》2010 年第 2 期。
241. 周珂、徐岭、潘文军：《中国应对气候变化法治建设刍议》，《学习与探索》2010 年第 2 期。
242. 邢继俊：《发展低碳经济的公共政策研究》，博士学位论文，华中科技大学，2009 年。

243. 陈冬:《气候变化语境下的美国环境诉讼——以马塞诸塞州诉美国联邦环保局案为例》,《环球法律评论》2008年第5期。
244. 李艳芳:《从"马萨诸塞州等诉环保局"案看美国环境法的新进展》,《中国人民大学学报》2007年第6期。
245. 胡鞍钢、管清友:《应对全球气候变化:中国的贡献——兼评托尼·布莱尔〈打破气候变化僵局:低碳未来的全球协议〉报告》,《当代亚太》2008年第4期。
246. 顾华详、王红泉:《论我国推进低碳经济发展的法治路径》,《新疆农垦经济》2010年第3期。
247. 杨兴:《论〈京都议定书〉对国际政治和国际经济的潜在影响》,《时代法学》2005年第3期。
248. 史新峰编著:《气候变化与低碳经济》,中国水利水电出版社2010年版。

后 记

"促进经济又好又快和可持续发展的法律问题研究"是中国法学会批准的十大专项研究规划项目。十大专项研究规划是中国法学会成立以来资助强度最大的重大项目，受到了法学界的高度关注。感谢中国法学会和评审专家的信赖，使我们的课题组在激烈的竞争中脱颖而出。

本项目自立项以来，研究工作严格按照甚至大大超过中国法学会的要求紧张地进行。其中仅仅开会一项，就开了不下40次会议，反复研究，反复修改。上报中国法学会的项目总报告约87万字，分为8编，共31章。各编依次为：基础篇、环境保护法治篇、水资源法治篇、土地资源法治篇、优势矿产资源法治篇、能源安全法治篇、农产品产地环境保护法治篇、低碳发展法治篇。涉及参考文献1100余条，图表（图片）40余幅，附件9件。公开发表项目成果论文30余篇。报告逻辑严谨，论证充分，并参照《中国法学》的要求编辑，规范美观。

项目总报告全面分析了经济又好又快和可持续发展与法治的互动关系，指出了经济又好又快和可持续发展过程中与法治建设不相适应的矛盾和问题，围绕环境污染、生态破坏、资源保护、能源安全、农产品安全和低碳发展等热点难点，回顾和反思我国相关领域法治的成就和问题，考察借鉴域外的经验教训，在严密论证的基础上，提出解决问题的方案设想，并凝聚成为制度成果（法律草案建议稿等）。

具体而言：

基础篇阐述了可持续发展与法治建设的辩证关系，提出了完善可持续发展法治建设的指导思想、基本原则和总体思路。

环境保护法治篇提出了《环境保护法》和《大气污染防治法》的修改建议稿。

水资源法治篇提出，应从供水管理向需水管理转变、实行水资源综合管理，并建议将最严格的水资源管理上升为基本国策。

土地资源法治篇提出，应当制定统一的《土地法》，特别重视对生态用地的保护。

优势矿产资源法治篇提出，对于我国优势矿产资源，应当予以特别的保护，制定专门的《优势矿产资源保护法》。

能源安全法治篇提出，应当重视能源安全立法，制定能源基本法，并加快制定缺位的重要立法，包括《石油天然气法》、《石油储备法》和《原子能法》等。

农产品产地环境保护法治篇提出，为了保障食品安全，必须从源头上保护农产品产地环境，制定《农产品产地环境保护法》。

低碳发展法治篇提出，应当加快与低碳发展紧密联系的法律修改工作，尽早启动低碳发展相关政策，编制国家低碳发展中长期规划，开展相关法律实施情况的监督检查。

自2010年1月立项至2012年12月结题，整个研究过程得到了中国法学会领导和有关部门的大力支持，以及课题组全体成员的倾心努力。在中国法学会组织专家对十个课题验收时，我们这个课题组是打头炮最先汇报的。结果是一炮打响，评为优秀等级。研究报告中的精华，有四篇被摘要上报中央和有关部门，得到领导同志和有关部门的批示，发挥了智库的参考作用。

本书在研究报告的基础上修改而成，各部分初稿作者如下：

第一编基础篇：唐忠辉（水利部，副研究员，法学博士）；

第二编环境保护法治篇：李丹（环境保护部，副处长，法学博士）；

第三编水资源法治篇：梁剑琴（中国社会科学出版社，法学博士，博士后）；

第四编土地资源法治篇：杨朝霞（北京林业大学，副教授，法学博士）；

第五编优势矿产资源法治篇：马燕（中国政法大学，副教授，法学博士）；

第六编能源安全法治篇：于文轩（中国政法大学，教授，法学博士，博士后）；

第七编农产品产地环境保护法治篇：代杰（广西大学，副教授，法学博士）；

第八编低碳发展法治篇：丁敏、薄晓波（全国人大环境与资源保护委员会，副处级调研员，法学博士；江南大学，法学博士）。

全书由孙佑海提出提纲、思路，主持研究修改，最后统稿。

本书在对我国经济社会发展过程中法治建设面临的形势进行归纳梳理、总体分析和据实研判的基础上，对环境与资源保护法治建设中与可持续发展要求不相适应的各项突出问题和主要矛盾进行了认真研究，提出了总体对策思路和具体的法治解决方案。本书可作为环境资源法和经济法学者以及从事可持续发展法治建设的立法、执法、司法、普法和法律服务等领域工作人员的参考用书，也可以作为各级党政领导干部的学习辅导读本，还可以作为关心环境资源保护工作的各界人士的重要文献参考书。

本书的出版，特别感谢中国社会科学出版社领导和梁剑琴编辑的大力支持，在此一并致谢。

二〇一五年十月二日